한국 지방자치의 발전과 쟁점

한국지방자치학회 편

권경득 임동진 김병국 김수연 김순은
김정희 김철회 김필두 김홍환 문광민
안성호 어유경 윤성일 윤준희 이병렬
이종수 이주호 임승빈 장순희 진재완
최영출 최지민 최철호

도서출판 대영문화사

머리말

1990년대 초 지방자치가 부활된 이래 우리나라 지방자치는 어려운 여건 속에서도 지속적인 발전을 이뤄왔다. 돌이켜보건대, 1995년 민선지방자치단체의 출범은 우리나라 국가 운영의 패러다임을 집권과 집중에서 분권과 분산으로 전환하는 획기적인 계기를 마련한 일종의 국가 개조라고 할 수 있다. 그동안 주민의 참여를 기반으로 지방자치단체의 혁신적인 노력과 역량 강화가 지속적으로 이뤄져 왔다. 그럼에도 불구하고 우리나라 지방자치의 미래가 마냥 낙관적이지만은 않다.

최근 몇 년 사이에 사회적 관심이 집중되는 사고들이 계속 발생하고 있다. 이러한 사고 발생의 근저에는 지난 68년간 지속되어온 중앙집권적인 국가 운영이 초래한 폐단이 원인이라는 사회적 인식과 공감대가 확산되고 있다.

국가 운영 방식에 대한 진지한 사회적 논의가 필요한 시점이다. 지금까지 우리 사회가 추구해 온 '점증적 지방분권화'라는 접근 방식은 이제 한계를 노정하고 있어서 좀 더 근본적인 '지방분권적 국가 운영 방식'으로의 패러다임 전환이 요구된다.

지방자치는 참여를 본질로 하고 있다. 지역주민은 참여를 통해 주민 행복을 추구한다. 우리나라 지방자치가 과연 지역주민이 바라는 방향으로 발전을 해왔는지를 살펴보고, 지역주민이 바라는 방향으로 지방의 질적 발전을 이뤄갈 수 있도록 지방의 내발적 성장 동력 확보를 위한 국가적 차원의 대책 마련이 필요하다.

이러한 맥락에서 우리나라 지방자치의 발전 과정을 뒤돌아보고, 현재의 주요 쟁점과 향후 발전 과제를 살펴보는 것이 매우 의미 있는 일이라 생각되어 이 책을 집필하게 되었다. 이를 위해 지방자치 분야의 최고의 전문가들이 참여했다.

이 책은 크게 두 개 부분, 총 15장으로 구성되어 있다. 제1부는 '한국 지방자치의 형성과 발전'으로 우리나라 지방자치제도의 연속과 단절, 민선 지방자치의 20년의 변화 분석, 지방분권의 평가와 과제, 지방의회 평가, 지방분권국가 실현을 위한 개헌의 방향과 통일 한국을 향한 분권 개헌을 다루고 있다. 제2부는 '한국 지방자치의 주요 쟁점'으로 최근 우리나라 지방자치의 주요 쟁점과 발전 과제들을 주제로 다루고 있다. 지방자치단체 유형별 조직 유형 연구, 지방공무원의 퇴직관리, 자치재정권의 확보 방안, 지방세 비과세 감면의 경제적 효과, 지방 공공서비스의 주민만족도, 굿 거버넌스 실현을 위한 대도시 주민참여행정 비교연구, 지자체의 사회적 기업 지원 활성화를 위한 주요 쟁점, 시·군·구 통합정책의 분석과 평가 등의 내용을 다루고 있다.

이 책의 특징으로는 첫째, 한국 지방자치의 발전과 쟁점에 관한 내용을 다루고 있다는 점이다. 다시 말해, 우리나라 지방자치의 발전 과정 및 평가, 주요 쟁점들을 한 번에 볼 수 있는 장점이 있다. 둘째, 각 장은 각기 다른 집필자들이 독립적으로 작성하는 방식으로 진행되었다. 따라서 논문의 내용과 방식에서 각기 독창적이고 차별적이다. 셋째, 이 책에 실린 다수의 논문은 2015년도 한국지방자치학회 학술대회 등을 통해 발표되었거나 혹은 학술지에 게재된 논문들이다. 따라서 대다수의 논문은 이미 학문공동체 내에서 논의되어 그 질적 수준이 담보되었다고 할 수 있다.

이 책의 발간에 참여하신 분들은 모두 해당 분야의 최고 전문가들이다. 한국지방자치학회를 위해 흔쾌히 이 책의 발간에 참여하고 협조해 주신 저자분들의 노고에 깊은 감사를 드린다. 특히 이 책의 체계를 구성하고, 책의 발간을 위해 처음부터 마무리될 때까지 기획 및 편집에서 헌신적인 노력을 해주신 한국지방자치학회 연구위원장인 순천향대학교 임동진 교수님과 책의 출간에 노고를 아끼지 않으신 성결대 임정빈 교수님에게 감사의 말씀을 드린다. 그리고 이 책의 출간에 관심과 성원을 아끼지 않은 대영문화사의 임춘환 사장님과 임직원 여러분께도 깊은 감사를 드린다. 끝으로 이 책의 내용이 우리나라 지방자치의 발전을 이루는데 조금이라도 도움이 되었으면 한다.

2016년 2월
사단법인 한국지방자치학회
第19대 회장 권경득

차 례

제2부 한국 지방자치의 주요 쟁점

제 1 부

한국 지방자치의 형성과 발전

제 1 장

우리나라 지방자치제도의 연속과 단절: 갑오 · 광무개혁에서 일제 강점기, 1949년 지방자치법 제정*

임승빈

제 1 절 서론

이 연구를 하게 된 동기는 일본계 3세 학자이면서 세계적으로도 저명하고 영향력 있는 후쿠야마(F. Fukuyama, 2004: 2, 8, 30), 그리고 남북한 정치에 대한 국제정치 전문가로서 누구보다도 인정받고 있는 커밍스(B. Cummings, 1984) 등이 우리나라의 지금과 같은 민주주의와 경제 발전이 동시에 이뤄진 것은 일제 강점기 시절의 근대화된 제도 이식이라는 주장에 대한 반박으로서 시작되었다. 일제 강점기의 근대화된 제도 이식이 한국의 발전에 원동력이 되었다는 주장을 하고 있다는 점은 제도와 문화의 상관성이라는 관점에서도 비판받아 마땅하지만

* 이 논문은 2013년 정부(교육부)의 재원으로 한국연구재단의 지원을 받아 수행된 연구이며(NRF-2013S1A3A2055042), 「한국사회와 행정연구」 제26권 제3호(2015.11), pp. 303-326에 게재된 필자의 논문을 재편성한 것임.

동시에 근대 제도 형성 자체도 그 변천 과정 및 동인, 그리고 가장 중요한 역사적 맥락에 대한 본질에 대한 연구의 필요성을 제기했다고 본다. 근대적 의미에서의 지방자치 제도화가 갖는 중요한 점은 주민들에 의한 민주적인 통제 시스템이 언제 어떠한 계기로 착근되었느냐가 중요한 것이다. 이를 밝히기 위해 본문에서는 1895, 1896년의 갑오·광무개혁 시기부터 일제 강점기, 그리고 1948년 제헌헌법과 1949년의 지방자치법 제정까지를 살펴보도록 하겠다. 또한 이 시기에 대한 고찰을 편년체 형태의 시대적 구분으로 끝내지 않고 신제도주의 관점과 제도의 동형화 관점에서 파악하고자 한다. 즉, 구조적-제도적-행위자들 간의 통합적인 신제도주의 관점과 당시 19세기 말 일본의 지방자치 제도, 그리고 일제 강점기 시대의 지방자치제도와의 동형화 현상을 대비해 우리나라의 근대적 지방자치제도의 연속과 단절에 대해 규명하고자 하는 것이 이 논문의 연구 목적이다.

제 2 절 제도 변화와 형성에 관한 이론적 논의

1 제도 변화와 형성에 관한 이론적 검토

제도란 무엇인가 하는 논의는 실로 다양하다. 제도 형성이라는 개념 내지 용어 역시도 제도 스스로가 새롭게 완전한 형태로 태어나는 것인가, 아니면 기존 제도의 변화에 의해 새로운 제도가 형성되는가로 구분해야 할 정도로 이것 역시 다의적이라고 볼 수 있다. 따라서 이 연구에서는 신제도주의 논자들이 취하고 있는 제도 변화에 대한 기본적인 입장인 제도 형성은 점진적이고 완만하게 형성된다고 본다는 견해를 취하고자 한다(하연섭, 2006; 하태수, 2002). 신제도주의 관점에서 제도 변화는 변화의 폭과 빈도라는 두 가지 기준을 중심으로 유형화시킬 수 있다고 한다(하태수, 2002: 114). 하태수는 제도 변화의 형태를 다음의 〈표 1-1〉과 같이 네 가지 유형으로 나눠 설명하고 있다.[1]

---

1) 제도 변화의 형태는 변화의 폭과 빈도라고 하는 두 가지 기준을 중심으로 유형화될 수 있다. 즉, ①

표 1-1 제도 변화의 형태

빈도 / 폭	지속적	단절적
급진적	유형 1	유형 2
점진적	유형 3	유형 4

출처: 하태수(2002: 115), 〈표 1〉.

그러나 위의 〈표 1-1〉은 스트리크와 텔렌(Streeck & Thelen, 2005)의 모형과 큰 차이점을 발견할 수는 없다. 텔렌(Katheen Thelen)에 의하면 신제도주의 관점에서 단절된 균형모형이나 경로의존모형은 제도의 안정성과 제도의 변화를 뚜렷하게 구분함으로써 연속성과 변화가 서로 뒤섞여 있는 제도 변화를 제대로 설명하고 있지 못하고 있다고 비판하면서 〈표 1-2〉와 같이 네 가지로 제시했다(하연섭, 2006: 226). 텔렌은 점진적인 변화는 지속적인 적응 과정을 통해 제도의 연속성으로 이어지고, 급격한 변화는 제도의 불연속성으로 이어진다고 보는 제도 변화에 관한 이분법적인 모형을 극복할 필요가 있으며, 현실적으로 점진적

표 1-2 텔렌의 제도 변화 유형: 과정과 결과

		변화의 결과	
		연속성	불연속성
변화의 과정	점진적 변화	적응을 통한 재생산 (reproduction by adaptation)	완만한 변형 (gradual transformation)
	급진적 변화	생존과 복귀 (survival and return)	해체와 대체 (breakdown and replacement)

출처: Streeck & Thelen(2005: 9)를 하연섭(2006: 226), 〈그림 1〉에서 재인용.

폭이 크면서 빈도가 높은 경우, ② 폭이 크면서 빈도가 낮은 경우, ③ 폭이 작으면서 빈도가 높은 경우, ④ 폭이 작으면서 빈도가 낮은 경우의 네 가지 종류가 있을 수 있다(〈표 1-1〉). 이 네 가지 제도 변화의 형태 가운데에서 유형 1은 논의에서 제외한다. 앞에서 언급한 대로 제도가 자주 그리고 큰 폭으로 변한다면 그것은 논리적으로 제도로서의 특성이 약하다. 지속성이 없으며, 개인들이 행동할 때 주어진 것 혹은 당연한 것으로 처리하지 않고 가변적인 것으로 생각하는 것은 정의상 제도가 될 수 없다. 유형 2에서는 스틴치콤(A. L. Stinchcombe)과 크래스너(S. Krasner)의 시각이 대표적이다. 유형 3에서는 노스(D. North)가 대표적이다. 유형 4에서는 스코우로넥(S. Skowronek)이 대표적이다(하태수, 2002).

인 변화가 완만한 제도 변형을 초래하고 이것이 궁극적으로 제도의 불연속성을 초래할 수도 있는 가능성에 주목할 필요가 있다는 것이다(Streeck & Thelen, 2005: 8, 하연섭, 2006: 226에서 재인용).

문제는 〈표 1-1〉이든 〈표 1-2〉의 분석틀이든 어떤 하나의 구체적인 제도 변화를 살펴본다 해도 그 변화하는 양태가 고정적이지 않기 때문에 사후적인 설명에 지나지 않는다는 것이다. 이와 같이 역사적 신제도주의 제도 변화에 관한 논의의 취약점은 결국은 다시금 경로의존성을 가지고 설명하는 경향이 강하다는 점이다. 엄밀히 말해 경로의존성을 갖고 설명하는 것은 제도결정론적 시각에서 본다면 제도 스스로가 갖는 '제약성'을 지나치게 강조하는 입장이라는 것이다. 역사적 제도주의로 설명을 시작하면 결국 제도 변화보다는 제도의 '지속성'과 '안정성'의 설명에는 유용한 개념이 되지만 근본적인 제도 변화의 설명에는 한계를 지닐 수밖에 없다. 즉, 제도가 지속적·점진적·안정적 변화를 겪는 경우도 있지만, 또한 역동적이고 단절적이며 본질적인 변화를 겪는 상황도 얼마든지 존재할 수 있기 때문이다. 특히, 이 연구에서 다루고자 하는 우리나라의 지방자치 제도 형성과 변화에 대한 동인을 연구하고자 할 때는 더욱 그러하다. 지방자치제도 자체만 보더라도 조선 말기의 갑오개혁에서 시작해 대한제국의 성립, 일제 강점기, 권위주의 정권, 군사정권, 민주정권 하에서 지방자치 제도는 격심한 제도 변화를 겪는데 이를 분석하기 위해 〈표 1-1〉과 〈표 1-2〉는 한계가 있다. 특히, 지금까지의 우리나라의 지방자치제도 변화를 보면 자율적으로 내부자들의 의지에 따라 의도적인 변화의 결과라고 보기보다는 비의도적인 변화였다는 점을 고려한다면 신제도주의의 〈표 1-1〉과 〈표 1-2〉의 분석 틀은 이 연구의 목적과 범위를 수용할 수 없다. 대신에 같은 신제도주의 관점인 역동적·단절적·본질적 그리고 비의도적인 제도 변화를 설명할 수 있는 유용한 접근이 바로 구조-제도-행위의 통합적 접근이라 할 수 있다. 종전의 제도 변화에 관한 논의는 주로 외생적 요인으로만 혹은 내생적 요인으로만 설명하는 경향이 강해서 제도 변화의 설명이 부적절했는데, 통합적 접근은 거시-중범위-미시 간의 연계를 추구하기 때문에 외생적 요인뿐만 아니라 내생적 요인을 균형적으로 적용할 수 있어서 제도 변화의 설명을 높여줄 것이다(김윤권, 2005: 321-322)라는 주장은 타당하다고 본다.

다음으로는 우리나라의 지방자치제도를 형성하는 주요한 요인으로서 제도의 동형화 현상에 대한 영향력에 대한 이해가 필요하다. 왜냐하면 이 연구에서는 갑오·광무개혁 시기에 근대적 의미의 지방자치제도 형성이 시작하고 있었다고 보고 있으므로 과연 당시의 조선정부가 독자적으로 제도를 만들어 갔는지 아니면 청·일전쟁에서 승리한 일본에 의해 강제적으로 혹은 조선정부의 친일 개화파들에 의해 일본의 지방자치제도와 조선의 자치제도와 동형화 현상이 일어났는지를 규명해야 하기 때문이다. 또한, 일제 강점기의 지방행정 체제와 1948년 제헌헌법과 1949년 지방자치법 제정에 어느 정도 제도의 동형화 현상이 있었는지를 밝혀야 하기 때문이다. 제도의 동형화 논의는 주로 정부 혹은 어떤 조직 단위에서 새로운 제도를 도입하려고 할 때 종종 다른 조직 또는 다른 나라들의 제도와 동화되는 과정을 일컬어 설명하고 있다. 많이 인용되고 있는 디마지오(P. DiMaggio)와 파월(W. Powell)에 의해 구체화된 이 논의는 규범적, 억압적, 모방적 동형화로 구분되기는 하나 기본적으로는 대부분의 국가는 불확실한 환경 변화에 대비하고 사회로부터 정당성으로 확보하려는 의도에서 다른 국가(특히 선진 국가)의 제도를 서로 모방해 제도의 표준화를 꾀한다는 이른바 '제도 동형화(institutional isomorphism)' 명제로 설명하고 있다(Eriksen, 1987; DiMaggio & Powell, 1983, 정용덕, 2002, 임승빈, 2008: 4-5에서 재인용). 따라서 제도의 동형화는 독립된 이론적인 체계를 갖추고 있다고 평가하기보다는 현상적이고 규범(norm)적인 접근 방법이라고 본다. 즉, 제도의 동형화는 명제와 가정을 검증하는 이론적 작업 또는 자신들의 정치·경제·사회적 환경에 대한 분석을 통해 합리적인 제도를 설계하기보다는 주도적인 집단 내지 강력한 리더에 의해 선행적으로 시행되고 있는 제도와 닮아가는 현상을 결과론적으로 규범적·억압적·모방적 동형화로 구분하고 있다고 평가할 수 있겠다.

2 선행 연구의 검토 및 분석틀

이 연구에서는 위에서 언급한 신제도주의적 이론적 고찰과 선행 연구의 한계성 등을 통해 구한말에서 일제 강점기를 걸쳐 오늘에 이르기까지의 지방자치제도 형성 과정을 통합적으로 살펴보고자 한다. 그 이유는 1948년 대한민국 건국 이후 우리의 지방자치라는 제도의 형성은 정치 체제, 집단의 특성, 정치문화 등, 즉 개인과 집단의 삶의 양식이 제도화의 산물이라고 볼 수 있기 때문에 이를 독립변수로 설정했다. 다음은 제도의 동형화 요인을 독립변수와 종속변수 모두에 영향을 미치면서도 직접적인 관계가 없는 매개변수로 설정할 것이냐 혹은 제도의 동형화 자체를 독립변수로 설정할 것이냐는 문제다. 흔히들 우리나라의 지방자치제도는 일제의 산물이라고 하는데 과연 그럴까 하는 문제 제기에서 이 논문이 시작되었으므로 여기에서는 제도의 동형화를 독립변수로서 가정해 분석하고자 한다. 즉, 당시 절대적으로 외세의 영향력을 행사했던 일본의 지방자치제도

그림 1-1 분석틀

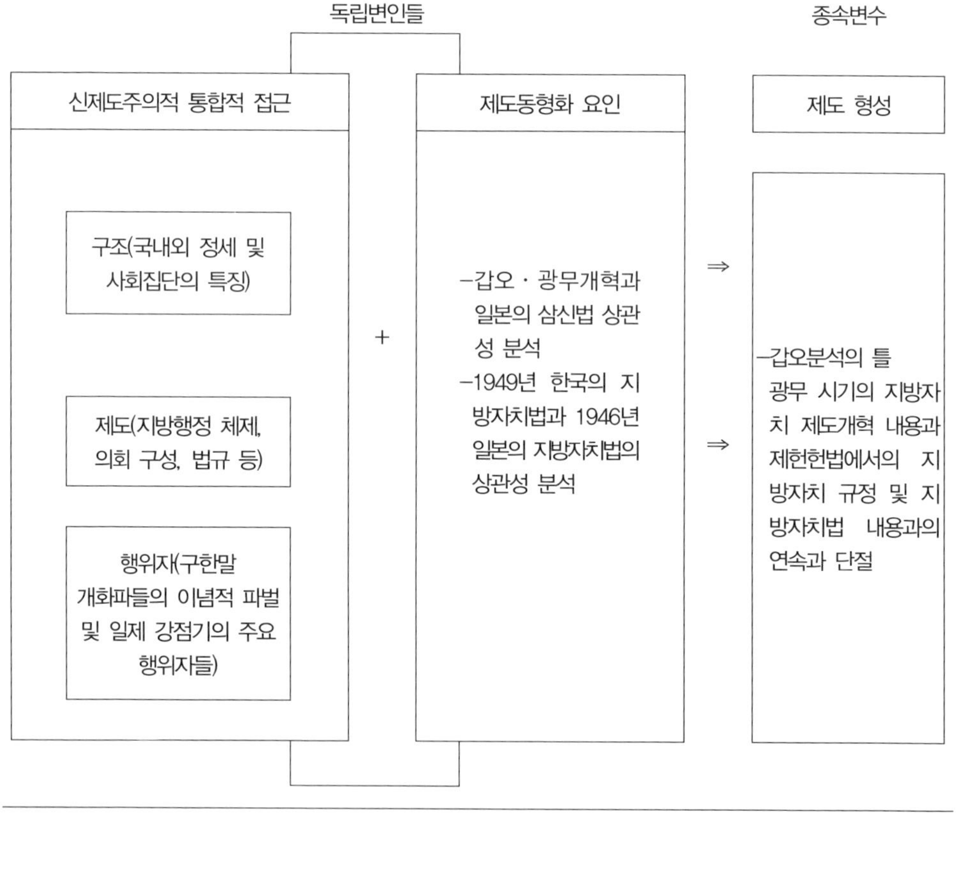

와의 동형화 요인도 작용했을 수 있다고 가정했기 때문이다. 한편, 1948년 대한민국 건국 이후 제헌헌법, 1949년의 지방자치법의 제정 등 우리의 지방자치제도 형성을 종속변수로 설정했다. 분석의 시점은 1896년의 광무개혁, 그리고 광무개혁의 원형이 된 1895년의 갑오개혁의 제1차 지방제도 개혁부터 시작하고자 한다. 왜냐하면 이때부터 처음으로 지금의 지방의회와 같은 향회(鄕會) 제도가 실시되었고 지금과 같은 중앙정부-광역자치단체-기초자치단체의 지방행정 체제가 갖춰진 근대적 의미에서의 지방자치가 실시되었다고 보기 때문이다. 앞의 [그림 1-1]은 분석의 대상 시기 및 내용에 대해 요약한 것이다.

제3절 갑오·광무개혁에서 일제 강점기와 대한민국 건국 이후 지방자치제도 형성

1 구조적 관계: 국내외 정세 및 사회집단의 특징

1894년 12월 12일에 제정된 홍범(洪範) 14개조가 선포될 때까지 조선의 지방행정 체제는 전국 8도 체제였다. 그 이후 1896년 광무개혁에 의해 13도 체제로 개편될 때까지 조선의 8도 체제는 중앙정부가 정점에 서서 광역-기초 지방행정 체제의 수직적인 관계를 의미하는 것은 아니었고, 전국을 지역의 중요도에 따라 부(府), 목(牧), 대도호부(大都護府), 도호부(都護府), 군(郡), 현(縣)으로 평면적으로 구분한 뒤에 수령을 지방행정 책임자로 파견해 업무를 처리하도록 하는 지방행정 구조였다(성낙인, 2012: 14). 8도의 관찰사는 계선상의 상관으로 목(牧)-군(郡)-현(縣)의 수령보다 높은 지위에 있는 행정관료가 아니었으며 직접적으로 지방행정에도 관여하지 못했다. 각 수령들은 자신이 맡고 있는 지방행정 구역에서 관찰사의 지휘를 받지 않아도 되었던 것이다. 즉, 국왕과 목-군-현의 수령까지 곧바로 연결되는 구조가 갑오·광무개혁 시기까지 지속되었던 것이다. 이와 같이 법적으로는 수령 1인이 관할 지방의 행정을 총괄 처리할 수 있었으나 지방행정의 집행은 목-군-현 고을의 호장(戶長)과 육방(六房)의 향리(鄕吏), 색리(色吏)들에 의해 이뤄졌다. 이들 향리와 행정 경험이 있는 양반들을 포함한 지방 유지들이 때로는 향리청(작청)을 조직화해 집행 업무를 장악함으로써 비리를 발생시키기도 했다. 이들은 수령과 향리들을 지원하기도 했으나 견제 세력화되어 향촌에서 삼강오륜(三綱五倫), 향음주례(鄕飮酒禮), 향사례(鄕射禮) 등 자치 규약을 통해 지방의 주민들에게 적용하도록 하기도 했다. 따라서 이대희(2015)에 의하면 "조선의 지방행정 체제는 중앙에서 파견된 관리에 의해 일방적으로 집행이 된 권위주의적인 체제가 아닌 지방분권형의 중앙과 지방과의 국가 체제라고 볼 수 있다."는 것이다. 그렇다고 조선의 지방행정을 지금의 개념으로 봐서 지방분권적이라고 평가하기는 힘드나 흔히들 알고 있는 바와 같이 강력한 중앙집권제의 나라라고 볼 수도 없다.

이와 같은 조선의 지방행정 체제는 대원군 개혁 때부터 서서히 바뀌어 가기 시작한다. 대원군은 1864년(고종 2년)의 서원 철폐나 1866년의 안동 김씨 권세가들의 타파, 조선 건국 최초로 평안도에서의 과거 실시 등을 통해 지방의 토호(土豪)들에 의해 장악된 향리청(작청)의 무단(武斷) 지배를 배제하고 정부가 직접 향촌사회를 통제하려 했다. 즉, 조선 정부는 군현(郡縣) 자율에 맡겨 처리했던 기존의 군현 지배 방식에서 탈피해 낮은 수준이지만 군현 지배 기구를 국가관료 체제에 편입시켜 비로소 지방 지배의 일원화를 실현하려 했던 것이다(김태웅, 2012: 107). 고종 시기에 이와 같이 지방제도 개혁을 단행하게 된 동기는 일찍이 정약용이 지적한 바와 같이 국가 부세와 함께 군현으로 분리된 지방 부세가 농민의 세금 부담 능력을 고갈시켜 향촌사회의 심각한 문제로 부각되었기 때문이다. 이는 유형원의 지방제도 개혁론에서 시작되어 정약용, 이진상 등이 군현제 개혁론을 주장한 것과 그 궤를 같이한다.[2] 그리고 1862년 삼남(三南) 지역의 대규모 민란이 봉기된 이후 1863년 고종의 등극, 대원군의 1864년, 1866년의 향촌사회 개혁이 이뤄지게 되어 당시 조선의 지방행정 체제 개편에 대한 근본적인 논의는 19세기 중엽에 이미 시작되었다고 볼 수 있다.

---

2) 정약용, 「경세유표」 4, 천관 수제, 군현 분등, 김태웅(2012: 86), 〈표 9〉 정약용의 군현 분등 구상에서 재인용.

2 제도화 과정: 지방행정 체제, 의회 구성, 법규 등

1) 지방행정 체제 개편

1894년 청일전쟁의 결과 조선 내정도 숨가쁘게 돌아가면서 갑오개혁까지 이른 점은 주지의 사실이다. 이 시기에 김홍집 등의 친일 개화파가 주도한 제1차 지방제도 개혁(1895년 윤5월 1일, 양력 6월 18일)이 단행되나 그 생명은 1년도 가지 못한다. 제1차 지방제도 개혁의 전국을 23부 체제로 개편한 것은 조선 500여 년 동안 대 내내 유지되어 왔던 8도 체제를 크게 개편하는 것으로서 행정 관행이나 국민들의 생활을 근본적으로 동시에 개편해야만 가능한 일이어서 1년 만에 광무개혁에 의해 23부 체제는 폐지되고 과거 8도 체제를 보완하는 형태로 13도 체제로 바뀌게 된다. 지방행정 체제를 재편하려 했던 것은 부, 목, 현 등의 지방행정 단위의 균질성 및 지방 관속의 정리와 조세 부과의 형평을 통해 지방 지배의 효율성을 제고하려 했던 데에 목적이 있었다. 이러한 목적을 알 수 있는 것은 1895년 5월 23부제 개정에 관한 청의서(請議書)에서 구체화되어 나타나고 있다. 당시 갑오개혁 추진 세력들이 지방행정 단위를 개편하는 이유를 다음과 같이 들었다. "첫째, 감영·안무영 등은 매우 광활한 지역을 관할하고 있어 국가의 지방 지배를 원활하게 수행하는 데 장애 요소가 많았다는 것이다. 둘째, 기존 감영 이서의 수를 감축해야 하는 이유를 들었다. 이서들의 수가 많아 직책이 분명하지 못하고 용비(冗費: 쓸데없는 비용)와 민막(民瘼: 민폐)이 되고 있었기 때문이다. 그래서 관리의 직분을 확정해 경비를 절감하려 한 것이다. 셋째, 지방 관속들에 대한 중앙정부의 임면권을 행사하려 했다. 감사 등으로부터 관속 임명권을 박탈해 관직 매매를 제거하고 지방 관속에 대한 장악력을 높이려 했던 것이다. 넷째, 지방 관속의 봉록을 책정하려 했다. 관찰사를 비롯한 지방 관속들에게 봉급을 후하게 책정하되, 중앙정부의 표준을 참작하면서 지방 사정에 따라 조정하려고 했던 것이다. 특히 기본의 향리에 해당되는 주사(主事) 이하 관속들이 중앙정부의 배정 기준에 맞춰 봉급을 받기에 이르렀던 것이다. 이와 같은 이유들 때문에 1896년 8월 정부는 약 1년 정도 시행한 23부제를 폐지하고 13도제를 시행했다. 이른바 제2차 지방제도 개혁이 이뤄진 것이다. 기존의 23부제가 소기의 성과를 거두지 못했을 뿐만 아니라 국가 재정의 압박으로 인해 지방 경비의 축소가 요구되었기 때문에 이를 다시 고친다는 것이다"(윤정애, 1985:105).[3] 즉, 제1차

표 1-3 23부제에서 13도로의 지방행정 체제 개편

1895년		1896년 8월 4일(고종 33년)	
부명(府名)	소속 군 수(郡數)	도명(道名)	소속 군 수(郡數)
한성부(漢城府)	11	경기도(京畿道)	4부 34군
인천(仁川)	12	충청북도(忠淸北道)	17군
충주(忠州)	20	충청남도(忠淸南道)	37군
홍주(洪州)	22	전라북도(全羅北道)	26군
공주(公州)	27	전라남도(全羅南道)	1목 32군
전주(全州)	20	경상북도(慶尙北道)	41군
남원(南原)	15	경상남도(慶尙南道)	1부 29군
나주(羅州)	16	황해도(黃海道)	23군
제주(濟州)	3	평안남도(平安南道)	23군
진주(晉州)	21	평안북도(平安北道)	21군
동래(東來)	10	강원도(江原道)	26군
대구(大邱)	23	함경남도(咸鏡南道)	1부 13군
안동(安東)	17	함경북도(咸鏡北道)	1부 9군
강릉(江陵)	9	한성부(漢城府)	5서
춘천(春川)	13		
개성(開城)	13		
해주(海州)	16		
평양(平壤)	27		
의주(義州)	13		
강계(江界)	6		
함흥(咸興)	11		
갑산(甲山)	2		
경성(鏡成)	10		

출처: 1895년 제1차 지방제도 개혁에 따른 23부제는 왕현종(2003: 277)을 참조했으며, 1896년의 제2차 제도 개혁은 필자가 재구성.

3) 23부제와 13도 체제에 대한 글은 윤정애(1985) 등에서 인용해 축약했음.

지방제도개혁이 포함된 갑오개혁은 1896년 2월 11일 '아관파천'으로 김홍집 내각이 무너져 왕정이 회복되고 같은 해 8월 제1차 지방제도 개혁에서 추진했던 전국 23부제를 폐지하고 13도제를 시행하면서 끝나게 된다. 고종이 단행한 '광무(光武)개혁'기의 제2차 지방제도 개혁에 의해 폐지된다. 그 이유는 박영효 등 친일적인 개화파가 주도한 전국 23부제가 소기의 성과를 거두지 못했을 뿐만이 아니라 국가재정의 압박으로 인해 지방 경비의 축소가 요구되었기 때문이다. 그러나 23부제 이전에 8도 체제로 복귀하는 것은 아니었고 전국을 13도 체제로 바꾸면서 23개 각부와 도를 재분할 및 통합하는 형태로 재편되었다. 예를 들어, 경기도가 좌, 우부였던 것을 하나로 통합하고 수도인 한양에는 한성부를 두어 도시행정이 가능토록 했다. 이와 같은 지방행정 체계 개편의 근원은 『여유당집(與猶堂集)』에서 정약용이 주장한 조선 12성(省)제와 13도제도의 상관성을 지적하는 연구도 있다. 김태웅은 광무개혁 시기의 13도제는 정약용의 12성제와 매우 유사해 도의 경계구역이 경상도를 제외하고는 대체로 일치하며 군제(郡制)개혁안도 일치하고 있다(김태웅, 2012: 281-282)고 주장한다. 13도 체제로의 변화가 갖는 의미는 단순히 전국을 8도에서 13도로 세분화시켰다는 데에 의의가 있는 것이 아니다. 이전의 8도 체제에서 관찰사와 목-군-현이 수평적 관계를 의미하는 것이 아니라 13도의 도와 한성부를 상위의 지방행정 단위로서 그리고 부, 군, 서를 하위의 지방행정 체제로 개편했다는 의미에서 지금의 중앙-광역-기초 지방자치단체의 기틀을 구축했다는 데에 근대적 지방행정 체제를 갖춰가고 있다는 점에서 그 의의를 찾을 수 있다.

그러나 이러한 광무개혁은 러일전쟁에서 승리한 일본이 1906년 1월 통감부를 설치함으로써 단절된다. 일제 강점기 초기에는 한국인의 지방자치를 철저하

표 1-4 일제 강점기의 지방행정구역 개편

	도(道)	부(府)	도(島)	군(郡)	읍(면) 邑(面)	정동리 (町洞里)
1912	13	12	-	317	4,341	61,473
1916	13	12	2	218	2,517	28,383

출처: 임승빈(2012).

게 봉쇄하면서도 '지방 개발'을 내세워 군(郡)과 부(府), 도(道)를 넘어 면리 단위의 재원까지 수탈함으로써 지속적으로 세입을 징수할 수 있는 기틀을 구축하고자 했다. 1910년 이후에도 지방행정 체제는 〈표 1-4〉에서 보여지는 광무개혁 시기에 이뤄졌던 도・부 체제가 기본적으로 유지되나 수도 한성부는 경기도로 편입된다(임승빈, 2015a).

2) 지방의회제도 도입

광무개혁에 의한 제2차 지방제도 개혁은 1896년 8월 4일 칙령 36호인 「지방제도 관제 개정건(地方制度官制改正件)」으로서 전국을 13도, 한성부(漢城府), 7부(府), 1 제주목(牧), 331군(郡)으로의 행정 체제 개편을 지칭할 수 있다. 이때의 광무개혁은 '구본신참(舊本新參)'을 원칙으로 삼아 외세 의존을 불식시키면서 주권 국가를 건설하려는 의지를 강하게 내포했다. 일본에 의해 훼손된 황제의 권위를 세워 국권을 강화하고 서양의 법과 사상을 받아들이며 어윤중 등 온건 개혁파를 중용하면서 중앙의 집권력을 지방에 침투시키고자 하는 지방행정 체제를 개편했던 것이다. 또한, 동시에 지방의회 성격의 향회(鄕會)를 통해 그들 스스로 향장(鄕長)을 선출케 하는 근대적인 지방자치제도의 시발점이기도 했다. 향회가 갖는 의의는 갑오・광무개혁기에 추진했던 주민자치의 제도화 과정에서 찾아볼 수 있다. 갑오개혁기에 「향회조규(鄕會條規)」를 만들고 1905년도에는 당시 강원도 관찰사였던 김성규에 의해 일부가 수정된 「향약판무규정(鄕約辦務規程)」에 의해 군(郡)-면(面)-리(里)의 향회가 조직된다. 「향회조규」와 「향약판무규정」에 의하면 향회의 정신은 향약에서 구하되 지방제도 개혁에 자치적 경향을 넣었을 뿐만이 아니라 구체적으로 군수의 행정 집행을 감독하고 군수의 횡포를 견제하는 의사기구로서의 역할을 부여한 점은 지금의 지방의회와 같은 정도는 아니지만 당시로서는 주민자치의 제도화로서 평가할 만하다. 또한 향회에서는 향장으로서 세 명을 추천하고 군수가 이 가운데 한 명을 향장을 임명하는 등 상당한 자치권을 주민에게 부여한 것이다. 갑오개혁의 「향회조규」와 광무개혁의 「향약판무규정」 양자의 차이점은 「향약판무규정」에서는 리(里) 단위의 향회는 민란의 가능성 등의 이유를 들어 만들지 않았지만 두 개의 규정 모두 지방민이 중

표 1-5 1895년 광무(光武)개혁기의 지방 향회의 구성원과 기능

각급 향회	구성원	기능
대향회(大鄕會)	도약장(都約長),[4] 면약장(面約長), 각면(各面) 각리(各里)의 두민(頭民)·존위(尊位), 각리(各里) 중 해사민인(解事民人)[5]	지방관리 규찰, 상소, 행정감독
도향회(都鄕會)	도약장(都約長), 면약장(面約長), 각면(各面) 각리(各里)의 두민(頭民)·존위(尊位)	지방관리 규찰, 상소, 행정감독
향회(鄕會)	도약장(都約長), 면약장(面約長)	향장,서기, 순교 선출, 지방관리 규찰, 상소, 행정감독

출처: 김태웅(2012: 343)의 〈표 16〉)을 재인용.

앙관리인 군수를 견제할 수 있는 기능을 부여했다는 측면과 지금의 읍면동장에 해당되는 향장을 스스로 선출했다는 점에서 근대적 의미의 지방자치의 제도화 과정의 시작이라고 평가할 수 있겠다. 즉, 갑오·광무개혁 시기의 지방자치제도가 이전의 조선 시대의 신분제적 요소의 향약과 다른 점은 향회들인 군(郡)-면(面)-리(里) 단위별로 향회의 역할이 오늘날의 지방의회의 역할과 유사한 기능을 수행했다는 측면에 대해 역사학계[6] 및 법학을 연구하는 분야에서는 지방자치제도의 근대성이라는 측면에서 그 의의를 찾고 있다(이기우, 2009: 28; 최봉기, 1986: 18). 〈표 1-5〉는 1895년 광무(光武)개혁기의 지방 향회의 구성원과 기능에 대해 요약한 것이다.

광무개혁기에 중앙정부의 내부(內部)-관찰사(觀察使)-군수(郡守)-면임(面任)-리임(里任)이라는 수직적인 행정조직과 동시에 대향회(大鄕會)-도향회(都鄕會)-향회(鄕會)라는 자치조직의 형성은 일부 지역에서는 반발이 있어 실행이 안 되었던 곳도 있었으며 또한 러일전쟁의 발발로 인해 전국적 단위에서의 실현

4) 약장(約長)이라 함은 조선 시대부터 내려온 향약(鄕約)의 장(長)을 일컬음.
5) 향회 단위에 있는 민원을 처리하는 사람을 해사민인(解事民人)이라고 지칭했음.
6) 갑오와 광무개혁 내용에 대한 사학계의 논의는 다음을 참조. 김용섭(1984), 韓國近代農業史硏究 下, 서울: 일조각. 송병기(1976), 光武改革硏究 『史學志 10』, 서울: 단국대. 왕현종(2003), 한국 근대국가의 형성과 갑오개혁, 서울: 역사비평사.

여부가 불투명해진 것도 있으나 당시의 이러한 지방자치의 제도화는 지방행정의 근대화를 통해 향촌사회의 안정과 국권의 확립을 목표로 했다는 점에서 광무개혁이 일제가 아닌 스스로의 개혁 추진이었다는 점에서 재평가가 필요하다(김태웅, 2012: 341-342).

이후 1906년 1월 일제 통감부는 갑오·광무개혁기에 단행되었던 지방행정 체제는 유지하면서 주민자치의 근대적 제도였던 대향회(大鄕會)-도향회(都鄕會)-향회(鄕會)를 폐지한다. 일제는 1906년 12월에 통감부의 「군주사명심규칙」과 「군주사세칙」를 통해 향회 및 향회에서 선출하는 좌수 및 향장제도를 폐지한다. 이로써 기존에는 군(郡)의 주사(主事)는 좌수(座首) 및 향장(鄕長) 등 고을의 수장들에 대한 견제하는 역할이 있었으나 통감부의 규칙과 세칙 제정에 따라 군수(郡守)의 명령만 따를 것과 군의 주사(主事)를 일본인으로 채웠다는 점에서 주민의 의견을 반영하기보다는 통감부의 중앙집권적 통치제도를 만들고자 했던 것이다. 따라서 일제에 의해 광무개혁 시기에 단행된 근대적인 주민자치는 제도화로 연속된 것이 아니라 단절되었다고 평가할 수 있다.

3) 일제 강점기의 지방의회제도 운영

일제 강점기의 도시 행정 단위인 부의 협의회 구성은 부윤의 자문기관으로 협의회원은 부주민으로서 명망과 식견을 갖춘 일본인과 한국인 가운데 총독의 인가를 받아서 도장관이 이를 임명하는데, 임기는 2년으로 했다. 협의회의 정원은 총독이 정했다. 경성부(京城府)의 경우 최초로 부협의회가 구성된 것은 1914년이었으며 협의회원 12명은 모두 총독에 의해 임명되었다(서울行政史, 1977). 일제 강점기 때 부협의회 회원이 주민들의 선거에 의해 선출되기 시작한 시점은 1931년 제령 제7호에 의한 부제(府制)에 따라 실시된다. 종전에는 부협의회 구성은 총독의 인가를 받아 13개 도(道)의 장관이 이를 임명했으나 선거하게 된 것이다. 이때 규정된 부협의회원의 정수는 그 부의 인구에 따라 12명 이상 30명 이내로 조선총독이 정했으며, 인구는 도지사의 인정에 따랐다. 이와 같은 부협의회는 경성부에도 있었으며, 그 이후에는 실질적인 큰 변동은 없었다(임승빈, 2015b: 350).

1931년 부협의회 선거 전에 1930년 12월 1일에는 도제, 부제 및 면제를 개정했다. 개정 내용은 도평의회를 도회로 바꿔 의결기관으로 하면서 3분의 1은 도지사의 임명, 3분의 2는 부회의원 · 읍회의원 · 면협의회 회원의 간접선거에 의해 구성하도록 했으며 1934년에 시행된다. 따라서 도회(道會)는 앞서 언급한 1931년 시행된 지방선거는 부회 및 읍(종래의 지정면)회를 의결기관으로 하고 면(지정면 이외의 면)협의회를 자문기관으로 한 것이다. 면에는 새롭게 면협의회가 설치되었으며 이 가운데 총독이 지정하는 지정면(指定面) 협의회는 선거제로 하고 나머지 면협의회는 군수 · 도사의 임명제로 정했다. 면협의회원의 임기는 3년, 정원은 8~14명의 범위 내에서 총독이 정하게 되었다. 자문 사항은 세출입 예산의 결정, 사용료 · 수수료 · 부과금 등의 징수에 관한 것 등이었다. 보통면의 협의회원은 지방 유지의 의견을 참작해서 군수 · 도사가 임명했다. 도평의회와 부 · 면협의회가 모두 자문기관이라는 점에서는 이전과 다르지 않았지만 부와 지정면 협의회에 한해 주민이 직접 선출한다는 점에서 큰 차이가 있었다. 특히 면협의회에는 2,500여 면에 선거든 임명이든 8~14명의 협의회원을 두도록 하고 있어 면행정에 3만여 명의 인물이 간접적으로나마 '참여'하는 효과를 보게 되었다. 한편 면협의회의 경우에는 선거 · 피선거 · 피임명권의 범위를 면부과금 5원 이상 납부자로 제한함으로써 해당하는 주민이 극소수에 불과해 납부 하한액을 하향 조정해 면부과금 3원을 납부하는 층까지 대상을 확대한 곳도 있다. 이렇게 구성된 각각의 지방협의회들은 ① 중요한 사항을 의결하고, ② 공익에 관한 의견서를 관계 관청에 제출하며, ③ 관청의 자문에 답신하고, ④ 예 · 결산을 심의하고 검사하는 권한 등이 있었다. 물론 그 전의 자문기관 성격의 부협의회 등보다는 질적 · 양적으로 권한이 확대되었으나 일제 강점기의 중앙집권적 통치 방침을 고쳐 주민자치의 실현을 위한 지방자치제도는 아니었다. 왜냐하면 조선총독이 임명한 지방단체장이 자의적으로 각 협의회의 의결을 취소할 수 있었고 총독은 도회나 부회 등을 해산 권한까지 갖고 있었으므로 근대적 의미의 주민의 대의기관인 지방의회라고 볼 수는 없다. 또한 부협의회 구성원들을 보면 조선에 거주하는 일본인들이 많이 차지했고 일부는 친일 자본가들의 의회 진출을 도와주었기 때문에 지금의 지방의회 구성의 원리와도 맞지 않는다(임승빈, 2015b: 351-352).

3 행위자: 구한말 개화파들의 이념적 파벌 및 일제 강점기의 주요 행위자들

1894년 동학농민전쟁과 청일전쟁 등은 당시 조선사회 전체를 뒤흔든 사건이었을 뿐만이 아니라 국가 체제를 위협하고 제도 개혁을 강하게 요구하게 된다. 갑오개혁은 일본의 군사적 지원 속에 단행된 것이기도 하나 특히 이 연구에서 주목하고 있는 개혁의 내용을 보면 일본의 제도를 그대로 이식시킨 것이 아니라 조선정부가 주도적으로 지방제도 개혁을 추진한 부분도 간과할 수 없다. 당시 지방제도 개혁 그룹으로는 두 가지 흐름이 있었다. 하나는 지방 민의를 적극적으로 수용해 전통적으로 존재했던 지방조직인 향회(鄕會)를 재구성하는 등 근대적 의미의 지방자치를 추진하고자 했던 박정양, 어윤중, 유길준 등의 온건 개혁파 그룹과 다른 하나는 서구 및 일본과 같이 입헌군주제의 중앙정부와 그에 따른 지방자치제도를 그대로 이식하고자 했던 김옥균, 박영효 등의 급진 개혁파로 나눌 수 있다. 전자는 조선 말에 지방개혁론을 주창했던 유형원과 정약용을 잇는 사상체계를 가졌으며 향회 구성, 향회 거버넌스가 개혁의 핵심 대상이었다. 어윤중, 박정양, 김성규, 유길준 등에 의해 추진된 향회는 조선 시대에 있었던 향약이 기본이 되어 양반 사족(士族) 중심의 향회와는 달랐다. 각 면(面) 단위 지방민이 참여해 향원(鄕員)을 선출하고 향원은 양반과 평민 등의 신분을 막론하고 선출되었다. 큰 읍(邑)의 향원은 3원, 중읍(中邑)은 2원, 읍(邑)은 1원을 납부하는 사람들이 선출되도록 했다는 점에서는 지금의 관점에서 보면 제한선거이기는 했으나 당시의 세계사적 관점에서는 결코 후진적이라고 볼 수 없다.

그렇다면 이 두 가지 당시 조선 말의 지방자치의 개혁의 움직임 가운데 어느 쪽이 선택되어 추진되었는가 한다면 1985년 윤5월 박영효의 일본 망명으로 갑오개혁의 담당자였던 박정양, 어윤중, 유길준 등이 주도적인 정책담당자들이 된다. 이들은 1896년의 광무개혁에서 주요한 역할을 하여 1906년 1월 일본의 통감부 설치 이전까지 13도-군-현-면 지방행정 체제를 개편하고 향회를 도입하는 등 지금의 지방행정 체제 및 주민자치 정신과 크게 다르지 않다. 군-현-면의 수장을 견제하는 각 단위의 향회가 교육, 행정, 토목, 세정 등 폭넓은 논의가 가능했으며 군수를 견제하는 의회 역할을 담당했기 때문에 지금과 비교해 봐도 군수만 직접 선출하지 않았을 뿐이지 주민의 의견이 충분히 반영될 수 있고 동시에 견제하는 제도를 구축한 것이라고 평가할 수 있다(왕현종, 2003: 286). 특히 "이 시기의 지방제도 개혁에서 가장 주목되는 점은 지방자치적 향촌 운영을 목표로 하고 있었던 「향회조규(鄕會條規)」와 「향약판무규정(鄕約辦務規程)」 등을 제정해 중앙집권적 통치를 확고히 하는 것이 아닌 자율적 성격의 주민자치의 제도화의 기틀을 구축하려 했다는 데에 그 의의를 찾을 수 있다.

4 제도의 동형화 요인: 갑오 · 광무 시기의 지방자치제도 개혁과 지방자치법 제정 및 지방자치제도 실시(1949~1952년)

제도의 동형화 현상에서는 1949년에 제정된 지방자치법에 대해 19세기 일본의 지방자치제도 및 일제 강점기의 지방행정제도가 어느 정도 영향을 미쳤는가에 대한 분석이다. 일본에서는 1878년의 '삼신법(三新法)'[7]과 1888년에서 1890년 사이에 공포된 '시제 · 정촌제(市制 · 町村制)' 그리고 '부현제 · 군제(府縣制 · 郡制)'로 제도화를 통해 근대적 의미의 지방자치제도가 시작된다. 그러나 19세기 말 일본의 메이지(明治)정부는 주민의 민의를 반영하는 우리의 향회(鄕會)와 같은 지방의회가 만들어지지는 않고 지방행정 체계의 개편을 통해 중앙집권화의 효율성을 꾀하고자 했기 때문에 우리의 향회제도와 다르다.

1894년 갑오개혁 당시 실제적인 최고 책임자였던 어윤중(魚允中)이 일본이 요구하는 중앙과 지방의 '관제 개혁'을 반대했다는 사실은 당시 일본 공사인 이노우에 가오루(井上馨)가 본국의 외무대신에게 보낸 서찰에서 잘 드러난다. 1985년 2월 2일 이노우에 공사는 본국의 외무대신 무쓰 무네미쓰(陸奧宗光)에게 보낸 비밀 전문에 다음과 같이 보고했다. "어윤중이라는 자는 이재상(理財上)에서 자설(自說)을 주수(株守)해서 … 본관의 의견을 쓰지 않는 것이 왕왕 있다 하며 경계 대상이라고 말하고 있다"(김태웅, 2012: 189). 또한 어윤중과 함께 갑오 · 광무개혁기에 대신을 역임했던 박정양(朴定陽)도 일본의 관제 개혁을 반대한다. 1894년 어윤중과 박정양은 함께 일본의 관제 제도조사시찰단의 일원으로

7) 삼신법은 군구정촌편별법, 부현회규칙, 지방세규칙을 지칭한다.

건너가지만 두 명 모두 일본식의 지방제도 개혁에는 동의하지 않고 반대의 입장에 선다. 박정양의 경우는 '일본의 군구정촌편제법'에 대해 자세한 보고서를 작성했으며 일본의 지방행정 체제가 중앙정부의 내무성 관할이라는 점과 부현회에 관한 내용 등도 정확히 파악하고 있었음을 알 수 있다. 부현회가 미국의 공화제를 모방한 것이며, 구체적으로 선출 방법과 운영 방법 등에서도 자세히 기술하고 있었다. 그러나 그는 일본의 지방제도를 이식하지 않고 당시의 일본 정치제도와 경제정책, 지방세정책을 비판적으로 보아 갑오·광무개혁에서는 이와는 다른 지방제도 개혁을 추진하게 된다. 어윤중과 박정양의 이러한 태도는 갑신정변의 주동자인 김옥균 등의 급진 개화론자의 군민공치론[8]들과 대비되어 중도적 색채로 분류되었으나 결과적으로는 구한말의 지방제도 개혁은 3일 천하에 끝난 갑신개혁이 아니라 갑오·광무개혁기에 주도권을 잡은 어윤중, 박정양, 유길준 등이 추진하게 된다. 예를 들어, 23부제 개혁은 갑신정변 이후 일본으로 망명했던 박영효(朴泳孝)가 제2차 김홍집 내각의 내부대신으로 복직된 뒤 단행되었으나 이 역시 앞서 언급한 바와 같이 단명하게 된다. 박영효가 주도했던 갑오개혁 시기의 전기에 시행한 23부제는 당시 일본이 폐번치현(廢藩置縣), 부현제(府縣制)와 매우 유사해 제도의 동형화라고 볼 수도 있으나 생명이 길지 못했으며 지금 우리의 지방행정 체제와의 연속성은 없다.[9] 그 이후 광무개혁에 의해 조선은 대한제국으로 국호를 고치고 앞서 살펴본 바와 같이 일본 제도와는 다른 독자적인 지방자치제도를 구축해 나간다. 이영호(1993)가 지적한 바와 같이 "갑오·광무개혁을 통해 근대 국가 체제에 적합한 형태의 지방사회 행정조직이 마련되지 못한 채, 러일전쟁 이후 일제에 의해 지방행정제도의 개편이 시도됨으로써 지방사회 지배 세력의 재편성 과정은 자주성을 침해받게 되었다."는 지적은 근대적 의미의 지방자치 제도화의 시도가 단절되었다는 의미이기도 하다. 요약하자면 일제

---

8) 박영효 등의 급진 개화론자들의 군민공치론은 군현에 군현회를 만들고 민으로 하여금 민사를 논의케 해서 공사 양쪽에 편의를 도모하자는 논조였다. 이는 일본의 지방자치제도를 염두에 두고 제안했으며 구체적으로는 일본의 1878년의 '삼신법(三新法: 군구정촌편별법, 부현회규칙, 지방세규칙)'을 염두에 둔 것이었다(김태웅, 2012: 198).

9) 박영효는 23부 관찰사도 임명했는데 대부분 친일파 성향의 관료들로 채워졌다. 그러나 23부 지방행정 체제 개편은 실시 14일 만에 박영효가 법부 조사를 받는 위치로 전락하면서 제도 개혁은 탄력을 잃게 된다(이대희, 2015: 28).

강점기에서의 지방행정 체제는 1986년의 13도 체제를 큰 틀에서는 유지하면서 의회제도는 법률이 아닌 칙령, 즉 총독부령으로 다스려졌으며 주민자치적인 지방의회가 아니라 자문 성격, 그것도 일본인 거류민을 위한 자문 성격의 지방협의회 제도였던 것이다. 따라서 당시 우리나라에서 시행된 지방자치제도는 당시 일본의 지방자치제도와의 단절은 물론이었으며 일본의 패망 이후 1946년 제정된 일본의 지방자치법과도 상관성을 찾아볼 수 없다고 볼 수 있다(임승빈, 1997: 423).

5 종속변수에 관한 설명: 1948년 7월 17일 헌법과 1949년 7월 4일 지방자치법(법률 제32호)의 제정

1948년 7월 17일 제정 공포된 제헌 헌법에서의 지방자치제도에 대한 근거 조항과 1949년 7월 4일 지방자치법(법률 제32호)의 내용이 이전의 갑오・광무개혁 또는 일제 강점기의 지방행정과의 상관성을 살펴 지방자치제도의 연속성과 단절을 규명할 필요가 있다. 제헌헌법 제96조에서는 "…지방자치단체에는 각각 의회를 둔다. 지방의회의 조직, 권한과 의원의 선거는 법률로써 정한다."라고 규정했다. 먼저 갑오・광무개혁기의 지방자치제도와 제헌헌법 및 1949년 지방자치법의 상관성을 보면 지방자치법 제2조에 의하면 지방자치단체의 종류로서 ① 도와 서울특별시 ② 시, 읍,면의 두 종류로 나눠 규정했다. 기관 구성 형태는 동법 98조에 의하면 주민이 직선으로 선출하는 지방의원으로 구성되는 지방의회만을 규정했으며 지방자치단체의 장은 도지사와 서울시장의 경우는 대통령이 임명하고 시, 읍, 면장은 각각 해당 의회에서 선출하도록 한 점은 갑오・광무 시기의 군(郡)-면(面)-리(里) 단위별로 향회(鄕會)를 두고 향장(鄕長)을 선출하는 방식과 완벽한 연속성을 발견할 수 있다.[10] 즉, 일제 강점기에 군(郡)-면(面)-리(里) 단위의 향회를 폐지하고 자문회의로 바꾼 것은 1949년 지방자치법과의 단절이었

10) 1949년 제정된 지방자치법에 의해 지방의회를 구성할 수 있게 되었으나 1950년 6・25 동란으로 지방의회의 구성이 지연되다가 이승만 정권의 1952년 4월 25일에 헌법 개정에 의해 첫 지방선거가 실시된다. 당시 지방선거는 서울특별시와 경기도, 강원도는 완전 미수복 지역으로 선거지역에서 제외하고, 전라북도 남원・완주・순창 및 정읍의 4개 군은 치안 관계로 선거를 연기해 7개 도에서만 실시되었으며 단체장 선출의 선거가 아니었으며 지방의회만을 구성했다.

다는 점을 말해주고 있다. "향회의 운영 방식은 향촌 자치적 성격이 강했으며 향촌 질서의 주체로서 종래 재지양반만을 대상으로 한 것이 아니라 새로운 자산가층, 부요층을 대상"(왕현종, 2003: 287)으로 했으므로 지금과 같은 민주주의 방식은 아니었다. 그러나 당시 보통선거와 평등선거가 보편화되어 있지 못한 19세기 말의 세계사적 관점에서 보면 충분히 근대적 의미에서의 지방자치제도가 실시되었다고 해도 과언은 아니라고 본다.

다음으로 제도의 동형화 현상에 대한 분석으로서 일본의 1946년 지방자치법의 제정과 1947년의 동법의 개정안을 살펴보더라도 일본에서는 지방자치단체의 기관 구성을 단체장과 지방의회를 각기 주민의 직선에 의해 선출하는 기관대립형으로 규정하고 있고 우리나라는 1949년 지방자치법에서 지방의회만 구성하도록 했으므로 양국 제도의 동형화 현상은 없었다고 평가할 수 있다. 우리나라에서는 시, 읍, 면장을 직선으로 선출해 기관대립형을 갖추게 되는 것은 1956년 2월 13일 지방자치법 98조 ①항 개정에 의해 실시하게 된다. 그러나 1958년 12월 26일 무려 35개 조문에 걸쳐 지방자치법을 개정하게 되는데 시, 읍, 면장까지 국가에서 임명하는 임명직으로 바꾸는 개악을 하게 되고, 1960년 4·19혁명에 의한 1960년 6월 15일 개정된 헌법에서 시, 읍, 면장을 직선으로 선출하게끔 바꾸게 되므로 우리나라의 지방자치제도 형성이 일본의 자치제도의 영향을 받았다고는 볼 수 없는 것이다. 앞서 언급한 바와 같이 지방행정구역의 경우도 일제 강점기의 연속이 아닌 갑오·광무 시기의 지방행정 체제와의 연속성이 강하다. 1949년 지방자치법에서는 일제 때 경기도에 편입되어 있던 서울시를 광역자치단체로서 특별시(서울특별시)로 위상을 회복한다. 이는 광무개혁 시의 한성부와 같은 광역자치단체로서 권한을 회복했다는 점에서 1896년 광무개혁의 13도 행정 체제 개편과 연속성을 갖고 있다(본문의 〈표 1-3〉 참조)고 해석될 수 있겠다. 다음의 〈표 1-6〉은 갑오·광무개혁에서 시작된 지방자치제도가 일제 강점기를 거치면서 1949년 지방자치법까지의 지방자치제도 변천과 주요 내용을 요약한 것이다.

〈표 1-6〉에서 보여지는 바와 같이 근대적 의미의 지방자치제도는 일제 강점에 의해 급진적 변화와 불연속성으로 해체와 대체(breakdown and replacement)가 되나 1949년 지방자치법에 의해 지방자치제도는 이전의 갑오·광무개혁과 연속성을 띠인 생존과 복귀(survival and return)로 회귀되었다고 해석할 수 있겠다.

표 1-6 갑오 · 광무개혁에서 일제 강점기의 지방자치제도 변천과 주요 내용

시기	제1차 지방자치제도 개혁(1895년 5월: 갑오개혁)	제2차 지방제도 개혁(1896년 8월: 광무개혁)	일제의 의한 통감부 통치 (1906년 12월)	일제 총독부의 지방행정 개편 (1914년 4월)
주요 행위자들	친일적인 김홍집 vs 자국론인 어윤중 ⇒	자국 중심의 개화파: 어윤중, 박정양 ⇒	일제 ⇒	일제
지방행정 체계	「향회조규(鄕會條規)」, 23부 336군 지방행정 체제	「향회조규(鄕會條規)」, 「향약판무규정(鄕約辦務規程)」, 전국을 13도와 한성부-7부1목331군으로 개편(수도인 한성부는 지금의 특별시와 같이 별도 행정 체제)	「군주사명심규칙(郡主事銘心規則)」과 「군주사세칙(郡主事細則)」, 전국을 13도와 한성부-7부 1목 331군 체제 유지	13도-12부218군2도(道):수도인 한성부를 폐지하고 경기도에 편입시킴.)
지방의회 제도	향회(鄕會)는 조선 시대에 있었던 향약의 기존 양반 사족(士族) 중심의 향회와는 달랐다. 각 면(面) 단위 지방민이 참여해 향원(鄕員)을 선출했다.	향회는 군수의 행정 집행을 감독하고 군수의 횡포를 견제하는 의사기구로서의 역할을 부여. 향회에서는 향장으로서 3명을 추천하고 군수가 이 가운데 한 명을 향장으로 임명하는 등 상당한 자치권을 주민에게 부여한 것이다.	향회 및 향회에서 선출하는 좌수 및 향장제도를 폐지. 군(郡)의 주사(主事)는 기존의 좌수 및 향장의 군수를 견제하는 역할과는 달리 오로지 군수(郡守)의 명령만 따를 것과 당시 군의 주사(主事)를 일본인으로 채웠다.	12부에 협의회 구성은 부윤의 자문기관으로 협의회원은 일본인과 한국인 가운데 총독의 인가를 받아서 도장관이 이를 임명. 임기는 2년, 협의회의 정원은 총독이 정했다.

제4절 결론

이상 논의한 바와 같이 우리나라의 근대적 지방자치제도 형성과 동인(動因)이 과연 갑오·광무개혁 시기의 지방자치제도가 당시의 일본의 자치제도로부터의 영향, 그리고 일제 강점기를 통한 제도 이식이 1949년의 지방자치법의 내용과 어느 정도 연속 또는 단절되었느냐다. 물론 지금의 한·일 양국의 지방자치제도 양상이 완전히 다르지도 완전히 일치하지도 않는다. 근대적 의미에서의 지방자치 제도화가 갖는 중요한 점은 주민들에 의한 민주적인 통제 시스템이 언제 어떠한 계기로 착근되었느냐를 밝히는 것이 연구의 시작이었다. 이런 관점에서 본문에서는 갑오·광무개혁 시기의 향회(鄕會)제도의 생성과 단절, 그리고 연속이 중요한 분석 대상이 되었다. 갑오·광무개혁 시기 추진했던 향회제도와 향회에서 선출한 좌수 및 향장제도가 주민들 스스로에 의해 지방자치제도로서 뿌리내리는 과정이었다고 볼 수 있었기 때문이다. 예를 들어, 1906년 12월의 통감부의 대향회(大鄕會)-도향회(都鄕會)-향회(鄕會)와 좌수 및 향장제도의 폐지에 반발해 일부 지역에서는 주민들이 기존 향장을 '민권향장(民權鄕長)'이라 유임케 하고 주민들이 급여를 마련했으며 또 일부 조선인 군수들은 향장을 없애면 민권사상이 다시금 기댈 곳이 없다고 판단해 군회(郡會) 규정을 만들고 면촌(面村) 제도를 조직한(김태웅, 2012: 361) 사례를 보면 광무개혁기의 향회는 군 행정기구의 보조기구나 하부기구가 아닌 관권을 견제하고 지방민의 자치 의식을 심어주는 근대적 제도의 시초라고 평가해도 손색이 없다고 본다. 갑오·광무개혁에서의 향회제도는 지금의 지방의회까지는 아니나 근대성을 지닌 지방의회적 성격의 제도화를 시도했으며 일제 통감부가 영향력을 발휘했던 1906년까지는 지역적인 편차는 있었으나 뿌리내리고 있었다는 점이다. 더군다나 본문에서 밝힌 바와 같이 이러한 제도화의 시도가 일제에 의해 단절되었으나 다시금 1949년 지방자치법 제정과 1952년 지방자치제 실시 과정에서 과거 갑오·광무개혁기의 향회제도와 연관성이 높다는 점이다. 즉, 일제 강점기 초기의 부·면 협의회, 그리고 강점기 후기의 부·면의회의 제도와 향회제도와는 단절되어 있으며 갑오·광무개혁기의 향회제도는 1949년 지방자치법과 1952년의 시도의회-시군의회-읍면의회제도로 생존과 복귀되는 현상을 규명했다. 본문의 행위자들 분석에 의하면 구한말 당시부터 지방자치의 제도화 과정에서 행위자들이 적극적으로 일본의 근대적 제도 이식을 단행을 통해 제도의 동형화 현상이 있었을 것이라는 가정은 틀렸다. 어윤중·박정양·유길준 등을 비롯한 당시의 지식인이면서 정부의 고위관료들이 조선의 정치 체제와 일본의 정치 체제가 다른 점을 충분히 인식하고 독자적인 지방자치 제도화를 꾀했다는 점 역시 규명한 점은 이 논문이 학문적 및 고증적 관점에서도 의의가 있다고 본다.

결론적으로 텔렌의 제도 변화 모형에 따르면 일제 강점기에 의해 갑오·광무개혁의 지방행정 체제와 의회제도는 일제의 의해 급진적 변화와 불연속성으로 해체와 대체가 이뤄졌고 해방 이후 급진적 변화를 겪으면서 갑오·광무개혁과는 연속성을 띤 생존과 복귀로 일정 부분 제도가 회귀되었다고 해석할 수 있겠다. 후쿠야마(Fukuyama, 2004), 커밍스(Cummings, 1984)와 국내외 일부 학자들이 주장하는 바와 같이 지금의 한국의 국가 발전의 원동력이 일제 강점기의 근대적 제도의 이식에 있었다는 주장은 근거가 없으며 역사적 사실에도 맞지 않다는 점을 밝혀냈다는 데에서 이 논문의 궁극적인 의의를 찾을 수 있다고 본다.

제 2 장

민선 지방자치 20년의 변화 분석과 향후 개선 방안

김필두

제 1 절 서론

지방자치는 일정한 지역을 기초로 하는 지방자치단체가 중앙정부로부터 상대적인 자율성을 가지고 그 지방의 행정사무를 자치기관을 통해 자율적으로 처리하는 활동 과정을 말한다. 지방자치의 궁극적인 목적은 지역주민들이 바라는 바람직한 방향으로 삶의 질을 향상시키는 것이다. 이러한 지방자치는 지역주민이 주체가 되어 국가와의 조화 속에서 지역주민, 지역사회의 전통, 문화, 산업 등의 특성을 고려해 지역주민들이 바라는 바람직한 방향으로 지역사회가 발전해 나가기 위한 정치적·행정적 활동을 의미한다. 그렇게 때문에 주권자인 주민이 직접 선출한 대표자들은 지역 발전과 주민 복리 증진을 위해 지방자치단체의 자치권 확대, 국가와 지방 간의 합리적인 기능 배분, 지방자치단체에 대한 국가의 통제 완화 등을 위해 노력하는 동시에 주권자인 주민들이 지역의 정책 결정 과정에 적극적으로 참여할 수 있는 다양한 통로들을 제도적으로 보장하는 것이 필요하다.

1991년 주민의 직접 선거를 통해 지방의회 의원이 선출되고 지방의회가 구성되면서 30여년간 유보했던 지방자치가 부활되었지만, 지방자치단체장이 주민의 손으로 선출되지 않아서 반쪽짜리 지방자치에 불과했다. 1995년 지방자치단체장을 주민의 손으로 직접 선출하게 됨에 따라서 우리나라는 본격적인 민선 지방자치 시대로 들어서게 되었다. 성년이 된 우리나라의 민선 지방자치 20년간의 성과에 대해서는 긍정과 부정의 다양한 의견이 존재한다. 직선제 도입으로 주민 대응성이 제고되고 직접 참여제도도 확대되어 민주주의 발전을 이뤘으며, 주민 안전 및 복지와 관련한 주민 생활이 대폭 개선되었고, 지방의 선도적 정책 수행으로 특색 있는 지역 발전이 추진되었으며, 지속적인 지방분권으로 지방자치 기반이 조성되는 등의 긍정적인 성과를 거뒀다는 의견이 있는 반면에 지방자치에 대한 실질적 체감도가 낮고, 공직의 비리 및 부패로 인해 지방행정 신뢰도가 낮으며, 지방재정의 중앙의존도가 높은 현실 등을 고려해 볼 때, 아직도 해결해야 할 과제들이 많이 남아 있다는 부정적인 견해도 있다.

그러나 풀뿌리 민주주의로 표현되는 지방자치는 지역의 경쟁력 확보를 통해 국가 발전을 도모하는 국가 통치의 중요한 패러다임으로 자리 잡고 있다. 지방자치는 민주주의 발전의 중요한 기제라는 시대적 흐름에 부합할 뿐만 아니라 세계화 및 지방화라는 세계적 동향에도 부응하는 중요한 장치로 국가 발전의 원동력이라고 할 수 있다. 특히 오늘날 지방자치에 기대하는 시대정신이 담론적 정치 구호에서 소득, 고용, 복지, 환경, 교통, 주거 등 일상 생활에서 체감되는 구체적인 성과로 전환되는 추세라는 점에서 지방자치가 국정 운영에 미치는 영향력이 매우 크다고 할 수 있다. 이처럼 구조적 행정환경 변화와 국가 운영 패러다임의 전환이 요구되는 시점에서 지방자치의 당위성 및 필요성, 시대적 가치를 명확히 규명할 필요가 있다. 따라서 과거 민선 지방자치 20년에 대한 주민 생활 변화 및 분야별 자치 이행 평가를 통해 정확한 실상 파악에 의한 미래 지방자치의 발전 전략을 수립하는 것은 매우 중요하다. 여기서는 민선 지방자치 실시 이후 20년 기간 일상 생활에서 주민들이 수시로 접하고, 체감하는 사회기반시설과 행정 서비스, 그리고 소득과 고용 등의 변화량을 객관적으로 측정함으로써 지방자치의 현재를 진단하고, 미래발전상을 제시하는 데 필요한 함의를 제공하는 것을 목적으로 하고 있다.

제 2 절 지방자치의 가치와 효용성

1 지방자치의 의미

지방자치는 "지역의 문제를 지역주민이 스스로 결정하고 처리하는 것"이다(안용식 외, 2007). 지방자치의 반대말은 타치(他治)로 지방자치단체의 입장에서 타치는 관치(官治)를 의미하기도 한다. 관치행정과 자치행정의 차이를 간략하게 정리하면 〈표 2-1〉과 같다.

지방자치의 핵심 구성 요소이자 지방자치단체 성립의 3대 요소는 '주민', '자치구역', '자치권'이다. '주민'은 국적 · 성별 · 연령 · 행위 능력을 불문하고 지방자치단체의 구역 내에 주소를 가진 자를 의미한다. 주민은 법령으로 정하는 바에 따라 참정권(선거권, 피선거권) 등의 권리와 그 지방자치단체의 비용을 분담할 의무를 가진다. '자치구역'이란 지방자치단체의 자치권이 일반적으로 미치는 지역적 범위를 의미한다. 이러한 구역은 지리적 개념임과 동시에 정치 · 경제 · 사

표 2-1 관치행정과 자치행정의 차이점

	관치행정(官治行政)	자치행정(自治行政)
주체	국가의 기관 또는 공무원에 의한 관료적 · 타율적 행정	지역 주민, 주민의 대표자와 지방 공무원에 의한 자주적 · 자율적 행정
성격	지방행정기관은 국가 또는 중앙정부에 예속되며 독자적 과세권이나 소송의 당사자 능력 또는 기관의 자기조직권이 없음.	지방자치단체(자치행정체)는 국가로부터 행 · 재정상의 독립성을 인정받은 법인격이 있는 조직체
통제	국가의 의사에 의한 행정 운영	지역주민의 의사에 의한 행정 운영

출처: 안용식 외(2007: 23).

회 · 문화적 현상을 반영하는 법적 개념이기도 하다. '자치권'이란 지방자치단체가 그의 관할구역 내에서 사무를 자주적으로 처리할 수 있는 권능을 말하는 것으로 자치구역에 대한 지배권을 의미한다(김현조, 2009: 18-19).

그림 2-1 지방자치의 구조

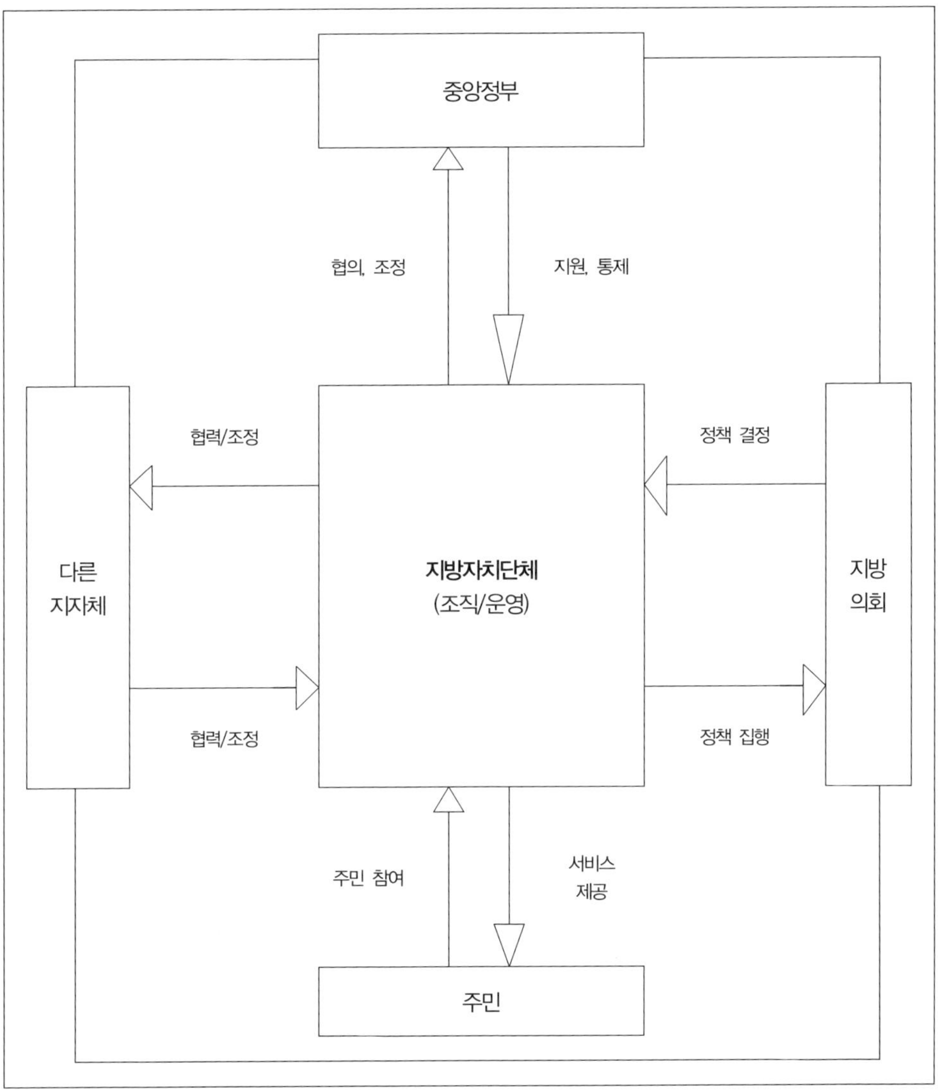

출처: 최창호(2005) 재구성.

지방자치의 필요성은 행정기술적 차원과 정치적 차원으로 구분된다. 정치적 필요성은 민주주의 방어 기능, 민주주의 훈련 기능, 정국 혼란의 방지, 행정의 민주성 확보 등이며, 행정기술적 필요성은 지역 실정에 맞는 행정, 지역 안의 통합 행정, 분업을 통한 능률행정, 정책의 지역적 실험 등이다(이규환, 2011).

지방자치가 제대로 이뤄지기 위해서는 지방자치를 구성하는 지역(area), 지방자치단체와 주민(residents), 자치권(autonomy), 자치기관, 자치사무, 자치재원 등 핵심 요소를 갖춰야 하고 지역주민이 자치 의식을 가지고 자발적이고 능동적으로 참여하는 것이 필요하다고 할 수 있다(김영인, 2005: 36-37).

2 지방자치의 원칙과 가치

지방자치의 사상적 기초는 다원적 민주주의다. 자유민주주의 국가에서 지방자치(local autonomy) 또는 지방분권의 사상적 기초는 다원적 민주통치 체제를 뒷받침하는 기본 철학이고, 지방자치는 바로 직접 민주주의의 가치를 실현할 수 있는 주민 생활의 수단이고 도구다. 따라서 오늘날 자유민주주의 국가에서는 지방자치제도를 통해 직접민주주의 가치를 실현할 수 있게 되었다. 그러므로 지방자치는 국가 발전의 원동력, 국가경쟁력 향상에 기여하는 핵심 요소 중 하나이며, 다양한 지방자치제도의 운영으로 민주성과 자율성을 강조한 주민밀착형 지방분권 체제로 발전시키는 것이 필요하다.

중앙-지방자치단체 간 관계에 기반을 두고 있는 지방자치의 기본 원칙은 지방자치권 원칙, 보충성 원칙, 근린성 원칙(principles of autonomy, subsidiarity and proximity) 등이다. 지방분권 원칙이란 지방자치제도의 권력분립적 기능을 강화시켜 중앙정부로부터 자율성과 수평적 권력의 견제 및 균형의 메커니즘을 확보하도록 하는 것이 절대적으로 필요하고 이를 뒷받침하는 기본 원칙이다. 보충성 원칙에 근거해서 주민의 자치권 실현이 가까운 곳에서부터 자율적으로 기능을 수행할 수 있도록 국가와 지방자치단체가 함께 노력해야 한다. 국가통합성 원칙에 의해 지방자치단체는 독립된 정치체가 아니고 국가정책과 일치하는 범위 내에서 자치권을 자율적으로 행사하고 그에 따른 책임과 권한을 수행할 수 있어

표 2-2 지방자치의 주체, 핵심 가치와 원리 원칙, 수행 방법

주체	단체장 지방의회 지방공무원	지역주민 시민단체	중앙정부 지방정부
핵심 가치	민주성 자율성 민주적 책임성	참여 공동생산 및 공동 결정	중앙-지방정부 간 상생 협력 관계
기본 원리	지방분권 (decentralisation) 정치적 분권 (devolution)	보충성 원칙 (subsidiarity)	연대성 원칙 (solidarity) 통합성 원칙 (cohesion or unity)
수행 원칙	하향식 권한 배분	상향식 권한 배분	국가 통치 체제의 통합성 및 일관성
수행 방법	자치행정 (self-government, home-rule)	참여행정, 참여 거버넌스 (participating-rule, participatory governance)	협력(공감)행정 (shared-ruling)

야 한다. 지방자치는 주민의 자기 결정으로 이행되고 자기 결정에 따른 결과도 주민에게 귀속되는 바, 스스로의 결정에 따른 결과와 비용은 주민 스스로가 감수해야 한다. 따라서 주민들은 가능한 최선의 방안을 찾는 것이 필수적이다. 지방자치의 목적은 행정 효율성의 차원만이 아니라 헌법적 차원에서 보장하는 정치적 자유가 더 중요하다. 따라서 지방자치의 가치는 "시민들로부터 가장 가깝고 친근한 이웃과 같은(근린적 생활자치), 그러면서 시민들의 소리와 요구를 가장 가까이서 귀담아 듣는 민주국가의 위상을 되찾으려고 한 정치 개혁"이라고 할 수 있다. 이상을 정리하면 〈표 2-2〉와 같다.

3 지방자치의 효용성

지방자치의 효용성은 지방자치단체가 주민들에게 좀 더 가까이 있어서 주민들의 실제 필요와 기회를 좀 더 잘 알고 있기 때문에 주민들에게 좀 더 적합한 서비스를 제공해 줄 수 있다는 것이다. 즉, 자원의 가장 효율적인 배분은 서비스 공급에 대한 책임이 그 서비스의 수혜자를 가장 잘 대표해 주는 정부 계층에 부여될 때 가능하다는 것이다(Ter-Minassian, 1997). 좀 더 구체적으로 주민들은 그들이 받는 서비스에 대한 대가로서 세금을 지불하기 때문에 지방정부의 공무원들은 좀 더 효율적으로 일하도록 강하게 동기부여될 수밖에 없으며, 세금과 서비스가 바로 연결되므로 주민들은 자신들의 선호가 자신들이 받는 행정 서비스에 반영된다고 느끼게 되기 때문에 따라서 지방공무원들은 그들이 필요로 하는 자원을 동원하는 데도 좀 더 수월할 것이라는 것이다. 이러한 아이디어가 공감을 받게 된 것은 일반적인 관리에서도 전통적으로 계서적인 규칙을 준수해야 하는 조직이 문제가 있고 하위계층 근로자들에게 권한을 위임하는 것이 그들의 창조성을 유발하는 데 좀 더 효과적이라는 인식이 팽배해진 시대적 배경과도 관련이 있다(Kingsley, 1996: 420; MacKey, 1998: 20). 즉, 지방분권을 통해 좀 더 민주적이고 참여적인 정부를 지향할 수 있고, 공공 서비스와 주민의 서비스를 일치시킴으로써 지방정부의 정치지도자가 유권자에 대해서 대응성과 책임성을 확보해 나갈 수 있다는 것이다(Ter-Minassian, 1997).

지방자치에 대해 우리나라 국민은 절대적으로 그 필요성을 인정하고 있다. 행정자치부, 한국지방행정연구원의 지방자치의 필요성에 대한 설문조사 결과, 응답자의 약 80%가 지방자치를 긍정적으로 인식하고 있다.

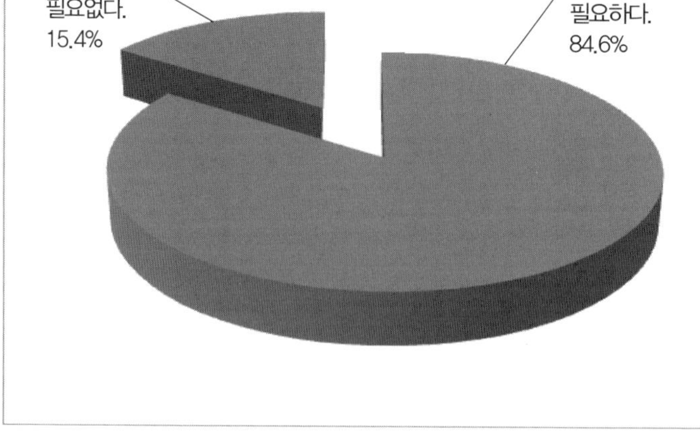

제 3 절 민선 지방자치 20년의 변화 분석

1 분석의 목적

1995년 민선단체장이 출범하면서 민선 지방자치가 부활되고 주민 참여, 주민 통제 등을 통한 민주주의 신장과 함께 정치, 행정, 사회, 경제 각 부문에 지대한 영향을 주었다. 지방정치의 과잉으로 인한 비효율, 지역 갈등, 부패 등과 관련된 부정적인 평가도 제기되어 왔다. 지방자치에 대한 부정적・비판적 시각은 일부의 편향된 사고에서 비롯되지만, 국가사회적 환경 변화에 대응하지 못한 지방 내부의 책임도 있다. 저출산, 고령화, 저성장 등으로 행정 서비스의 수요-공급의 미스매치가 구조적 현실로 대두하고 있으나 지방자치 운용 방식은 과거의 물량 위주, 외형적 장치행정을 벗어나지 못하고 있다.

오늘날 지방자치에 기대하는 시대 정신은 담론적 정치 구호에서 소득, 고용, 복지, 환경, 교통, 주거 등 실생활에서 체감되는 구체적인 성과로 전환되는 추세다. 국가 차원에서도 지방자치는 최종 국정 목표를 달성하는 수단이지, 지방자치 자체가 최종 목표일 수 없다는 인식이 확산되고 있다. 이처럼 구조적 환경 변화, 국가 운영 패러다임 전환이 진행되는 시점에서 그간 20년 동안 정치・행정, 고용・소득, 문화・체육, 안전, 복지・보건 등 실생활의 변화 양상을 진단하고 이를 토대로 지방자치제도가 나가야 할 방향을 모색하는 일은 매우 중요하다 하겠다. 사회 저변에 확산되는 지방자치에 대한 부정적 시각을 교정하고, 더 나아가 지방자치의 당위성 및 필요성, 시대 가치를 적극 홍보할 필요가 있다.

변화 분석은 민선 지방자치 이후 20년 기간 일상 생활에서 주민들이 수시로 접하고, 체감하는 사회기반시설과 행정 서비스, 그리고 소득과 고용 등의 변화량을 객관적으로 측정함으로써 지방자치의 현재를 진단하고, 미래발전상을 제시하는 데 필요한 함의를 제공하는 데 목적을 두고 있다.

2 분석의 설계

1) 분석의 논리 구조

근접성의 측면에서 국가보다는 지방자치단체 책임하에 주민 일상 생활과 관련된 행정 서비스를 제공하는 방식이 더 효율적이다. 선행 연구에 따르면 지방자치는 지방행정 서비스 개선과 민주주의 신장, 창의적 지역 발전 등과 같은 성과를 거뒀다. 반면에 주민 참여 저조, 부패, 전시행정, 행정 비효율, 풀뿌리 민주주의 미흡, 지방재정 예속과 건전성 하락 등 다수의 부정적 시각이 표출되고 있다. 이러한 성과와 함께 저출산 · 저성장 · 고령화 등으로 대변되는 최근의 환경 변화를 고려하면 지방자치를 견인할 가치는 민주성, 효율성, 책임성으로 규정할 수 있다.

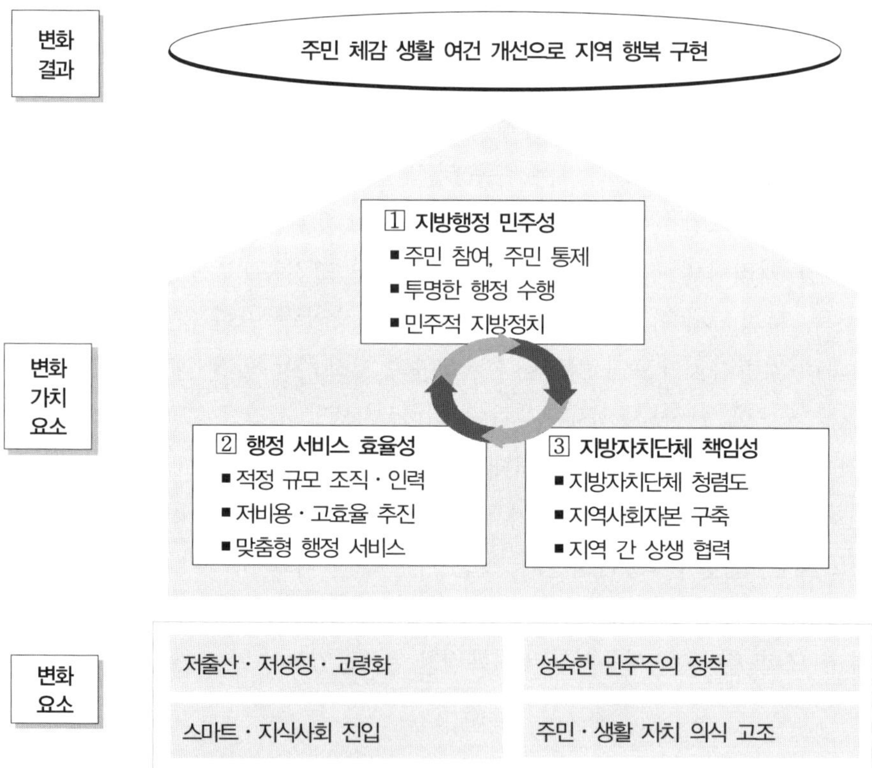

2) 분석틀

지방자치에 따른 변화 양상을 측정하기 위해서는 자치 요소, 변화 가치, 변화의 결과 3자간의 상호 의존적 관계를 반영해야 한다. 지방자치 20년 변화 분석틀은 상호의존성을 고려해 설계했다.

정치 · 행정은 자치 관계 및 변화 요인 전반에 걸친 대표성을 종합적으로 반영

그림 2-2 분석틀

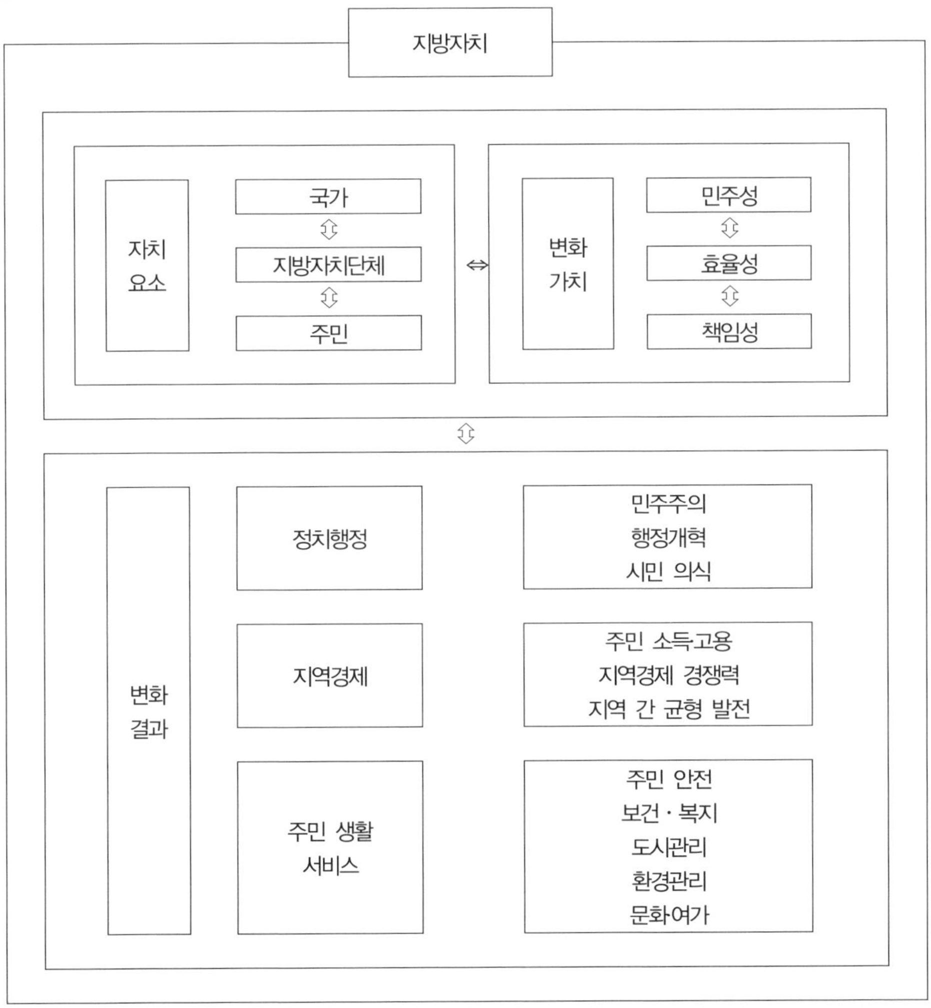

하도록 민주주의, 행정개혁, 시민 의식 3개 부문으로 구성했다.

지역경제 역시 주민 생활 서비스를 실질적으로 구성하고, 관심도가 높은 소득·고용, 지역 간 균형 발전, 지역산업 경쟁력 3개 부문으로 분류했다.

주민 일상 생활 서비스는 지속적·반복적으로 체감하는 안전, 보건·복지, 도시관리 및 환경관리, 문화·여가 4개 부문으로 구성되었다.

3) 분석 방법

변화 분석은 일차적으로 공식 통계를 활용한 정량분석과 인식조사에 의한 정성분석을 병행했다.

정량분석은 통계청, 여타 행정기관에서 조사한 수치를 이용해 20년 동안 변화 양상을 살펴보았다. 통계청의 e-나라지표, 행정자치부의 한국도시통계, 지방자치단체 통계연감 등 국가 승인 통계나 행정자치부나 중앙선거관리위원회 등 중앙행정기관이 조사한 행정자료를 활용함으로써 변화 분석 결과의 신뢰성과 객관성을 확보했다.

정성분석은 주민과 정책결정집단으로 구분해 실시하되, 정책결정집단에 대해서는 심층면접조사와 FGI방식 등을 활용했다. 일반 주민을 대상으로 한 인식조사 표본은 1,002명이며 지역, 성, 연령 구조를 반영한 층화추출 방식으로 추출했다(7점 척도). 정책집단은 중앙공무원, 지방공무원, 학계, 시민단체, 지방의회, 단체장 등 지방자치 정책에 직접적·간접적으로 영향을 미치는 영향집단을 대상으로 각각 100명, 전체적으로 600표본을 추출했다.

그림 2-3 분석 방법

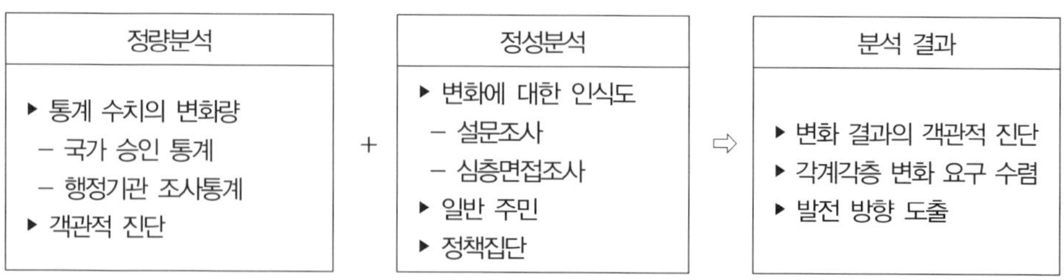

3 변화분석의 결과

1) 정치 · 행정

(1) 행정개혁

① 정량적 변화

개방형 직위 공무원 임용 건수는 2011년 138개로 점차 증가되는 추세를 나타내고 있다. 지방자치단체 직위 총수의 10%를 개방형을 채용할 수 있다.

지자체 간의 협력과 관련해 협력사업이 398건, 사무위탁이 50건, 행정협의회 구성이 6건, 지방자치단체조합 구성이 6건, 단체장 등 협의체 구성이 4건 등으로 나타났다.

개방형 공무원 임용 건수	지자체 간 협력
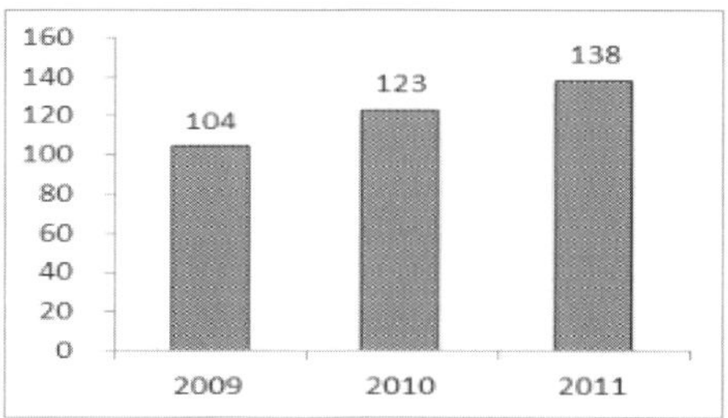	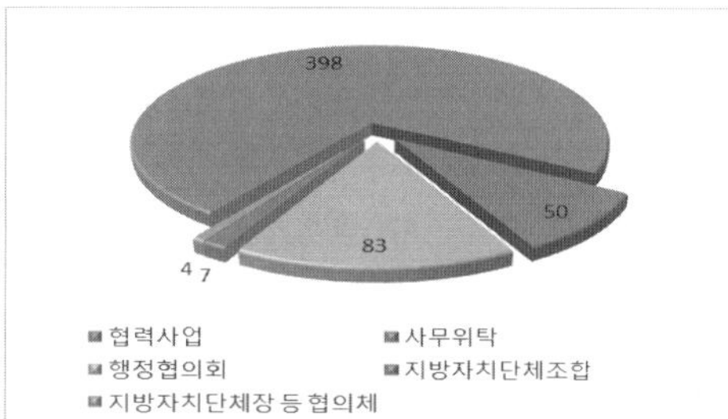

지방자치단체 청렴도는 2007년 이후 지속적으로 하락하는 추세를 보이고 있으며 2011년 대비 2012년의 하락 폭이 좀 더 크게 나타났다.

의원 비리 및 사법 처리 건수는 2006년까지 크게 증가했으나 2010년 이후로는 점차 감소 추세를 보이고 있다.

지방자치단체 청렴도	의원 비리 및 사법 처리 건수
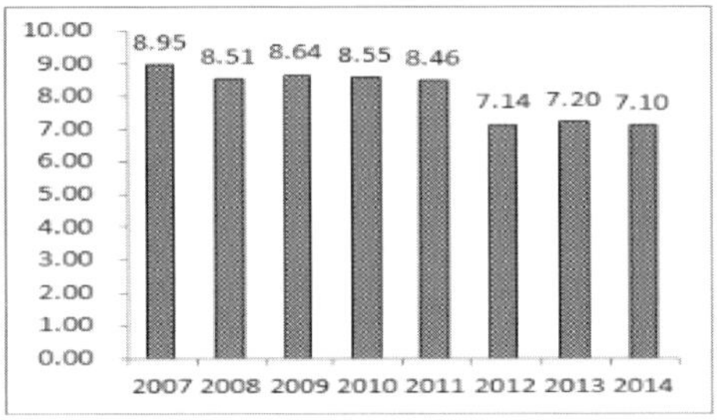	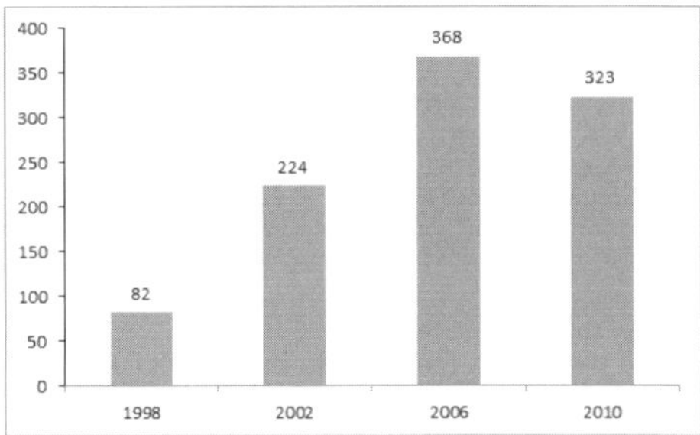

② 인식조사

지방자치가 기여한 정도에 대해 일반 국민은 긍정적 인식 30.4%, 보통 41.0%로 다소 긍정적이나, 정책집단은 긍정적인 인식이 55.1%에 달할 정도로 매우 높게 평가하고 있다.

일반 국민	정책집단
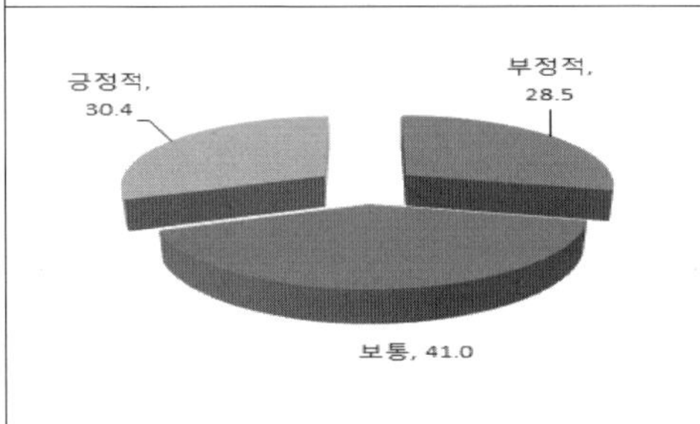	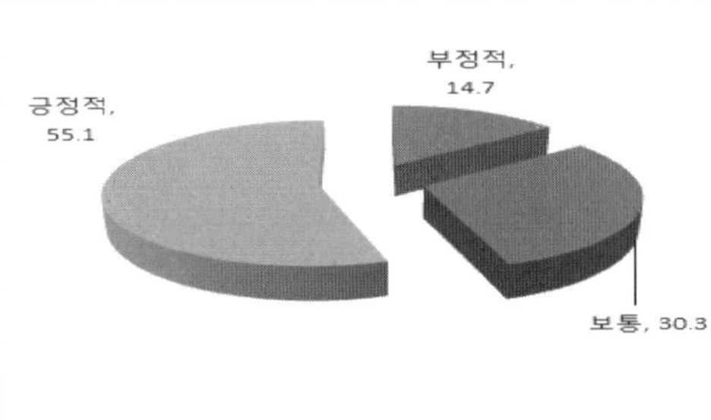

전반적인 행정개혁 변화에 대해 일반 주민은 긍정적 인식이 35%, 보통이 27%로 다소 긍정적이나 정책집단은 긍정적 인식 46%로 긍정적 인식이 높게 나타나고 있다.

일반 국민	정책집단
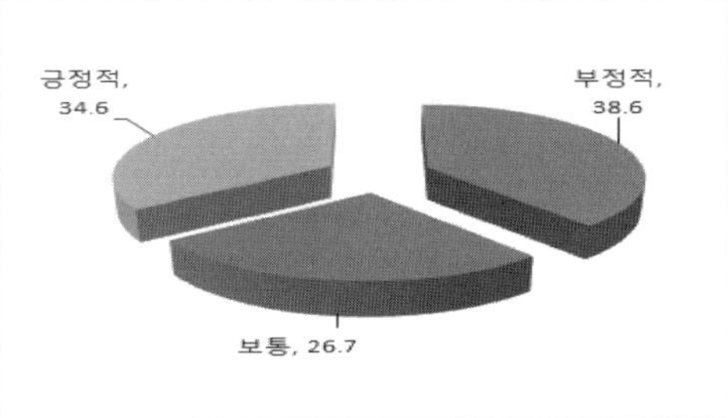	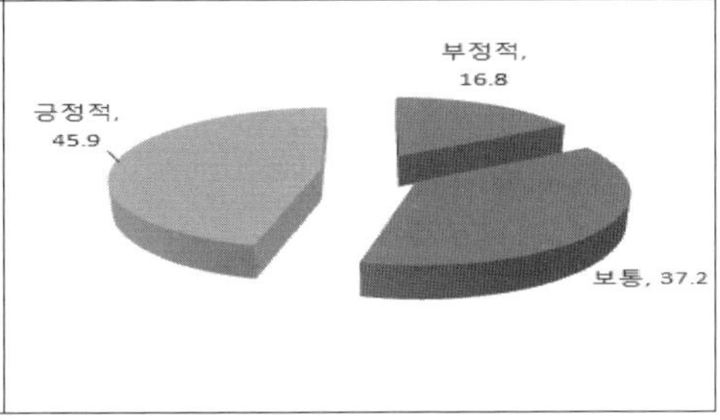

긍정적 인식 요인은 민원행정 제도 개선 지속 노력, 정보공개 확대, 단체장 개혁 의지 등의 순서이고, 부정적 인식 요인은 불합리한 예산 집행, 단체장 개혁 의지 부족 등의 순서다.

(2) 시민 의식

① 정량적 변화

주민의 정보공개 요구는 2010년 이후 지속적으로 증가하고 있다.

주민투표는 사안이 발생할 때마다 수시로 시행되고, 주민소환은 2010년까지 점차 감소하다가 2011년 이후 다시 증가 추세이며, 주민소송은 2010년 7건으로 증가한 후 2013년 1건으로 감소했다.

정보공개율 추이	주민 통제 추이
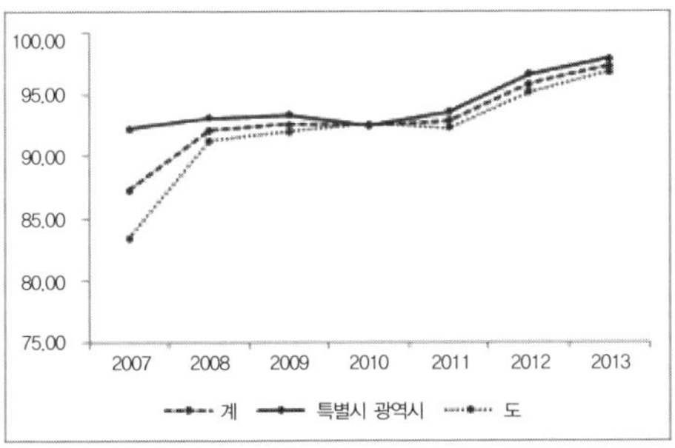	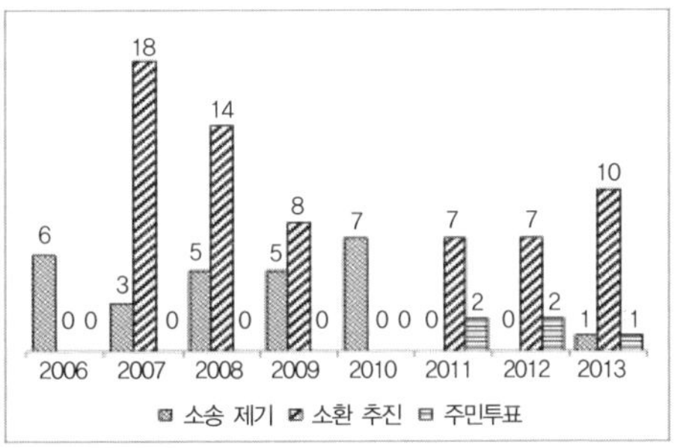

② 인식조사

전반적인 행정개혁 변화에 대해 일반 국민은 긍정적 인식 31.9%, 보통 41.5%로 다소 긍정적이나, 정책집단은 긍정적인 인식이 60.6%에 달할 정도로 매우 높게 평가하고 있다.

일반 국민	정책집단
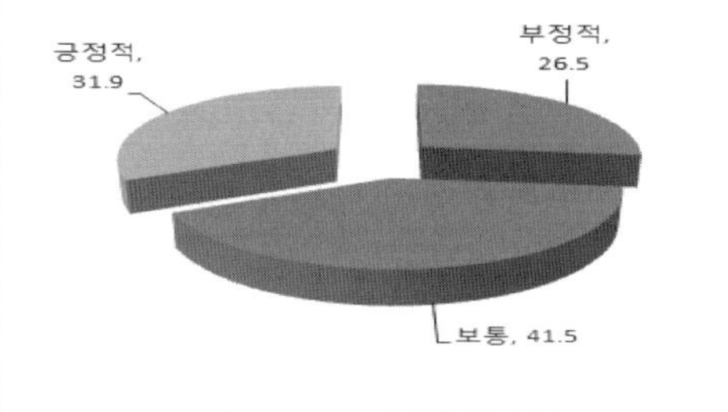	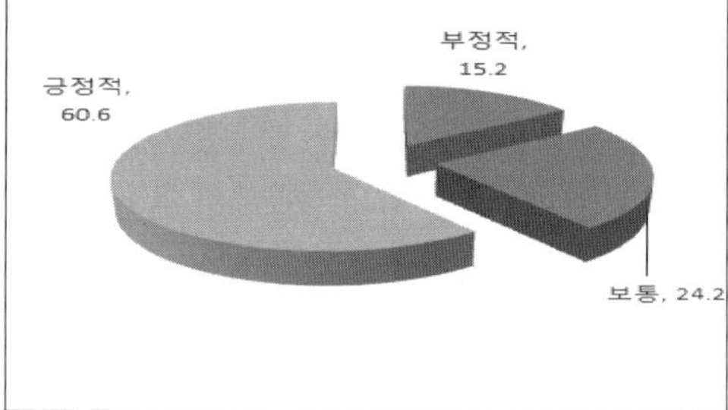

전반적 시민 의식 수준 변화에 대해 일반 주민은 긍정적 인식이 39.4%, 보통이 36.6%로 다소 긍정적인 측면이 강하나 정책집단은 긍정적 인식 38.7%인 반면 보통이 43.0%로 나타나 일반 주민에 비해 긍정적 측면이 다소 낮은 것으로 나타나고 있다.

긍정적 인식 요인은 주민 참여 확대, 지역 발전 관심 고조, 주민 욕구에 대한 자치단체 적극 대응 등이며, 부정적 인식 요인은 지방자치 관심 부족, 주민의 행정 참여 기회 부족, 주민의 공동체 의식 부족, 언론의 부정적 보도 등으로 나타나고 있다.

일반 국민	정책집단
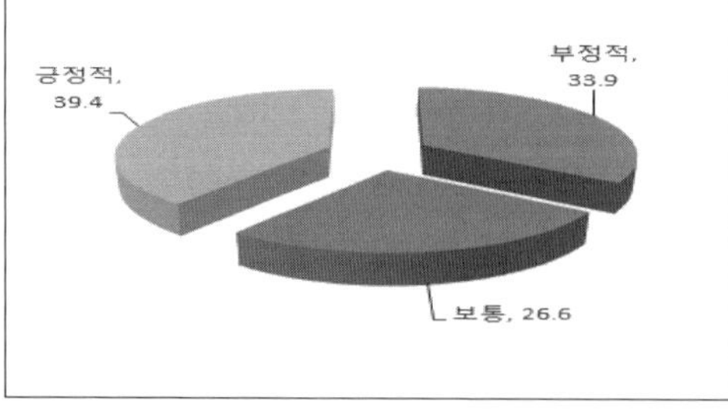	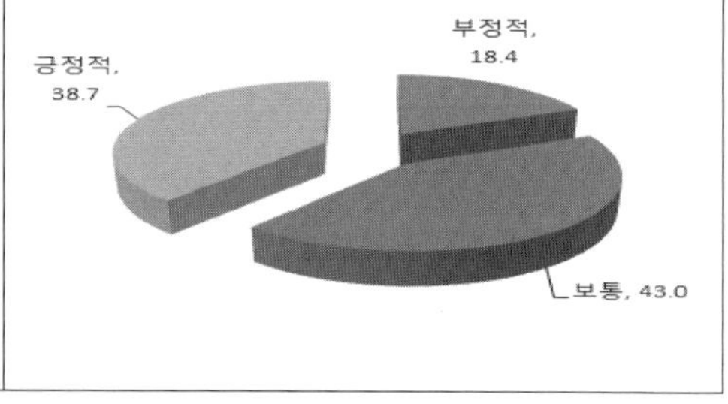

2) 지역경제

(1) 정량적 변화

지방자치단체의 1인당 GRDP는 전체적으로 증가하는 추세이며, 고용률 변화 역시 지속적으로 증가하는 추세를 보이고 있다.

1인당 GRDP

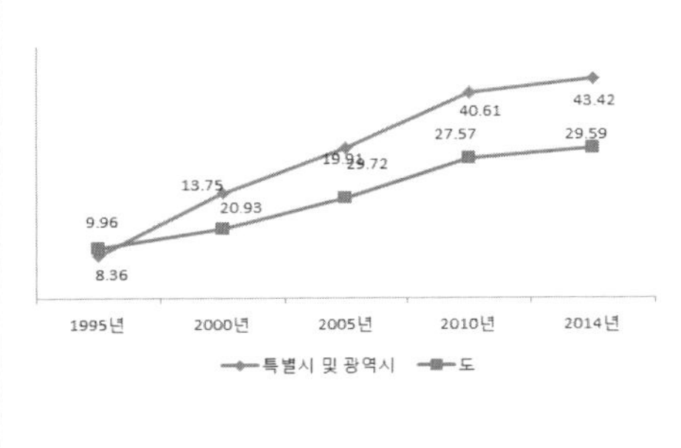

고용률

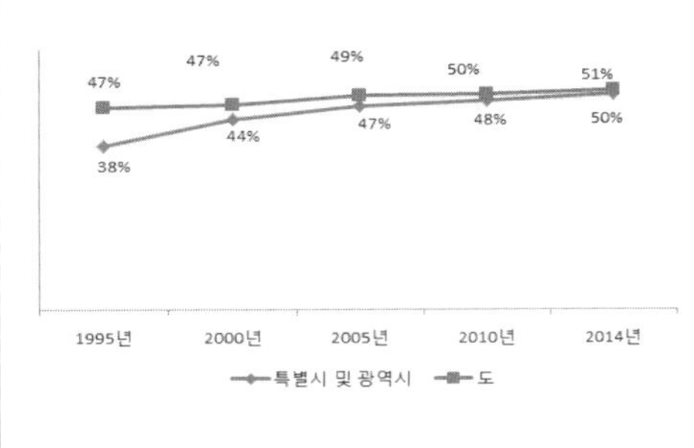

지방자치단체의 일자리 비율과 경제인구 비율은 전체적으로 증가하는 추세를 보이고 있다.

경제인구 비율

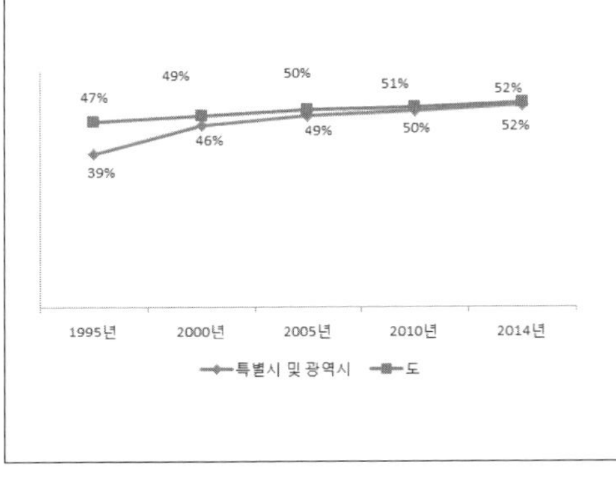

일자리 비율

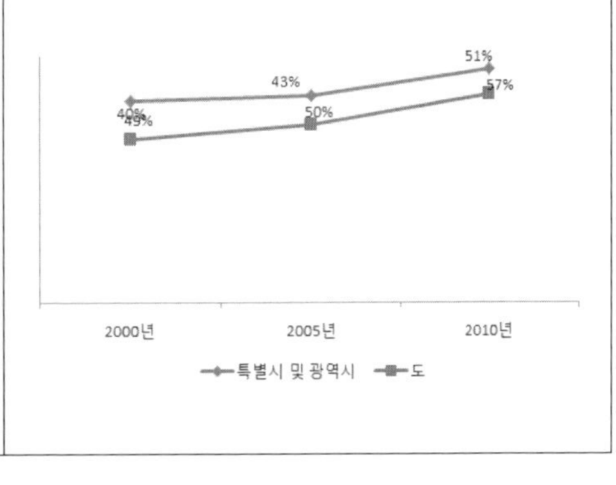

토지 거래 면적은 증가 후 안정화 추세이나, 균형 발전 정도는 1995년 이후 악화되는 경향을 보이고 있다.

토지 거래 면적

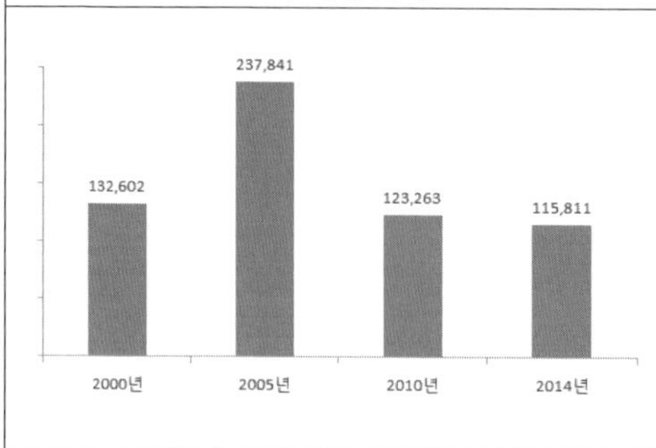

1인당 GRDP 지니계수

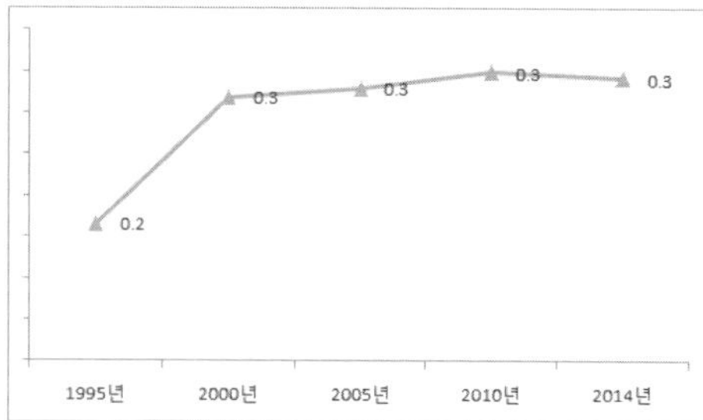

(2) 인식조사

일반 국민은 대체로 지방자치가 지역경제 발전에 기여(68.3%)했으며, 정책집단은 일반 국민보다 더욱 기여했다고 평가(77.7%)하고 있다.

일반 국민

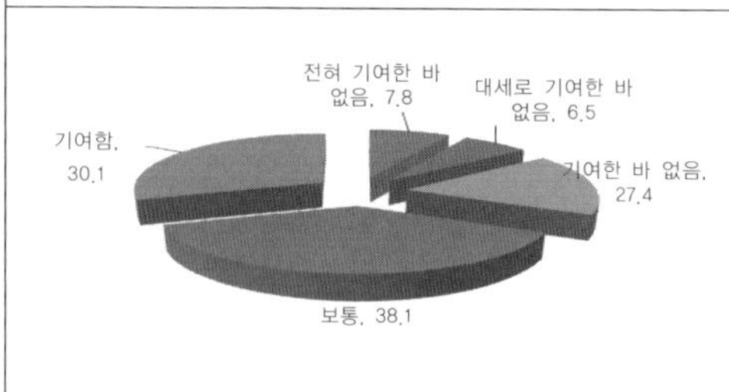

정책집단

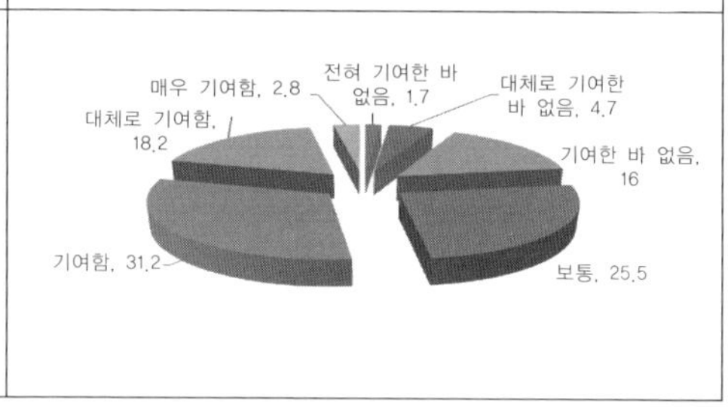

긍정적 인식 요인은 자치단체 예산 지원 확대, 주민들의 자립 의지 등의 순서이고, 부정적 인식 요인은 현실과 동떨어진 예산 지원, “지방공무원 전문성 부족 등의 순서다.

긍정 요인

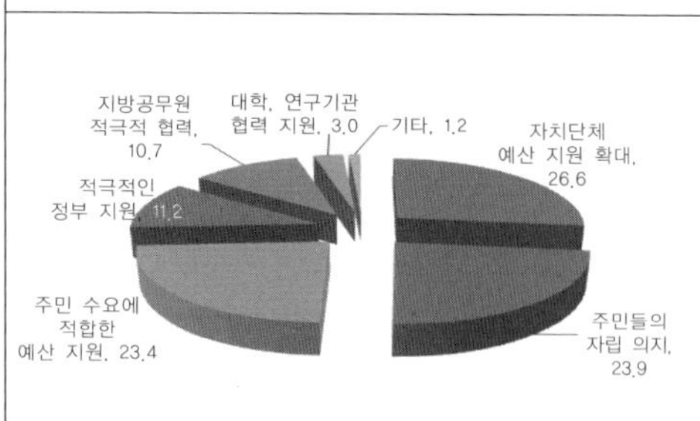

부정 요인

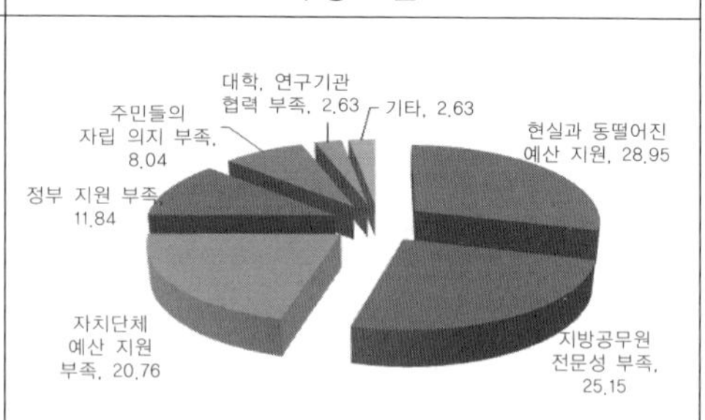

3) 주민 생활 서비스

(1) 주민 안전

① 정량적 변화

인구 천 명당 교통사고 사망자 수는 크게 감소했으며, 부상자 수도 일정 부분 감소했다. 화재로 인한 사망자 수는 크게 줄어들어 절반 이하로 감소했으나, 부상자 수는 큰 변화가 없다.

인구 대비 교통사고 사망 부상자 수

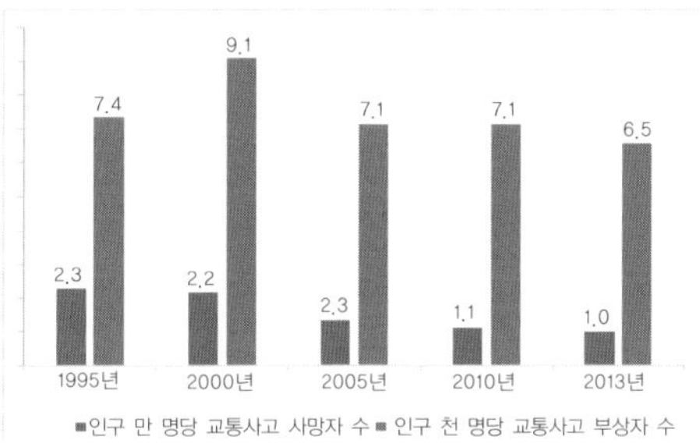

인구 대비 화재사고 사망 부상자 수

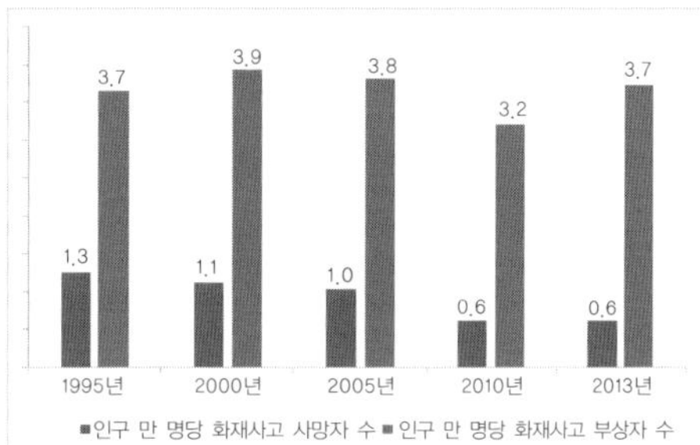

경찰관과 소방관 수는 꾸준히 증가해 왔다.

인구 대비 경찰관 수 변화

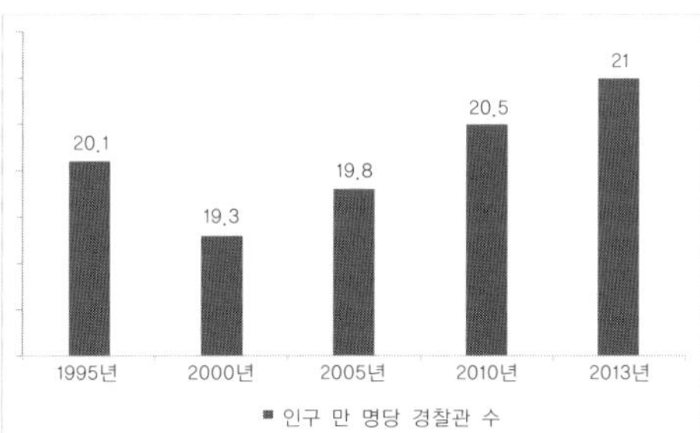

인구 대비 소방관 수 변화

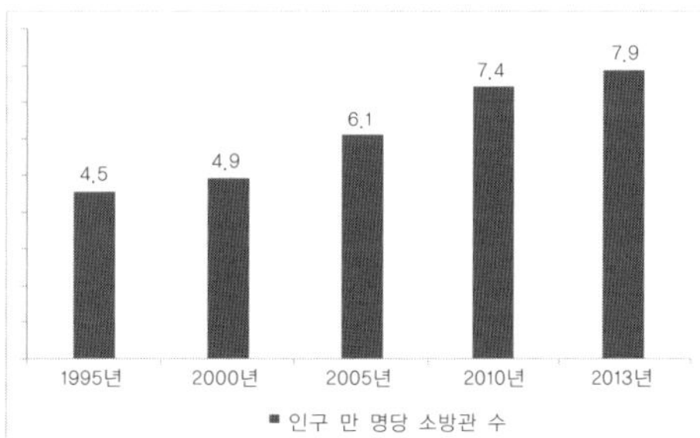

② 인식조사

전반적인 변화에 대해 일반 국민은 다소 긍정적(7점 만점에 4.25점)이며, 정책집단은 일반 주민에 비해 약간 낮게(7점 만점에 4.2점) 평가되었다.

긍정적 인식 요인은 주민 수요에 적합한 예산 지원, 안전 의식 개선, 자치단체 예산 지원 확대 등의 순서이고, 부정적 인식 요인은 중앙정부 정책 지원 부족, 안전 의식 부족, 지방공무원 전문성 부족(17.2%) 등의 순서로 지적했다.

일반 국민	정책집단
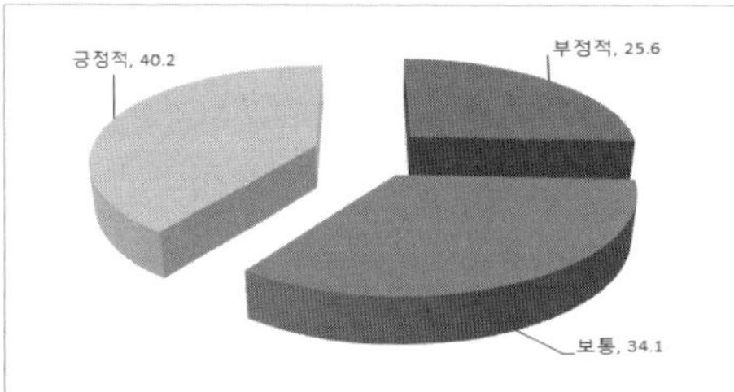	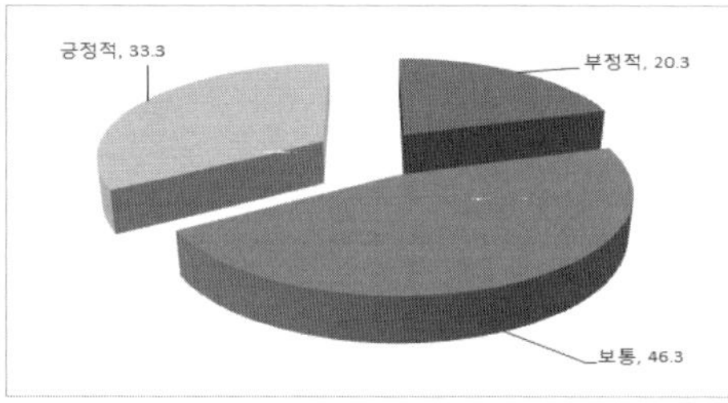

지방자치가 기여한 정도에 대해 일반 국민은 보통(7점 만점에 3.8점)이며, 정책집단은 일반 주민에 비해 약간 높게(7점 만점에 4.4점) 평가했다.

일반 국민	정책집단
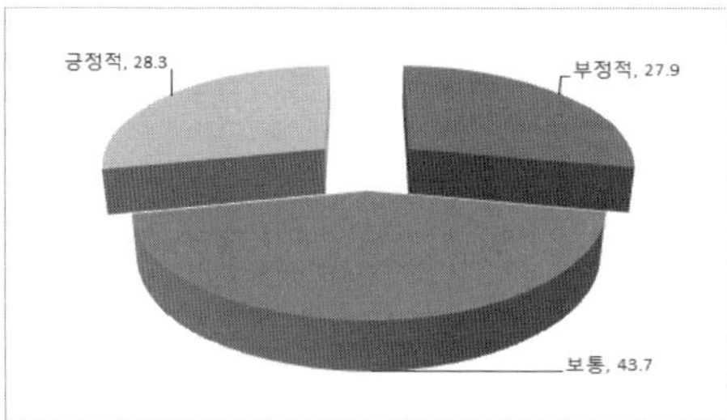	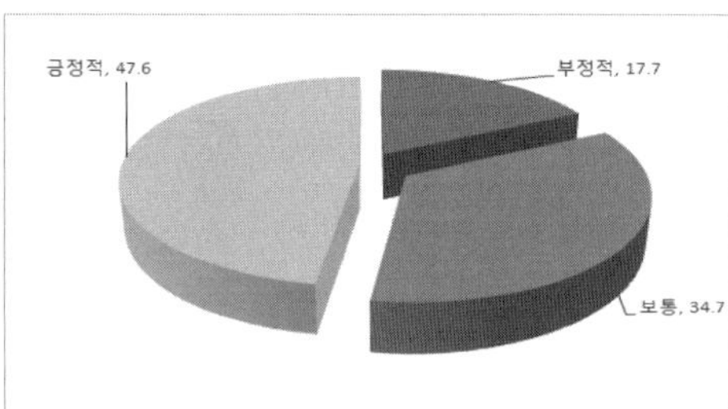

(3) 도시환경관리

① 정량적 변화

도로포장률은 1998년 이후 연평균 0.7%씩 계속 증가하고 있으며 자치구(98.6%)가 시와 군에 위치한 도로의 포장률(80%)보다 더 높게 나타나고 있다.

도로포장률	도로포장률(시 · 군 · 구)
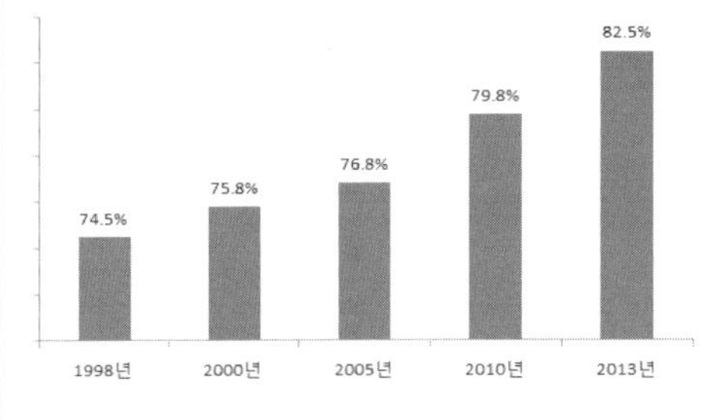	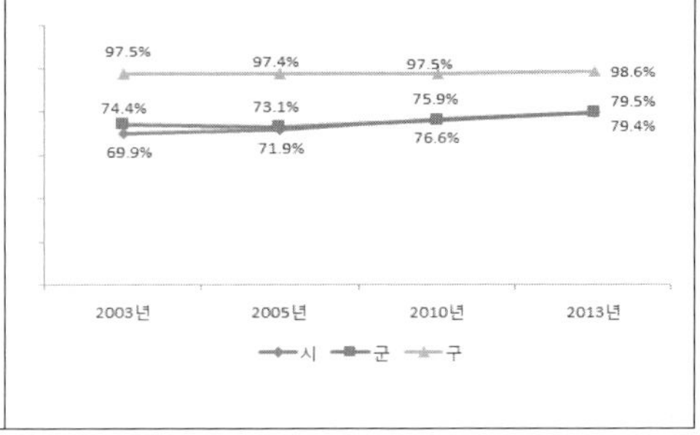

상수도 보급률은 매년 개선되어 민선 초기 82.9%에서 2012년에 96.3%까지 높아졌으며, 특별시 · 광역시의 자치구는 거의 100%에 도달했다.

상수도 보급률	상하수도 보급률(시 · 군 · 구)
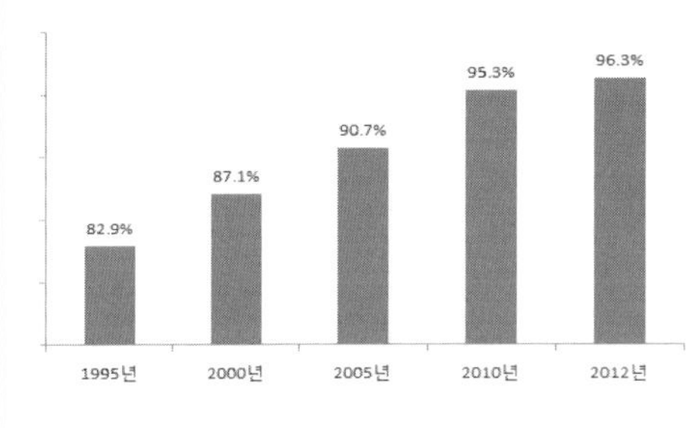	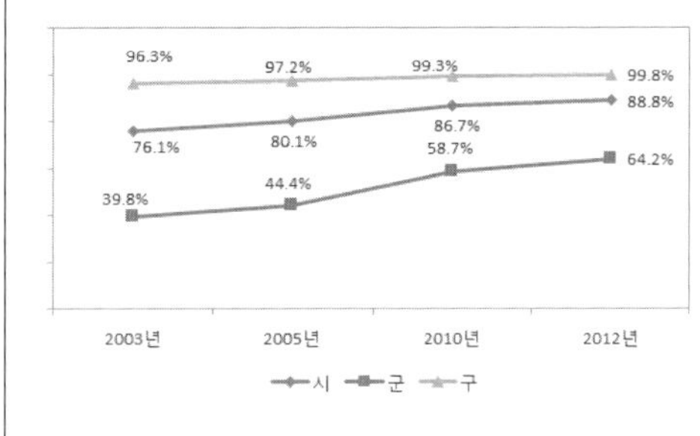

주택보급률은 1995년 이후 꾸준히 증가해 2000년 이후에 1가구 1주택을 초과했으며, 폐기물 재활용률은 꾸준히 증가하다가 2010년부터 대폭 감소했다.

주택보급률	폐기물 재활용률

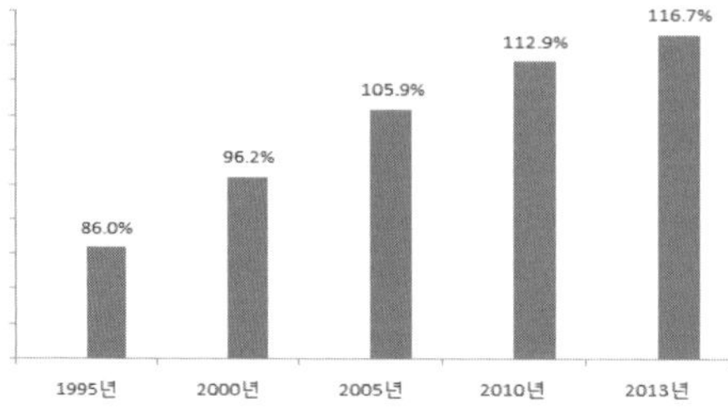

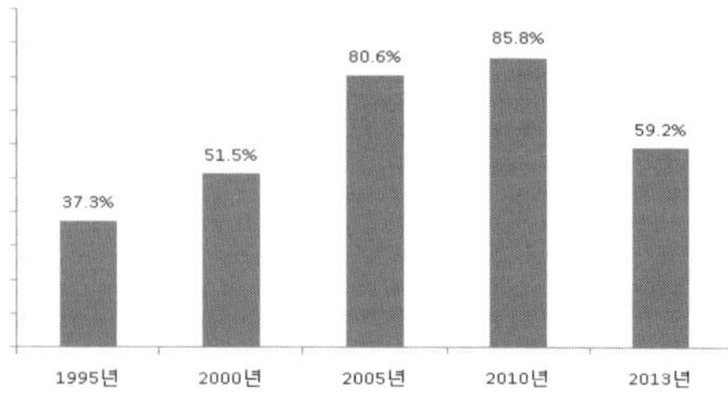

② 인식조사

일반 국민 79.8%, 정책집단 89%가 도시환경관리 부문이 민선 지방자치 이후 보통 이상으로 발전했다고 평가하고 있다.

일반 국민	정책집단

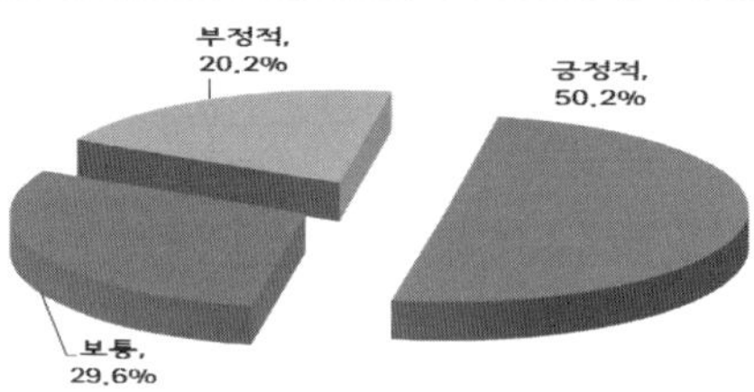

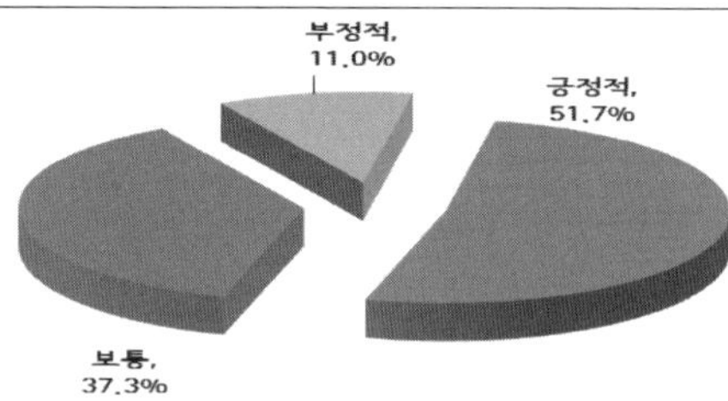

지방자치가 도시관리 향상에 대한 기여도는 보통 이상이라고 응답한 비율이 일반 국민과 정책집단 모두 79% 이상으로 나타나고 있다.

일반 국민	정책집단

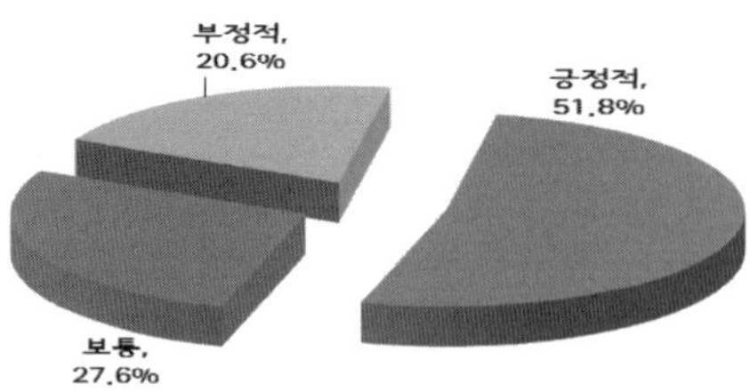

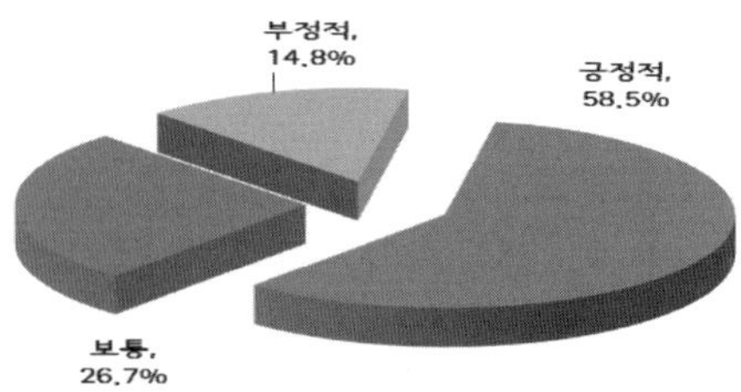

긍정적인 변화를 보여주었다고 인식하는 원인으로는 일반 국민과 정책집단이 모두 '도시관리에 대한 인식 개선'이라고 응답했으며, 부정적인 변화를 보여주었다고 인식하는 원인으로는 일반 주민의 경우 '지역 특성과 무관한 획일적 운영'을, 정책집단은 '자치단체 예산 부족'을 각각 들고 있다.

(4) 문화여가

① 정량적 변화

대표적 주민밀착형 문화여가 지표인 공공도서관 수는 지속적으로 증가했으며, 인구밀집도가 높은 구지역의 연평균 증가율이 9.3%로 가장 높다.

공공도서관 수

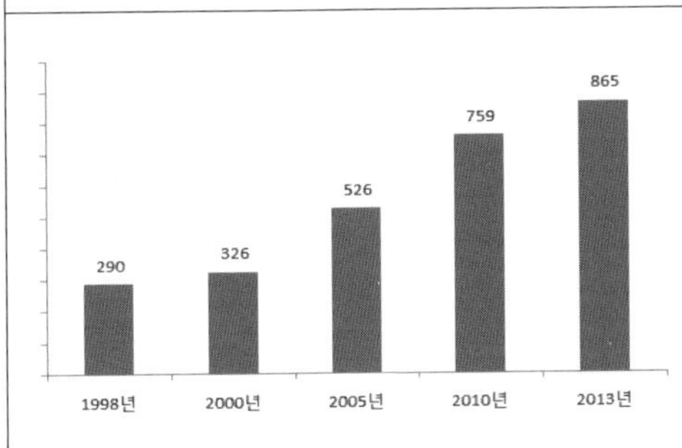

시·군·구별 변화 추이

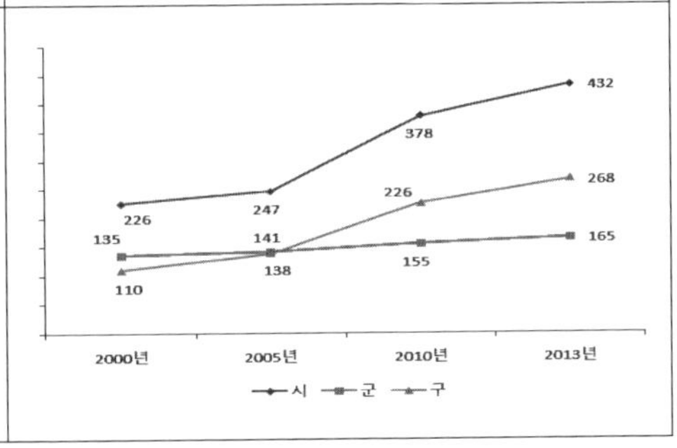

공공도서관, 박물관, 문예회관 등 문화공간의 총수를 인구로 할당해 살펴보아도 지속적인 증가 추세이며, 인구당 시설 수는 인구밀집도가 낮은 군 지역의 연평균 증가율이 9.5%로 가장 높다.

인구 십만 명당 문화기반시설 수

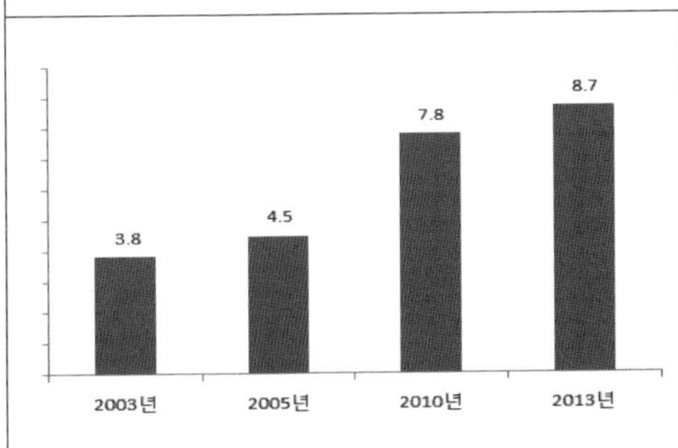

시·군·구별 변화 추이

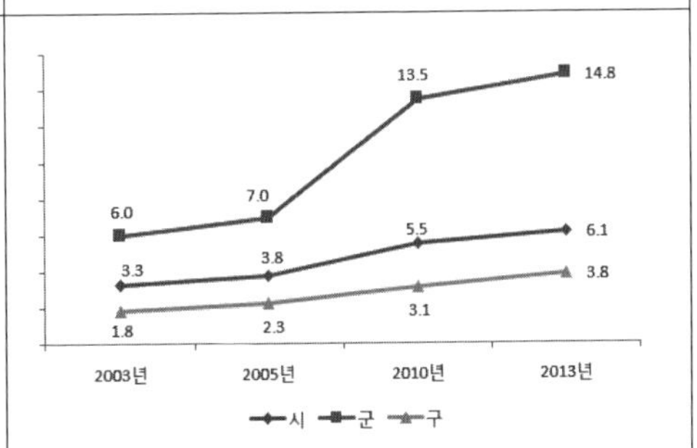

② 인식조사

지방자치가 기여한 정도에 대해 일반 국민은 다소 긍정적이며, 정책집단은 긍정적인 인식이 61.9%에 달할 정도로 매우 높게 평가하고 있다.

일반 국민

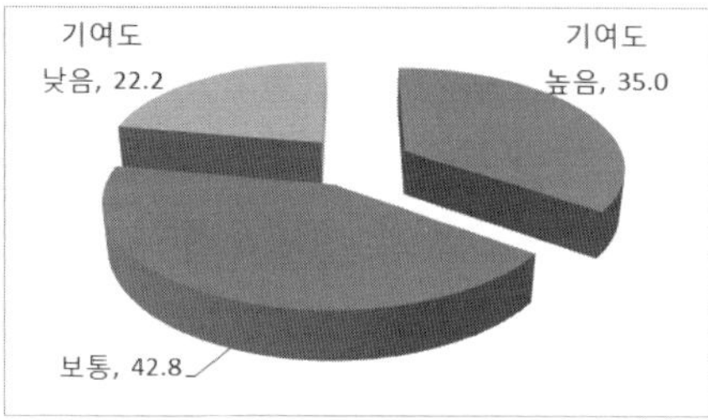

정책집단

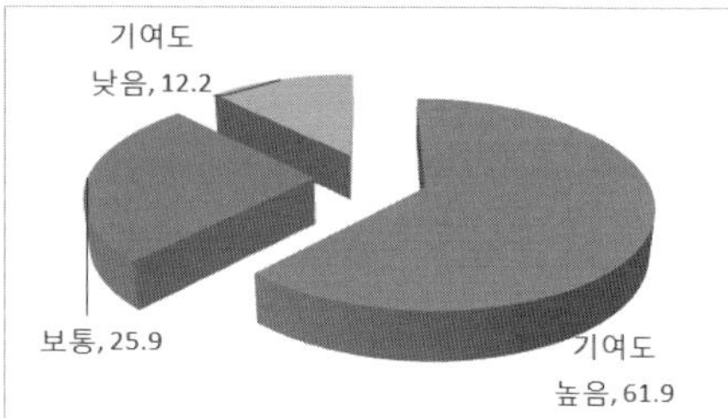

긍정적 인식 요인으로 일반 국민은 주민 특성을 반영한 창의적 운영(28.4%), 문화여가에 대한 인식 개선(21.4%), 자치단체의 예산 확대(17.9%) 등의 순으로 응답했고, 정책집단은 자치단체의 예산 확대(33.8%), 주민 특성을 반영한 창의적 운영(32.4%), 문화여가에 대한 인식 개선(16%) 등의 순으로 응답하고 있다.

부정적 인식 요인으로 일반 국민은 지역 특성과 무관한 획일적 운영(35.7%), 전문인력 부족(18.6%), 자치단체 예산 부족(17.2%) 등의 순으로 응답했고, 정책집단은 자치단체 예산 부족(30.2%), 문화여가에 대한 인식 부족(22.1%), 중앙정부 정책 지원 부족(19.8%) 등의 순으로 응답했다.

4 변화분석 결과의 시사점

1) 정치 · 행정

민선 지방자치 20년 기간 동안 행정개혁이나 시민 의식에 관한 조사 결과, 일반 주민보다 전문가집단이 훨씬 긍정적으로 인식하고 있었다. 전문가집단의 경우 정보의 양, 지식 수준, 참여의 기회 등이 많아서 지방자치제도와 정책에 관한 구체적인 내용을 자세하게 알수 있게 되기 때문에 주민자치를 긍정적인 방향으로 이해하게 된 것으로 해석할 수 있다. 또한, 아직도 시민 참여가 전문가 중심으로 이뤄지고 있다는 것을 나타내고 있다.

향후 일반 시민들이 관심을 가지고 참여할 수 있도록 적극적인 홍보 등이 필요하고, 주민의 적극적인 참여에 필요한 충분한 정보를 제공할 수 있는 적극적인 정보 공개가 필요할 것이다.

지방자치 발전을 위해서는 정부(주민참여제도 확대)와 주민(적극적인 관심과 참여) 모두 적극적으로 나서야 된다는 결론을 내릴 수 있다.

2) 지역경제

소득 및 고용, 산업경쟁력 분야 지표에서 지역경제는 전반적으로 개선되고 있는 양상을 보이고 있다. 다만, 지역 불균형은 심화되고 있는 것으로 나타나고 있다. 향후 지역의 지속적인 발전을 도모하기 위해 효율적인 예산 운용 및 관리 방안, 주민들의 자립 의지 고취가 중요한 과제로 제시되었으며, 지속 사업의 개발 및 운영이 필요한 것으로 판단된다.

3) 주민 서비스

(1) 주민 안전

전체적으로 민선 지방자치 20년 기간 동안 주민 안전 수준은 개선되고 있는 것으로 나타나고 있다.

주민 안전 수준의 변화에 대해 일반 주민과 정책집단 모두 긍정적으로 변화하고 있다는 인식이 많았으며, 주민 안전의 중요성에 대해서도 높은 평가를 하고 있다. 주민의 '안전 의식'을 높이기 위해서는 재난 인식의 중요성에 대한 교육과 예방적 차원의 대책 수립 및 시행이 필요하다.

(2) 도시환경관리

민선 지방자치 20년 기간 동안 도시환경관리의 수준은 전반적으로 생활기반 시설의 정량적 향상뿐 아니라 높은 수준으로 변화되었다고 평가되고 있다. 그러나 일반 국민은 지역 특성과 무관한 획일적 운영과 비효율적인 관리 방식을 문제점으로 지적했고, 정책집단은 자치단체 예산 및 중앙정부의 정책 지원 부족 등을 부정적인 요인으로 인식하고 있다.

일반 국민과 정책집단은 모두 지방자치의 기여도가 보통 이상이라 평가하고 있지만 일반 국민에 비해 정책집단이 더 높게 평가하고 있다.

향후 주민 생활 관련 개선 과제로서 '상하수도 관리 및 환경오염 예방'과 '도로 정비, 대중교통 확대, 주거환경 개선'을 중요한 사업으로 제시했다.

(3) 문화여가

민선자치 20년 동안의 문화여가 부문은 꾸준히 향상된 것으로 나타나고 있다. 이러한 변화 추이는 소득 증가에 따른 지역주민의 문화여가 욕구 증대, 일상생활공간에서의 삶의 질 수요 증가 등에 적절히 대응한 결과라고 판단된다. 특히 문화여가 부문은 대표적 핌피(PIMFY: Please In My Front Yard) 시설로 여겨져 정치적 요인에 의해 관련 인프라가 확충된 바도 크다.

문화여가 인프라 등 시설 측면에서는 꾸준히 향상되고 있으므로, 향후 주민 밀착형 문화여가정책을 추진할 때 지방자치단체가 고려해야 할 시사점은 해당 지역주민의 특성을 반영한 창의적 운영에 집중할 필요가 있다는 것이다. 과거에는 소위 핌피 현상이라고 칭해질 정도로 관련 시설의 지역 내 유치에만 급급했다면, 앞으로는 실제 지역주민이 관련 자산을 향유해 나갈 수 있는 내실 있는 운영 프로그램의 기획·집행 등에 노력을 기울일 필요가 있다.

제 4 절 미래 지방자치 환경 변화와 지방자치 방향

1 미래 지방자치의 환경 변화

향후 지방자치 환경의 변화는 '지방자치단체 → 주민'의 방향성에서 인구 변화에 따른 저출산·고령화, 공간구조 특성, 저성장 경제 기조의 특성을, '주민 →

지방자치단체 → 주민 (공급자 측면)			주민 → 지방자치단체 (수요자/참여자 측면)
인구			참여
저출산 · 고령화	공간 특성 변화	저성장 경제 기조	스마트환경(ICT 영향)

지방자치단체'의 방향성에서는 참여 특성 등을 중심으로 이뤄질 것으로 예상된다.

1) 저출산 · 고령화

우리나라 인구성장률은 2017년부터 마이너스 성장을 시작해, 2030년에는 -0.44, 2060년에 -1.66%까지 감소하게 될 것으로 예상된다. 인구 구성 측면에서 보면 1995년 10대~30대가 중심이 된 종형에서, 2015년 30대~50대의 증가로 가운데가 불룩한 항아리형으로 전환되었으며, 2030년의 경우 50대~70대가 중심이 되는 역종형으로 전환될 것으로 예상된다.

고령인구의 경우 1990년 5.1%에서 2010년 11.0%로 증가, 그리고 2030년에는 24.3%로 매 20년마다 약 2배의 증가 추이를 보여주고 있다. 이들 고령인구를 부양할 생산 가능 인구는 1990년 69.3%에서 2010년 72.8%로 증가했으나, 이후 지속적으로 감소 추세에 있으며 2030년에는 63.1%로 예측된다. 고령인구 부양비는 2010년 15.2%에서 2030년 38.6%로 증가해 경제 성장의 악영향과 함께, 노인문제가 장래 대표적 행정 수요가 될 것이다.

2) 공간구조의 특성

저출산 · 고령화의 인구 변화 특성은 지역의 공간밀집도 역시 도시공간과 농촌공간을 특징적으로 변화시키고 있다. 도시공간과 비교해 농촌공간의 문제는 면 지역 간 지리적 단절성과 아울러 농촌 인구의 감소로 인한 개인 간의 물리적 거리로 인한 단절성 역시 지속적으로 증대해 서비스 공급 방식을 포함한 지방행정 체제의 재검토가 장기적으로 요구된다.

농촌지역의 인구 감소와 함께 산업 이탈, 주거공간 노후화 등 지역 쇠퇴의 현상이 서울과 수도권, 대도시 지역과 기타 지역 간 이분화된 공간 특성으로 나타나고 있는 바, 향후 행정 수요의 변화에 커다란 영향을 미칠 것으로 예상된다.

3) 저성장 경제 기조의 지속

한국의 GDP 성장률은 2020년까지 3%대를 유지하다가 이후 지속적으로 하락해 2030년에는 2.06%로 전망되고 있다. IMF는 한국의 저성장 경제 기조의 요인으로 저출산에 따른 생산 가능 인구의 지속적인 감소, 그리고 부족한 생산 가능 인구를 대체할 이민자에 대한 배타적 시각 등을 지적하고 있다.

4) 참여

한국에서의 IT의 영향, 특히 SNS를 통한 사이버 공간의 참여 확대와 그 영향은 향후 지방적 수준에서 주민의 정책 참여는 큰 폭으로 변화될 것이라고 예측되고 있다. 한국정보화진흥원이 제시한 2008년과 2030년 권력구조의 변화를 보면, 국가의 영향력이 크게 감소한 반면 개인과 온라인 네트워크의 권력이 급증하는 모습을 볼 수 있다.

SNS 등을 통한 참여환경의 전환은 지방자치에서도 전통적인 지방의회의 역할, 시민단체의 역할에 변화를 가져올 것으로 예상되며, 지역문제에 대한 지방자치단체-주민 간 시공간적 한계된 배제된, 좀 더 직접적이며 실시간 참여를 가능하게 할 것으로 예견된다.

2 미래 지방자치의 방향

1) 제도자치에서 생활자치로의 전환

지금까지는 중앙정부와 지방자치단체 간 자치권과 관련된 제반 요소의 이동과 제도 중심의 단체자치에 지방자치의 초점에 맞춰졌다고 한다면, 향후에는 '주민'이 중심이 되고 '주민 생활'이 자치단체 정책 수행의 핵심 대상이 되는 '생활자치'와 '주민자치'로 지방자치의 중심적 관점이 변화되어야 한다.

제도/단체자치

○ 주체: 중앙정부, 지방자치단체
○ 내용: 자체제도 및 단체 역량 중심
– 자치제도 구축: 지방분권, 지방재정 시스템, 자치계층 및 행정구역 개편 등
– 단체 역량 강화: 지방공무원 및 지방의회 전문성 제고 등

↓

주민/생활자치

○ 주체: 주민, 지방자치단체
○ 내용: 주민 중심, 주민 주도의 생활자치 중심
– 지방자치단체 → 주민: '주민 중심' 복지 공급 시스템 구축
– 주민 → 지방자치단체: '주민 주도' 참여 네트워크 구축

2) 획일화/경직 시스템에서 다양화/유연 시스템으로의 전환

지금까지 제도적 자치 영역에서는 일정 행정구역을 가진 지방자치단체를 해당 지역의 서비스 공급 주체이자 자치 주체로서 고정시켜 놓은 채, 서비스 공급의 역량의 제고를 위해 권한과 재원, 인력 등을 재배분했다.

서비스 공급의 효율화를 지향하기 위해서는 기존에 적용·시험되어 온 공공기관-민간 분야 간 서비스 공급 체계 재구축(민간위탁 등)뿐만 아니라, 앞으로는 공공 부문 내에서도 기존의 고정적·경직적 서비스 공급 특성을 허무는 "공공 부문 서비스 공급 유연 시스템 구축"이 필요하다. 주민 서비스 공급에서 공공 부문 서비스 공급의 유연화는 '기관 구성의 다양화'와 '기관 경계의 유연화'로 구분할 수 있다.

획일화/경직 시스템

ㅇ 주체: 지방자치단체

ㅇ 내용: 1지방자치단체 중심의 서비스 공급 경계주의

- 기관 구성의 획일성: 서비스 공급 주체의 획일적 기관 구성 및 권한 체계
- 기관 경계의 경직성: 해당 지방자치단체의 독점적 서비스 공급 시스템

다양화/유연 시스템

ㅇ 주체: 주민, 지방자치단체

ㅇ 내용: 지역 수요 대응 적정 공급 시스템 구축

- 기관 구성의 다양화: 기관 구성(자치단체~하부기관 수준), 차등 분권 등
- 기관 경계의 유연화: 공공 협력(지방자치단체 간 협력 시스템), 민관 협력(주민자치회 유형의 다양화 적용) 등

제 3 장

지방자치 20년의 분권 평가와 제도 개선 과제

이종수 · 이병렬

제 1 절 서론

이 연구는 지방자치 20년과 자치권의 변동 요인을 중심으로 분석하고자 한다. 분석의 주요 내용은 조직권, 입법권, 인사권, 재정권 등 4대 자치권의 변동 요인을 중심으로 분석해 보고, 주요 한계 극복 과제를 제안하고자 한다.

이 연구의 필요성 측면으로는 먼저 자치단체장 직선제도를 도입한 지 20년이 되는 시점에서 그동안의 지방자치제도 시행 결과를 자치권의 변동 요인을 중심으로 분석 평가해 보고자 하며, 주요 내용은 지방자치 20년 시행 경과와 그 순·역기능 분석과 부정적 자치 이미지 탈피를 위한 지방자치 대안의 발굴 필요성과 그를 극복하기 위한 대안을 모색함에 있다.

이 연구의 창의성 측면은 지방자치 20년 경과 평가를 통해 미래 지방자치 애로 요인 확인과 미래 예측 및 대응 과제를 발굴, 제언하고자 한다. 특히 중앙정치적 한계(김병국, 2014; 최근열, 2013: 112-113)와 헌법적 한계(이종수, 2013; 김순은, 2014; 오준근, 2015), 장애 요인으로서의 정치권, 중앙정부(김필두・류영아, 2014; 정용하, 2006) 등의 규제 등으로 추출하고 그 극복 대안을 지방분권형 헌법개정(안)으로 제언했다(이종수, 2013; 2015).

분권 평가 측면의 주요 선행 연구들로서 1995년 이래 역대 정권별 지방분권 연구물을 일별한다(소순창, 2011; 홍정선, 2015; 김병국, 2015; 육동일, 2015; 김순은, 2010a; 2014; 금창호, 2009; 권경석, 2015.5/6; 김병국, 2015.5/6; 김필두・류영아, 2014; 대통령 소속 지방자치발전위원회, 2015; 이기우, 2008.9; 정용하, 2006). 이 연구물들은 주로 제도적・절차적 측면에 초점을 맞춘 연구들로서 이 연구에서 접근하는 방법과는 다소 차이가 있다.

방법적 측면은 주요 선행 연구 분석 및 전문가 의견, 일반 주민 대상의 여론조사 결과와 주요 일간지 사설을 중심으로 분석(김병국, 2015; 김필두・류영아, 2014)하고, 필자의 선행 연구(이종수, 2015)와 직관력을 병행해 분석한다.

제 2 절 지방자치 20년 분권 평가의 의의

1 지방자치와 지방분권

1) 지방자치의 의의와 지방분권

첫째, 지방자치는 민주적 국가 구성의 기초 원리다. 민주주의는 본질적으로 권력을 행사하는 주체와 권력의 지배를 받는 상대방이 가능한 일치할 것을 요구하는 자기 지배의 원리다(김호정, 2011: 256). 아래로부터의 민주주의적 구조는 지역주민이 자신이 속한 지방자치단체의 사무에 실질적으로 참여하고, 그에 대한 책임을 부담함으로써 실현되는데, 대의제 민주주의 하에서는 주민이 자신이 선출한 대표기관을 통해 지역행정에 참여하는 것이 민주주의의 내용이다.

자치란 자기의 일을 본인 스스로 처리하는 행위라고 정의한다면 지방자치는 지역주민이 지역의 문제를 스스로 선택, 결정, 집행하고 그 결과에 대해 책임을 지는 제도라고 할 수 있다(이종수・이병렬, 2015).

국가의 주인은 국민이고, 그 권력은 국민으로부터 나온다는 민주주의의 가장 근본적이고 일반적인 원리로부터 태동한 제도가 지방자치다. 지방자치는 민주주의 실현을 위한 가장 기본적인 제도다(정용하, 2006: 48).

지방자치 구현을 위한 지방자치권과 분권이란 먼저 자치권을 지역문제의 자주적・자율적 해결의 위한 제도적・헌법적 보장이라고 한다면 지방분권은 자치제도의 구체적 실천을 위한 집권주의의 탈피와 민주적 정치행정의 제도적 보장책으로 구분한다(이종수, 2015.5/6: 65).

주민자치는 지방자치의 개념 요소로 이해되기도 한다. 중앙행정에 대한 대응개념으로서 지방자치를 일컬을 때, 그 내용이 되는 주민자치와 현행 특별법상의 읍・면・동 주민자치에서 의도하는 주민자치는 내용상 차이가 있다.

헌재의 결정문(헌재 2009.3.26. 2007헌마843)은 주민자치를 지방자치의 개념 요소로 설명하고 있다. 즉, "지방자치는 주민의 의사에 따라 지방행정을 처리하는 '주민자치'요, '단체자치'를 포함한다."고 했다. 즉, 지방자치는 정치적 의미를 지니는 주민자치와 법적 의미를 지니는 단체자치를 내용으로 하며, 주민자치는 자치행정에 대한 주민의 참여, 지방자치법 제13조에 규정된 주민의 권리의 한 내용이라는 점을 강조한다(강기홍, 2011: 108).

둘째, 지방자치와 지방분권 측면이다. 지방자치는 단체자치와 주민자치로 구분된다. 단체자치는 중앙-지방 관계에 초점을 둔 개념으로 '법률적 자치'라고 한다. 한편 지방정부와 주민과의 관계에 초점을 둔 것이 주민자치다(정용하: 49). 지방자치는 지방의 정치 행정에 주민 참여를 통해 완성된다. 지방자치는 지방분권의 정도와 지방의 자율성 정도로 수준이 결정되기도 한다.

권력의 집중을 집권, 권력의 분산을 분권이라고 한다면 참여정부에서 중시된 지방분권의 의미는 ① 국가 생산성 측면이다(고문현, 2010: 423-424). 지방분권은 국가 운영을 '통합관리 시스템으로부터 분권, 분업형 시스템'으로 전환해 생산성을 강화시킨다는 의미다. 현대 사회의 다원화에 대한 주민의 자발적 참여와 창의성을 촉발시키고자 한다. ② 의사결정 측면에서는 지역의 정보에 정통한 주체가 지역정부이기 때문에 지역정부에 분권을 제도화해 지역문제를 해결하는 것이다. ③ 민주주의 실현 측면에서 지역주민의 자발적 참여를 촉진시켜 민주주의 실현에 기여할 수 있기 때문이다. ④ 국가경쟁력 측면에서 국가의 균형적 발전을 촉진시켜 국가의 총체적 경쟁력을 향상시키는 데 기여한다는 점이다.

여기에서는 지방자치를 자치란 자기의 일을 본인 스스로 처리하는 행위라고 정의하고, 지방자치는 지역주민이 지역의 문제를 스스로 선택, 결정, 집행하고 그 결과에 대해 책임을 지는 제도(이종수 · 이병렬, 2015)로, 지방분권을 지방자치 구현을 위한 제도적 · 절차적 측면의 자치권 배분 결과로 정의한다.

2) 지방자치와 분권 평가

(1) 주요 성과

자치 성과 측면이다. 첫째, 민주성(김순은, 2014: 3-12) 측면의 긍정적 내용은 구조적(제도적) 측면과 절차적(운영적) 측면의 내용으로, 부정적 측면의 내용 또한 구조적(제도적) 측면과 절차적(운영적) 측면으로 정리된다. 먼저 긍정적 측면으로 중앙, 지방분권 분위기에 긍정적이다. 둘째, 효율성 측면과 셋째, 형평성 측면의 주요 내용을 분석했다.

(2) 여론조사

지방자치 20년 여론조사 측면이다. 먼저 지방자치 20년의 성과 측면은 민주주의 발전, 주민 생활 개선, 특색 있는 지역 발전, 지방행정 개혁 등을 들 수 있다(홍정선, 2015: 6-11).

2015년 한국리서치 조사 결과(자치의정, 2015.6/7: 122)를 정리하면 첫째, 분권형 개헌 찬성 비중은 48.2%였다. 둘째, 자치 기여도 측면은 특색 있는 지역 발전 44%, 주민 관심 제고 43.4%, 삶의 질 향상 36.4%, 풀뿌리 민주주의 강화 33.8% 등으로 응답했다.

(3) 긍정적 변화

지방자치는 우리 사회의 중앙집권적, '관 주도형' 사고에 일대 변화를 불러왔다. 민선 2~3기에는 주민감사청구제도와 주민조례제정청구권, 주민투표 등이 도입됐고, 주민 생활과 밀접한 사업을 지자체로 이관하는 지방이양촉진법이 시행되었다. 2006년에는 더 광범위한 자치권을 주는 제주특별자치도가 생겼다.

주민이 단체장과 지방의원을 직접 선출하면서 지방행정은 주민의 목소리에 귀를 기울이지 않을 수 없게 되었다. 중앙정부의 획일적인 방침에서 탈피해 새로운 정책 시도도 가능해졌다. 이 중에는 중앙정부에 채택되거나 영향을 미친 것도 적지 않다. '서울형 어린이집'이나 여러 지자체의 마을공동체 사업, 필수예방접종 확대사업 등이 대표적인 사례들이다.

주행세, 지방교육세, 지방소비세, 지방소득세 등이 도입되면서 지방세수는 1995년 15조 3천 159억 원에서 2005년 35조 9천 774억 원으로, 2014년에는 58조 7천 828억 원(잠정)으로 불었다(연합뉴스, 2015.6.2).

각종 지방분권제도가 도입·유지되는 데에도 지방자치가 결정적 역할을 했다는 점도 부인할 수 없는 사실이다. 20년 전 지방자치는 반대와 우려를 무릅쓰고 시행되었지만 이제는 국민 대부분이 지방자치를 '당위'로 여긴다. 한국지방행정연구원이 작년 실시한 지방자치 인식조사 결과를 보면 '지방자치가 필요한가' 라는 질문에 일반 국민 86.8%가 동의했다.

(4) 문제점 측면

첫째, 문제점 측면으로는 수도권 집중 77.4%, 열악한 지방재정 38.6% 등을 들었다. 둘째, 자치 활성화 대안으로는 지방재정의 안정성 확보(31.7%)를 들었다. 셋째, 정당공천제는 폐지해야가 67.6%로 나타났다. 정순관(순천대)은 "지방자치 도입 후 20년간 국민의 기대는 더 높아지고 다양해졌지만 우리 지방자치의 내실은 이를 따라잡지 못하는 실정"이라고 진단했다(연합뉴스, 2015.6.2). 넷째, 몇 가지 한계점은 제도자치화와 권한 배분에 집중되어 있으며, 지방의원과 단체장의 전문 역량 미흡, 재정의 중앙 의존 심화 등에 따른 주민 체감도가 낮고 신뢰도도 낮다는 점이다(홍정선, 2015: 11-12).

3) 주요 쟁점 분석

지방분권화의 문제점과 쟁점 사항은 ① 법률의 제한으로 인한 자치입법권 제한으로 조례 제정 범위의 제약 등을 들 수 있다. ② 지방 이양 문제로서 정부 간 사무, 권한, 책임 불분명의 문제다. ③ 재정 분담 문제로서 중앙정부 중심의 재정 제도에 따른 재정의 구조적 문제다. ④ 정부의 입법과 정책 결정에서 지방정부 참여 배제 문제다. ⑤ 국가감사 범위의 문제 등을 들 수 있다.

첫째, 입법권은 헌법상 국회에 부여되어 국가가 법령으로 조례제정권의 범위를 지나치게 한정하고 있다(최병선 · 김선혁, 2007). 현행 헌법은 국회에 입법권을 부여하고, 죄형법정주의, 조세법률주의와 국가의 행정입법권 등의 법령 선점에 따른 자치입법권의 무력화다.

둘째, 행정권은 헌법상 중앙-지방정부 사무 배분에서 자치사무에 대한 사무도 국가사무로 규정하고 있어 중앙집권적 사무 배분을 정당화하고 있다. 지방 이양 문제는 ① 단위사무 중심의 지방 이양 추진, ② 단순 집행적 사무의 이양, ③ 중앙의 일방적 이양, ④ 공급자 중심의 하향적 이양, ⑤ 사무 배분 원칙 준수의 미흡, ⑥ 광역-기초 간 불명확 이양, ⑦ 행정, 재정 특성의 불고려, ⑧ 국가의 포괄적 지도, 감독권의 유지 등이다.

셋째, 재정권은 헌법상 조세법률주의를 채택, 지방세 조례주의가 불가능하다. 조세법률주의 원칙에 따른 지방재정의 자율성 상실이다. 프랑스의 경우 헌법 제72-2조에서 지방재정의 제고를 위해 프랑스 개정헌법은 권한과 재정의 동반 이전을 규정하고 있다(변해철, 2004: 16-18). ① 법률이 정한 범위 내에서의 재원에 대한 자유로운 처분, ② 모든 종류의 조세 부과 가능성 인정, ③ 자치단체 자체의 조시수입 및 여타 재원의 비중 강화, ④ 권한과 재원의 동반 이전 등이다. 한편 단체장과 국회의원 등을 대상으로 한 설문조사에 의하면 가장 시급한 과제로 ① 국세와 지방세의 조정을 통한 지방재정 확충(57.8%), ① 중앙 권한의 지방 이양, ③ 감사제도 개선을 든다. 자주재원의 확충 방안은 '국세의 지방 이양'(74.9%)을 들었다(국회 지방자치발전위원회 2006.6.21).

넷째, 헌법상 지방자치, 행정 및 정책 결정에 관련된 국가정책 과정에 대등한 참여가 불가능하다. 지방정부 국정참여 문제다. 현재 중요 정책 결정은 국회와 중앙정부가 결정하고 있어 자치단체의 의견을 반영할 수 있는 제도적 장치가 결여되어 있다.

다섯째, 헌법상 감사원의 감사권은 지방정부의 직무감찰, 회계검사까지 지나치게 광범위하게 감사할 수 있도록 제도화하고 있다. 헌법은 국회에 국정감사권을, 감사원에 국가기관 감사권을 부여해 전방위적인 감사와 중복적인 감사가 심각한 수준이다.

여섯째, 헌법상 지방자치 관련 규정이 취약하다. 현행 헌법상 자치규정은 2개 조항뿐이고, 자치단체의 종류, 조직과 운영 등이 법률 유보되어 자치권이 형식적 제도 보장에 그치고 있다는 점 등이다.

2 선행 연구와 분석틀

1) 선행 연구 분석

1995년 이래 역대 정권별 지방분권과 그에 평가 연구물을 일별한다. 금창호(2009)의 참여정부 분권 평가, 홍정선(2015)의 자치 20년 평가, 김병국(2015)의 지방자치의 쟁점들, 김순은(2010c)의 분권화 정책평가, 김순은(2014c)의 지방자치 20년 평가, 김필두·류영아(2014)의 지방자치 인식 분석, 소순창(2009)의 역대 정부의 분권 평가, 육동일(2015)의 자치 20년 평가, 이종수(2013)의 지방분권형 헌법 개정, 정용하(2006)의 지방자치 성과와 평가, 조성호 외(2010)의 분권헌법 평가, 하혜수(2014)의 지방자치 발전 대안, 최근열(2013)의 이명박 정부의 분권 과제 등과 오준근(2015)의 자치제도 개선 방향 등을 들 수 있다.

분권은 입법, 조직, 인사권 등(권경석, 2015)이나 권한, 기능 배분, 지방재정, 역량 강화, 협력과 공감대(최근열, 2013) 등과 주요 개선 과제(김병국, 2015: 13-18) 측면의 변동을 분석, 평가했다.

이상의 주요 내용을 〈표 3-1〉에 정리한다.

2) 분석 틀

이 연구는 지방자치 20년과 분권 평가를 자치권의 변동 요인을 중심으로 분석하고자 한다. 분권촉진위원회(2012)는 기능 배분, 재정 확충, 역량 강화, 협력체제 강화(최근열, 2013: 105) 등을, 김광주(2002: 51)는 분권화, 주민 참여, 중립 등을, 소순창(2009: 46)은 효과성, 민주성, 대응성 등을 들었다. 여기에서의 분석의 주요 내용은 입법권, 인사조직권, 행정권, 재정권 등 자치권의 변동 요인을 중심으로 분석(이종수, 2012; 2013; 2015)하고, 중앙정치적 한계(김병국, 2014)와 헌법적 한계(이종수, 2013)의 극복 대안을 제시함에 선행 연구들과 차별성이 있다.

표 3-1 선행 연구 주요 내용과 이 연구의 차별성

구분	선행 연구 분석과 차별성		
	연구 목적	연구 방법	주요 연구 내용
지방 분권 측면	금창호(2009), 참여정부 분권 평가	질적, 양적 접근	참여정부 분권 평가와 과제
	김병국(2015), 지방자치의 제 쟁점	질적 접근	민선자치의 과제
	김순은(2010c), 분권화 정책평가	〃	분권화 정책평가와 과제
	김순은(2014c), 지방자치 20년 평가	〃	평가와 전망
	김필두·류영아(2014), 지방자치 인식 분석	설문조사	자치 인식과 대응 과제
	소순창(2009), 역대 정부의 분권 평가	질적 접근	분권정책 3측면 평가
	오재일(2010), 분권화정책 평가	〃	분권화정책 평가
	육동일(2015), 자치 20년 평가	〃	자치평가, 전망
	이종수(2013), 지방분권형 헌법 개정	〃	분권 확보 위한 개헌 필요성 제언
	정용하(2006), 지방자치 성과와 평가	〃	성과와 한계
	조성호 외(2011), 분권정책 평가	〃	분권 평가, 과제
	하혜수(2014), 지방자치 발전 대안	〃	5대 과제 제안
	최근열(2013), 이명박 정부의 분권 과제	〃	주요 추진 과제
이 연구의 차별성	중앙정치적 한계와 헌법적 한계, 문제점 극복 대안으로 지방분권형 헌법 개정 필요성 제기	전문가 의견조사 활용 등	중앙정치적 한계와 헌법적 한계 극복 대안으로 지방분권형 헌법 개정 방안 제시

제 3 절 지방분권 특성 평가와 한계

1 분권 특성 평가

1) 분권의 변동 요인

이하에서는 지방분권의 변동 요인을 입법권, 조직권, 행정권, 재정권 등에 대한 변동 사항을 중심으로 분석한다.

첫째, 입법권 평가 측면이다(최환용, 2012; 고문현, 2010). 조례에 위임하는 사례가 증가하고 있다(김철용, 2011: 126). 실제로 자치입법(조례)의 양적·질적 다양성이 확대되고 있다. 서울시의 경우 민선 1기 287건에서 민선 5기 742건으로 약 3배 증대되었다(하민지, 2015: 93).

둘째, 인사, 조직권 측면이다. 조직인사 평가 결과는 77.2%로 분권화 수준이 가장 높게 진행되었다(이종수, 2013). 조직인사 분야는 '국가 승인 없이 설치되는 조직 비율', '지방공무원 정원' 증원 등에 기인해 평가했다. 서울시의 경우 조직 운영 효율성 확대, 전문성 강화, 외부 전문가 등 시민 참여 및 소통 확대의 효과가 있으나 여전히 대통령령과 중앙정부 승인 등이 필요하다(오준근, 2015: 49-51; 하민지, 2015: 96-97).

셋째, 사무 배분 분야는 중앙행정 권한을 자치사무로 이양한 결과에 기인했다. 2009년 현재 국가사무는 80%다(김철용, 2011: 125). 자치사무와 자치행정권(권경석, 2015: 9)의 경우 사무 공동 배분은 권한과 책임의 한계를 모호하게 한다. 지방사무 비중은 산업경제와 사회문화 분야 중심의 사무 이양이 이뤄지고 있으나 행재정 지원 없는 사무 배분과 실질적 이행 확보의 제도적 장치 부재로 체감도가 낮다(하민지, 2015: 101).

넷째, 자치재정권 측면이다. 부산시의 경우 예산의 80%는 중앙이 관여하고, 20% 이내에서만 시의 자율성이 인정되고 있으며, 이는 전국적인 현상이다. 이와 같은 환경에서 지역에 알맞은 지방자치를 주체적으로 처리하는 것은 불가능하다. 서울시는 지속적인 세입 확대, 시민 수요에 대응한 자체사업 비중 확대, 복지 지출 확대 등의 변화를 보이고 있으나 여전히 자주재원 확보가 어려운 세수 구조의 문제가 노정된다(하민지, 2015: 100).

지방자치제 실시 이후 자치재정과 관련한 재정진단 결과 재정 분야는 41.4%로 가장 낮다. 재정 분야는 자치단체 지출, 재정자주도 등을 토대로 평가했다(홍준현 2008: 21-22). 재정 분야는 '지방채 발행 총액 한도제' 도입, 국세와 지방세의 조정이 완료된다면 약 11.2%p 증가할 것으로 예상된다(2008년 52.7% 추정).

박광덕(2008: 249-256)은 ① 자치단체 복지예산 증가, ② 자치단체의 국고보조사업 증가, ③ 자체사업 예산의 감소, ④ 보통교부세 산정 수요액과 복지 관련 세출 기능 간의 연계 미흡 등으로 중심으로 문제점을 제기하고, 그 개선안으로 ① 국세와 지방세 조정, ② 이전재원의 조정, ③ 지방소비세, 소득세제 도입, ④ 지방채 신용평가제도와 파산제도 도입, ⑤ 재정 책임성 확보 등을 제시했다.

자치재정권(권경석, 2015: 10)은 조세법률주의의 기속으로 중앙 종속을 초래하는 원인이 된다. 2009년 현재 재정자립도는 53.6%다(김철용, 2011: 126).

2) 분권 특성 평가

2011년 12월 일반 국민을 대상으로 한 폴리시앤리서치의 조사에 의하면 지방분권형 헌법 개정에 대해 56.2%가 찬성, 반대 15.8%로 나타나 분권형 헌법 개정을 지지하며, 68%의 국민이 지방자치 수준이 낮다고 인지하고 있다(폴리시앤리서치 2011: 27; 김성호, 2012: 420).

지방자치나 지방분권화 정도는 예컨대 지방 이양, 재정 분담, 교육자치 등에 대한 만족도 분석을 통해 파악할 수 있다. 허훈(2008), 이승종(2005), 이기우(2005), 홍준현(2008), 이상윤·이종수(2006) 등의 연구를 들 수 있다. 홍준현(2008: 20-26)은 분권화 정도를 58.8%로 진단했다. 주요 지표는 조직인사, 사무, 재정 측정지표를 통해 측정했다. 이상윤·이종수(2006)는 시민, 공무원들에 대한 자치만족도 평가 자료를 토대로 지방자치 만족도를 C+로 평가했다. 또 다른 연구는 1991년 지방의원선거 이래 2006년 현재까지 과도한 중앙집권(중앙과 지방사무의 비율은 76:24) 현상이 지속되고 있으며, 지방재정의 구조적 취약성, 지방자치의 능률성과 종합성의 취약 등을 든다.[1] 이하에서는 분권의 정도, 지방 재정 등을 중심으로 평가한다.

분권 평가는 허훈(2008), 이승종(2005), 이기우(2005), 홍준현(2008), 이상윤, 이종수(2006) 등을 참조해 평가한다. 허훈(2008: 215-225)은 참여정부 분권정책을 과정을 중심으로 3기로 나눠 평가했다. 제1기는 분권정책의 기반 다지기, 제2기는 분권 로드맵 집행기, 제3기는 정책 결실기다. 그러나 노무현 정부의 분권정책의 한계는 ① 지식인 위주의 분권제도, ② 시민사회의 분권 활동의 한계, ③ 분권과 균형 발전의 충돌, ④ 분권에 대한 국민 공감대 미흡, ⑤ 재정분권의 실패 등으로 제시했다. 이승종(2005: 4-6)은 2005년 현재 지방자치는 집권, 통제, 종속, 갈등의 비중이 커서 당분간은 분권, 참여, 중립, 협력의 필요성을 강조했다. 구체적으로는 ① 조례제정권 강화, ② 지방자치단체연합의 법률제안권 부여, ③ 기관구성의 자율성 부여, ④ 지방재정의 확충 등을 들었다.

따라서 예컨대 조례의 경우 제한된 범위 내에서의 신체적 자유 구속과 재산권 제한 및 조례로 세목과 세율을 결정할 있도록 제도화할 필요가 있다(부산일보, 2008.9.9). 물론 이 경우 지역 토호 세력의 '집단적 부패'를 방지할 수 있는 내·외부 통제장치 활성화가 선행되어야 한다.

2 한계와 문제점, 그리고 과제

1) 지방분권의 한계적 측면과 과제

(1) 한계

첫째, 추진기구의 한계다. 둘째, 정치의 중앙집권화(최근열, 2013: 112-113), 셋째, 법규적 한계(지자법 제22조, "법령의 범위 안에서") 측면이다.

「지방자치법」의 지방자치, 헌법과 지방자치법의 관계 측면이다. 한국의 지방

---

1) 세계 주요 국가의 지방자치 '보장' 평가(분권화 정도의 산술적 점수)는 다음과 같다(최병선·김선혁, 2007). 독일(96), 이탈리아(81), 스페인(75), 대만(72), 프랑스(67), 스위스(53), 일본(35), 한국(28) 등의 순위다.

자치제도의 법 형식은 헌법, 법률, 조례, 규칙 등이 지방정부의 자치입법권의 범위를 규정하는 법체계다. 지방자치의 제도적 접근은 첫째, 헌법 제8장 제117조와 제118조가 근거 규정이다. 헌법 제117조와 제118조와 법률에서 지방 자치권을 제한적으로 규정하고 있으나, 헌법 제117조 제1항은 "…법령의 범위 안에서 자치에 관한 규정을 제정할 수 있다."고 한정해 자치입법권의 범위를 근본적으로 제한한다(「지방자치법」 제22조). 구체적으로 보면 한국 헌법은 ① 헌법상 지방자치 조항의 빈약, ② 지방자치제도 운영 원리의 구체성 부족, ③ 법률 위임 규정의 과다 등으로 요약할 수 있다. 1948년 제정된 지방자치법은 2014년 현재 수차례 개정으로 이어지고 있다(이종수, 2013; 2015).[2]

(2) 시급한 개선 과제

첫째, 재정자립(김필두 외, 2014: 173-175), 둘째, 자치단체 간 협력 구조, 셋째, 정부 간 협력 구조, 넷째, 자치 역량 제고 등이 요청된다.

주요 개선 과제를 〈표 3-2〉에 정리한다.

표 3-2 개선 과제

과제 영역	문제점	개선 방안
자치단체 재정 자립	재정 자립 미약	재원 확충 모색
	재정 부족과 자율성 미흡	보조금제도와 소득세 등 개선
자치단체 간 협력 체제	자치단체장 협력 부족	지방 간 협력 체제 구축
	자치단체 간 협력 체제 미흡	
중앙·지방 간 협력구조 구축	협력에 부정적	상호 교류의 장 구축
공무원 역량 제고	지방공무원의 역량 부족	경쟁과 동기부여
시민 참여 의지	참여 의지 미흡	교육, 학습 체제 구축과 심리적 측면 보강

출처: 김필두 외(2014: 173-175).

2) 한국리서치(2015.2.22.)의 '자치 20주년 인식조사'에 의하면 '분권국가를 헌법에 명시'하는 내용에 응답자의 48.2%가 동의하고 있다.

표 3-3 민선 20년 성과와 한계

영역	구분	평가 내용
지방분권	성과	지방 주도- 국가 지원 시스템 전환 기반 구축 특별자치의 확대, 제주특별자치도와 세종특별시 지방재정 자율성 확대
	한계	자치 권능 취약 중앙정치의 예속화 중앙 규제 존속 획일적 지방자치
자치 역량	성과	의정 경험 축적 단체 간 협력구조 주민 중심 대응 자세
	한계	책임성 부족 역량 부족 협력 관행 미정착
주민 참여	성과	주민 의식 제고 주민 참여 확대 직접민주주의
	한계	이기적 참여 성장 지체 주민자치 참여 미흡

출처: 김병국(2015: 6-9). 필자가 발췌함.

기타 지방자치 20년의 주요 성과와 한계를 지방분권, 자치 역량, 주민 참여 중심으로〈표 3-3〉에 정리한다.

2) 지방자치제의 문제점과 발전 가능성

(1) 문제점

첫째, 문제점 측면으로는 지방 이양에 대한 재정 지원 후속 조치 미흡, 자치권 취약, 지방의회 유명무실, 자치 역량 미확보 등을, 둘째, 자치제도 저발전의 원인으로는 정부의 과욕, 국민 공감대 부족, 부처이기주의, 부작용에 대한 통제 미흡, 언론의 무관심(육동일, 2015: 34-35) 등을 들 수 있다.

(2) 제도적 발전 가능성

제주특별자치도 성과와 도·농 통합 제도적 측면을 들 수 있다(정용하, 2006: 64).

첫째, 주요 성과 측면이다. 우선 교육 분야에서 교육과정을 자율적으로 운영할 수 있는 자율학교와 외국인 투자자 및 국내·외 해외 유학 수요를 흡수하기 위한 국제고등학교 설립이 가능하다. 또 유·초·중등 및 대학은 물론 외국교육기관의 설립이 허용되며 외국 대학은 도내 대학 또는 전문대 교육시설을 이용해 교육과정을 설치·운영할 수 있다. 2008년부터 교육감이 주민 직선으로 선출되며, 교육감은 자율학교·국제고·외국인학교 설립·운영에 전권을 행사한다.

또한 기업에 대한 지원은 다른 광역지방자치단체와 비교해 볼 때 매우 파격적으로 내·외국인 구분 없이 관광·의료·교육·정보통신산업 등에 500만 달러 이상 투자하면 재산세를 10년간 받지 않으며 IT·BT 등 첨단산업에 대한 국·공유지의 임대 기간은 50년이고, 원하면 연장도 가능하다. 외국인 투자지역에 대한 지방세 감면 혜택이 종전 7년간 100%, 3년간 50%에서 15년간 100%로 확대되고 무주택자 외국인에게 민영주택 건설량의 10% 범위 안에서 주택을 특별공급하는 등 외국인 투자기업에 대한 지원이 강화된다.

그리고 제주특별자치도의 관광산업 활성화를 위해 테러지원국 등 8개 국가 외국인을 제외한 모든 관광객은 비자 없이 왕래할 수 있으며 외국인 전용 카지노의 경쟁력을 강화하기 위해 본래 중앙정부 소관인 설립 감독권 및 관광진흥개발기금 운영 권한을 가지고 있다.

이와 동시에 외국 영리법인이 의료기관을 자유롭게 설립할 수 있고, 외국 병원의 내국인 진료도 허용된다. 외국인이 설립한 의료기관은 외국인 환자의 소개·알선행위도 가능하고 외국인 전용약국도 문을 연다. 또 특별자치도지사가 소속된 자치경찰제가 전국 처음으로 도입되어 운영되고 있다. 단, 수사권은 치안유지를 위해 중앙정부 소속의 제주지방경찰청 소속의 경찰이 수행한다. 제주특별자치도는 지난 5월 9일 중앙에서 이양된 자치 권한의 활용도를 높이고, 추가적인 제도 개선 방향을 협의하기 위해 총리실(제주지원위원회사무처)과 정례 업무협의회에서 특별자치도 5년 종합평가를 토대로 행정 권한의 활용도 제고와 제도개선이 이뤄질 수 있도록 총리실과 제주도 간 정기적인 업무 협의를 통해 소통과 협력을 확대해 나가기로 했다(시사제주, 2012.5.10).

둘째, 문제와 한계점 측면이다. 제주특별자치도는 외교, 국방, 사법 등을 제외한 자치권이 보장되는 광역자치단체다. 사람과 상품, 자본이 자유롭게 이동할 수 있고 기업 경영하기가 편한 국제자유도시 체제로서 자치경찰, 자치교육, 주민소환이라는 큰 틀에 따라 제주특별자치도가 스스로 결정, 집행할 수 있다.

제주도는 향후 특별자치도제도의 안정적 발전을 위해 지방소비세 개선, 권한 이양 소요재원 보전 방안 등 자치재원 확충과 교육・의료 등 핵심 산업에 대한 규제 완화 및 특례 확대 등의 제도 개선 의견을 제시했다(이종수, 2013).

그러나 무엇보다도 현재의 특별법 구조가 권한 이양에 관해 특례의 형식으로 접근하고 있어 본질적인 한계가 있다. 즉, 단위사무 이양 방식의 한계로서 이는 중앙정부의 지속적 지원 없이는 근본적인 특별자치가 불가능하고 따라서 포괄적 권한 이양이 요구되는데, 부분적 권한 이양과 통제력을 유지하기 위한 현재의 헌법과 특별법 규정에 따라서 특별자치를 시행하는 것은 불가능하다. 즉, 특별자치나 실질적인 지방분권은 헌법의 제도적 보장 없이는 '공염불'에 지나지 않는 것이다. 예컨대 중앙통제, 하청기관화와 국회의 방조 문제를 지적할 수 있고(양영철, 2012: 437), 이와 같은 문제들은 특별자치도의 법적 지위의 불안정성과 자치행정의 혼란을 야기하고 있는 것이다(최환용, 2012: 9). 이에 따라 제주특별자치도의 법적 지위를 헌법적으로 보장하는 방안이 논의 중이다(최환용, 2012: 12).

근래 제주특별자치도정은 전국 16개 시・도지사 공약 평가 관련 C 등급을 받아 최하위였다(뉴시스, 2012.8.16). 역점 추진 과제 10대 정책도 연차별 목표를 달성하지 못하고 있다. 이러한 결과는 중앙과 제주특별자치도의 기능 배분 구조가 현 제도 하에서는 작동하기 어렵다는 점과 또한 지역 현안이 꼬이면서 나타난 결과라고 해석할 수 있다.[3]

3) 이와 같은 문제와 관련해 부산시는 대선 후보들의 지방분권 공약 채택 사항으로 ① 헌법 개정 시 지방분권형 권력구조 개편, ② 지방재정 구조 개편, ③ 국가사무의 실질적 지방 이양 등을 요구했다(서울신문, 2012.8.22).

3 주요 발전 과제

1) 중앙정치권 관계

중앙정치 예속화(김병국, 2014; 김필두 외, 2014) 측면으로 정치의 분권화(최근열, 2013: 119)가 절실하다. 지역정치는 중앙의 영향을 갈수록 크게 받고 있다. 정당공천 후보의 당선 비율은 기초단체장이 1995년 77.0%에서 지난해 87.2%로, 광역의원은 82.7%에서 97.5%로 각각 증가했다. 광역단체장은 1995년, 2006년, 2010년을 제외하고는 100% 정당 공천 후보자가 당선되었다. 지방행정연구원의 조사 결과 '중앙정부에 지방자치 의지가 있다'는 대답은 5명 중 1명 꼴(19.3%)에 그쳤다(연합뉴스, 2015.6.2).

단체장과 지방의원의 끊이지 않는 비리와 불법선거도 지방자치에 대한 불신을 키운다. 2010년 동시지방선거에서 선출된 민선5기 자치단체장 244명 중 10%가 넘는 27명이 실형(24명)을 선고받거나 사임해 자격을 상실한 통계가 이를 잘 보여준다. 전북의 한 기초자치단체는 민선 1~5기 군수 4명(재선 포함) 중 3명이 구속되고, 이 가운데 5기 군수는 정치자금법 위반으로 임기 중 퇴출된다.

이 밖에 여러 지자체가 경쟁적으로 시행하는 대형 국제행사와 전시성 사업, 호화 청사 등 무수한 혈세 낭비 사례는 '돈만 드는 지방자치를 왜 하는지 모르겠다'는 무용론마저 일으키고 있다. 이러한 불신은 중앙정부가 지방의 자율권과 재정권을 제약하는 논거가 된다.

전 지방세학회장(박정수)은 "지방자치의 제도・형식은 발전했지만 실질적인 면에서는 갈 길이 멀다."면서 "이는 지방의 책임성, 특히 재정 면에서 자기 부담의 원칙이 뿌리내리지 못했기 때문"이라고 지적했다. 박 교수는 "자치단체가 부가적인 사업을 할 때에는 그 비용을 스스로 조달한다는 원칙이 자리 잡아야 책임성과 자율성이 커지고, 실질적인 자치가 실현될 것"이라고 강조했다(연합뉴스, 2015.6.2).

지방자치의 역할과 필요성에 대한 이러한 긍정적 인식과 달리 지방자치의 실태에 대해서는 부정적인 평가가 지배적이다. 지방행정연구원의 같은 조사에서 일반 국민 중 63.2%는 '지방자치가 잘되지 못하고 있다'는 견해를 나타냈다. '잘되고 있다'는 의견은 36.8%에 그쳤다.

전문가들은 우리 지방자치의 문제점으로 중앙정부에 지나치게 의존적이라는 점을 우선 꼽는다. 정순관(순천대)은 "제도의 틀이 너무 중앙 중심으로 되어 있다."면서 "지방자치법이 있지만 각 부처에서 대통령령과 부령으로 다 제어를 하기 때문에 실질적인 자율권이 보장되지 않는다."고 지적했다.

재정 여건을 보면 이러한 실태가 여실히 드러난다. 자치단체로 각종 사업이 이양되고 복지비 부담이 갈수록 무거워지는데도 조세 총액 중 지방세가 차지하는 비중은 1995년 21.2%에서 2013년 21.0%로 거의 변화가 없다. 이는 자치단체가 살림살이를 할 때 중앙정부에 손을 벌려야 하는 부분이 갈수록 커진다는 것을 의미한다.

지자체 자체수입의 비중은 1995년 68.9%에서 2013년 58.9%로 감소했고, 지방교부세와 국고보조금 등 의존재원은 같은 기간 22.2%에서 36.9%로 늘었다. 이에 따라 재정자립도(일반회계)는 2000년 59.4%에서 지난해 44.8%로 떨어졌다.

2) 자치형 분권 헌법 미비

분권 헌법 개정 측면(이종수, 2015.5/6; 2013; 2012; 2009; 2008)과 관련 분권 헌법 필요성은 응답자 48.2%가 지지하고 있다(자치의정, 2015.5: 122). 따라서 구체적인 분권형 개헌 추진(최근열, 2013: 114) 노력과 함께 지방자치 관련 헌법 개정에 대한 담론 확산(김병국, 2015: 15)으로 이어질 필요가 있다.

(1) 개헌의 필요성

2005년 한국정치학회 회원 및 국민을 대상으로 한 헌법 개정에 관한 여론조사에 의하면(중앙일보, 2005.2.28) 국민의 67%, 정치학회 회원 69%가 권력구조를 바꾸는 개헌이 필요하다고 응답했다.

지방자치에 대한 인식의 확대와 지방의 권한 증대 요구는 종래 국가의 일방적 정책 결정에 대한 집행담당자에 불과했던 자치단체가 공익 주체로서 그 지방의 이익을 위한 지방사무(les affaires locales)에 대해 주민의 민주적 참여가 존재한다는 것을 의미한다. 따라서 행정적 · 행정법적 차원의 분권에서 헌법적 · 정치적 의미의 분권이 추가되어야 할 것이다(전훈, 2013: 7). 프랑스는 2003년 개헌을 통해 헌법 제1조에서 "국가조직은 지방분권화된다."고 명시, 1789년 대혁명에 이은 제2의 혁명으로 평가된다.

분권형 헌법 개정의 필요성은 첫째, 지방정부 자율성을 제한하는 현행 지방자치제도의 문제점을 개선해야 한다. 우선 지방정부의 자율성을 저해하고 있는 죄형법정주의, 조세법률주의, 헌법상 법률유보의 조례유보 조항 등의 개정이 필요하고, 빈약한 지방재정과 중앙 위주의 세원구조 개선으로 자주재정이 확보되어야 한다. 또한 국가의 일방적인 입법, 정책 결정 방식을 상향식 결정 방식으로 전환해야 한다. 즉, 지방화 시대의 상호 협력을 바탕으로 하는 상향식 입법 및 정책 결정 과정으로의 전환이 필요하다.

둘째, 21세기 국가 발전 전략으로서 분권의 제도화가 필수적이다. 국경 없는 경쟁에서 우위를 점하기 위해서는 다양한 경쟁 주체들의 실질적인 경쟁력 확보가 무엇보다 중요하며, 이는 지방자치를 통한 지방정부의 역할 강화에 의해서만 달성할 수 있다. 지방분권은 국가 권력의 조직과 통제에 관한 권력구조와 밀접한 관련이 있고, 지방정부도 그 자체로 민주적 정당성에 의한 통치권 일부(자치권)를 가지므로 국가 권력구조의 기본 질서인 헌법 개정으로 이를 제도화하는 것이 필수적이다.

(2) 권력구조 개편의 기본 방향

21세기 세계화, 정보화, 분권화 시대의 특성을 감안하면, 앞으로 새로운 권력구조 개편을 위해서는 ① 협치(協治)구조의 제도적 반영, ② 수평적·분산적 구조 정립, ③ 연결 기능 중심의 성격을 갖는 정부 권력구조로 그 방향이 설정될 필요성이 높다. 따라서 분권형 국가 정립의 기본 방향으로는 ① 국가, 지방정부 간 수직적 기능 분담으로 행정 역량 강화, ② 권한과 책임 일치로 정부 간 경쟁력 강화 체계 구축(전국시도지사협의회, 2012: 17-19), ③ 지방재정의 보장, ④ 주민 참여의 확대 등을 담을 수 있는 방향으로 개정이 요구된다.

따라서 분권형 헌법 개정(안)의 기본 방향으로 ① 지방입법권 보장, ② 합리적 기능 배분과 재원 배분, ③ 감사 범위의 구체화, ④ 지방의 국가 정책 결정 참여 제도화 등이 포함되어야 함을 시사한다.[4)]

(3) 자치, 분권형 헌법 개정의 주요 내용

① 자치형 헌법

첫째, 자치형 분권형, 곧 자치권 확보를 위한 헌법 개정이다. 형식적인 자치권을 보장하고 있는 지방분권형 헌법 개정이 요청되며, 국가의 삼권(三權)을 재배분해 지방정부가 권한에 따른 책임행정 체제를 구축하도록 한다.[5] 즉, 조례제정권의 입법권화 및 사무 배분의 보충성과 책임성 확보가 요구된다(이기우, 2008. 9: 33). 프랑스의 자유스러운 행정(la libre administration)에 대한 벤치마킹이 요구된다고 할 것이다(전훈, 2013). 프랑스의 「권한배분법」 등을 예로 들 수 있다.

둘째, 자주재정 신장이다. 재정권과 과세권의 보완(김성호, 2007: 30)이 요구된다. 정부 간 과세권을 법률과 조례로 규율하고, 독일 헌법처럼 주요 세목의 공동세화를 헌법에 규정해 지방정부의 안정적 재원 배분을 보장한다. 곧, 지방정부 사무처리 비용을 자치 책임 하에 충당하기 위해 필요한 세원을 가져야 하며, 세율도 자율적으로 결정할 수 있도록 해야 한다(부산일보, 2008.9.9). 유럽의 지방자치헌장(European Charter of Local-self Government: ECLG) 제9조는 지방자치단체의 고유 재원을 헌법과 법률로 보장하는데, 주요 내용은 세출자주권, 책임과 재원의 대응 관계, 과세권, 재정제도의 탄력성, 보조금의 방법과 한계, 기채발행권 등이다(권강웅, 2007: 41-42). 구체적으로는 ① 법률이 정한 범위 내에서의 재원에 대한 자유로운 처분, ② 모든 종류의 조세 부과 가능성 인정, ③ 자치단체 자체의 조세수입 및 여타 재원의 비중 강화, ④ 권한과 재원의 동반 이전, ⑤ 법률에 의한 지방재정 조정 메커니즘의 설치 등이다.

② 분권형 헌법

첫째, 중앙과 지방 간의 구체적인 상생 관계 구축이 필수적이다. 대통령과 시·도지사 등 지방정부 대표자로 구성되는 실질적인 지방정책결정협의체를 법

---

4) 예시하면 분권 헌법 개정의 수준은 자치입법권(23.6%), 국가사무 이양과 재정 이양 보장(22.3%), 정부 간 기능 배분(17.5%), 정부의 입법 과정 참여(9.2%), 과세권(8.9%), 감사 범위 문제(8.2%) 등이다(김성호, 2012: 419).

5) 세 가지 분권모델은 ① 지방자치형 강화형 모델, ② 광역지방정부형 모델, ③ 연방정부형 모델 등으로 부분된다(최병선·김선혁, 2007: 28-41).

정화한다(이종수, 2015.5/6).

둘째, 감사원은 국가기관의 회계감사에 한정한다. 감사원의 지방감사 범위를 명확히 정리해야 할 것이다. 즉, 감사원의 감사는 국가기관의 회계감사에 한정하고 지방정부에 대한 감사는 단일감사 원칙을 적용하도록 제도화한다. 기초자치단체의 경우 감사 대비로 인한 행정 낭비가 심각한 실정이다. 특히 시・군・구의 경우 연간 근무일 수 절반 가까이를 감사 준비에 매달리고 있어 지방행정 수행에 막대한 지장을 초래하고 있다. 국가의 전방위적 감사제도를 폐지하고, 위법, 의심 사항에 대해 중앙부처를 통해 간접적으로 통제하는 방향에서 개선이 요청된다(부산일보, 2008.9.9).

셋째, 지방정부의 국정 참여 장치로 '지역 대표형 상원(上院)' 설치다. 지방정부의 국정 참여를 위한 제도적 개선의 필요성이다. 지방자치의 헌법 보장의 제도적 장치로 국회에 지방을 대표하는 '상원'을 설치해 지역을 대변, 이익을 보호하고 정부 간 갈등 조정 역할 등의 기능을 수행하며, 실효성 있는 지방의 국정 참여를 위해 지방대표로 구성되는 '지역 대표형 상원'을 설치해 국가 입법 과정에 반영되도록 한다(최철호, 2012). 지방 상원 설치의 필요성과 효과성은 ① 국가 수준에서 지역을 대표하고, ② 지역 단위별 공론의 장을 제공하며, ③ 지역과 국가를 직접 연결해 준다는 점 등과, 그것의 효과성은 ① 지방분권의 촉진, ② 지역 균형 개발, ③ 지역할거주의 보완, ④ 국민 통합, ⑤ 정치 선진화 등을 들 수 있다. 동일한 맥락에서 국가 의사 결정 구조를 국가원과 지방원으로 구성하자는 주장도 있다.

넷째, 주민 참여제도 보완이다. 지방정부의 중요한 의사 결정 과정에 주민이 직접 참여할 수 있는 기회를 최대한 보장할 필요가 있다. 예컨대 프랑스의 경우 헌법은 법률이 정하는 요건에 따라 각 지방자치단체의 권한에 속하는 문제에 대해 그 의결기관의 의사일정에 기록하도록 요구할 수 있도록 규정하고(제1항), 조직 법률이 정하는 조건에 따라 자치단체의 권한에 속하는 의결이나 행위에 관한 제안에 대해 주민투표를 통해 결정할 수 있도록 의결적인 성격(décisionnel)을 부여했다는 점을 상기할 필요가 있다. 프랑스의 개정헌법 제72-1조 제1항은 주민청원권과 직접민주주의(주민투표제 및 지방에 대한 자문) 제도를 규정하고 있다(변해철, 2004: 15-16).

(4) 헌법 개정 대안

강경근(2008: 129-130)은 현행 헌법 제117조, 제118조 규정이 자치권을 제도적으로 보장해 자치단체에 포괄적 자치권을 부여하나 이는 원칙적으로 '법령의 범위 안에서' 즉 국가를 전제로 하는 국가 권력의 범주에서 행사할 수 있는 전래권(자치위임권)이라는 한계가 있다고 전제하고, 그의 '헌법개정안 시안'에서 지방자치를 헌법의 총강 부분에 두어 국가와 사회의 전체의 논리로 풀어나가야 한다고 주장한다.

지방분권형 헌법 개정에는 ① 지방분권의 정도, ② 지방정부의 권력원, ③ 지방재정 보장, ④ 권리구제, ⑤ 감사원의 지방 감사 범위 등이 포함되어야 할 것이다. 또는 ① 주민의 선거에 의한 지방정부 구성의 헌법 명문화, ② 지방자치단체 구성, 운영에 관한 기본 조례 제정의 헌법적 근거, ③ 자치단체의 국정 참여 보장의 제도화, ④ 자치입법권과 자주재정권의 보장, 강화 등을 제시한다(국회 미래한국헌법연구회, 2008. 8). 이기우(2008. 9: 33-34)도 ① 헌법 제117조 제1항에 지방자치단체의 기능을 '보충성의 원칙'을 중심으로 규정할 것과 ② 자치단체의 자기 책임성 및 ③ 자치단체 입법권 보장, ④ 지방정부의 국정 참여 보장을 헌법에 명문화해야 할 것을 주장한다.

분설하면, 1) 총강 ③ 대한민국은 지방분권형 국가이다. 2) 주민 주권 ① 모든 지방자치단체의 권력은 주민의 의사에 기초해야 한다. 3) 사무 범위 ① 지방자치단체는 보충성의 원칙에 기초해 주민의 복리 및 지역사회의 발전에 필요한 주거, 환경, 교통, 통신, 교육, 치안, 안전, 문화 등에 관련한 지방자치단체의 사무를 자기 책임의 원칙 하에 처리한다. 4) 자치입법권 ① 지방자치단체는 법률에 위반되지 아니하는 범위 내에서 그 권한에 속하는 사무에 관한 조례를 제정할 수 있다. 헌법 제37조 제2항, 제12조 제1항, 제13조 제1항, 제23조 제1항, 제24조 내지 제26조 제1항, 제59조의 법률에는 지방자치단체의 사무와 관련되는 경우에 조례를 포함하는 것으로 본다. 5) 법률안 제출권 ④ 지방자치단체의 장 등의 협의체는 법률이 정하는 바에 따라 제117조 제3항 제2문에 해당하는 사항에 관한 법률안을 국회에 제출할 수 있다. 6) 재정 고권 ⑤ 지방자치단체는 법률이 정하는 범위 내에서 지방세의 세목, 세율 및 기타 필요한 사항을 조례로 정할 수 있다. ⑥ 국가는 지방자치단체의 사무 처리를 위해 필요한 재정적 지원을 하여야 한다. 7) 법적 지위 ⑦ 지방자치단체는 자신의 자치권이 침해된 경우에는 법률이 정하는 바에 따라 법원에 재판을 청구할 권리를 가진다. 8) 국가 감사 ⑧ 지방자치단체에 대한 감사는 단일감사를 원칙으로 한다. 9) 자치단체의 종류 ① 지방자치단체에는 광역자치단체, 기초자치단체 및 특별자치도를 둔다. ② 광역자치단체로는 특별시, 광역시, 도를 두며, 기초자치단체로는 시, 군, 자치구(특별시, 광역시의 관할구역 안의 구에 한한다)를 둔다. 10) 지방의회 ① 지방자치단체에는 주민의 대표기관으로서 지방의회를 두며, 지방의회는 주민의 보통, 평등, 직접, 비밀선거에 의해 선출된 지방의회 의원으로 구성한다. ② 지방의회의 조직, 권한, 의원선거와 지방자치단체의 장의 선임 방법 기타 지방자치단체의 조직과 운영에 관한 사항은 법률로 정한다. 11) 주민 참여 ③ 국가는 지방자치단체의 주민이 그가 속하는 지방자치단체의 중요한 의사 결정에 직접 참여할 수 있는 기회를 최대한 보장해야 한다. 12) 기관 구성 형태 ④ 지방자치 실현에 필요한 지방의회와 지방자치단체장의 기관 구성 유형은 제118조 제2항의 규정에도 불구하고 주민투표로 정할 수 있다 등이다(이종수, 2013: 383).[6]

3) 주민 참여 확보 방향

지방자치의 당사자이자 이해관계자인 주민들이 지방자치에 대한 인식 측면이다. 한국지방행정연구원이 2014년 실시한 '지방자치에 대한 인식 분석' 결과를 보면 국민의 86.8%가 지방자치가 필요하다고 생각하고 있다. 지방자치의 역할과 필요성에 대한 긍정적인 인식과는 반대로, 국민 중 63.2%는 지방자치가 잘 되지 못한다고 응답했다. 지방자치는 당연하지만 현재 잘하고 있지는 못하다는 게 일반적인 생각이다(희망제작소, 2015.6.5).

이기우는 지방자치가 실질적인 변화를 이끌어냈음에도 불구하고 주민 만족도와 행복도를 높이지 못한 이유로 지방자치단체가 주민의 욕구를 충족시키기에

6) 근래 지방분권형 헌법 개정 '전면개정안'은 제3장 '국가의 기본 조직'과 제7장에 '자치의회와 자치정부' 조항을 두고 자치의회와 자치정부를 국회와 정부에 대응하는 명칭으로 사용해 그 모두가 헌법기관이라는 점을 명문화했다. 지방의회는 자치법률제정권을 가지고, 자주조직권도 보장하고자 한다(이국운, 2015: 10).

만 급급했기 때문이라고 본다. 주민은 지역에서 관리의 대상이 아닌 스스로 참여하고 결정하는 주체일 때에 비로소 삶의 만족도가 높아지는데, 지금까지의 지방자치는 중앙정부의 지침을 처리하거나 주민들의 민원을 해결하는 데 온 정신을 쏟았다는 것이다. 수원시는 민선5기부터 주민참여 예산제, 시민 창안제, 시민 배심원제, 도시계획시민기획단, 공감토론 등 다수의 시민참여제도를 갖춰 시민들의 참여를 독려했고, 서울 성북구는 지난 5월 마을민주주의 원년을 선포하며 의사 결정에 직접 참여하는 주민을 전체의 3%, 간접 참여층을 30%로 확대하는 것을 목표로 하고 있다. 서울시의 경우 주민직접참여 제도가 행정정보 공개에서 주민들의 정책 아이디어 반영 수준으로 발전되고 있으며, 참여 방법도 소셜 네트워크 등으로 다양화되고 있으나, 주민 참정 분야의 저조, 주민협정 등 주민 합의 사항에 대한 제도적 장치 미흡, 개인적 민원성 위주의 활용으로 인한 본래 목적 활용 저조 등의 한계를 보인다(하민지, 2015: 105). 그럼에도 불구하고 20년 자치제도 시행 결과 '주민 중심의 생활자치'를 이뤄냈다는 점은 긍적적이다(홍정선, 2015.12: 19).

따라서 지방자치를 위한 제도 개혁 노력과 동시에 주민들이 지역의 일과 자신의 생활을 결부시킬 수 있도록 알리고 참여를 북돋우는 일이 중요하다.[7] 또한 주민들은 어린 시절부터 공공선에 대해 이해하고 민주적으로 참여할 수 있는 의사소통 능력을 훈련할 필요가 있다.

제 5 절 결론

이 글은 지난 1995년 본격 시행된 후 2015년 현재 20년을 맞이하는 시점에서의 지방자치권의 변동 결과를 입법권, 조직인사권, 행정권, 재정권 등 4대 자치권의 변동 요인을 중심으로 분석해 보고, 주요 한계와 극복 과제를 제안했다.

---

7) 여기에서 우리의 전통적 생활자치의 기원이라고 할 수 있는 조선의 향약(鄕約)을 현대적으로 생활화할 수 프로그램으로 개발할 필요성이 제기된다. 2015년 현재 안동시의 '은혜마을' 사례를 들 수 있다.

주요 방법과 내용은 전문가 의견, 일반 주민 대상의 여론조사 결과와 주요 일간지 등을 중심으로 분석하고, 특히 중앙정치적 한계와 헌법적 한계, 장애 요인으로서의 정치권, 중앙정부 등의 규제 등의 요인을 추출하고 그 극복 대안을 중앙정치 예속화 탈피로서의 공천 문제, 지방자치 실천 의지 미비의 개선, 지방분권형 헌법 개정(안)으로서의 지방의회의 자치법률제정권과 지방정부의 자치조직권 보장, 주민 참여 확보 방안 구축 등의 측면에서 지역주민들의 지역의 일과 생활자치를 결합시킬 '현대판 향약'을 부활시킬 필요성을 제언했다.

근래 제안된 지방분권형 헌법 개정(안)은 제3장 '국가의 기본조직'과 제7장에 '자치의회와 자치정부' 조항을 두고 자치의회와 자치정부를 국회와 정부에 대응하는 명칭으로 사용해 그 모두가 헌법기관이라는 점을 명문화했다는 점과 지방의회는 자치법률제정권을 가지고, 자주조직권도 보장하고자 하는 점은 이 연구 결과와 맥을 같이한다. 이상 이 연구의 창의성 측면은 지방자치 20년 경과 평가를 통해 미래 지방자치 애로 요인 확인과 미래 예측 및 대응 과제를 발굴, 제언했다는 점이다.

제 4 장

지방자치 20년 지방분권 추진의 평가와 과제*

김홍환

제 1 절 서론

1 지방의 지방자치제도 평가 의의

지방자치의 의의에 대해 크게 세 가지로 정리할 수 있는데, 첫째 지방자치는 정치 권한의 분산을 통해 그간 국가에 의해 결정되던 공공정책을 최대한 개인이 스스로의 삶을 결정할 수 있도록 공공정책의 결정 권한을 가장 주민에 가까운 지방정부에 이양하는 것이다. 이를 통해 개인의 권리와 자유, 책임 의식을 고취시켜 민주 시민 의식을 고취하는 것을 목표로 한다. 이에 영국의 정치학자 토크

* 이 연구는 행정자치부에서 추진하고 있는 지방자치 20년 평가와 관련해서 필자가 작성해 전국시도지사협의회가 제출한 원고 중 일부를 수정한 것임.

빌(Charles Alexis Clérel de Tocquville)은 지방자치는 민주주의의 학교라고 했다. 둘째, 지방자치는 주민의 삶을 가장 잘 파악할 수 있고, 의사를 수렴할 수 있는 지근거리에 있는 정부에서 공공 서비스를 생산하는 국정 운영 방식으로 주민 복지 증진에 기여할 수 있는 행정 시스템이다. 셋째, 지방자치는 공공 서비스 생산 방식에 지방정부 간 경쟁을 유발시켜, 공공경제학에서 지적하는 공공 부문의 비효율성을 개선할 수 있는 제도다.

우리나라의 지방자치는 1949년 지방자치법이 제정된 후 1952년부터 그 후 10년간 실시되었다. 그러나 제1공화국 하에서는 지방자치단체를 정치도구화하고, 지방의회와 자치단체장을 중앙정부의 지휘와 통제 하에 두어 지방자치는 사실상 유명무실했다. 제2공화국 하에서는 지방자치제법안이 확정되어 자치단체장은 임명제로, 지방의원은 기초의회의원까지만 주민직선제로 했다. 그러다가 1961년 5·16군사정변으로 지방자치는 중단되었고, 그후 많은 우여곡절 끝에 제6공화국 하에서 30년 만에 지방자치제를 부활하기로 했고, 1991년 3월 기초의회의원선거, 6월 광역의회의원선거가 실시되었다. 지방자치제 실시는 당시 가장 큰 정치 이슈였으며, 이에 따라 지방자치 부활을 위해 1988년, 1990년에 지방자치법을 4회 개정했다. 지방자치 도입을 위해 선거일을 결정한 지방자치법(1990년 12월 31일, 법률 제4310호)의 개정 사유를 살펴보면, "지방자치의 실시로 지방정치의 민주화를 기하고 균형적인 지역 발전을 촉진시키기기 위하여"라고 기술되어 있다.

이는 1990년 1월 개정된 지방자치법의 목적에서 그 원형을 확인할 수 있는데, 구체적으로 "이 법은 지방자치단체의 종류와 그 조직 및 운영에 관한 사항을 정하고, 국가와 지방자치단체와의 기본적 관계를 정함으로써 지방자치행정의 민주성과 능률성을 도모하며 지방의 균형적 발전과 대한민국의 민주적 발전을 기함을 그 목적으로 한다."라고 되어 있다. 1988년 개정된 지방자치법의 목적(법률 제1조)을 살펴보면, "이 법은 지방자치단체의 종류와 그 조직 및 운영에 관한 사항을 정하고, 국가와 지방자치단체와의 기본적 관계를 정함으로써 지방자치행정의 민주성과 능률성을 도모하며 지방자치단체의 건전한 발전을 기함을 목적으로 한다."라고 기술되어 있는 것에 비하면 매우 큰 차이가 있다. 왜냐하면 지방자치제도가 민주적 국가 운영 체계라는 것을 인정하느냐의 여부가 있기 때문이다. 좀 더 구체적으로 1949년 제정된 지방자치법에서는 법률 제정 목적으로 "본 법은 지방의 행정을 국가의 감독 하에 지방 주민의 자치로 행하게 함으로써 대한민국의 민주적 발전을 기함을 목적으로 한다."라고 되어 있었다. 1988년 지방자치법의 목적과 비교하면, 1949년 법에서는 지방자치를 통해 대한민국의 민주적 발전을 기한다고 규정되어 있어 국가 운영 체계로서의 지방자치제를 분명하게 밝히고 있으나, 1988년 개정된 지방자치법의 법률 제정 목적에서는 지방자치행정의 민주성과 능률성의 도모, 지방자치단체의 건전한 발전 모색 등 정도로 축소된다. 즉, 대한민국의 민주적 발전을 위한 지방자치제도가 지방자치행정의 민주성과 능률성을 도모하는 수단으로 축소했던 것을 1990년 1월에 와서 바로잡았다고 볼 수 있다. 다만, 1949년 지방자치법은 "지방행정은 국가의 감독 하에 지방 주민의 자치로 행하게 한다."라고 하여 주민자치의 정신이 명확히 기술되어 있는 반면, 현재의 지방자치법 제1조(목적)는 이러한 정신이 반영되어 있지 않다는 점은 개선되어야 할 것으로 판단된다.

이처럼 기본법의 제1조(목적)가 변경되는 것에는 단기간에 이뤄낸 산업 발전과 민주적 정치 체제 구축과 관련되어 있다. 지방자치가 1949년 법에서 보듯이 분명하게 국가를 민주적으로 운영하게 하는 정치 체제라는 점은 법률의 규정과 무관하게 광범위하게 인정되어 있다. 또한, 1980년대 중・후반에 급격하게 요구된 민주적 정치 시스템 구축에서 지방자치는 대통령 직선제와 더불어 가장 강하게 요구된 것이라는 점이 이를 반증한다. 그렇다면 지난 20년간 우리의 지방자치는 어떤 방향으로 전개되어 왔는가를 살펴봐야 한다. 이 연구는 여기에 초점을 맞춰 과연 중앙 권한의 지방 이양을 통해 지방자치권을 보장함과 동시에 대한민국의 민주적 발전을 기해 왔는가에 대해 평가하고자 한다.

2 평가의 방향

지방자치법에 규정된 바와 같이 지방자치제도가 대한민국의 민주적 발전을 기하는 것을 목적이라고 할 때 중앙과 지방의 합리적 권한 배분이 필수적이다. 왜냐하면, 고대 아테네의 정치제도인 민주주의는 국가의 정책 결정이 당시 지배층인 시민의 집합적 의사에 의해 결정되어야 함을 강조한 것인데, 이것이 근대

시민사회가 대두함에 따라 새로운 사회계급인 부르주아가 전제군주적인 절대 체제와 맞서서 국가정책의 결정에 부르주아의 참여를 요구한 것이기 때문이다. 즉, 전제군주의 의사결정권이 시민에게 주어져야 한다는 주장이며 운동이었다. 이를 지방자치제도에 치환하면 중앙정부가 가진 권한을 지방정부에 배분해 국가 정책결정 권한을 지방에 배분해야 함을 의미하며 이를 지방분권(decentralization)이라고 한다. 지방분권은 개념의 추상 단계가 높기 때문에 학자에 따라, 관점에 따라 다양한 정의가 가능하며, 다의적이고 다차원적인 개념이다. 다만, 내용적 측면에 한정하면 분권은 권한의 분산화 또는 권한의 배분 정도로 규정(Stanyer, 1976; Smith, 1985; Hoggett, 1996)한다. 다양한 개념 정의가 가능한데, 김익식(1990: 1378)은 지방분권의 개념을 중앙정부와 지방정부 간 권한 배분의 상태로 정의하고, 코니어스(Conyers, 1984)는 중앙정부로부터 지방정부로 권한이 이전되는 정부구조상의 변화로 정의하기도 한다. 이 밖에 국가의 지리적 계층구조상에서 권한 및 권력이 분산되어 있는 정도로 정의(Smith, 1985)하기도 한다.

이러한 지방분권에 대한 시각을 정리하면, 지방분권은 중앙정부로부터 지방정부에 대한 권한의 이동을 의미하며, 내용적으로는 행정·재정적 권한의 이전을 의미하는 것이라 할 수 있다. 따라서 지방자치 20년에 대한 평가는 "지방자치의 의의와 도입 목적인 대한민국의 민주적 발전을 위해 중앙 권한을 지방에 이양하기 위해 노력해 왔는가?"로 압축될 수 있다. 지방자치제도에 대한 발전이라 함은 결국 중앙정부와 국회가 모든 권한을 가지고 있으므로 지방자치 20년에 대한 평가는 중앙정부와 국회의 지방자치제도 개선에 대한 태도·노력 철학 등으로 귀결된다.

제2절 평가 체계 구축

1 평가의 범위 및 대상

우리나라는 1991년 3월 26일 기초의회와 동년 6월 20일 광역의회를 구성함으로써 지방자치가 다시 시작되었다. 따라서 당시 지방자치단체장은 임명제를 유지했다가, 이후 1995년 6월 27일 실시된 자치단체장 선거로 온전한 형태의 지방자치단체가 구성되었다고 할 수 있다.

지방자치제도가 대한민국의 민주적 발전을 기하기 위함이기에 국가 운영 체계를 개편하는 것임을 앞서 살펴보았다. 그런데 국가 운영 체계의 개편은 집권 세력의 의지가 발휘되지 않는 한 거의 불가능한 것이다. 왜냐하면 국가 운영 체계 개편은 통치구조 개편, 권력구조 개편 등과 매우 유사한 용어로서 통치권을 가지지 않은 세력이 통치하는 방식을 개편한다는 것은 시민혁명이 아니고서는 이뤄질 수 없기 때문이다. 따라서 평가의 대상은 통치 권력을 구분할 수 있도록 역대 정부가 되어야 할 것이며, 국정과제에서 어떤 목표를 제시하고 있으며, 어떻게 추진되었가를 살펴보는 것이 되어야 한다. 그러므로 문민정부는 집권 과정에서 정치적 타협을 통해 지방자치제롤 도입·시행했기에 지방자치제도를 어떻게 변화·발전시키려 했는가와는 다소 거리가 있다. 즉, 국정과제로 지방자치를 다루기는 어려웠다. 또한, 집권 후반부 국제구제금융(IMF) 등의 사건으로 지방자치제도의 발전을 위해 노력할 수 있는 정치적 여건도 조성되지 않았다.

국민의 정부 이후부터 지방자치 발전 노력을 개괄하면 국민의 정부는 1999년 1월 「중앙행정 권한의 지방이양 촉진 등에 관한 법률(이하 지방이양촉진법)」을 제정해 지방분권을 추진했다.

2002년 대통령 선거에서 당시 민주당 후보였던 노무현은 지방분권을 대통령 공약으로 제시함으로써 지방분권과 관련된 이슈는 새로운 국면 전환 기회를 제시했다. 당시 노무현 후보는 「자율과 분권의 지방화 시대」라는 공약집을 통해 매우 포괄적이고 종합적인 지방분권 공약을 제시했고, 참여정부가 구성된 이후 지방분권을 추진했다. 참여정부는 지방분권 로드맵에서 7대 지방분권 추진 기본방향과 20대 주요 과제를 선정했고, 나아가 '지방분권5개년 종합실행계획'을 통해 47개 분권 과제를 추진한 바 있다.

이명박 정부 들어서는 대통령직 인수위원회 192개 국정과제(2008.2.5), 이명박 정부 100대 국정과제(2008.10.7) 등에서 지방분권 과제를 제사했으며, 이는 「지방분권 촉진에 관한 특별법」 제10조~제16조 등으로 법제화했다. 제시된 주요 지방분권 과제를 살펴보면, 사무 구분 체계 개선, 중앙 권한 지방 이양, 교육자치제도 개선, 자치경찰 도입, 특별행정기관 정비, 지방교부세제도 개편, 국세-지방세 조정, 자치입법권 강화 등이었다.

2012년 새누리당 대선공약집 「새누리의 약속」에서도 지방분권 관련 공약이 등장하는데, 지방재정 확충과 지방분권을 지방행정제도 개선으로 나누고, 지방재정 확충을 위한 실천 사항으로 지방소비세 인상, 지방세 비중 확대, 지방재정 조정제도 개편, 지역 간 불균형 해소 등을 제시한다. 또한, 지방분권을 위한 지방행정제도 개선을 위한 실천 과제로는 국가-지방사무 명확화, 현지성 높은 사무의 획기적 이양을 제시하고 있다. 박근혜 정부 출범과 발표된 140대 국정과제 중 제114대 지방재정 확충 과제, 제115대 지방분권 강화 과제로 구체화되고, 2013년 5월 지방분권 및 지방행정 체제 개편에 관한 특별법을 제정해 대통령 소속으로 지방자치발전위원회를 설치해 20개 지방분권 과제를 선정 · 추진하고 있다. 따라서, 지방자치 20년을 도입부터 현재까지 평가는 김대중 정부부터 박근혜 정부까지를 평가 대상으로 한다.

2 평가 기준 및 방법

역대 정부 지방분권 정책의 성과에 연구는 지방분권 정책 집행의 결과에 대한 평가로 볼 수 있는데, 정책 집행은 다양한 요인에 의해 영향을 받는다. 권영주(2009: 5-30)의 연구에서는 정책에 미치는 요인을 크게 내용적 요인, 환경적 요인으로 구분하고 있다. 내용적 요인이란 정책을 구성하는 요소들의 특성이나 정책 유형에 의해 분류할 수 있다. 라이플리와 프랭클린(Ripley & Franklin, 1982)은 로위(Lowi, 1972)의 '정치 행태는 정책 유형에 의해 결정된다'는 명제를 받아들여, 집행될 정책은 유형별로 다른 정치 행태를 유발시킬 수 있다고 주장한다. 그린들(Grindle, 1980) 역시 로위의 각기 다른 정치 행태를 유발시키는 정책 유형에 대한 주장을 인용하면서 정책의 '집행 능력(implementability)'에 대한 설명을 한다. 또한 정책은 환경적 요인에 대해서도 특정 정책의 정책 내용이 정책이 집행되는 맥락 혹은 환경에 의해 조건화된다는 그린들의 주장을 받아들이고 있다. 또한 더시크(Derthick, 1972; 1975)가 강조한 정치 체제의 구조와 정권의 특성도 정책의 환경적 한 요인이라는 것이다. 따라서 정치 체제의 특징을 중앙집권화와 지방분권화 성향, 진보성과 보수성 성향, 정권(regime)의 유형과 특성 등으로 제시한다. 이 밖에 환경적 요인으로서 시간적 요인의 중요성을 강조하는데, 고긴(Goggin, 1990)이 정책 집행에 대한 접근 중 제2세대 집행연구, 제3세대 집행연구 등은 정책의 시간이라는 변수를 중요시하고 있다는 것에서 그 근거를 찾고 있으며, 국내에서도 정정길(2002), 임도빈(2003)이 이러한 관점에서 접근하고 있음을 주장한다.

하혜수(2005: 131-158)는 참여정부의 지방분권정책을 평가하면서, 지방분권정책이란 개혁 프로그램이라는 점에 초점을 맞춰 평가 기준을 제시하고 있다. 개혁 프로그램의 평가 기준은 프로그램 영향평가, 프로그램 전략평가, 능률성평가, 적합성평가, 메타평가 등으로 구분한 노화준(1998)의 연구와 능률성, 경제성, 효과성, 대응성, 책임성, 형평성 등을 제시한 로젠블룸(Rosenbloom, 1987)의 연구를 바탕으로 평가 기준을 정립하고 있다. 이를 통해 준거 기준을 효과성, 절차적 민주성, 기대충족도, 권한 이양과 책임성, 차등 분권 등으로 제시한다.

소순창(2011: 39-68)은 역대 정부의 지방분권을 평가하면서 지방분권에 대한 배경 및 철학 등에 관심을 두었던 연구(이기우, 2008; 황혜신, 2005; 김익식, 2008; 김순은, 2005; 2010; 강형기·허훈, 2006; 노승용, 2007)를 소개하며 정권의 지방분권에 대한 철학을 주요 평가 기준으로 삼고 있으며, 이 밖에 지방분권 추진기구, 중앙행정 권한의 지방 이양 정도를 평가 기준으로 제시하고 있다. 종합적으로는 효과성, 민주성, 대응성이 지방분권의 철학 및 배경, 지방분권책의 추진 기구, 지방분권의 핵심 과제에 어떻게 반영되었는가를 살펴보고 있다.

김순은(2010a: 231-256)은 참여정부와 이명박 정부의 지방분권을 비교·평가하면서 정책의 내용, 정책 집행의 과정 및 절차, 집행의 성과, 연계 정책과의 적합성 등을 제시하고 있다. 정책의 내용이란 결국 정책의 설계가 정책 집행의 효과에 영향을 미치는 중요한 요인(Van Horn, 1979)이기 때문에 정책설계 단계를 평가 대상으로 한다. 이에 따라 정책설계의 관점에서 평가 대상으로서 정책의 목적, 정책 목표, 정책 수단, 정책의 기본 원칙과 추진 체제 등을 평가 대상으로 설정한다. 그리고 정책 집행의 과정 및 절차에 관해서는 민주성과 효율성에 비춰 평가되어야 함을 제시하고 있다. 특히, 정책의 민주성은 다양한 이해관계자가 관여를 평가 기준으로 하고 있다. 집행의 성과는 효율적인 정책 집행과 관련되어 있으므로 신속한 추진을 평가 대상으로 하고 있으며, 각 과제의 이행 정도를 정량적으로 평가한다. 마지막으로 연계 정책의 적합성은 이명박 정부와 참여정부의 지방 관련 주요 정책이 지방분권 정책과 어떠한 상호 관계를 가지는지를 평가 대상으로 한다.

이 밖에 권경득・우무정(2009: 5-28)은 참여정부 지방분권 과제 중 중앙사무의 지방 이양 과제를 중심으로 평가하고 있다. 평가 방법은 이양된 지방사무의 소관 분야별・부처별로 분석하고, 주요 지방 이양 사무의 이양 내용을 분석하고 있으며, 강재호(2010: 41-63)는 참여정부의 분권 추진의 결과를 중앙-지방 관계, 주민-지방 관계로 나눠 평가하고 있다. 즉, 개별적 분권 과제의 측정보다는 분권 정책의 추진 결과를 전체적 관점에서 평가한다. 정순관(2007)도 지방분권 정책이 민주성의 제고라는 큰 틀 속에서 이해되고 평가되어야 한다고 하면서, 민주적 평가모델에 따른 지방분권정책의 추진 과정에 대한 평가를 하고 있다.

이처럼 선행 연구 및 이론에서 평가 기준은 다양한 속성과 범주를 지니고 있다. 예를 들어 하혜수(2005: 131-158)와 소순창(2011: 39-68)의 연구에서는 효과성, 민주성, 대응성 등을 평가 기준으로 하고 있고, 권영주(2009: 5-30)는 정책을 내용적 요인, 환경적 요인을 구분하고 다시 하위변수로 정책의 유형, 집행 능력, 정책이 요구하는 변화의 크기, 정책이 초래하는 혜택의 유형 등으로 내용적 요인을 평가하고, 정책에 대한 순응, 정치 체제의 구조 및 정권 특성, 시간적 요인 등으로 기준을 제시한다. 즉, 효과성, 민주성 등은 높은 범주의 개념이며, 정책이 초래하는 혜택의 유형이라는 기준은 비교적 낮은 수준의 개념이라는 것이다. 그러나 상이한 범주를 평가 기준으로 설정하나 측정지표는 크게 달라지지 않는다. 참여정부를 대상으로 하는 대부분의 연구(강재호, 2010; 권경득・우무정, 2010; 권영주, 2009; 이기우, 2007; 이창균, 2010; 김순은, 2005; 노승용, 2007; 김순은, 2010a, 이승종, 2005; 정순관, 2007; 하혜수, 2005)가 정부에서 지속적으로 발표한 지방분권 이행 실적을 대상으로 하고 있다는 점과, 각 정부를 비교・평가하는 연구(소순창, 2011; 육동일, 2010; 정용하, 2006)의 주된 평가 대상이 중앙행정 권한의 지방 이양 실적이라는 점이다. 정책평가의 기준의 차이점에도 불구하고 평가 대상이 크게 달라지지 않는다는 것은 평가 기준에 대한 학문적 공감대가 부족하다는 것을 의미한다. 그럼에도 평가의 대상이 크게 달라지지 않는다는 것은 지방분권 정책의 목표에 대한 공감대가 형성되어 있다는 것으로 볼 수 있다. 즉, 지방분권 과제가 지방분권을 달성하기 위한 정책 수단으로 이해되고 있다는 것이다.

지방분권의 개념과 지방분권 평가 연구의 내용을 종합하면, 첫째, 이양 실적에 초점을 맞추는 연구(권경득 · 우무정, 2009; 이창균, 2010; 김순은, 2005; 2010a; 노승용, 2007; 하혜수, 2005)가 다수라는 것은 지방분권이라는 목표에 공감하고 있다는 것으로 볼 수 있다. 따라서 평가 기준으로서 정책의 목적과 성과 정도를 도출할 수 있다. 정책의 목적에 대한 평가는 국정 과제 및 이의 구체적 추진 과제와 지방분권 간의 관계를 통해 측정될 수 있으며, 정책의 성과는 구체적 추진 과제 중 지방분권을 위한 추진 과제의 달성 정도로 정리할 수 있다.

둘째, 지방분권이 중앙과 지방 간 권력 배분의 논리이므로 결국 국정 운영 시스템의 개편과 관련되어 있다. 하혜수(2005:131-158)는 지방분권 정책을 개혁 프로그램이라고 지칭하고 있으며, 참여정부 중반부에 발표된 연구(김순은, 2005; 이승종, 2005; 하혜수, 2005)에서 대통령의 리더십에 관심을 두고 있다. 이러한 연구 경향에서 정부의 정책 추진 의지 또는 철학을 평가 기준으로 도출할 수 있다. 정책 추진 의지는 지방분권 추진 절차, 지방분권에 대한 철학은 각 정부의 지방 관련 연계 정책을 통해 평가 가능하다. 특히, 추진기구에 대한 평가는 정순관(2007)의 연구에서 주요 평가 기준으로 제시되는 민주성의 제고, 김순은(2010a)의 다양한 참여자, 권영주(2009)의 참여자의 복잡성 등에서 제안하는 바가 정책 추진 과정의 중요성을 의미한다는 점에서 추가적 의미를 부여할 수 있다. 이러한

표 4-1 지방분권 정책평가를 위한 분석 틀

구분	평가 내용	평가 방법
(정책 목표) 지방분권 과제	목표의 구체성 · 적합성	국정과제 및 세부 추진 과제의 분권 과제로서의 적합성
	목표의 달성 정도	세부 추진 과제 중 분권 과제의 달성도
(정책 의지) 추진기구 · 철학	추진 체계	지방분권 추진 절차 및 기구 구성
	지방자치 철학	지방 관련 연계 정책

평가 기준을 정리하면 앞의 〈표 4-1〉과 같다.

평가는 첫째, 각 정부별로 국정과제 및 세부 추진 과제에 대해 지방분권 과제로서의 적합성을 지방분권이 중앙 권한의 지방 이양을 추진한다는 관점에 기초해서 지방분권 과제의 적합성을 평가하겠다. 예를 들어 지방재정에 대한 평가 기능 강화가 참여정부의 지방분권 과제로 제시되어 있는데, 이는 중앙 권한의 지방 이양이 아니라 중앙의 지방에 대한 통제 강화 장치이므로 지방분권 과제로서 적합하지 않다는 것이다.

둘째, 목표의 달성 정도는 첫 번째 단계를 통해 지방분권 과제로서의 적합한 세부 추진 과제의 달성 정도를 측정한다. 다만, 지방분권 과제가 다양하게 제시된 경우에는 주요 중앙 권한의 지방 이양과 관련해 전통적으로 제시된 지방분권 과제를 대상으로 논의를 축약하고자 한다.

셋째, 추진기구·철학의 평가 방법으로서 추진 체계란 지방분권 추진기구의 운영 시스템 및 기구 구성에 대한 것으로서 의사 결정의 신속성 및 구속력 등에 대한 평가를 시도한다.

넷째, 지방자치 철학이란 지방분권 추진 과제 외의 지방과 관련된 주요 정책의 내용에 대한 평가로서 통치 권력의 지방에 대한 의식을 확인할 수 있다.

이러한 평가 체계에서 고려되어야 할 요소가 하나 있다. 그것은 지방재정에 대한 평가인데, 재정제도는 성과나 결과가 즉각적이지 않다는 문제가 있다. 예를 들어 2008년 단행된 소득세·법인세 인하는 2013년 지방재정에 약 8조 원의 손실(국회예산정책처, 2013)을 가져오고 있다. 이외에도 2005년 도입되어 2014년까지 운영된 분권교부세는 2000년대 후반부터 2010년대 초반까지 지방재정에 막대한 부담을 초래했다. 따라서 지방재정제도에 대한 평가는 통시적 관점에서 시도될 필요가 있다. 이에 다음 제3절에서 각 정부별 평가에서 해당 시기의 지방재정제도 개편을 다루되, 제4절에서 지방재정제도 개편에 대한 통시적 관점의 분석을 제시하고자 한다.

제 3 절 역대 정부 평가

1 국민의 정부

1) 목표의 구체성 · 적합성

국민의 정부에서의 지방분권 추진은 100대 국정과제에서 그 근거를 찾을 수 있는데, 10대 과제 중 고객 중심의 기업형 행정을 위해 세부 100대 과제로서 자율과 책임이 조화된 지방자치를 제시한다. 구체적 내용은 제37대 과제로서 "지방자치는 주민 중심으로," 제38대 과제로서 "지방재정을 지방화 시대에 맞게"를 제시한다. 또한, 지방이양백서를 살펴보면, 지방 이양 추진의 배경을 정부개혁으로 들고 있다(지방이양추진위원회, 2003: 1). 그러나 한편으로는 지방분권을 지방자치의 온전한 실현을 위한 것으로도 제시하고 있다. 목표의 구체성과 적합성을 평가하기 위해서 지방이양추진위원회의 활동 외에도 지방행정에 대한 국민의 정부의 정책을 종합적으로 살펴볼 필요가 있다. 국민의 정부에서 지방정부에 대한 행정개혁은 크게 작은 정부의 추구를 위해 행정조직의 정비와 인력 감축을 추진했으며, 읍면동사무소의 기능 전환도 국민의 정부 100대 국정과제의 하나로 제시되었다. 또한 작은 정부의 추구로서 당시 민영화의 흐름이 강했던 만큼 지방사무의 민간위탁 및 이양이 추진되었으며, 자치단체의 규제개혁도 동시에 진행되었다. 이 밖에 지방정부 행정조직 운영에 대해서도 성과급제도와 목표관리제가 도입되었으며, 행정 거버넌스 헌장제, 개방형 임용제 등이 추진되었다. 중앙사무의 지방 이양도 이러한 국정개혁의 하나라도 추진되었다고 할 수 있다(최유성, 2002: 75-106).

이에 국민의 정부의 지방분권 과제가 가지는 목표의 구체성 · 적합성 정도를 현재의 관점에서 평가한다면 다소 미흡하다고 본다. 왜냐하면 100대 국정과제로 제시된 지방재정 확충을 위한 활동이나, 당시 제기되었던 특별지방행정기관 지방 이관(지방이양추진위원회, 2003: 59) 등을 해결하기 위한 활동이나 세부 과제가 제시되지 못했다. 또한, 중앙 권한의 지방 이양이 지방분권을 위한 중앙 권력의 지방 이양보다는 작은 정부의 추구와 맞물려 행정개혁의 한 방안으로 활용된 측면이 있기 때문이다.

2) 목표의 달성 정도

국민의 정부에서의 지방분권 추진 과제에 대한 목표의 달성 정도는 미흡하다고 평가할 수 있다. 국민의 정부가 내세운 지방분권 과제가 1991년부터 정부조직관리지침(국무총리훈령)에 의거 최초의 지방분권 추진기구인 지방이양합동심의회를 지방이양추진위원회로 법정화한 것인데, 당시까지 성과를 살펴보면, 심의회는 1991년에서 1998년까지 총 3,701건을 심의해 2,008건을 지방으로 이양·확정했다. 반면, 국민의 정부 지방이양추진위원회의 지방 이양 실적은 610건이다. 이양된 사무의 성격 등을 종합적으로 평가해야 하겠지만 그간 단위사무 위주의 이양이 이뤄졌다는 점을 고려할 때 건수로 평가하는 것이 가능하다. 따라서 지방이양합동심의회와 비교할 때 지방이양추진위원회의의 이양 건수가 작은 규모이기 때문에 다소 미흡하다고 할 수 있다.

1999년 7월 30일부터 시행된 「중앙행정 권한의 지방이양 촉진 등에 관한 법률」에 입각해, 같은 해 8월 30일 '대통령 소속 지방이양추진위원회'가 공식 출범하게 되었고(지방이양추진위원회, 2008: 3). 위원회의 중요성을 고려해 국무총리와 민간인이 공동위원장을 맡도록 했다. 국민의 정부 시절 제1기~제2기 지방이양추진위원회에서는 총 3,802개의 지방 이양 대상 사무를 발굴해 1,090개의 사무를 이양 확정하고, 이 가운데 240개 사무에 대해서는 법령 개정 등을 통해 이양 완료했다.

이양 확정된 사무를 부처별로 보면, 건설교통부 195개 사무, 환경부 185개 사무, 보건복지부 115개 사무, 산업자원부 108개 사무, 문화관광부 89개 사무, 농림부 83개 사무, 행정자치부 63개 사무, 교육인적자원부 18개 사무 등이다(지방이양추진위원회, 2003). 또한, 내용별로 살펴보면, 환지계획 인가, 관광특구 지정, 공유수면 매립면허 관련 사무, 일반건설업 등록, 하수종말처리시설 설치 인가 등 465개 사무, 시·도에서 시·군·구 사무로 재배분한 사무는 군립공원의 지정,

전문건설업 등록, 대규모 점포의 개설 등록, 노인복지시설 설치 · 운영, 옥외광고물관리 사무 등 391개 사무, 기타 사무 234개 등이었다(김태환 외, 2003: 97).

그러나 실제 이양이 완료된 사무는 전체 3,802개 발굴사무 대비 약 6%에 불과하고, 1,090개 이양 확정 사무 대비 약 22%에 불과한데, 이는 지방이양추진위원회가 단순 자문기구로서 심의 · 의결 사항에 대한 강제력이 부재한 탓에, 해당 사무를 둘러싼 관계 중앙공무원들의 부처이기주의 및 기득권 유지 성향 등을 극복할 수 없었기 때문에 주로 기관위임사무를 이양하는 데 급급했다. 이로써 시 · 도와 시 · 군 · 구의 현장 입장에서는 지방분권 체감도가 낮을 수밖에 없었다.

정리하면, 국민의 정부는 지방분권 추진을 위한 세부 과제로 중앙 권한의 지방 이양을 추진했으나, 규모 측면에서 충분하다고 하기 어렵다.

3) 지방분권 추진 절차 및 기구

우리나라에서 본격적인 지방자치가 실시된 1995년 이후, '작고 효율적인 정부 구현'이라는 기치 아래 중앙행정 권한의 지방 이양에 대한 논의가 쟁점으로 등장했다. '작고 효율적인 정부'는 과도하게 집중되어 있는 중앙 권한에 대해 지역의 자율성 등을 고려한 지방분권화 정책을 통해서만 실현될 수 있기 때문이었다(정세욱, 2000: 229). 이에, 1998년 2월 출범한 국민의 정부는 지방자치의 활성화를 도모하고자 '중앙행정 권한의 지방 이양'을 100대 국정과제로 채택했고, 원활한 수행을 위해 1999년 1월 29일 「중앙행정 권한의 지방이양 촉진 등에 관한 법률」을 제정했으며, 같은 해 7월 29일 제정된 동법 시행령과 함께 7월 30일부터 시행했다.[1)]

동법 제3조와 제4조에서는 지방 이양 및 사무 배분의 기본 원칙을 제시하고 있는데, 우선 '지방 이양의 기본 원칙'으로서 ① 「지방자치법」의 예시사무를 가능한 지방자치단체가 독자적으로 처리하도록 할 것, ② 지방자치단체의 여건 및

---

1) "중앙행정 권한의 지방 이양"이라 함은 정부조직법 규정에 의한 중앙행정기관이 법령에 규정된 자기의 권한을 지방자치단체에 이양함으로써 중앙행정기관의 권한에 속하는 사무를 지방자치단체의 사무로 하고, 지방자치단체로 하여금 자기의 권한과 책임 아래 그 사무를 처리하도록 하는 것을 말한다(법률 제2조 제1항).

능력을 고려하고 지방자치단체의 의사를 존중할 것, ③ 이양되는 사무와 관련되는 일체의 사무를 가능한 한 동시에 이양할 것 등이었다. 그리고 '국가와 지방자치단체 간 사무 배분 기준'으로서 ① 「지방자치법」상 국가사무를 제외하고는 가능한 한 지방자치단체에 배분할 것, ② 지방자치단체의 전문적·기술적 능력을 초월하는 사무는 중앙행정기관으로 이양할 것 등을 제시했다. 또한, 제5조에서는 지방 이양 사무의 원활한 처리를 위해 행정적·재정적 지원을 병행하도록 규정함으로써 「지방자치법」의 사무 배분 원칙과 기준을 보완했다.

이상과 같은 중앙행정 권한의 지방 이양을 좀 더 효율적으로 추진하기 위해 동법 제6조~제12조에 걸쳐 '대통령 소속 지방이양추진위원회'의 설치·운영[2]을 규정했는데, 담당 기능으로서 ① 중앙행정 권한의 지방 이양 및 지방자치단체 간 사무 배분에 관한 기본계획 수립과 시행, ② 사무 배분 대상사무 조사, ③ 사무 배분 대상의 결정, ④ 법령에 규정된 사무의 국가 또는 지방자치단체의 소관 구분 등에 관한 사항을 심의·의결하도록 했다. 간략히 표현하면 [그림 4-1]과 같다.

국민의 정부에서의 지방분권 추진 절차는 크게 세 단계로 구분되는데, 첫째는 이양 대상 사무의 발굴·선정 단계로서, 지방이양추진위원회는 중앙 권한의 지방 이양과 지방자치단체 간 사무 배분을 체계적으로 추진하기 위한 지방이양 기본계획을 2년마다 수립하고 국무회의의 심의를 거쳐 대통령에게 보고한다. 중앙행정기관의 장 및 지방자치단체장은 추진지침에 따라 지방 이양 및 자치단체 간 사무 배분이 필요한 사무를 조사하고 그 결과를 위원회에 제출하며 위원회는 조사된 사무와 자체 조사한 발굴사무에 대해 관계 중앙부처의 장, 지방자치단체의 장 및 민간단체 등을 대상으로 의견조사를 하고 이상의 의견조사 결과를 참작해 지방 이양 및 자치단체 간 사무 배분을 위한 심의 대상을 선정한다.

2) 지방이양추진위원회는 위원장 2인을 포함한 15인 이상 20인 이내의 위원으로 구성한고, 위원장은 국무총리와 해당 분야에 관한 학식과 경험이 풍부한 자 중에서 대통령이 위촉하는 자가 된다. 위원은 해당 분야에 관한 학식과 경험이 풍부한 자 가운데 대통령이 위촉하는 자와 대통령령이 정하는 국가공무원 및 지방공무원이어야 하며, 이 경우 공무원이 아닌 위원은 전체 위원의 과반수가 되어야 한다. 위원회에 간사 1인을 두되, 공무원이 아닌 위원 중에서 국무총리가 아닌 위원장이 지명하는 자가 되고, 공무원이 아닌 위원의 임기는 2년으로 하되, 1차에 한해 연임할 수 있도록 했다(법률 제8조).

그림 4-1 국민의 정부에서의 지방 이양 추진 절차

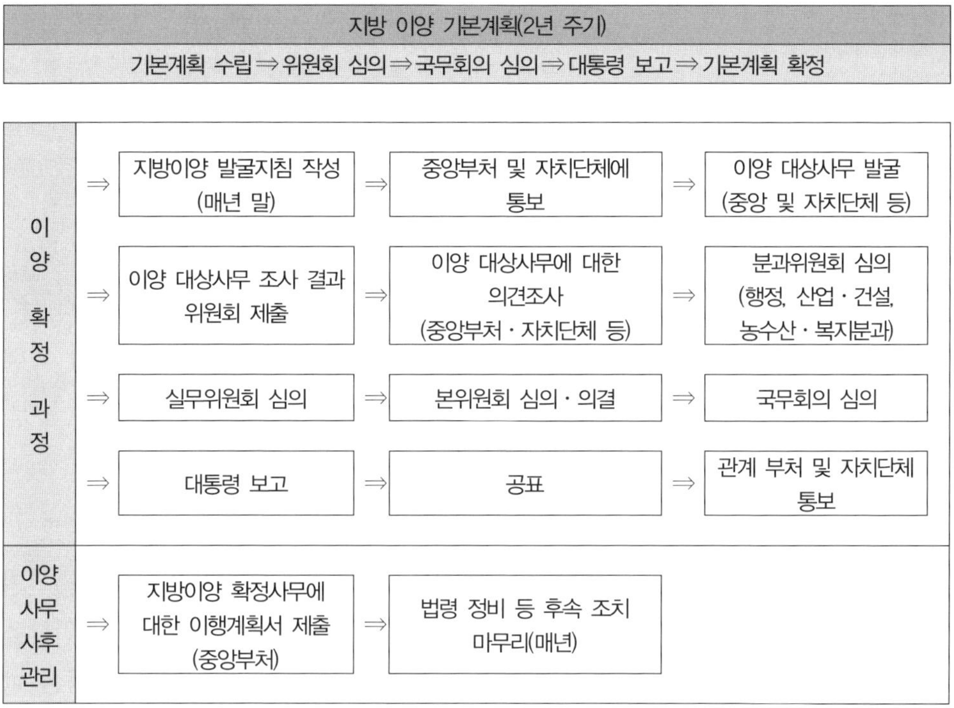

출처: 지방이양백서(2003).

둘째는 대상사무의 심의 단계로서, 지방이양추진위원회는 선정된 심의 대상에 대해 검토하고 이양 여부를 재적의원 과반수의 찬성으로 의결한다. 위원회는 또한 심의 시에 이해관계인, 참고인 또는 관계 공무원을 출석시켜 의견을 진술하게 할 수 있도록 했다.

셋째는 이양으로 확정된 사무의 사후관리 단계로서, 지방이양추진위원회는 위원회가 심의 · 의결한 사항과 지방자치단체로 이양된 중앙행정기관의 권한 등이 적절히 수행되고 있는지를 연 1회 이상 직접 조사하거나 관련 공무원을 통해 점검하고 그 이행 실적이 미흡하다고 판단되는 경우 중앙부처의 장에게 그 이행을 촉구하거나 시정 조치를 권고할 수 있었다.

지방이양추진위원회는 위원장을 국무총리와 민간인 위원장 2명으로 구성했다. 위원은 15인에서 20인 이내로 구성했고, 임기는 2년이었다. 당시 민간위원장은 김안제 서울대 교수였다. 법령상의 위원 구성 내역을 살펴보면 공동위원장인 국무총리와 국무조정실장, 행정자치부 장관, 기획예산처 장관, 법제처 장관이 추천하는 4인 이내의 지방자치단체장을 대통령이 위촉하는 당연직 위원으로 규정하고 있으며, 기타 위원은 해당 분야에 관한 학식과 경험이 풍부한 자 중에서 마찬가지로 대통령이 위촉하게 하되, 공무원이 아닌 위원이 전체 위원의 과반수가 되게끔 하여 관이 아닌 민 주도로 지방 이양이 추진되도록 하기 위한 제도적 장치를 마련했다.

이에 추진 절차 및 기구 측면에서 이전의 지방이양추진기구가 비법정기구라는 문제점을 해소하고 지방분권 추진 과정에 다양한 참여자를 고려했다는 점에서 다소 긍정적으로 평가할 수 있다.

4) 지방 관련 연계 정책

지방이양추진위원회가 총리를 위원장으로 하는 위원회의 경우 국무총리의 참석이 어렵다는 점에서 한계를 가지지만 자문위원회로서는 최고 수준의 위상을 갖는다. 또한 위원의 위촉이 정부 주도로 이뤄질 수밖에 없는 구조라는 점은 한계라 할 수 있으나, 제1기 지방이양추진위원회 민간위원 및 자치단체장 위원 등으로 구성되어 지방 의견의 반영이 가능했다. 이에 국민의 정부에서는 지방분권에 대한 의지가 있었던 것으로 평가할 수 있다.

다만, 국민의 정부는 IMF 구제금융 시기이므로 정부 개혁이 주된 정책 과제가 될 수밖에 없었으며, 당시 신자유주의적 정부 운영이 세계 각국에서 이뤄지고 있었기에 지방분권정책의 연계 정책을 지방행정 개혁으로 볼 수 있다. 따라서 지방행정조직의 정비와 인력 감축, 읍면동사무소의 기능 전환도, 지방사무의 민간위탁 및 이양, 자치단체 규제개혁, 성과급제도 및 목표관리제가 도입, 행정 거버넌스 헌장제, 개방형 임용제 등이 제시되었다. 이는 지방분권 국정철학과는 크게 연관을 가지지 못하는 것으로 평가해야 한다.

2 참여정부

1) 목표의 구체성 · 적합성

참여정부 지방분권 정책의 출발은 4대 국정 원리 중 하나로서 분권과 자율을 선정한 것이다. 또한 100대 국정과제에서 제23대부터 제30대 과제까지 8개 국정과제로 제시되고 있다. 주요 내용을 살펴보면, 중앙 권한의 지방 이양 및 사무 구분 체계 개선, 교육자치제도 개선 및 자치경찰제도 도입, 특별지방행정기관 정비, 지방의정 활동 기반 정비 · 강화, 조세 개혁(국세-지방세 조정) 등이다

국정과제는 지방분권이 중앙 권한의 지방 이양이라는 관점에서 본다면 대부분 지방분권 과제로서 적합한 과제라 할 수 있다. 그런데 '지방분권 5개년 종합실행계획'에서 나타난 과제는 다소 성격을 달리한다. 47개 지방분권 과제는 지방분권특별법에서 의무적으로 추진하도록 규정한 사항 전부와, 지방분권특별법에 규정은 없으나 지방분권 로드맵 상의 과제로 되어 있거나, 정부 각 부처가 자체적으로 선정한 사항도 포함시켰기 때문이다. 이에 따라 중앙 권한의 지방 이양이라는 관점에서 벗어난 과제가 다수 포함되어 있다. 앞서 지방분권에 대한 개념을 살펴봤는데 지방분권은 명확히 중앙의 권한이 지방으로 이양되는 것을 의미하고 있다. 따라서 중앙의 권한이 지방으로 이양되지 않는 과제는 지방분권 과제라고 할 수 있다.

세부 추진과제를 살펴보면, 자치단체 관할구역 합리적 조정, 주민소환제도 도입, 지방자치단체 인사공정성 제고 등의 과제 등이 제시되어 있다. 그런데 이러한 과제가 추진되었을 때 중앙 권한이 지방으로 이양되지 않는다. 즉, 지방자치의 발전을 위한 과제라고 할 수 있으나, 지방분권의 개념에 비춰 지방분권 과제라고 하기는 어렵다. 이에 전체 47개 과제 중 20개 과제가 지방분권 과제로 볼 수 있으며, 목표의 구체성 또는 적합성 관점에서 평가한다면 국정과제에서는 목표가 구체적이며 과제 또한 적합하다고 할 수 있다. 다만, 세부 추진 과제의 적합도가 낮아져 목표가 다소 불분명해졌다는 평가를 내릴 수 있다. 전체적으로는 그간 학계를 중심으로 논의되던 주요 분권 과제가 제도적으로 정립되어 긍정적으

표 4-2 참여정부 47개 지방분권 과제

과제명	과제명	과제명
사무 구분 체계 개선	국고보조금 정비	**지방 의정활동 기반 강화**
중앙행정 권한의 지방 이양	**지방예산편성지침 폐지 및 보완**	지방선거제도 개선
대도시특례제도 강화	**지방채 발행 승인제도 개선**	**자치단체에 대한 감사 체계 개선**
제주특별자치도 추진	지방양여금제도 개선	주민감사청구제도 활성화
교육자치제도 개선	지방재정 평가 기능 강화	주민소송제도 도입
자치경찰제도 도입	자치단체 복식부기회계제도 도입	주민소환제도 도입
특별지방행정기관 정비	자치단체 예산지출 합리성 확보	자치단체에 대한 평가제도 개선
지방분권화 지표 개발 및 분권 수준 측정	재정 운영의 투명성·건전성 강화	조례 제·개폐청구제 개선
자치단체 관할구역 합리적 조정	**자치입법권 확대**	주민자치제도 개선
지방분권특별법 제정	**자치조직권 강화**	자원봉사 활동 장려·지원
지방교부세 법정률 단계적 상향 조정	**분권형 도시계획 체계 구축**	지역 내 전문가의 정책 과정 참여 확대
지방교부세제도 개선	자치단체 자체혁신 체제 구축	주민투표제도 도입
국세와 지방세의 합리적 조정	지방공무원 교육훈련 혁신	**중앙-자치단체 간 협력 체제 강화**
지방세의 신세원 확대	지방공무원 인사제도 개선	지방정부 간 협력 체제 강화
재산세와 종합토지세 과표 현실화	지방자치단체 인사공정성 제고	**중앙-지방, 지방 간 분쟁 조정 기능 강화**
지방세 비과세 감면 축소	중앙-지방 간 인사교류 활성화	-

주: 안전행정부: 지방분권 과제 추진 상황 보고(2007).
출처: bold체는 지방분권 과제로서 적합한 과제.

로 평가할 수 있다.

2) 목표의 달성 정도

(1) 중앙 권한·사무 이양 및 사무 구분 체계 조정

지방이양추진위원회(제1기~제4기)에서는 2007년 12월 말 기준 5,948개의 사무를 심의해 1,514개의 사무에 대한 이양을 확정했으며, 이 가운데 1,211개의 사무 이양을 완료(참여정부 제3기~제4기 971건, 전체의 80%)함으로써 그 어느 때보다 실질적인 지방분권을 구현하려는 노력을 기울였다(행정자치부, 2008: 413). 이 시기에 대표적인 지방이양사무를 살펴보면 도시기본계획의 승인, 택지개발 예정지구 지정, 택지개발사업 실시계획 승인, 관광지 조성계획 승인 및 변경 승인, 우수공예문화상품, 우수전통식품 지정, 등의 사무가 있었다(김민재, 2007: 14).

또한, 2006년 6월부터 지방 이양 전문가 그룹 구성 및 토론회 개최 등을 통해 포괄적·일괄적 지방 이양을 추진했다(행정자치부, 2008). 이에, 이양 대상사무를 일괄 이양하기 위해 「지방일괄이양법(안)」의 입법화를 추진했으나, 국회 내 소관 상임위원회를 특정할 수 없다는 문제로 입법 발의조차 해보지 못하고 무산되었다.[3]

한편, 「지방분권특별법」 제9조 제1항에서는 중앙 권한·사무의 지방 이양 외에도 국가의 지방에 대한 간섭과 관여, 사무 담당 주체 및 책임 소재의 불분명으로 인한 주민 불편 가중 등의 문제를 지속 야기하고 있는 기관위임사무를 정비하도록 규정했다. 이에, 정부혁신지방분권위원회에서는 단체위임사무를 폐지하고 기관위임사무를 위임사무로 일원화하는 한편, 비용 부담 체계와 국가 지도·감독을 개선하며, 장기적으로 기관위임사무를 새로운 사무 유형으로 전환하자는 것이었다.

그러나 기관위임사무 존폐 문제에 관한 정부혁신지방분권위원회 내 전문위원들 간 이견이 많아 합의에 이르지 못했고, 1999년 「지방분권일괄법」의 제정으로 기관위임사무의 폐지를 단행한 일본에서도 폐지를 시도했던 기관위임사무의 30% 이상이 '법정수탁사무'로 잔존하고 있음(김순은, 2001)에 따른 관계 전문가들의 회의적 시각 대두 등으로, 정부혁신지방분권위원회의 기관위임사무 폐지 노력은 중단되고 말았다(정부혁신지방분권위원회, 2008: 361).

---

3) 중앙행정 권한의 지방 이양은 한 개의 지방 이양 대상사무가 다수 부처의 권한과 부합되는 경우가 많아, 국회 내에서도 다수 소관 상임위원회에 걸쳐 해당된다. 이에 따라, 중앙행정 권한의 지방 이양을 비롯한 대다수의 지방분권 과제 관련 법률 제·개정안들이 그 특성상 국회 내 소관 상임위원회에 특정될 수 없어, 우리나라의 실질적인 지방분권 실현에 걸림돌이 되고 있다(전국시도지사협의회 내부자료, 2012).

(2) 특별지방행정기관 정비

특별지방행정기관의 설치와 관련해, 「정부조직법」 제3조 제1항에서는 "중앙행정기관에는 소관사무를 수행하기 위하여 필요한 때에는 특히 법률로 정한 경우를 제외하고는 대통령령으로 정하는 바에 따라 지방행정기관을 둘 수 있다."라고 규정하고 있다. 이와 같이 특별지방행정기관은 '법률'이 아니라 단순히 '대통령령'에 의해 설치·운영할 수 있도록 규정하고 있어, 그 설치에 대한 민주적 통제가 불가능함에 따라 특별지방행정기관의 근무 인력 수가 지속적으로 증가되는 문제를 낳고 있다.

이에, 2003년 9월 행정자치부에서는 '특별지방행정기관 정비 추진계획'을 마련해 정부혁신지방분권특별위원회에 보고했다. 이 계획은 노동, 환경, 국도·하천관리, 중소기업 지원, 식·의약품 안전관리, 국가보훈, 통계, 국유림관리, 해운항만·수산 진흥, 병무, 조달 등 모두 11개 분야의 특별지방행정기관에 대한 지방 이양을 추진한다는 것이었다(행정자치부 내부자료, 2003).

이에, 지방분권특별위원회에서는 특별지방행정기관 기능의 지방 이양 대상 분야로서 주민 편의성과 현지성이 요구되고 단순 집행적 사무로서 지방자치단체의 업무와 중복되거나 유사한 부분이 많은 분야, 지역경제 발전 또는 주민 삶의 질에 큰 영향을 미치는 사무로서 지방자치단체가 그동안 이양을 지속적으로 요구해 온 분야 등을 종합적으로 고려해 ① 중소기업 지원, ② 노동, ③ 국도·하천, ④ 항만·수산, ⑤ 식·의약품, ⑥ 환경 등 6개 분야를 선정했으며, 2004년 10월에 대통령에게 보고하고, 2005년 7월까지 이상 6개 분야 특별지방행정기관 기능의 지방 이양을 위한 세부계획을 수립했다(정부혁신지방분권위원회, 2008: 327-328).

그러나 이러한 정부혁신지방분권위원회의 특별지방행정기관 정비계획은 추진 과정, 특히 이해관계자 의견 수렴 과정에서 대다수 지방자치단체의 찬성에도 불구하고, 중소기업청·노동부·건설교통부 등 관계 중앙부처의 극심한 반대로 제대로 추진되지 못했으며, 제대로 된 성과도 보여주지 못했다(행정자치부 내부자료, 2007: 3; 정부혁신지방분권위원회, 2008: 357).

한편, 특별지방행정기관의 개수와 인력 수가 지속 증가함에 따라, 국회 차원에서도 2005년 11월 1일 한나라당 이윤성 의원이 특별지방행정기관 설치 시 해당 지방자치단체와 협의하도록 하는 「지방자치법」 일부 개정 법률안을 대표 발의했고, 2006년 4월 18일에는 한나라당 김정권 의원이 특별지방행정기관의 남설을 법률로써 방지하도록 하는 「지방자치법」 일부 개정 법률안을 대표 발의했으나, 2008년 5월 29일 제17대 국회의 임기 만료에 따라 폐기되었다.

(3) 자치경찰제 도입

자치경찰제 도입에 대한 최초 논의는 1948년 7월 17일 「정부조직법」 제정 시절로부터 거슬러 올라갈 수 있으며, 각 정권별로 자치경찰제 도입 논의가 지속적으로 이뤄졌다(정부혁신지방분권위원회, 2007: 146). 국민의 정부는 민주당 추미애 국회의원을 단장으로 하는 자치경찰추진단을 만들고 수차례 회의를 통해, 일본과 유사한 광역 중심의 자치경찰제 도입을 위한 「경찰법」 일부 개정 법률안을 확정했으나 이 법안은 정치적 이유로 국회에 발의되지도 못하고 사장되었다.

2003년 4월 경찰청에서는 경찰혁신위원회 내 자치경찰분과위원회를 설치했고, 2004년 1월 정부혁신지방분권위원회에서는 민간 전문가를 중심으로 하는 '자치경찰 T/F'를 운영했으며, 같은 해 10월에는 심의·자문기구인 '자치경찰특별위원회'로 확대 운영했다. 또한, 관할 부처 차원에서도 행정자치부 장관 소속 하에 실무추진기구인 '자치경찰제 실무추진단'을 구성·운영했다. 2005년 11월 정부에서는 정계, 학계, 시민사회 등 다양한 이해관계자들의 의견을 수렴해서 기초단위의 「자치경찰법(안)」을 마련[4]해 국회에 제출했는데, 주요 내용을 살펴보면 다음과 같다.

첫째, 보충성의 원칙과 자치단체의 자율성 보장을 위해, 시·군·구에 직속기관인 자치경찰대를 조례로 설치 및 폐지할 수 있도록 했다. 둘째, 주민 생활과 밀접한 분야(순찰, 사회적 약자 보호, 교통소통 관리, 시·군구 공공시설 경비 등)에 대한 치안 서비스를 제공하도록 했다. 셋째, 주민 참여 보장 및 국가경찰과 자치단체 간 협력·조정을 위해 시·도에 '치안행정위원회' 및 시·군·구에 '지역치안협의회'를 설치[5]하도록 했다. 넷째, 일반범죄 수사권은 없으며 현행범

4) 2004년 7월 13일 국정과제 회의에서 정부혁신지방분권위원회 '자치경찰 T/F'가 노무현 대통령에게 보고한 안에는 시·군·구 기초 단위 자치경찰제 도입 방안 외에, 시·도 광역 단위 자치경찰제 도입 방안도 포함되어 있었는데, 노무현 대통령의 "흉내만 내는 자치경찰이라는 느낌이 든다."는 발언으로 사장되었다(정부혁신지방분권위원회, 2007: 157).

검거 시 국가경찰에 즉시 인계하도록 하고, 복장은 국가경찰과는 구분하되 전국적으로 통일하도록 했다. 다섯째, 운영비용은 자치단체의 비용 부담을 원칙으로 하나, 인건비는 국가가 지원하도록 했다. 여섯째, 자치경찰공무원은 시장·군수·구청장이 임명하는 특정직 지방공무원으로서 '자치경찰공무원 인사위원회'를 별도로 설치·운영하되, 자치경찰공무원 채용시험 등은 국가경찰에 위탁 가능하도록 했다.

이상의 시·군·자치구 기초 단위 「자치경찰법안」은 이듬해인 2006년 2월 15일 정부 발의로 국회 행정자치위원회에 상정되었다. 그러나 법안의 심의 과정에서, 2005년 12월 14일 한나라당 유기준 의원이 전국시도지사협의회의 의견을 수용해 국회에 대표 발의한 "시·도 광역 단위 자치경찰제 도입" 중심의 「자치경찰법안」과의 의견 차이를 좁히지 못하고, 결국 2008년 5월 29일 제17대 국회의 임기 만료로 폐기되었다.

(4) 교육자치제도 개선

지방교육자치제도 운영에서 교육감 선거는 그동안 중앙정부 임명(1991년 이전), 교육위원회 선출(1991년), 학교운영위원회 선거인 및 교원단체 선거인에 의한 선출(1997년), 학교운영위원회 전원선거인단을 통한 선출(2000년)로 변화해 왔으나, 교육감 선거 과정에서 발생하는 사전 선거운동 시비, 직위를 이용한 선거운동, 학교 운영위원 선출 과정의 정치화, 교원 출신 학교별 편 가르기 등으로 인한 교단 분열 등의 문제점을 해소하지 못하고, 오히려 심화되는 양상이 전개되었다. 대표적인 사례로, 2004년 제주교육감 선거 부정에 의해 교육감이 구속되었고, 2004년에는 대전교육감 선거 부정 시비로 현직 교육감의 부인이 구속되는 등의 문제가 발생된 것이다.

이에, 정부혁신지방분권위원회에서는 교육인적자원부, 중앙선거관리위원회, 행정자치부 등과 다양한 논의 및 이견 조정 등의 과정을 거쳐 ① 교육위원회를 시·도의회 내 상임위원회로 전환하고, ② 교육감과 교육의원을 모두 주민 직선

5) 치안행정위원회는 시·도지사 소속으로 주민 등 11인으로 구성, 자치경찰의 분쟁 조정 및 운영 등을 심의·의결하고, 지역치안협의회는 시장·군수·구청장 소속으로 주민 15인 이내로 구성, 자치경찰의 운영과 관련된 사항을 협의·자문, 시장 등은 매년 지역치안협의회의 의견을 들어 자치경찰 활동의 목표를 수립하고 평가해 그 결과를 공표하도록 했다.

으로 선출하며, ③ 교육감과 시·도지사 간 지방교육에 관한 협의기구로서 '지방교육행정협의회'를 설치하도록 하는 등의 「지방교육자치에 관한 법률」 전부 개정법률안을 의원 발의 형식[6]으로 국회에 제출했다.

그러나 정부안에 대한 교원단체, 학부모단체 등 다양한 이해관계집단의 반발이 심화됨으로 인해 각종 토론회·세미나 개최, 국회 공청회 개최 등을 통한 지속적 의견 조율 과정을 거침에 따라, 당초 2005년 4월 중 개정을 완료하려던 정부의 계획으로부터 벗어나 2006년 12월 20일에서야 국회 본회의를 통과해 전부 개정 작업이 완료되었다.

(5) 지방재정 관련 과제

참여정부 재정 분야 지방분권 과제는 지방교부세 인상, 국고보조금 정비, 신세원 발굴, 국세-지방세 조정 등이었다. 그런데 이는 개별적으로 추진될 수 있는 것이 아니므로 개별적으로 평가하는 것은 무의미하다. 이는 지방 재정구조 개편으로 살펴봐야 하는데, 참여정부 재정구조 개편 이전의 지방 재정구조는 지방교부세, 양여금, 국고보조금으로 구성되어 있었으나, 개편 후 지방교부세(도로분교부세, 분권교부세 등 신설), 국가균형발전특별회계,[7] 국고보조금으로 조정되었고, 지방양여금[8]은 폐지되었다(정부혁신지방분권위원회, 2007).

2007년 10월 전국시도지사협의회에서 '새 정부 지방분권 추진 방향에 대한 성명서'를 발표하며, 참여정부의 지방 재정구조 개편이 실제 순증 효과를 발생시키지 못했다고 평가했다.[9] 즉, 참여정부의 지방 재정구조 개편 노력으로 지방

6) 교육인적자원부 등에서는 신속한 법 개정을 위해서는 의원입법이 바람직하다고 판단하고, 정부혁신지방분권위원회 및 고위당정협의 등을 통해 2005년 4월 중 의원입법으로 추진해, 4월 중 국회 통과를 추진하고자 했다. 이에 따라, 정부안에 공감한 열린우리당 백원우 의원이 대표 발의하고, 모든 발의 및 입법 절차를 담당함에 따라 입법화 작업이 구체화되어 2005년 4월 19일 법안 발의가 이뤄졌다(정부혁신지방분권위원회, 2007: 195).

7) 한편, 2004년 1월 「국가균형발전 특별법」이 제정됨에 따라 국가균형발전특별회계(균특회계)가 도입되었는데, 낙후지역 개발 및 지역 고용·문화·예술·관광 관련 지방사업 지원을 위한 지역개발사업계정, 지역혁신 체계·전략산업, 지방대학 육성 및 과학기술 진흥을 위한 지역혁신사업 계정 등으로 구성되었다.

8) 지방양여금은 국세 중 일부 세목의 전부 또는 일부를 지방에 양여해 도로 등 특정 목적사업을 지원함으로써 지역간 균형 발전을 도모하는 제도였다(송상훈, 2006: 312).

9) 이에, 노무현 대통령은 2007년 10월 31일 개최된 진주혁신도시 기공식 참석 자리에서 크게 반발했다고 한다. 즉, 노무현 대통령은 임기 말까지 2004년도 지방 재정구조 개편으로 인해 지방재정의 자

표 4-3 참여정부의 지방재정제도 변화

구분	2004년	2005년	내 용
지방교부세	보통교부세 특별교부세	보통교부세 특별교부세 도로분교부세 분권교부세 부동산교부세	지역개발사업 포함 지방도로사업 수행 지방이양사업 수행 부동산 세제개편 결과
지방양여금	지방도로사업 지역개발사업 수질오염방지사업 청소년육성사업 농어촌개발사업	폐 지	
균특회계	-	신설	국고보조에서 이전
국고보조금	국고보조(7.9조) 존치 분권교부세(1.1조) 전환 균특사업(3.6조) 전환	수질오염방지사업 청소년육성사업 농어촌개발사업 등 이전	

출처: 김홍환(2014: 1).

재정 및 재정 자율성이 크게 신장된 것으로 알려졌으나, 실제로는 그렇지 않다는 것이었다. 특히, 지방교부세의 재원이 2004년 내국세 18.3%에서 2005년 19.13%, 2007년 19.24%로 1% 정도 상향되었으나, 실제 교부세 법정률 증가 내용을 살펴보면 폐지된 지방양여금[10]과 국고보조사업 중 사회복지사업을 '분권교부세'라는 명목으로 지방교부세에 편입시킨 것에 불과하므로, 순증이 될 수 없었다는 것이다(김홍환, 2014).

이에, 참여정부의 재정분권정책에 대해 많은 연구가 큰 효과를 거두지 못한 것으로 평가하고 있으며(배인명, 2005; 임성일 외, 2006; 조기현, 2007; 장노순, 2007), 의존재원 중심으로 이뤄졌다는 비판을 받고 있다(김의섭, 2011: 129).

율성이 대폭 신장된 것으로 알고 있었다는 것으로 파악된다(김홍환, 2014: 7-8).

10) 지방양여금은 국가에서 국세로 징수한 일부 세목의 수입금을 지방자치단체에 양여해 지방자치단체의 특정 사업에 충당할 수 있도록 한 지방재정지원제도의 일종이다. 지방교부세는 일단 교부되고 나면 지방자치단체가 그 용도를 임의로 결정할 수 있는 일반재원(특별교부세 제외)이나, 지방양여금은 그 용도가 법령에 명시되어 있는 특정재원이라는 점에서 차이가 있다.

(6) 자치입법권 확대

'자치입법권 확대'는 2003년 7월 4일 확정된 참여정부의 지방분권 로드맵에 포함되었고, 2004년 1월 6일 「지방분권특별법」에 '자치입법권 강화'가 법제화되었으며, 동법 제12조에서는 "국가는 자치단체의 자치입법권을 강화하기 위하여 조례 제정 범위가 확대되도록 하는 등 필요한 조치를 하여야 한다."고 규정했다. 이후 자치입법권 관련 주관 부처인 행정자치부(분권지원과)는 2004년 5월부터 전문가 중심의 '자치입법제도 개선연구단'을 구성·운영하고, 학계 및 법조계의 입장 및 정부혁신지방분권위원회의 의견을 수렴하는 등 다양한 활동을 펼쳤다.

자치입법권의 확대에 관한 논의의 주요 쟁점은 「지방자치법」상 ① 지방자치단체는 "법령의 범위 안"에서가 아니라 "법령에 위반되지 않는 범위 안"에서 그 사무에 관한 조례를 제정할 수 있도록 해야 한다는 것이고, ② "법률의 위임 없이" 주민의 권리 제한 또는 의무 부과에 관한 사항이나 벌칙을 정할 수 있어야 한다는 것이며, ③ 자치법규의 실효성 확보를 위해 조례로 "징역·금고, 몰수, 과료 등"의 형벌권을 부과할 수 있어야 한다는 것이었다.

이에 대해, 정부혁신지방분권위원회는 ① 조례 제정의 범위 확대 및 ③ 처벌규정 다양화에 대해서는 "시기상조" 또는 "반대"의 입장을 표명했고, ②번 사항에 대해서만 위헌의 여지가 있다고 판단해 벌칙 부과 시 "법률 위임 규정을 삭제"해야 한다고 주장했다. 그러나 이 부분 역시 학계, 정계, 유관 부처, 시민사회 등 다양한 이해집단들 간 이견의 난립으로 인해, 이렇다 할 추진 성과를 보이지 못했다(정부혁신지방분권위원회, 2007).

(7) 자치조직권 강화

자치조직권은 자치입법권, 자주재정권 등과 함께 지방자치제도의 본질적 요소이며, 지방행정 수행 수단의 하나인 지방자치단체 조직 체계를 자주적으로 정하는 권능에 해당한다. 지방분권이 참여정부의 국정과제 중 하나로 설정되면서 '분권과 자율'의 국정 원리에 따라 지방자치단체가 중앙정부의 사전 통제와 규제에서 벗어나 자율적으로 관리할 수 있도록 자치조직권을 획기적으로 강화하는 방안이 추진되었고, 그 일환으로 총액인건비제의 도입이 추진되었다. 이에, 정부혁신지방분권위원회에서는 2004년 11월 25일 부단체장의 정수 및 직급 기준과

보조・보좌기관의 직급 기준 등만 존치하고, 조직 운영에 관한 권한을 지방자치단체에 이양하는 '총액인건비제 도입계획'을 확정했으며, 같은 해 12월에 대통령 보고를 완료했다.

총액인건비제는 지방자치단체가 기구 및 정원 운영에 수반되는 인건비성 경비를 기준으로 행정기구 및 정원을 자율적으로 관리하고 그 결과에 대해서는 스스로 책임지는 제도다. 즉, 지방자치단체가 행정기구 및 정원을 행정자치부가 산정・통보한 '총액인건비 기준액'을 가이드라인으로 하여 자율 관리하는 제도로서, 법령상의 기구 설치 및 정원 책정 기준, 행정자치부 장관의 기구 및 정원 승인권 등 중앙정부의 통제를 폐지하며, 자율성 확대에 따르는 책임성 확보를 위해 지방의회의 통제 확대, 조직평가・진단제도 도입, 인센티브 부여 등을 주된 내용으로 하고 있다(정부혁신지방분권위원회, 2007: 233).

정부혁신지방분권위원회와 행정자치부는 1단계(2005.2.18~12.31)로 경상북도 등 10개 지방자치단체, 2단계(2006.1.1~12.31)로 대전광역시 등 19개 지방자치단체에 대한 시범사업을 실시하고, 그 결과를 반영해 2007년 1월 5일부터 대통령령인 「지방자치단체의 행정기구와 정원 기준 등에 관한 규정」을 개정 완료해 전국 지방자치단체에 대해 전면 시행하고 있다.[11] 그럼에도 불구하고, 이 규정에서는 여전히 지방자치단체의 실・국・본부 수와 직급 등을 제한하고 있어 문제가 되고 있다.

(8) 국가와 지방자치단체의 협력 체제 정립

국민의 정부 시절인 1999년 8월 「지방자치법」의 개정으로 ① 시・도지사, ② 시・도의회의 의장, ③ 시장・군수・자치구의 구청장, ④ 시・군・자치구의회의

11) 참여정부 시절 총액인건비제도가 도입됨에 따라 이후 이명박 정부와 박근혜 정부에서는 지방분권 과제에 '자치조직권 강화'를 따로 규정하지 않고 있다. 그러나 총액인건비제가 지방자치단체의 총정원과 인건비 총액 한도를 이중으로 관리하기 때문에 자치조직권이 상당히 제약받게 됨에 따라, 박근혜 정부 출범 이후 안전행정부에서 '기준인건비제' 도입 방안을 마련했으며, 2014년 2월 26일 국무회의에서 「지방자치단체의 행정기구 및 정원기준 등에 관한 규정」이 개정되었다. 안전행정부(2014)에 따르면, 안전행정부에서 제시하는 기준 인건비에 따라 지방자치단체가 안전행정부의 별도 승인 없이 자율적으로 정원을 운영할 수 있게 되고, 총정원관리는 폐지된다. 또한, 지방자치단체 복지, 안전 및 지역별 특수한 행정 수요에 탄력적으로 대응할 수 있도록 인건비의 추가적인 자율 범위를 1~3%까지 허용하며, 자율 범위는 지방자치단체별 재정 여건에 따라 결정된다(안전행정부 보도자료, 2014.2.26).

의장으로 하여금 각각 전국적 협의체를 설립할 수 있는 규정(제154조의2)이 신설되었다. 또한, 이 규정에서는 각급 전국 협의체로 하여금 지방자치에 직접적인 영향을 미치는 법령 등에 관해 행정자치부 장관을 거쳐 정부에 의견을 제출할 수 있도록 했다.

그러나 이른바 지방 4대 협의체에서는 의견을 안건별 담당 부처 장관이 아닌 행정자치부 장관에게만 제출할 수 있도록 한 점, 제출된 안건은 해당 부처의 단순 선택 사항으로서 구속력이 부재하다는 점 등의 한계로 인해, 국가와 지방 간 협력 체제 구축의 필요성을 지속 강조했다. 이에 참여정부에서는 2006년 1월 「지방자치법」 개정을 통해 지방 4대 협의체가 모두 참가하는 '지방자치단체 연합체'를 설립할 수 있도록 했다.

이로써 참여정부(행정자치부 지방행정본부)에서는 국가와 지방 간 협력 체제 정비를 '완료 과제'로 제시하고 있으나(행정자치부 내부자료, 2007), 단순히 '지방자치단체 연합체'의 설립 근거 규정만 추가한 것에 불과했으며, 그동안 지방 4대 협의체에서 강조한 문제점들에 대한 구체적인 개선 방안까지는 마련하지 못했다.

3) 지방분권 추진 절차 및 기구

참여정부의 지방분권 추진 절차는 추진기구의 이원화로 나눠 살펴볼 필요가 있다. 먼저 중앙행정 권한의 지방 이양은 국민의 정부에서 설치된 지방이양추진위원회가 지속적으로 추진했고 이양 과정도 전과 달라지지 않았다. 그러나 여타의 지방분권 과제 대부분은 정부혁신지방분권추진위원회가 설치되어 추진되었다. 그런데 주요 지방분권 과제 중 정부혁신 지방분권추진위원회에서는 8개 과제만을 추진했고, 여타의 과제는 개별 부처에서 추진하는 체계였다. 8개 과제는 사무 구분 체계 개선, 제주특별자치도 추진, 교육자치제도 개선, 자치경찰제도 도입, 특별지방행정기관 정비, 국세와 지방세의 합리적 조정, 국고보조금 정비, 분권형 도시계획 체계 구축 등이며, 이러한 과제도 관계 부처와 협의해 추진하도록 되어 있었다. 지방분권이 중앙행정 권한의 지방 이양이라는 측면에서 개별 부처가 지방분권을 추진할 수 있다고 보기에는 다소 어렵기 때문에 실제 성과로 이뤄지기 어려운 구조였다.

참여정부의 지방분권은 크게 두 가지 법률에 의해 추진되었는데, 기존의 「중앙행정 권한의 지방 이양 촉진 등에 관한 법률」에 의한 대통령 소속 지방이양추진위원회(제3기~제4기)를 통해 사무 이양 활동을 지속하고, 2004년 1월 16일 제정된 「지방분권특별법」에 의한 대통령 소속 정부혁신지방분권위원회[12]를 통해 지방분권 과제 추진 활동을 각각 분담하도록 했다. 즉, 참여정부에서의 지방분권은 정부혁신지방분권위원회가 한시적 기구로서 지방분권의 큰 틀과 제도적인 과제를 담당하고, 지방이양추진위원회는 상시적 기구로서 구체적인 중앙정부 기능의 지방 이양 작업을 수행했다(정부혁신지방분권위원회, 2007).

국민의 정부에서 주로 '중앙행정 권한의 지방 이양' 중심의 지방분권을 추진했다면, 참여정부에서는 좀 더 구체적으로 지방분권 과제를 특정해 추진했다. 즉, 「지방분권특별법」에 국가의 의무로 규정했던 지방분권 과제로서 ① 중앙 권한

표 4-4 참여정부 지방이양추진위원회와 정부혁신지방분권위원회 비교

구분	지방이양추진위원회	정부혁신지방분권위원회
근거	• 지방이양촉진법(1999. 1)	• 지방분권특별법(2004. 1)
구성	• 위원장 · 위원: 대통령 위촉 • 위원장 2명(국무총리 · 민간 공동) • 위원 15~20명(임기 2년)	• 위원장 · 위원: 대통령 위촉 • 위원장 1명 • 위원 20~30명(임기 2년)
기능	• 중앙행정 권한의 지방 이양 • 광역-기초 간 사무배분	• 지방분권 과제 추진(기본 방향 제시)
시한	• 특별한 기한 없음.	• 5년 한시(지방분권특별법 시한)

출처: 김민재(2007: 11).

12) 정부혁신지방분권위원회의 경우, 법률 제정 이전인 2003년 4월 7일 대통령령(정부혁신지방분권위원회 규정)에 근거해 일단 출범했다가, 2004년 1월 16일 제정된 「지방분권특별법」에 의거해 법률상의 기구로 위상이 강화되었다. 정부혁신지방분권위원회는 당연직 7명(재정경제부 장관, 행정자치부 장관, 정보통신부 장관, 기획예산처 장관, 국무조정실장, 중앙인사위원장, 대통령비서실 정책위원장)과 20인 내외의 학계, 시민사회 등 각계 인사들로 구성되었다(조성호 · 윤태웅, 2009: 32).

및 사무의 이양, ② 특별지방행정기관의 정비, ③ 자치경찰제의 도입, ④ 주민 참여 확대를 위한 교육자치제도의 개선, ⑤ 지방재정의 확충 및 건전성 강화, ⑥ 자치입법권의 확대, ⑦ 자치조직권의 강화, ⑧ 주민 참여의 확대, ⑨ 자치행정의 책임성 강화, ⑩ 국가와 지방자치단체의 협력 체제 정립 등이었다.[13)]

추진기구의 인적 구성과 관련해 먼저 지방이양추진위원회의 민간 위원장을 살펴보면, 제3기는 박재창, 제4기 박응격을 각각 선임했다. 정부혁신지방분권위원회는 20인 이상 30인 이내로 구성되는데, 당연직 위원이 6명이었다. 당연직 위원은 재정경제부 장관·행정자치부 장관·정보통신부 장관·기획예산처 장관·국무조정실장·중앙인사위원회 위원장, 대통령비서실 정책실장이었다. 위원장은 제1대 김병준, 제2대 윤성식, 제3대 김병섭이 위촉되었다.

참여정부의 추진절차 및 기구에 대해 정리한다면, 지방분권추진기구의 다원화와 개별 부처 중심으로 추진했기에 실질적 성과를 도출하기 어려운 구조였다고 평가된다.

4) 지방 관련 연계 정책

참여정부의 국정철학은 국정 목표와 국정 원리를 통해 확인할 수 있는데, 국정의 3대 목표는 국민과 함께하는 민주주의, 더불어 사는 균형 발전 사회, 평화와 번영의 동북아 시대로 제시되었다. 이를 위한 4대 국정 원리는 원칙과 신뢰, 공정과 투명, 대화와 타협, 분권과 자율이었다.

이러한 것은 참여정부의 시대 규정(대통령 기록관, 당선자 홈페이지)[14)]에서 확인할 수 있는데 노무현 정부는 당시 대한민국을 민주주의와 원칙이 확립되는 시기로 나아가는 시대로 보고 있었다. 국정 운영의 모토를 '혁신'으로 삼았다는 점이 이를 방증한다. 이와 함께 살펴볼 것이 균형 발전이다. 균형 발전은 행정중심복합도시와 같이 분산정책, 분업정책을 의미한다.

그런데 지방분권이 국정 운영 체계를 변화시킨다는 관점에서 정부혁신의 내

13) 그 밖에 지방자치단체 간 경계조정 제도 개선이 있었으며, 지방자치단체에 대한 통제 강화 차원에서 지방재정 건전성 강화, 주민 참여의 확대, 자치행정의 책임성 강화 등이 있었다.
14) http://knowhow.pa.go.kr/roh/news/view.asp?bid=1&pid=4519&cp=1&num=2674

용이나, 지역 균형 발전과는 상충한다는 것이 일반적 지적이다(김순은, 2010a).[15] 지방분권은 중앙행정 권한을 지방에 이양하는 것으로서 권한의 분산을 의미하나 균형 발전은 중앙정부가 산업, 인력, 공공 부문 등을 분산시켜야 하기 때문에 강력한 권한을 발휘할 수밖에 없다는 점에서 분권과 대비되는 집권적 논리이기 때문이다. 즉, 한국전력이 나주시로 이전한다고 해서 나주시, 전라남도 혹은 중앙정부에 대비되는 전체 지방정부의 권한이 확대되는 것이 아니며, 오히려 중앙부처 및 이전 대상 공공기관의 반발을 잠재우기 위해 권한의 집중이 필요하다.

따라서 참여정부의 지방분권 연계 정책은 정부혁신의 철학은 지방분권과 연계되나, 균형 발전은 다소 상반되는 것이라 할 수 있으며, 특히 정권 후반기에 갈수록 수도 이전에 관한 헌법재판소의 판결 등으로 정치 이슈가 균형 발전 논리가 주도함에 따라 지방분권이 적극적으로 추진되지 못한 점도 있다.

3 이명박 정부

1) 목표의 구체성 · 적합성

이명박 정부의 분권 과제는 다양하게 제시되었다. 최초 2008년 2월에 대통령직인수위원회에서 192개 국정과제를 통해 발표했고, 이후 2008년 10월 192개 국정과제를 재정리한 이명박 정부 100대 국정과제를 통해서도 확인할 수 있다. 먼저 192개 국정과제 내용을 살펴보면, 크게 5대 국정지표 중 섬기는 정부의 핵심 과제, 중점 과제, 일반 과제 등에서 9개 과제가 제시되어 있다.

이후 지방분권 과제는 100대 국정과제로 재편되었는데, 지방행정 체제 개편과 지방정부 권한 강화를 지방분권 확대 과제로 제시한다. 이명박 정부에서는 지방분권 추진기구로서 지방분권촉진위원회를 구성하는데 지방분권촉진위원회가 제시하는 지방분권 과제는 〈표 4-5〉와 같다. 앞서 제시한 지방분권 과제의 개념에 비춰 이명박 정부의 지방분권 과제 중 실질적 지방분권 과제를 도출할 수 있

15) 지방분권은 전략적이고 상황적인 정책인 반면, 지역 균형 발전은 시간과 공간을 초월하는 상시적 정책이다.

표 4-5 지방분권촉진위원회 지방분권 과제

분야	분권 과제
권한 및 기능 재배분	**사무 구분 체계 개선**
	중앙행정 권한의 지방 이양
	특별지방행정기관 기능 조정
	교육자치제도 개선
	자치경찰제도 도입
지방재정 확충	**국세와 지방세의 합리적 조정**
	지방교부세제도 개선
	지방재정의 투명성·건전성 제고
자치 역량 강화	**자치입법권 확대**
	지방의회의 전문성·자율성 강화
	주민직접참여제도 보완
	지방선거제도 개선
	지방자치단체 평가 기준 마련 및 진단·평가
	지방자치행정 체제 정비
협력 및 공감대 확산	정부 및 지방자치단체 간 협력 체제 강화
	분쟁 조정 기능 강화
	특별지방자치단체제도 도입·활용
	지방공무원 인사 교류 확대 및 교육훈련제도 개선
	자원봉사활동 장려·지원
	지방분권 홍보 및 공감대 확대

주: bold체는 지방분권 과제로서 적합한 과제.

다. 지방분권은 중앙행정 권한의 지방 이양과 관련되어야 한다는 점을 고려하면, 표에서 제시된 과제 중 사무 구분 체계 개선, 중앙행정 권한의 지방 이양, 특별지방행정기관 기능 조정, 교육자치제도 개선, 자치경찰제도 도입, 국세와 지방세의 합리적 조정, 자치입법권 확대 등 7개 과제를 지방분권 과제로 선정될 수 있다.

목표의 구체성·적합성에 대해 평가한다면, 참여정부와 유사하게 비분권 과제를 과제로 편입시켜 목표가 다소 불명확해진다는 문제점이 있으나, 핵심 지방분권 과제는 모두 반영되었다는 평가를 할 수 있다.

2) 목표의 달성 정도

(1) 권한 이양 및 사무 구분 체계 정비

지방분권촉진위원회는 첫째, 2012년 12월 현재 총 1,587개의 사무에 대해 이양을 확정했다. 이는 과거 지방이양추진위원회가 국민의 정부와 참여정부 시절을 통틀어 이양을 확정한 1,514개보다 많은 수치다. 그러나 법령 개정 등을 통해 실제 이양이 완료된 사무는 516개로 약 32.5%에 불과하다.

둘째, 국가와 지방 간 사무 구분 체계 개선을 추진했다. 이는 자치행정권의 확대 차원에서 국가위임사무(기관위임사무·단체위임사무)를 폐지해, 자치사무의 범위를 단순·명료하게 개선하려는 것이었다. 다만, 국유재산 관리 업무나 가족 관계 등록사무 등과 같이 국가사무 성격을 유지하면서 지방 처리가 불가피한 사무에 대해서는 '법정수임사무'로 전환하도록 하는 것이 주요 내용이며, 법정수임사무에 대해서는 사무처리 비용을 국가가 부담하도록 하고, 지방정부가 관련된 조례를 제정하거나 지방의회의 관여가 가능하다.[16]

이러한 내용을 종합해 행정안전부 등에서는 2011년 10월 31일 「지방자치법」 일부 개정법률안을 정부 발의했으나, 2012년 5월 29일 제18대 국회 종료로 인해 폐기된 바 있으며, 제19대 국회 개막으로 지난 2012년 9월 19일 동일한 내용의 「지방자치법」 일부 개정법률안을 정부 차원에서 재발의했다. 그러나 2012년 11월 19일 국회 안전행정위원회 법안심사소위에 회부된 이후, 2년여가 지난 현재까지 논의가 전혀 이뤄지지 않고 있는 실정이다.

셋째, '(가칭)지방일괄이양법(안)'을 마련했다. 이양 확정 사무가 법령 개정 등 실행화되기까지 평균 2~3년이라는 장기간이 소요되고 있는데, 이는 소관 부처의 관심 부족 등으로 인해 지방분권이 조기에 가시화되기 곤란하고, 법안 마련·입법예고·법안 국회 통과 등 입법 절차상 많은 시간을 필요로 하기 때문이다. 이에, 지방분권촉진위원회에서는 일괄 법제화를 위한 T/F를 운영해 총 20장 180개 조문으로 구성된 「(가칭)지방일괄이양법안」을 마련했다.[17]

---

16) 이상 내용을 담은 「지방자치법」 일부 개정법률안이 2012년 9월 정부 발의로 국회에 계류 중에 있다.

17) 지방분권촉진위원회에 따르면, 본 법안의 정확한 명칭은 「중앙행정 권한의 지방 이양 촉진을 위한 관계 법률 정비 및 지원에 관한 법률」로 표현하고 있다(지방분권촉진위원회 내부자료, 2013).

그러나 참여정부 시절과 마찬가지로, 이 법안이 행정 · 재정 외에도 환경, 문화, 산업 등 다양한 분야의 사무에 대한 포괄적 지방 이양을 규정한 만큼 이를 전담 처리할 수 있는 국회 내 상임위원회를 특정할 수 없는 문제로 인해 국회에 입법 발의조차 이뤄지지 못했다.

(2) 특별지방행정기관 정비

지방분권촉진위원회에서는 2008년 7월 21일 대통령과의 보고회의를 개최해 '특별지방행정기관의 정비 방안 마련 및 대폭적 지방 이관'을 핵심 국정과제로 결정하고, 국도하천 · 해양항만 · 식의약품 · 노동 · 환경 · 산림 · 보훈 · 중소기업 등 8개 분야의 특별지방행정기관에 대한 지방 이관 방안을 모색하게 되었다. 세부적으로는 1단계로 국도하천 · 해양항만 · 식의약품 등 3개 분야에 대한 정비를, 그리고 2단계로 노동 · 환경 · 산림 · 보훈 · 중소기업 등 5개 분야에 대한 정비를 추진하고자 했다.[18]

이에 따라, 지난 2010년 6월 30일 1단계의 3대 분야 특별지방행정기관에 대한 정비를 마무리해 시설관리, 인 · 허가, 지도 · 단속 등 집행적 기능을 이관했

표 4-6 1단계 특별지방행정기관 이양 사무

구분		이양 사무
해양항만	항만개발 운영	공사 계약 · 집행 · 관리, 항만 배후 · 수송시설 개발, 항만 재개발
	선원 선박	해상운송사업 등록 및 지도
	해양환경	공유수면 매립 면허, 해역 수질 개선, 개항 단속 및 관공선 관리
국도하천	도로건설관리	국도건설사업, 도로점용 등 인 · 허가, 도로 유지 보수
	하천공사관리	하천개수공사, 하전점용 등 인 · 허가, 재해대책 수립 · 시행
식의약품	식품	인 · 허가(식품첨가물제조업, 식품조사처리업), 식품위생 및 식중독 예방교육 · 홍보, 식품업소 지도 · 점검, 위해 우려식품 수거 · 시험분석, 식품 등 수입판매업 신고 수리
	의약품	지도 · 점검, 수거 및 시험분석

출처: 금창호(2009b).

18) 2009년 당시 정비 검토 대상 특별지방행정기관은 8개 지방청, 201개 기관으로 인력은 약 11,130명이었고, 세무 · 공안 · 현업기관 등 4,378개 기관의 총 190,461명은 제외되어 있었다(지방분권촉진위원회, 2012: 383).

고, 관련된 11개 법률 및 16개 시행령의 개정을 완료했으며, 총 208명의 인력(국도하천 48명, 해양항만 59명, 식의약품 101명) 및 3,969억 원의 예산(「국가균형발전특별법」상 광특회계로 지원)을 지방으로 이관 조치했다(행정안전부 내부자료, 2012).

그러나 1단계 3개 분야에 대한 특별지방행정기관 기능 정비의 경우, 지방에 이관된 대다수의 사무가 단순 집행사무에 불과하며, 지방자치단체와 정보 및 기술의 공유가 이뤄지지 않아 그 실효성이 매우 약한 실정이다.

2단계 5개 분야 특별지방행정기관에 대한 기능 정비의 경우에는 인력 재배치 등 기구·인력의 효율화 및 자치 역량 향상을 위한 규제 합리화를 우선 추진하겠다고 했으나, 위원회의 기한 만료에 가까운 2012년 11월에서야 위원회 차원에서 세부계획이 마련되었다(지방분권촉진위원회, 2013: 408). 이에, 2009년 2월 지방환경청 출장소 7개를 폐지한 것 외에는 가시적 성과를 보여주지 못했다.

(3) 자치경찰제 도입

이명박 정부의 출범과 함께 '자치경찰제의 도입'을 5대 국정지표, 193개 국정과제에 포함시켰으며, 2008년 5월 27일 청와대 주관 관계 기관 조정회의에서 시·군·자치구 기초 단위 자치경찰제 도입 방안을 확정했다. 이에 지방분권촉진위원회에서는 2008년 12월 16일 '자치경찰제 도입'을 지방분권 과제로 채택했고, 2010년 발족한 지방행정 체제 개편추진위원회와 함께 다음과 같은 방향으로의 자치경찰제 도입 계획을 마련했다(지방분권촉진위원회, 2013: 412-414).

첫째, 자치경찰제 실시 단위 분야로서 기초(시·군·자치구) 중심으로 자치경찰제를 전면 실시하도록 했다. 둘째, 조직 분야로서 국가경찰과 자치경찰로 이분화하고 자치경찰의 주체는 시·군·자치구 자치경찰로 단일화하며, 인구 50만 이상 시(市)의 경우 하부 행정조직인 자치경찰조직(기구)을 설치하는 것이었다. 셋째, 인사 분야로서 지방공무원(일반직 등)의 효율적 인력 활용과 지방공무원 간 인사 교류 시스템 도입, 국가경찰공무원과 자치경찰공무원 간 그리고 자치경찰공무원 상호간 인사 교류, 자치경찰대장 임명 시 정치적 중립성과 의회 독립성을 보장할 수 있는 임명 절차를 마련해 추진하는 것이었다. 넷째, 사무 분야로서 기초자치단체에 자치경찰사무 권한을 부여하고 광역자치단체에 조정위원회를 두어 분쟁 조정 권한을 부여했다. 다섯째, 재정 부담 분야로서 자치경찰이 정착될 때까지 국비 지원 의무화(법령 명시), 법칙금 및 과태료 등을 지방재정 확충을 위한 재원으로 활용하는 것 등이었다.

그러나 2012년 6월 11일 지방행정 체제 개편추진위원회에서 대통령과 국회에 보고한 '지방행정체제 개편 기본계획'에서는 전국적 실시를 기본 원칙으로 하되, 도입 단위(광역, 기초)에 대해서는 추후 검토 예정임을 주장했다. 또한, 2006년 7월 1일 출범한 제주특별자치도 자치경찰단의 기본 업무(생활안전, 지역교통, 지역경비 등) 외에 음주단속권을 추가로 부여하는 방안을 검토 중이라고 밝히고 있다(지방행정체제 개편추진위원회, 2012: 30-31).

이후 정권 교체 등을 이유로 더 이상의 구체적인 자치경찰제 도입 방안이 논의 및 마련되지 못함에 따라, 미완의 과제로 남게 되었다. 그런데 이러한 한계의 요인으로서 지방행정 체제 개편이 있다는 점도 고려되어야 한다. 구체적으로 통합 창원시에 자치경찰제를 도입 추진 등 지방행정 체제 개편과 연계시켰다. 즉, 지방행정 체제가 변화될 가능성이 매우 높은 것으로 판단했고, 현 지방행정 체제에 따른 자치경찰제 도입이 어려우므로 행정 체제 개편 이후 자치경찰제 도입으로 방향이 바뀌었다. 그런데 이는 자치경찰제 도입 단위에 대한 논의 중 시·군·구 중심 자치경찰제로 방향을 정했다고 볼 수 있다. 자치경찰 도입 논의가 고려되어야 하는 것은 중앙행정 권한의 지방 이양이라는 지방분권의 취지를 고려할 때 국가경찰의 기능과 조직이 지방경찰로 이양되어야 함을 의미하는데, 시·도-시·군·구 자치경찰과 시군구 자치경찰은 이양의 범위가 달라진다.

한편, 국회 차원에서도 자치경찰제 도입을 위한 노력이 있었는데, 2009년 11월 17일 한나라당 유기준 의원이 광역 단위에 시·도 경찰본부를 두고, 기초 단위에 시·군·구 자치경찰대를 설치하는「경찰법」및「경찰공무원법」전부 개정 법률안을 다시 대표 발의했으나, 2012년 5월 29일 제18대 국회의 임기 만료로 폐기되었다.

(4) 교육자치제도 개선

「지방분권 촉진에 관한 특별법」제11조 제2항은 "국가는 지방교육에 대한 지방자치단체의 권한과 책임을 강화하고, 지방교육에 대한 주민 참여를 확대하는 등 교육자치제도의 개선 방안을 마련하여야 한다."라고 규정한 반면, 「지방행정체제 개편에 관한 특별법」 제40조 제1항에서는 "국가는 교육자치와 지방자치의 통합을 위해 노력하여야 한다."라고 교육자치와 지방자치 간 통합을 명문화했다.

지난 1991년 이후 2006년까지 교육위원회, 학교운영위원회, 교원단체선거인 등의 간접선거제도에 의한 교육감 선출이 이뤄져 왔고, 참여정부 시절인 2007년에 「지방교육자치에 관한 법률」의 개정으로 시・도 교육감을 지역주민이 선출하는 주민 직선 방식으로 전환되었다. 즉, 그동안 교육감을 간선제・직선제 모두에 의해 선출했으나, 여전히 교육감 선거 비용 과다, 주민들의 무관심, 정치권의 개입(정치적 성향) 등의 문제점이 지속되고 있다.

이에, 지방분권촉진위원회에서는 교육 수요자의 민의 반영을 위한 교육자치행정과 지방행정 간 연계・협력 방안과 학교자치 활성화 방안 등을 모색했고, 지방행정체제 개편추진위원회에서 2012년 7월 교육자치-지방자치 연계・통합을

표 4-7 교육감 선출제도의 변천 과정

구분	선출 방식	선거권자	입후보 자격	임기
1991~1996	간선제	교육위원회	・학식과 덕망이 있는 자 ・시・도의회의원 피선거권 ・비정당원 ・교육 경력 또는 교육전문직원 경력 20년 이상	・4년 ・중임 1회
1997~1999	간선제	학교운영위원회 선거인과 교원단체 선거인으로 구성된 선거인단	・학식과 덕망이 있는 자 ・시・도지사 피선거권 ・비정당원 ・교육 경력 또는 교육행정 경력 5년 이상	・4년 ・중임 1회
2000~2006	간선제	학교운영위원회 위원 전원으로 구성된 선거인단	・학식과 덕망이 있는 자 ・시・도지사 피선거권 ・비정당원(2년) ・교육 경력 또는 교육행정 경력 5년 이상	・4년 ・중임 1회
2007~현재	직선제	주민	・시・도지사 피선거권 ・비정당원(2년) ・교육 경력 또는 교육행정 경력 5년 이상	・4년 ・중임 3회

출처: 금창호 외(2011: 30).

위한 연구용역을 실시해, 시·도지사와 교육감 러닝메이트 선출 방안, 시·도지사의 교육감 임명 방안, 시·도의회 동의에 의한 시·도지사의 교육감 임명 등 다양한 방안을 강구했다.

이와 관련해, 국회 차원에서 2009년 11월 16일 한나라당 이철우 의원, 2009년 12월 11일 원유철 의원, 2011년 8월 31일 한나라당 장제원 의원이 "시·도지사와 교육감의 러닝메이트제 선출"을 골자로 하는 「지방교육자치에 관한 법률」 일부 개정안을 각각 대표 발의했고, 2011년 8월 30일에는 한나라당 정태근 의원이 "시·도의회의 동의에 의한 시·도지사 교육감 임명"을 골자로 하는 「지방교육자치에 관한 법률」 일부 개정안을 대표 발의했으나, 학계·정계·교육계 등의 강력한 반발로 인해 많은 어려움을 겪었으며, 결국 제18대 국회 종료일인 2012년 5월 29일 폐기되었다.

(5) 지방재정 확충

지방재정 확충을 위한 지방분권촉진위원회의 가장 큰 성과는 바로 2010년의 지방소비세와 지방소득세의 도입으로 볼 수 있다. 특히, 지방소비세 도입은 지방자치제 실시 이후 지방에서 지속적으로 요구해 온 숙원 과제로서, 참여정부에서도 정부가 조세개혁특위를 구성해 지방소비세 도입을 추진하다가 무산된 바 있으나, 이명박 정부에서 지방재정 지원제도 개편을 통해 그 결실을 맺게 되었다(지방분권촉진위원회, 2013: 455).

이상의 지방소비세와 지방소득세에 관해 살펴보면, 지방소비세의 경우 국세인 부가가치세의 일부를 지방에 이양하는 것으로서 지방분권촉진위원회에서는 1단계로 2010년부터 5%(행정안전부 추산, 약 2.4조 원)를 이양하고, 2단계로 2013년부터 5%(행정안전부 추산, 약 6.43조 원)를 추가 이양해 부가가치세 10% 규모의 지방소비세를 시·도세로 도입했다.[19] 그리고 지방소득세의 경우에는 주민세 소득할을 지방소득세로 전환하고 추후 과표 변경 등 과세자주권을 구현할 수 있는 합리적인 지방소득세 제도의 도입을 추진하고자 했다(조성호 외, 2011: 74-75). 지방분권촉진위원회의 이러한 노력에도 불구하고, 지방소득세는 정권이

19) 부가가치세의 10%를 2단계로 나눠 지방에 이양하도록 한 것은 당시의 국가·재정 여건 등을 고려한 것이다(조성호 외, 2011: 74).

교체된 이후인 2015년 1월 1일에서야 관계 법령 정비 등을 통해 본격 시행하게 되었다. 또한, 지방소비세의 경우 2010년 1월 1일부터 시행되었으나, 초기에 도입된 부가가치세의 5% 세율이 2013년까지 유지되었다가 2013년 12월 26일 「지방세법」 개정으로 부가가치세의 11%로 6% 상향되었다. 그런데 2014년부터 지방소비세율이 부가가치세의 11%로 6% 상향된 것은 당초 지방분권촉진위원회가 의도했던 국세의 지방세 이양을 통한 지방재정 확충과는 매우 거리가 먼 것으로 해석된다. 2013년 정부는 취득세가 지방세(시·도세)임에도 불구하고, 부동산시장의 활성화를 도모한다는 목적으로 지방과의 협의 없이 소유하는 주택 수와 관계 없이 6억 원 이하 주택 거래 시 1%, 6억 원 초과 9억 원 이하 주택 거래 시 2%, 9억 원 초과 주택 거래 시 3%로 취득세를 인하하는 방침을 일방적으로 확정 및 추진했다. 이에, 전국 17개 시·도지사들이 공동성명서 발표, 공동 기자회견 개최, 전국시도지사협의회를 통한 대정부·국회 정책 건의 등을 실시하기에 이르렀고, 2013년 12월 국회에서 중앙정부의 일방적 취득세 영구 인하 방침에 따른 지방재정 감소분을 보전하기 위해 지방소비세율을 당초 부가가치세 5%에서 11%로 6% 상향 조정하도록 「지방세법」을 개정하게 되었다.[20]

따라서 2013년 이뤄진 지방소비세 6% 인상은 지방재정의 확충 차원이 아니라, 중앙정부의 일방적 정책 결정에 따른 지방재정의 감소분을 보전하는 정도의 의미만 가지고 있어, 학계·정계·시민사회 등으로부터 지방의 자율재원 확충과는 거리가 멀다는 비판을 받고 있는 실정이다.

(6) 자치입법권 확대

「지방분권 촉진에 관한 특별법」 제13조 제1항의 "국가는 지방자치단체의 자치입법권을 강화하기 위하여 조례 제정 범위가 확대되도록 하는 등 필요한 법적 조치를 하여야 한다."는 규정에도 불구하고, 지방분권촉진위원회에서는 자치입법권 확대를 지방분권 과제에서 배제했다. 다만, 지방의회 활성화 차원에서 '(가칭)지방의정연수원' 설립, 의회 정책연구 기능 강화, 행정사무 감사의 실효성 제고 등의 개선 방안을 마련했을 뿐이었다(지방분권촉진위원회, 2013: 459).

---

20) 「지방세법」 제68조 제2항: 지방소비세의 세액은 부가가치세 100분의 1을 적용하여 계산한 금액으로 한다. 이 경우 100분의 11 중 100분의 6에 해당하는 부분은 감소되는 취득세, 지방교육세, 지방교부세 및 지방교육재정교부금 보전 등에 충당한다. 〈개정 2013.12.26〉

한편, 국회 차원에서 2008년 12월 12일 자유선진당 이명수 의원이 "법령을 위반하지 않는 범위 내에서" 그 사무에 관해 자율적으로 조례를 제정하도록 하는 「지방자치법」 일부 개정법률안을 대표 발의했으나, 2012년 5월 29일 제18대 국회 종료로 폐기되었다.

(7) 국가와 지방자치단체의 협력 체제 정립

「지방분권 촉진에 관한 특별법」 제16조에서는 "국가는 지방자치단체와의 상호 협력 관계를 공고히 하기 위하여 협의체의 운영을 적극 지원하여야 하며, 협의체와 관련 지방자치단체의 의견이 국정에 적극 반영될 수 있도록 한다."라고 규정하는 등 국가와 지방자치단체의 협력 체제 정립을 천명하고 있다. 그러나 지방분권촉진위원회에서는 이 사안을 지방분권 과제에서 제외했다.

다만, 지방 4대 협의체가 지방 의견을 대변하는 역할을 수행할 수 있도록 국가경쟁력강화위원회, 지방분권촉진위원회 등에 지방 4대 협의체의 대표를 위원으로 위촉하고, 이들로부터 추천된 각 2명씩의 전문가를 의무적으로 지방분권촉진위원회의 위원으로 위촉하도록 했다. 또한, 대통령 주재 시·도지사 회의를 2008년 12월, 2009년 9월, 2010년 7월 등 3회에 걸쳐 개최했으며, 2009년 3월 21일에는 중앙공무원교육원에서 광역자치단체장 및 광역의회의장, 국무위원 간 합동 워크숍을 실시했다. 2009년 1월에는 전국 기초자치단체장 초청 국정설명회를 청와대에서 개최함과 동시에, 안전행정부 장관 주재 시·도 행정부시장·부지사 회의를 열고, 차관 주재 영상회의를 수시 개최해 당면 현안에 대한 지방의 의견을 수렴하고자 했다(지방분권촉진위원회, 2010: 178). 그러나 이는 회의 결과에 대해 어떠한 강제력이나 구속력이 없는 간담회 형식의 회의에 불과해, 그동안 지방에서 지속 요구해 온 실효성 있는 국가와 지방 간 협력 체제의 정립과 거리가 멀었다.

한편, 국회 차원에서도 국가-지방 간 협력 체제 정립을 위한 노력이 있었는데, 2012년 10월 31일 새누리당 이철우 의원이 대통령과 시·도지사 간 회의체인 '중앙-지방 협력회의'의 신설 및 정례화(의장 대통령, 부의장 전국시도지사협의회장)하는 내용을 골자로 하는 「중앙-지방 협력회의 설치에 관한 법률」 제정안을 대표 발의했고, 현재 국회에 계류 중이다.

3) 지방분권 추진 절차 및 기구

이명박 정부의 지방분권 추진기구는 지방분권촉진위원회다. 지방분권촉진위원회는 정부혁신지방분권위원회의 역할과 유사하게 설정되어 있다. 또한 지방분권 20개 과제의 과제별 추진 주체도 지방분권촉진위원회는 중앙행정 권한의 지방 이양과 지방분권 홍보 및 공감대 확대 등 2개 과제만을 대상으로 하고 있고, 여타 18개 과제는 개별 부처에서 추진했다. 이는 앞서 지적한 바와 같이 개별 부처가 스스로 권한을 내려놓는 지방분권을 추진하기 어렵다는 점을 고려할 때 지방분권의 추진 절차가 다소 미흡하다고 할 수 있다. 다만, 지방분권촉진위원회는 10명 이내로 축소해 위원회의 활동과 회의의 운영이 참여정부보다는 크게 개선되었다는 평가를 할 수 있다. 참여정부의 정부혁신지방분권위원회는 20인 이상 30인 이하로 구성되었기 때문에 회의 자체가 이뤄지기 어려운 구조였으며, 회의가 이뤄진다고 하더라도 합의가 이뤄지기 어려운 구조였다. 특히 당연직 위원도 행정안전부 장관과 기획재정부 장관으로 한정해 당연직 위원도 크게 감소된 점이 의미 있다.

지방분권촉진위원회 위원장을 살펴보면, 제1대 이숙자, 제2대 이방호, 제3대 이달곤(임기 14일), 제4대 권오룡 등이다. 위원장의 선임을 보면 이방호, 이달곤 위원장은 18대 국회의원 선거, 제5대 지방선거 등에서 낙선 이후 취임했으며, 이달곤 위원장은 임기가 14일에 불과했다. 이는 이전 정부가 지방분권 추진기구의 위상이 총리를 위원장으로 하거나 대통령 실장 등이 포함되었다는 점을 고려할 때 지방분권 추진 절차에 대한 대통령의 관심이 이전 정부에 비해 다소 낮았다고 볼 수 있다. 또한, 위원회에서 직접 추진하는 과제가 중앙행정 권한의 지방 이양 과제와 지방분권 홍보 등이었다는 점도 추진 체계는 다소 미흡하다고 할 수 있다.

4) 지방 관련 연계 정책

이명박 정부 집권 초기 정부 명칭에 대해 다수의 언론이 실용정부라고 표현했고, 당시 이명박 대통령도 '비즈니즈 프렌들리'를 여러 차례 언급하는 등 친기업 정부를 표방했다. 따라서 지방분권과 연계된 정책에 대해서도 실용과 효율성이 강조되는데 대표적인 것이 지방행정 체제 개편과 5+2 광역경제권이다. 전자는 국정과제에서 지방분권 과제로 명명되었고, 후자는 지역발전위원회를 통해 지역발전정책으로 줄곧 강조된 내용이다.

그런데 앞서 자치경찰제 도입에 대한 평가에서도 알 수 있듯이 지방행정 체제 개편을 논의하기 시작하면 대부분의 지방분권 과제가 더 이상 논의될 수 없다는 문제점이 있다. 즉, 행정 체제가 개편되면 현행 지방행정 체제를 기준으로 한 지방분권은 더 이상 무의미한 것이 되기 때문이다. 이와 함께 정책의 철학적 관점을 비교하면 지방행정 체제 개편이 기초자치단체 통합을 주로 제시한다는 점에서 지방자치가 강조하는 민주성 확대와는 다소 상반된다. 또한 5+2 광역경제권 모형도 지역 발전을 지방자치단체가 아니라 중앙정부가 주도한다는 점에서 지방행정 체제 개편의 철학과 유사하다. 따라서 이명박 정부의 연계 정책에 대한 평가는 다소 미흡하다고 할 수 있다.

4 박근혜 정부

1) 목표의 구체성 · 적합성

박근혜 정부의 지방분권 과제는 2012년 새누리당 대선공약집 「새누리의 약속」에서 그 틀이 제시되고 있는데, 지방행정제도 개선을 지방재정 확충과 지방분권으로 구분해 지방재정 확충을 위한 실천 사항으로 지방소비세 인상, 지방세 비중 확대, 지방재정조정제도 개편, 지역 간 불균형 해소 등을 제시한다. 지방분권 실천과제로는 국가-지방사무 명확화, 현지성 높은 사무의 획기적 이양을 제시하고 있다. 박근혜 정부 출범과 발표된 140대 국정과제 중 제114대 지방재정 확충 과제, 제115대 지방분권 강화 과제로 구체화되고, 2013년 5월 지방분권 및 지방행정 체제 개편에 관한 특별법을 제정해 대통령 소속으로 지방자치발전위원회를 설치했고, 현재 지방자치발전위원회는 사무 구분 체계 정비, 특별지방행정기관 정비, 지방재정 확충 및 건전성 강화, 자치경찰제도 도입 등 20여개 과제를

표 4-8 지방자치발전위원회 자치발전 과제

분야	과제명
핵심 과제	**자치사무와 국가사무의 구분 체계 정비**
	중앙 권한 및 사무의 지방 이양
	지방재정 확충 및 건전성 강화
	교육자치와 지방자치 연계·통합 노력
	자치경찰제도 도입
	대도시 특례제도 개선
	특별·광역시 자치구·군의 지위 및 기능 개편
	읍·면·동 주민자치회 도입
일반 과제	지방의회 활성화 및 책임성 제고
	지방선거제도 개선
	지방자치단체 간 관할구역 경계조정제도 개선
	국가와 지방자치단체 간 협력 체제 정립
	특별지방행정기관 정비
	지방자치단체 평가제도 개선
	지방자치단체 간 행정협력 체제 정립
	주민직접참여제도 강화
	지방자치단체 소규모 읍·면·동 통합
	시·군·구 통합 및 통합지자체 특례 발굴
미래발전 과제	지방자치단체 기관 구성 형태 다양화
	도의 지위 및 기능 재정립

주: bold체는 지방분권 적합 과제.
출처: 지방자치발전위원회, 2014(자치발전종합계획).

선정해 추진하고 있다.

이러한 과제 중 중앙정부로부터 지방정부로 권한이 이양되는 지방분권 과제는 bold체로 표시된 것과 같이 7개 과제다. 여타의 과제는 권한의 이양과 크게 관련이 없으므로 지방자치 발전을 위한 과제라고 할 수 있겠으나 지방분권 과제로 보기는 어렵다. 그런데 앞서 살펴봤던 역대 정권에서보다 지방행정 체제와 관련된 과제가 다수 등장하고 있다. 이는 지방자치발전위원회가 이명박 정부에서의 지방분권촉진위원회와 지방행정체제개편위원회가 통합되었기 때문이다. 그런데 지방행정 체제 개편은 지방분권 과제 추진의 장애 요인이 된다. 왜냐하면 자치경찰제, 특별지방행정기관 지방 이관 등과 같은 과제를 추진할 때 지방행정 체제가 개편될 경우 내용 자체가 수정되어야 하므로 지방분권 과제 추진 자체가 어렵게 되기 때문이다. 따라서 지방분권 추진과 관련해 목표의 구체성 또는 과제의 적합성이 역대 정부와 비교해 다소 낮다.

2) 목표의 달성 정도와 추진 현황

역대 정부에 대한 평가에서는 목표의 달성 정도를 평가했다. 그런데 박근혜 정부가 아직 전반기를 지나지 않았으므로 달성도 평가보다는 추진의 목표 등 추진 현황을 살펴보는 것이 적절하다. 이에 각 지방분권 과제의 추진 상황을 살펴보고자 한다.

(1) 권한 이양 및 사무 구분 체계 정비

중앙행정 권한의 지방 이양 측면에서 지방자치발전위원회는 기관위임사무 폐지 및 이양 확정사무(미이양 완료된 사무)에 중점을 두고, 「(가칭)지방일괄이양법」의 제정을 추진 중에 있다. 대상은 총 20개 부처, 124개 법률, 728개 사무이며, 이 가운데 기관위임사무가 409개로 전체의 56%를 차지하고 있다. 이양 방향은 국가에서 지방으로의 이양 대상 사무가 658건으로 전체의 90%이며, 광역에서 기초로의 이양 대상 사무가 70건으로 전체의 10%를 차지하고 있다. 아울러, 이양 사무에 대한 소요 비용 산정모델을 개발해 사무 이양에 따른 행·재정 지원을 제도화할 방침이며, 이상의 과정을 총해 자치사무의 비율을 40%까지 확대해 나갈 계획이다[21](지방자치발전위원회 내부자료, 2014).

다음으로, 사무 구분 체계 정비 측면에서 지방자치발전위원회는 지난 2013년 11월 말에 자체적으로 사무 배분 판별 기준을 새로이 정립했고, 이에 따라 4,000여개 법령상 총 46,005개의 국가 총사무를 대상으로 재배분을 실시했다. 그 결과

---

21) 일괄이양법에 포함되는 사무의 개수는 각 부처에서 지속적으로 사무 이양을 추진하고 있으므로 지속 변경됨.

지방 이양이 필요한 사무가 2,122건(시·도 이양 1,378건, 시·군·구 이양 480건, 시·도→시·군·구 이양 264건), 국가로 환원이 필요한 사무가 174건인 것으로 조사되었다. 이에 오는 2014년 하반기부터 이상의 사무 재배분 결과에 입각한 사무의 지방 이양을 본격적으로 추진해 나갈 계획이다(지방자치발전위원회 내부자료, 2014).

(2) 특별지방행정기관 정비

지방자치발전위원회에서는 이명박 정부 시절 지방분권촉진위원회와 지방행정체제 개편추진위원회에서 지방 이양 또는 위임 결정한 총 103개의 사무를 재검토해 지방 이양을 추진하겠다는 방침이며, 해양항만 분야 등 추가 정비가 필요한 분야는 심도 있는 검토를 거쳐 단계적으로 지방 이양해 나갈 계획이다. 이상 103개 대상 사무는 환경 분야에서 비점오염원 관리에 관한 사항 등 12개 사무, 고용노동 분야에서 남녀고용평등 우수기업 발굴·지원 등 15개 사무, 중소기업 분야에서 중소기업 고객지원실 운영 등 46개 사무, 식의약품 분야에서 식중독 예방관리 및 주류 안전관리 등 29개 사무, 국도하천 분야에서 건설공사 준공·기성검사·하자관리 등 1개 사무 등이다. 박근혜 정부가 다소 특징적인 것은 특별지방행정기관 정비와 사무 구분을 연계하고 있다는 것이다. 즉, 특별지방행정기관이 수행하는 사무를 지방자치단체 사무로 이양해 특별지방행정기관의 업무를 지방으로 이양하겠다는 것이다. 그런데 이 경우 사무 이양에 따른 재원 동시 이양이 다소 어렵다는 점에서 이명박 정부가 추진했던 것과 같이 이양 대상 사무에 따라 인력·재원을 동시에 이양하는 방안을 강구하는 것이 더욱 적절한 것으로 보인다.

(3) 자치경찰제 도입

지방자치발전위원회에서는 이명박 정부 지방분권촉진위원회에서 추진한 시·군·자치구 기초 단위 자치경찰단 설치를 추진 중이며, 자치경찰로 하여금 지역 내 방범·교통 등 65개 사무와 특사경 사무 23종을 수행하도록 하고, 음주운전 단속권 및 즉결심판청구권 등을 부여할 계획이다. 소요 인력은 약 12,000명~14,000명으로 추산하고 있으며, 지방소비세율 인상, 과태료 징수 이관과 자치경찰 단속 범칙금 지자체 귀속 등 증세 없는 재원 확보 방안을 마련 중에 있다. 그런데 이는 기존 시・군・구 특별사법경찰 업무를 중심으로 하고, 교통 등 일부 권한만 지자체에 부여하는 것으로 현재 경찰조직의 사무, 인력, 재원은 그대로 유지되는 안으로서 중앙 권한의 지방 이양과는 다소 거리가 있다.

한편, 이와 관련해 국회 차원에서는 지난 2013년 7월 11일 새누리당 이철우 의원이 국가경찰과 자치경찰로 이원화하고, 국가경찰은 경찰청-시・도 경찰청-경찰서까지 존치하되, 시・도 및 시・군・자치구 단위에 자치경찰조직을 신설하는「경찰법」 및「경찰공무원법」 전부 개정법률안을 대표 발의했고, 현재 국회에 계류 중이다.

(4) 교육자치제도 개선

지방자치발전위원회는「지방분권 및 지방행정 체제 개편에 관한 특별법」 제12조에서 규정하고 있는 '교육자치와 지방자치의 통합'과 관련해, 현행의 교육감 직선제 폐지가 교원단체 및 야당 정치인들의 반발을 야기하는 민감한 사안인 만큼 단계적으로 개선을 추진해 나가고 있다. 1단계로 현행 제도 개선을 통해 시・도 및 교육청 간 연계・협력 강화를 우선적으로 추진하고, 2단계로 교육감 선출 임명제 도입 등 교육자치와 지방자치의 일원화 방안을 마련해 나가겠다는 계획이다.

한편, 국회 차원에서도 교육자치와 지방자치의 통합을 위한 노력이 있었는데, 2013년 10월 16일 새누리당 현영희 의원(2014년 1월 당선 무효 확정)이 시・도지사와 교육감을 러닝메이트로 선출하도록 하는「지방교육자치에 관한 법률」 일부 개정법률안을 대표 발의했고, 2014년 1월 23일에는 새누리당 김학용 의원이 교육감에 대한 주민직선제 폐지 및 시・도지사 임명제(임명 전 시・도의회 인사청문 실시)로 변경하자는 내용의「지방교육자치에 관한 법률」 일부 개정법률안을 각각 대표 발의했으며, 현재 국회에 계류 중이다.

(5) 지방재정 확충

지방자치발전위원회는 지방재정 확충의 1단계로 사회복지제도 변경 등 현재 상황에서 부족한 소요 재원 보전, 2단계로 향후 특별지방행정기관 지방 이관이나 사무 재배분, 자치경찰제 실시 등을 통한 지방분권 가속화에 따른 재정 지원 방안의 모색을 기본 방향으로 설정했다.

이에 따라, 자주재원 확충 차원에서 지방소비세 규모를 현재 부가가치세의 11%에서 20%까지 단계적으로 확대해 나갈 계획이며, 세목 신설 및 새로운 세원을 추가 발굴하고, 지방세 비과세·감면을 대폭 축소해 나갈 방침이다. 또한, 이전재원 확대 조정 차원에서 지방교부세율을 현행 내국세의 19.24%에서 20.24%까지 상향 조정하고, 급격히 늘어난 국고보조사업(2005년 359개 및 지방비 부담액 7.3조, 32% → 2013년 956개 22.7조, 40%)의 지방 이양이나 통·폐합 등 재정 비해 나가는 방안을 모색 중에 있다.

한편, 국회 차원에서도 지방재정 확충을 도모하기 위해 새누리당 유승우 의원(현재 무소속)이 현행 국세인 종합부동산세를 지방세로 전환하자는 「지방세기본법」 및 「지방세법」 일부 개정법률안을 2013년 11월 15일에 대표 발의해 현재 국회에 계류 중이다. 또한, 2013년 11월 7일에는 새정치민주연합 주승용 의원이 국고보조금 지급의 대상·범위·보조율 등을 법률에 직접 규정하자는 「보조금관리법」 일부 개정법률안을 대표 발의했고, 2014년 2월 20일에는 새누리당 박명재 의원이 국고보조율을 변경(인하)해 국가예산 편성 시 지방자치단체 국고보조금 예산 신청 기한 이전에 대통령령 개정이나 인하 방침을 미리 지방에 알리되, 사전에 국무총리 소속으로 지위 격상된 지방재정부담심의위원회의 심의를 의무화하는 「보조금관리법」 일부 개정법률안을 각각 대표 발의했으며, 현재에 국회 계류 중이다.

(6) 자치입법권 확대

지방자치발전위원회에서는 법령에서 조례 위임 사항을 다시 대통령령(부령)으로 신설하는 것을 금지하고, 조례 제정 범위를 확대하는 방향으로 자치입법권을 강화하겠다는 방침이나, 현재까지 구체적인 세부계획은 마련되지 않았다. 한편, 국회 차원에서도 자치입법권 확대를 위한 노력이 이뤄지고 있는데, 2013년 8월 12일 새누리당 유승우 의원(현재 무소속)이 "법령을 위반하지 않는 범위 내에서" 조례를 제정할 수 있고, 조례 위반행위에 대한 벌칙을 다양화할 수 있도록 하는 「지방자치법」 일부 개정법률안을 대표 발의했으며, 현재 국회에 계류 중이다.

(7) 국가와 지방자치단체의 협력 체제 정립

지방자치발전위원회는 지방자치단체에 중대한 영향을 미치는 중앙정부의 정책 결정 과정에 지방자치단체의 참여를 제도화하는 차원에서 의장을 국무총리, 부의장을 행정자치부 장관 및 전국시도지사협의회장으로 하는 '(가칭)중앙-지방 협력회의'의 신설을 추진 중이다. 이 회의는 중앙정부 3명(국무총리, 기획재정부 장관, 행정자치부 장관)과 전국 시・도지사 17명이 참여하고, 의장(국무총리)이 회의를 소집하고 주재하며, 대통령은 필요 시 회의 소집을 요청할 수 있도록 하고 있다. 또한, 회의 결과의 실효력을 확보하고자, 회의 결과를 2개월 이내에 행정자치부 장관이 대통령에게 보고하며, 차기 회의 시 소관 부처의 장관이 추진 상황을 보고하도록 하고 있다.

3) 지방분권 추진 절차 및 기구

박근혜 정부는 2008년 제정 당시 5년 한시법이었던 「지방분권 촉진에 관한 특별법」의 시한 만료 시점 도래에 따라, 동 특별법과 지방분권 과제 중복 등으로 논란이 있었던 「지방행정체제 개편에 관한 특별법」을 통합한 「지방분권 및 지방행정체제 개편에 관한 특별법」을 2013년 5월 28일 제정했다. 이에 따라, 기존에 이원화된 지방분권 추진으로 비난받았던 대통령 소속의 지방분권촉진위원회와 지방행정체제 개편추진위원회를 '지방자치발전위원회'로 일원화했으며, 부칙 제4조에서는 "종전의 두 위원회가 심의・의결한 사항은 지방자치발전위원회가 심의・의결한 것으로 본다."라고 규정했다. 따라서 기존 위원회의 결정 사항을 유지하는 것으로 되어 있다.

이러한 박근혜 정부의 지방분권 추진 절차는 시행령을 통해 분과위원회 구성을 하는 것으로 규정되어 있다. 시행령 제20조 제1항은 4개 이내의 분과위원회를 구성하도록 되어 있는데, 현재 자치제도분과위원회, 지방분권분과위원회, 행정체제 개편분과위원회 등 3개 분과위원회를 두고 있다. 이 중 기존 중앙사무의 지방이양 등 전통적 지방분권 관련 정부위원회의 역할은 지방분권분과위를 주축으로 하고 있다. 또한 지방분권분과위원회에는 실무위원회를 두어 지방이양사무 사전 심의를 진행하도록 구조화되어 있다. 따라서 중앙사무의 지방 이양 절차는 기존 지방분권촉진위원회 절차가 본위원회-실무위원회였기에, 본위원회-분과위원회-실무위원회 체제로 개편되어 한 단계 확대되었다고 볼 수 있다.

결론적으로 지방분권 추진 절차는 기존 정부의 지방분권 관련 위원회의 의사 결정 체제와 크게 변화되지 않았다고 할 수 있으나, 행정체제개편위원회와 지방분권촉진위원회 역할이 물리적으로 결합되어 있기 때문에 의사 결정의 복잡성은 다소 증가되었다고 볼 수 있으며, 이에 따라 지방이양사무 심사 과정에 참여하는 인사의 구성이 기존 대통령 소속 지방분권 추진기구보다 상대적으로 지방자치에 대한 이해가 낮다고 할 수 있다.

4) 지방 관련 연계 정책

박근혜 정부 지방 관련 연계 정책은 다소 모호하다. 박근혜 정부의 국정 운영의 방향성을 나타내는 어휘를 하나로 압축한다면, 아마도 창조경제로 보는 것이 타당하다. 그런데 창조경제의 모호성을 차지하고서라도 창조경제와 지방자치 관련 연계 정책이 무엇인지 명확하지 않기 때문이다.

현재 창조경제 홈페이지(www.creativekorea.or.kr)에서 창조경제의 의의를 도출하면, 과학기술, 인문학 문화예술 ICT 등을 바탕으로 한 새로운 아이디어로 각종 용역 및 상품을 발전시키는 것으로 제시하고 있다. 창조경제 사례로 제시되고 있는 것은 컵홀더에 광고면을 집어넣는 디자인, 안심 약병, 무전원 자동청소기, 요구르트 발효기 등이다. 이것들에서 파생하는 지방자치 연계 정책은 구체적으로 확인되지 않는다.

박근혜 정부의 국정 기조를 중심으로 살펴보면, 4대 국정 기조가 제시되는데 경제 부흥, 국민 행복, 문화 융성, 평화통일 기반 구축 등이 그것이다. 이 중 국민 행복을 보면 행복을 위해 지방분권 및 지역균형 발전을 추진하겠다고 제시되어 있다.[22] 국민 행복을 위한 연관 정책은 통합과 화합이며, 세부 내용은 과거사와의 화해, 공직 임용 다변화, 상생 노사문화 구축, 사회통합적 인권 보호 체계 구축 등으로 제시되어 있다. 이러한 정책 목표는 지방자치 발전과 유기적으로 연계되어 있는 것이 아니라 단순 병렬에 지나지 않는 것으로 보인다. 따라서, 박근혜 정부에서는 지방 관련 연계 정책이 있다고 보기 어렵다.

앞서 지방자치와 지방분권이 국정 운영 시스템의 변화와 깊이 있는 관련이

---

22) http://www1.president.go.kr/policy/assignment02.php?ass_sub_no=4(2015년 6월 15일 검색).

있다는 것을 살펴보았다. 따라서 지방자치 발전이 국정과제라고 한다면, 주된 국정 기조와 맥락을 같이해야 한다. 그런데 박근혜 정부의 지방자치 발전은 정권의 국정 기조와 유리되어 있다는 점에서 지방자치 철학이 역대 정부에 비해 상대적으로 낮다고 할 수 있다.

제 4 절 평가 종합 및 과제

지방자치 20년 평가와 관련해 역대 정부의 지방분권 추진에 대해 살펴보았다. 역대 정부 지방분권 추진은 크게 두 가지 측면으로 정리할 수 있다. 하나는 지방분권 과제에 대한 선정을 통해 앞서 제시한 정책 목표 및 정책 의지를 확인할 수 있다. 다른 하나는 추진 성과 또는 분권 과제의 추진에 대한 평가로서 당초 설정한 정책 목표의 달성 정도에 대한 평가다. 여기에서는 이를 구분해 종합적 평가를 시도하고 발전 방향을 제시하고자 한다.

1 지방분권 과제 선정

지방분권 과제는 참여정부의 지방분권 과제를 중심으로 하고자 한다. 앞서 살펴본 바와 같이 참여정부가 현행 지방분권 과제를 종합적으로 제시해 추진했고, 현재 추진되고 있는 과제도 명칭이 조금씩 바뀌었을 뿐 참여정부 때와 크게 다르지 않기 때문이다. 구체적으로는 9대 과제로서 중앙행정 권한의 지방 이양, 사무 구분 체계 개선, 특별지방행정기관 이관, 교육자치와 지방자치 일원화, 광역 중심의 자치경찰제 도입, 지방재정 확충, 자치조직권 강화, 자치입법권 확대, 중앙-지방 협력 체제 강화(지방자치단체 국정 참여) 등이다. 이상의 9개 지방분권 과제가 각 정부의 지방분권 추진기구에서 어떻게 추진되었는지 살펴보고자 한다. 다만 평가의 대상에서 국민의 정부의 지방이양추진위원회는 제외했는데 이는 국민의 정부 지방이양추진위원회는 지방분권을 목표로 두었다기보다 단순

표 4-9 정권별 지방분권 관련 정부위원회의 지방분권 과제 추진 현황

지방분권 과제	정부혁신 지방분권위원회	지방분권 촉진위원회	지방자치 발전위원회
중앙행정 권한 지방 이양	987개 사무 이양 완료*	516개 사무 이양 완료	2,122개 대상 사무 발굴
사무 구분 체계 개선	중단	국가위임사무 폐지 법률안 발의	공동사무 재배분 및 이양 추진
특별지방행정기관 정비	중단	1단계 완료	1단계 보완 및 2단계 이관 추진
자치경찰제 도입	기초 단위 계획 수립 (정부 발의·폐기)	기초 단위 계획 수립	기초 단위 추진
교육자치제도 개선	교육감·교육위원 직선제 도입	단순 논의	교육감 직선제 폐지 추진
지방재정 확충	교부세 개편, 광특회계 도입	지방소비세 및 지방소득세 도입	지방소비세, 지방교부세 상향 추진
자치조직권 강화	총액인건비제 도입	추진 대상 배제	기준인건비제 도입
자치입법권 확대	단순 논의	추진 대상 배제	조례입법 범위 확대 추진
중앙-지방 협력 체제 정립	지방 4대 협의체 연합체 설립 가능	대통령-시도지사 간담회	중앙·지방 협력회의 신설 추진

주: 참여정부는 지방이양추진위원회 이양 실적을 지방분권위원회에 포함해 기술.

히 규제개혁을 위한 지방 이양에 초점을 맞췄기 때문이다. 따라서 지방분권추진기구는 참여정부의 정부혁신지방분권위원회, 이명박 정부의 지방분권촉진위원회, 박근혜 정부의 지방자치발전위원회를 대상으로 한다.

구체적으로 살펴보면, 첫째 참여정부는 지방이양추진위원회 정부혁신 지방분권위원회는 지방분권 9대 과제를 모두 선정했다. 그런데 이 중 사무 구분 체계 개선, 특별지방행정기관 정비는 결국 추진하지 못했고, 자치입법권 확대도 단순한 논의 수준으로 그치고 말았다.

둘째, 이명박 정부의 지방분권촉진위원회는 사무 구분 체계 개선과 관련해 국가위임사무 폐지 법률안을 발의했으나 적극적 추진 의지를 보이지 않아 국회

만료로 폐기되었다. 특별지방행정기관 이관은 1단계를 완료했으며, 자치경찰제는 기초 단위 도입을 계획하는 수준에 그쳤다. 그리고 자치조직권 강화와 자치입법권 확대 부분은 지방분권 과제로 선정하지 않았다.

셋째, 박근혜 정부는 대체로 9대 지방분권 과제를 선정했으나, 집권 3년차인 2015년 6월 현재 지방 이양 대상 사무를 발굴했으나 구체적 이양 결정은 아직 이뤄지지 않고 있다. 다른 과제도 대체로 추진 검토 중에 있으나, 자치조직권 확대와 관련해 총액인건비를 기준인건비제로 개편했다.

2 지방분권 추진 성과

국민의 정부 시절의 대통령 소속 지방이양추진위원회부터 현 정부의 대통령 소속 지방자치발전위원회까지 총 4개 정권에서 운영한 지방분권 관련 6개 정부위원회의 지방분권 과제 추진 성과를 종합해 보면 다음과 같다.

첫째, 국민의 정부와 참여정부 동안 활동한 지방이양추진위원회는 주로 중앙행정 권한의 지방 이양을 추진했으며, 총 5,498개 대상 사무 가운데 1,211개 사무(20%)를 지방으로 이양 완료했다. 그러나 당시 주장되던 지방분권 과제가 충분히 정책의 창에 반영되지 못했고, 사무의 지방 이양도 신자유적 국정관리를 위한 규제개혁의 일환으로 추진되었다는 점은 한계라고 할 수 있다.

둘째, 참여정부의 정부혁신지방분권위원회는 교육자치에 대한 주민 참여 확대 차원에서 교육감·교육의원의 주민직선제를 도입했고, 지방재정의 확충을 위해 지방양여금 폐지 및 지방교부세제도 정비, 국가균형발전특별회계 신설 등을 단행했으며, 지방의 자치조직권 강화를 위해 총액인건비제를 도입했다. 또한, 국가-지방 협력 체제 정립을 위해 지방 4대 협의체의 연합체를 설립할 수 있도록 했다. 그러나 참여정부의 정부혁신지방분권위원회에서 추진하려던 기관위임사무 폐지 등의 사무 구분 체계 개선, 특별지방행정기관의 정비, 자치입법권 확대 등의 과제들은 그 추진 과정에서 관계 이해집단 간 이견 난립, 중앙부처의 기득권 유지 성향 등으로 인해 도중에 중단되거나, 기본계획 초안 정도만 작성하는 수준에서 마무리되었다. 또한, 자치경찰제 도입에 관해서는 정부발의안과 관련

법 개정안이 입법 발의되었음에도, 정치권의 관심 부족과 의견 대립이라는 문제점까지 더해져 제대로 된 논의조차 못한 채 폐기되었다.

셋째, 이명박 정부의 지방분권촉진위원회는 총 1,587개의 이양 확정 사무 가운데 516개(32.5%) 사무를 지방으로 이양 완료했고, 국도하천·해양항만·식의약품 등 3개 분야 특별지방행정기관을 1단계로 정비해 총 208명의 인력과 3,969억 원의 예산을 지방 이관 조치했으며, 지방재정 확충을 위해 지방소비세와 지방소득세를 도입했다. 그러나 이명박 정부에서도 참여정부와 유사하게 지방분권 추진기구의 위상으로 인해 관계 부처 이해 관계 조정의 실패 및 지방분권 추진을 위한 제도적 권한 미비로 특별지방행정기관의 2단계 정비, 자치경찰제 도입, 교육자치제도 개선 등의 지방분권 과제들이 무산된 바 있으며, 정부가 발의한 국가위임사무 폐지(기관위임사무 폐지 및 법정수임사무 도입) 관련 「지방자치법」 개정안은 제18대 국회와 현재 제19대 국회에 걸쳐 정부발의안이 제출되었으나 전혀 진전되지 못했다.

넷째, 현 정부의 지방자치발전위원회는 현재 사무총조사를 재실시해 총 2,122개의 지방이양 대상사무를 발굴했으며, 기관위임사무 폐지 등을 위한 '(가칭)지방일괄이양법(안)' 입법화, 2단계(노동·환경·산림·보훈·중소기업) 분야 특별지방행정기관 정비, 기초단위 자치경찰제 도입, 교육감 직선제 폐지, 지방소비세 및 지방교부세 상향 조정, 조례입법 범위 확대, 중앙-지방 협력회의 신설 등을 추진해 나가고 있다.

결국, 지방분권과 관련된 특별법을 제정하고 지방분권의 방향과 내용을 특정해 중앙정부에 의무를 부과해도 성과가 높지 않았음을 알 수 있다. 이와 같이 대통령이 직접 자문위원회를 구성·운영했음에도 성과가 없었다는 것은 대통령 자문위원회로서는 지방분권 성과를 도출하기 어렵다는 결론에 이르게 된다. 따라서 우리나라의 지방분권 관련 정부위원회의 영속적인 활동 보장, 심의·의결 사항에 대한 강제력·구속력 부여 등이 요구되며, 지방분권 과제가 다수 중앙부처와 연관된다는 특성상 국회 차원에서도 이를 전담할 수 있는 특정 상임위원회의 신설·운영이 필요한 시점이 아닌가 한다.

3 적극적 지방분권 추진을 위한 향후 과제

1) 지방분권 관련 정부위원회의 행정기관화

우리나라는 지방분권의 대상기관(중앙부처)이 지방분권 과제를 직접 추진하고 있어, 지방분권에 개별 부처는 지방분권 과제 추진에 소극적일 수밖에 없다. 즉, 지방자치-교육자치 일원화는 교육부와 밀접한 연관을 가지고, 자치경찰제 도입은 경찰청과 관련되기 때문에 기득권을 유지하려는 중앙부처의 관행상 합리적이고 실질적인 지방분권에 저항할 수밖에 없는 구조적 한계를 가지고 있다.

또한, 우리나라의 지방분권 관련 정부위원회는 단순 대통령 자문기구에 불과해, 사무 이양 등 지방분권 과제와 관련된 추진계획을 수립 및 심의·의결할 뿐이며, 주요 지방분권 과제를 구현할 수 있는 권력적 수단이 불충분하고, 위원회의 심의·의결 사항에 대해 개별 중앙부처가 불복하더라고 이를 강제할 권한이 부재한 실정이다. 이로 인해 대통령 자문기구로서가 아닌, 지방분권에 대한 실질적 권한을 가진 행정위원회 성격의 지방분권 추진기구 재구축이 요구되는 것이다.

일본의 경우, 지방분권 추진기구인 '지방분권추진위원회'를 통해 강력한 지방분권 개혁을 단행했다. 프랑스의 경우에는 지방분권 추진기구로서 '사무이양추진위원회'와 '사무이양비용평가위원회'가 있었으며, 사무이양추진위원회는 사무·조직·인력에 관한 지방 이양 기능을, 사무이양비용평가위원회에서는 사무 이양에 따른 재원 이관 방안을 각각 담당함으로써 실질적인 지방분권을 추진했다.

따라서 우리나라에서도 강력한 지방분권을 단행하기 위해서는 각 부처에 강제력을 행사할 수 있는 독립적·자율적인 행정기관으로서의 지방분권 추진기구가 마련되어야 한다. 그리고 위원회의 법적 위상도 대통령의 자문기구형 의결기관이 아니라 중앙행정기관(행정위원회)으로 변경[23]해 위원회 결정 사항을 중앙

23) 행정위원회는 행정관청의 성격을 띤 합의제 행정기관으로서 법적 구속력을 갖는 결정을 할 수 있고, 이를 집행하는 기능까지 수행하기도 한다. 따라서 결정 사항에 대한 실효력과 집행권 측면에서 자문위원회나 조정위원회 등과는 구별된다(유동해·하동석, 2014). 이러한 행정위원회는 「행정기관 소속 위원회의 설치·운영에 관한 법률」 제3조에 입각해 대통령, 국무총리, 기타 중앙행정기관 및 그 소속기관에 설치할 수 있으며, 제5조에서는 설치 요건으로서 ① 업무의 내용이 전문적인 지식이

정부 각 부처에 강제할 수 있는 기구로 재구축해야 한다. 특히, 정권 교체에 따른 지방분권 추진기구의 존폐, 명칭, 권한 등의 잦은 변동이 정부의 지방분권을 위축시키는 결과를 초래할 수 있으므로, 지방자치발전위원회를 중앙행정기관(행정위원회)으로 개편해 나가는 것이 무엇보다 필요하다 할 것이다.

2) 국회 내 상설 지방분권특별위원회 신설

역대 정부의 권한 이양 및 사무 구분 체계의 정비, 특별지방행정기관의 정비, 지방재정의 확충, 자치조직권 강화, 자치입법권 확대, 국가와 지방자치단체의 협력 체제 정립 등의 지방분권 과제들은 이를 담당하는 국회 소관 상임위원회가 복수인 경우가 대부분이다. 이처럼 지방분권 과제는 그 특성상 다수의 국회 상임위원회와 관련되어 있어 소관 상임위원회의 특정이 불가능한 경우가 대부분이다. 설사 특정 지방분권 과제에 관해 소관 국회 상임위원회를 특정할 수 있다고 하더라도, 소관 상임위원회가 지방분권을 반대하는 중앙부처 및 관련 단체의 압력을 피할 수 없는 실정이다.

이로 인해 중앙부처 사무의 지방 이양 관련 법률안의 심의가 지연되어 중단되는 경우도 종종 발생되고 있으며, 실제 제18대 국회에서는 중앙 권한의 지방 이양과 관련된 약 70개의 법률안(391개 사무)이 폐기된 바 있다. 또한, 자치경찰제 도입, 자치입법권 범위 확대 등의 지방분권 과제는 10여 년간 표류하고 있는 실정이다(김성호, 2013).

예컨대, 참여정부 시절 정부혁신지방분권위원회 및 지방이양추진위원회에서는 「(가칭)지방일괄이양법」의 제정을 추진했다. 그러나 이를 소관할 수 있는 국회 내 상임위원회가 부재해 입법 발의조차 제대로 되지 못한 채 추진이 무산된 바 있다. 이후 제18대 국회에서 한나라당 권경석 의원 등이 다시금 「(가칭)지방일괄이양법」의 제정을 추진하기도 했으나, 여전히 국회 내 소관 상임위원회가

나 경험이 있는 사람의 의견을 들어 결정할 필요가 있을 것, ② 업무의 성질상 특히 신중한 절차를 거쳐 처리할 필요가 있을 것, ③ 기존 행정기관의 업무와 중복되지 아니하고 독자성(獨自性)이 있을 것, ④ 업무가 계속성·상시성(常時性)이 있을 것 등을 규정하고 있다. 다만, 일반 자문위원회의 경우에는 ①, ② 요건만 갖추면 설치할 수 있도록 하고 있다.

부재하다는 이유로 국회에서 발의조차 이뤄지지 못했다.

따라서 국회 내에 지방분권 과제와 관련된 각종 제・개정 법률안과 일괄이양 법안까지 심의・의결할 수 있는 상설 '지방분권특별위원회'의 구성・운영이 강하게 요구된다.[24] 입법권도 없고 통상 1년 미만의 기간으로 운영되는 일반 특별위원회 체제로는 충분한 논의 및 심의가 곤란하기 때문이다. 이와 관련해, 지난 2012년 8월 새누리당 신동우 의원이 국회 내 상설 지방분권특별위원회를 설치해 지방행정 및 지방재정에 영향을 미치는 사항을 전담해 심사하도록 하고, 소관 사항 심사 시에 지방자치단체 협의체 및 연합체의 의견을 청취하도록 하는 내용을 골자로 하는「국회법」일부 개정법률안을 대표 발의했으나, 현재 국회에 계류되어 있다.

3) 대통령 의장의 '중앙-지방 협력회의' 신설

우리나라가 선진 민주국가로 발전해 나가기 위해서는 중앙정부와 지방정부 간 합리적 역할 분담 및 협력이 필수이다. 그러나 중앙정부의 일방적 정책 결정으로 지방정부에 행・재정적 부담을 전가하는 경우(2011년 취득세 50% 감면, 2012년 영유아 무상보육 확대, 2013년 취득세 영구 인하 조치 등)가 다수 발생되고 있고, 그 과정에서 중앙정부가 지방정부의 동의나 의견수렴 과정을 거치지 않아 갈등이 심화되고 있다.

이와 같이 중앙의 독단적・일방적 정책 결정에 따라 지방과 갈등이 발생하는 이유는 현재 중앙정부의 국정 운영 과정에 대한 지방자치단체의 공식적 참여 체계가 구축되어 있지 않기 때문이다. 즉, 중앙정부정책의 일방적 전달 및 협조 요청이나 간접적 참여 형태만 존재해 중앙-지방 간 상시적 협력기구가 부재한 상황인 것이다.[25]

---

24) 한편, 지난 2014년 2월부터 국회 내 지방자치발전특별위원회가 구성・운영되고 있으나, 지방행정 체제 개편과 지방재정 확충 및 건전성 강화 대책 마련을 위한 단순 논의 기구에 불과하며(법률안 심의・의결권 부재), 활동 기한 역시 한정되어 있어(2014년 6월 30일 → 2014년 12월 31일 연장) 많은 한계점을 가지고 있다.

25) 이명박 정부에서는 정책 현장의 목소리를 중앙정부에 반영하고자, 지난 2008년부터 서울특별시장의 국무회의 배석을 재개했다. 그러나 서울특별시장은 국무위원이 아닌 관계로, 국무회의 참석 시

또한, 「지방자치법」 제165조 제4항과 제5항[26]을 통해 지방 협의체가 제출한 의견에 대한 구속력이 없고 그 수용 여부가 전적으로 소관 중앙부처의 결정에 좌우되고 있다.[27] 이 밖에도 행정자치부가 주관하는 '전국시·도행정부시장·부시장회의'가 있으나, 이 회의의 목적은 주로 중앙정부에서 결정한 정책을 지방정부에 전달하는 통로일 뿐 실질적 중앙-지방 간 협의체로서의 역할을 기대하기에는 많은 부족함을 내포하고 있다.

이상의 문제점을 해결하고자 「지방분권 및 지방행정체제 개편에 관한 특별법」 제17조(국가와 지방자치단체의 협력 체제 정립) 제1항을 통해 지방 4대 협의체에 대한 국가의 지원 및 협의체 의견의 국정 운영 반영을 위한 적극적 노력을 규정하고 있다. 그러나 구체적인 법·제도적 장치는 아직까지 마련되지 못하고 있는 실정이다.

지방정부는 국정의 동반자다. 따라서 국가와 지방정부가 국정 운영을 위해 권한 및 재원 부담 등에 대한 대립·갈등보다 상생과 협력을 위한 장(場)이 필요하다. 대통령과 시·도지사 간 '중앙-지방 협력회의' 신설은 중앙-지방정부 간 갈등을 줄이고, 협력을 강화하는 데 기여할 것이다. 일본에서도 2011년 4월 28일 「국가와 지방의 협의의 장(場)에 관한 법률」을 제정 및 시행하고 있으며, 지방소비세 인상 등 중요한 결정에 기여하고 있다.

현재 국회에 제출되어 있는 법률안의 내용을 살펴보면, 중앙-지방 협력회의는 대통령을 의장으로 하고 전국시도지사협의회장을 부의장으로 하며, ① 중앙

보고나 발언권은 가지고 있지만, 실제 결정권은 행사하지 못하고 있다는 한계가 존재한다.

26) 「지방자치법」 제165조(지방자치단체의 장 등의 협의체)
제4항 지방 4대 협의체나 연합체는 지방자치에 직접적인 영향을 미치는 법령 등에 관한 의견을 행정자치부 장관에게 제출할 수 있으며, 행정자치부 장관은 제출된 의견을 관계 중앙행정기관의 장에게 통보하여야 한다.
제5항 관계 중앙행정기관의 장은 제4항에 따라 통보된 내용에 대하여 통보를 받은 날부터 2개월 이내에 타당성을 검토하여 행정자치부 장관에게 그 결과를 통보하여야 하고, 행정자치부 장관은 통보받은 검토 결과를 해당 협의체나 연합체에 지체 없이 통보하여야 한다. 이 경우 관계 중앙행정기관의 장은 검토 결과 타당성이 없다고 인정하면 구체적인 사유 및 내용을 명시하여 통보하여야 하며, 타당하다고 인정하면 관계 법령에 그 내용이 반영될 수 있도록 적극 협력하여야 한다. <개정 2008.2.29, 2011.7.14>

27) 이로 인해 전국시도지사협의회의 경우, 대정부 정책 건의 수용률이 2009년 50%(22건 중 11건 수용, 일부 수용 포함)에서 2012년 35%(37건 중 13건 수용, 일부 수용 포함)로 하락했다.

행정기관과 지방자치단체 간의 역할 분담에 관한 사항, ② 중앙행정기관 사무의 지방 이양에 관한 사항, ③ 특별지방행정기관의 지방 이관에 관한 사항, ④ 국고보조사업의 재정 분담 비율 조정 등 지방세제 및 지방재정에 관한 사항, ⑤ 지방자치단체에 의무를 새로 부과하거나 재정 부담을 추가로 발생시키는 법령 및 정책의 시행에 관한 사항, ⑥ 그 밖에 지방자치제도에 관련된 사항으로 의장이 협력회의에 부의한 사항을 심의하도록 되어 있다. 다만, 이러한 중앙-지방협력회의가 법률의 명칭과 내용이 상호 부합하지 못하다는 지적이 있다. 즉, 시・군・구의 참여가 배제되어 있는 대통령-시도지사 간 회의체이기 때문이다. 이와 관련해 대통령과 시장・군수・구청장이 만나는 별도의 협의체 구성도 필요하다. 시・도와 시・군・구가 공통의 이해 사항을 가질 수 있지만, 서로 다른 이해 사항을 가질 때 해당 사안이 논의되기 중앙-지방협력회의(어떤 형식이든)에서 논의될 수 없기 때문이다. 이러한 별도의 양대 협의기구의 운영 결과를 고려해 명실상부한 중앙-지방 협력회의 설치를 고려할 수 있을 것이다.

제 5 장

민선자치 시대의 지방의회 20주년 평가: 시 · 도의회를 중심으로*

김순은 · 최지민 · 어유경

제 1 절 서론

2015년은 1945년 광복을 기점으로 70년이 되는 해이자 1995년 외형상 민선자치의 시작(김순은, 2006)을 기점으로 20년이 되는 의미 있는 해다.[1] 인간의 생애에 비유하자면 비로소 성년이 된 것이다. 한 생명이 태어나 성년이 되기까지 수많은 난관을 극복해야 하듯이, 지난 20년을 뒤돌아보면 지방의회도 많은 시행착오를 겪으며 성장했다. 1952년 4월 최초로 지방의원 선거가 실시되어 지방의회가 구성되었으나 10년이 채 지나기도 전인 1961년 5 · 16 사태의 발발로 인해 폐지되었다(김순은, 2008). 이후 지방의회 구성에 관한 헌법의 규정이 존재했음에

* 이 연구는 전국시도의회의장협의회 민선자치 20주년 평가보고서를 요약한 것임.

1) 지방의회가 출범한 지 24년, 민선자치 시대는 20년이 되었지만 이 연구에서는 민선자치 20주년을 기념하는 연구이기 때문에 이를 혼용하고 있다. 다만 이 연구의 대상은 지방의회 24년간의 활동을 연구 대상으로 삼았다.

도 불구하고 국가경제 발전의 후순위로 떠밀려 시도조차 되지 못하다가, 1987년 6·29 선언을 계기로 1991년에 극적으로 출범했다(김순은, 2008).

지난 24년 동안 지방의회는 괄목할 만한 성과를 거뒀다. 지방의회는 지방자치의 실현이라는 측면에서 민주주의의 공고화에 적지 않은 기여를 했다. 지방 단위의 선거에서 여·야 간의 교체는 물론 중앙정부의 수준에서도 두 차례에 걸쳐 여·야 간의 정권 교체가 달성되었다. 선거에 의한 정권 교체가 정통성을 갖춘 정부를 수립의 중요한 요소 중의 하나라는 점을 고려한다면 지방자치의 민주화 수준은 이미 공고화기에 접어들었다고 평가할 수 있다. 그러나 지방의원의 전문성 문제와 여러 비리 사건이 언론의 도마에 오르면서 지방의회의 무용론이 대두된 것도 사실이다. 지방의회의 순기능보다는 역기능에 대한 인식이 고조되고 있으며 2013년에 국민권익위원회가 수행한 47개의 지방의회 청렴도 조사에서 10점 만점에 평균 6.15점(광역의회: 6.95점, 기초의회: 5.70점)으로 지방의회에 대한 일반 시민의 신뢰 수준은 매우 낮다.

따라서 출범 20주년이 된 지금 시점에서 지방의회가 거둔 성과를 균형 있게 평가하는 작업은 향후 지방의회의 새로운 합(合)을 찾기 위해 필요하다. 이에 이 연구는 균형적이고 심층적인 지방의회의 분석을 위해 지방의회의 평가 대상을 크게 세 가지 측면－운영, 산출, 성과－으로 구분했다. 또한 시간적으로 제1대에서 7대에 걸쳐 계량화된 자료를 바탕으로 각 영역별로 지방의회가 거둔 성과를 분석·평가했다. 특히 지방의회의 유용성을 산출과 성과로 나누고 있는 바, 단순한 양적인 성과뿐 아니라 질적인 측면에서의 성과를 평가함으로써 박근혜 정부가 천명한 국민 행복(주민 행복) 구현에 좀 더 다가가고자 했다.

이 연구는 다음과 같이 구성된다. 제2절에서는 먼저 지방의회 성과평가를 위한 기존 연구들의 논의를 담았다. 다음으로 이 연구의 성과평가 대상과 구체적인 지표를 제시했다. 이를 바탕으로 제3절에서는 지방의회가 거둔 성과를 분석했다. 마지막으로 제4절은 이 연구의 결론과 정책적 함의에 관한 내용을 포함한다.

제2절 선행 연구의 논의

1 지방의회 성과 평가에 관한 연구

지방의회의 의정활동 평가에 관한 연구는 지속적으로 이뤄져 왔지만 대다수의 연구는 사례연구와 서베이 조사를 통한 횡단연구가 주를 이루고 있다(김순은, 2002). 또한 지방의회의 주요 기능 및 일반적 운영, 정책 결정 과정으로 구분해 이를 제도론적으로 분석한 연구들이 다수를 차지한다(송광태, 2001; 김순은, 1997; 2001; 2002).

지방의회의 성과는 연구들마다 상이하게 나타났다. 그러나 지역 내 민주주의 정착에 기여했으나 이를 실제적으로 뒷받침할 만한 역량이 부족했다는 것이 일반적인 평가다. 지금까지 수행된 지방의회의 성과에 관한 연구의 주요 내용을 요약하면 〈표 5-1〉과 같다.

표 5-1 지방의회 성과에 관한 연구 경향

연구자/기관	분석 대상 방법	분석 기준
김동훈(1991)	복수 의회 정량분석	처리 안건, 의원회 활동, 감시활동, 홍보활동 제도 개선 방안
신기현 외(1992)	복수 의원 정량분석	지방의회 및 지방의원의 역할 관계와 갈등 경험적 인식을 토대로 분석하고 개선 방안 제안
송창석(1992)	개별 의회 정량분석	지방의회 위상, 주민과의 유대 관계, 지방의회 운영 만족도, 행정 서비스 개선 등을 중심으로 분석해 실증적인 분석의 토대 마련
정준금(1995)	개별 의회 정량분석	조례 제정 및 개정 활동, 예산 심의 활동, 시정 질의 활동, 시정 감시 활동, 시민 의견 반영 활동
송광태(1999)	개별 의회 정량분석	안건 처리 의정활동평가제를 도입, 결과를 공개할 것을 제안
강인호 외(2002)	개별 의회 정량분석	입법 기능, 통제 기능, 주민대표 기능 분야

김성호 외(2002)	성과모형 정량분석	성과평가지표 개발과 성과평가의 적용 방안 지방의회 성과 연구 기반 마련
박종관 외(2005)	개별 의회 정성정량	정치적 합리성, 주민대응성, 주민통합성 분야
조선일(2005)	복수 의회 정량분석	의원 대표성과 전문성, 조례 제정·개폐, 예산·결산 심의, 행정사무감사·조사, 회의 개최·위원회 활동, 대민·대외활동 분야
유광호 외(2005)	개별 의회 정량분석	대표 기능, 의결 기능, 입법 기능, 견제·감시 기능 분야
전영평(2007)	조사설계 정성분석	입법 및 의결, 집행감시 및 결제, 주민대표 분야 민주적 의사 결정, 주민 만족, 정강 반영 분야
김영수(2007)	개별 의회 정성정량	조례제·개정, 예산·결산 심의, 행정사무감사·조사, 지방의회 운영, 대민활동, 대집행부 관계 분야
강상원(2008)	개별 의회 정량분석	주민대표 기능, 통제 기능, 입법 기능
최근열 외(2009)	개별 의회 정량분석	의정활동 전반적 성과(의안처리, 의정활동 만족도), 의정활동 기능 세부 성과(입법, 예결산, 견제, 민의수렴/해결), 의정활동 지원제도 성과
이자성(2009) 경남발전연구원	사무기구 정량분석	의회사무처를 중심으로 하여 의회사무기구의 성과관리 현황과 사례 BSC 도입을 통한 의회사무기구의 성과관리 가능성
신원득(2010) 경기개발연구원	성과모형 지표설계	주민대표성 변수를 적용하는 수권지표, 의정 운영·지원 변수를 적용하는 투입지표, 신분상의 책무 수행을 통한 의정활동 변수를 적용하는 활동지표, 의정 산출을 통한 의정성과 변수를 적용하는 산출지표, 그리고 고객 만족을 통한 파급성 변수를 적용하는 영향지표 등을 토대로 지표 구성 개념 정리: 성과관리를 위한 구체적인 설계를 진행
서울시의회(2010)	성과모형 지표설계	'통합성과지표'를 실제 서울시의회의 의정활동에 적용: 지방의회가 부활된 제3대 의회부터 제7대 의회까지의 성과에 적용 입법, 통제, 대표, 자율 등 4개 기능 대상: 조례안 발의, 조례안 심의, 예산안 심의, 행정사무감사조사, 시정질문, 청원 및 민원처리, 의회 운영 7개 활동을 13개 지표에 분산시켜 성과를 측정
서울시의회(2011)	성과지표 조례 개발	의정활동의 주요 제약점과 해결 방안의 하나로 현행 지방자치제도의 한계에도 불구하고 자체적으로 성과를 가시화할 수 있도록 서울특별시의회 기본조례 제정의 필요성을 강조하고 기본조례안을 제시

출처: 신기현(2012: 344).

지방의회의 성과평가를 위해 전문가를 대상으로 설문조사를 실시한 최근 연구(김찬동, 2012) 결과에 따르면, 응답자의 76.5%가 현재의 지방자치 및 분권 정도가 미흡하다고 보았다. 이는 효율성을 중시하는 중앙정부의 권한 독점이 민주성의 가치를 훼손한 결과로 풀이된다. 따라서 효율성보다는 민주성을 확보하는 방향으로 지방자치와 분권의 패러다임을 전환할 필요가 있다(김찬동, 2012). 반면 지방의회가 의정 운영의 민주성 향상뿐만 아니라 지역 내 민주주의 향상에 기여했지만 실제로 전문성, 책임성, 효율성 향상에서는 미흡했다는 연구도 있다(김순은, 2005; 2011). 또 다른 연구(이주희, 2010)는 지방자치가 행정 서비스의 질적 향상을 가져왔으나 민주성과 형평성의 측면에서는 좀 더 노력이 필요하다고 지적한다.

지방의회의 의정활동 평가에 관한 대부분의 연구가 연구자의 주관적 평가 위주의 부분적 연구가 주류를 이룬 반면 포괄적이고 종합적인 관점에서의 평가는 다소 미흡하다(김순은, 2014b). 따라서 출범 20주년이 된 지금 시점에서 지방의회가 거둔 성과를 균형 있게 평가하는 작업이 필요하다. 이에 이 연구는 균형적이고 심층적인 지방의회의 분석을 위해 지방의회의 평가 대상을 크게 세 가지 측면－운영, 산출, 성과－으로 구분했다(김순은, 2015). 특히 지방의회의 20년에 관해 전국시도의회의장협의회에 의해 직접 수집된 자료를 바탕으로 거시적이고 체계적인 관점에서 지방의회의 운영과 그동안 지방의회가 투입한 노력에 대한 산출 및 효율성, 민주성, 형평성 차원에서의 성과에 대한 분석을 수행하고자 했다.

2 지방의회 성과 평가 대상 및 세부 지표의 선정

1) 연구 범위

이 연구의 시간적 범위는 1991년부터 2015년 현재까지 24년을 아우르며, 공간적 범위는 광역지방의회다. 여기에는 광역의회를 구성하고 있는 지방의원의 인적 규모도 포함된다.[2] 의정활동의 그 간의 성과를 평가하기 위해 이 연구는 기존 국내 문헌연구와 국외 문헌연구를 일차적으로 수행했다. 이를 토대로 연구 분석의 틀을 작성하고 전국 17개 시·도의회로부터 받은 자료를 분석·평가했다. 연구 분석의 틀을 만들 때 필요 시 해당 분야의 국내외 전문가에 대한 '자문'도 활용했다.

2) 지방의회 성과 평가의 대상

지방의회의 의정활동은 다양한 각도에서 평가되어야 한다. 먼저 지방의회의 운영에 대한 평가는 필수적이다. 지방의회의 운영과 절차 등이 지방의회의 산출과 성과에 지대한 영향을 미치고 있기 때문에 우선적으로 평가되어야 한다. 그 이후에 지방의회의 실체적 평가를 위해 지방의회의 산출과 산출이 목표로 하는 성과가 평가되어야 한다.

이 연구에서 지방의회의 의정활동을 크게 ① 지방의회의 운영과 관련된 부분, ② 지방의회의 산출과 관련된 부분, ③ 지방의회의 성과와 관련된 부분의 세 가지 영역으로 나눠 평가했다(김순은, 2015).

(1) 운영 평가

지방의회의 운영에는 다양한 제도적 요인과 행태적 요인 및 상황적 요인이 복합적으로 작용한다. 여기에서의 '운영'은 지방의회의 의정활동을 가능하게 하

표 5-2 운영평가 세부 영역

운영평가 차원	(1) 운영제도	중앙정부
		지방정부
	(2) 인적·물적 기반	
	(3) 의장단의 선거 및 행태	
	(4) 전문성	
	(5) 의정 연수	

2) 광역의회는 상대 다수 득표로 지역대표를 선출하고, 정당 투표로 비례대표를 선출한다. 이와는 별도로 교육위원을 선출하고 있다. 기초의회는 상대다수 득표로 지역대표를 선출하고, 정당별 비례대표를 선출한다.

는 인적 구성과 인적 요소가 활동을 하는 데 필요한 의정비 및 전문위원제도 등 제도적 요소를 포함한다(김순은, 2015).

의정활동은 인적 구성 요소인 의원 개개인과 전문가집단인 의정 자문위원뿐만 아니라 의회사무처 및 상임위원회 등이 하나의 제도 속에서 기능할 때 성과가 높아질 것이다(류춘호, 2014). 따라서 인적·물적 요소와 관련된 제도가 운영평가에 포함되어야 할 것이다. 또한 운영의 평가에는 당연히 인적 구성 요소가 활동하는 지방의회 의사당 건물과 의원 사무실 등의 시설이 포함되어야 할 것이다(김순은, 2015).

한편 지방의회의 의장단을 어떻게 구성하는지에 따라 지방의회의 운영에 지대한 영향을 미치는 점을 감안할 때 운영의 평가에는 의장단의 구성에 대한 평가가 포함되어야 한다(김순은, 2015). 지방의회의 운영을 평가하면서 빼놓을 수 없는 부분은 지방의회의 전문성이라 할 수 있다. 전문성은 전문적 지식을 의미하는 기능의 전문성(expertise)과 일을 수행하는 태도인 행태의 전문성(professionalism)으로 구분할 수 있다. 행태의 전문성을 흔히 '프로정신'으로 나타내는데, 지방의원은 국회의원에 비해 '프로정신'이 더 요구된다고 할 것이다(김순은, 2011).

전문성 향상과 관련해 지방의원의 국내외 연수가 진행되고 있다. 특히 국외연수는 많은 논란이 있었음에도 불구하고(이상호·이영균, 2012), 지방의원의 개별적 자질을 향상시키고 의회 조직의 능력을 향상시킬 수 있다(류춘호, 2014). 따라서 지방의원의 국내외 연수도 운영평가에 포함한다.

(2) 산출 평가

지방의회의 운영은 자연스럽게 의정활동의 산물인 산출(output)을 생산하게

표 5-3 산출평가 세부 영역

산출평가 차원	(1) 조례 제·개정
	(2) 행정사무감사·조사
	(3) 예산심의 및 의결
	(4) 주민의 대표 기능

된다. 산출평가와 관련한 선행 연구로는 김상구·우양호(2013)의 연구를 들 수 있다. 이 연구는 성과를 "지방의회가 지역사회의 정치·사회적 환경에서 법률과 제도적 권한을 효율적으로 행사한 결과로서의 산출된 총합"으로 정의하면서(김상구·우양호, 2013: 149) 지방의회의 성과에 대한 객관적 판단이 필요하다고 했다.

지방의회 의정활동의 산출에는 조례 제·개정, 예산 심의 및 의결, 행정사무감사, 자료 제출 요구, 관계 공무원 출석 요구 등 여러 가지가 있다(류춘호, 2010; 송광태, 2012). 이 중에서 이 연구는 지방의회의 3대 기능에 속하는 조례의 제·개정 및 행정사무감사와 예산 기능을 평가 영역으로 선정했다. 그뿐만 아니라 이러한 3대 기능에 더해 지방의회는 주민 자치의 일환으로서 주민을 대표하므로 주민의 대표 기능을 산출에 포함했다(김순은, 2015).

(3) 성과 평가

지방의회의 성과(outcome)로 지방자치의 기본 이념이라 할 수 있는 ① 지역 내 민주주주의 달성, ② 지방정부에 대한 행정적 견제와 지방행정의 투명성 확보, 그리고 ③ 주민 참여 등의 영역으로 구분하고 세부 지표들을 선정했다.

먼저 지역 내 민주주의의 달성 정도는 시기별 지방의원의 성비, 비례대표의원의 비율, 의원의 직업별 분포와 형사 고발된 지방의원의 수 및 지방의원의 정당별 분포 등을 통해 평가할 수 있다. 또한 지방행정의 견제 및 투명성 정도는 단체장의 재의결 요구와 재의결 여부를 확인함으로써 판단할 수 있을 것이다. 마지막으로 지방의회 회의의 방청객의 수 및 주민 참여 예산 반영 비율을 살펴봄으로써 주민 참여의 정도를 평가하고자 한다.

표 5-4 성과평가 세부 영역

성과평가 차원	(1) 지역 민주주의 제고
	(2) 지방행정 견제 및 투명성
	(3) 주민 참여

3) 성과 평가의 기준과 지표

표 5-5 지방의회 평가 대상별 세부 지표

<table>
<tr><th colspan="3">평가의 대상</th><th>세부 평가지표</th></tr>
<tr><td rowspan="17">운영</td><td rowspan="4">(1) 운영 제도</td><td>중앙정부</td><td>① 지방자치법 제·개정 내용</td></tr>
<tr><td rowspan="3">지방정부</td><td>② 지방의회 운영규칙 및 관행 내용</td></tr>
<tr><td>③ 5분 또는 즉석 발언제도</td></tr>
<tr><td>④ 회의 일수와 회의 시간</td></tr>
<tr><td colspan="2" rowspan="5">(2) 인적·물적 기반</td><td>① 상임위원회의 수</td></tr>
<tr><td>② 시기별 사무기구의 인원 현황</td></tr>
<tr><td>③ 의원 개인 사무실</td></tr>
<tr><td>④ 정책연구실 설치 여부 및 지원 현황</td></tr>
<tr><td>⑤ 의정활동비 지원 규모</td></tr>
<tr><td colspan="2">(3) 의장단의 선거 및 행태</td><td>① 의장단 선거 파행 건수</td></tr>
<tr><td colspan="2" rowspan="2">(4) 전문성</td><td>① 전문위원의 수</td></tr>
<tr><td>② 입법정책 전문가의 수</td></tr>
<tr><td colspan="2" rowspan="5">(5) 의정 연수</td><td>① 국내 연수 현황</td></tr>
<tr><td>② 국외 연수 현황</td></tr>
<tr><td>③ 세미나 참여</td></tr>
<tr><td>④ 토론회 참여</td></tr>
<tr><td>⑤ 공청회 참여</td></tr>
<tr><td rowspan="12">산출</td><td colspan="2" rowspan="4">(1) 조례 제·개정</td><td>① 조례 제·개정 건수</td></tr>
<tr><td>② 의원 발의 건수와 비율</td></tr>
<tr><td>③ 조례 수정 비율</td></tr>
<tr><td>④ 의원 발의 우수 조례의 건수</td></tr>
<tr><td colspan="2" rowspan="6">(2) 행정사무 감사·조사</td><td>① 행정사무감사의 수</td></tr>
<tr><td>② 감사의 일수</td></tr>
<tr><td>③ 감사기관</td></tr>
<tr><td>④ 감사 실시 건수</td></tr>
<tr><td>⑤ 시정 요구의 건수</td></tr>
<tr><td>⑥ 행정사무조사의 건수</td></tr>
<tr><td colspan="2" rowspan="2">(3) 예산 심의 및 의결</td><td>① 예산안 수정 규모와 비율</td></tr>
<tr><td>② 새로운 비목의 설치</td></tr>
</table>

		③ 시기별 예산 규모의 변동
	(4) 주민의 대표 기능	① 청원 처리의 수
		② 진정의 처리 수
		③ 결의, 건의, 의견 청취
		④ 시정질문 의원의 수
		⑤ 시정질문의 수
		⑥ 서면 제출 요구 건수
성과	(1) 지역 민주주의 제고	① 시기별 지방의원의 성비
		② 시기별 비례대표의 비율
		③ 시기별 의원 직업별 분포
		④ 형사 고발된 지방의원의 수
		⑤ 지방의원의 정당별 분포
	(2) 지방행정 견제 및 투명성	① 단체장의 재의결 요구와 재의결 여부
	(3) 주민 참여	① 방청객의 수
		② 주민참여예산 반영 비율

이상 논의된 평가 대상을 다양한 양적 지표와 질적 지표를 고려해 〈표 5-5〉와 같은 세부 지표를 확정했다.[3]

제 3 절 평가 대상별 지방의회의 성과

1 운영 측면

1) 지방의회의 운영 제도

지방의회 운영 제도의 평가 대상은 지방자치법의 제・개정 내용과 지방의회

3) 일반적으로 양적 지표는 단순히 건수와 처리 실적 등이며, 질적 지표는 의정활동이 갖는 사회적 영향 등이 고려될 수 있다.

운영규칙 및 관행 5분 또는 즉석 발언제도 회의 일수와 회의 시간으로 나눠 살펴보았다.

지방의회의 운영과 관련해 중앙정부 차원의 제도적 개선 노력[4]이 지속되어 왔고, 2006년 이후 지방의회의 자율권이 확대되는 방향으로 제도가 변화했음에도 불구하고, 현행 지방자치법은 여전히 문제점을 지니고 있다. 첫째, 현행 지방자치법에는 지방의회를 주민의 대표기관으로 명시하지 않고 있다. 이는 헌법에서 규정하고 있는 지방의회를 주민의 대표기관으로 명시하지 않았다는 점에서 헌법정신에 위배된다고 할 수 있다. 이는 법리적 타당성의 문제를 넘어, 지방의회의 실질적 대표성, 즉 주민대표성과 지역대표성 확보에 어려움을 초래한다는 점에서 개선되어야 할 것이다. 둘째, 현행 지방자치법에는 지방의회의 구성 및 운영과 관련된 중앙정부의 통제 수준이 여전히 높은 수준으로 규정되어 있다(지방자치법 제9장 국가의 지도감독). 인구와 예산 규모가 지역마다 다르고, 각 지역의 특수성이 존재하고 있음을 감안해 보았을 때, 지방의회에 대한 일률적인 기준을 적용시키는 조항(감사 기간에 대한 규정 등)과 자율성을 제약하고 있는 조항(의회 사무기구 인사권과 관련된 규정 등)들에 대해서는 전반적인 검토가 필요하다.

이 밖에도 다른 정무직 공무원 대비 허약한 보수 체계, 지방의회 의결에 대한 자치단체장과 중앙정부의 과도한 통제 등도 개선되어야 할 것이다(최봉기, 2011). 최근에는 지방의원들에 대한 중앙정치권의 통제가 문제시되고 있는데, 이는 정당공천제와 관련이 깊다. 현재 광역 및 기초의원들은 정당의 공천을 받도록 되어 있다. 이 때문에 지방의원들은 지역구 국회의원들에게 종속될 수밖에 없다고 판단된다. 현재의 하향식 공천이 아니라 상향식 공천이 이뤄진다면 이러한 문제가 다소 해결될 수도 있겠으나 이 또한 우리나라 정치 여건을 고려할 때 쉬운 일은 아닐 것이다. 따라서 이러한 문제들은 지방자치법의 제・개정을 통해 해결되어야 한다.

---

4) 부산광역시의회에 대한 최근 연구(김상구・우양호, 2013)에서는 지방의회와 관련된 법・제도적 장치와 자원이 여전히 부족하다는 점을 지적하고 있다. 이와 더불어 시민에 대한 책임성 및 민주성을 확보할 제도적 장치가 미흡하다는 점에 대해서도 언급하고 있다(김상구・우양호, 2013). 그럼에도 불구하고 지방의회 회기 일수의 자율화, 본회의 정례회 제도 도입, 위원회 제도의 개선, 의회사무국에 대한 부분적 개선은 긍정적으로 평가할 수 있다(최봉기, 2011).

실제로 우리나라 지방의회는 운영규칙과 관련해 자율성을 제대로 행사하지 못하고 있는 것으로 나타났다. 그 이유 중 하나는 중앙과 지방의회 간의 관계에 관한 측면으로 중앙 정치의 눈치를 살피는 것이고, 다른 하나는 지방의회와 집행부 간의 관계로 지방자치단체장이 지방의회의 사무기구에 대한 인사권을 행사하고 있기 때문이다. 지방자치가 더욱 발전하기 위해서는 이에 대한 조치가 선결적으로 이뤄질 필요가 있다. 지방의회의 낮은 자율성 외에도 지방 의정활동의 활성화를 제약하는 또 다른 요인으로는 지방의회의 운영에 관한 것이 있다. 상임위원회의 회의 내용이 투명하게 공개되지 않으며 방청에도 제약 요인이 많아 의정활동을 투명하게 파악하고 제대로 평가하는 데 어려움이 존재한다.

표 5-6 5분 또는 즉석 발언 현황

		제1대	제2대	제3대	제4대	제5대	제6대	제7대
횟수	시·도 개수	0	7	14	16	16	17	17
	총합	0	104	793	981	1137	1,662	585
	평균	0	14.9	56.6	61.3	71.1	97.8	34.4
질문 의원	시·도 개수	0	6	12	15	15	16	16
	총합	0	151	505	930	1,351	2,203	697
	평균	0	25.2	42.1	62.0	90.1	137.7	43.6

〈표 5-6〉을 살펴보면 지방의회의 5분 또는 즉석 발언은 지난 24년간 점차적으로 증가하고 있다. 1991년 출범 당시인 제1대에는 5분 또는 즉석 발언이 시행된 시·도가 없었으나, 제6대에는 17개 시·도 모두에서 5분 또는 즉석 발언이 행해지고 질문 횟수도 한 개 시·도당 평균 97.8회로 늘어났다. 질문 횟수가 지속적으로 증가함으로써 의원들의 의정에 대한 참여가 적극적으로 변화했음을 알 수 있다.

우리나라 지방의회의 회의 일수와 회의 시간은 조사된 시·도를 중심으로 분석하면 〈표 5-7〉과 같다. 법정 일수는 제1대 의회에서 평균 473.6일이던 것이 제6대에는 512.1일로 38.5일이 증가했다. 결론적으로 회의의 법정 일수는 등락을 거듭했으나 전반적으로 증가했다고 볼 수 있다. 회의 시간은 제1대에서 한 개

표 5-7 회의 일수와 회의 시간 현황

		제1대	제2대	제3대	제4대	제5대	제6대	제7대
법정 일수	시·도 개수	11	11	12	12	13	14	14
	총합	5,210	4,630	5,780	5,960	6,800	7,170	5,291
	평균	473.6	420.9	481.7	496.7	523.1	512.1	377.9
개회 일수	시·도 개수	14	14	15	15	15	16	16
	총합	5,677	4,827	7,128	7,205	7,478	7,588	2,165
	평균	405.5	344.8	475.2	480.3	498.5	474.3	135.3
회의 시간	시·도 개수	8	8	10	10	10	11	11
	총합	9,497	10,251	15,559	14,564	15,250	18,569	4,271
	평균	1,187.2	1,281.4	1,555.9	1,456.4	1,525.0	1,688.1	388.3

시·도당 평균 1,187.2시간에서 제6대에는 1688.1시간으로 약 500시간 가까이 늘어난 것을 알 수 있다. 하지만 그 구체적 내용은 어떤 규칙을 갖기보다는 그때마다의 상황에 따라 증감을 거듭하고 있음을 알 수 있다. 지방의회가 자율적으로 조례로 회의 일수를 결정하게 된 것은 지방의정의 활성화를 위해 매우 바람직한 현상이다. 향후에는 회의 일수의 증가에만 그칠 것이 아니라 회의 시간의 내실 있는 활용이 요구된다.

2) 지방의회의 인적·물적 기반

우리나라 지방의회의 상임위원회 수의 변화는 제1대에서 제7대에 걸쳐 등락을 거듭했으나 제1대 평균 5.6개와 비교해 제7대에는 평균 6.3개로 0.7개 증가했다(〈표 5-8〉 참조). 전체적으로는 최근으로 올수록 상임위원회 수가 지속적으로 증가하고 있다. 이러한 상임위원회 수의 변화를 통해 지방의회의 전문성 향상 정도를 일부 가늠해볼 수 있다. 제4대 이후 상임위원회의 수가 증가해 온 것은 지방의회가 사회의 복잡성 증가에 대응해 온 결과로 볼 수 있다. 의정활동에서 소관 안건에 대한 전문적 심사가 필요한 사례가 크게 증가하고 있다는 사실 또한 이를 반영하고 있는 셈이다.

〈표 5-9〉를 살펴보면, 지방의회의 인적 기반인 시기별 사무기구의 인원 현황

표 5-8 상임위원회의 수 현황

	제1대	제2대	제3대	제4대	제5대	제6대	제7대
시・도 개수	14	14	15	15	15	16	16
총합	78	83	80	80	85	100	101
평균	5.6	5.9	5.3	5.3	5.7	6.3	6.3

표 5-9 사무기구의 인원 현황

		제1대	제2대	제3대	제4대	제5대	제6대	제7대
일반행정직 수	시・도 개수	13	12	13	13	14	15	15
	총합	654	656	694	807	975	1,169	1,241
	평균	50.3	54.7	53.4	62.1	69.6	77.9	82.7
전문위원의 수 (상임위)	시・도 개수	13	13	14	14	14	16	16
	총합	75	79	76	79	98	118	119
	평균	5.8	6.1	5.4	5.6	7.0	7.4	7.4
입법정책 관련 전문가의 수	시・도 개수	1	1	1	6	8	11	10
	총합	1	1	1	39	58	72	77
	평균	1.0	1.0	1.0	6.5	7.3	6.5	7.7

과 관련해 일반 행정직원의 수는 제1대에 한 개 시・도당 평균 50.3명에서 제7대에는 평균 82.7명으로 32.4명이 많아졌다. 또한 전문위원의 수는 제1대에 한 개 시・도당 평균 5.8명에서 제7대에는 평균 7.4명으로 1.6명 늘었다. 그리고 입법정책 관련 전문가의 수는 제1대에 한 개 시・도당 평균 1.0명에서 제7대에는 7.7명으로 7.7배로 대폭 증가했다. 결과적으로 사무기구의 인원은 대폭 증가했음을 알 수 있다. 이는 각종 위원회에서 처리해야 할 안건이 증가하고 있는 한편, 의원들의 전문성에 대한 요구 또한 증가하고 있는 흐름과 관련되어 있다. 따라서 다량의 복잡한 안건에 대해 정확하고도 빠른 의사 결정이 이뤄지기 위해서는 의원들에 대한 지원 인력을 충분히 제공할 수 있어야 할 것이다.

〈표 5-10〉을 살펴보면, 지방의회의 물적 기반이 되는 시기별 지방의회 의원의 개인 사무실 현황은 제1대에서 제3대까지는 의원이 개인 사무실을 보유하지

표 5-10 의원 개인 사무실 현황

		제1대	제2대	제3대	제4대	제5대	제6대	제7대
유	시·도 개수	1	2	2	6	12	13	13
무	시·도 개수	8	7	7	6	4	3	3
기타 (합동사무실)	시·도 개수	6	7	7	5	1	3	3

않는 시·도가 의원이 개인 사무실을 보유하는 시·도보다 더 많았다. 한편 제4대부터는 의원의 개인 사무실이 있는 시·도의 수와 개인 사무실이 없는 시·도의 수가 동일해졌고, 제5대부터는 의원에게 개인 사무실이 주어지는 시·도가 훨씬 많아졌다. 그러나 의원이 개인 사무실을 구비하고 있는 시·도의 수가 전반적으로 늘어남에도 불구하고 일부 시·도에서는 아직까지 의원 합동 사무실을 사용하거나 개인 사무실이 주어지지 않고 있기도 하다.

〈표 5-11〉은 정책연구실의 의정 지원 상황이 제시되어 있다. 응답에 참여한 시·도의 정책연구실 평균 지원 횟수를 살펴보면 제1대 541.4회였다가 지속적으로 증가해 제6대에는 1125.2회 지원이 이뤄졌다. 시정 질문에 대한 지원은 제1대에서 제6대까지 응답에 참여한 시·도의 평균값이 전반적으로 줄어들고 있다. 또한 5분 발언에 대한 지원은 제2대에서부터 시작되었는데, 1개 시·도별 평균으로 보면 제2대에서 제6대에 걸쳐 지속적으로 증가하고 있다. 의정 지원은 제4대까지는 전혀 없다가 제5대와 제6대에 걸쳐 증가하고 있다. 위의 결과를 종합했을 때, 정책연구실을 설치한 광역의회는 꾸준히 증가해 왔음을 알 수 있으며, 그 활용 정도 또한 전반적으로 확대되고 있다는 사실이 확인된다. 이는 지방의회의 전문성과 관련해 매우 고무적인 현상으로 평가될 수 있다. 다만 현재로서는 정책

표 5-11 정책연구실 설치 여부 및 지원 현황

	제1대	제2대	제3대	제4대	제5대	제6대	제7대
시·도 개수	5	5	5	6	9	13	12
총합	2,707	2,533	3,544	4,064	9,226	14,628	4,155
평균	541.4	506.6	708.8	677.3	1025.1	1125.2	346.3

연구실을 운영하는 데 연구 인력들이 다양한 자료에 접근할 수 있는 권한을 제도적으로 부여받지 못하고 있어, 생산된 자료들의 내용에는 한계가 있다는 지적이 존재한다(임경호 · 이용우, 2006).

의정활동비 지원 규모와 관련해 일반회계에 대한 의회비 비중의 평균은 1991년 0.41%에서 전반적으로 감소해 2015년에는 0.15%가 되었다. 의정비의 절대적 규모는 지속적으로 증가해 왔으나, 일반회계 대비 상대적 규모는 점차 줄어들어 왔다. 지원 규모와 관련해 의정비를 현재보다 더 인상해야 한다는 논의가 있는 반면 지방의회와 지방의원이 의정비에 합당하게 성과를 도출하고 있다고 보기 어려우므로 이를 현재 수준으로 유지 또는 삭감해야 한다는 견해가 병존한다(신기현, 2012). 특히 지역주민들은 현재 의정비 지급에 대해 매우 부정적인 감정을 가지고 있다(신기현, 2012). 이는 지방의원들의 지속적인 부정과 비리 사례를 접한 주민들의 지방의회에 대한 실망감을 나타내는 것으로 해석된다. 지방의회의 전문성 제고를 위한 방안을 위해서라면 의회비의 증가도 이뤄져야 한다. 회기별 의정활동비에 대한 지원금 변화는 〈부록 1〉에 제시했다.

3) 지방의회 의장단의 선거 및 행태

지방의회 의원들이 자신의 영리를 위해 상대적으로 더 많은 권력과 예산을 가진 상임위원회에 배속하려다 보니 지방의회 의장단 선거에서 많은 잡음이 생기고 있다. 이 조사에서는 전체 광역시도 중 충청북도의회의 의장단 선거 관련 비리에 대해서만 다루고자 한다.[5] 충북의회에서는 2000년 7월(제6대), 후반기 의장단 선거 관련 금품 수수 비리가 발각되어 3명이 구속, 3명이 출석정지, 1명이 공개회의 경고를 받은 바 있다. 공식적으로 보고된 사례는 1건이지만, 지방의회 의장단 선거 과정에서 발생하는 과정과 이에 연루된 비리로 인한 파행 사례는 적지 않은 것으로 알려져 있으며 특히 기초의회의 사례를 포함하면 더욱 많다.

이러한 비리의 원인으로 정당공천제를 가장 큰 원인으로 꼽을 수 있다. 실제 정당공천제는 지역구 국회의원의 눈치를 보거나 다음 번 재선을 위해 상대방 후보를 심하게 견제하는 등의 의장단 선거에서 여러 가지 폐단을 일으키고 있다.

---

5) 충청북도의회만 보고했기 때문임.

4) 지방의회의 전문성

〈표 5-12〉의 전문위원 수의 현황을 살펴보면, 각 시·도별 평균으로 볼 때 제1대 지방의회에서는 5.8명이었고, 제7대에는 7.4명으로 늘어났다. 우리나라 지방의회의 지난 24년 동안의 입법정책 전문가의 변화 양상을 살펴보면 제1대에서 제3대까지는 1개의 시도에서 1명의 전문가가 활동하다가 제4대에 이르러 그 수가 확대되기 시작했다.

표 5-12 전문위원의 수 변화 현황

	제1대	제2대	제3대	제4대	제5대	제6대	제7대
시·도 개수	13	13	14	14	14	16	16
총합	75	79	76	79	98	118	119
평균	5.8	6.1	5.4	5.6	7.0	7.4	7.4

그럼에도 불구하고 여전히 의원의 전문성은 부족하기 때문에 의원의 전문성을 기르기 위한 여러 가지 보완책이 필요해 보인다. 여기에는 무엇보다도 지방의회 사무기구의 인사권 독립이 포함된다. 현재의 인적·물적 상황 하에서 인사권 독립만 이뤄진다면 지방의회의 전문성은 크게 제고될 수 있다. 일반직 전문위원은 물론 지방의회 소속 공무원들이 집행부의 눈치를 보지 않고 소신껏 지방의원을 보좌할 수 있기 때문이다. 그뿐만 아니라 광역시·도의 사무 양과 질을 고려할 때 정책보좌관의 도입이 적극적으로 이뤄진다면 지방의회의 전문성 제고에 긍정적으로 기여할 것이다.

5) 지방의회 의원의 의정 연수

지방의회 의원의 의정 연수는 우선 국내 연수와 국외 연수로 구분할 수 있다. 제1대에서 제5대까지만 보면 대체적으로 평균 국내 연수 일수가 증가 추세였으나 제6대에서는 제5대보다 9일이 줄어든 25.6일을 국내 연수에 사용했다. 국내 연수 기간은 크게 늘어나지 않고 30일 내외에서 유지될 것으로 추측된다.

표 5-13 지방의회 의원의 국내 연수 현황

	제1대	제2대	제3대	제4대	제5대	제6대	제7대
시·도 개수	2	2	5	7	8	9	7
총합	21	38	151	190	277	230	54
평균	10.5	19.0	30.2	27.1	34.6	25.6	7.7

한편 국외 연수는 응답에 참여한 시·도 기준, 평균 국외 연수 일수는 제2대부터 제6대까지 점차적으로 증가하고 있다. 〈표 5-14〉를 살펴보면, 특히 제4대 이후에는 평균 국외 연수 일수가 100일 이상으로 유지되고 있는데, 이는 연수 목적으로는 과도하게 긴 기간으로 비판을 받을 소지가 있다.

표 5-14 지방의회 의원의 국외 연수 현황

	제1대	제2대	제3대	제4대	제5대	제6대	제7대
시·도 개수	3	3	6	8	9	10	9
총합	320	129	305	898	1,056	1,292	257
평균	106.7	43.0	50.8	112.3	117.3	129.2	28.6

세미나와 공청회 참가와 관련해서는 각 시·도별로 제1대 평균 56.3회에 비해 제6대에는 128.6회까지 늘어나 2배 이상 증가한 것을 알 수 있다. 세미나 및 공청회 등의 참여가 증가한다는 것은 지방의원들이 정책적 이슈에 대한 전문적 노력을 강화하고 있다는 것을 보여주는 증거가 될 수 있다(〈표 5-15〉 참조).

표 5-15 지방의회 의원의 세미나 및 공청회 참여 현황

	제1대	제2대	제3대	제4대	제5대	제6대	제7대
시·도 개수	3	4	7	7	6	9	7
총합	169	444	380	918	986	1,157	509
평균	56.3	111.0	54.3	131.1	164.3	128.6	72.7

이상의 내용을 종합하면 지방의회 의원의 의정 연수 기회의 확대는 의원의

전문성 향상에도 기여한다는 측면에서 긍정적이라 할 수 있다. 그러나 현재 지방의원의 의정 연수는 크게 세 가지 점에서 문제가 있다. 첫째, 교육 주체의 측면에서 보면, 현재 의정연수제도는 다양한 민관기관이 참여하고 있는데, 이들이 제공하는 교육 프로그램 내용의 중복이 많고 일정한 체계가 결여되어 있는 한계가 있다. 따라서 지정된 기관에서 일관된 의정 연수가 이뤄져야 할 필요가 있다. 둘째, 교육 내용의 측면에서 볼 때, 대부분의 교육이 미시적인 제도와 운영에 초점이 맞춰져 있어서 실제 지방의원들이 직면하는 지방행정 전반에 대한 거시적이면서 종합적인 내용이 부족하다. 마지막으로 교육 방법에서 주입식 또는 강의식의 교육 방식으로 인해 지방의원에 대한 학습 효과가 낮을 뿐만 아니라 참여도 부족한 실정이다(지방행정연구원, 2012). 특히 국외 연수의 경우 체계적인 준비와 내실 있는 진행으로 예산의 낭비라는 비판을 받지 않아야 할 것이다.

2 산출 측면

1) 지방의회의 조례 제·개정

〈표 5-16〉의 조례의 제정 상황을 살펴보면 전체 시·도의 평균으로 볼 때 제1대에 66.9건이었으나, 제6대에는 169.1회로 2배 이상 증가했다. 제2대 지방의회와 제4대 지방의회가 이전 시기에 비해 감소한 것을 제외하면, 지속적으로 조례의 제정 건수가 증가한 것을 알 수 있다. 조례 개정의 건수도 제2대 및 제4대에서는 다소 적었으나, 다른 기간에는 평균 240건 이상을 유지했다. 한편 지방의회 의원의 조례 수정 비율은 제1대 지방의회에서 11%로, 10%대를 기록한 것을 제외

표 5-16 지방의회의 조례 제정 건수 현황

	제1대	제2대	제3대	제4대	제5대	제6대	제7대
시·도 개수	11	12	13	14	14	17	16
총합	736	706	1,269	1,002	1,786	2,875	648
평균	66.9	58.8	97.6	71.6	127.6	169.1	40.5

표 5-17 지방의회 의원의 의안 발의 건수

		제1대	제2대	제3대	제4대	제5대	제6대	제7대
의원 발의 건수	시·도 개수	13	15	15	15	15	17	15
	총합	260	191	355	437	1,582	3,371	790
	평균	20.0	12.7	23.7	29.1	105.5	198.3	52.7
의원 발의 비율	시·도 개수	13	15	14	14	14	16	14
	평균	5.7%	5.6%	8.4%	10.7%	25.5%	40.0%	44.2%

하고는 곧 20% 수준을 유지하고 있다.

한편 의안 발의 건수의 증가폭은 더욱 크다. 〈표 5-17〉에 따르면 제1대 의회에서 지방의회 의원의 의안 발의 건수는 전체 시·도 평균으로 볼 때 20건이던 것이 제6대에는 198.3회로 10배가량 증가했다. 지방의원의 의안 발의 비율도 제1대에 5.7%이던 것이 제7대에는 44.2%로 증가했다.

지방의회 의원의 의안 발의가 단순히 양적으로 증가한 것만이 아니라 제1대에 비해 제6대까지 우수 조례 건수도 완만하게 증가하고 있다. 제5대까지는 시·도당 1~2건 정도의 우수 조례가 선정되었으나 제6대에는 최대 9건의 우수 조례를 발의한 지자체도 있었다. 이와 같이 지방의원들이 적극적으로 우수한 의안을 발의하는 정도가 점차 증가함을 짐작할 수 있다. 지방의회와 지방의원들이 본연의 업무에 매우 충실한 결과가 가시적으로 나타난 것으로 볼 수 있다. 광역의회별 우수 조례에 관한 구체적 사항은 〈부록 2〉에 제시했다.

2) 행정사무 감사·조사

지방의회는 지방자치법에 따라 매년 1회, 당해 지방자치단체 사무에 대해 감사를 실시하고 있다. 광역지방의회의 행정사무 감사 일수는 지방자치법에 의해 규정되는데, 10일 범위 내였던 제5대까지는 평균이 10일에 가까워 대부분의 지방의회가 10일을 모두 감사에 사용했음을 알 수 있다. 반면 14일 범위 내로 확장된 제6대부터는 14일 범위 내에서 시행될 수 있는데, 감사 일수 평균은 12~13일에 머물고 있다.

지방의회의 행정사무 감사 실시 건수는 제1대 첫 해인 1991년에는 평균 468.1회였으나 제6대 마지막 해인 2013년에는 평균 2,131.9회로 대폭 증가했다. 이는 지방자치단체의 행정사무가 증가함에 따라 감사 실시 건수도 증가한 것으로 추측된다.

1991년 시정 요구 건수의 1개 시·도당 평균은 297.6건이었고, 2014년에는 276.4건으로 나타나 큰 차이를 보이지 않았다. 이는 감사 건수의 증가와는 대조적인 현상이다. 실제로 감사 실시 건수 대비 시정 요구 비율은 1991년에는 40.8%였으나 최근 2014년에는 21.6%로 감소했다. 이는 감사의 질이 낮아졌음을 암시하는 것으로, 엄밀한 감사를 수행하기 위한 인력과 전문성이 보완되어야 할 것으로 보인다.

반면 행정사무조사는 거의 실시되지 않고 있다. 응답에 참여한 시·도 기준으로 매해 1～3개의 지방의회만이 행정사무조사를 실시했으며 아무 지방의회도 조사를 실시하지 않은 해도 존재한다. 조사를 매년 시행할 필요는 없으나, 조사가 필요함에도 절차의 복잡성과 인력 부족으로 이를 실시하지 못하는 사례가 발생하지 않도록 주의가 필요하다. 지방의회의 지나친 자료 요구가 행정 업무에 차질을 주고 있다는 비판을 고려해서 향후에는 양적 증가보다는 질적인 측면을 제고하는 데 전념해야 할 것이다.

3) 지방의회의 예산 심의 및 의결

예산안 수정 규모와 비율과 관련해 1991년도 평균 예산안 수정 규모는 201억 4천 9백만 원에서 2015년 들어서는 612억 6천 3백만 원으로 약 3배 늘었다. 따라서 예산 수정 규모의 시·도별 평균도 소폭의 감소가 있기는 하나 대체적으로 늘어나는 경향을 보여준다.

한편 예산 수정 비율의 경우 응답에 참여한 시·도에서 제1대에는 평균 1.2～1.3% 내외였으나 제2대부터는 0.2～0.3% 내외에서 예산이 수정되고 있었다(〈표 5-18〉 참조). 이는 집행부 예산을 거의 수정하지 않은 것으로, 합리적인 집행부 감시와 견제가 충분히 이뤄지고 있는 것인지 의문을 제기하게 한다.

표 5-18 지방의회의 예산 수정 규모 현황

(단위: 백만 원)

		예산 수정 규모[6]				
		시·도 개수	총합	평균	최대	최소
제1대	1991	5	100,745	20,149	40,747	0
	1992	6	121,376	20,229	40,747	2,078
	1993	6	157,047	26,175	52,030	4,272
	1994	6	171,633	28,606	64,148	6,740
제2대	1995	7	117,705	16,815	41,967	2,641
	1996	7	127,336	18,191	52,962	1,277
	1997	7	226,704	32,386	148,478	4,727
제3대	1998	7	176,502	25,215	74,960	4,829
	1999	7	149,843	21,406	45,450	7,680
	2000	7	121,853	17,408	42,500	3,857
	2001	7	148,111	21,159	50,182	1,216
제4대	2002	7	169,128	24,161	60,000	1,253
	2003	7	186,642	26,663	68,156	1,204
	2004	7	180,740	25,820	60,492	1,253
	2005	7	147,325	21,046	60,000	1,120
제5대	2006	8	226,706	28,338	77,500	1,600
	2007	8	216,335	27,042	77,500	1,600
	2008	8	309,838	38,730	126,517	1,600
	2009	8	254,184	31,773	77,500	1,600
제6대	2010	8	351,406	43,926	121,140	1,572
	2011	8	484,577	60,572	178,916	1,572
	2012	7	645,779	92,254	337,042	1,600
	2013	7	397,977	56,854	121,140	1,350
제7대	2014	7	493,732	70,533	215,536	683
	2015	7	428,838	61,263	215,536	1,053

6) 보고한 지자체는 한 기간 동안 수정된 예산의 총 규모를 보고했다. 이 경우, 총 규모를 4년(제2대의 경우는 3년)으로 나눈 평균값을 각 연도의 수정 규모에 대체했다. 그 때문에 같은 기간 동안 최대 또는 최솟값이 해마다 같은 값을 보일 수 있다.

한편 우리나라 지방의회에서 예산의 새로운 비목을 설치하는 것은 흔한 일이 아니다. 새로운 비목을 설치했다고 응답한 시·도의 경우 제1대부터 제6대까지 평균 38,184건에서부터 8,472건까지 증감을 반복했다. 2015년에는 평균 22,111건

표 5-19 지방의회의 예산 수정 비율

		예산 수정 비율			
		시·도 개수	평균	최대	최소
제1대	1991	5	1.3%	3.3%	0.02%
	1992	6	1.2%	3.3%	0.02%
	1993	6	1.2%	3.3%	0.02%
	1994	6	1.3%	3.3%	0.02%
제2대	1995	6	0.3%	1.0%	0.03%
	1996	6	0.3%	1.0%	0.03%
	1997	6	0.3%	1.0%	0.03%
제3대	1998	7	0.3%	0.7%	0.01%
	1999	7	0.3%	0.7%	0.01%
	2000	7	0.3%	0.7%	0.01%
	2001	7	0.2%	0.7%	0.01%
제4대	2002	7	0.2%	0.7%	0.01%
	2003	7	0.2%	0.7%	0.01%
	2004	7	0.2%	0.7%	0.01%
	2005	7	0.2%	0.7%	0.01%
제5대	2006	8	0.2%	0.6%	0.01%
	2007	8	0.2%	0.6%	0.01%
	2008	8	0.2%	0.6%	0.01%
	2009	8	0.2%	0.6%	0.01%
제6대	2010	8	0.3%	1.2%	0.02%
	2011	8	0.3%	1.2%	0.02%
	2012	7	0.3%	1.2%	0.02%
	2013	7	0.3%	1.2%	0.02%
제7대	2014	7	0.7%	3.6%	0.01%
	2015	7	0.7%	3.6%	0.01%

표 5-21 시기별 예산 규모(예산순계)의 변동 현황-1

구분		당초예산(A)	최종예산(B)	(B-A)/A(%)
2000년	금액	55,508,802	65,054,890	17.2%
	전년 대비	-	-	-
2001년	금액	64,489,156	79,109,895	22.7%
	전년 대비	16.2%	21.6%	
2002년	금액	71,393,338	91,115,397	27.6%
	전년 대비	10.7%	15.2%	-
2003년	금액	78,142,543	97,525,626	24.8%
	전년 대비	9.5%	7.0%	-
2004년	금액	87,284,021	98,892,366	13.3%
	전년 대비	11.7%	1.4%	-
2005년	금액	92,367,281	107,062,460	15.9%
	전년 대비	5.8%	8.3%	-
2006년	금액	101,352,242	115,472,172	13.9%
	전년 대비	9.7%	7.9%	-
2007년	금액	111,986,422	128,036,585	14.3%
	전년 대비	10.5%	10.9%	-
2008년	금액	124,966,562	144,453,561	15.6%
	전년 대비	11.6%	12.8%	-
2009년	금액	137,534,905	156,702,876	13.9%
	전년 대비	10.1%	8.5%	-
2010년	금액	139,856,494	149,779,701	7.1%
	전년 대비	1.7%	(4.4%)	-
2011년	금액	141,039,291	156,256,793	10.8%
	전년 대비	0.8%	4.3%	-
2012년	금액	151,095,040	167,015,291	10.5%
	전년 대비	7.1%	6.9%	-
2013년	금액	156,888,669	176,992,047	12.8%
	전년 대비	3.8%	6.0%	-
2014년	금액	163,579,329	180,875,424	10.6%
	전년 대비	4.3%	2.2%	-
2015년	금액	173,258,970	-	-
	전년 대비	5.9%	-	-

*주: 괄호는 음수를 나타냄. 출처: 재정고(lofin.mogaha.go.kr).

표 5-21 시기별 예산 규모(예산총계)의 변동 현황-2

구분		당초예산(A)	최종예산(B)	(B-A)/A(%)
2000년	금액	70,693,383	84,386,997	19.4%
	전년 대비	-	-	-
2001년	금액	81,781,639	101,221,962	23.8%
	전년 대비	15.7%	19.9%	
2002년	금액	89,469,818	119,911,635	34.0%
	전년 대비	9.4%	18.5%	-
2003년	금액	99,721,190	127,043,597	27.4%
	전년 대비	11.5%	5.9%	-
2004년	금액	110,738,581	126,954,909	14.6%
	전년 대비	11.0%	(0.1%)	
2005년	금액	117,741,646	137,380,241	16.7%
	전년 대비	6.3%	8.2%	-
2006년	금액	129,464,674	150,021,566	15.9%
	전년 대비	10.0%	9.2%	-
2007년	금액	143,720,971	165,002,017	14.8%
	전년 대비	11.0%	10.0%	-
2008년	금액	161,202,128	186,088,769	15.4%
	전년 대비	12.2%	12.8%	-
2009년	금액	178,102,665	206,545,648	16.0%
	전년 대비	10.5%	11.0%	-
2010년	금액	183,226,045	197,897,653	8.0%
	전년 대비	2.9%	(4.2%)	-
2011년	금액	185,466,977	206,115,503	11.1%
	전년 대비	1.2%	4.2%	-
2012년	금액	198,911,842	223,055,190	12.1%
	전년 대비	7.2%	8.2%	-
2013년	금액	208,888,572	235,851,709	12.9%
	전년 대비	5.0%	5.7%	-
2014년	금액	220,335,925	243,670,567	10.6%
	전년 대비	5.5%	3.3%	-
2015년	금액	233,951,652	-	-
	전년 대비	6.2%	-	-

*주: 괄호는 음수를 나타냄. 출처: 재정고(lofin.mogaha.go.kr).

을 기록해 일정한 경향을 보이지는 않는다.

〈표 5-20〉의 예산순계로 예산 규모의 변동을 살펴보면 2000년 17.2%에서 2014년 10.6%로 예산 규모의 변동은 증감을 거듭하나 대체적으로 줄어드는 것으로 나타난다. 2002년에 27.6%로 가장 규모의 변동이 많고 2010년에는 7.1%로 변동이 가장 작은 것을 알 수 있다. 예산 총계에서도 2002년이 34.0%로 변동이 가장 크고, 2010년에는 8.0%로 나타나 예산 규모의 변동이 가장 작은 것으로 나타났다. 전체적으로 최근 들어 예산의 변동 규모는 작아지는 편이다. 지방의회의 예산 심의와 의결은 지방의회의 정책 우선순위를 결정하는 과정이기 때문에 매우 신중하고 지역의 우선순위가 적절히 반영되어야 한다는 점을 유념해야 할 것이다.

4) 지방의회의 주민 대표 기능

청원 처리에 관한 분석이 담긴 〈표 5-22〉에 따르면 제1대에는 평균 25.8건이었다가 제6대에는 13.1건으로 감소했다. 약간의 등락은 있으나 전체적으로 줄어들고 있음을 알 수 있다. 진정 처리의 건수는 청원 처리의 건수와 마찬가지로 시기별 평균을 보면 제1대에서 353.8건이던 것이 제6대에는 208.7건으로 줄어들었다.

한편 〈표 5-23〉의 결의와 관련해 제1대부터 제6대까지 살펴보면 시기의 흐름에 따라 평균 25.8회에서 54.0회까지 증가하는 경향이 있음을 알 수 있다. 그러나 건의안은 그 횟수가 제1대 평균 15.5회에서 제6대에는 평균 19.2회까지 증가했지만 일정한 경향은 보이지 않고 있다.

표 5-22 시기별 청원 및 진정 처리의 수 현황

		제1대	제2대	제3대	제4대	제5대	제6대	제7대
청원 처리 수	시·도 개수	13	14	14	14	12	13	10
	총합	335	261	207	212	180	170	42
	평균	25.8	18.6	14.8	15.1	15.0	13.1	4.2
진정 처리 수	시·도 개수	12	13	14	15	15	16	15
	총합	4,246	3,088	3,513	3,181	3,557	3,339	632
	평균	353.8	237.5	250.9	212.1	237.1	208.7	42.1

표 5-23 시기별 결의, 건의, 의견 청취의 수 현황

		제1대	제2대	제3대	제4대	제5대	제6대	제7대
결의안	시·도 개수	12	15	14	14	14	16	15
	총합	310	346	266	369	425	864	195
	평균	25.8	23.1	19.0	26.4	30.4	54.0	13.0
건의안	시·도 개수	11	14	13	13	13	15	13
	총합	170	192	202	147	200	288	120
	평균	15.5	13.7	15.5	11.3	15.4	19.2	9.2

다음으로 〈표 5-24〉의 시기별 시정 질문 의원의 수는 증감을 거듭하면서도 전체적으로 완만하게 증가하고 있는 것으로 나타났다. 제1대에는 평균 99.8명이었다가 제6대에는 역대 가장 많은 117.1명을 기록해 17.3명 증가했다.

표 5-24 시기별 시정 질문 의원의 수 현황

	제1대	제2대	제3대	제4대	제5대	제6대	제7대
시·도 개수	10	12	13	15	15	16	14
총합	998	1,229	1,273	1,455	1,645	1,873	430
평균	99.8	102.4	97.9	97.0	109.7	117.1	30.7

*주: 제1대-제7대 경기 자료 미포함.

시정 질문 건수도 마찬가지로 약간의 감소에도 불구하고 제1대에 비해 6대에는 완만한 증가를 나타내고 있다. 〈표 5-25〉에 따르면 제1대에는 평균 664.7건에서 출발해 제2대에는 가장 많은 686.6건을 기록했다가, 제3대에 511.6건으로 급감했으나 제4대부터 다시 증가하면서 제6대에는 672.0건이 이뤄졌다.

시기별 서면 제출 요구 건수는 전체적으로 살펴볼 때 증감을 반복하면서 점차 줄어들고 있다. 〈표 5-26〉을 살펴보면 제1대 첫 해인 1991년에는 868.6건이었다가 1993년 435.8건으로 급감 후 소폭의 증감을 거듭했으나 전체적으로 줄어들어 제7대가 시작된 2014년에는 298.9건까지 감소했다. 따라서 지방의회가 주민의 대표 기능을 확보하기 위해서는 앞으로 더 많은 노력이 필요하다.

표 5-25 시기별 시정 질문의 수 현황

	제1대	제2대	제3대	제4대	제5대	제6대	제7대
시·도 개수	11	13	14	14	15	16	14
총합	7,312	8,926	7,163	7,524	9,700	10,752	3,023
평균	664.7	686.6	511.6	537.4	646.7	672.0	215.9

표 5-26 시기별 서면 제출 요구 건수 현황

		서면 제출 요구 건수				
		시·도 개수	총합	평균	최대	최소
제1대	1991	2	1,737	868.6	1,656	2
	1992	2	1,737	868.6	1,656	2
	1993	4	1,743	435.8	1,656	1
	1994	3	1,741	580.4	1,656	3
제2대	1995	4	1,599	399.8	1,514	4
	1996	4	1,603	400.8	1,514	4
	1997	4	1,608	402.1	1,514	4
제3대	1998	4	1,540	385.1	1,327	4
	1999	3	1,559	519.8	1,327	3
	2000	3	1,543	514.4	1,327	3
	2001	3	1,561	520.4	1,327	3
제4대	2002	6	2,944	490.6	1,878	6
	2003	6	2,995	499.1	1,878	6
	2004	8	3,046	380.7	1,878	8
	2005	7	3,104	443.4	1,878	2
제5대	2006	11	3,554	323.0	1,349	1
	2007	10	3,872	387.2	1,349	2
	2008	10	3,821	382.1	1,349	10
	2009	10	3,933	393.3	1,349	7
제6대	2010	10	4,023	402.3	1,500	10
	2011	12	5,572	464.3	1,500	12
	2012	12	5,307	442.2	1,500	0
	2013	12	5,485	498.6	1,500	0
제7대	2014	11	3,288	298.9	952	0
	2015	10	1,657	165.7	412	0

3 성과 측면

1) 지방의회의 지역 민주주의의 제고

지역 민주주의를 제고하기 위해 다양한 사회적 구성원의 특성이 반영될 필요가 있다. 이와 관련해 시기별 지방의원의 성비를 살펴볼 수 있는데, 제1대에는 여성 의원이 평균 0.4명이었으나 제6대에 이르러서는 5.8명, 제7대에는 5.7명을 기록해 현재까지 평균 5명 이상의 여성 의원이 활동 중에 있다. 실제 〈표 5-27〉의 시기별 여성 의원의 비율 변화 추이를 살펴보면 이와 같은 사실을 확인할 수 있다. 제1대에는 여성 의원 비율이 평균 1.1%에 불과했으나 제2대부터 5.8%까지 증가했고 계속 증가해 오면서 제7대에는 14.5%까지 기록했다. 여성 의원 비율은 아직도 부족한 실정이지만 이러한 지속적인 증가 추세는 지역 민주주의 제고에 긍정적인 신호로 해석할 수 있다.

표 5-27 시기별 지방의원의 성비 현황(비율)

제1대	제2대	제3대	제4대	제5대	제6대	제7대
1.1%	5.8%	6.3%	10.6%	13.0%	12.9%	14.5%

〈표 5-28〉의 시기별 비례대표의 정수는 평균 4~6명 사이를 유지하고 있다. 조사에 참여한 시·도에서 제2대부터 비례대표가 선출되어 평균 5.8명을 기록했다가 현재 제7대에는 평균 4.5명으로 감소했다. 또한 그 비율은 제2대 10.4%에서 시작해 12% 내외로 유지되고 있다.

표 5-28 시기별 비례대표의원의 비율 현황

		제1대	제2대	제3대	제4대	제5대	제6대	제7대
비례대표의원의 비율	평균	0.0%	10.4%	12.1%	11.8%	11.5%	10.9%	11.1%
지역구의원의 비율	평균	100.0%	89.6%	88.3%	88.2%	88.5%	89.1%	88.9%

시기별 의원 직업별 분포인 〈표 5-29〉의 결과에 따르면 건설업, 교통운수업, 상공자유업, 농축산업 출신 의원의 비율은 줄고, 그 자리를 정치인 출신이 채우고 있다. 이 중 제1대에서 제7대까지 오면서 가장 많은 감소가 발생한 직업은 상공자유업으로, 제1대에는 18.4%였으나 지속적으로 감소해 제7대에는 8.1%까지 떨어졌다. 한편 정치인 출신은 제1대 28.9%에서 시작해 제7대에는 51.7%로 증가했다. 지역 주민의 참정권을 통한 지역 민주주의를 달성하기 위해 직업 분포를 다양화시킬 묘안이 필요해 보인다.

한편, 회기가 진행됨에 따라 형사 사건에 휘말리는 지방의회 의원이 늘어나는 것으로 보인다. 〈표 5-30〉을 살펴보면 고발된 지방의원 수는 출범 초기보다 후기에 큰 폭으로 증가했다. 이는 시민단체나 인·허가와 관련해 부당하게 영

표 5-29 시기별 의원 직업별 분포 현황

		제1대	제2대	제3대	제4대	제5대	제6대	제7대
건설업	총합	63	39	29	22	15	19	15
	비율	7.8%	4.7%	5.0%	3.8%	2.4%	2.6%	2.3%
교통운수	총합	28	20	8	5	5	2	6
	비율	3.5%	2.4%	1.4%	0.9%	0.8%	0.3%	0.9%
상공자유	총합	148	83	65	59	51	46	54
	비율	18.4%	10.0%	11.1%	10.2%	8.0%	6.2%	8.1%
농축산업	총합	73	75	34	41	32	27	25
	비율	9.1%	9.1%	5.8%	7.1%	5.0%	3.6%	3.8%
정치인	총합	232	319	221	288	310	356	343
	비율	28.9%	38.6%	37.8%	49.7%	48.6%	48.1%	51.7%
기타	총합	260	291	228	165	225	290	221
	비율	32.3%	35.2%	39.0%	28.4%	35.3%	39.2%	33.3%

표 5-30 형사 고발된 지방의원의 수 현황

		제1대	제2대	제3대	제4대	제5대	제6대	제7대
형사 고발된 지방의원의 수	시·도 개수	0	1	2	3	8	8	3
	총합	0	3	2	9	30	28	4

향력을 행사함으로써 형사 고발되는 지방의원이 늘어났다는 점을 뜻하기도 하지만 한편으로는 지방의원과 유착 관계를 유지하거나 부당함을 감수했던 민간기업 혹은 민간인들이 이를 적극적으로 고발했을 가능성도 높다.

마지막으로 〈표 5-31〉의 지방의원들의 정당별 분포를 살펴보면, 지방의회의 모든 시기를 불문하고 현재 국회의 여당인 새누리당과 제1야당인 새정치민주연합의 전신에 해당하는 정당들에 속한 의원의 비율이 전체 지방의원 중 70% 이상을 차지하고 있다. 위와 같은 수치는 우리나라의 지방의회가 중앙정치에 의해 상당 부분 막대한 영향을 받고 있음을 나타낸다고 볼 수 있다.

표 5-31 시기별 지방의원의 정당별 비율

	제2대	제3대	제4대	제5대	제6대	제7대
국민중심당	-	-	-	2.0%	-	-
국민참여당	-	-	-	-	0.4%	-
노동당	-	-	-	-	-	0.1%
미래연합	-	-	-	-	0.1%	-
민주노동당	-	-	0.3%	0.8%	2.6%	-
민주당	40.3%	-	-	10.8%	48.2%	-
민주자유당	32.5%	-	-	-	-	-
새누리당	-	-	-	-	-	53.2%
새정치국민회의	-	44.0%	-	-	-	-
새정치민주연합	-	-	-	-	-	43.8%
새천년민주당	-	-	19.9%	-	-	-
열린우리당	-	-	-	5.0%	-	-
자민련	9.8%	13.3%	4.8%	-	-	-
자유선진당	-	-	-	-	5.6%	-
진보신당	-	-	-	-	0.4%	-
친박연합	-	-	-	-	0.1%	-
한나라당	-	36.4%	70.8%	79.2%	37.1%	-
무소속	17.4%	6.3%	4.3%	2.1%	5.3%	2.8%
전체	100.0%	100.0%	100.0%	100.0%	100.0%	100.0%

2) 지방의회의 지방행정 견제 및 투명성

단체장의 재의결 요구에 대한 재의결 여부는 지방의회의 지방행정 견제 수단이다. 〈표 5-32〉를 살펴보면 재의결 요구 건수의 경우 제1대에는 평균 2.6건이었으나 제3대 들어 0.6건으로 급감했고 그 이후 다시 증가해 제6대에는 2.8건을 기록했다. 재의결 건수 또한 이와 같은 맥락으로 제1대 평균 2.3건에서 시작해 제3대에 평균 0.5건으로 감소했고 제4대부터 다시 증가해 제6대에는 평균 1.6건으로 나타났다. 따라서 제1대에서부터 제6대까지 응답에 참여한 시·도의 평균 재의결 요구 및 여부는 전체적으로 3건 미만이었다.

표 5-32 시기별 단체장의 재의결 요구와 재의결 여부 현황

		제1대	제2대	제3대	제4대	제5대	제6대	제7대
재의결 요구 건수	시·도 개수	11	11	11	11	10	11	9
	총합	29	24	7	18	17	31	4
	평균	2.6	2.2	0.6	1.6	1.7	2.8	0.4
재의결(가결 또는 부결) 건수	시·도 개수	11	11	11	11	10	11	9
	총합	25	19	6	12	12	18	4
	평균	2.3	1.7	0.5	1.1	1.2	1.6	0.4

보고된 자료만을 분석했을 때 이러한 지표는 지방의회와 단체장 사이에 갈등은 크지 않은 것으로 해석된다. 아울러 지방의회는 단체장의 재의결 요구에 대해서는 매우 적극적으로 대응해 지방행정을 적절히 견제하고 지방행정의 투명성을 제고하도록 노력한 것으로 해석된다.

3) 지방의회의 주민 참여

먼저 본회의의 방청객 수를 보면 제1대에서 제3대까지는 방청객 수가 증가했으나 제4대부터는 지속적으로 방청객 수가 감소하고 있다. 〈표 5-33〉에 따르면 제1대에는 평균 3898.5명이 참석했다가 제3대에는 평균 4684.4명으로 785명 정

표 5-33 시기별 지방의회의 방청객 수 현황

		제1대	제2대	제3대	제4대	제5대	제6대	제7대
본회의	시·도 개수	10	11	12	15	16	17	16
	총합	38,985	45,444	56,213	68,482	64,346	57,289	12,248
	평균	3,898.5	4,131.3	4,684.4	4,565.5	4,021.6	3,369.9	765.5
상임위	시·도 개수	4	4	4	5	6	6	6
	총합	241	197	263	254	545	435	194
	평균	60.3	49.3	65.8	50.8	90.8	72.5	32.3
총수	시·도 개수	9	10	10	12	13	14	13
	총합	37,548	52,654	63,761	80,012	72,606	65,675	13,184
	평균	4,172.0	5,265.4	6,376.1	6,667.7	5,585.1	4,691.1	1,014.2

도 늘어났다. 그러나 최근 제6대에는 평균 3369.9명이 참석해, 중간에 방청객 수가 늘어난 때가 있었음에도 불구하고 제1대와 비교했을 때는 528.6명이 감소했다.

반면 상임위회의의 방청은 제2대를 제외하고 제4대까지는 증가 추세를 보였으나 이후에는 등락함으로써 지역 정치에 대한 관심이 크지 않음을 알 수 있다. 제2대가 평균 49.3명으로 가장 적은 방청객 수를 기록했고, 제5대가 평균 90.8명으로 역대 가장 많은 방청객이 참여했다. 상임위회의의 방청객 수 현황은 지역 정치에 대한 관심이 아직 저조한 현실을 나타내고 있지만, 제1대에 비해 제5대, 제6대 들어서 평균 방청객 수가 증가한 것은 주민들의 지역 정치에 대한 관심이 점차 증가할 수 있는 가능성을 보여준다. 향후에도 지역주민의 방청이 활성화되도록 노력해야 할 것이다.

다음으로 지방의회가 주민 참여의 결과를 얼마나 반영하고 하는지를 주민참여예산에 할당된 예산 비율을 통해 확인하고자 한다. 〈표 5-34〉에 따르면 제4대부터 1개 지역이 도입한 이후 많은 지역이 도입을 했고, 주민참여예산 비율 또한 제1대에는 0.09%였던 데 반해 현재 제7대에는 33.86%까지 증가해 상승세에 있다. 비록 제도만 도입이 되었을 뿐 주민의 실질적인 참여는 부재한 실정이라는 비판에서 자유로울 수 없는 상황이지만, 주민참여예산제도가 지역 민주주의를 위한 주민자치의 핵심적인 제도로 정착하기 위해서는 지방의회와 지방자치단체

표 5-34 시기별 지방의회의 주민참여예산 비율 현황

		제1대	제2대	제3대	제4대	제5대	제6대	제7대
주민참여 예산 비율	시·도 개수	-	-	-	1	2	10	12
	평균	-	-	-	0.09%	2.55%	3.99%	3.19%
	최대	-	-	-	0.09%	6.15%	17.77%	33.86%
	최소	-	-	-	0.09%	0.41%	0.06%	0.04%

장의 추진 의지가 필요하며, 주민들의 의견이 반영될 수 있도록 하는 제도적인 개선 노력이 뒷받침되어야 할 것이다.

제 4 절 결론 및 함의

제도적으로 매우 불완전한 상황 속에서도 지방의회는 지난 24년 동안 다방면에 걸쳐 커다란 성과를 보였다.[7] 무엇보다도 지방의회의 운영 제도가 크게 개선되었다. 지방의회에 관련된 지방자치법이 지방의원의 신분, 경제적 반대급부, 상임위원회의 설치, 회의 일수 등에서 개선되었다. 지방의원의 신분이 명예직에서 유급직에 가깝게 개선되었다. 2005년 월정수당의 도입으로 의정비가 크게 인상되었기 때문이다. 지방의회의 조직인 상임위원회의 설치가 조례로 자유화되어 의정심의의 질적 향상을 도모할 수 있게 되었다. 이에 부응해 지방의회의 회의 일수도 조례로 자유화함으로써 지방의회는 명실공히 시간에 구애 없이 지역의 정책을 논의하는 최고정책기관이 되었다. 이에 부응해 지방의회들도 의회규칙으로 5분

7) 1988년 당시의 지방자치법은 내용이 매우 부적절했다. 지방자치의 실시에 소극적이었던 내무부는 임명직 단체장을 유지하면서 지방의회만을 구성하고 지방의회의 권한을 매우 제한하는 극강시장-극약의회 구조를 채택했다. 대표적으로 지방의회 사무기구의 인사권을 임명직이었던 단체장에게 귀속시킴으로써 지방의회의 손과 발을 묶는 결과가 되었다. 1991년 지방의회 출범 이후 이뤄진 각종 설문조사와 인터뷰를 보면 지방의원들이 가장 시급하게 개선되어야 할 과제는 지방의회 사무기구의 인사권 독립이었다. 2014년 말 제주특별자치도에서 도의회와 도지사와의 갈등도 사무처장의 인사권과 관련된 것이었다.

발언제도, 인터넷 중계, 1문 1답식의 운영 등 의회 운영의 개선에 노력했다.

지방의회의 성과가 향상하게 된 것은 그동안 보강된 인적·물적 기반이 원인 중의 하나가 되었다. 비록 지방의회에서 근무하는 공무원의 인사권은 단체장에 속했지만 공무원의 수가 증가하고 지방의원 개인 사무실 등이 설치됨으로써 지방의정의 보좌는 강화되었다. 지방의회의 산출과 성과가 긍정적으로 향상된 것은 이러한 인적·물적 기반의 강화에 기인했다. 향후 지나친 인적·물적 기반의 확대는 지속 가능 발전이라는 관점에서 신중하게 이뤄져야 한다. 왜냐하면 현재의 인적·물적 기반은 외국과 비교할 때 큰 규모에 속하기 때문이다.

지방의회의 산출과 성과는 지방의회의 고유 기능인 예산 심의·의결, 조례의 제정과 개정, 행정사무감사와 조사의 분야에서 나타났다. 예산의 질적 심의가 강화되었으며 조례의 제정 과정에 의원 발의가 급증하고 있는 것은 매우 긍정적인 결과다. 초기에는 의욕이 앞선 행정사무감사도 이젠 제 모습을 갖춰 집행부를 견제하고 감시하는 제도로서 자리매김한 것으로 평가된다. 지방행정이 종전에 비해 투명하게 변화하고 있는 것은 지방의회의 다양한 활동에 기인하는 것이다. 지방의회의 방청객 수는 답보 상태에 있으나 지방의원의 직업별, 성별 분포의 변화는 지방의회의 대표성을 제고하는 데에도 기여했다.

제1세대 지방자치의 시대에 지방의회의 긍정적인 산출과 성과에도 불구하고 지방의회에 대한 여론이 호의적이지 않았다는 점은 제2세대 지방자치 시대를 앞두고 그 원인을 깊이 되돌아보아야 할 것이다. 지방의회 의장단 선거와 관련된 잡음, 의정비의 과다한 인상에 대한 비판, 관광성 국·내외 연수, 형식적인 주민참여예산제도의 검토, 의정활동을 위한 전문성 제고를 위한 노력의 부족 등이 복합적으로 작용한 결과일 것이다. 이 점들은 제2세대 지방자치의 업그레이드를 위해서 반드시 시정되어야 할 부분이다.

더불어 지방의회의 손발을 묶었던 제도를 개선해 지방의회가 제2세대 지방자치의 발전에 기여할 수 있도록 적극적으로 노력해야 한다. 여기에는 지방의회 사무기구의 인사권 독립과 광역의회 정책보좌관제도의 도입이 포함되어야 한다. 아울러 지방의원들로 제2세대 지방자치의 시대를 맞아 국민의 행복 증진에 기여하는 의정활동을 위해 매진해야 하는 것이 지난 24년의 의정활동을 평가하는 의의가 될 것이다.

[부록]

부록 1 지방의원의 의정비 지원 규모 현황

		시도의회 개수 (단위: 개)	의정비 평균(A) (단위: 백만 원)	일반회계 평균(B) (단위: 백만 원)	비중 (A/B×100) (단위: %)
제1대	1991	6	1,433	351,650	0.41%
	1992	6	1,987	388,901	0.51%
	1993	6	2,019	448,833	0.45%
	1994	6	2,653	558,300	0.48%
제2대	1995	6	2,887	688,717	0.42%
	1996	6	2,773	834,431	0.33%
	1997	7	3,186	920,163	0.35%
제3대	1998	7	3,089	997,803	0.31%
	1999	7	2,524	916,961	0.28%
	2000	8	2,618	1,016,553	0.26%
	2001	8	2,520	1,157,925	0.22%
제4대	2002	10	2,920	1,526,867	0.19%
	2003	10	3,049	1,661,567	0.18%
	2004	12	3,555	1,721,376	0.21%
	2005	12	3,873	1,909,324	0.20%
제5대	2006	12	4,311	2,133,926	0.20%
	2007	12	5,244	2,442,612	0.21%
	2008	12	5,228	2,849,884	0.18%
	2009	12	5,518	3,008,405	0.18%
제6대	2010	12	5,880	3,292,171	0.18%
	2011	12	5,152	3,431,884	0.15%
	2012	13	5,179	3,432,803	0.15%
	2013	13	5,078	3,620,780	0.14%
제7대	2014	13	6,169	3,857,976	0.16%
	2015	13	6,078	3,946,673	0.15%

부록 2 광역의회별 우수 조례 제정 현황

부산광역시 의회	제6대 부산광역시 문화나눔 장려 및 지원에 관한 조례
인천광역시의회	제1대 인천직할시의회 고문변호사에 관한 조례 제2대 인천광역시 공립학교 운영위원회 설치·운영에 관한 조례 제3대 인천광역시 영유아 보육 조례 제4대 인천광역시 서해5도서 주민 여객선 운임 지원 조례 제5대 인천광역시 공항고속도로 통행료 지원 조례 제6대 인천광역시 항공산업 지원·육성 조례 제7대 인천광역시교육청 학교현장교육 학생안전관리 조례
광주광역시의회	제5대 우수조례 시상식에서 단체 부분 대상과 개인 부분 우수상 수상 제6대 광주광역시 청소년문화예술 진흥 조례, 주광역시의회의원 업무추진비 집행 기준 및 공개에 관한 조례, 광주광역시 식품기부 활성화 조례, 광주광역시 문화콘텐츠 진흥 조례 제7대 중 및 자살 예방에 관한 조례, 광주광역시 영구임대주택 입주자 삶의 질 향상 지원 조례, 신·재생에너지 보급 촉진 지원 조례
대전광역시의회	제1대 대전직할시 행정정보공개조례 제2대 대전광역시 자원 절약과 재활용 촉진에 관한 조례 제3대 대전광역시 공동생활가정 설치 및 운영조례, 대전광역시 의제21추진협의회 지원 조례 제4대 대전광역시 자전거 이용 활성화에 관한 조례, 대전광역시 장애인 콜택시 관리 및 운행에 관한 조례 제5대 대전광역시 출산장려 및 양육 지원에 관한 조례, 대전광역시 농수축산물 안전성검사와 이에 따른 손실보상 등에 관한 조례 제6대 대전광역시 범죄피해자 보호조례, 대전광역시 인권 보장 및 증진 조례, 대전광역시 사회적 자본 확충 조례, 대전광역시 경력 단절 여성 등의 경제활동 촉진 조례 제7대 대전광역시 학교폭력 예방 및 대책활동 지원 조례, 대전광역시 범죄예방 도시디자인 조례, 대전광역시장직 인수위원회 조례
세종특별자치시의회	세종특별자치시의회 현장의정활동 운영 및 지원에 관한 조례
경기도의회	경기도 광릉숲 생물권보전지역 관리 조례, 경기도 뿌리산업 진흥 및 육성에 관한 조례, 경기도 유해화학물질관리 조례, 경기도 협동조합 육성에 관한 조례, 경기도 뷰티산업 진흥 조례, 경기도 곤충산업의 육성 및 지원에 관한 조례, 경기도 자치법규 입법영향분석 조례, 경기도 공공건축물에 대한 소방시설 공사 분리 발주 의무 조례, 경기도 서민금융복지지원센터 설치 및 운영조례
강원도의회	제6대 어린이 안전관리 조례

충청북도 의회	제1대 충청북도 농어촌소득개발기금 운영관리 조례 제2대 충청북도 의정회 설치 및 육성 조례 제3대 충청북도 추천 농특산물 상표관리 조례 제4대 충청북도 에너지 기본 조례 제5대 충청북도 종자산업의 육성과 직무육성 품종 등 지원 조례 제6대 충청북도 학교 숲 조성 및 관리 조례 제7대 충청북도 국기 게양일 지정 및 선양 등에 관한 조례
충청남도 의회	제3대 충청남도농특산물공동상표관리 조례 제4대 충청남도학교급식 식품비 지원에 관한 조례 제5대 충청남도 농산어촌 체험관광 활성화 지원 조례 제6대 충청남도 비정규직 근로자의 고용 안정 및 권리보고 지원에 관한 조례 제7대 충청남도 석면안전관리 및 지원에 관한 조례
전라북도 의회	제1대 전라북도 행정정보공개 조례 제2대 전라북도 의정회 지원 조례 제3대 전라북도 국제문화예술행사 지원 조례 제4대 전라북도 동부권 균형발전 지원에 관한 조례 제5대 전라북도 헌혈 권장에 관한 조례 제6대 전라북도 장애인 차별 금지 및 인권 보장에 관한 조례 제7대 전라북도 출연기관 장 등의 인사검증 조례
전라남도 의회	제6대 전라남도 유기농 명인 지정 운영 조례 제7대 전라남도 은퇴도시 조성사업 지원 조례
경상북도 의회	제6대 경상북도 지역축제 폐기물 감량 및 재활용 장려 조례, 경상북도 중증장애인 생산품 우선구매 촉진 조례, 경상북도 청년미취업자 등 중소기업 취업 지원에 관한 조례 제7대 경상북도 도서지역 여객선 유류 보조금 지원 조례, 경상북도 국어바르게 쓰기 조례
경상남도 의회	경상남도 지방도상 야생동물 등의 충돌 방지 및 사체 처리 등에 관한 조례

제 6 장

지방분권 국가 실현을 위한 개헌의 방향

김수연

제 1 절 서론

2007년 참여정부 당시 대통령 임기 조항 개정 문제를 논의하기 시작한 이래로 18대 국회 및 학계에서 개헌 논의가 활발한 논의가 있었으나 본격적인 개헌 논의로 진입하지 못하고 논의로만 그쳤다. 19대 국회 개원 이후 정치권에서 지속적인 개헌 논의가 있는 가운데 국회에서는 이재오 의원 중심으로 현재 여야 152명이 참여하는 개헌추진 국회의원 모임이 발족되었고, 국회의장 직속의 '헌법개정 자문위원회'[1]를 운영, 헌법 개정 자문 의견을 발표하고 조문 시안을 확정했다(국회 헌법개정자문위원회, 2014). 또한 국회 헌법개정특별위원회 구성결의안이 발의되어 개헌 토론회를 개최하는 등 개헌 논의가 진행되었다.[2]

1) 2008년 김형오 국회의장실에 '헌법연구자문위원회'를 설치한 바 있었고, 가장 최근은 강창희 국회의장 직속의 '헌법개정자문위원회'다.

제19대 국회는 국가 권력의 특정 기관 독점이라는 현행 헌법의 병폐에 대한 지적에 제도적인 문제로 접근해 권력구조를 개편하기 위해 개헌을 논의하게 되었다. 이에 강창희 국회의장은 국회에서 지방자치와 관련한 각계의 헌법 개정 논의를 하나로 묶기 위해 '헌법개정자문위원회'를 발족했고, 위원회는 2014년 5월 23일 헌법 전문을 시작으로 기본권, 정부 형태, 사법부, 헌법 개정 절차에 이르는 헌법개정안을 제안했다.[3] 그간의 헌법개정자문위원회에서 활동 결과를 제시한 보고서에 의하면, 분권형 헌법으로서 통치기구의 분권을 지향하는바 국회를 분권화해서 양원제로 구성하면서 지역대표로 선출되는 참의원을 두고, 행정부도 분권화해서 대통령과 국무총리에 권력을 분산, 어느 한 기관의 독주를 막고 있으며, 사법부도 분권화해서 법원과 헌법재판소가 각기 헌법상 권한을 행사하도록 구상했음을 밝히고 있다(국회 헌법개정자문위원회, 2014).

자문위원회 활동결과보고서는 개헌의 방향은 분명 '분권'이고, 이는 '지방분권'을 포함해 지방자치를 강화하는 방향으로의 개헌안을 제시했다고 밝히고 있다. 그러나 정작 지방자치에 관한 헌법 개정안 조문 시안을 면밀히 보면, 이러한 지방분권의 의지는 매우 미약해 찾아보기 어려울 정도다. 지방자치에 관해 주민의 자치권을 최대한 보장한다는 선언적 규정과 지역 간 재정 격차 해소를 위한 국가의 권한과 책임만 강조하는 규정을 하나 더 추가했을 뿐이다.

정치권의 논의는 표면적으로는 '분권형 헌법'으로의 개정을 요청하고 있고, 정치권에서의 '분권형 헌법'은 이른바 '분권형 대통령제'에 집중되어 현재 대통령에게 집중된 권한을 국회와 총리 등에게 분권화하는 데 관심을 두고 있다. 개헌의 핵심이 분권형 헌법에의 지향, 즉 중앙에 집중된 권력구조의 재편 및 중앙집권적인 시스템 개선에 있다면 당연히 환영할 것이지만, 대부분은 권력구조 특히 대통령의 임기 및 분권형 대통령제의 구현을 위한 정부 형태의 논의에 집중되어 있는 한계를 보이고 있다. 개헌 추진 국회의원 모임은 4년 중임 분권형 대통령제[4]를 추진하고 있고, 헌법개정 자문위원회는 대통령의 권한을 축소하고, 임기 6

2) 정치권의 이러한 논의는 2014년 10월 박근혜 대통령의 "개헌은 경제 블랙홀"이라는 발언 이후 여야 간 입장의 차이를 보이면서 잦아들고 있는 추세이긴 하다.

3) 구체적으로 국회 '헌법개정 자문위원회'의 개헌안을 볼 필요가 있다. 이것은 현재까지는 비록 자문 의견에 불과하다고 할지라도 국회 차원에서 헌법 개정안으로서 가장 최근에 전체 조문 시안을 제시한 의견이기 때문이다.

년 단임의 분권형 대통령제[5] 및 국회 양원제를 제안하고 있다.

그러나 중앙정부의 권력구조의 개편만으로는 절반의 분권에 불과하다. 분권형 헌법의 핵심은 권력구조 전반에 분권 시스템을 도입하는 것이어야 한다. 중앙정부 내 분권뿐 아니라 중앙정부와 지방정부간 분권이 이뤄져야 완전한 분권형 권력구조의 개편이 완성되는 것이다. 이러한 점에서 진정한 지방분권의 의미는 무엇이고, 그동안 지방분권을 추진한 경험과 외국의 사례를 통해, 지방분권 국가를 실현하기 위해 중앙과 지방을 포함한 국가 권력구조의 규범 틀인 헌법은 어떤 방향으로 개정되어야 하는지 살펴보고자 한다.

제 2 절 지방분권 국가의 실현

1 지방자치와 지방분권

1) 개념

지방자치 또는 지방자치제는 "일정한 지역을 단위로 일정한 지역의 주민이 그 지방주민의 복리에 관한 사무·재산관리에 관한 사무·기타 법령이 정하는 사무를 그들 자신의 책임 하에서 자신들이 선출한 기관을 통해서 직접 처리하게 함으로써 지방자치행정의 민주성과 능률상을 제고하고 지방의 균형 있는 발전과 아울러 국가의 민주적 발전을 도모하는 제도"로 정의할 수 있다(성낙인, 2014: 640).

1987년 10월 개정된 현행 헌법 이전의 헌법에서도 지방자치의 장을 독립된 장으로 규정해 지방자치를 보장하고 있었다. 우리 헌법은 건국헌법에서부터 지

4) 대통령 4년 중임제, 의원내각제 도입을 고려한 방안이다.
5) 내정은 국무총리 담당, 외교·국방·통일·안보는 대통령이 담당하도록 하는 통치권의 분권을 의미한다.

방자치를 규정했고, 정치적 상황과 여건에 따라 그 실현 형태는 달라져 왔지만 한번도 지방자치제를 형식적으로라도 헌법에서 삭제한 적은 없었으며, 그 규범의 형식은 현행 헌법과 크게 다르지 않았다.[6)7)] 헌법 규정으로부터 보건대, 지방자치의 핵심적 요소로 일정한 지역, 주민, 고유한 사무, 직접 또는 대의기관을 통한 자치를 들 수 있다.

한편, 지방분권에 대해 「지방분권 및 지방행정체제 개편에 관한 특별법」에서는 "국가 및 지방자치단체의 권한과 책임을 합리적으로 배분함으로써 국가 및 지방자치단체의 기능이 서로 조화를 이루도록 하는 것을 말한다."고 정의하고 있다.

학술적으로는 지방분권을 크게 두 가지 방향으로 구분해 보고 있다(성낙인, 2014: 639; 조규범, 2010: 145). 하나는 지방분권을 지방자치단체에 대해 통치권의 일부로서 자치권을 부여하는 것으로 보는 입장으로, 이를 자치권상의 지방분권제도라고 한다. 이에 대해 두 번째 의미로는 지방행정관청에 대해 행정 권한을 분산시키는 것을 의미하고, 행정권상의 지방분권주의로 본다(조규범, 2010: 145).

오늘날 지방행정은 종합행정을 지향하고, 지방분권은 헌법상 권력 분립의 원리를 구현하고 민주주의의 기반으로 작용한다는 점에서 지방분권은 행정 권한의 분산의 의미를 넘어서서 지방자치단체에 대한 자치권의 보장으로 보는 것이 타

---

6) 건국헌법(1948)에서의 지방자치 규정을 보면 다음과 같다.
제8장 지방자치
제96조 지방자치단체는 법령의 범위 내에서 그 자치에 관한 행정사무와 국가가 위임한 행정사무를 처리하며 재산을 관리한다.
지방자치단체는 법령의 범위 내에서 자치에 관한 규정을 제정할 수 있다.
제97조 지방자치단체의 조직과 운영에 관한 사항은 법률로써 정한다.
지방자치단체에는 각각 의회를 둔다.
지방의회의 조직, 권한과 의원의 선거는 법률로써 정한다.

7) 구 헌법은 부칙 제10조에서 "이 헌법에 의한 지방의회는 순차적으로 구성하되, 그 구성 시기는 법률로 정한다."라고 하여 지방자치제 실현을 헌법 스스로 법률에다 유보해 놓고 있었기 때문에 지방자치에 관한 헌법의 규정은 사실상 유명무실했고, 게다가 1972년 헌법은 부칙에서 "이 헌법에 의한 지방의회는 조국 통일이 이루어질 때까지 구성하지 아니한다."고 규정했다. 그러다 1987. 10. 29. 현행 헌법으로의 헌법 개정이 이뤄졌고 그 개정을 통해 지방자치제 실시를 유보하던 위 부칙 제10조가 삭제됨으로써 지방자치에 관한 헌법 규정도 그 실효성을 회복하게 되었다.

당하다.

또한 중앙정부의 대규모 정책이 모든 지역에 효과적으로 시행되기 어렵고 적정 규모의 지방정부는 국가정치의 능률성에도 기여한다는 점, 지방정부가 지방의 요구에 더욱 민감하게 대응할 수 있고, 서비스 수요자인 주민에게 물리적·심리적 거리를 단축시킬 수 있다는 점, 예산을 지출하고 지방정부가 납세자에게 근접한 관계로 예산의 내역을 잘 파악해 낭비 요소를 효과적으로 차단할 수 있다는 점에서도 지방분권은 필요하다(김희창, 2010: 159).

2) 지방자치와 지방분권의 헌법적 의의

우리 헌법은 건국헌법에서부터 현행 헌법에 이르기까지 지방자치에 관해 규정해 왔고, 헌법재판소 및 다수의 학자는 지방자치의 보장을 이른바 제도 보장으로서 이해하고 있다. 제도 보장이라 함은 역사적·전통적으로 확립된 기존의 객관적 제도 그 자체의 본질적 내용이 입법에 의해 폐지되거나 본질이 훼손되는 것을 방지하기 위해 헌법이 객관적 법규범으로서 보장하는 것이다(성낙인, 2014: 897).

헌법재판소는 "제도적 보장은 객관적 제도를 헌법에 규정해 당해 제도의 본질을 유지하려는 것으로서 헌법 제정권자가 특히 중요하고도 가치 있다고 인정되고 헌법적으로 보장할 필요가 있다고 생각하는 국가제도를 헌법에 규정함으로써 장래의 법 발전, 법 형성의 방침과 범주를 미리 규율하려는 데 있다. 이러한 제도적 보장은 주관적 권리가 아닌 객관적 법 규범이라는 점에서 기본권과 구별되기는 하지만 헌법에 의해 일정한 제도가 보장되면 입법자는 그 제도를 설정하고 유지할 입법 의무를 지게 될 뿐만 아니라 헌법에 규정되어 있기 때문에 법률로써 이를 폐지할 수 없고, 비록 내용을 제한하더라도 그 본질적 내용을 침해할 수 없다."고 판시한 바 있다(헌재 95헌바48).

또한 헌법재판소는 "헌법은 제117조와 제118조에서 '지방자치단체의 자치'를 제도적으로 보장하고 있는바, 그 보장의 본질적 내용은 자치단체의 보장, 자치기능의 보장 및 자치사무의 보장이다."(헌재 2006헌라6)라고 결정했고, 제도 보장은 입법자에게 법률로써 제한을 인정하면서도 제도에 대한 전면적 폐지는 허용하지 않는 것으로 이해한다. 또한 헌법 제117조 및 제118조가 보장하고 있는 본질적인 내용은 자치단체의 존재의 보장, 자치 기능의 보장 및 자치사무의 보장으로 어디까지나 지방자치단체의 자치권으로 이해하면서(헌재 2000헌마735), 지방자치단체의 자치권은 헌법상 보장을 받고 있으므로 비록 법령에 의해 이를 제한하는 것이 가능하다고 하더라도 그 제한이 불합리해 자치권의 본질을 훼손하는 정도에 이른다면 이는 헌법에 위반된다고 보고 있다(헌재 2006헌라6).

지방자치제도는 지방자치행정의 민주성과 능률성을 제고하고 지방의 균형 있는 발전과 아울러 국가의 민주적 발전을 도모하는 제도로서, 지방자치는 국민자치를 지방적 범위 내에서 실현하는 것이므로 지방 시정에 직접적인 관심과 이해 관계가 있는 지방주민으로 하여금 스스로 다스리게 한다면, 자연히 민주주의가 육성·발전될 수 있다는 소위 '풀뿌리 민주주의'를 그 이념적 배경으로 하고 있다(헌재 91헌마21). 지방자치제도는 민주정치의 요체이며 현대의 다원적 복합사회가 요구하는 정치적 다원주의를 실현시키기 위한 제도적 장치로서 주민의 자발적인 참여·협조로 지역 내의 행정관리·주민복지·재산관리·산업 진흥·지역 개발·문화 진흥·지역민방위 등(헌법 제117조 제1항, 지방자치법 제9조 참조) 그 지방의 공동 관심사를 자율적으로 처결해 나간다면, 국가의 과제도 그만큼 감축되는 것이고, 주민의 자치 역량도 아울러 배양되어 국민주권주의와 자유민주주의 이념 구현에 크게 이바지할 수 있는 것이다(헌재 91헌마21, 99헌마28).

결국 지방자치제도는 현대 입헌민주국가의 통치원리인 권력 분립 및 통제·법치주의·기본권 보장 등의 원리를 주민의 직접적인 관심과 참여 속에서 구현시킬 수 있어 바로 자율과 책임을 중시하는 자유민주주의 이념에 부합되는 것이므로 국민(주민)의 자치 의식과 참여 의식만 제고된다면 권력 분립 원리의 지방 차원에서의 실현을 가져다줄 수 있을 뿐 아니라(헌재 91헌마67), 지방의 개성 및 특징과 다양성을 국가 전체의 발전으로 승화시킬 수 있고, 나아가 헌법상 보장되고 있는 선거권과 공무담임권(피선거권) 등 국민의 기본권의 신장에도 크게 기여할 수 있는 제도라고 평가할 수 있다(헌재91헌마21).

지방자치제도의 헌법적 보장은 국민 주권의 기본 원리에서 출발해 주권의 지역적 주체인 주민에 의한 자기 통치의 실현으로 요약할 수 있으므로, 이러한 지방자치의 본질적 내용인 핵심 영역은 입법 기타 중앙정부의 침해로부터 보호되어야 함은 헌법상의 요청이다. 중앙정부와 지방자치단체 간에 권력을 수직적으로 분배하는 문제는 서로 조화가 이뤄져야 하고, 이 조화를 도모하는 과정에서 입법 또는 중앙정부에 의한 지방자치의 본질의 훼손은 어떠한 경우라도 허용되어서는 안 되는 것이다(헌재 6헌바62, 99헌마28).

지방자치가 현대 민주국가에서 수행하고 있는 민주주의적·권력 분립적 기능을 감안할 때, 과연 지방자치에 관한 헌법 규정이 소극적으로 지방자치의 폐지를 금지하는 정도의 보장적 효과 정도만 있다고 평가하는 것은 무리다(조성규, 2001: 414). 중앙정부와 지방정부는 상호 대립하거나 지배·종속적 관계에 있다고 볼 수 없고, 원칙상 대등한 관계에 있고, 다만 전체 국가 질서의 유지를 위해 상호 협력하는 것이 필요할 뿐이라는 점에서, 지방자치제를 헌법이 보장하고 있는 헌법 구조 하에서 지방자치권의 구체적 보장 내용은 바로 헌법 규범으로부터 직접 도출된다고 보아야 할 것이다(조성규, 2001: 416).

2 외국의 지방분권 추진 현황

1) 일본의 지방분권 추진[8)]

일본은 1995년 5년간 한시법으로 「지방분권추진법」을 제정하고, 동년 7월 지방분권추진위원회를 발족하고 1998년 지방분권 추진계획을 수립했다. 이후 1999년 「지방분권 추진을 도모하기 위한 관계법 등의 정비 등에 관한 법률(일명, 지방분권일괄법)」을 제정해 2000년 시행하면서 본격적인 지방분권 정책을 추진하기 시작했다.

「지방분권일괄법」의 취지를 「지방자치법」 제1조의2에 반영해 지방자치단체의 역할과 국가의 배려에 관한 규정을 신설하고, 국가 및 지방자치단체가 분담해

8) 일본의 지방분권 추진과 관련해서는 일본 전국지사회 홈페이지 자료 참조(http://www.nga.gr.jp/), 일본 지방분권 관련 법률 등 검색은 http://law.e-gov.go.jp/cgi-bin/idxsearch.cgi 검색. 일본 내각부 사무이양 관련 자료는 http://www.cao.go.jp/bunken-suishin/jimukengen/jimukengen-index.html 검색.

야 할 역할을 명확히 했으며, 「지방분권일괄법」에 따라 국가에서 도(都), 도(道), 부(府), 현(縣)으로 권한 이양 추진을 본격화했다. 시(市), 정(町), 촌(村)의 규모와 능력에 적합한 권한의 이양을 추진하고, 재정 구조 개혁인 소위 삼위일체 개혁[9]을 추진했다.

이 과정에서 기관위임사무를 폐지하고 법정수탁사무를 도입해 국가(중앙정부)에 의한 일방적인 사무의 위임을 폐지하고, 국가의 관여는 반드시 법령상 근거를 두도록 하며, 이에 따라 관계 법률을 일제 정비했다. 또한 국가와 지방 간 계쟁 처리 절차 규정 및 개별법에 의한 관여도 필요 최소한으로 축소, 포괄적 지도 감독권을 폐지하는 등 지방분권적 개혁을 추진했다.

2) 프랑스의 지방분권 추진[10]

프랑스는 1982년 「신지방분권법」 제1조 2항에서 "법률에 의해 국가와 코뮌 지방정부, 데파르트망 도지방정부, 레종 지역정부들 간의 행정 권한(사무)에 관한 배분을 결정한다."는 규정에 따라, 1983년 1월 「사무배분기본법(Defferre법)」, (법령 제83-8호)을 제정했고, 관련법을 수정 보완하는 법을 1983년에 다시 제정했다.

그 뒤 계속 분야별로 지방이양일괄법들을 제정해 본격적인 권한 이양을 추진했다. 구체적으로 보면, 1985년에는 교육 분야의 사무 이양에 관한 법, 1986년 사회복지와 보건의료에 관한 법, 1992년 운하와 연안항구 설립과 운영에 관한 법, 관광 분야 이양에 관한 법 등 대폭적으로 중앙 권한의 지방 이양을 통해 지방분권정책을 추진했다. 1988년에는 지방자치법을 수정했는바, 이때 국가의 지방정부에 대한 재정적 지원, 경제적 관여 활동, 지방정부의 예산과 재정회계의 감독, 지방정부 상호간 협력 관계 등에 대한 관계를 더욱 구체화했고, 1982~1986년 기

9) 세원의 지방 이양, 국고보조금 삭감, 지방교부세의 재검토 등을 일컬어 소위 '삼위일체 개혁'이라 한다.

10) 프랑스 지방분권 추진과 관련 상세히는 전국시도지사협의회, 「프랑스 지방분권 헌법 개정의 성과와 과제」(2012) 참조, 전국시도지사협의회 홈페이지(www.gaok.or.kr) 지방분권연구 내 연구보고서 공개 참조, http://www.gaok.or.kr/bbs/research/read.jsp?pageno=1&no=73&searchType=&searchVal=&continentId=&nationId=).

간 동안 70여 개의 후속 법률과 750여 개의 정부시행령으로 지방자치를 구체화했다. 또한 1992년 2월 6일 지방행정에 관한 기본법을 제정해 지방자치단체 협력체(코뮌협력체)의 고유한 세원 확보를 가능하게 하는 형태로 발전시켰다.

그러다 2003년 이른바 '지방분권 헌법 개정'을 단행해 헌법 제1조에서 프랑스 국가조직의 분권화를 천명하고, 제12장 지방자치단체에 관한 부분을 전면 개정하고, 입법자에게 헌법 개정에 따른 입법 의무를 부여했다. 이에 따라 개헌 이후 상당한 후속 입법 조치가 이뤄졌다(전훈, 2013: 40-45).

2003년 개헌 이후 제정된 주요 조직법은 「지방의 제도적 시범 권한의 실행 요건에 관한 조직법(Loi organique sur les conditions d'exercice du droit à expérimentation des collectivités territoriales)」, 「지방주민투표 실시법(Loi organique sur les modalités du référendum local)」, 「지방재정자치법(Loi organique relative à l'autonomie financière des collectivités territoriales)」 등이 있고, 「지방의 자유와 책임에 관한 법률(Loi relative aux libertés et responsabilités locales)」(2004년)에서는 사회부조와 직업교육, 항구, 공항 관리의 권한 이양 등을 규정하고, 이양을 받는 지방자치단체에 선택권을 부여하고 일정한 권한 이양의 경우 각 지방자치단체 간 경합을 인정하는 등의 규정을 두고 있고, 2010년 12월 16일 「지방자치단체 개혁에 관한 법률(Loi réforme des colletivités terrioriales)」에서는 지방정부 간 권한 배분, 코뮌 간 협력 강화, 대도시권 연합체 신설, 지방선거에 관한 사항 조정 등의 사항을 규정했다.

개헌에 따른 국가 권한의 지방 이양과 지방분권 추진을 위해 2004년 12월 '국가-지방정부 간 인력이양 후속조치위원회(Commission commune de suivi des transferts de personnels entre l'État et les collectivités territoriales)'를 설치·운영하고, 이 위원회를 통해 국가와 지방정부가 인력 이양을 위한 협약을 맺고 단계적으로 실행을 추진했다. 국가와 지방정부 간 이견이 있어 지방정부가 이양 협약 체결을 거부했을 경우 이를 조정하기 위한 국가협상위원회도 설치·운영하고, 비용평가자문위원회(Commission consultative sur l'évaluation des charges: CCEC)를 설치(2005년)해 국가와 지방정부 간 권한 이양에 따른 재정 보전에 대한 검토와 평가 등을 수행했다.

3 시사점 및 과제

연방국가를 제외하고, 단방제 국가로서 우리나라에 적용할 만한 시사점을 얻을 수 있는 일본과 프랑스 양국의 지방분권 추진 과정을 보면,[11] 차이는 분명히 존재하나 몇 가지 공통점을 찾을 수 있다.

첫째, 양국은 사무의 지방 이양 및 지방분권의 추진과 사무 구분 및 배분 체계 개선을 병행해 추진했다. 일본의 경우 지방으로의 권한 이양과 함께 국가와 지방 간 역할 분담을 명확히 하고, 사무의 구분 명확화 및 배분 체계를 개선하는 작업을 병행해 추진했고, 프랑스도 국가 및 각 지방정부의 역할을 구분해 각 정부 단위의 중심 기능을 명확히 하는 데서 출발했다.

둘째, 지방분권은 포괄적 일괄 추진 또는 기능적 일괄 이관의 형태로 진행했다. 일본은 지방으로 권한을 이양하는 결정 이후 이를 일괄로 이양하기 위해 일괄이양법을 제정해 한꺼번에 지방분권을 추진했고, 프랑스는 교육·문화·복지·도시계획 등 기능 단위로 포괄적 지방 이양을 진행했다. 결국 지방분권의 효과적 추진을 위해서는 일괄로 국가사무를 지방으로 이양하거나 적어도 기능 단위로 이양하는 것이 필요하다는 것이다.

셋째, 사무 이양 이후 신속하고 지속적인 입법 및 행·재정 지원 등 후속 조치를 통해 종합적 분권이 이뤄지도록 한 점이다. 일본 및 프랑스 모두 사무의 지방 이양 결정 이후 신속하게 후속 입법들을 마련했고, 특히 프랑스는 1982~1986년 기간 동안 70여 개의 후속 법률을 제정하고, 2003년 개헌 이후 분권화에 따른 법률의 제·개정을 신속하게 추진했다. 일본은 지방재정 개혁까지 추진함으로써 사무의 지방 이양과 늘어난 사무의 수행을 위해 부족해진 지방재정의 문제까지 종합 고려해 추진해 사무와 권한, 재정까지 지방으로 분권을 이행했다.

넷째, 권한의 지방 이양에 따른 후속 조치를 위한 기구를 설치한 점이다. 지방분권이 지속적이고 효과적으로 진행되도록 관련 기구를 설치해 평가하고 점검

11) 물론 프랑스와 일본이 완전한 지방분권 국가를 완성한 단계라고 평가할 수는 없지만 중앙집권적 국가 형태에서 지방분권적 국가로 변화를 추진한 과정에서 필요한 과제들을 시사점으로 도출할 수 있을 것으로 생각한다.

했고, 프랑스의 경우에는 '비용평가자문위원회'를 구성해 사무와 권한의 지방 이양에 따른 재정문제를 분석했다.

일본은 의원내각제로서 정부의 정책 추진과 의회 입법 조치가 상호 책임 하에 추진되는 정부 형태를 가지고 있고, 행정 권한과 재정의 뒷받침이 바로 연결되었다는 점이 큰 장점이고, 프랑스는 물론 입법의 변화가 있었으나 2003년 헌법 개정이라는 국가 기초의 변화를 통해 하위 입법 조치를 순차 지속적으로 추진해 지방분권 정책으로 국가의 정책 방향을 일시에 전환하는 효과를 가져온 것을 큰 장점으로 평가할 수 있다.

이상에 비춰보면, 우리나라가 지방분권 국가로 나아가기 위해서는 프랑스에서와 같은 국가 이념·정책 추진 방향의 일대 전환이 필요하다는 점에서 헌법 개정을 통한 지방분권 추진을 모색해 볼 수 있을 것이다.

제 3 절 헌법 개정의 필요성

1 제도의 문제와 운용의 문제

개헌 논의에 관해서는 과연 개헌이 필요한가에 대한 반대론도 만만치 않다. 특히 정치적 목적, 국면 전환용으로 개헌이 이용되는 것을 매우 경계하고 개헌 문제는 운용의 문제를 규범으로 영역으로 끌어들이는 것이라는 시각도 있다.

모든 제도의 운영이 원래의 목적과 취지에 맞게 완벽히 운용된다면 헌법을 비롯한 사회의 각 규범이 그리 많이 필요하지 않겠지만 실제의 운용이 제도의 목적과 취지에 따라 제대로 운영되지 않는 경우 운용의 문제가 지속적으로 발생하다면 제도의 흠결이나 오·남용에 대한 보완 등을 통해 제도 본연의 모습을 구현할 수 있는 방안을 모색해 보는 것이 가장 당연한 수순일 것이다.

또한 수많은 이해 관계가 대립하는 복합적 사회에서는 이해 당사자가 직접 또는 대표를 통한 간접적 방법으로 자기 입장을 피력해야 하고, 그 대표들이 제대로 국민의 의사를 대변하는가에 대해 끊임없이 의심하면서 이를 객관적으로 검증할 수 있는 각종 절차와 제도들을 양산하고 있다. 따라서 법치주의 국가에서는 모든 국가사회에 필요한 최소한의 원리와 제도의 기본 지침을 헌법에서 제시해 줄 필요가 있다. 그래야 하위 법률에서 헌법의 취지와 이념, 기준에 맞게 제도를 구체적으로 설계할 수 있기 때문이다.

그런데 우리 헌법은 적어도 지방자치 영역에서는 지나치게 간소하게 규정되어 있다. 지방자치에 관한 구체적인 내용의 형성을 법률로 정하도록 위임 또는 유보하고 있어, 실질적 지방자치의 요소를 헌법에서 보장하고 있다고 보기에는 매우 미흡한 실정이다. 게다가 개별 법률에서는 헌법에서 지방자치를 보장하고 있는 취지를 제대로 반영하지 못하고 자치권에 맡겨 둘 사항도 중앙에서 결정하는 중앙집권적 내용을 담고 있는 경우가 다수이며, 이러한 법률에 대한 논의도 지방자치의 모든 형성권을 입법에 부여했기 때문에 적어도 헌법적으로는 문제가 없다는 식의 주장이 가능해지는 것이다.

특히 지방분권의 추진은 헌법이 명확한 지침으로서의 기능을 다하지 못하는 한 일정한 한계를 넘어서지 못한다. 헌법의 규정이 불충분하고 모호한 경우에는 더욱 그러하다. 지방자치에 관한 헌법의 규정이 충분하지 못한 경우 상당수 입법에 의해 해결해야 하는바, 입법권마저 중앙—국회와 정부—에 집중되어 입법 형성 과정에서 지방의 참여가 보장되지 않으면 결국 실질적 지방자치는 공허한 외침에 불과하게 된다. 이를 극복하기 위한 대안이 바로 입법권의 수직적 권력 분립을 가능하게 제도화시키는 것이다.

지방자치는 오늘날 민주주의의 기반이 됨과 동시에 실질적·수직적 권력 분립의 실현을 위해서 반드시 필요한 제도다. 그렇다면 이를 좀 더 잘 구현하기 위해서는 제도의 정비가 필요하고 그것이 가능하도록 헌법에서 어느 정도 원칙과 기준을 설정해 주는 것이 필요하다.

2 지방분권 추진의 한계

1) 지방분권 추진 현황[12)]

현재까지 지방분권 정책의 추진은 입법권 및 사법권 측면에서는 분권화가 전혀 이뤄지지 않고, 다만 국가사무를 지방으로 이양하는 정도에 머물러 있다. 정부는 1988년 '행정개혁위원회'를 설치한 이래로, 현재 대통령 소속 '지방자치발전위원회'에 이르기까지 국가사무의 지방 이양을 추진해 왔다.

구체적으로 보면, 국가사무의 지방 이양을 위한 본격적인 노력은 1986년 12월 이후 국무총리 산하의 '지방자치제 실시연구위원회' 설치에서 출발했다. 총무처에서는 지방자치단체로 이양할 대상 사무를 발굴・선정했다. 이후 행정개혁위원회(1988년 설치)는 1989년 국가 기능과 지방 기능의 재조정의 일환으로 584건(이양 525건, 위임 59건)의 즉시 이관 대상사무(350건)와 점진적 이관 대상사무(234건)를 발굴했고, 총무처는 1990년 3월 행정개혁위원회 건의 사항의 추진 지침을 각 부처에 통보, 1990년 12월 국가 기능 지방이관 기본계획을 작성, 사무 배분의 기본 방침, 사무 배분 원칙, 분류 기준 등을 설정, 실무작업단을 편성했다.

이후 좀 더 본격적인 지방 이양의 추진은 지방이양합동심의회를 시작으로 이뤄졌다. 1991년 국무총리 훈령으로 총무처에 '지방이양합동심의회'를 설치했는데, 1991년부터 1998년까지 '지방이양합동심의회'는 모두 3,701개의 지방 이양 사무를 심의, 이 중 2,008건을 지방 이양하기로 확정, 2002년 6월 기준으로 1,743건이 지방 이양 완료되었다. 1999년 「중앙행정 권한의 지방 이양 촉진 등에 관한 법률」 제정, 이 법에 의거해 대통령 소속 하에 '지방이양추진위원회'를 동년 8월 30일 발족, 2008년까지 4기에 걸쳐 활동했는바, 2008년 12월 2일 「지방분권 촉진에 관한 특별법」에 따라 '정부혁신・지방분권위원회'와 '지방이양추진위원회' 기능을 통합해 대통령 소속 '지방분권촉진위원회'를 출범시켰고, 2013년 「지방분권

12) 제2기 지방분권촉진위원회 지방분권백서, 지방자치발전위원회 홈페이지 내 정보자료-정책자료 참조. http://clad.go.kr/section/board/bbs_view.html?PID=expert&seq=2753&select_part=ALL & search_target=&search_word=백서.

및 지방행정 체제 개편에 관한 특별법」의 제정에 따라 '지방자치발전위원회'가 설치되었다.

이상의 위원회는 지방 이양의 기본 방향을 설정하고 중앙행정 권한의 지방 이양 대상을 심의·의결하고, 국가사무와 지방사무, 광역과 기초자치단체 간의 사무 배분을 결정하는 등 정부의 지방분권 정책 추진의 요체였다.

2) 한계

2000년부터 2012년 11월 말을 기준으로 지방으로 이양된 사무를 보면 지방이양추진위원회와 지방분권촉진위원회에서 이양을 확정한 사무는 3,073개, 법령 제·개정 등의 작업이 완료되어 이양이 완료된 사무는 1,982개, 이양이 진행 중인 이양 미완료 사무는 1,091개 사무에 달한다.[13] 위원회에서 지방 이양을 결정한 사무에 비해 이양이 완료되지 못한 사무가 약 30%에 이르는 것은 사무의 지방 이양을 추진하는 데 일정한 절차적 한계, 기구상의 한계 등이 존재하기 때문이다.

개별 부처에서 입법 추진 시, 법률 개정 절차에 따라 2~3년 이상의 장시간이 소요되는데 이 과정에서 사무 이양에 따른 조직과 인력 감축을 우려하는 관계 부처의 이기주의, 기득권 확보 등 중앙부처의 소극적 태도와 사무 이양에 따른 행정 및 재정적 지원이 미흡해 지방자치단체 입장에서는 사무의 지방 이양 내지 지방분권이 오히려 지방에 행·재정적 부담만 가중되는 결과가 되고 있다.

또한 추진 기구의 지위 측면에서 현재 국가사무의 지방 이양 추진 기구인 '지방자치발전위원회'는 대통령 소속의 자문기구로서, 사무의 지방 이양은 물론 기타 지방분권 관련 과제에 관해서 심의해 대통령에게 보고할 수 있을 뿐 실질적 행정 권한은 전혀 없고, 집행력 등의 권한이 없으므로 위원회의 결정이 다른 국가기관(중앙행정기관)을 구속하지 못하고, 개별 기관이 소관 법률의 개정을 추진할 것을 기대하는 데 그치는 한계를 노출하고 있는 것이다.

---

13) 지방자치발전위원회 홈페이지 내 정보자료-정책자료-121130 지방이양 추진 현황 참조. http://clad.go.kr/section/board/bbs__view.html?PID=expert&seq=970&select__part=ALL&search_target=&search__word=이양&goto__page=4

이러한 문제를 극복하기 위해 지난 2004년, 13개 부처 49개 법률 227개 사무를 담은 「(가칭)지방일괄이양법안」을 국회 사무처에 제출했으나, 국회법상 상임위의 소관주의에 위배된다는 이유로 접수가 거부되었고, 법안 심의를 위한 특별위원회의 구성을 요구했으나 무산되었다. 2014년 구성된 국회 '지방자치발전특별위원회'는 법률안 심의 · 의결권이 부여되지 않아, 지방일괄이양법안을 제출한다고 하더라도 이를 심의해서 의결할 수 있는 권한이 없었고, 그마저도 특별위원회의 존속 기간이 만료되어 결국 19대 국회에서는 지방일괄이양법안의 제정이 불가능한 상황이다.

3 현행 헌법의 문제점

1) 실질적 지방자치제 내용의 부재

현행 헌법은 지방자치의 본질에 관해 규정하고 있지 않기 때문에 지방자치를 강화하기 위한 입법적 조치의 범위, 즉 최소 · 최대치의 한계에 대해 일정한 기준 역할을 할 수 없다. 지방자치의 구체적 내용의 대부분은 지방자치법을 중심으로 규율하고 있으나, 지방자치법은 지방자치권의 내용 및 범위에 관해 본원적인 결단을 내릴 수는 없으며, 헌법적 보장의 내용을 구체화할 뿐이다. 따라서 헌법에 규정하는 것이 적합하지 아니한 부분에 대해서는 헌법에서 적어도 지방자치의 외연에 대한 근본적 결단을 내릴 필요가 있다.

현행 헌법에서 전문과 부칙을 제외한 130개 조항 중 지방자치와 직접 관련된 조항은 제117조와 제118조 단 두 조항에 불과하다. 헌법의 두 조항이 지방자치의 구체적인 내용을 포함하지 않고 지방자치에 관한 구체적인 내용의 형성을 법률로 정하도록 위임 또는 유보하고 있어, '자치사무의 존재', '주민 의사에 기한 자치기구의 구성', '자기 책임성', '독립성' '지방재정 보장' 등의 실질적 지방자치의 요소를 헌법에서 보장하고 있다고 보기에는 미흡한 실정이다(김수연, 2010: 304).

2) 지방자치제도 보장의 전적인 법률 유보

국민의 기본권 보장 영역에서는 헌법 제37조 제2항에 후단에 의해 법률에 따라 기본권을 제한하는 경우에도 본질적인 내용을 침해할 수 없도록 보장하고 있으나, 기본권 이외의 영역에서는 이러한 본질적인 내용의 보장을 규정하고 있지 않아 법률에 의해 제도의 본질적 부분의 침해가 발생할 수 있다. 제도의 보장을 법률에 위임함으로써 법률에 의해 제도의 본질적 부분이 침해될 소지가 가장 많은 영역이 지방자치제도 보장 영역이다.

헌법은 '주민의 복리에 대한' 사무를 지방자치단체의 수행 권한에 맡기고 있으나, 실질적으로는 결국 지방자치단체의 사무인지 국가의 사무인지를 법률 규정에 의존해 해결하도록 하고 있다. 「지방자치법」 제9조 제2항에 의해 개별 법령이 우선하므로 사실상 국가의 개별 법령에 의한 지방자치단체의 사무 범위의 축소가 발생할 수 있다. 또한 지방자치법에서는 지방자치단체의 사무를 자치사무, 단체위임사무, 기관위임사무 등으로 구분하고 있지만, 사무 구분의 명확한 기준을 제시하지 못하고 있어 지방자치단체의 사무 배분 원칙이 지켜지지 않고, 위임사무의 존재로 실질적으로 자치권의 제약이 과도하다.

자치입법권의 범위도 제한되어 국가 법령이 먼저 입법되는 경우 자치입법권은 자치사무에 관해서도 이를 위반하지 않는 범위에서만 규율할 수 있어, 자치사무에 대한 국가 법령의 선점이 과도하게 일어나는 경우 자치입법권이 사실상 형해화될 수 있다. 대표적인 예로는 지방자치단체의 청사 면적 규제를 들 수 있다. 「공유재산 및 물품관리법」 제94조의3은 청사 면적을 대통령령으로 정하는 범위에서 조례로 정하도록 하고 있는데, 시행령 제95조에서는 인구, 공무원 수 등을 기준으로 매우 상세하게 면적 기준을 두고 있다. 이것은 사실상 자율성을 발휘할 여지가 거의 없게 되어 자치권에 대한 중대한 제약이라 할 수 있다.

또 다른 예로, 감사원에 관해 헌법 제97조에서 "국가의 세입·세출의 결산, 국가 및 법률이 정한 단체의 회계검사와 행정기관 및 공무원의 직무에 관한 감찰을 하기 위하여 대통령 소속하에 감사원을 둔다."고 규정하고 제100조에서 "감사원의 조직·직무 범위·감사위원의 자격·감사 대상 공무원의 범위 기타 필요한 사항은 법률로 정한다."고 규정해 법률(감사원법)에서 감사원의 감사 대상을 제한 없이 확대해 규정하는 것을 헌법상 용인하는 결과가 되었다. 이에 따라 감사원법은 지방자치단체는 물론 지방자치단체로부터 재정 지원을 조금이라도 받는 단체는 모두 감사원의 감사 대상이 되는 것으로 규정해, 지방자치단체의 자율권 및 지방자치단체 자신의 산하기관에 대한 감사권을 제한받게 되는 결과가 발생했다.

또한 현행 헌법 제117조 제2항에서 지방자치단체의 종류를 법률에 위임함으로써 정치적 고려에 의해 지방자치단체의 종류를 달리 결정할 수 있게 되어 지방자치단체의 지위가 불안정해지는 결과가 발생한다(김수연, 2010: 307-309).

결국 이러한 문제점들은 모두 우리 헌법이 지방자치에 관한 지침과 한계로서의 기능을 충실히 할 수 있을 만큼의 내용을 규정하지 않고 전적으로 법률에 위임하고 있기 때문에 발생하는 것이다.

3) 지방정부 대의 기능 없는 입법기관

법률에 의한 제도의 형성과 보장은 입법권이 국회에 부여되어 있다는 점에서 국회의 구성 및 운영, 의사 결정 과정과 연결되어 있다. 즉, 제도의 형성을 법률에 부여하고 있으므로, 입법권을 가진 국회에서 충분히 이해 당사자의 이익을 고려해서 입법해야 하는데, 현실이 그렇지 못하므로 국회 입법 과정에서 필수적으로 이해당사자의 이해 관계를 고려하고 반영할 수 있도록 제도적 장치를 마련할 필요가 있다.

이를 위해 국회에 지방의 이해 관계를 대변할 수 있는 제도적 장치의 마련, 예를 들어 지방의 대표로 구성되는 상원을 설치한다거나, 입법 과정에 필수적으로 지방의 의견을 듣고 반영할 수 있는 절차를 마련하는 등 국회 구조의 변화가 필요한 것이다. 현행 헌법상의 중앙집권적 입법기관 구성과 정책 결정 구조를 개선해 헌법의 통치구조 전반에 걸쳐 지방분권·지방자치의 원리를 구현해야 한다는 점에서 지방분권형 개헌이 필요한 시점이다.

4) 중앙집권적 정책 결정 구조

헌법 제9장 경제에 관한 장은 국민경제, 자원 개발, 산업의 보호·육성 등 모든 경제 분야 규제와 운영 주체를 '국가'로 규정하고 있다. 이때의 '국가'를 지방자치단체를 포함하는 것으로 볼 것인가 아니면 지방자치단체에 대립되는 중앙정부만을 의미한다고 볼 것인가의 해석에 따른 입장 차이는 있을 수 있다.

그러나 적어도 현실의 정책 결정 과정과 헌법 규정을 보면, 중앙정부에 의해 법률에서 지방자치단체에 위임한 경우에만 지방자치단체가 이에 따른 규제와 정책을 구현할 수 있다는 점에서 헌법 제9장의 경제 규제 및 육성의 주체는 '중앙정부'로 해석된다. 이러한 점에서 헌법의 정신이 '분권'에 있지 않고 '중앙 중심적·중앙집권적' 측면에 치우쳐 있다고 평가할 수 있다.

제 4 절 지방분권 개헌의 방향

1 수직적·기능적 권력 분립 원리의 구현

오늘날의 권력 분립은 전통적 수평적 권력 분립에서 나아가 수직적·기능적 권력 분립을 이루는 것이 중요해졌다. 권력에 대한 견제와 균형은 입법·사법·행정권 상호간뿐 아니라 각 권한의 내부적 관계에서도 철저히 이뤄져야 한다.

현대 사회에서 고전적 의미의 3권 분립은 그 의미가 약화되고 통치권을 행사하는 여러 권한과 기능의 실질적인 분산과 상호간의 조화를 도모하는 이른바 기능적 권력 분립이 중요한 의미를 갖게 되었는데, 지방자치제도는 중앙정부와 지방자치단체 간에 권력을 기능적으로 나눠 가짐으로써 오늘날 민주주의 헌법이 통치기구의 구성 원리로 보편적으로 받아들이고 있는 권력 분립의 실현에도 기여한다(헌재 2004헌바98).

헌법 제117조와 제118조에 의해 제도적으로 보장되는 지방자치는 국민 주권의 기본 원리에서 출발해 주권의 지역적 주체로서의 주민에 의한 자기 통치의 실현으로 요약할 수 있고(헌재 96헌바62), 중앙정부의 권력과 지방자치단체 간의 권력의 수직적 분배는 서로 조화가 요청되고 그 조화 과정에서 지방자치의 핵심 영역은 침해되어서는 안 되는 것이며, 이와 같은 권력 분립적·지방분권적인 기능을 통해 지역주민의 기본권 보장에도 이바지하는 것이다(헌재 2013헌바122).

이러한 의미에서 지방분권은 행정권 내부에서의 수직적 권력 분립에 한정해서 볼 것이 아니라 국가 권력 전반에 걸친 수직적 권력 분립이 이뤄지는 것이 바람직하다. 또한 국가 기능의 원활한 수행은 물론 주민, 나아가 국민 전체를 위한 복리 증진과 권리 보호를 위해 정책의 결정 과정과 집행 과정의 전 과정에서 상호 기능적·유기적으로 작용할 수 있도록 해야 한다는 점에서 수직적·기능적 권력 분립을 구현하는 방향으로 권력구조가 재편되어야 한다.

2 지방자치의 현대적 의의와 기능 보장

지방자치는 현대에 이르러 새로운 기능적 역할을 하고 있다. 과거에는 민주주의의 실험·실현의 장이라는 점이 강조되었지만, 현대에 이르러서는 권력 분립적 요소 즉 중앙정부에 대한 견제와 균형, 감시자의 역할을 겸할 수 있다. 또한 지방은 한정된 자원을 자신의 책임 하에 자율적으로 운용·사용할 수 있게 함으로써 제도적으로 효율성을 제고할 수 있는 방안이며, 지방 상호간의 생산적·창의적 경쟁이 가능하게 한다는 점을 주목할 필요가 있다.

구체적으로 보면, 지방분권은 제공되는 공공재의 종류와 정도가 지역주민의 취향에 더 잘 부합하는 방향으로 정해질 수 있도록 하여, 지방분권적 국가 운영체제 하에서 자율성을 확보한 지방정부는 좀 더 강한 예산 제약 조건 하에서 효율적 자원 배분을 위해 더욱 노력하게 된다(신도철, 2009: 4).

또한 행정책임을 중앙정부에서 지방정부로 이전해서 중앙정부에 가해지는 정치적 압력을 감소시킬 수 있고, 행정 분야에도 시장 규율과 경쟁 질서를 확립하는 데 기여하고, 다양성과 자율성에 기초해 정책 실험의 장, 정책학습의 장을 제공할 수 있어 결과적으로는 중앙정부와 지방정부의 동시적 행정 능력 고양이 가능하다.

3 보충성의 원칙 준수

「지방자치법」 제10조 제3항은 "시·도와 시·군 및 자치구는 사무를 처리할 때 서로 경합하지 아니하도록 하여야 하며, 사무가 서로 경합하면 시·군 및 자치구에서 먼저 처리한다."고 규정함으로써 보충성의 원칙을 제시하고 있다. 그러나 지금까지 우리 지방자치의 현실은 중앙정부의 의사 결정에 의해 광역지방자치단체와 기초지방자치단체의 기능과 역할이 좌우되어 왔다. 이것은 이른바, '보충성의 원칙'을 무시한 결과라고 할 것이다.

'보충성의 원칙'이란 개인과 지방자치단체 그리고 국가의 관계에서 문제 해결에 가장 가까이에 있는 당사자가 우선적으로 문제를 해결해야 한다는 원리로서 지방자치제에서 사회의 기능이 개개 사회구성원의 기능에 비하면 '보충적'인 것처럼, 국가의 기능은 지방자치단체의 기능에 비하면 '보충적'이어야 하기 때문에, 국가의 기능은 지방자치단체의 기능을 뒷받침해 주는데 그쳐야지 지방자치단체의 기능을 무시하고 그것을 자신의 기능으로 흡수해서는 아니 된다는 원리로 설명된다(허영, 2008: 668-669).

이것은 사회 전체와 개별 사회구성원이 기능적으로 상호 보완 관계에 있는 것처럼, 중앙정부와 지방자치단체의 기능은 상호 보완적이어야 한다는 것을 의미하는 것으로, 시민자치에 의한 시민자유·시민복지의 보장은 우선 기초지방자치단체의 과제이고, 이를 근거로 해서 광역지방자치단체, 나아가 국가 단위에서의 처리가 적당한 문제 영역은 국가에서 처리한다고 하는 연관선상에서, 시민→기초지방자치단체→광역지방자치단체→국가라고 하는 상승형의 발상을 취해야만 한다는 것이 그 본연의 의미라고 할 수 있다(松下圭一, 2006: 83-84).

결국 보충성의 원리는 국가와 지방자치단체가 어떠한 권능과 의무를 가져야 하는가를 밝혀주는 기능 배분의 원리로 이해할 수 있고, 지방자치단체가 처리해야 할 사무의 범위를 정하는데 매우 중요한 헌법상의 한계로 기능한다(김수연,

2010: 322). 따라서 헌법에서 보충성의 원칙을 명시하고 이를 존중하는 제도의 구현이 필요하다.

4 입법 · 사법 · 행정 · 재정의 총체적 분권화

국가의 정체성을 지방분권으로의 지향점에 둔다면 입법, 사법, 행정, 재정의 모든 분야에서 지방분권을 지향하는 제도적 장치를 마련해야 한다.

먼저, 헌법 전문과 총강에 대한민국이 지방분권을 지향한다는 점을 명시할 필요가 있다. 이것은 명시된 '지방분권'의 국가 지향성이 헌법 해석 및 법률 제정 · 해석의 지침이 되는 원리로서 작용하도록 한다는 점에서 의의가 있다.

입법권의 영역에서 지방분권을 구현할 수 있는 원리는 입법권을 가진 국회를 지방분권적으로 개편하는 것이다. 즉, 입법 과정에 지방의 의견을 반영할 수 있도록 절차를 마련하는 것 등도 의미가 있겠으나, 지역대표가 국회의 구성원이 될 수 있도록 하는 것이 가장 바람직하다. 그 대표적인 방안으로 고려해 볼 수 있는 것이 지역대표형 상원을 설치하는 방안이다(안성호, 2013). 즉, 양원제를 도입해 상원은 지역대표성을 가지도록 구성하고, 지방에 이해 관계 있는 입법 사항은 상원을 통해 결정되도록 하는 것이다.

또한 지방의 조례 입법권을 확대 보장하는 규정을 두는 것도 필요하다. 법률의 위임 규정에 의해 제한되고 있는 자치입법권을 확대해 자치사무에 대해서는 법률에 위반하지 않는 범위에서 조례로 규정하도록 명시하도록 할 필요가 있다.

사법 분야의 분권은 연방국가가 아닌 이상 단일 법률 체계 하에서는 직접적인 사법 분권화를 도모하기 어렵겠지만, 적어도 사법권의 구성에는 지방자치 및 분권의 이념에 따라 지방의 참여 방안을 생각해 볼 수 있다. 즉, 기관 구성에서 간접적 민주적 정당성 확보 및 기관 간 견제의 원리를 적용하는 것이 필요하다. 예를 들어, 법관의 임명 권한 자체는 사법부의 인적 독립성을 보장하기 위해 법원조직에 두되, 각 지방법원 및 지방검찰청장의 임명 시에 해당 지방자치단체 의회의 동의를 요하도록 하는 방안 등도 가능할 것이다. 또한 자치입법권이 좀 더 폭넓게 보장되어 주민의 권리 · 의무에 관한 사항도 조례로 정할 수 있게 된다면 이에 대한 사법적 개입은 필수적으로 요청될 것이다.

헌법상 자치권이 보장된다면 침해 시 구제 수단에 관한 사항도 필요하다. 중앙정부, 국회 등에 의해 지방자치단체의 자치권이 침해당하는 경우 이를 다툴 수 있는 쟁송 수단이 없으므로, 지방자치단체의 헌법소원제를 인정하는 등의 방안을 모색해 보아야 한다.

지방자치제도 전반에 대해서는 지방자치제의 기본 원칙(보충성 원칙, 자기책임성 원칙) 및 지방자치권, 지방자치단체 종류, 단체장과 의회의 구성 방법, 권한 등을 규정하고, 국가사무를 특정(전속적 사무)해서 국가의 책임과 재정 부담을 명확히 하고, 국가사무로 규정하지 않은 사무를 자치사무로 해서 자치사무의 범위를 확대하고 책임성을 제고, 국가사무의 위임 처리 시 국가의 재정 부담 원칙을 명시하는 등이다.

특히, 지방의 자주재정권을 명시·확보할 필요가 있다. 우리나라 지방세의 종목과 세율은 헌법 제59조 조세법률주의에 따라 법률에 의해서만 정할 수 있고, 지방자치단체가 그 지역의 특수한 세원에 대해서 세목을 설치할 수 없다. 더구나 국세와 지방세의 조정 등에 관한 법률에 특별한 규정이 있는 경우를 제외하고는 중복 과세를 다른 법률로 규정하는 것도 금지하고 있어서 주요 세원인 소득세나 법인세 등을 조례로 지방세원으로 할 수 있도록 법률로 위임하는 것조차도 원천적으로 봉쇄하고 있다(이기우, 2014: 15). 즉, 지방자치단체의 조례에 의해서는 과세를 할 수 없고, 2010년부터 지방소비세와 지방소득세를 도입했지만 지방정부의 재정은 열악한 수준이다(최병학, 2012: 47). 지방자치의 근간이 되는 자체수입의 확보 방안이 헌법과 법률에 의해 봉쇄되고 있는 실정으로, 이로 인해 지방의 재정적 국가 의존은 심화되고 지방의 자기책임성은 실종되고 있다(이기우, 2014: 15).

취약한 재정분권은 중앙정부에 대한 의존을 심화시켜 지방자치를 약화시켰다. 중앙정부는 재원 배분을 통해 지방자치단체를 통제하고 관리했으며, 지방자치단체들은 중앙정부의 재원을 조금이라도 더 확보하기 위해 중앙정부의 일방적 정책에 순응하게 되었다(조성호, 2011: 6).

따라서 지방의 재정 고권을 확립할 수 있도록 국세와 지방세의 비율을 조정하는 것은 물론이거니와 헌법에서 국세는 법률로 정하되, 지방세는 조례로 종목과 세율을 정할 수 있도록 자율성 부여하는 것을 고려해 볼 필요가 있다. "대표 없는 과세 없다"는 점에서 본다면 지방세의 부과를 조례로 한다고 하더라도 지방의회가 지역주민의 대표임을 감안하면 이는 매우 당연하고 가능한 것으로 수용될 수 있을 것이다.

기타 경제 관련 분야를 보면, 현행 헌법 제9장의 경제 부분의 규정에서 일부는 국가 내지 중앙정부에 의해 법률이 정하는 바에 따라 수행하는 것보다 지방에서 수행하는 것이 좀 더 바람직한 영역이 존재한다. 예를 들어, 국토와 자원의 개발계획(제120조 제2항), 국토의 이용과 개발 제한(제122조), 농어촌 개발계획(제123조 제1항), 소비자보호운동(제124조) 등의 경우 '국가'와 '지방자치단체'를 병기하고, '법률'과 '조례'를 병기하는 방안도 고려할 수 있을 것으로 생각한다.

제5절 결론

헌법은 한 국가의 정체성이자, 통치 질서이며 공감대의 결정체다. 헌법상 보장된 지방자치제도라면 이를 최대한, 가장 잘 실현할 수 있는 방안을 모색하는 것이 국가의 의무다. 지방분권이 민주주의는 물론, 실질적·수직적 권력 분립을 구현하는 제도적 장치로서 기능할 수 있다면 당연히 이를 강화하는 것이 필요하다.

오늘날 전 세계적으로 경쟁이 심화되는 가운데 국가 중심주의적·단일 거점 방식으로는 다면화·세분화되는 국제사회에서 경쟁력을 갖기 어렵다. 오히려 다변화, 거점 다양화를 통해 각 거점의 경쟁력을 강화하고, 이것이 국가경쟁력의 강화로 연결될 수 있도록 변화하는 것이 필요하다. 이렇듯 지방분권은 이념적, 그리고 실천적 정당성을 가지고 있다.

그런데 현행 헌법은 이러한 지방자치와 지방분권의 가치를 충분히 담고 있지 못하고 있는 것이 현실이므로, 헌법의 개정을 통해 지방분권 국가로의 정체성을 명확히 할 필요가 있다. 즉, 헌법에 국가와 지방자치단체의 수직적 분권 원칙의 천명, 입법·사법·행정·재정의 전 영역에서 지방분권적 원리에 의한 제도의 개편이 필요하다.

헌법을 개정하지 않고도 지방분권 국가로의 실현이 가능하다면 좋겠지만, 앞서 본 바와 같이 법률에 위임되어 있는 자치입법권, 중앙에 전속되어 있는 입법기관 구성과 재정권 등은 개헌이 없이는 극복하기 어려운 문제다. 지금까지 지방으로의 사무 이양 형태로의 지방분권의 추진은 추진 기구와 절차, 구속력 등의 측면에서 한계를 노출했기 때문에 가시적인 성과를 제대로 내지 못했다. 이러한 한계를 극복하기 위해서는 근본적인 변화, 국가 구조적 차원에서의 변화와 정책의 일대 전환이 필요한 시점에 이르렀다. 중앙정부와 지방정부는 종속 관계가 아니라 국정 운영의 동반자적 대등 관계에서 역할의 분담으로 국가 질서를 받치고 있다는 점을 인식하고, 헌법에서 이를 구현하기 위한 장치를 마련할 때 진정한 지방분권 국가로의 큰 걸음이 가능할 것이다.

제 7 장

선진 통일 한국을 향한 분권 개헌

안성호

"나라의 헌법이 좋으면 좋을수록, 시민은 사적 관심보다 공적인 일을 더 소중히 여긴다."

—Jean Jacques Rousseau

"인간이 스스로 타락하는 것을 막는 유일한 방법은 어느 누구에게도 제한 없는 권력을 주지 않는 것이다. 무제한의 권력은 인간을 타락시키는 가장 확실한 방법이다."

—Alexis de Tocqueville

제 1 절 한국 민주주의의 위기

2014년 4월 대한민국 국민은 엘리트 탐욕이 빚은 세월호 참사로 팽목항 앞바다에 304명의 무고한 생명이 수장되는 장면을 지켜보면서 분노했다. 이윽고 박근혜 대통령은 근본적 변화를 갈망하는 국민에게 '국가 대개조'를 약속했다.

광복 후 70년 동안 전쟁의 잿더미에서 고도 경제 성장을 달성했고 권위주의 독재를 딛고 민주국가로 거듭나 선진국 문턱까지 올라선 한국은 요즘 다방면으로 위기적 징후를 노정하고 있다. 경제 규모는 커지는데 중산층은 엷어지고 양극화는 심화되는 이른바 '빈곤화 성장'이 지속되는 가운데 자영업자들의 폐업이 속출하고 가계부채는 1,100조 원을 넘어섰다. 경제 침체의 장기화로 연간 경제성장률은 2%대로 곤두박질친 상황에서 취약계층의 삶은 고달프기 그지없다. 2015년 한국의 노인 빈곤율은 49.6%로 OECD 국가 평균 12.6%의 거의 네 배에 달한다. 한국의 자살률은 10만 명당 29명으로 OECD 평균 12명의 두 배를 넘어 10년째 OECD 국가 중 1위를 기록하고 있다. 국제투명성기구(TI)가 발표한 2014년 한국의 부패인식지수(CPI)는 100점 만점에 55점으로 175개 국가 중 43위에 머물렀다.

불길한 경제 및 도덕 통계는 저질의 민주주의 수준과 연결된다. 2012년 '효과적 민주주의 지수(EDI)'로 계산된 한국의 민주주의 수준은 100점 만점에 53점으로 180개국 중 53위에 불과했다(Alexander, Inglehart, & Welzel, 2012: 41-62). 2014년 한국인의 정부 신뢰도는 24.8%로 OECD 국가 평균 42.6%보다 17.8%나 낮고, 세계 1위 스위스인의 정부 신뢰도 82.2%의 3분의 1도 안 된다. 2014년 한국인의 국회 신뢰도는 10점 만점에 2.24점으로 10개 기관 중 꼴찌다. 2015년 조사된 한국인의 국회의원 신뢰도는 10점 만점에 2점으로 낯모르는 길손에 대한 신뢰도 4점의 절반에 불과하다. 정치인에 대한 불신풍조는 범세계적 현상이지만 한국인의 국회 신뢰도는 여느 선진국의 절반 또는 3분의 1 수준으로 세계에서

그림 7-1 정부 신뢰의 위기(2015년)

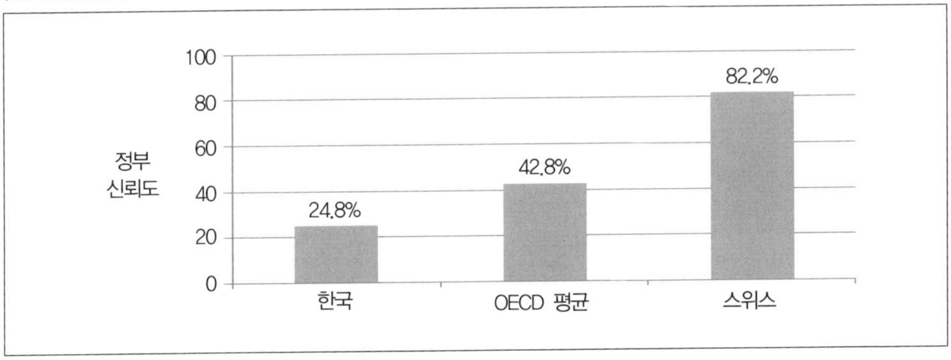

가장 낮다. 한국 민주주의의 위기가 아닐 수 없다.

한국 민주주의는 지역, 계층, 세대 간 대립과 갈등을 해소하기커녕 오히려 증폭시켜 왔다. 복지 확대로 인한 증세, 국가부채 팽창 문제, 연금 개혁, 일자리 창출, 가계부채의 급증, 저출산과 고령화 대책, 북한 핵 위협과 교착 상태에 빠진 남북 관계, 한일 갈등 등 중대한 정책 현안이 산적해 있지만, 정부는 적절한 해결책을 찾지 못하고 있고, 정당은 이전투구의 정쟁을 일삼고 있다.

반세기 전 헨더슨(Gregory Henderson)은 한국 사회의 근원적 문제가 거의 모든 자원과 가치를 중앙과 서울의 권력 정점을 향해 휘몰아치게 만드는 '소용돌이 정치'에서 비롯된다고 진단하고, 이 소용돌이 정치 패턴을 극복하는 근본적 해결책은 분권화를 통해 중앙집권에 대한 대체 권력을 창출해 다원화된 사회를 실현하는 것이라고 지적했다(Henderson, 1968). 그러나 1987년 명예시민혁명 이후 지방대의민주제가 부활되고 20여 년 동안 지방분권정책이 추진되었지만 소용돌이 상승구조의 기본 골격은 여전히 지속되고 있다.

더구나 한국 민주주의는 지역할거주의 정당 체제의 볼모로 잡혀 있다. 그 어떤 실책과 허물도 지역주의에 기대어 면죄된 경험을 학습한 정당들은 '기초선거 정당공천제 폐지' 대선공약을 헌신짝처럼 내동댕이쳤고, 수억 원 뇌물을 받은 동료 의원의 체포영장을 기각했으며, 절대 다수 국민의 지지를 받는 공직비리방지 법안(일명 김영란법안)을 이해 충돌 관련 알맹이 규정을 삭제한 법률로 변질시켰다. 그러나 정당들은 걱정하지 않는다. 군소 정당의 도전을 가로막는 승자 독식의 선거 진입 장벽이 높은 데다 모든 잘못을 덮어주는 지역할거주의 보호막이 건재하기 때문이다.

토크빌(Alexis de Tocqueville)은 1840년 저술한 『미국의 민주주의』 제2권 말미에 모든 권력은 주권자인 국민으로부터 멀어지는 중앙집권화의 속성을 띠며, 따라서 특별한 대책을 강구하지 않으면 "다가올 민주주의 시대에 중앙집권이 자연스러운 정부 현상으로 나타날 것"을 예견했다(Tocqueville, 1955: 536). 더욱이 중앙집권은 절대주의를 지향한다. 액턴 경(Lord Acton)의 '절대 권력의 절대 부패'[1] 경고는 한국 헌정 체제의 과도한 중앙집권에 대한 엄중한 경고다.

---

1) 1887년 4월 5일 액턴 경은 크레이턴(Mandell Creighton) 주교에게 보낸 편지에 "권력은 부패하는 경향이 있다. 절대 권력은 절대 부패한다. 거물들은 거의 언제나 나쁜 사람들이다."라고 썼다.

제 2 절 국가 성쇠를 견인하는 분권적 정치제도

기원 전 2세기 초반 그리스의 역사학자 폴리비오스(Polybios)는 로마에 노예로 끌려가 체험하며 모은 자료를 바탕으로 저술한 40권의 『역사』에서 보잘것없던 도시국가 로마가 인류 역사에 커다란 발자취를 남긴 강대국으로 번성한 첫째 원인으로 '견제와 균형'을 도모하는 권력 공유제인 혼합 정체(mixed polity)를 지적했다.

16세기 초 고국 피렌체 도시국가가 로마와 같이 강성한 나라로 번영하길 희구했던 마키아벨리(Niccolò Machiavelli)는 『로마사 논고』에서 "인민이 국가를 직접 통제하는" 로마공화정이 로마의 번영을 이끌었음을 강조했다(강정인, 2007: 24).

18세기의 위대한 정치철학자 몽테스키외(Charles de Secondat Montesquieu)는 「로마 번영과 쇠퇴의 원인에 관한 고찰」에서 "건국 이래 인민의 정신에 의해서든, 원로원의 힘에 의해서든, 아니면 정무관의 권한에 의해서든 어떠한 권력 남용도 바로잡는" 공화 정체를 로마 번영의 토대로 진단했다(Montesquieu, 2013: 128).

1787년 필라델피아에 모인 미국 건국의 아버지들은 정치철학 고전에 밝은 지성들로서 로마와 영국의 정치제도를 벤치마킹해 연방민주주의를 창안함으로써 국가 발전의 헌법적 토대를 마련했다(안성호, 2013: 62-65). 1831년 미국을 방문해 선진 민주주의 제도에 감명을 받은 토크빌은 약소 신생 미국이 머지않아 세계를 이끌 강대국으로 발전할 것을 예견했다.

1776년 『국부론』을 펴낸 스미스(Adam Smith)는 근대 이전에 강성했던 중국이 정체의 늪에 빠진 것은 결함투성이의 '법률과 제도'의 탓이라고 진단했다. 그는 중국이 정체를 벗어나는 해법으로 자유무역과 소기업 활동을 장려하고 관료주의와 정실주의를 지양하는 제도 개혁을 제시했다(Smith, 2010: 123-124).

경제사학자 퍼거슨(Niall Ferguson)은 유럽 변방의 작은 섬나라 영국을 2세기 이상 세계를 호령하는 강대국으로 도약시킨 토대가 1688년 명예혁명을 통해 확립된 입헌의회민주주의로 마련되었다고 지적했다(Ferguson, 2012: 40-47). 영국은 명예혁명의 여파로 1689년 12월 잉글랜드 국회에서 의결된 권리장전[2]을 토대로 농업 발달과 식민지 확장에 이어 산업혁명을 선도하면서 강대국의 길로 들어섰다. 아울러 그는 근래 서구 국가들이 겪고 있는 장기 침체의 근본 원인이 정치경제제도의 쇠퇴에 있다고 진단했다.

노벨경제학상 수상자인 노스(Douglass North)는 국가를 '양날의 칼'로 비유하면서 "경제 성장에 필요하지만 동시에 인위적 쇠퇴의 원인"이라고 지적했다(North, 1981: 20). 그는 동료들과 공저한 『폭력과 사회 질서』(2009)에서 근대 이후 서유럽 국가들이 폐쇄적 정치제도로 지배계층의 경제적 지대 창출을 도모하는 "접근 제한(limited access) 사회 질서"로부터 경쟁적 정치·경제제도에 의해 지배계층의 지대 추구를 차단하는 "접근 개방(open access) 사회 질서"로 전환함으로써 번영을 구가했다고 설명했다.

최근 발전경제학의 세계적 권위자인 아체모글루(Daron Acemoglu)와 로빈슨(James A. Robinson)은 15년 간 공동 연구한 결과에 기초해 저술한 『국가는 왜 실패하는가』(2012)라는 저서에서 한 나라의 번영과 빈곤을 결정하는 근본 요인을 정치제도라고 단언했다. 빈국이 곤궁한 까닭은 지리적 형세나 문화적 요인 또는 지도자의 실수와 무지 때문이 아니라 권력자들이 빈곤을 초래하는 '착취적' 제도를 의도적으로 선택했기 때문이라는 것이다.

지난 반세기 동안 벌어진 남·북한 빈부 격차도 체제 경쟁의 산물이다. 현대판 왕조 세습을 불사해 온 북한의 '착취적' 정치제도는 인권을 말살하고 경제를 빈사 상태에 빠뜨렸다. 반면 한때 민주화 투쟁으로 얼룩진 반민주 독재 시대를 거쳤지만 대체로 '포용적' 정치제도를 유지해 온 남한은 세계 최빈국에서 선진국 문턱까지 올라섰다.

남북한 체제의 특징적 차이는 무엇보다 의사결정권의 분권 수준에 있다. 이런 의미에서 분권 개혁은 국가 체제의 DNA를 바꾸는 개혁이다. 마치 DNA의 변화가 생명체에 전혀 새로운 능력과 행태를 발현시키는 것처럼, 분권은 다른 혁신을 유도하고 체제의 경쟁력을 높이는 구조 개혁이다.

---

2) 권리장전(Bill of Rights 1689)은 국민의 권리와 자유를 선언한 불문헌법으로서 "① 의회의 승인 없이 왕의 특권으로 세금을 부과하는 것은 불법이다. ② 의회의원의 선출은 자유로워야 한다. ③ 의회에서 발언과 토론 또는 진행의 자유는 법정이나 의회 밖의 장소에서 고발되거나 이의가 제기될 수 없다. ④ 모든 고충의 사정과 법령의 개정·강화·보존을 위해 의회를 자주 열려야 한다."고 규정했다.

일당지배 사회주의 체제를 고수해 온 중국은 정치 개혁을 뒤로 미루면서도 시장분권 개혁과 더불어 '중국식 연방주의'로 일컬어지는 지방분권 개혁으로 그동안 G2 경제대국으로 성장했다(정재호, 1999; Zhong, 2003). 그러나 여느 사회주의 국가와 달리 시장 분권까지 거부한 북한은 시장 개방의 혜택은커녕 경제 파탄을 경험하고 있다.

최근 스위스의 BAK바젤 경제연구소(BAK Basel Economics)는 유럽 29개국과 234개 지역을 대상으로 지방분권과 경제 성과의 상관 관계를 분석한 결과, 지방분권이 경제 성과에 긍정적 영향을 미침을 확인했다(Assembly of European Region, 2009). 지방분권 수준이 높은 나라와 지역일수록 GDP 성장률과 1인당 GDP 수준이 높은 것으로 밝혀졌다. 특히 지방분권이 기술혁신을 촉진하는 것으로 나타났다. 지방분권은 적절한 조건 하에서 경쟁 유도와 시민 참여 진작, 시민정신 함양, 정책 쇄신 고무, 갈등 해결 촉진을 통해 정체의 발전 역량을 강화하는 핵심 구조 변인이라는 사실이 널리 인정되어 왔다(안성호, 1995: 195-237; Ahn, 2010: 217-223).

물론 지방분권만 이뤄지면 발전이 자동적으로 보장되는 것은 아니다(안성호, 2015). 지방분권은 때로 지역 간 불균형 심화, 공공 서비스의 질 저하, 토호들에 의한 지방정부 포획, 지방의 독재 등 부작용을 초래할 수 있다(Treisman, 2007: 11-15). 그러므로 지방분권 정책은 이런 부작용을 예방하는 방안을 포함해야 한다. 우리는 지방분권 개혁을 추진할 때 "민주적 자치제도가 허물어지기 쉬운 모험적 과업이며, 따라서 법치의 헌정 질서를 굳건히 세우기 위해 결사과학(結社科學), 즉 '시민정신과 자유의 학문'을 꾸준히 학습해야 한다"(Aligica & Boettke, 2009: 153)는 2009년 노벨경제학상 수상자 오스트롬(Elinor Ostrom)의 지적을 명심해야 한다.

제 3 절 1987년 헌법의 결함

현행 1987년 헌법은 독재 청산과 대의민주주의 부활의 역사적 계기를 마련한 공적에도 불구하고 헌법 제1조 "대한민국의 주권은 국민에게 있고, 모든 권력은 국민으로부터 나온다."는 시민공화주의(civic republicanism) 원리의 충실한 구현에 실패했다.

1987년 헌정 체제는 선진 통일 한국을 지향하는 헌정 질서로서 적어도 세 가지 결함, 즉 ① 소용돌이 중앙집권주의, ② 엘리트 지배 대의민주주의, 그리고 ③ 과반수 지지 미달 승자독식주의를 특징으로 하는 중앙집권적 승자 독식 다수결 대의민주제다.

첫째, 1987년 헌법은 역대 정부의 지방분권정책을 겉돌게 만듦으로써 중앙집권적 '소용돌이 한국 정치'의 극복을 방해해 왔다. 1991년 지방의회의 부활과 함께 역대 정부의 주요 국정과제로서 지방분권정책이 20여 년 동안 추진되었지만 여전히 국가사무 대 지방사무와 국세 대 지방세는 각각 8:2 비율에 머물고 있다. 심지어 지방재정자립도는 1992년 69.6%에서 2014년 44.9%로 급락했다.[3] 가장 중요한 지방세원인 취득세의 세율이 중앙정부의 일방적 조치로 절반으로 삭감되었는가 하면, 중앙정치인들이 대선 및 총선에서 제시한 복지공약으로 지방정부에 제공되는 국고보조금의 지방비 부담이 급증해 지방재정은 지금 거의 빈사 상태에 빠져 있다. 설상가상으로 2014년 12월 국무회의는 대통령 직속 지방자치발전위원회가 제시한 대도시 74개 자치구(군)의회 폐지계획안을 의결했다. 치열한 민주화운동의 결실로 쟁취한 민주주의의 기초, 곧 전체 국민의 45%가 사는 대도시 풀뿌리 민주주의가 지방분권정책의 이름으로 일거에 파괴될 위기에 직면한 것이다.

둘째, 1987년 헌법은 선출된 공직자의 입법 독점권을 인정하는 대의민주제를 규정함으로써 정관 엘리트 카르텔을 예방하거나 교정할 구체적 수단을 규정하지 않고 있다. 따라서 대다수 국민이 원하는 사안을 의제로 삼지 않거나 대다수 국민의 의사에 반하는 결정을 내린 정부와 국회를 효과적으로 통제할 방법이 없다. 불만을 품은 국민이 할 수 있는 일이란 오직 지배자로 군림한 대표에게 통사정하거나 불만을 공허하게 폭발시키는 것뿐이다.

3) 2014년부터 세외수입의 분류 체계와 항목의 변경, 즉 세외수입에서 잉여금, 이월금, 전입금, 예탁금, 예수금, 융자금 원금수입 등을 제외함으로써 지방재정자립도가 낮아진 측면도 있다. 그러나 과거의 기준으로 산정하는 경우에도, 2014년 평균 지방재정자립도는 50.3%에 불과하다.

그림 7-2 1987년 헌정 체제의 결함

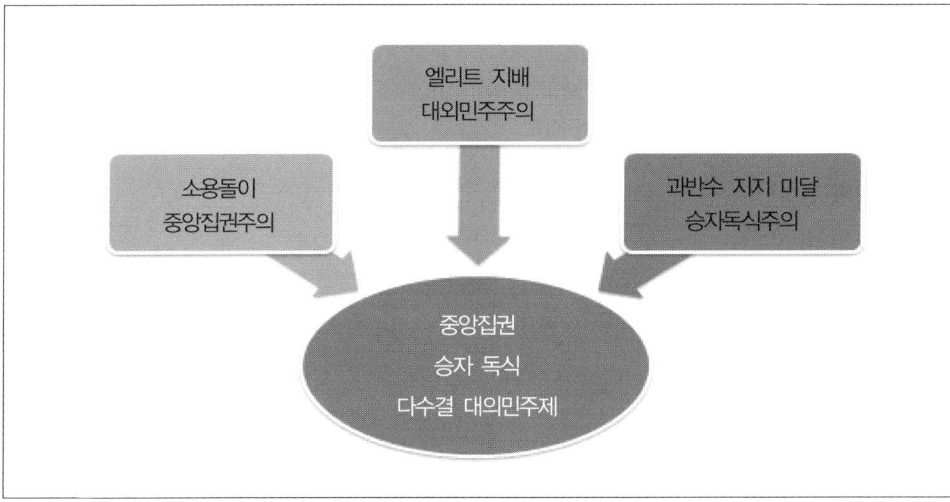

셋째, 1987년 헌정 체제는 다원사회의 상생 공존에 필요한 소수 권익에 대한 배려를 결여하고 있다. 경험적 연구는 한국 헌정 체제가 민주국가들 중에서 지역 간 대립과 정당 간 이전투구를 부추기고 소수의 권익을 대변하는 정당의 진입을 차단하는 경향이 강한 극단적 승자 독식 다수결 민주주의임을 밝혀왔다(김재한 & 레입하트, 2001: 259-313). 여기에 제왕적 대통령제는 지역할거주의에 기댄 여·야당 간 사생결단의 대결정치를 조장함으로써 승자 독식 다수결 민주제의 폐단을 증폭시켜 왔다. 대선에서 패한 야당은 차기 선거에서 승리하기 위해 사사건건 여당을 흠집내고 대통령의 실정을 폭로하는 데 골몰해 왔다. 이에 대해 여당은 반대와 비판에 귀를 기울이기보다 야당과 극한 대립을 불사하고 승자의 아집과 독선을 부리기 일쑤였다. 대통령의 제왕적 권력을 완화하고 선거제도에서 정당의 득표와 의석의 비례성을 높이며 지역대표형 상원을 창설해 포용 융화의 권력 공유 헌정 체제를 강화하지 않고 정치인의 도덕성과 자질만 탓하는 것은 부질없는 일이다.

21세기 한국의 헌정 체제는 70년 남북분단의 상처를 치유하고 국민 통합을 촉진하는 통일 한국의 시대적 요구에 부응해야 한다. 통일 후 남북 간 국민 통합을 촉진하고 통일로 가는 길목에서 파괴적 지역주의로 균열된 한국 사회에서 이전투구의 대결정치에서 벗어나 상생정치를 구현하려면 중앙집권적 승자 독식 다수결민주주의를 포용 융화의 권력 공유 민주주의로 바꾸는 분권 개헌이 필요하다.

제4절 신문명 헌정 질서와 슈퍼 투쟁

한국 민주주의의 위기를 조장해 온 제왕적 대권주의, 정관 엘리트 카르텔, 중앙집권주의, 승자독식주의를 극복할 해법은 무엇인가? 미래학자 토플러 부부(Alvin & Heidi Toffler)는 『신문명 창조: 제3물결의 정치』(1994)라는 저술에서 그 해법을 명쾌히 제시했다. 물론 토플러 부부가 신문명 창조의 일차적 대상으로 상정한 나라는 미국이었다. 그러나 이들의 처방은 미국보다 오히려 한국에 훨씬 더 절실하다. 제2물결의 '사이비 대의민주주의'의 병폐가 미국보다 한국에서 더 심각하기 때문이다.

1 신문명 헌정 질서

토플러 부부는 준직접 민주주의, 결정권 분산, 소수 권력 보호를 제3물결 신문명 헌정 체제가 갖춰야 할 세 가지 요건으로 지목했다.

신문명의 첫 번째 골격은 준직접 민주주의(semi-direct democracy)다. 준직접민주주의란 대의민주주의와 직접민주주의가 적절히 결합된 민주주의를 말한다. 제2물결 대의민주주의의 엘리트 카르텔과 대표성 실패를 예방하거나 교정하는 직접 참정의 확충이 필요하다. 헌법과 법률에 대한 국민 발의와 국민투표를 제도화하고 지방의 주민 참정 기회를 획기적으로 확대해야 한다. 기본적인 대의정치제도를 만든 미국 제2물결 혁명가들이 우려했던 "국민의 일시적이고 감정적인 반응과 통신 수단의 한계"는 다양한 직접민주제도의 설계와 전자민주주의의 혁신으로 능히 극복될 수 있다.

신문명의 두 번째 골격은 결정권 분산(decision division)이다. 토플러 부부는 지방분권을 결정권 분산으로 명명한다. 제3물결 정치는 집중된 결정권을 현장에 이관하는 결정권 분산을 요구한다. 제3물결 문명에서는 기업 내부에서 또는 지리적으로 결정권의 분산이 필요하지만 정부의 지방분권화는 이보다 훨씬 더 긴요하다. 오늘날 정부는 중앙 권력의 지방 이양 없이 판단력·질서·관리의 효율을 확보할 수 없다. 정부의 효율성을 높이기 위해서는 중앙 권력의 의사 결정 부담을 지방과 시민 곁으로 이관하는 결정권 분산을 단행해야 한다.

신문명의 세 번째 골격은 소수 권력(minority power) 보호다. 제3물결의 신문명은 다수결 원리의 전통적 가설에 의문을 제기한다. 가난한 사람들이 다수였던 제2물결 시대에 다수결 원리를 위한 투쟁은 인간적이고 해방적이었다. 그러나 오늘날 많은 나라에서 가난한 사람들은 다수가 아니라 소수가 되었다. 그러므로 이런 나라에서 다수결 원리는 더 이상 인간적이지도 민주적이지도 않다. 제2물결 시대에 중요한 것은 다수가 아니라 소수다. 헌정 체제는 소수 권력과 다양성을 존중하는 비례주의와 같은 권력 공유 원리를 적극 수용해야 한다.

2 슈퍼 투쟁과 국제 동향

토플러 부부는 제2물결의 산업사회에서 제3물결의 정보사회로 이행하면서 의사 결정 부담이 폭발적으로 늘어나기 때문에 과중한 의사 결정 부담을 민주적 참여 확대를 통해 분담시키는 것이 순리라고 보았다. 이런 의미에서 민주적 권력 이동을 선택의 문제가 아니라 진화론적 필연의 문제로 이해했다.

토플러 부부는 21세기 민주주의가 제2물결 문명을 고수하려는 세력과 제3물결 문명을 창조하려는 세력 간에 전개되는 '슈퍼 투쟁(super struggle)'에 휩싸일 것으로 예상했다. 제2물결 세력은 산업대중사회의 중앙집권적 국민국가와 사이비 대의정부를 유지하기 위해 직접민주주의를 대중영합주의로 매도하고 지방분권과 다양성 촉진에 저항할 것이다. 이에 대항해 제3물결 세력은 다양한 직접참여제도를 실험하고 초국가기관과 지방정부에 권력을 기꺼이 이양하며 소수파와 권력을 공유함으로써 공존과 상생의 길의 도모할 것이다. 슈퍼 투쟁의 평화적 이행 가능성은 준직접 민주주의, 결정권 분산, 소수 권력에 기초한 신문명의 창조에 빨리 착수할수록 더 높아질 것이다.

토플러 부부가 예상한 슈퍼 투쟁은 이미 세계 도처에서 시작되었다. 아직 제2물결 세력이 압도적인 세계는 조금씩 제3물결 문명 쪽으로 꿈틀거리며 다가갔다. 지난 수십 년 간 범세계적으로 직접민주제를 활용하는 빈도가 늘었을 뿐만 아니라 지방분권화도 다양한 양상으로 시도되었다(안성호, 2005: 210-211). 국제지방정부연합체인 United Cities & Local Governments(UCLG)는 2008년 설문조사를 통해 지방분권이 지난 20여 년 간 대다수 국가에서 다양한 양태로 진행되었음을 확인했다. 아울러 다당제 서유럽 국가를 중심으로 소수 권력을 존중하는 비례주의 선거제도와 행정 관행도 확산되었다.

스위스는 19세기 초부터 신문명 헌정 체제 형성을 위한 개혁에 착수해 20세기 초반 여느 나라들이 여전히 제2물결 헌정 체제에 얽매여 있을 때 제3물결의 권력 공유 헌정 체제의 근간을 확립했다.

18세기 말 근대적 연방민주주의를 창안한 미국은 19세기 말에서 20세기 초까지 대두한 소위 '머신 정치(machine politics)'와 '보스 지배'라는 대의민주주의 타락에 직면해 1920년대 스위스를 참고해 서부지역의 주정부와 지방정부 중심으로 주민발의, 주민투표, 주민소환 등 직접민주제를 도입했다. 이로써 미국은 스위스 다음으로 개척 시대 뉴잉글랜드 지역에 태동한 집회민주주의[4]와 함께 주정부와 지방정부 수준에서 직접민주제를 가장 많이 활용하는 나라가 되었다.[5]

18세기 말 미국혁명에 이어 인류 역사에 인민 주권 원리를 각인시킨 대혁명의 나라 프랑스는 1980년대에 국가경쟁력 제고를 위해 나폴레옹(Bonaparte Napoléon) 집권 후 2세기 이상 유지된 중앙집권 체제를 청산하는 획기적 지방분권 개혁을 단행했다. 2003년에는 헌법을 개정해 프랑스가 '지방분권적으로 조직된' 국가임을 천명하고 직접민주제의 적극적 활용을 규정했다.

19세기 후반 뒤늦게 연방국가로 통일을 이룩한 독일은 1990년대 초 주정부와 지방정부에서 직접민주제를 적극 도입했고, 최근에는 연방 수준에서 기본법과

4) 오늘날 뉴잉글랜드의 약 1,100개에 달하는 타운들은 전보다 다소 약화된 자치권을 행사하는 타운미팅민주주의(town meeting democracy)를 운영한다. 뉴잉글랜드 타운미팅민주주의에 관한 대표적 연구로는 지머만(Zimmerman, 1999), 브라이언(Bryan, 2004), 로빈슨(Robinson, 2011)을 참고할 것.

5) 그러나 미국에서는 연방정부 수준에서는 직접민주제가 전혀 도입되지 않았을 뿐만 아니라 건국 이후 서서히 중앙집권화의 길을 걸어왔다(Ostrom, 2008).

법률에 대한 국민발의제와 국민투표제 도입을 논의하기 시작했다. 현재 독일 국회의원 과반수는 연방 수준에서 직접민주제를 도입하는 데에 찬성하는 것으로 알려지고 있다. 그러나 기민당(CDU)의 반대로 기본법 개정 특별 정족수 3분의 2선을 채우지 못해 연방 수준의 직접민주제 도입이 지연되고 있다(Hielscher, 2014).

선진국의 이런 동향과는 대조적으로 한국은 여전히 제2물결 정치제도에 안주하고 있다. 지방분권 개혁은 중앙집권적 헌정 질서 하에서 정체와 퇴행을 거듭했고, 지역적 · 사회경제적 소수의 권익 보호는 승자 독식 헌정 체제 하에서 기득권을 누려온 엘리트들에 의해 무시되었다. 더욱이 대의민주주의를 민주주의의 전범으로 수용한 현행 헌법은 정관 엘리트 카르텔과 대표성 실패를 예방하거나 교정할 직접민주제를 규정하지 않고 있다. 국회 입법 과정에서는 주권자인 국민의 직접 참정을 금기시하는 제2물결 정치가 지배하고 있다. 게다가 2000년대 지방분권정책의 일환으로 지방 수준에 부실하게 도입된 다양한 직접민주제는 유명무실하게 운영되고 있다.[6]

제 5 절 스위스 권력 공유 민주주의와 번영

필자는 토플러 부부의 『신문명 창조: 제3물결의 정치』를 처음 읽었을 때 스위스에 대한 언급이 없는지 세밀히 점검했다. 이들이 제시한 제3물결 정치의 세 가지 요소는 바로 스위스 권력 공유 민주주의 헌정 체제의 특징이기 때문이다. 그러나 이 책 어디에서도 스위스에 관한 언급을 찾을 수 없었다. 이들이 스위스를 거론하지 않은 이유가 궁금했지만, 더 중요한 점은 스위스가 제2물결 문명이 한창이던 19세기 초반부터 약 1세기 동안 이들이 지적한 신문명의 세 가지 요소를 헌정 체제에 접목시켰고 그 토대 위에서 세계 최고의 선진국으로 도약했다는 사실이다.

---

6) 참여정부 시절 10년 이상 지연되었던 주민투표법을 제정하고 주민소환 · 주민소송 · 주민참여예산 등의 직접참정제도를 도입했다. 그러나 지방정부의 직접참정제도는 외화내빈이라는 평가를 면치 못하고 있다.

1 스위스 권력 공유 헌정 체제

스위스 권력 공유 민주주의(power sharing democracy)의 특징은 준직접 민주주의, 비중앙집권, 비례주의로 요약될 수 있다(Linder, 2010; 안성호, 2001; 2005).

스위스는 소수의 권익을 존중하는 비례주의(proportionalism)의 나라다. 비례주의 요소는 특히 하원의원을 선출하는 선거제도에 소수정당에게 불리하지 않은 비례대표제를 적용하는 데서 찾아볼 수 있다. 선거제도상 거대 정당의 특혜는 인정되지 않으며, 다양한 지역과 세력을 대표하는 소수정당의 진입과 도전은 용이하다. 소수의 권익을 존중하는 권력 공유 요소는 비례대표성이 충실히 반영되는 인재 충원 방식에서 두드러진다. 연방의회는 언어 · 정당 · 출신 지역 · 성별을 고려해 7명의 연방각료를 선출한다. 연방정부의 행정권을 공동으로 행사하는 이들 7명의 연방각료는 오직 각료회의를 주재하고 의전 역할을 수행하는 대통령의 직책을 1년씩 돌아가며 맡는다. 연방정부의 전문가위원회와 국회 상임위원회의 위원 선출, 대법원을 비롯한 연방법원의 재판관 선임, 그 밖에 고위공직자를 선임할 경우에도 비례대표성이 준수된다. 심지어 캔톤(canton)과 코뮌(commune)의 공직자와 시민사회단체의 대표를 선임할 때에도 비례대표성을 존중하는 관행이 확립되어 있다. 민족 · 언어 · 종교 · 지역 등으로 분절된 스위스가 전설적인 산업

그림 7-3 스위스 권력 공유 민주주의

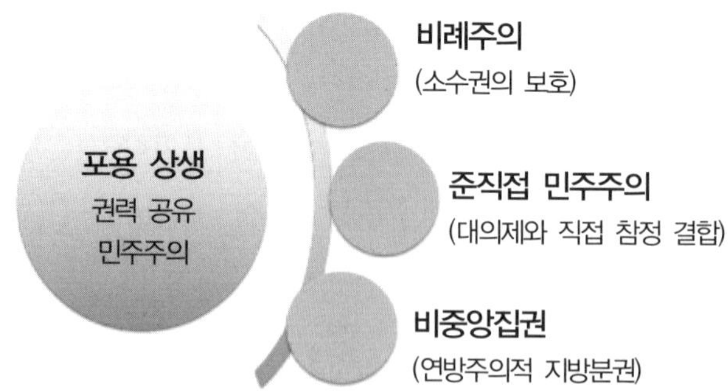

평화와 정치 안정을 이루는 비결이 바로 여기에 있다.

스위스는 준직접 민주주의 국가다. 스위스 18세 이상의 시민은 입법자로서 1년에 네 차례 20~30건의 국사와 지방 사안을 직접 결정한다. 스위스에서는 시민권도 주민투표로 결정하는 코뮌이 많다.[7] 직접민주주의를 적용하는 기본 원칙은 가장 중요한 사안을 시민이 직접 결정하고, 덜 중요한 사안을 의회가 결정하며, 일상적 사안을 행정기관이 결정하는 것이다. 스위스 직접민주주의의 핵심적 제도는 연방 · 캔톤 · 코뮌 수준에서 시민이 중요한 법안을 직접 발의하고 투표하는 시민 발의와 시민투표다. 경험적 연구들은 스위스의 개방적인 직접민주제가 행정 효율 제고, 정치사회적 갈등 진정, 조세 순응과 조세제도의 앙양, 시민의 행복 증진 효과가 있음을 입증해 왔다(안성호, 2005. 193-312; Frey & Stutzer, 2006: 55-65).

스위스는 비중앙집권(non-centralization) 국가다. 결정권 분산이나 지방분권은 스위스 헌정 체제를 설명하는 데 적합하지 않다. 스위스 연방정부는 오직 국민과 캔톤의 이중 다수의 동의를 얻은 개헌을 통해서만 새로운 권한을 획득할 수 있다. 스위스에서는 긴급조치를 위장한 중앙집권을 막기 위해 연방의회의 긴급조치 결의도 국민투표에 회부될 수 있다.[8] 스위스의 각 지역은 캔톤을 대표하는 상원과 국민과 캔톤의 2중 다수 개헌제도를 통해 국정에 참여한다. 코뮌은 캔톤 내에서 연방에 대해 캔톤이 누리는 막강한 자치권을 누린다. 캔톤과 코뮌의 주민은 소득세를 비롯한 대다수 세금의 세목 · 세율 · 과표에 대한 결정권을 행사한다. 무게 중심이 지방과 시민에게 있는 스위스 헌정 체제의 비중앙집권적 특성은 전체 세수 중 연방 · 캔톤 · 코뮌에 할당되는 몫의 백분비가 대략 30:40:30이라는 사실에서 여실히 확인된다. 평균 인구 3,300명에 불과한 코뮌정부의 평균 재정자립도가 무려 87%에 달하는 비결이 여기에 있다.

---

7) 스위스에서 시민권 취득은 코뮌의 주민투표나 코뮌의회의 표결로 결정된다. 코뮌의 시민권을 취득한 사람은 자동적으로 캔톤과 연방의 시민권을 취득하게 된다.

8) 1930년대 세계대공황과 2차 세계대전 때 국가 위기 상황에 대처하기 위해 연방의회에게 긴급 조치 결의를 할 수 있는 권한이 부여되었다. 그러나 이 제도가 중앙집권화의 편법으로 악용되는 사례가 늘어나자 1949년 긴급을 요하는 일반구속적 연방 결의에 대해서도 국민투표를 통해 중앙집권화를 차단하는 방안을 마련했다(Fry & Stutzer, 2006: 50).

2 스위스의 번영

스위스 연구자들은 한때 용전의 삯전으로 나라살림을 보태야 했고 자원이라곤 알프스의 수력과 자연경관뿐인 가난한 나라 스위스가 세계 최고의 선진국으로 도약한 배경에는 준직접 민주주의, 비중앙집권, 비례주의를 특징으로 하는 헌정 체제가 자리했다는 점에 동의한다. 스위스의 번영과 국가경쟁력은 스위스가 입증하고 토플러 부부가 지적한 새 문명의 세 가지 헌정 요소의 중요성을 새삼 절감하게 된다.

영국의 저명한 역사학자이며 정치가였던 브라이스(James Bryce)는 1905년과 1919년 두 차례 스위스를 직접 방문한 후 펴낸 마지막 회심작 『현대 민주주의』(1921)에서 스위스가 민주국가 중 연구할 가치가 가장 큰 나라라고 지적했다.[9] 브라이스(Bryce, 1921: 361)는 언어와 종족이 다르고 여러 세기에 걸쳐 심각한 신·구교 종교분쟁을 겪었던 스위스가 드높은 헌정 애국심[10]과 고도의 국민 통합 및 고품격 시민정신을 바탕으로 가난을 딛고 고르게 잘사는 선진국으로 도약한 비결이 지방의 자유와 직접 참정을 보장하고 소수 권익을 존중하는 헌정 체제에 있다는 점을 강조했다. 그는 스위스 헌정 체제도 완전무결하지는 않지만[11] 놀라운 정치 안정, 보스 정치와 패거리정당의 부재, 정책의 일관성, 고품질 입법,

9) 브라이스(Bryce, 1921: 269)는 스위스가 세 가지 이유, 즉 수세기 동안 민주정부를 유지한 일부 공동체들을 포함한 점, 민주 원칙을 가장 철저하고 일관성 있게 적용한 점, 그리고 한 나라 안에서 가장 다양한 민주제도를 발전시킨 점 때문에 연구할 가치가 가장 큰 민주국가라고 보았다.

10) 헌정 애국심(constitutional patriotism)이란 헌정 질서에 대한 애정에서 비롯된 애국심을 말한다. 2000년 실시된 설문조사에서 60% 이상의 스위스인들은 정치와 정치제도 때문에 스위스 국민으로서 자부심을 느낀다고 응답했다. 국민투표에서 스위스의 EU 가입이 부결된 중요한 이유 중 하나는 다수 국민이 직접 참정 기회의 축소를 우려하기 때문이다(안성호, 2005: 16).

11) 브라이스(Bryce, 1921: 362)는 스위스 헌정 체제의 약점으로 지나친 평등 원칙 적용으로 인한 정치와 행정의 아마추어리즘, 군소 정치파당 형성, 지방의 사소한 독직·특혜사건 등을 거론했다. 근래에도 세금 회피 해외자금과 검은 돈을 끌어들이는 스위스은행의 비밀 보호제도(최근 스위스 연방정부는 은행의 과도한 비밀 보호를 규제하는 조치를 취함), 낮은 국(주)민투표 참여율, 이슬람 회당 건립 반대와 과다한 외국인 거주 비율을 제한하는 비관용적 국민투표, 2003년 UN 가입과 EU 가입을 미루는 보수적 대외 관계 국민투표 행태를 비판하는 시각이 있다. 심지어 정치적 스타와 급격한 변화 및 자극적 구경거리가 없는 스위스 정치를 따분하다고 투덜대는 호사스런 불만도 있다.

효율적 행정, 충실한 교육·국방·도로 등 기본 공공 서비스 제공, 개인 자유의 존중에서 여느 민주국가에서 찾아보기 어려운 많은 장점이 있음을 확인했다. 브라이스(Bryce, 1921: 368-369)는 스위스가 제1차 세계대전 이후 주변 강대국들의 각축장으로 변해가는 심상치 않은 국제 정세 속에서 어려움을 겪을 것이지만 스위스인들의 드높은 애국심과 고도의 국민 통합 및 고품격 시민정신으로 위기를 능히 극복해낼 수 있을 것으로 낙관했다. 그의 예견은 적중했다. 제2차 세계대전 때 스위스는 이른바 '고슴도치 국방'으로 히틀러의 가공할 침공 위협을 막아냈다. 역사학자 할브루크(Steven Halbrook)는 제2차 세계대전 때 스위스 철통 국방의 성공 비결이 비중앙집권적 연방주의와 직접민주주의 전통 및 그 연장인 시민군에 있다고 지적했다(Halbrook, 2000: 249-253).[12]

스위스 헌정 체제의 장점은 오늘날에도 빛을 발하고 있다. 2014~2015년 세계경쟁력보고서(GCR)는 스위스를 국가경쟁력 1위 국가로 평가했다. 2015년 세계행복보고서(WHR)도 스위스를 2012~2014년 행복도 1위 국가로 꼽았다. 2015년 머서(W. Mercer)사가 조사한 삶의 질 세계 10위 도시에 스위스의 취리히(2위), 제네바(8위), 베른(10위)이 포함되었다. 스위스는 인구 823만 명의 소국이지만 증권거래 시가 총액으로 세계 11위이며, 1인당 보유 주식은 13만 달러로 세계 1위다. 은행 대부 금액으로는 세계 3위, 해외 직접 투자액으로는 세계 5위다. 스위스의 실업률은 4~5%를 넘지 않으며, 빈곤율은 주변 선진국의 3분의 1 내지 2분의 1에 불과하다. OECD의 평균 국가 부채가 GDP의 110%를 훌쩍 넘겨 위기적 징후를 보이지만, 스위스의 국가 부채는 45% 미만으로 양호하다. 그리고 스위스는 노사 분규로 인한 연간 근무일 결손이 가장 적은 산업 평화의 나라이며, 다문화사회의 갈등을 평화적으로 해결해 온 정치 안정의 나라다.

12) 스위스의 제2차 세계대전 '고슴도치 국방'의 성공 비결과 이를 벤치마킹해 한국의 향방 전력 강화 방안을 모색한 연구로는 할브루크(Halbrook, 2000), 안성호(2012: 47-76)를 참고할 것.

제6절 선진 통일 한국을 향한 분권 개헌의 방향과 과제

1 선진 통일 한국을 향한 헌정 개혁 방향

21세기 한국의 헌정 체제는 70년 남북 분단의 상처를 치유하고 국민 통합을 촉진하는 통일 한국의 시대적 요구에 부응해야 한다. 지난 수십 년 동안 비교정부학자들이 도달한 결론 중 하나는 균열이 심한 사회에서 민주주의를 유지하려면 권력 공유를 제도화해야 한다는 것이다. 보그다노(V. Bogdanor)는 경험적 연구에 기초해 “균열된 사회가 안정을 이루는 유일한 방안은 권력 공유뿐이다. 균열된 사회에서 민주주의란 다수결 원칙이 아니라 권력 공유를 말한다.”고 강조했다(Bogdanor, 1997: 66-67). 아울러 권력 공유 민주주의가 다수결 민주주의보다 경제 성장, 실업, 노사 분규, 재정적자, 경제적 자유 등 거시경제 성과를 높이고 정치 안정과 평화를 정착시키는 데 우월하다는 사실도 많은 경험적 연구들을 통해 확인되었다(Lijphart, 2008: 269-279).

앞에서 살펴본 바와 같이 스위스는 권력 공유 헌정 체제의 효험을 입증한 대표적인 국가다(Linder, 2010: 191-200; 안성호, 2001: 222-230; 2005: 385-408). 스위스는 언어·종족·종교가 다르고 지역주의가 심한 다문화사회로서 한때 용병의 삯전으로 나라살림을 보태야 했을 만큼 빈국이었지만 준직접 민주제·비중앙집권·비례주의를 특징으로 하는 권력 공유 헌정 체제를 토대로 고도의 정치 안정과 산업 평화를 구가하는 가운데 전국이 비교적 고르게 잘사는 세계 최고의 선진국으로 도약했다.

선진 통일 한국의 헌정 비전은 토플러 부부가 지적했고 스위스가 역사적으로 증명한 신문명의 세 가지 기본 골격을 세우는 것이다. 이를테면 한국은 지금 선진국 문턱에서 민주주의의 위기적 증상을 빚어온 사이비 대의민주주의와 소용돌이 중앙집권주의 및 승자 독식주의 헌정 체제를 대의민주주의와 직접민주주의의 결합, 연방주의적 지방분권, 소수 권력을 보호하는 비례주의 헌정 체제로 변혁시키는 권력 공유 분권 개헌이 필요하다.

그림 7-4 통일 한국의 헌정 개혁 방향

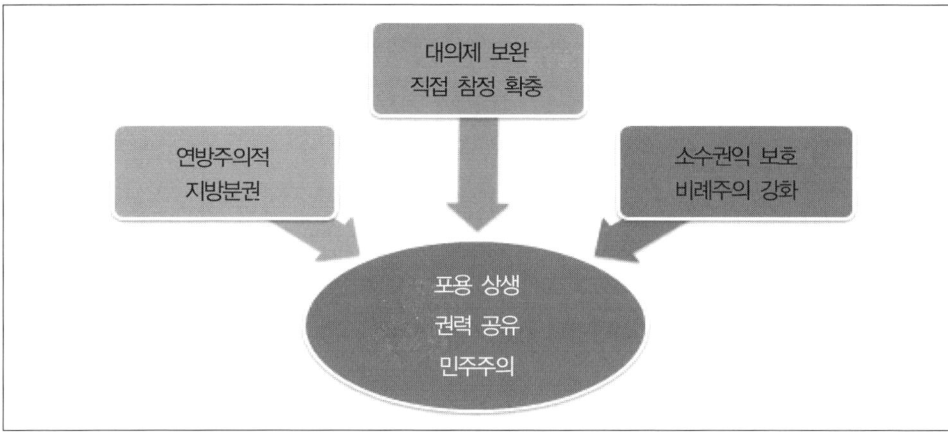

통일 한국을 향한 헌정 개혁의 방향을 토플러 부부가 지적한 신문명의 세 가지 요소와 스위스 권력 공유 민주주의의 세 가지 특징과 연결지으면 〈표 7-1〉과 같다.

표 7-1 신문명의 요소, 스위스 정체의 특징, 헌정 개혁의 방향

신문명의 요소	스위스 정체의 특징	헌정 개혁의 방향
준직접 민주주의	준직접 민주주의	직접민주주의 확충
결정권 분산	비중앙집권	연방주의적 지방분권
소수 권력	비례주의	소수 보호 비례주의

출처: 필자 작성.

2 지방분권개헌국민행동이 제시한 개헌 과제

선진 통일 한국의 권력 공유 민주주의 헌정 비전을 실현하기 위해서는 먼저 권력을 시민 곁으로 이동시키는 지방분권 개헌이 필요하다. 지방분권 개헌은 답보 상태를 면치 못해 온 지방분권 개혁에 생기와 동력을 불어넣는 국가 개조의 지렛대로 작용할 것이다.

2012년 10월 9일 지방분권개헌국민행동은 지방분권개헌연구단이 작성한 지방분권헌법개정안을 국회 헌정기념관에서 발표했다. 지방분권개헌국민행동은 "자유·민주·공화의 자유민주주의 이념은 자치와 분권이라는 헌법정신의 토대 위에서만 온전하게 구현될 수 있다."는 요지의 개헌 제안문과 함께 10대 지방분권 개헌 과제를 제시했다.

필자는 지방분권개헌연구단의 일원으로 참여해 지방분권개헌안을 발표한 후 기존 개헌안에 추가적으로 강조되어야 할 두 가지 개헌 과제가 있다고 판단했다. 첫째는 엘리트 카르텔과 '대표성 실패'를 예방하고 교정할 국민발의제와 국민

표 7-2 지방분권개헌국민운동이 제안한 개헌 과제

(1) 헌법 전문과 제1조를 개정하여 자치와 분권이 헌법정신의 토대이며 대한민국이 지방분권국가임을 선언한다.
(2) 지방자치의 제도적 기반을 획기적으로 강화하고, 이를 통해 자치 역량이 축적된 뒤 곧바로 지역대표형 상원의 설치 등 자치와 분권의 이념에 기초해 중앙 권력구조를 전면적으로 개편한다.
(3) 법률의 종류를 국가법률과 자치법률로 이원화하고, 자치법률의 범위와 국가 법률과의 관계를 헌법에 규정하며, 자치법률의 입법 권한을 주민의 보통·평등·직접·비밀·자유선거로 선출되는 광역자치의회에 부여한다.
(4) 지방자치단체의 종류와 계층, 민주적 자치의회를 헌법에 명시하고, 지방자치단체의 형태와 내부조직을 주민 스스로 선택할 수 있는 권리를 보장한다.
(5) 보충성 원칙은 국가와 지방의 역할 배분에 지방의 우선성을, 자치행정에 있어서 풀뿌리 자치의 우선성을 부각시키고, 대의민주주의의 한계를 보완하는 직접민주주의를 활성화한다.
(6) 국세와 지방세의 이원구조를 헌법에 명시하고, 전국 어디서나 인간답게 살 최소한의 권리를 보장하기 위한 지역 재정조정의 원리를 규정한다.
(7) 지방자치단체가 국가 법률을 집행하거나 중앙정부의 위임사무를 처리하는 데 소요되는 비용은 전액 국고로 충당하고, 국가사무를 지방자치단체로 이양할 경우 재원까지 함께 이양하도록 규정한다.
(8) 사법분권, 자치경찰제, 검사장직선제 등을 실현하기 위한 실험법률을 제정하고 이를 선도할 지방자치단체를 지정하고 지원할 수 있는 헌법적 근거 규정을 마련한다.
(9) 지방자치단체가 국정 운영의 동반자로서 국가의 입법 및 정책 결정 과정에 참여할 기회를 확충하고, 지방자치단체연합회가 평화 통일을 위한 지방자치 혁신을 주도하도록 유도한다.
(10) 지방자치의 주요 사항을 국회의원 재적 과반수의 출석과 출석의원 3분의 2 이상의 찬성으로 지방자치기본법을 제정하는 방안을 적극 강구한다.

투표제를 추가적으로 도입하는 것이다. 둘째는 소수를 보호하는 비례주의 헌정 체제를 구축하기 위해 지역대표형 상원 창설을 '자치 역량이 축적된 후'가 아니라 차기 개헌의 핵심 과제로 설정하고, 개헌 이전이나 개헌과 함께 2위 이하의 후보들이 얻은 득표가 모두 사표(死票)로 처리되는 현행 소선거구 다수대표제를 정당의 득표율과 의석 점유율 간에 비례성이 보장되는 국회의원 선거제도로 개혁하는 것이다.

3 엘리트 카르텔과 대표성 실패를 예방·교정할 직접 참정 확충

2012년 8월 국민권익위원회는 직무 관련성이 없어도 공직자가 100만 원 이상의 금품·향응을 수수할 경우 형사 처벌을 받도록 하자는 일명 김영란법안을 입법예고했다. 이 법안에 대해 정·관계의 반발이 만만치 않았지만 국민의 지지는 대단했다. 당시 정부의 여론조사에서 80% 이상의 국민이 이 법안을 지지했다.

2013년 8월 정부는 원안을 일부 수정해 '부정청탁 금지 및 공직자의 이해충돌 방지법안'을 국회에 발의했다.[13] 공직자의 부당한 청탁 수수를 금지하고 이해충돌이 있는 직무 수행을 방지함으로써 공직자의 부패를 막으려는 법안이었다. 국회는 이 법안의 심사를 마냥 미루다가 2014년 4월 16일 세월호 참사로 '관피아' 문제가 부각되면서 법안 처리 지체에 대한 여론의 지탄에 밀려 그해 7월에야 공청회를 개최했다.

그러나 세월호 참사라는 국가적 비극도 이 법안의 온전한 입법을 담보하지 못했다. 약 7개월 동안 논의 끝에 2015년 3월 3일 제정된 「부정청탁 및 금품 등 수수의 금지에 관한 법률」은 세월호 참사의 구조적 원인의 하나로 지적된 공직자의 이해 충돌 직무 수행을 막는 알맹이 규정을 삭제해 버렸다. 공직자 가족의 직업선택권을 제한한다는 이유를 빌미로 이해 충돌 관련 규정을 제거한 것이다. 김영란법안은 이해 충돌이 존재하는 경우에만 예외적으로 공직자 가족의 취업 제한이나 가족과 관련된 직무 수행을 제한하도록 규정했지만 법안 심의 과정에

13) 이 법안의 명칭과 내용은 1962년 미국 연방의회가 제정한 「뇌물 및 이해충돌 방지법」과 매우 유사하다(윤태범, 2015: 21).

서 이런 제한이 모든 공직자와 가족에게 일상적으로 적용되는 것처럼 과장함으로써 이 법안의 위헌 가능성을 부각시켰다.[14] 미연방의회가 20세기 최고의 걸작 입법으로 꼽는 1962년 「뇌물 및 이해 충돌에 관한 법률」과 유사한 김영란 법안의 입법을 50여 년이 지난 지금도 엉뚱한 위헌 시비를 야기해 변질시킨 것이 한국 국회의 현주소다(윤태범, 2015: 22).

그뿐인가. 국회는 정치 개혁이 거론될 때마다 초미의 과제로 지목되어온 국회의원 비례대표선거제도의 도입도 번번이 무산시켰다. 국회는 득표율에 비례한 의석 수를 정당에게 배정하는 권역별 비례대표제 도입으로 한국 정치의 고질적 병폐인 지역할거주의 정치를 극복하는 획기적 전기가 마련될 수 있고 투표자의 30~40% 지지를 얻은 제1당에게 승자 독식의 결정권을 줌으로써 야기되는 여야 간 극한 대립과 국회 파행 운행 문제의 해법이 될 수 있다는 전문가들의 권고를 애써 외면해 왔다.[15] 역대 국회 정치개혁특별위원회에서 양대 정당은 정당의 득표율과 의석 수 괴리를 좁히기 위해 권역별 비례대표제 도입을 거론할 때마다 이 제도의 도입으로 인한 의석 수 감소에 대한 거부감과 다당제 전환에 대한 우려를 드러내며 반대해 왔다.

마침내 2015년 2월 선거관리위원회가 국회의원선거제도의 개혁을 차일피일 미뤄온 정치권에 권역별 비례대표 및 석패율제도의 도입을 제안하고 나섰다. 선

---

14) 일부 국회의원들은 방송에 출연해 김영란법 원안이 공직자 가족의 취업을 부당하게 제한하고 공직자 가족이 선물을 받으면 무조건 처벌받도록 만드는 신종 '연좌제 법안'이라고 억지 주장을 폈다. 이에 따라 김영란법안은 국회 논의 과정에서 위헌 가능성이 매우 높은 법안으로 낙인찍혔고, 이어 이해 충돌 관련 규정의 적용 대상이 된 언론도 이런 견해를 거들었다. 이런 분위기 속에서 김영란법안의 핵심인 이해 충돌 관련 규정을 삭제한 기형적 법률을 통과되었다(윤태범, 2015: 22).

15) 투표자의 30~40% 지지를 얻은 제1당에게 승자 독식의 결정권을 주는 국회제도는 입법 과정에서 정당 간 물리적 격돌을 야기하는 등 국회 파행 운영 문제를 야기했다. 2012년 5월 국회는 이 문제를 해결하기 위해 국회선진화법을 제정했다. 국회선진화법의 주요 내용은 다음과 같다. 첫째, 천재지변이나 전시·사변 등 국가비상사태의 경우나 교섭단체 대표와의 합의가 있을 때만 국회의장이 법률안을 본회의에 직권 상정할 수 있다. 둘째, 재적의원 3분의 1 이상의 찬성이 있으면 본회의에서 무제한의 토론(필리버스터)을 할 수 있다. 셋째, 재적의원 5분의 3 이상의 중단 결의가 없는 한 회기 종료 때까지 토론을 이어갈 수 있다. 국회 선진화법으로 국회 내 다수당이라 하더라도 의석 수가 180석에 미치지 못하면 예산안을 제외한 법안의 강행 처리는 불가능하다. 그러나 이 법의 제정으로 다수당이 야당의 협조 없이 시급한 현안을 입법하는 데 어려움을 겪게 되었다. 이에 따라 2015년 7월 새누리당 152명은 국회선진화법이 '식물국회'로 전락시켰다며 헌법재판소에 위헌성을 가려달라는 탄원서를 제출했다. 2016년 1월 현재 헌법재판소의 위헌 심리가 진행 중이다.

관위 개혁안은 전국을 6개 권역으로 나눠 의원 정수 300명 중 지역구·비례대표 비율을 인구 비례에 따라 2대1 범위 내에서 정하게 했다. 이렇게 되면 현재 지역구 246석, 비례 54석 중 비례 의석 수가 2배 이상 늘어나게 된다. 선출 방법도 비례대표 전국 단일명부를 작성하고 정당별 전국 득표율에 따라 비례대표를 배분하던 방식에서 국회의원을 권역별로 지역구선거(제1투표)와 정당명부 비례대표(제2투표)로 나눠 뽑되 권역별로 각 당의 의석 수를 정당 득표율에 따라 결정한 뒤 지역구 당선자를 제외한 수만큼 비례대표로 할당하는 방식으로 전환할 것을 권고했다.

이에 대해 2015년 7월 새정치민주연합은 독일식 권역별 비례대표제[16] 도입을 당론으로 채택하고 이 제도의 도입으로 인한 양대 정당의 의석 수 감소 충격을 완화하기 위해 국회의원 정수를 현행 300명에서 369명으로 늘리자고 제안했다. 새정치민주연합의 개혁안은 국회 불신이 심각한 상황에서 국회의원 정수의 증가에 대한 국민 거부감이 가장 큰 걸림돌이지만 지역할거주의의 볼모로 잡혀 있는 한국 정치에 새로운 활로를 열고 양대 정당으로 충족되지 못하는 국민의 다양한 목소리를 수용하는 선거제도의 도입이란 점에서 긍정적으로 평가될 수 있다. 이 제도를 도입할 경우 2012년 19대 총선 결과를 토대로 시뮬레이션하면 통합진보당이 13석에서 40석으로 늘어날 것을 우려하는 사람들이 있다. 그러나 헌법재판소에 의해 이적단체로 해산된 통합진보당의 재기는 불가능할 것이다. 다만 새로운 제도를 도입하는 경우 독일·스위스 등 선진국에서처럼 건전한 진보를 표방하는 정당들의 약진으로 현행 양당제에 상당한 변화가 초래될 수 있다.

새누리당은 새정치민주연합의 제안을 받고 2016년 총선에 적용될 선거법 개정에 난색을 표명했다.[17] 독일식 권역별 비례대표제를 도입하는 경우 제1당 자리를 더 이상 유지할 수 없다는 계산 때문이다. 결국 이전투구의 승자 독식 정치

---

16) 유권자 1인 2표제의 독일식 하원의원 선거제도는 정당이 차지할 의석을 정당투표에 의한 전국적 득표율에 비례해 결정한 후 지역구에서 얻은 의석을 뺀 나머지 의석만큼 비례대표 의석을 배정한다.

17) 새누리당 소속 국회정치개혁특별위원회 이병석 위원장은 새정치민주연합이 제시한 독일식 권역별 비례대표제를 새누리당이 국회의원 후보공천권을 국민에게 돌려주기 위해 당론으로 확정한 오픈 프라이머리와 맞교환할 것을 제의했다(『중앙일보』, 2015: 14). 이어 2015년 11월 11일 새누리당은 이 제도의 도입 시기를 2019년 차차기 총선 때로 연기하자고 역제안함으로써 사실상 거부 의사를 표명했다.

극복과 망국적 지역할거주의 완화에 기여할 비례주의 강화 정치개혁안이 기득권 유지와 당리당략 계산으로 또다시 무산되었다.

김영란법안과 국회의원의 권역별 비례대표제 도입과 같은 정치 개혁 법안이 심각하게 변질되고 마냥 지체되는 것을 막는 근본적 대책은 헌법 제1조가 규정한 시민공화주의 원리를 구현할 국민발의제와 국민투표제를 도입하는 것이다. 이를테면 대다수 국민이 원하는 법률이 입법되지 않거나 통과된 법률이 다수 국민 의사에 반하는 경우 국민이 직접 법안을 발의하고 국민투표로 입법을 확정짓는 직접참정제도를 도입하는 개헌이 요구된다.

더욱이 공약 파기와 같은 '대표성 실패'를 예방하고 교정하기 위해서도 국회입법에 대한 직접참정제가 필요하다. 2014년 6월 지방선거에서 기초선거 정당공천에 대한 새누리당의 기득권 고수와 새정치민주연합의 포기 번복으로 2012년 여·야 대선공약은 전면 파기되었다.[18] 60~70%의 국민이 바라는 주요 정치 개혁이 무산된 것이다. 이런 대표성 실패를 예방·교정하는 확실한 방안은 역시 국민 발의와 국민투표를 헌법에 규정하는 것이다.

헌법과 법률에 대한 국민 발의와 국민투표를 헌법에 명시하는 것만으로도 정치권의 고질적 지대추구행위는 현저히 줄어들 것이다. 직접 참정 개헌이야말로 심각한 정치 불신을 불러온 저급한 한국 민주주의 수준을 한껏 높이는 정치 개혁의 출발점이 될 것이다.

아울러 지방의 준직접 민주주의 확충을 위해서는 먼저 주민투표의 대상을 확대하고, 주민투표 청구 요건을 완화하며, 의무적 주민투표제를 도입해야 한다. 주민투표운동의 제한을 완화하고, 직접 참정을 위축시키는 유권자 '3분의 1 이상' 유효투표율 제한을 철폐해야 한다. 주민투표를 선거와 함께 실시할 수 있도록 허용하고, 선거관리위원회의 과다한 투표개표 관리 경비를 대폭 줄이는 방안을 강구해야 한다. 조례제정개폐청구제도 주민 발의 대상과 청구 요건을 대폭 완화하고, 주민이 발의한 조례안이 지방의회에서 부결되거나 일정 기간 동안 심의되지 않는 경우 주민투표에 회부해 확정하는 방향으로 개정되어야 한다. 주민소환제도 유권자 '3분의 1 이상' 유효투표율 제한을 철폐해야 한다. 아울러 심의민주적

18) 기초선거 정당공천제 폐지 공약의 파기 이외에 참여정부 지방분권정책에 대한 국회의 저항과 중앙집권화 반격에 관한 사례를 살펴보기 위해서는 안성호(2014: 11-14)를 참고할 것.

절차를 확충시켜 필요한 정보의 공유, 심사숙고, 진지한 토의를 유도하는 방향으로 직접민주제를 다시 설계해야 한다.

4 포용 융화 정치를 선도할 지역대표형 상원 창설

2014년 5월 하순 국회의장 직속 헌법개정자문위원회는 국민이 선출한 대통령이 외교 · 안보 · 통일에 전념하고 국회가 선출한 총리가 내치를 분담하는 이른바 '분권형 대통령제'와 함께 지역대표형 상원의 설치를 명시한 양원제 개헌을 제안했다.

이에 대해 국회의원 155명이 가담한 개헌추진국회의원모임은 '4년 중임 분권형 대통령제 찬성, 단원제 유지'로 응수했다. 아직도 많은 국회의원들이 정치 개혁을 위한 개헌의 초점을 대통령의 임기와 권한 분리에 맞추고 있다. 양원제 개헌과 같이 국회 권력의 견제와 균형을 도모하는 헌정 개혁은 주요 개헌 의제에서 배제되고 있다.

현행 단원 국회는 동질적 국민의 일반 의사가 단원제를 통해 효과적으로 표출될 수 있다는 논리에 근거한다. 그러나 실제로 국민은 지역에 기초한 이질적 집단으로 구성되기 때문에 지역 간 이해 갈등이 다수결 원리가 지배하는 단원 국회에서 충분히 조정 · 타협되기 어렵다. 더욱이 지역 감정이 정치 발전을 가로막고 사회 안정을 해치는 한국에서 지역적 소수의 이익을 다수결 원리로부터 보호하고 융화 상생의 정치를 실현하는 지름길은 바로 국회에 지역대표형 상원을 설치하는 것이다.[19)]

오늘날 선진 7개국(G7)은 모두 양원제 국가다. 인구 1,200만 명 이상의 15개 OECD 국가 중 단원제 국가는 터키와 한국뿐이다. GDP 15위 국가 중 상원이 없는 나라도 중국과 한국뿐이다. 그나마 중국은 국회에 해당되는 전인대(全人代)의 대표성 한계를 보완하기 위해 자문적 상원 역할을 수행하는 정협(政協)을 두고 있다. 이렇게 보면 GDP 15위 국가 중 상원이나 유사 상원이 없는 나라는 한국뿐

---

19) 지역대표형 상원 설치에 관한 자세한 논의는 안성호(2013)를 참고할 것.

이다.

적절히 설계된 지역대표형 상원은 한국 정치의 고질적 병폐를 예방하고 치유함으로써 선진 통일 한국을 세우는 핵심 헌정제도로 활용될 수 있다. 첫째, 지역대표형 상원은 다수의 전횡을 방지하고 소수 이익을 보호함으로써 지역 갈등 해소와 지역 균형 발전에 기여할 수 있다. 특히 2015년 말까지 국회의원 선거구별 인구 편차를 종래 3:1에서 2:1로 줄이라는 헌법재판소의 판결에 따라 적어도 16석 이상의 국회 의석이 비수도권에서 수도권으로 이동하게 되는 상황에서 과소지역의 대표성을 우대해 국민 통합과 지역 균형 발전을 도모할 지역대표형 상원의 필요성은 더욱 절실해졌다. 둘째, 지역대표형 상원은 지역대표들의 국회 입법 참여를 통해 지방분권 개혁을 촉진할 수 있다. 셋째, 정당과 일정한 거리를 둔 지역대표형 상원은 정당 간 극심한 대립과 갈등을 완화할 수 있다. 넷째, 지역대표형 상원은 입법과정의 '성찰과 재고' 기회를 확대시켜 졸속 입법을 예방하고 입법 품질을 높일 수 있다. 다섯째, 지역대표형 상원은 북한의 민주적 통합과 통일 한국의 국민 통합을 고무할 수 있다.

이런 장점에도 불구하고 지역대표형 상원의 설치로 인한 국회 비대화와 엘리트 특권 강화를 우려하는 국민이 있다. 이미 연구자들은 이런 우려를 불식시킬 양원제 개헌안을 제시해 왔다. 이제 양원 국회의 장점을 살리면서 국민이 흔쾌히 동의할 적실한 대안을 찾기 위해 지혜를 모아야 할 때다.

5 정당의 득표율과 의석 점유율이 비례하는 국회의원 선거제도 도입

비례주의 헌정 체제를 강화하기 위해서는 지역대표형 상원의 설치와 더불어 정당의 득표율과 의석 점유율 간에 비례성이 보장되는 국회의원 선거제도의 도입이 필요하다.

유권자가 개별 후보가 아니라 정당에 대해 투표하는 비례대표제는 각 정당에 득표율에 비례한 의석을 배정한다. 이렇게 되면 1등 또는 다수 세력 대표에게 던진 표만 의미가 있고 그 밖의 소수 세력 대표들에게 던진 표는 사표(死票)가 되는 일은 발생하지 않는다. 결국 모든 정당이 지지받은 표만큼 대표권을 행사할 수 있게 된다.

그러나 이런 순수 비례대표제는 정당의 득표율과 의석 점유율 간의 비례성이 확보되는 장점은 있지만 유권자의 후보 선택권이 정당 지도부가 미리 설정한 후보명부에 의해 제한될 수밖에 없다는 문제점이 있다.

이런 순수 비례대표제의 한계를 감안해 정당 지도부의 영향력을 완화하면서 유권자의 후보 선택권을 반영하는 선거제도로서 흔히 독일의 혼합형 하원의원 선거제도가 대안으로 제시되고 있다. 지역구 투표와 정당투표를 혼합한 독일의 하원의원 선거제도는 정당이 차지할 전체 의석 수를 정당 투표에 의해 결정한 후 각 주별로 지역구에서 얻은 의석수를 뺀 나머지 의석 수만큼 비례대표 의석 수를 정당에 배분한다. 독일의 혼합형 하원의원 선거제도는 지역구 투표와 정당 투표를 분리해 단순 합산하는 현행 국회의원 선거제보다 정당의 득표율과 의석 점유율의 비례성을 크게 높이는 제도로 평가받고 있다.

이미 앞에서 언급한 바와 같이 최근 선거관리위원회와 새정치민주연합은 권역별 비례대표제를 제안했다. 2015년 2월 선거관리위원회는 현행 국회의원 300개 의석을 지역구 의석 200석과 비례대표 의석 100석으로 나누고, 권역별로 정당 투표에 의해 정당이 득표한 의석 수를 결정한 후 지역구 투표에 의해 차지한 의석을 뺀 나머지 의석을 비례대표 의석으로 정당에 배당하는 방안을 제시했다. 이어 2015년 7월 새정치민주연합은 독일식 권역별 비례대표제 도입과 함께 국회의원 정수를 현행 300명에서 369명으로 늘리는 방안을 제시했다. 필자는 다른 연구(안성호, 2013: 225-226)에서 지역대표형 상원의원 선거제도로서 단기 이양식 선거제도를, 하원의원 선거제도로서 지역구 의석과 비례대표 의석을 혼합한 독일식 하원의원 선거제도의 채택을 제안한 바 있다.

이처럼 비례대표성이 강화된 국회의원 선거제도는 지역적 소수와 군소정당의 진출을 용이하게 함으로써 여야 간 사생결단의 이전투구를 조장한 기존 단순다수결 선거제도의 승자 독점의 폐해를 예방하는 데 기여할 뿐만 아니라 한국 정치가 심각하게 앓아온 지역할거주의 정당 구도를 해소하는 데도 크게 기여할 것이다.

이런 장점을 지닌 비례대표 국회의원 선거제도의 개혁은 논의만 무성한 채 하염없이 미뤄져 왔다. 공직선거법 개정권을 독점하는 양대 정당이 지역할거주의 정당 구도를 통해 누려온 막대한 기득권을 포기할 용기를 발휘하지 못했기 때문이다.

제7절 참여헌정주의 개헌 과정

제9차 개헌 과정은 민주적 정당성의 관점에서 엘리트 중심의 개헌이라는 한계를 벗어나지 못했다. 1987년 헌법은 불과 2개월 간 운영된 여야 '8인 정치회담'의 결과였다. 결국 현행 헌법은 장기적 관점에서 국가 발전을 견인할 새로운 헌법을 논의할 기회를 갖지 못한 채 대통령 직선제 부활과 장기 집권 방지라는 구(舊)헌정 체제의 극복과 '3김 정치'의 이해 관계가 맞교환된 밀실 양당 타협의 소산이었다.

제10차 개헌 과정은 참여헌정주의의 개헌 요건(Simeon, 2009: 252-253; 안성호, 2013: 243-247)을 충족시켜야 한다. 무엇보다 개헌 과정은 국민이 헌법에 대해 주인 의식을 갖도록 설계되어야 한다. 국민이 개헌안 마련을 위한 헌정회의, 토론회, 공청회 등에 참여해 발언하고 결정 통제력을 행사하는 것은 민주주의의 요청일 뿐만 아니라 헌법에 대한 주인 의식을 갖도록 만드는 지름길이다. 따라서 헌법에 대한 국민의 주인 의식을 고취시키기 위해 주민의 의견을 수렴하고 헌법 주민교육을 제공하는 지역별 개헌회의를 제도화할 필요가 있다.

개헌 과정은 정치적으로 능동적인 집단에게 발언권 기회를 주도록 개방적으로 설계되어야 한다. 특히 지역대표형 상원제도를 설계하는 과정에는 반드시 지역대표의 참여가 보장되어야 한다. 미국 발전의 초석을 놓은 1787년 제헌회의에서 지역대표형 상원제도를 창안한 건국의 아버지들은 13개 주의 대표들이었다. 미국 제헌회의의 교훈은 지역대표형 상원 설계를 위한 논의 과정에 지역대표를 참여시켜 발언권을 주고 일정한 절차에 따라 의사 결정 통제력을 행사할 수 있도록 해야 한다는 것이다.

개헌 과정에서 전문가와 법원의 역할은 매우 중요하다. 전문가는 개정 초안 작성자나 자문자로서 개헌 과정에 깊이 관여하는 과정에서 직접적 이해당사자가 넘어서는 안 될 개헌의 '규범적 표준'을 제시함으로써 개헌정치가 정치 세력 간 권력 투쟁의 장으로 전락하지 않고 이성적 대화와 타협이 이뤄지는 공론의 장이 되도록 만드는 데 기여해야 한다. 전문가를 자처하는 사람이 깊은 연구와 고민 없이 이해당사자의 주장에 장단을 맞추거나 부화뇌동하면 합리적 개헌 논의는 설 자리를 잃고 개헌 과정은 약육강식의 정글 법칙에 함몰될 것이다. 법원은 절차 규정의 해석과 방어를 통해 합리적 개헌 논의를 촉진할 수 있다. 캐나다의 대법원이 중요한 시점에 교착 상태에 빠진 개헌 정국에 돌파구를 마련한 것처럼, 한국의 헌법재판소는 개헌 과정의 합리적 설계와 공정한 운영에 기여할 역할이 있다.

아울러 개헌 과정은 이해당사자의 자기 이익 추구에 휘둘리지 않도록 설계되어야 한다. 개헌 과정에서 이해당사자의 편견을 제어하는 방안은 이들의 역할을 최소화하는 것이다. 만일 1987년 개헌처럼 국회가 개헌 과정을 독점하게 되면 국회의 권한을 제한하고 견제하는 권력 공유 헌정 체제를 실현하는 개헌은 어려울 것이다. 개헌 과정은 상이한 이익들이 정치적 정글의 약육강식 권력정치에서 벗어나 이성적 대화와 상생의 타협을 이루는 민주적 공론화 과정이 되어야 한다.

제 2 부

한국 지방자치의 주요 쟁점

제 8 장

지방자치단체 유형별 조직 유형 연구: 수도권 기초자치단체를 중심으로

김병국 · 윤준희

제 1 절 서론

조직구조는 단 하나의 최선안이 존재하는 것이 아니라 조직 내 · 외의 환경 변화에 따라 변화하며, 조직의 생존과 발전을 추구한다. 조직에 관한 다양한 논의에서 조직은 체제 또는 사회적 단위, 특정한 목표나 적적의 달성을 위한 인간의 지속적인 집합체, 특정한 목표 및 목적의 달성을 위한 구조적 과정 또는 분화와 조정의 체제로 정의되기도 한다.

조직은 목표를 중심으로 한 사회적 단위의 집합체로 환경 변화에 따라 조직 구조의 개편이 요구된다. 조직 개편은 기존의 조직을 새로운 조직으로 개편함으로써, 궁극적으로 조직 목표의 효율적이고 효과적인 달성을 도모하는 것이다. 즉, 조직 개편은 목표 지향적이며, 환경 변화에 따라 동태적이고, 유 · 무형의 비용을 요구하는바, 지방자치단체의 조직 개편은 변화한 행정환경에 부합하는 변화된 조직 목표를 효과적이고 효율적으로 달성할 수 있는 구조를 최소의 비용으로 재설계하는 것이다.

지방자치단체는 현장 중심의 기능을 수행하되, 지역문제에 대해 총괄적으로 접근해야 하며, 각 부서 간의 정책 갈등에 대한 조정 능력을 요구받는다. 이에 따라, 조직구조는 기능 수행의 효율성과 조직 목표 달성의 효과성을 달성에 기준을 둬야 한다. 다만, 현재의 지방자치단체의 조직 개편은 대부분 공통된 기준 없이 상황에 따른 수행 기능의 분석, 직무분석 등을 통해 새로운 조직구조를 도출하고 있다. 조직재설계의 기준도 지방자치단체 고유의 특성을 고려하지 못한 채 일반적인 조직이론에서 차용해 적용하고 있다. 따라서 지방자치단체 조직의 특성을 반영하는 일반화된 조직구조가 정립되지 못하고 있으며, 상황에 따라 연구자의 특성에 따라 다양한 조직구조로 개편되고 있다. 이에 따라, 지방자치단체의 특성을 고려한 일반화된 조직모형을 제시하는 것이 요구된다.

이 연구의 목적은 기초자치단체의 유형별 표준적인 조직 유형을 제시하는 것이다. 중앙과 지방의 기능 배분 형태와 시 · 군 · 구의 특성에 따라 기초자치단체의 조직구조의 공통점을 제시함으로써 유사한 행정환경에 있는 기초자치단체의 조직구조를 유형화한다. 이를 위해, 지방자치단체 사무의 유형을 구분하고, 행정환경에 따라 시 · 군 · 구의 유형을 분류한다. 시 · 군 · 구가 고유한 행정환경에서 주어진 사무를 처리하기 위해 공통적으로 설치하고 있는 조직과 특성화된 조직을 구분한다. 이를 통해, 기초자치단체의 유형별 공통적인 조직구조를 제시한다. 따라서 이 연구는 행정환경에 따라 변화하는 시 · 군 · 구의 조직구조 재설계에서 공통적으로 적용할 수 있는 최소한의 조직구조를 제시하고, 각 시 · 군 · 구의 특성에 따라 변화를 줄 수 있는 조직구조의 범위를 제시하는 데 의의를 갖는다.

제 2 절 이론적 배경

1 조직설계의 기본 방향

정부조직 개편에 관해 합리적이고 이상적인 모델이 존재하는가에 관한 다양한 논의가 있어 왔다. 고전적인 이론으로부터 현대적인 응용이론에 이르기까지 다양한 이론에서 조직이란 가장 효율적으로 운영되는 합리적인 시스템으로 정의하고, 단 하나의 이상적인 조직 체계가 존재하며, 다만, 그것을 달성하는 데에 대한 이견이 존재한다. 즉, 이상적인 조직 체계가 존재하더라도 그것을 달성할 수 없다는 의견과 실제로 이상적인 조직 체계를 달성할 수 있다는 논의로 분류된다.

테일러(F. W. Taylor)의 『과학적 관리법』(1911) 이후, 현대에는 조직구성원을 기계의 톱니바퀴처럼 부품처럼 바라보는 시각보다는 인간적인 측면을 고려함으로써 조직의 인간적 측면과 기술적 측면 사이의 조화와 균형을 달성하는 것이 조직설계의 핵심 원칙으로 받아들여지고 있다. 테일러의 과학적 관리법은 조직의 집행 기능과 지원 기능을 구분해 구상 또는 사고에 관한 기능은 지원부서, 즉 관리자에 의해 수행되고, 모든 실행은 집행부서에서 수행되는 것을 추구한다. 즉, 조직구성원은 조직 목표의 달성을 위해 고도로 분화된 단편적인 임무를 수행하도록 요구받으며, 합리적인 조직구조는 직무에 따른 분화를 강조한다. 지방자치단체의 조직설계에서 과학적 관리법의 적용은 지방자치단체의 기능별 분류에 따라 하나의 기능이 하나의 부서에서 집행되며, 각 기능을 수행하는 구성원은 해당 기능의 세분화되고 단편화된 작업을 수행하도록 조직을 설계하는 것이다. 과학적 관리법은 지방자치단체가 중앙정부의 행정기관의 역할을 수행하는 경우에 지방자치단체의 조직설계에 적합하나, 현재의 지방자치 체제에서 정치적 영향력이 조직설계에 고려되는 경우, 적용에 한계가 발생한다.

지방자치단체의 조직설계에서 지방자치단체의 기능은 단편적인 국가사무의 집행보다, 지역의 문제를 지역주민의 의사를 반영해 해결해야 하는 정치적 요소의 고려를 요구받는다. 지방자치단체가 합리적 행정 과정을 거치더라도 지역의 정치적 요인을 간과하는 경우, 조직 목표를 달성하지 못할 수 있다. 지방자치의 목적이 지역의 문제를 지역주민 스스로 해결하는 것에 있다고 할 때, 지방자치단체는 법령에 따른 행정행위와 더불어 지역주민의 욕구와 능력에 대한 고려가 요구된다. 즉, 지방자치단체의 조직구조는 폐쇄 체계(closed system)로부터 개방 체계(open system)로 진화해 다양한 행정환경에 대응할 수 있는 조직 체계를 구축해야 한다는 것이다.

조직 개편의 형식으로 재설계되는 지방자치단체의 조직은 지역의 지리적 특성과 인구 변화, 그리고 중앙정부와 지방정부 간 기능 배분의 변화 등 행정환경의 변화를 고려한다. 행정환경은 정체되어 있는 것이 아니라 시간의 흐름에 따라 변화하는 것으로 인구의 증감, 노령화 등 인구구조의 변화, 그리고 상위정부와 기초자치단체의 기능 배분의 변화 등 법령의 변화 등에 따라 상시 변화한다. 행정환경의 변화는 지방자치단체의 기능 수행의 변화를 요구하며, 변화되는 기능 수행에 적합한 조직구조의 변화 압력이 증가한다. 과거와 다른 지방자치단체의 역할을 요구하는 환경의 변화에 따라 지방자치단체의 조직구조의 변화가 요구된다.

지방자치단체의 조직재설계의 목적은 변화하는 행정환경에 적응을 위한 조직의 능동적 반응이다. 서로 다른 환경에서는 다른 유형의 조직이 요구된다. 번스와 스토커(Burns & Stalker, 1961)는 내부적이 욕구들을 충족시키고, 균형을 이루며 환경 여건에 효과적으로 적응해 나가기 위해 세심한 관리를 필요로 하는 개방 체계로서 조직에서 적절한 조직 형태는 조직이 수행해야 할 과업이나 당면한 환경의 성격에 따라 최적의 적합 상태를 달성하는 것을 강조했다. 조직은 복잡한 주위 환경에 대응하기 위해 주위 환경에 따라 몇 개의 하부 시스템을 구성하고, 각각의 하부 시스템이 고유한 기능과 관련을 맺은 환경의 요구에 적응함으로써 환경에 대응한다(Lawrence & Lorsch, 1967). 즉, 지방자치단체는 주민의 복리 증진 및 지역 발전의 궁극적인 목적을 위해 실·국·과·담당을 두어 업무를 분담하고 있다. 각 부서별 담당 업무에 따라 관련된 환경과 관계를 맺고 환경의 변화에 적응하도록 하는 것이다. 이에 따라, 불확실한 환경적 조건에 놓여 있는 조직은 과학적 관리론의 기계적인 조직의 설계보다 유기적이고 신축성 있는 조직설계가 요구된다. 다만, 환경의 불확실성이 커지는 경우, 지방자치단체의 하부 조직구조의 분화 압력이 상승하고, 조직 분화가 심화할수록 지휘·통제 및 하부조직 간 소통에 어려움이 가중된다.

궁극적으로, 지방자치단체의 조직 개편의 목적은 변화하는 환경 속에서 효율적인 행정 기능의 수행에 있다. 다만, 지방자치단체장의 정치적 목적, 즉 지역의 장기 발전 비전의 상징성 확보, 조직구성원에 대한 통제 등을 수반한다. 일반적으로 조직 목표 달성의 효율성과 효과성을 제고하는 데 궁극적인 조직 개편의 목적이 있으나, 민선 지방자치단체장의 입장에서 정치적 목적을 배제하지 못한다. 정부조직 개편은 정치적 목적과 행정적 목적을 동시에 지닌다(박치성 외, 2011; 이윤경 · 문명재, 2011; 문명재, 2009; 민진, 2008). 조직 개편 시 조직설계에 효율적인 조직 운영, 효과적인 조직 목표 달성, 그리고 정치적 목적의 달성이 주요 고려 사항으로 제시된다.

2 지방자치단체 조직 개편 시 고려 사항

지방자치단체의 조직 개편은 조직의 효율적인 운영과 조직 목표의 효과적 달성, 그리고 정치적 목적에 의해 이뤄진다. 지방자치단체 조직구조의 변화는 조직의 기능 수행에 영향을 미치며, 조직구조의 선택은 조직 내 권한과 책임의 배분의 변화와 조직의 기능 수행에서 예측된 변화와 예측되지 않은 변화를 초래하는 의미를 갖는다. 따라서 환경 변화에 대한 대응과, 효율적 조직 운영 체계의 마련에 중점을 두어 조직을 재설계하는 것이 긴요하다. 이를 위해, 지방자치단체 조직 개편의 기본 방향을 제시하면, 조직 내의 정책 조정 · 중재 기능의 강화, 조직의 전문화, 개편의 최소화로 제시할 수 있다.

첫째 조직 내 정책 조정 · 중재 기능의 강화는 기능에 따라 분화시킨 지방자치단체의 각 과의 과장을 중심으로 담당 기능 수행의 자율성과 책임성을 강화하되, 유관 부처 간 수평적 정책협의 및 조정 체계를 마련하는 것이다. 부서 간의 수평적 정책 조정과 협력을 위해 정책조정부서를 설치하거나, 부단체장의 기능을 강화하는 것이 필요하다. 정책조정부서의 전문적인 정책 조정으로 미시적인 정책 조정을 수행하고, 수평적 정책 조정이 어려운 경우, 부단체장이 수직적 정책 조정 기능을 담당하도록 하는 것이다. 즉, 동일 계층의 조직구성원 간 정책 갈등이 발생하는 경우, 상급자의 개입보다 동일 계층에서 먼저 조정·중재 후 동의가 이뤄지지 않는 경우, 상급자가 개입하는 방식이다. 해먼드(T. H. Hammond)는 조직 내 갈등이 발생할수록, 갈등은 조직의 상층부로 전가될 가능성이 높으므로, 부서 간 정책 갈등이 수평적으로 해결되지 않을 경우, 조직구조를 통해 갈등이 해결될 수 있는 조직의 계층을 결정이 조직의 의사결정 측면에서 중요한 것으로 보았다(Hammond, 1986).[1] 즉, 정책 갈등에 대한 수평적 조정·중재 기능을 수행하는 부서의 설치와 상급자, 부단체장 등의 중재·조정 기능의 필요성이 제기된다.

둘째, 조직의 전문화는 지방자치단체의 부서별 고유 기능을 부여하고, 전문성에 기초해 부서장의 책임성을 확보한 가운데 자율적으로 전문 기능을 수행하도록 하는 것이다. 일반적으로 전문성이라 함은 각 고유 분야별 업무에 관한 전문지식 또는 전문기술의 확보, 업무의 숙련도 등을 의미한다. 최병대(2003)는 전문성을 지닌 일반행정가를 해당 직무와 관련된 전문지식을 바탕으로, 상당 기간에 걸쳐 공직에 근무한 경험의 축적 및 해당 분야에 대한 교육과 훈련을 통한 전문적인 지식을 보유하여, 해당 업무의 원활한 수행 능력과 주요 정책 개발 능력을 갖춤과 동시에 유관 분야 업무에 대한 이해 능력을 보유하는 것으로 정의했다. 주상현·안순엽(2002)에 따르면, 전문성은 첫째, 의사 결정의 자율성 확보와 전문적 권위에 따른 성취감을 느낄 수 있어야 한다. 둘째, 현장 경험 및 관리 능력, 셋째, 전문적인 기술과 수행 능력, 넷째, 교육과 훈련 체계를 통한 자기 능력 개발 등을 필요로 하며, 마지막으로 이타적인 규범 및 전문적인 가치와 윤리를 준수하는 것을 의미한다. 지방행정에서의 전문성은 주어진 업무를 원활하게 수행하며, 조직 성과를 향상시키는 능력이며, 전문지식의 확보와 실무 경험에 의해 확보되는 능력이다. 즉, 하나의 부서 내에서 다양한 기능을 수행하는 것보다 하나의 기능을 다년간 수행하는 것이 전문성 확보에 유리하다. 이에 따라, 지방자치단체 조직을 설계할 때 부서의 설치 제한에 기계적으로 제약을 받는 것은 바

1) 해먼드는 조직구조의 변화가 조직의 의사 결정에 영향을 미치는 것을 논의하는 가운데, 갈등에 관련된 당사자들은 당사자 상호간의 동의를 통해 얻을 수 있는 이익이 상급자가 개입할 때의 이익보다 크다면, 갈등 해결은 조직의 상층부로 넘길 확률이 크나, 반대의 경우에는 수평적인 합의가 이뤄질 가능성이 높다고 보았다. 또한 조직구조에 따라 하위 부서에서 갈등이 해결될 수 있도록 하거나 또는 상급자가 갈등을 해결하도록 한다고 했다.

람직하지 않으며, 하나의 부서에서 하나의 고유 기능을 수행할 수 있도록 설계하는 것이 요구된다.

셋째, 개편의 최소화는 불요불급한 조직 개편에 대한 유·무형의 비용을 고려해 조직 개편의 범위를 최소화하는 것이다. 즉, 정책환경의 변화, 수행 기능의 변화 등 특별한 사유가 없는 한 조직은 현행 체제를 유지하는 것이 바람직하다는 것이다. 특히, 조직 개편에 따른 무형의 비용을 고려해 대국대과제 등 대부처 제도의 적용은 서로 다른 조직문화의 충돌을 야기해 조직 목표의 효과적인 달성에 부정적인 영향을 미치게 된다. 즉, 조직이 통합을 시도하는 경우, 조직문화의 차이에 따라 내부적·화학적 통합이 이뤄지지 못하게 될 수 있다. 이 경우, 조직 구성원은 현재의 문화와 다른 문화에 저항하거나 또는 장시간에 걸쳐 적응하게 되므로, 조직의 효과성을 저하되므로, 조직 개편에 따른 무형의 비용이 발생한다. 모든 행정행위와 마찬가지로 조직 개편 역시, 아무것도 하지 않았을 때와 비교해서 수행했을 때 효용이 클 때 제한적으로 수행하는 것이 바람직하다.

3 지방자치단체의 기능

1) 지방자치단체의 사무 범위 및 기능 분류

현행 지방자치법은 지방자치단체의 사무의 종류를 ① 지방자치단체의 구역, 조직, 행정관리 등에 관한 사무, ② 주민의 복지 증진에 관한 사무, ③ 농림·상공업 등 산업 진흥에 관한 사무, ④ 지역 개발과 주민의 생활환경시설의 설치·관리에 관한 사무, ⑤ 교육·체육·문화·예술의 진흥에 관한 사무, 그리고 ⑥ 지역민방위 및 지방 소방에 관한 사무 등 여섯 가지로 구분한다(지방자치법 제9조). 이상의 지방자치단체의 사무는 또다시 광역자치단체의 사무와 기초자치단체의 사무로 각각 구분하고 있다. 광역자치단체의 사무는 ① 행정 처리 결과가 2개 이상의 시·군 및 자치구에 미치는 광역적 사무, ② 시·도단위로 동일한 기준에 따라 처리되어야 할 성질의 사무, ③ 지역적 특성을 살리면서 시·도 단위로 통일성을 유지할 필요가 있는 사무, ④ 국가와 시·군 및 자치구 사이의 연락 · 조정 등의 사무, ⑤ 시 · 군 및 자치구가 독자적으로 처리하기에 부적당한 사무, 그리고 ⑥ 2개 이상의 시 · 군 및 자치구가 공동으로 설치하는 것이 적당하다고 인정되는 규모의 시설을 설치하고 관리하는 사무 등 여섯 가지를 예시하고 있다(지방자치법 제10조). 기초자치단체의 사무는 시행령에 유보하고 있으며, 일반적으로 시 · 군 · 구의 현지성, 경제성, 효율성, 주민 대응성을 요하는 사무다. 구체적으로, ① 시 · 군 · 구에 한정적으로 영향을 미치는 사무, ② 영향력이 직접 지역주민에게 미치는 사무, ③ 국가사무가 아닌 자치사무 중에서 시 · 도의 자치사무로 구분되지 않은 사무, ④ 시 · 군 · 구가 수행하는 것이 경제적이고 효율적인 사무, ⑤ 주민편익을 위해 시 · 군 · 구 단위에서 행 · 재정적 지원이 필요한 사무, ⑥ 국가와 시 · 도의 지원이 필요하지 않은 사무 등이다. 예를 들어 사회복지사무, 전염병 예방 및 방역, 위생 및 청소 영농 지도, 지역 개발, 생활환경시설, 지역민방위 등이 이에 해당한다.

표 8-1 행정 주체별 기능(사무)

구분	기능(사무)
국가사무	· 외교, 국방, 사법, 국세 등 국가의 존립에 필요한 사무 · 물가정책, 금융정책, 수출입정책 등 전국적으로 통일적 처리를 요하는 사무 · 농림 · 축 · 수산물 및 양곡의 수급 조절과 수출입 등 전국적 규모의 사무 · 국가종합경제개발계획, 국가하천, 국유림, 국토종합개발계획, 지정 항만, 고속국도 · 일반국도, 국립공원 등 전국적 규모 또는 이와 비슷한 규모의 사무 · 근로 기준, 측량 단위 등 전국적으로 기준의 통일 및 조정을 요하는 사무 · 우편, 철도 등 전국적 규모 또는 이와 비슷한 규모의 사무 · 고도의 기술을 요하는 검사 · 시험 · 연구, 항공관리, 기상행정, 원자력 개발 등 지방자치단체의 기술 및 재정 능력으로 감당하기 어려운 사무
광역사무	· 지방자치단체의 구역, 조직 및 행정관리 등에 관한 사무 · 행정 처리 결과가 2개 이상의 시 · 군 및 자치구에 미치는 광역적 사무 · 시 · 도 단위로 동일한 기준에 따라 처리되어야 할 성질의 사무 · 지역적 특성을 살리면서 시 · 도 단위로 통일성을 유지할 필요가 있는 사무 · 국가와 시 · 군 및 자치구 간의 연락 · 조정 등의 사무 · 시 · 군 및 자치구가 독자적으로 처리하기에 부적당한 사무 · 2개 이상의 시 · 군 및 자치구가 공동으로 설치하는 것이 적당하다고 인정되는 규모의 시설의 설치 및 관리에 관한 사무
기초사무	· 지방자치단체의 구역, 조직 및 행정관리 등에 관한 사무

	· 주민의 복지 증진에 관한 사무 · 농림 · 상공업 등 산업 진흥에 관한 사무 · 지역 개발 및 주민의 생활환경시설의 설치 · 관리에 관한 사무 · 교육 · 체육 · 문화 · 예술의 진흥에 관한 사무 · 지역민방위 및 소방에 관한 사무
50만 이상 특례사무	· 보건의료에 관한 사무특례 · 지방공기업에 관한 사무특례 · 주택 건설에 관한 사무특례 · 토지구획정리사업에 관한 사무특례 · 도시계획에 관한 사무특례 · 도시재개발사업에 관한 사무특례 · 환경보전에 관한 사무특례 · 건설기계관리에 관한 사무특례 · 자동차 운송사업에 관한 사무특례 · 지방공무원 인사 및 정원관리에 관한 사무특례 · 지적에 관한 사무특례 · 열 사용 기자재에 관한 사무특례 · 식품제조업에 관한 사무특례 · 묘지 · 화장장 및 납골당의 운영관리에 관한 사무특례 · 사회복지시설에 관한 사무특례 · 고압가스에 관한 사무특례 · 도시가스에 관한 사무특례 · 지방채 발행 승인 신청
자치구 위임사무	· 지방자치단체의 인사 및 교육 등에 관한 사무 · 지방재정에 관한 사무 · 매장 및 묘지 등에 관한 사무 · 청소 · 오물에 관한 사무 · 지방토목 · 주택건설 등에 관한 사무 · 도시계획에 관한 사무 · 도로의 개설과 유지 · 관리에 관한 사무 · 상수도사업에 관한 사무 · 공공하수도에 관한 사무 · 공원 등 관광 · 휴양시설의 설치 · 관리에 관한 사무 · 지방궤도사업에 관한 사무 · 대중교통행정에 관한 사무 · 지역경제 육성에 관한 사무 · 교통신호기, 안전표지 등의 설치 · 관리 등에 관한 사무

출처: 한국지방행정연구원(2012).

이상의 사무 범위를 통해 기초자치단체의 주요 사무는 유지적 기능에 관한 사무와 집행적 기능에 관한 사무로 구분할 수 있다. 최창호(2009)는 지방자치단체의 기능 분류를 유지적 기능과 복지적 기능, 그리고 발전적 기능으로 구분했다. 그는 일반행정과 안전 방위를 유지적 기능으로, 사회복지와 교육문화를 복지적 기능으로, 그리고 산업경제와 지역 개발을 발전적 기능으로 구분했다. 지방자치단체의 대기능 분류는 일반행정, 안전방위, 사회복지, 교육문화, 산업경제, 지역 개발 등으로 구분된다. 정의동(2000)과 조성호(2012)는 중앙정부와 광역자치단체 그리고 기초자치단체의 사무를 모두 안전, 사회적 하부구조, 교육, 복지/위생, 산업/경제를 기준으로 분류했다. 기초자치단체의 경우에, 안전에 관한 사무는 지역민방위, 사회적 하부구조에 관한 사무는 지역주택 개발, 주택사무, 장단기 주택 공급계획 수립, 도시계획, 지방도로, 하천관리, 상·하수도, 공원·녹지 등으로 구분했다. 또한, 교육에 관한 사무로 유아원부터 고등학교 지원, 공공교육시설 설치·운영에 관한 사무 등을 분류했고, 복지·위생에 관한 사무로 주거환경 관련 규제사무, 주민생계 복지 관련 사무, 주거환경 개선, 사회복지시설, 보건진료·위생에 관한 사무를 포함시키고 있다. 마지막으로 산업·경제에 관한 사무는 상가지역 개발, 공장지대 개발, 지역 개발 촉진사무, 농림·상공 산업진흥사무, 교통 편의, 지역경제 사무 등을 분류하고 있다. 한국지방행정연구원(2006)은 지방자치단체의 기능을 기획 조정 기능, 행·재정 기능, 문화·체육·관광 기능, 보건복지 기능, 산업경제 기능, 환경관리 기능, 도시주택 기능, 지역개발 기능, 소방방재 기능, 지방의회 기능, 읍면동 기능 등 11개 기능으로 구분했다. 지방행정연구원의 기능 분류에서 지방의회와 읍면동 기능을 제외한 9개 기능은 상기한 최창호(2009)의 분류와 유사하며, 다만, 의정 일반, 의사관리, 전문위원 등의 지방의회 기능과, 읍면동의 일반행정, 사회복지, 산업경제, 방재·치수의 기능이 별도로 분류되었다. 지방행정체제개편추진위원회(2012)는 일반행정, 사회복지, 보건환경, 농수축산업, 지역경제, 지역개발, 교육문화, 안전방위 등 8개 기능으로 분류했다. 일반행정은 기획관리, 예산 운영 자치행정 공보, 감사, 민원행정 등의 기능으로 재분류하고 있으며, 사회복지 기능은 사회복지 인프라, 생활보호, 의료보호, 노인복지, 아동복지, 장애인복지, 청소년복지, 여성복지 등으로 분류했다. 보건환경은 보건진료, 건강 증진, 전염병 예방, 공중위생, 폐기물 처리,

환경보호, 공원 · 녹지 등으로 분류했다. 농수축산업은 농업기반시설, 농정, 농업자재관리, 수산, 축산낙농, 가축 전염병 예방, 산림 등의 기능으로 구분했고, 지역경제는 경제 진흥, 소비자 보호, 중소기업, 지역산업 육성, 관광 진흥, 에너지관리 등으로 분류했다. 지역 개발 분야는 지역개발사업, 건축, 건설, 도시계획, 도로, 주거생활환경, 치수관리, 상 · 하수도, 교통, 재해대책 등으로 분류했으며, 교육문화 분야는 교육사업, 교육 · 체육 · 문화시설, 지방문화재, 문화예술, 사회체육 진흥 등으로 그리고 안전방위 분야는 민방위 재난관리 등으로 분류했다.

2) 기초자치단체의 유형화

우리나라에서 지방자치단체의 종류의 규정은 법률주의를 채택해 헌법에서 규정하지 않고, 지방자치법에서 규정하고 있다. 지방자치법 제2조는 지방자치단체를 광역자치단체와 기초자치단체로 구분하고, 시 · 군 · 구는 기초자치단체로 분류하고 있다. 기초자치단체는 지방자치단체에서 광역자치단체의 하부조직으로 국가와 광역자치단체의 위임사무와 고유사무를 수행한다. 우리나라의 기초자치단체는 시 · 군 · 구로 분류되며, 특별시 · 광역시에는 자치구를 두고 도에는 시 · 군을 설치한다.

법령상 기초자치단체의 유형은 시 · 군 · 구로 구분되며, 그 조직구조는 인구를 기준으로 제한된다. 지방자치단체의 행정기구와 정원 기준 등에 관한 규정에서는 인구를 기준으로 기구 설치 기준을 제한한다. 즉, 우리나라의 기초자치단체는 자치조직권을 법령에 의해 제한받고 있으며 법령의 범위 내에서 조례로써 조직을 설치 · 운영한다. 이에 따라, 인구 규모에 따라 조직의 틀이 결정되어 있으며, 각 시 · 군의 지역 여건에 따라 구체적인 조직구조가 결정된다.

법령에 따른 지방자치단체의 유형 구분은 단순히 시 · 군 · 구로 구분되나, 지방자치단체의 유형 구분의 기준으로 인구 이외의 요소를 고려할 수 있다. 송민경 · 장훈(2010)은 인구밀도, 경제활동 인구비, 노령화 지수, 1인당 지방세 징수액, 농가 인구비, 300인 이상 사업체 수, 외부 통행량, 단독주택 구성비, 병상 수, 공공기관 수 등을 기준으로 도시 유형을 구분했다. 조대헌(2013)은 인구 및 가구의 분포의 핵심 변수로 학력집단별 전체 인구 대비 특정 지역인구 비중, 일반가

표 8-2 기초자치단체의 기구 설치 기준

<table>
<tr><th colspan="3">구분</th><th>실·국</th><th>실과담당관</th></tr>
<tr><td rowspan="13">시</td><td colspan="2">계룡시</td><td></td><td>12개 이내</td></tr>
<tr><td colspan="2">인구 10만 미만</td><td></td><td>17개 이내</td></tr>
<tr><td colspan="2">인구 10만 미만
(지방자치법 제7조 제2항 제1호의 도농복합 형태의 시)</td><td>2개 이내</td><td></td></tr>
<tr><td colspan="2">인구 10만 이상 15만 미만</td><td>2개 이내</td><td></td></tr>
<tr><td colspan="2">인구 15만 이상 20만 미만</td><td>3개 이내</td><td></td></tr>
<tr><td colspan="2">인구 20만 이상 30만 미만</td><td>4개 이내</td><td></td></tr>
<tr><td colspan="2">인구 30만 이상 50만 미만</td><td>5개 이내</td><td></td></tr>
<tr><td colspan="2">인구 50만 이상(구를 설치하지 아니한 시)</td><td>6개 이내</td><td></td></tr>
<tr><td colspan="2">인구 50만 이상 70만 미만(구를 설치한 시)</td><td>4개 이내</td><td></td></tr>
<tr><td colspan="2">인구 70만 이상 90만 미만(구를 설치한 시)</td><td>5개 이내</td><td></td></tr>
<tr><td colspan="2">인구 90만 이상 100만 미만(구를 설치한 시)</td><td>6개 이내</td><td></td></tr>
<tr><td colspan="2">인구 100만 이상 120만 미만(구를 설치한 시)</td><td>7개 이내</td><td></td></tr>
<tr><td colspan="2">인구 120만 이상(구를 설치한 시)</td><td>8개 이내</td><td></td></tr>
<tr><td rowspan="7">군</td><td colspan="2">울릉군</td><td></td><td>10개 이내</td></tr>
<tr><td colspan="2">인구 3만 미만</td><td></td><td>11개 이내</td></tr>
<tr><td colspan="2">인구 3만 이상 5만 미만</td><td></td><td>12개 이내</td></tr>
<tr><td colspan="2">인구 5만 이상 10만 미만</td><td></td><td>14개 이내</td></tr>
<tr><td colspan="2">인구 10만 이상 15만 미만</td><td>2개 이내</td><td></td></tr>
<tr><td colspan="2">인구 15만 이상 20만 미만</td><td>3개 이내</td><td></td></tr>
<tr><td colspan="2">인구 20만 이상</td><td>4개 이내</td><td></td></tr>
<tr><td rowspan="6">구</td><td rowspan="2">특별시의 자치구</td><td>인구 50만 미만</td><td>5개 이내</td><td></td></tr>
<tr><td>인구 50만 이상</td><td>5개 이내</td><td></td></tr>
<tr><td rowspan="4">광역시의 자치구</td><td>인구 10만 미만</td><td>2개 이내</td><td></td></tr>
<tr><td>인구 10만 이상 15만 미만</td><td>3개 이내</td><td></td></tr>
<tr><td>인구 15만 이상 50만 미만</td><td>3개 이내</td><td></td></tr>
<tr><td>인구 50만 이상</td><td>4개 이내</td><td></td></tr>
</table>

* 지방자치단체의 행정기구와 정원 기준 등에 관한 규정 [별표 3] 수정

구 대비 1인 가구 비율, 지역 내 특정 종사자 비중과 전 지역의 특정 종사자 비중, 인구 대비 전입 외국인 비율, 특정 집단 대비 준거집단 비율의 로그 등이 공간군집 분석에 주로 사용된 변수임을 제시했다. 또한, 경제활동 분포에 대한 분석의 핵심 변수로 고용 자수, 입지 계수, 지역 내 특정 종사자 비중과 전 지역의 특정 종사자 비중, 산업체 수, 제조업체 수, 업체 밀도, 총종사자 대비 대상지역 종사자 비중 등을 제시했다.

제 3 절 분석틀

이 연구의 목적은 기초자치단체의 유형별 표준적인 조직 유형을 제시하는 것이다. 이를 위해 개괄적인 조직 개편의 기본 방향과 고려 사항의 제시를 통해 조직 개편의 목적을 명확히 제시했다. 또한 조직 개편을 위한 준거로서 기능의 분류와 지방자치단체의 유형 분류에 관한 선행 연구를 검토했다. 이상의 이론적 논의로부터 연구의 분석틀을 도출했다.

선행 연구의 검토로부터, 기초자치단체의 기능을 과 단위 사무를 기준으로 분류한 후 담당 단위 사무로 재분류했다. 먼저 과 단위 기능으로 각 연구자의 대분류 기준에 맞춰, 우선 유지적 기능, 복지적 기능, 발전적 기능의 대분류에 따라 유지적 기능으로 행정관리, 재정관리, 정책기획조정 기능을 분류할 수 있다. 다음으로 복지적 기능으로 보건, 복지, 교육, 문화, 체육 등의 기능을 분류할 수 있

그림 8-1 연구의 분석틀

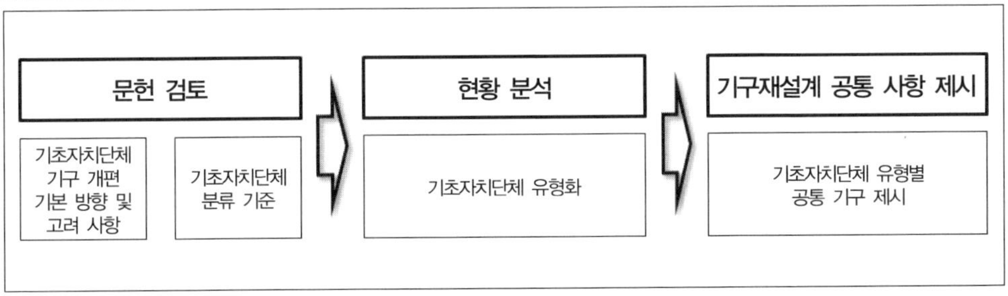

표 8-3 기초자치단체의 기능 분류

<table>
<tr><th colspan="2">구분</th><th>대기능(11유형)</th><th>중기능(51유형)</th></tr>
<tr><td colspan="2" rowspan="3">유지적 기능</td><td>정책기획 조정</td><td>정책기획 · 조정, 예산, 감사, 법무, 홍보, 공보</td></tr>
<tr><td>행정</td><td>조직, 인사, 전산 · 통신, 기록, 민원</td></tr>
<tr><td>재정</td><td>세정, 부과, 징수, 회계, 재산관리</td></tr>
<tr><td colspan="2" rowspan="3">복지적 기능</td><td>보건</td><td>보건, 위생</td></tr>
<tr><td>복지</td><td>기초생활수급, 복지시설, 아동복지, 여성복지, 장애인복지, 노인복지, 청소년복지</td></tr>
<tr><td>교육 · 문화 · 체육</td><td>교육, 문화재, 문화예술, 체육, 교육문화체육시설</td></tr>
<tr><td rowspan="5">발전적 기능</td><td rowspan="2">산업경제</td><td>경제 진흥</td><td>지역산업 육성, 에너지관리, 상공, 고용노동, 투자</td></tr>
<tr><td>농수산임업</td><td>농정, 농업지도, 농수산임업</td></tr>
<tr><td rowspan="3">지역개발</td><td>도시계획</td><td>도시계획, 환경, 공원녹지, 상 · 하수도</td></tr>
<tr><td>건설</td><td>주택, 건축, 도로, 건설, 지적, 교통</td></tr>
<tr><td>재난안전</td><td>민방위, 하천 · 소호, 방재 · 치수</td></tr>
</table>

다. 마지막으로 발전적 기능은 산업경제 기능과 지역 개발 기능으로 구분해, 산업경제 기능으로 지역경제 진흥, 농수산임업 등의 기능을 분류하고, 지역개발 기능은 도시계획, 건설, 재난안전 등의 기능으로 분류할 수 있다.

이상의 기준에 따라, 기초자치단체를 분류하면 인구 10만 이하의 시 · 군은 94개이며, 인구 10만 이상 15만 미만의 시 · 군은 21개, 인구 15만 이상 20만 미만은 14개, 인구 20만 이상 30만 미만은 34개, 인구 30만 이상 50만 미만은 39개, 인구 50만 이상 70만 미만은 16개, 인구 70만 이상 90만 미만은 2개, 인구 90만 이상 100만 미만이 3개, 인구 100만 이상이 2개 등으로 분포하고 있다. 인구 10만 이하의 시 · 군이 상대적으로 많이 분포하고 있으며, 인구 70만 이상의 기초자치단체는 상대적으로 적게 분포하고 있다.

시 · 군의 경우, 인구 10만 이하의 시 · 군은 88개이며, 인구 10만 이상 15만 미만의 시 · 군은 17개, 인구 15만 이상 20만 미만은 9개, 인구 20만 이상 30만 미만은 19개, 인구 30만 이상 50만 미만은 9개, 인구 50만 이상 70만 미만은 7개, 인구 70만 이상 90만 미만은 2개, 인구 90만 이상 100만 미만이 3개, 인구 100만 이상이 2개 등으로 분포하고 있다. 인구 10만 이하의 시·군이 상대적으로 많이 분포하고 있으며, 인구 70만 이상의 시·군이 상대적으로 적게 분포하고 있다.

또한 대도시 자치구의 경우, 인구 10만 이하의 자치구는 6개이며, 인구 10만 이상 15만 미만의 자치구는 4개, 인구 15만 이상 20만 미만은 5개, 인구 20만 이상 30만 미만은 15개, 인구 30만 이상 50만 미만은 30개, 인구 50만 이상 70만 미만은 9개, 인구 70만 이상의 자치구는 없는 것으로 나타났다. 인구 30만 이상 50만 미만의 자치구가 상대적으로 많이 분포하는 것으로 나타났다.

표 8-4 인구 규모에 따른 시·군 분류

인구 구분	시	군	자치구
3만 미만		울릉, 옹진, 영양, 양구, 장수, 군위, 화천, 무주, 청송, 진안, 구례, 양양, 임실	
3만~5만	계룡, 태백	순창, 강원고성, 의령, 곡성, 단양, 청양, 인제, 진도, 봉화, 증평, 보은, 고령, 산청, 함평, 괴산, 정선, 영월, 강진, 영덕, 함양, 장흥, 평창, 신안, 청도, 횡성, 성주, 연청, 예천, 장성, 보성, 담양, 철원, 남해	부산중
5만~10만	과천, 삼척, 문경, 속초, 남원, 나주, 김제, 동해, 동두천	합천, 영동, 하동, 울진, 옥천, 완도, 금산, 경남고성, 의성, 영광, 부안, 서천, 영암, 고창, 가평, 강화, 태안, 창녕, 거창, 진천, 함안, 화순, 홍천, 고흥, 부여, 무안, 해남, 예산, 완주, 홍성, 음성	부산강서, 대구중, 인천동, 부산동, 인천중
10만~15만	영천, 상주, 보령, 밀양, 영주, 사천, 공주, 정읍,	양평, 여주, 기장, 칠곡	광주동, 부산서, 서울중, 영도

	논산, 김천, 제천, 통영, 하남		
15만~20만	광양, 의왕, 당진, 포천, 서산, 안동, 구리	달성	종로, 대구남, 울산동, 수영, 울산북
20만~30만	오산, 양주, 이천, 충주, 강릉, 거제, 목포, 경산, 경주, 양산, 춘천, 순천, 광주, 군산, 아산, 군포, 김포, 여수	울주	대덕, 연제, 광주남, 대구서, 울산중, 용산, 금천, 사상, 대전동, 금정, 대전중, 동래, 부산남, 연수, 성동
30만~50만	익산, 원주, 진주, 광명, 파주, 구미, 시흥, 의정부, 평택		유성, 부산북, 서대문, 광주서, 대구동, 계양, 강북, 울산남, 사하, 도봉, 동대문, 광진, 마포, 광산, 영등포, 부산진, 동작, 인천남, 중랑, 구로, 해운대, 서초, 광주북, 대구북, 수성, 인천서, 성북, 강동, 양천, 대전서
50만~70만	김해, 포항, 화성, 천안, 남양주, 안양, 전주		은평, 남동, 관악, 부평, 강남, 서울강서, 노원, 달서, 송파
70만~90만	안산, 부천		
90만~100만	용인, 고양, 성남		
100만~120만	창원, 수원		

* 2012년 말 기준
* 현재 여주는 시로 승격됨.
* 청주시 청원군 제외

수도권의 기초자치단체를 대상으로 법령상 기초자치단체의 유형을 구분하면, 총 66개 기초자치단체 중 인구 10만 미만은 8개이며, 인구 10만 이상 15만 미만은 5개, 15만 이상 20만 미만은 5개, 20만 이상 30만 미만은 10개, 30만 이상 50만 미만은 22개, 50만 이상, 70만 미만은 11개, 70만 이상 90만 미만은 2개, 90만 이상 100만 미만은 3개, 100만 이상이 1개로 나타났다.

표 8-5 인구 규모에 따른 시 · 군 분류

인구 구분	시	군	자치구
5만~10만	과천, 동두천	옹진, 연천, 가평, 강화	인천동, 인천중
10만~15만	하남, 여주	양평	서울중
15만~20만	의왕, 포천, 안성, 구리		종로
20만~30만	오산, 양주, 이천, 광주, 군포, 김포		용산, 금천, 연수, 성동
30만~50만	광명, 파주, 시흥, 의정부, 평택		서대문, 계양, 강북, 도봉, 동대문, 광진, 마포, 영등포, 동작, 인천남, 중랑, 구로, 서초, 인천서, 성북, 강동, 양천
50만~70만	화성, 남양주, 안양		은평, 남동, 관악, 부평, 강남, 서울강서, 노원, 송파
70만~90만	안산, 부천		
90만~100만	용인, 고양, 성남		
100만~120만	수원		

지역의 특성에 따른 유형 구분으로는 송민경 · 장훈(2010)의 연구 결과로부터 다섯 개의 유형으로 구분했다. 제1유형으로는 서울시 전체와 인천 중구, 동구, 남구, 부평구, 그리고 경기도 안양시 등으로 인구밀도가 높고, 경제 활동이 활발한 지역이다. 제2유형으로는 인천서구, 연수구, 남동구, 계양구, 의정부시, 광명시, 평택시, 동두천시, 안산시, 구리시, 남양주시, 오산시, 시흥시, 군포시, 의왕시, 하남시, 용인시, 파주시, 이천시, 양주시, 여주군, 화성시, 광주시, 포천시, 안성시, 김포시 등으로 다른 지역에 비해 경제적 기능과 서비스 기능 등의 발달이 미약한 지역이다. 제3유형은 인천시의 2개 군과 경기도의 3개 군지역으로 낙후된 지역에 해당한다. 제4유형은 수원시, 성남시, 부천시, 고양시 등으로 공공시설 및 서비스 수준이 높고 인구가 밀도가 높은 대도시지역에 해당한다. 이외의 과천시는 행정 기능이 집중되어 있으며, 수도권의 기초자치단체 중 1인당 지방세 징수액이 높은 지역이다.

표 8-6 지역 특성별 유형 분류

인구 구분	시	군	자치구
제1유형	안양		종로, 서울중, 용산, 성동, 광진, 동대문, 중랑, 성북, 강북, 도봉, 노원, 은평, 서대문, 마포, 양천, 강서, 구로, 금천, 영등포, 동작, 관악, 서초, 강남, 송파, 강동, 인천중, 인천동, 인천남, 부평
제2유형	의정부, 광명, 평택, 동두천, 안산, 구리 남양주, 오산, 시흥, 군포, 의왕, 하남, 용인 파주, 이천, 양주, 여주, 화성, 광주, 포천, 안성, 김포		연수, 남동, 계양, 인천서
제3유형		강화, 옹진, 연천, 가평, 양평	
제4유형	수원, 성남, 부천, 고양		
제5유형	과천		

이상의 분류에서 지역 특성과 인구 규모를 기준으로 재분류하면, 첫째 수도권 기초자치단체의 행정기구와 정원 기준 등에 관한 규정의 적용에서 군지역은 인구 규모에 따른 유형 분류보다 특성에 따른 유형 분류를 적용해 동일 유형으로 구분했다. 둘째, 지역 특성에 따른 구분에서 제4유형으로 구분된 수원, 성남, 부천, 고양 역시 인구 규모에 따른 법령 적용보다 지역 특성에 따른 유형 구분을 적용했다. 다만, 지역 특성에 따른 구분에서 제1유형, 제2유형, 제3유형으로 구분된 기초자치단체의 경우, 인구 편차의 규모가 큰 바, 인구 규모에 따른 법령상 유형 구분을 적용했다.

인구 규모에 따른 법령상 지방자치단체의 유형 구분은 인구 10만 미만, 인구 10만 이상 20만 미만, 인구20만 이상 30만 미만, 인구 30만 이상 50만 미만, 그리고 인구 50만 이상을 기준으로 구분했다. 시 · 군 · 구의 기구 설치 기준에서 10만

표 8-7 수도권 기초자치단체의 유형 분류

인구 구분	구분 기준	시 · 군 · 자치구
제1유형	지역 특성 유형	수원, 성남, 부천, 고양
제2유형	지역 특성 유형	강화, 옹진, 연천, 가평, 양평
제3유형	인구 10만 미만	과천, 동두천, 인천동, 인천중
제4유형	인구 10만 이상 50만 미만	하남, 여주, 의왕, 포천, 안성, 구리, 양평, 서울중, 종로, 오산, 양주, 이천, 광주, 군포, 김포, 용산, 금천, 연수, 성동, 광명, 파주, 시흥, 의정부, 평택, 서대문, 계양, 강북, 도봉, 동대문, 광진, 마포, 영등포, 동작, 인천남, 중랑, 구로, 서초, 인천서, 성북, 강동, 양천
제5유형	인구 50만 이상	화성, 남양주, 안양, 안산, 용인, 은평, 남동, 관악, 부평, 강남, 서울강서, 노원, 송파

미만의 시와 자치구는 2개 이내의 실·국 설치 또는 시의 경우, 17개 이내 과 설치 기준에 해당한다. 또 10만 이상 50만 미만의 유형은 인구 50만을 기준으로 지방자치단체의 특례가 부여되는 것을 고려했다. 즉, 시와 자치구에서 공통적으로 인구 50만을 기준으로 기구 설치 기준을 달리하고 있으며, 기능 배분의 측면에서도 인구 50만을 기준으로 특례를 부여하는 바, 인구 규모 50만을 기준으로 유형을 구분했다.

제 4 절 분석 결과

1 제1유형의 공통적 조직구조

제1유형은 다른 지역에 비해 도시화된 지역으로 인구밀도가 높고, 제조업과 서비스업 기반의 산업화가 발달한 지역으로 공공 서비스에 대한 접근성이 양호한 특성을 갖는다. 제1유형에 속하는 수원시, 성남시, 부천시, 고양시는 최소 85

만 이상의 인구 규모를 갖추고 있으며, 상대적으로 인구밀도가 높고 산업 기반을 가지고 있다. 수원시는 8국 38과(담당관) 148담당(팀)을 설치 운영하고 있으며, 성남시는 6국 35과 151담당, 부천시는 5국 33과 147담당, 고양시는 7국 34과 143담당을 설치 · 운영 중에 있다. 제1유형에 해당하는 지방자치단체의 조직은 33과에서 38과, 143담당에서 151담당을 설치하는 범위 내에 있다.

이상에서 제1유형에 해당하는 기초자치단체의 공통 기능은 홍보, 감사, 기획(예산), 행정 지원(조직, 인사, 예산), 세정, 회계(청사/시설관리 포함), 위생, 주

표 8-8 제1유형의 기능 배분

<table>
<tr><th>구분</th><th>대기능</th><th colspan="2">과(담당관) 설치 현황</th><th>공통</th></tr>
<tr><td rowspan="12">유지적 기능</td><td rowspan="4">정책기획 조정</td><td>수원</td><td>정책홍보, 감사, 보건정책</td><td rowspan="4">홍보, 감사, 기획</td></tr>
<tr><td>성남</td><td>홍보, 감사, 비전 추진, U-정책, 정책기획</td></tr>
<tr><td>부천</td><td>시정연구단, 홍보기획, 감사, 참여소통</td></tr>
<tr><td>고양</td><td>정책기획, 시민소통, 인적자원, 공보, 감사</td></tr>
<tr><td rowspan="4">행정</td><td>수원</td><td>행정 지원, 기획예산, 자치행정, 정보통신</td><td rowspan="4">행정 지원 (조직, 인사, 예산) 정보통신</td></tr>
<tr><td>성남</td><td>총무, 자치행정, 예산법무, 민원여권, 정보통신</td></tr>
<tr><td>부천</td><td>행정 지원, 정보통신, 민원여권, 기획예산,</td></tr>
<tr><td>고양</td><td>행정 지원, 자치행정, 정보통신</td></tr>
<tr><td rowspan="4">재정</td><td>수원</td><td>세정, 회계</td><td rowspan="4">세정 회계</td></tr>
<tr><td>성남</td><td>세정, 회계</td></tr>
<tr><td>부천</td><td>세정, 회계</td></tr>
<tr><td>고양</td><td>세정, 회계</td></tr>
<tr><td rowspan="7">복지적 기능</td><td rowspan="4">보건</td><td>수원</td><td>위생정책, 청소행정</td><td rowspan="4">위생</td></tr>
<tr><td>성남</td><td>보건위생, 청소행정, 청소시설</td></tr>
<tr><td>부천</td><td>식품안전</td></tr>
<tr><td>고양</td><td>위생정책, 청소</td></tr>
<tr><td rowspan="3">복지</td><td>수원</td><td>사회복지, 여성정책, 노인장애인, 보육아동</td><td rowspan="3">주민생활 지원, 사회복지, 가족여성</td></tr>
<tr><td>성남</td><td>주민생활 지원, 사회복지, 노인장애인, 가족여성</td></tr>
<tr><td>부천</td><td>주민생활 지원, 사회복지, 가족여성,</td></tr>
</table>

			고양	복지정책, 여성가족, 아동청소년, 노인장애인	
		교육·문화·체육	수원	문화관광, 교육청소년, 체육 진흥	문화예술, 교육, 청소년, 체육
			성남	문화예술, 체육청소년	
			부천	문화예술, 문화콘텐츠, 교육청소년, 체육 진흥	
			고양	교육 지원, 문화예술, 관광 개발, 체육 진흥	
발전적 기능	산업 경제	경제 진흥	수원	경제정책, 기업 지원, 일자리 창출	지역경제 일자리
			성남	생활경제, 지식산업, 신성장녹색	
			부천	지역경제, 기업 지원, 일자리정책	
			고양	일자리 창출, 지역경제, 방송영상통신, 국제통상	
		농수산임업	수원		
			성남		
			부천	녹색농정	
			고양		
	지역 개발	도시계획	수원	도시계획, 도시재생, 토지정보, 환경정책, 녹지, 물관리, 하수관리	도시계획, 환경
			성남	환경관리, 도시계획, 도시디자인, 토지정보	
			부천	도시계획, 도시디자인, 환경보전	
			고양	도시계획, 도시정비, 환경보호, 생태하천	
		건설	수원	공영개발, 주택건축, 신도시사업, 시설공사, 교통행정, 대중교통, 도로	주택, 건축, 시설, 교통, 도로
			성남	시설공사, 주택, 건축, 도로, 교통기획, 교통지도	
			부천	시설공사, 건축, 교통정책, 교통시설, 차량관리, 도로, 공원녹지	
			고양	교통정책, 대중교통, 도로정책, 주택, 뉴타운사업	
		재난안전	수원	재난안전	재난안전
			성남	재난안전관리	
			부천	재난안전관리	
			고양	안전도시	

민생활 지원, 사회복지, 여성가족, 문화예술, 교육, 청소년, 체육, 지역경제, 일자리, 도시계획, 환경, 주택, 건축, 시설, 교통, 도로, 재난안전 등 25개 기능을 독립적으로 수행하는 부서가 공통적으로 설치·운영되고 있는 것으로 분석되었다. 수원시는 38개 과(담당관) 중 25개 과(담당관)은 유형의 공통적인 조직구조에 해당하며, 지역 특성에 따라 13개 과가 설치·운영되고 있다. 성남시는 35개 과 중 25개 과를 제외한 10개 과(담당관)가 지역 특성에 따라 설치·운영되고 있으며, 부천시는 33개 과 중 8개 과, 고양시는 34개 과 중 9개 과가 지역 특성에 따라 설치 운영되는 것으로 분석되었다.

2 제2유형의 공통적 조직구조

제2유형은 도시화의 진행이 상대적으로 덜한 지역으로 인구 규모가 적고 관할 면적이 큰 지리적 특성을 갖는다. 따라서 공공 서비스에 대한 주민의 접근에 한계가 발생하며, 지역 내 산업 인프라가 부족한 특성을 갖는다. 강화군은 14과 71담당을 설치·운영하고 있으며, 옹진군은 11과(담당관), 56담당, 연천군은 15과(담당관) 78담당, 가평군은 14과(담당관) 63담당, 양평군은 15과(담당관) 69담당을 설치 운영하는 것으로 나타났다. 제2유형에 해당하는 지방자치단체의 조직은 11과에서 15과, 56담당에서 78담당을 설치하는 범위 내에 있다.

표 8-9 제2유형의 기능 배분

구분	대기능	과(담당관) 설치 현황		공통
유지적 기능	정책기획 조정	강화	기획감사(예산, 전산, 통신 포함)	기획(예산)
		옹진	기획(홍보, 예산, 정보 포함)	
		연천	기획감사(예산, 홍보 포함) 정책 개발	
		가평	기획관리(예산, 홍보 포함), 감사	
		양평	기획감사, 비전정책	
	행정	강화	총무(체육 포함)	총무 (자치행정)
		옹진	자치행정(교육, 민방위 포함)	

		연천	행정 지원, 고객 지원(생활민원)	
		가평	총무(민방위, 기록, 전산, 통신 포함), 민원봉사과(민원행정, 생활민원)	
		양평	총무(정보통신, 체육 포함), 종합민원	
	재정	강화	재무	재무(세무)
		옹진	재무	
		연천	세무회계	
		가평	세정, 경제(재산관리, 경리)	
		양평	세무	
복지적 기능	보건	강화	환경위생	
		옹진	환경녹지(청소) 주민생활 지원(위생)	
		연천	고객 지원(위생)	
		가평	문화관광(식품문화)	
		양평	환경관리(환경미화)	
	복지	강화	주민생활 지원	주민 (복지)지원
		옹진	주민생활 지원, 서해5도특별지원단	
		연천	주민복지 지원	
		가평	주민 지원	
		양평	주민복지	
	교육· 문화· 체육	강화	문화예술(홍보 포함)	문화관광
		옹진	관광문화	
		연천	문화관광(체육 포함)	
		가평	문화관광	
		양평	문화관광	
발전적 기능 / 산업경제	경제진흥	강화	경제교통(차량등록 포함)	지역경제
		옹진	지역경제(교통 포함)	
		연천	지역경제(교통 포함)	
		가평	경제(경제정책, 계약, 재산관리 포함)	
		양평	지역경제, 녹색성장사업	
	농수산임업	강화	축산사업단, 수산녹지(어업)	
		옹진	해양수산	
		연천	친환경농축산	

		가평	산림과(산림경영)	
		양평	친환경농업(농촌관광 포함)	
지역 개발	도시계획	강화	도시 개발, 환경위생, 재난수질관리, 수산녹지(산림, 녹지)	도시, 환경
		옹진	도서 개발, 환경녹지	
		연천	도시, 환경보호, 산림녹지	
		가평	환경, 산림, 도시건축(도시기획)	
		양평	도시, 환경관리(환경정책)	
	건설	강화	민원지적, 건축 허가, 건설, 경제교통	민원, 건설
		옹진	건설재난(건설, 토목, 도로, 건축)	
		연천	허가민원, 고객 지원(지적), 건설	
		가평	민원봉사과(지적, 새주소), 건설교통, 도시건축	
		양평	종합민원(지적), 건설교통, 생태 개발	
	재난안전	강화	재난수질관리(민방위 포함)	재난
		옹진	건설재난(재난관리)	
		연천	재난안전관리	
		가평	건설교통(재난관리)	
		양평	재난안전	

이상에서 제2유형에 해당하는 기초자치단체의 공통 기능은 기획(예산), 총무(자치행정), 재무(세무), 주민(복지) 지원, 문화관광, 지역경제, 도시, 환경, 민원, 건설, 재난 등 11개 기능을 독립적으로 수행하는 부서가 공통적으로 설치·운영되고 있는 것으로 분석되었다. 다만, 도시계획, 건설 분야에 기능이 집중되고 있는 바, 일부 필수 기능을 수행하는 독립부서가 존재하지 못하는 사례가 발생하고 있는 것으로 조사되었다. 법령상 조직 총량의 규제로 다양한 기능(사무)을 하나의 부서에서 수행하는 사례가 발생하고 있다. 가평군을 제외한 모든 지방자치단체에서 감사 기능이 독립적으로 수행되지 못하고 있으며, 양평군을 제외한 모든 지방자치단체에서는 정책의 중재·조정 기능이 독립적으로 수행되지 못하고 있는 등 기능에 따른 조직의 분화가 미흡한 것으로 나타났다.

제 5 절 결론

이 연구는 기초자치단체가 그 기능을 효율적으로 수행하기 위해 인구 규모와 지역 특성에 따라 지방자치단체를 유형화해서 유형별 조직구조를 분석함으로써 유형에 따른 조직 개편의 준거를 마련하는 데 목적이 있다. 연구 결과 제1유형으로 분류된 대도시권에서는 홍보, 감사, 기획(예산), 행정 지원(조직, 인사, 예산), 세정, 회계(청사/시설관리 포함), 위생, 주민생활 지원, 사회복지, 여성가족, 문화예술, 교육, 청소년, 체육, 지역경제, 일자리, 도시계획, 환경, 주택, 건축, 시설, 교통, 도로, 재난안전 등 25개 기능을 수행하는 기구의 설치가 공통 요건으로 분석되었으며, 기구 설치 기준과의 차이에 따라 지역별로 강화 기능에 대한 별도의 부서 설치가 가능한 것으로 분석되었다. 제2유형으로 분류된 군지역에서는 기획(예산), 총무(자치행정), 재무(세무), 주민(복지) 지원, 문화관광, 지역경제, 도시, 환경, 민원, 건설, 재난 등 11개 기능을 독립적으로 설치・운영하는 조직 형태에 공통점이 있는 것으로 분석되었다. 다만, 제2유형에 해당하는 지방자치단체는 도시계획, 건설 분야의 기능 수행을 위해 기초자치단체의 필수적 기능을 독립된 부서에서 수행하지 못하는 것으로 분석되었다.

이상의 분석 결과로부터, 기초자치단체의 구분에서 인구 기준을 적용하는 것이 적절한 것인가에 관한 논의가 필요하다. 최근 들어, 인구 규모뿐만 아니라 면적 기준을 적용하고 있으나, 그 실효성이 없으며, 인구 규모 단일 기준으로 지방자치단체의 유형을 구분해 법령으로 조직구조를 통제하고 있다. 다만, 인구 규모의 기준 역시 20만 이하 인구 규모의 시・군에 대해 세밀하게 구분한 반면, 인구 20만 이상의 시・군의 구분은 인구 10만~20만 명의 단위로 구분하고 있어 인구 기준으로 지방자치단체의 유형을 구분하고 그 조직 설치를 통제하는 기준에 관한 타당성이 의심받고 있다. 따라서 지방자치단체의 기능 수행을 위한 조직 총량에 대한 법령상 규제의 합리적인 근거를 제시함으로써 주민의 생활과 직접 관계되는 행정 서비스의 공급에 전문성을 확보해 궁극적으로 조직 운영의 효과성과 효율성을 제고할 수 있는 법령 개정이 요구된다.

이 연구는 지방자치단체의 기능 분류를 지방자치단체의 사무 분류 체계에 근거해 분류함으로써 사업예산에 따른 분류를 고려하지 않은 한계를 갖는다. 또한 수도권의 기초자치단체로 분석 대상을 한정함으로써 여타 시・도의 기초자치단체의 여건을 반영하지 못한 한계를 갖는다. 이와 같은 한계 내에서 이 연구는 기초자치단체의 조직 개편에서 주요 공통 기능과 지역의 특수 기능을 구분하고, 주요 공통 기능 수행에 대한 준거를 제시하고, 조직 개편의 접근 방법에 대한 연구의 필요성을 제시했다.

제 9 장

지방공무원의 효율적인 퇴직관리 방안*

권경득 · 이주호

제 1 절 서론

우리 사회는 2000년 7월 1일 기준 65세 이상의 인구가 전체 인구의 7.1%를 넘으면서 UN이 정의한 '고령화 사회'에 진입했다. 공무원연금공단(2010)은 2018년경이면 노인 인구의 비율이 14%를 넘어서서 본격적인 '고령사회'로 접어들 것으로 전망했다. 반면, 노령인구 증가와 달리 15~64세 사이의 청·장년 인구는 4% 정도의 증가 수준에 그치고 있어, 국가 사회 전체적으로 생산력이 떨어지고, 비생산 인구를 부양해야 할 생산 인구의 부담이 더욱 커질 것으로 전망되고 있다.

한국 사회는 세계에서 유례없을 정도로 인구 고령화가 급진전되고 있다. 고령화는 단순히 연령의 증가만을 의미하는 것이 아니라 질적인 변화를 가진 고령

* 이 연구는 권경득 · 이주호(2015), "지방자치단체 공직자의 퇴직관리 효율성 확보 방안", 「지방행정연구」 제29권 제2호, pp. 31-60에 게재한 논문을 수정 · 보완한 것임.

자의 증가를 의미한다. 즉, 발달된 의료기술로 세대가 거듭할수록 건강한 신체를 오래 유지할 것이며, 학력 수준은 더욱 높아져 자신에 대한 자존감과 기대 수준이 높아질 수밖에 없다. 지난 2002년 UN의 제2차 세계노인대회에서 채택된 '행동계획(International Plan of Action)'은 고령자가 일할 수 있는 한, 소득을 창출할 수 있는 한 노동을 계속하도록 해야 한다고 강조했다. 이는 고령화 문제의 대책이 어떤 방향으로 나아가야 하는지를 분명하게 보여주고 있다. 이에 고령화 사회 진입에 따른 청·장년층의 부담을 덜고 노령 인구를 노동재원으로 활용하기 위한 방안 모색이 필요한 시점이다.

이러한 고령화 문제 대책으로서 노령인구의 노동재원 활용 방안에 대한 모색의 필요성은 공직사회에서도 크게 다르지 않다. 한국의 전체 공무원의 약 25%(27만 명)에 달하는 베이붐 세대(1955~63년생)의 퇴직이 2014년부터 본격화되고 있다. 한편으로 평균 수명 증가와 국가재정 수지 악화 등으로 2010년부터 '더 내고 덜 받는' 공무원 연금 개혁에 대한 논의가 우리 사회의 최대 갈등 이슈로 부각되었다. 다른 한편으로는 퇴직 공무원에 대한 지원 대책이 미흡하고, 퇴직 공무원의 사회 적응 준비 및 노후생활 설계 지원에 대한 실질적인 도움을 줄 수 있는 방안에 대한 논의가 부족한 실정이다.

퇴직에 대한 평소 대비가 부족할 경우 퇴직의 충격이 크고, 퇴직에 따른 비용과 부작용도 심각하게 된다. 미국 기업의 경우 신규 직원의 채용관리에 대한 관심 이상으로 퇴직관리에 관심을 보이고 있다(Lipiec, 2001). 또한, 대부분의 선진국에서는 퇴직연령을 몇 세로 하는 것이 바람직한지(Dora, 1999), 퇴직연령과 퇴직연금 등의 관계를 어떻게 설정할 것인지에 대한 논의가 광범위하게 이뤄지고 있다(Doerpinghaus & Feldman, 2001).

한국은 현재 매년 약 3만여 명 이상의 공무원이 퇴직하고 있다. 인간의 평균 수명이 늘어나고 해마다 적지 않은 수의 공무원이 퇴직하고 있는 상황에서 공무원 퇴직관리가 여전히 미흡한 것이 현실이다. 정부의 퇴직관리는 시대별 행정환경의 변화와 행정 수요에 탄력적으로 대응하기 위해 변화해 왔으며, 1980년 신자유주의가 행정에 접목되고 신공공관리이론이 풍미하면서 평생직장, 정년보장의 의미마저 퇴색되는 전환점에 있다.

더욱이 우리 사회의 병폐를 좀 더 근본적으로 방지 및 처벌해야 한다는 관점에서 퇴직 공무원의 낙하산 인사(청탁·알선, 민관 유착, 전관예우, 고액 연봉 등)를 사전에 차단하려는 노력으로 「공직자윤리법」(1981)이 17차례나 개정되었다(2014.11.19. 개정). 그러나 퇴직 공직자의 취업 제한 및 행위 제한 등(동법 제4장(2011.7.29.))에 관한 조항들이 공직사회의 정의와 공정성을 실현하기 위한 목적 하에 퇴직 공직자의 풍부한 경험과 지혜를 우리 사회에 환원하는 것을 저해한다는 제도적 모순으로 작용하고 있다.

이 연구에서는 고령화·저출산 시대를 맞이해 공무원 퇴직관리, 특히 지방자치단체 공직자의 풍부한 경험과 지혜를 사회에 공헌할 수 있도록 하는 방안을 모색하고자 한다. 이를 위해 공무원 퇴직의 의의와 퇴직관리의 필요성을 고찰하고, 외국 공공·민간 부문의 퇴직관리 동향을 살펴봄으로써 지방공무원 퇴직관리의 방향성을 모색하고자 한다. 또한, 현행 공무원 퇴직관리제도의 현황과 실태 분석을 통해 퇴직 공직자 취업제한제도 등 공무원 낙하산 인사, 공직 부패 등 공직 개혁 차원의 문제를 함께 고려해 제도적 개선 방안을 제시했다.

제 2 절 공무원 퇴직관리의 이론적 논의

1 퇴직의 개념

퇴직의 개념[1)]은 직업의 포기인 동시에 은둔의 시작이라는 전통적 의미로부터 직장 생활의 책임과 압박으로부터의 자유(Rosenkoetter & Garris, 2001), 영구적으로 떨어져 있으려는 의도로 노동시장에서 완전히 벗어난 개인의 행위(Bonsang et al., 2009: 13)에 이르기까지 다양하게 논의된다. 퇴직은 처음에는 육체노동이 유일한 생산 수단이었던 시절에 50~60대에 이르면 육체가 쇠약해진

1) 공무원연금법에서의 퇴직에 대한 개념은 면직, 사직, 기타 사망 외의 사유로 인한 모든 해직으로 정의하고 있다(공무원연금법, 제3조 1항). 그리고 퇴직의 유형에는 본인의 의사에 의하는 의원퇴직, 정년에 의하는 정년퇴직, 법령의 규정에 의하는 당연퇴직 및 명예퇴직 등이 있다(이종수, 2009).

다는 것에서 그 개념이 출발했다. 이때, 퇴직 시점이 일하기에는 쇠약하고 죽기에는 이른 시기이므로 여기에 맞춘 퇴직계획도 단순히 경제적 생존을 위해 노후계획을 수립하는 정도였다.

그러나 평균수명의 연장, 고령화, 노동의 새로운 정의 등은 새로운 퇴직 개념을 등장시켰다(남궁근 외, 2004: 18-25; 정원희·양기근, 2006: 117). 환경이 급변하면서 퇴직 이후의 생활에 대한 관심이 증대하고 있는 오늘날에는 전통적인 퇴직 개념에 많은 변화가 생기고 있다(김윤권, 2011: 56). 일반적으로 경제활동 여부를 기준으로 한 이분법적인 퇴직 개념을 사용하는 추세다(권문일, 1996). 또한, 퇴직은 '더 이상 일회성 이벤트가 아니다'라는 논의를 통해 새로운 퇴직 개념을 정립해야 한다는 주장이 제기되고 있다(정원희·양기근, 2006: 117-118).

퇴직은 더 이상 근로의 중지만을 의미하지 않는다(Beehr & Bennett, 2007). 특히 경제위기 이후 노동시장의 여건이 급속하게 변하면서 퇴직 시기와 유형도 다변화되었고, 주된 일자리에서 퇴직 한 후 노동시장에서 완전히 은퇴하기 전까지 평균 12~14년의 기간 동안 '가교 일자리(bridge job)'를 갖는 경우가 증가하고 있다. 생애 주된 일자리에서 퇴직 후 바로 노동시장에서 물러난 완전 은퇴로 이어지는 것은 아니고, 퇴직 후 재취업이 바로 이뤄지는 것도 아니다. 퇴직 후 완전 은퇴자가 되기도 하고, 퇴직 후 실업 상태로 있다가 은퇴하기도 하며, 재취업을 해서 생애 후반기에 근로 활동을 새롭게 시작하기도 한다(변화순, 2007: 22).

올러사킨(A. M. Olusakin)은 퇴직 시 상당한 가치관의 변화, 재정 곤란 등이 발생하며 일부 퇴직자의 경우 이전의 삶의 패턴이 끝나고 새로운 패턴이 시작된다고 주장한다(Olusakin, 1999). 빌링스(G. Billings)는 퇴직이 첫 번째 성인기에서 두 번째 성인기로 넘어가는 과정을 의미하고 때로는 불안정한 경험이라고 묘사한다(Billings, 2004). 퇴직자는 유급의 고용활동을 멈추거나 퇴직연금 수급자이면서 풀타임(full-time)으로 일하지 않는 사람을 가리킨다. 따라서 퇴직은 젊은 시기 활동적인 업무 생활과 적절한 재정 능력을 발휘하는 것으로부터 노년기에 덜 엄격한 업무 스케줄이나 아무런 스케줄이 없는 상태로 전환되는 과정이라 할 수 있다(김윤권, 2011: 57).

2 퇴직관리의 필요성과 내용

우리 사회에서 퇴직이 가져오는 사회 전반적인 영향은 부정적인 측면만 있는 것은 아니다. 최근의 청년 실업 문제, 경제적 침체 현상을 고려할 때, 은퇴와 더불어 생기는 퇴직자의 시간적·경제적 여유가 소비로 전환하면서 경제 전체에 새로운 활력을 불어넣을 가능성을 갖고 있는 것이 사실이다. 그러나 퇴직은 사회적 영향뿐만 아니라 조직 수준과 개인 수준에도 영향을 미칠 수 있다.

퇴직 후 퇴직자들은 다양한 문제에 직면하게 되며, 상대적으로 문제 해결에 필요한 자원의 부족과 문제 해결 능력의 저하로 인해 경제적 고충, 사회적 소외와 위축, 자아정체감의 혼동 등을 경험하고 있다. 이 밖에도 신체적 영향으로 건강에 대한 위기감, 노년기의 변화에 생물학적, 심리적 변화와 인간 관계 변화에 대한 적응상의 어려움이 나타날 수 있는 것으로 보고 있다(김미혜, 1993: 19-20).

반면, 퇴직이 발생하면 조직 및 인사관리에서도 여러 가지 영향을 미칠 수 있다(김윤권, 2011: 91-92). 과거에는 조직 차원에서 퇴직은 정년에 도달한 퇴직자가 당연히 조직을 떠나는 수준으로 인식하고 큰 의미를 두지는 않았다. 그러나 고령사회를 맞이하면서 '미래 트리플 30년'을 준비하는 퇴직자를 위해 어느 조직이나 조직관리 및 인사관리를 고민할 시기에 직면하고 있다. 따라서 퇴직에 대한 사전 준비와 퇴직 후의 생활에 대한 적응 문제는 중요한 사회적 과제가 되고 있다.

정부가 유능한 사람을 선발하는 일이 중요하듯이 구성원이 조직을 떠나는 일, 즉 퇴직을 관리하는 것도 정부 인력관리에서 다뤄야 할 중요한 분야다. 그럼에도 불구하고, 그동안의 인력관리 연구는 대부분 유능한 자의 선발과 선발된 인력의 능력 발전에만 초점이 맞춰졌던 것이 사실이다(오석홍, 2000: 256 수정 인용). 그러나 인력관리의 일환으로서의 퇴직관리는 조직이 목표를 달성하기 위해 퇴직을 관리하는 것에 가치를 부여한다. 그 결과, 개인 근로자의 퇴직 결정이나 계획에 영향을 주는 조직의 실제에 관한 연구를 촉진할 뿐만 아니라 조기 은퇴 혜택이나 유연하고 부담이 적은 근로 일정 제공 등 체계적 퇴직 실행으로 조직 변화에 대응하게 해준다(Kim & Feldman, 2000). 따라서 비용 절감 및 생산성 제고, 청년 실업 문제 해결과 고령화·저출산 사회 변화에 적극적 대응을 위해서라도 지금까지의 임기응변적인 퇴직관리가 아니라 불필요한 인력을 자연스럽게 퇴출시키면서 동시에 우수 인력의 확보·유지가 가능한 퇴직 인사정책을 수립하는 '전략적 퇴직관리' 정책이 요구된다.[2]

특히 공무원의 퇴직관리는 지식기반 사회에서 인적 자본의 활용, 저출산·고령화 사회에서의 생산 가능 인구 연령계층의 변화에 따른 고령 노동력의 생산성 제고, 사회복지 및 사회 통합의 차원에서 매우 중요한 과제로 판단된다. 퇴직관리는 미래 사회의 도전에 대한 대응의 필요성이나, 단순히 퇴직 예정 또는 퇴직 공무원의 생계 유지를 지원하기 위한 것만은 아니다. 우리 사회의 지적 자본관리, 특히 공공 부문에서의 지적 자본의 활용이라는 측면에서 공무원 퇴직관리는 상당한 의의를 가진다(양기근·김상규, 2008: 265-266). 이런 점을 고려할 때 정부의 퇴직관리는 퇴직 공직자의 능력과 개인의 요구에 맞는 프로그램의 개발과 시행이 필요하며, 노후 생활과 사회 변화에 대한 성공적 적응을 배양하는 것뿐만 아니라 사회적으로 필요한 생산 인구의 활용을 함께 고려해야 한다.

퇴직관리[3]는 퇴직교육, 퇴직자 인력은행 운영, 퇴직자와 재직자 간의 멘토링 운영 등 서비스 공급기관의 비전과 사명 그리고 수요자의 욕구 및 사회적인 책임에 의해 결정된다(양기근·김상규, 2008). 퇴직관리 방안은 퇴직 전 교육 프로그램 개선 및 전직 지원 시스템 운용과 퇴직 후 단순 지원 및 재취업 지원으로 구분된다(염재호 외, 2003). 따라서 퇴직관리의 내용은 퇴직자가 퇴직 전에 느끼는 불안을 해소하고 퇴직 후의 삶의 질을 향상시킬 수 있도록 준비 및 관리할 수

---

2) 퇴직관리는 퇴직과 관련된 관리 및 지원 활동을 지칭하는 용어로 그 내용 및 범위가 매우 광범위하다. 일반적으로 퇴직관리는 일반기업에서 전직 지원 프로그램, 이직 지원 프로그램, 아웃플레이스먼트(outplacement) 등으로 불리고 있으며, 정부에서는 퇴직관리, 퇴직 준비교육, 퇴직지원제도 등으로 불리고 있다.

3) 태원유(2001)는 퇴직관리의 정의를 부진 인력의 퇴출 및 잉여인력의 해소를 통해 인재를 지속해서 유치할 수 있게 하는 관리 활동으로 정의하고 있어 조직에서 인력을 효율적으로 관리하기 위해서 기존 인력의 퇴출에 관한 의사결정 및 문제 해결을 강조하고 있다. 반면에 오석홍(2013)은 퇴직관리란 조직 내 인적 자원의 퇴직 상황을 파악·예측하고 적정한 퇴직 수준을 유지하며 퇴직 결정을 전후해서 생기는 문제들을 해결하는 활동이라고 정의했으며, 인사행정의 퇴직관리는 조직과 개인의 이익을 균형 있게 조화시켜야 하는데 이는 조직의 효율성 제고에 이바지하면서 퇴직자의 인격과 생활을 보호해야 한다고 했다.

있도록 구성할 필요성이 있다.

제 3 절 외국의 공공 · 민간 부문의 퇴직관리

외국 주요 국가들의 공무원 퇴직관리의 주요 이슈는 '회전문 현상(revolving door)', 민간기업의 이동에 따른 '내부 정보', '로비'의 문제 해결과 함께 고령화 사회에 따른 퇴직 이후 재취업 과정에서 이들의 전문성을 효율적으로 활용하는 것과 재취업, 퇴직 이후의 삶의 질 문제 등에 초점을 두고 있다.

1 OECD 국가의 공무원 퇴직관리

지난 2000년대 이후 OECD 국가들 내에서 증가하는 퇴직 공무원의 재취업 문제를 살펴보면, 첫째, 공공 서비스 영역 외의 재취업, 둘째, 공공 부문으로의 재취업, 셋째, 재취업 시 나타나는 회전문 현상의 대응으로 나타나고 있다(OECD, 2010). 특히, 퇴직 공무원이 민간 부문으로 재취업 시 동일 프로세스를 가진 민간 부문에 재취업해 정부기관에 대한 로비, 공직 시 취득한 내부정보를 이용하는 문제로 인해 퇴직 공무원의 채용 문제와 이에 따라 나타나는 문제들을 효과적으로 관리하기 위한 전문화된 기구의 설치를 통한 전략적 접근의 필요성이 제기되었다.

또한, OECD 국가들은 고령화 사회에 대비한 고용 정책 논의를 추진할 때 고용 안정 · 촉진을 위해 정년 연장이나 폐지, 재고용을 통해 노동인구가 급감하는 것을 억제하는 데 중점을 두고 있다. 이를 위한 구체적 정책 방향으로는 ① 연금 수급 개시와 고용정책 수단의 상호 연계 강화, ② 국가 정책으로서 '일을 통한 복지(making work pay)', ③ 조기퇴직을 장려하는 인센티브의 폐지, ④ 점진적 퇴직 관행의 권장, ⑤ 유연한 퇴직 프로그램의 도입 시 고려 사항, ⑥ 고령자의 취업 사회를 목표로 한 고용정책의 도입을 제안하고 있다. 그리고 정책 프로그램과 관심 영역은 정년 연장을 위한 평생교육 훈련 등 능력 개발, 장기훈련・휴가제도, 사회보장제도 개혁 등을 구체적 대안으로 제시하고 있다.

OECD의 고용노동사회위원회(Employment, Labor and Social Affairs Committee: ELSAC, 2003)는 인구고령화의 현상에 따라 개혁의 기본 방향으로 정부 지출은 줄이고, 고령자의 노동시장 참여율 증대 등 개인 고용을 촉진해 궁극적으로 연금을 비롯한 사회보장제도와 함께 지속 가능한 경제 발전 동력을 유지하는 데 초점을 두고 있다(OECD, 2010). 이를 위해 OECD(2003)가 제시하는 7대 개혁 원칙은 ① 조기퇴직제도와 연계된 인센티브제도 개혁(공공연금, 세금, 사회보장제도 등의 개혁을 통해 조기 퇴직 유인을 폐지)으로 고령자의 노동시장 참여율 증대, ② 고령 근로자에 대한 취업 기회의 확대 및 능력(employ ability) 향상 프로그램 운영, ③ 재정 안정화(연금 급여액 감축, 기여율 인상 등), ④ 퇴직 소득원 다원화, ⑤ 보건의료와 장기 보호(의존성은 낮추고 취약자 보호의 강화), ⑥ 사전 기여형 연금 체계 발전과 병행한 효과적 감독 체계 등 금융시장 인프라 강화, ⑦ 각 조치 간 조화와 효과적인 집행을 위한 국가 전략 수립 등이다(OECD, 2010).

이후 OECD(2006)가 고령자의 정책 기조를 발표한 '고령화와 고용정책: 더 오래 살고, 더 오래 일하는(Ageing and Employment Policies: Live Longer, Work Longer)'에서는 고령화 사회로의 진행에 따른 정책 수립 방향을 소개하고 있다. 인구 고령화의 사회경제적 영향을 다룬 제반 연구들은 인구 고령화와 생산가능 인구의 감소가 경제 성장의 잠재력 저하, 청장년층의 고령자에 대한 부양부담의 증가, 노인요양시설과 노인 병원의 증설 등에 따른 국가의 재정 부담을 가중시키고, 국민연금과 건강보험과 같은 복지제도의 존속을 위협 하는 등 인구고령화가 부정적인 사회・경제적 영향을 미칠 것임을 경고했다(OECD, 2006).

이에 OECD(2013)는 회원국의 고령화 대응전략의 과제로 고령자가 노동시장의 수급 측면에서 폭넓은 고용의 진입 장벽과 계속 일할 의지의 상실에 직면하고 있다고 진단하고 있다. 즉, 연금 체계와 조기 퇴직의 연계가 고령자의 고용 기회를 사장시키는 제한된 효과만을 가지고 있는 문제점을 해결하기 위해 연금 체계는 근속의 장기화로 미래에 유연하게 대응해야 한다고 지적하고 있다.

2 미국의 공공·민간 부문 퇴직관리

미 연방 공무원의 퇴직지원제도는 사회보장(social security), 기초연금(basic annuity), 저축계획(thrift savings plan: TSP) 혜택을 보장하기 위해 1986년 6월 만들어진 연방공무원 퇴직지원제도(FERS)가 대표적이며, 이와 함께 미국의 주요한 퇴직지원제도의 하나는 단계적 퇴직 프로그램이다.

2012년 미국 인사관리처(OPM)는 연방정부 공무원에게 단계적 퇴직에 관한 규정을 제안해 파트타임(part-time)으로 일하면서 퇴직에 대비할 수 있게 했다. 이에 따라 단계적 퇴직자들은 부여받은 업무 시간의 최소한 20%를 멘토 활동(mentoring activities)에 의무적으로 투입해야 하며, 은퇴 후 자신의 업무를 대체할 후임자들을 지원[4]한다(김수원 · 한애리, 2015: 77).

반면, 민간 부문에서는 기업이 고용 조정 대상자에게 아웃플레이스먼트 서비스를 제공하는 것이 일반화되어 있다. 2009년 기업생산성연구소(the Institute of Corporate Productivity)에 따르면 미국 기업의 약 80%가 아웃플레이스먼트 서비스를 제공하고 있는 것으로 밝혀졌다(김정한 외, 2001; 최동현, 2006; 장석인, 2014: 176). 미국의 경우 1960년대 경기 침체로 인한 대량해고 시 인력 활용을 위해 도입했고, 1980년대 다운사이징(downsizing)이 본격화된 이후 정부 주도 하에 기업별 프로그램 도입이 활성화되었다(태원유, 2001: 11-15).

현재 미국의 경우 고령자를 위한 퇴직관리는 크게 구직 활동, 능력 개발, 인력 활용을 위한 유연 고용 프로그램의 세 가지로 구분해 월마트, 맥도날드 등 주요 기업을 중심으로 운영되고 있다. 또한 직업훈련법(Job Training Partnership Act, 1982)을 근거로 정부 차원에서 아웃플레이스먼트를 지원하고 있으며, 기업 차원에서 대량 해고를 실시하는 경우 노사가 협력해 공동훈련 프로그램 계획을 수립하고 있는 기업이 있다(한국경총, 2005; 이상훈 외, 2014: 2273). 예를 들면, 1980년대와 1990년대 초반에 커다란 조직 변혁을 경험한 AT&T는 자원 링크

4) 또한, 단계적 퇴직자는 고용기관의 동의 하에 단계적 퇴직연금을 중단하고, 풀타임(full-time) 고용으로 재전환이 가능하다. 이 경우 다시 단계적 퇴직 프로그램의 신청은 불가능하다(김수원 · 한애리, 2015: 78).

(Resource Link)라는 혁신적인 내부 인원 배치 프로그램을 도입했다(Cascio & Wynn, 2004; Conroy, 1993). AT&T의 자원 링크 프로그램은 일자리를 잃게 된 중간관리·기술직 직원들로 구성된 인재 풀(talent pool)을 만들어 정규 근로자로서의 신분을 유지하면서 조직 내의 임시적인 일자리에 투입하는 프로그램으로 일자리를 잃게 된 관리직과 기술·전문직 직원이나 혹은 새로운 기회를 원하는 직원이 자원 링크로의 배치를 요청하는 경우, 자원 링크에 소속된 직원은 배치되기 이전의 봉급과 혜택을 유지하고 정규 근로자로 근무하게 되지만, 더 이상 전통적인 업무에 종사하거나 경력 경로를 따르지 않게 된다. 대신 임시적 업무를 맡게 되며 이 업무는 통상 3개월에서 12개월 정도 걸린다. 따라서 이들은 많게는 1년에 3~4번 조직 내의 다른 사업 단위의 프로젝트에 참여하게 된다.

3 일본의 공공·민간 부문 퇴직관리

일본의 공무원 퇴직관리에 관한 주요 과제는 낙하산 인사의 알선을 근절하고,[5] 국가공무원이 정년까지 근무할 수 있는 환경을 정비하며, 공무원 인건비를 억제하는 것이었다(김윤권, 2011: 116-123). 그리고 중·노년기 공무원이 공공부문에서 배양해 온 전문적인 지식과 경험을 민간 등의 다른 분야에서 활용하고 다른 분야 근무 경험을 통해 공무원의 역량을 강화한다는 점에서 관민 인사 교류를 활성화하고 있다. 아울러 퇴직과 연금 수급 시기의 불일치를 고려해서 재임용제도를 적극적으로 활용할 수 있는 방안을 모색하고 있다.

또한, 일본 인사원에서는 공무원이 정년까지 근무를 위한 환경 정비를 실시하는 한편, 정년 연장[6]에 대한 검토 논의가 이뤄지고 있으며, 정년 이후의 생활설계를 위한 생애설계 종합정보 시스템을 제공하고 있다.

일본의 퇴직 공무원에 대한 주요한 재취업 프로그램을 살펴보면 다음과 같다.[7]

5) 일본은 국가공무원법에 의하면 조직의 개편이나 폐지 등으로 인해 이직이 불가피한 경우를 제외하고는 재취업 알선은 하지 않는 것으로 되어 있다.

6) 일본의 정년은 60세이나 직무의 특수성 또는 결원 보충의 곤란성을 고려해 일부 직위에 대해서는 61~65세까지로 정년의 예외 규정을 두고 있다(일본국가공무원생애설계 종합정보시스템 홈페이지).

7) http://www.jinji.go.jp/shougai-so-go-joho/work/2__2.html.

첫째, 재임용 제도의 운용이다. 공공 부문 재임용의 대상은 정년 퇴직자, 근무 연장 후 퇴직한 자, 정년 퇴직 전 퇴직한 자(근속 연수 25년 이상으로 퇴직일로부터 5년 이내인 자), 자위대법의 규정에 의해 퇴직한 자 중 일정 요건을 갖춘 자로 하고 있다. 이들에 대해서는 근무 실적에 기초해 채용 여부를 결정하며 임기는 1년을 넘지 않는 범위 내에서 임명권자가 정한 기간(갱신 가능)으로 임기 말일은 65세에 달한 연도의 3월 31일 이전으로 하고 있다.[8]

셋째, 총무성이 제공하는 퇴직 공무원 지원 프로그램은 생애설계 프로그램과 퇴직 준비 프로그램이 있다. 퇴직 준비 프로그램은 총무성의 기본적 지침 제시, 가이드 북, 기본 교재, 담당자 연수 등에 필요한 지원을 받으며, 각 성(省)이 정년 예정 5년 이내 공무원을 대상으로 소속 직원들에게 실시한다. 주요 교육 내용은 퇴직을 앞둔 마음가짐, 퇴직 후 경제·취업·건강 문제 등이며 그 외 주택, 가족, 노인복지, 법률, 생활여가 등에 대해서도 다루고 있다.[9] 생애설계 프로그램은 45세 전후의 공무원과 배우자를 대상으로 총무성의 지원 하에 각 성(省)이 소속 직원을 대상으로 실시하며 경제 문제, 건강관리, 가족 관계, 능력 개발, 라이프 플랜, 여가 개발 등 퇴직에 집중한 내용보다는 인생 설계를 위한 동기를 부여하는 다양한 교육 내용으로 구성되어 있다(채성준, 2013: 106).

셋째, 생애설계 종합정보 제공 시스템을 통한 정년 이후의 생활설계를 위한 정보의 효율적 제공이다. 생애설계 종합정보 시스템의 운영 목적은 다음과 같다. ① 공무원이 퇴직 후의 생활에 불안을 갖지 않고 공무에 정진할 수 있도록 하기 위해서다. ② 공무원이 생애설계를 계획할 때 참고할 수 있도록 재취업 지식·노하우, 재취업 규제, 구인정보, 연금·의료 등의 생활 정보, 사회 활동 참여·자기개발 관련 정보, 퇴직 공무원의 경험담 등 필요한 정보를 종합적으로 제공하는 것이다.

넷째, 내각부 산하 관민인재교류센터의 운영이다. 일본은 2008년 국가 공무

---

8) 특히 일본은 2013년에 퇴직공제연금의 보수 비례 부분에 대한 지급 개시 연령이 단계적으로 65세로 상향 조정됨에 따라, 60세에 정년퇴직한 직원에 대해 무수입 기간이 발생하지 않도록 고용과 연금의 연결을 도모할 필요성이 발생했으며, 이에 따라 재임용을 희망하는 퇴직 공무원에 대해 재임용을 원칙으로 하도록 법률을 정비했다.

9) 일본은 재임용제도를 통해 성공적으로 근무하는 퇴직 공무원을 퇴직 준비 프로그램의 강사로 활용해 퇴직 공무원의 실질적 문제 해결을 위한 해법을 제시하고 있다(채성준, 2013: 106).

그림 9-1 일본 관민인재교류센터의 재취업 지원 프로세스

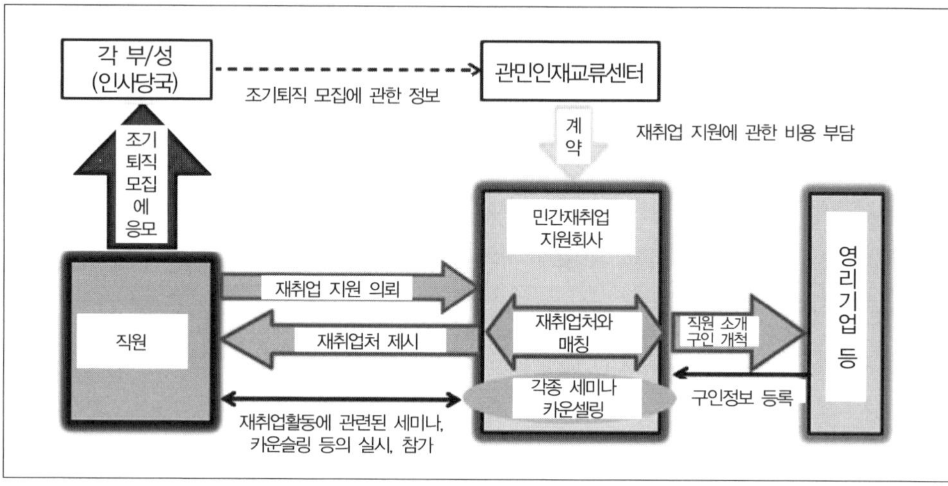

출처: http://www8.cao.go.jp/jinzai/sien.html 수정 인용.

원에 대해 각 부처별로 진행되고 있던 민간 기업으로의 재취업 알선을 폐지하고, 일원화된 창구를 통한 재취업 알선을 위해 관민인재교류센터를 설치했다. 이에 따라 일본은 관민인재교류센터를 통해 조기 퇴직자 모집제도 시행과 함께 2013년 10월부터 민간의 재취업 지원 회사를 활용한 재취업 지원을 실시하고 있다([그림 9-1] 참조).

한편, 일본의 경우 2006년 4월부터 「고령자고용안정법」을 통해 정년을 65세로 연장하고 정년 연장, 계속고용제도 도입, 정년제 폐지 중 한 가지 선택이 의무화되었다. 이와 더불어 민간 부문에서는 기존의 종신 고용(permanent job)과 고령화 인력에 대한 우대 문화가 결합해 아웃플레이스먼트가 점차 확산되고 있다. 최근의 경기 침체와 불황 장기화에 따른 인력의 탄력적 운영에 대한 불가피한 상황에서 주요 대기업을 중심으로 한 자체적인 도입과 전문 컨설팅업체를 통한 아웃소싱을 중심으로 운영되고 있다(이상훈 외, 2014: 2273). 일본 기업의 기업별 주요 활용 제도로는 인력 규모에 따라 전적 출향 및 전직 원조 알선제도 등의 직접적 지원제도와 조기퇴직 우대와 독립개업지원제 등의 간접적 지원제도로 구분해 활용되고 있다(강혜숙, 2006, 이상훈 외, 2014: 2274). 또한 퇴직 전문인력에 대해 재취업을 위한 교육과 창업을 강조하는 한국과는 달리, 일본은 비영리단

체와 협동조합을 주체로 사회 공헌 및 지역사회 봉사를 목적으로 한 중소기업으로의 기술적 노하우 전달이 사회적으로 적극 활용되고 있다(김수원 · 한애리, 2015: 84-87).

제 4 절 지방공무원의 퇴직관리 현황 분석

1 지방공무원의 퇴직 현황 분석

지방자치단체 공무원의 퇴직 현황을 살펴보면 다음과 같다.[10]

1) 연도별 퇴직자 추이

우리나라 지방공무원의 연도별 퇴직자 현황을 살펴보면(〈표 9-1〉 참조), 2001년 29,509명에서 2002년 23,095명으로 감소했다가 이후 2005년(34,762명), 2008년(36,934명), 2012년(35,408명)으로 많아졌다. 2013년 다시 29,364명으로 감소한 것으로 나타나고 있으나,[11] 2001년 이후 연간 약 3만여 명의 공무원 퇴직자가 발생하고 있는 것으로 나타나고 있다. 퇴직자의 변화 추이를 고려할 때 재보궐선거(2005년), 자치단체장 선거(2008년, 2012년), 대통령 선거(2007년, 2012년)

표 9-1 연도별(2001~2013) 퇴직자 현황

연도	2001	2002	2003	2004	2005	2006	2007
인원	29,509	23,095	24,899	27,384	34,762	30,021	30,909
연도	2008	2009	2010	2011	2012	2013	총계
인원	36,934	24,280	30,035	26,163	35,408	29,364	382,763명

출처: 퇴직자 관련 공무원연금 주요 통계(2014.10.22. 작성) 수정 인용.

10) 공무원연금관리공단 홈페이지 참조.
11) 지역별로는 서울과 경기도의 퇴직 공무원이 많은 것으로 나타나고 있다.

등 주요 선거를 전후해 퇴직 공무원의 수가 증가하는 경향성이 있는 것으로 나타나고 있다.

2) 연령별 퇴직자 현황

2013년 말 현재 연령별 퇴직자 현황을 살펴보면(〈표 9-2〉 참조), 전국적으로 평균 연령이 50.4세로 정년인 60세 이전의 퇴직 공무원 비율이 높은 편임을 알 수 있다. 또한, 50~59세(11,391명)의 퇴직자가 많은 편이나 전 연령대에서 퇴직자가 발생하고 있어 연령별 퇴직관리 프로그램의 개발과 제도적 개선이 절실하다고 할 수 있다.

표 9-2 2013년도 연령별 퇴직자 현황

연령	총계	19~20세	30~39세	40~49세	50~59세	60~65세
인원	29,364명	2,011	6,621	4,115	11,391	7,237

출처: 퇴직자 관련 공무원연금 주요 통계(2014.10.22. 작성) 수정 인용.

3) 퇴직 사유별 현황

퇴직 사유별 퇴직자 추이를 살펴보면(〈표 9-3〉 참조) 퇴직관리의 중요성이 더욱 부각되고 있다. 2013년 말 현재 명예퇴직(9,863명), 정년퇴직(7,527명), 의원면직(5,330) 등 개인의 의사 또는 정년 도달에 따른 퇴직의 발생이 높은 것을 알 수 있다. 이는 앞서 살펴본 바와 같이 연령별 퇴직자 추이를 고려할 때, 공직 부문에서도 정년 도달 이전에 퇴직 또는 전직·이직을 선택하는 경우가 많으며, 이에 따른 관리의 필요성을 강조하는 근거가 된다.

표 9-3 2013년도 퇴직 사유별 퇴직자 현황

퇴직 사유	총계	의원면직	명예퇴직	정년퇴직	당연퇴직	직권면직	사망	기타
인원	29,364명	5,330	9,863	7,527	799	61	836	4,948

출처: 퇴직자 관련 공무원연금 주요 통계(2014.10.22. 작성) 수정 인용.

4) 재직 연수별 현황

2013년 말 현재 재직 연수별 퇴직자 현황을 살펴보면, 전국적으로 퇴직자의 평균 재직 연수가 23.8년으로 나타나고 있다(〈표 9-4〉 참조).

경기도의 경우에는 평균 재직 연수가 21.4년으로 가장 낮으며, 서울의 경우에도 평균 재직 연수가 23.0년에 그치고 있다. 퇴직자의 재직 연수는 전 연령대에 분포되어 있다. 서울과 경기도의 경우 재직 연수가 10년 미만 경력자가 각각

표 9-4 재직 연수별 퇴직자 추이

(단위: 명)

구분	합계	10년 미만	10~20년 미만	20~30년 미만	30년 이상	평균
계	29,364명	7,462	1,800	5,973	14,129	23.8년
서울	7,254	1,872	433	1,587	3,362	23.0년
부산	1,987	267	95	512	1,113	26.8년
대구	1,223	154	87	413	569	25.9년
인천	1,301	284	216	324	477	22.6년
광주	878	170	47	230	431	25.1년
대전	1,229	176	44	455	554	25.5년
세종	164	47	12	38	67	21.4년
울산	350	52	19	79	200	27.5년
경기	4,496	1,728	328	769	1,671	19.6년
강원	1,276	313	62	213	688	25.1년
충북	1,149	286	75	167	621	25.0년
충남	1,244	381	55	210	598	23.3년
경북	1,578	353	70	216	939	26.7년
경남	1,646	388	83	283	892	25.4년
전북	1,376	356	42	183	795	25.9년
전남	1,737	494	101	236	906	24.3년
제주	476	141	31	58	246	23.4년

출처: 퇴직자 관련 공무원연금 주요 통계(2014.10.22. 작성) 인용.

1,872명, 1,728명으로 나타나고 있어 경력 수준을 고려한 자기 개발과 경력관리를 위한 퇴직관리 프로그램 등 퇴직 지원을 위한 교육훈련과 프로그램의 다양화가 필요하다. 지역별로 다소 차이는 있으나 재직 연수별 퇴직자 추이를 고려할 때, 10년 미만(7,462명)과 30년 이상(14,129명) 재직 경력에서 퇴직자 발생이 높은 점은 퇴직 이전부터 퇴직 지원에 대한 체계적 제도설계가 필요함을 의미한다.

2 정부의 퇴직공무원 관리제도 분석

우리 정부가 제공하는 퇴직 공직자에 대한 퇴직관리는 규제적 성격의 취업제한제도와 퇴직 지원 프로그램으로 구분할 수 있다.

1) 퇴직 공무원의 취업제한제도

퇴직 후 취업제한제도는 공직자가 퇴직 후 영리사기업체에 취업해 재직 시 취득한 기밀정보 혹은 대인 관계 등을 특정 기업 혹은 사적 이익을 위해 활용함으로써 발생하게 될 직접적인 공익의 손상 및 공직에 대한 신뢰저하를 막고자 하는 것이다(이재명, 2005: 2). 모든 공직자가 영향력 있는 기관이나 사기업체에 취직하는 것은 아니지만 일부 공직자는 공직에서 획득한 다양한 정보와 네트워크를 활용해 사익을 추구하는 사례가 현실에서 빈번하게 발생하고 있다. 이는 공정한 게임의 규칙에 어긋나는 행태라 할 수 있다. 최근에 부각되고 있는 전관예우나 민관 유착 현상은 이를 단적으로 보여주고 있다. 이러한 부정적 현실을 미연에 방지하기 위한 조치가 바로 퇴직 후 취업제한제도다. 취업제한제도는 공직자가 사기업체와 유착하는 관계 및 행위를 제한하고 공정한 경쟁사회를 유지하는 데 필요한 제도라 할 수 있다.

현행 「공직자윤리법」을 중심으로 취업 제한 규정을 살펴보면 다음과 같다.[12]

---

12) 「공직자윤리법」 제17조(퇴직공직자의 관련 사기업체 등 취업 제한), 제18조의2(퇴직공직자의 업무취급 제한), 제18조의4(퇴직공직자 등에 대한 행위 제한), 제18조의5(재직자 등의 취업 청탁 등 제한)가 퇴직 공무원의 취업 제한에 대한 주요 조항으로서 분석의 초점이 된다.

첫째, 「공직자윤리법」 제17조는 퇴직 공직자의 관련 사기업체 등의 취업을 제한하고 있다. 제17조 ①항은 대통령령으로 정하는 직급이나 직무 분야에 종사한 공무원과 공직 유관 단체의 임직원(취업 심사 대상자)은 퇴직일로부터 2년간 퇴직 전 5년 동안 소속했던 부서의 업무와 밀접한 관련이 있는 사기업체 등에 취업할 수 없다고 규정하고 있다. 다만, 관할 공직자윤리위원회의 승인을 받은 때에는 그러하지 아니하다.

둘째, 「공직자윤리법」 제18조의2(퇴직 공직자의 업무 취급 제한)를 주목할 필요가 있다. 제①항은 모든 공무원 또는 공직 유관 단체 임직원은 다른 법률에 특별한 규정이 있는 경우를 제외하고는 재직 중에 직접 처리한 제17조 제2항 각 호의 업무를 퇴직 후에 취급할 수 없다고 규정하고 있다.

셋째, 「공직자윤리법」 제18조의4(퇴직 공직자 등에 대한 행위 제한)는 논란이 되었던 전관예우를 방지하기 위한 규정이다. 제①항은 퇴직한 모든 공무원과 공직 유관 단체의 임직원은 본인 또는 제3자의 이익을 위하여 퇴직 전 소속기관의 임직원에게 법령을 위반하게 하거나 지위 또는 권한을 남용하게 하는 등 공정한 직무 수행을 저해하는 부정한 청탁 또는 알선을 하여서는 아니 된다고 규정하고 있다.

넷째, 재직자의 등의 취업 청탁 등을 제한하는 규정을 살펴볼 필요가 있다. 제18조의5(재직자 등의 취업 청탁 등 제한) 제①항은 재직 중인 취업 심사 대상자는 퇴직 전 5년 동안 처리한 업무 중 제17조 제2항 각 호에서 정하는 업무와 관련한 사기업체 등을 상대로 하여 재직 중 본인의 취업을 위한 청탁 행위를 하여서는 아니 된다고 규정하고 있다. 또한 제②항은 국가기관, 지방자치단체 또는 공직 유관 단체의 장은 해당 기관의 취업 심사 대상자를 퇴직 전 5년 동안 처리한 제17조 제2항 각 호에 따른 업무와 관련된 사기업체 등으로의 취업을 알선하는 행위를 하여서는 아니 된다고 규정하고 있다.

2) 퇴직(예정) 공무원을 위한 퇴직 지원 프로그램

정부의 퇴직 공직자를 위한 퇴직관리 프로그램은 2010년 이후 증가하면서 고용노동부, 보건복지부 등 각 부처별로도 다양하게 이뤄지고 있다. 이와 함께, 공무원 연금공단은 연금 업무(기여금·부담금 등 제비용의 징수, 퇴직급여·재해보상급여 등 제급여의 지급), 국가위탁 업무(국고대여학자금 대부, 맞춤형 복지), 기금 운영(금융기관 예입, 주식·채권 등 유가증권 투자, 공무원을 위한 주택의 건설·취득·분양 및 임대, 공무원에 대한 대부, 공무원 후생복지시설 운영)을 수행하고 있다.

특히 공무원연금공단은 퇴직 공무원의 퇴직 이후를 지원하는 주요 기관으로서 2014년 이후 베이비붐 세대 공무원들의 은퇴가 대거 시작되면 공무원 고용주인 국가가 전관예우 제한은 물론 퇴직자들의 사회 참여 지원을 할 준비가 필요하다는 이슈가 제기되면서 2010년 퇴직 공무원을 위한 종합포털인 'G-시니어'를 통해 서비스를 제공하기 시작했다.

(1) 퇴직 공무원 대상의 퇴직 지원 프로그램

정부는 2001년부터 행정기관이 솔선해서 퇴직 공무원의 풍부한 지식과 경험을 공직 내에 활용함으로써 퇴직 공무원의 사회적 일자리를 창출하고 행정 능률을 제고할 수 있도록 매년 퇴직자 활용 분야 발굴과 활용 실적 파악 등을 통해 공직 내 퇴직 공무원 전문성 활용을 권장하고 있다. 특히, 2011년도 6월 3일에 개최한 대통령 주재 제3차 공정사회 추진회의에서는 일부 공직자들의 '전관예우' 관

표 9-5 기관별 퇴직 공무원 활용 현황(2012년 10월 현재)

구분	활용 분야	인원(명)	비율(%)
계		15,332	
중앙행정기관	자문·전문상담, 형사조정위원, 체불청산민간조정관, 교육 등 행정보조, 자문 및 평가위원, 산림보호 및 관리, 심의위원, 시험관리관 등	2,774	18.1
지방자치단체	위원회 위원, 시험면접·감독관, 심의위원, 주정차 등 단속, 청소·시설관리, 자문 및 평가위원, 민원상담원, 교육 등 행정보조, 자원봉사 등	3,163	20.6
지방교육청	기간제교원, 배움터지킴이, 시간강사, 청소·시설관리, 기관 교육강사, 교육 등 행정보조, 방과후 교육, 위원회 위원 등	9,395	61.2

출처: 행정안전부(2013).

행에 의한 부당한 재취업을 방지하는 '공정사회 구현을 위한 전관예우 근절 방안'과 함께 재직 중 헌신했던 대다수 공직자를 전문 인재로 활용해 퇴직 이후에도 국가와 사회에 명예롭게 기여할 수 있도록 하는 전문성 강화의 필요성을 논의했다.

정부는 퇴직 공무원 사회 참여 활성화를 위해 각 행정기관에 퇴직 공무원 활용 현황 조사 등 퇴직 공무원에게 적합한 직종과 업무를 발굴하고 권장했다. 이에 중앙행정기관, 지방자치단체, 지방교육청 등에서 퇴직 공무원을 위원회 위원, 정책 모니터 요원으로 위촉해 자문·평가 등의 정책 컨설턴트로 활용하거나, 정부 업무 지원·보조를 위해 기간제 교원, 배움터 지킴이, 시간강사, 복지 및 식품 위생 현장 지원 등 전문성과 경험이 필요한 분야에 총 15,332명을 활용했다(〈표 9-5〉 참조).

(2) **퇴직 예정자 대상의 퇴직 지원 프로그램**

공무원연금공단은 1997년부터 퇴직 후 환경 변화의 대처에 도움을 주기 위해 생활설계 과정을 중심으로 퇴직 예정 공무원에 대한 교육을 실시하고 있다. 이후 2000년부터 일자리 확보와 자원봉사, 전통문화, 건강, 재무관리 등 여가 활용에 비중을 둔 미래 설계 과정을 운영하고 있다(〈표 9-6〉 참조). 또한, 2011년 들어서는 행정안전부가 2006년부터 민간에 위탁해 실시해 오던 퇴직 예정자의 공적인 전직을 위한 행복설계 및 전직 집중 과정을 위탁받아 실시하고 있다. 당시 행정안전부는 2006년도부터 퇴직 예정 공무원을 대상으로 퇴직 후 사회 적응 능력 배양과 자기 주도적 노후 생활 설계를 지원하기 위한 행복한 퇴직설계 과정과 전직 집중 과정 등의 퇴직 준비교육을 실시하고 있다. 행복한 퇴직설계 과정은 재취업·창업과 건강·재무관리 등 퇴직소양 교과를 중심으로 2008년도 289명, 2009년도 427명, 2010년도 990명, 2011년도 1,433명을 교육했다. 특히, 2011년에 신설·운영한 하위직 대상 전직 집중 과정은 연금액이 많지 않은 실무직 공무원들의 내실있는 퇴직 준비에 실질적인 도움이 되었다는 좋은 평가를 받기도 했다.

한편, 공단의 각 지부에서는 퇴직 공무원을 대상으로 연금아카데미 강좌를 자체적으로 실시하고 있다. 강좌의 내용은 컴퓨터와 인터넷 활용 능력 등 정보화 역량 제고를 위한 정보화 교육, 은퇴 생활 소양 함양을 위한 생활설계 과정, 취미 여가 활용을 위한 문화강좌를 실시하고 있다.

표 9-6 퇴직 공무원 사회 참여 지원사업

추진 사업	사업 내용
저소득층 자녀 공부방 지원	- 81개 공부방 학습도구 등 지원 - 한자, 컴퓨터 활용, 예절교육 등 지도
사회 소외계층 가정 등 안전진단 · 수리 서비스	- 소방시설 점검, 전기공사, 도배 등 시설 수리 - 관련 자격증 소지자 참여
전문 분야 상담코너 운영	- 법무, 세무 등 전문 분야 퇴직 공무원 참여 - 재래시장 영세상인 대상 무료 상담 서비스
자원봉사 활동	- 환경보호, 소외가정 및 복지시설 청소, 장애아동 통학 보조 등
문화 · 생활강좌 및 정보화교육 강사	- 건강관리, 여가 활용 등 문화강좌 강사 - 컴퓨터 활용, 인터넷, 워드프로세스 등 교육
공무원 후생복지사업 참여	- 연금업무 도우미(민원 접수 · 처리, 업무 보조 등) - 공무원임대주택 시설관리 보조(안전 점검, 하자 보수 등)
기타	- 국가공채시험 감독관, 노인인력개발원 강사 활용 등

출처: 행정안전부, 공무원연금공단(서울신문, 2011.7.11).

공무원연금공단이 제공하는 퇴직 공무원을 위한 퇴직 지원 프로그램은 사회 참여 사업이 중심을 이루고 있다. 공무원연금공단은 공익형, 복지형, 교육형, 일자리 지원형으로 구분된다.

첫째, 공익형은 공무원연금공단이 전국 7개 지부별로 상록자원봉사단을 구성해 스쿨존 교통 정리, 학교 주변 안전지킴이 활동을 지원했다.

둘째, 복지형은 소외계층 가정에 안전 점검, 수리 · 보수, 저소득층 자녀 학습 지도 위주의 사업에 퇴직 공무원을 활용하며, 모두 1인당 1회 2만~3만 원 이내의 활동비를 지급하는 방향으로 설계되었다.

셋째, 교육형은 퇴직 공무원들을 전문 상담원, 정보화교육 · 문화강좌 강사, 공단의 연금상담 서비스 도우미로 활용하는 방안으로, 특히 법무, 세무 분야 퇴직자가 전문상담을 하며, 월 1~2회 공단지부에서 같은 퇴직 공무원을 상대로 부동산 등기, 소송 절차, 세금 상담을 해 주는 것으로 퇴직 공무원들로부터 가장 높은 인기를 얻은 분야다.

넷째, 일자리형은 공무원 임대주택 관리, 공무원 채용시험 감독원, 급여채권 환수, 워킹스쿨버스 보조요원 등을 공공기관과 연계해 알선하는 것으로 주택관리 매니저, 급여채권 환수는 1주일에 2~3일 시간제로 일하고 월 50만 원을 지급했다.

그러나 당시 공무원연금공단의 퇴직 공무원의 사회 참여 지원사업은 퇴직 공무원의 인적 풀 구축 등을 통해 효율적으로 지원 프로그램을 운영하지 못하고 있다는 한계가 지적되었다(서울신문, 2011.7.11). 이에 공무원연금공단은 행정안전부 등과 공동으로 퇴직 공무원의 퇴직 후 생활설계 서비스를 제공하기 위한 'G-시니어' 종합포털 시스템을 구축해 2010년 6월 서비스를 제공하기 시작한 이래 3차에 걸친 개편을 통해 2011년 11월부터 서비스를 본격화했다. 3차 개편 과정에서 'G-시니어' 운영의 기본 방향은 일자리 중심의 알선과 알림으로 전환했으며, 퇴직 공무원의 퇴직 후 생활설계를 위한 재무상담 등의 기능과 일반인 참여 기능을 보완했다.

제 5 절 지방공무원의 효율적인 퇴직관리 방안

1 지방공무원의 퇴직관리 제도설계 방향

정부는 퇴직관리와 관련된 제도설계를 다음과 같은 방향에서 접근할 필요가 있다.

첫째, 공무원 퇴직관리를 위해서는 관련 제도를 정비할 필요가 있다. 종전 인사관리에서 퇴직관리는 관심 대상에서 멀었던 영역이기 때문에 소극적 관리였다고 볼 수 있다. 이제는 고령화 시대에 부합하는 상시적이고 전문적인 공무원 퇴직관리가 모색되어야 할 것이다. 이를 위해서는 공무원 정년제도, 임금피크제, 연금제도, 근무환경 등과 고령화 시대에 적실성을 갖는 퇴직관리가 유기적으로 연계될 수 있는 방향으로 개선할 필요가 있다. 가령, 최근 인사혁신처가 2017년도부터 공무원 연금 개혁의 일환으로 공무원 정년 연장과 임금피크제 운영 방안을 추진 중에 있다. 그러나 임금피크제를 통한 정년 연장이 공무원 퇴직관리의 중요한 대안이 될 수 있으나 자칫 신규채용을 억제하는 등 또 다른 부작용과 연계될 수 있는 만큼 공직사회의 다양한 환경 변화를 고려해서 신중하게 운영할 필요가 있다.

둘째, 수요자인 퇴직 공무원 중심의 퇴직 준비교육을 실시한다. 종래의 공급자 중심의 퇴직 준비교육을 수요자의 필요에 입각한 퇴직 준비교육으로 전환할 필요가 있다. 교육훈련기관이 수요자 중심의 교육훈련을 할 수 있도록 교육 계획, 내용, 강사, 방법 등을 퇴직자 친화적 교육 방식으로 전환시켜야 할 것이다. 교육훈련기관과 노동시장이 효율적으로 연계될 수 있도록 고용정보망이나 직업능력(직무 역량) 평가 시스템 등을 충실화한다. 정부 내의 인력 개발 관련 부서의 유기적인 조율 및 통폐합 등을 통해 인력 개발 및 지원을 효율화할 필요가 있다. 특히, 일본 관민인재교류센터의 조기 퇴직 희망자에 대한 재취업 지원 서비스는 정년을 맞이하는 공무원에게도 경력과 능력에 기초한 맞춤형 재취업 서비스 제공의 방향을 제시할 수 있다. 즉, 단순히 구인 및 구직정보를 제공하는 것에서 퇴직 공무원의 경력과 능력에 따른 기업 수요 매칭 정보를 연계하는 방안이 모색될 필요가 있다.

셋째, 전관예우나 공무원 부패 등을 미연에 방지하기 위해 운영해 온 공무원 취업 제한 규정 등을 고령화 시대에 부합하도록 개선할 필요가 있다. 전면적인 금지 원칙에서 개별 구체적인 상황에서는 공무원 취업 제한 규정을 시대 변화에 부합하도록 점차 완화하는 방향이 필요하다. 물론 권력기관이나 규제 권한이 높은 부서의 공무원은 민관 유착이나 전관예우적 관계나 행위를 좀 더 엄격히 제한해야 하지만, 절대 다수의 일반적인 퇴직 공무원은 본인이 희망하는 경우 일자리 차원에서 적극적으로 취업 제한 규정을 재정립할 필요가 있다. 퇴직 공무원을 우리나라 및 국제사회에 적재적소로 활용할 수 있도록 금지 지향적인 조직·인사관리 규정 등을 개선해 좀 더 생산적인 퇴직관리를 지향할 필요가 있다.

넷째, 퇴직 공무원이 공직사회, 공공기관, 시민단체, 국제협력기구 및 단체 등에서 경험과 지혜를 접목시켜 일자리와 사회 공헌을 발휘할 수 있는 다양한 정책 프로그램을 설계할 필요가 있다. 공직에서 수십 년간 축적해 온 소중한 인적 자원을 연령이 되었다고 나가게 하는 방임적인 조직 및 인사관리에서 탈피해 이러한 소중한 인적 자원이 국가나 사회에 기여할 수 있는 적극적이고 다양한 정책 프로그램을 설계하고 집행하는 방향으로 나아가야 할 것이다.

다섯째, 풍부한 경험과 지혜를 가진 소중한 인적 자원을 활용하기 위해서는 다양한 거버넌스 주체와의 연계・참여・활동이 필요하다. 국내외 글로벌 기업이나 중소기업, 국제기구, 시민단체, 전문가집단, 사회봉사단체 등과 교류할 수 있도록 퇴직 공무원 인력뱅크를 좀 더 체계적이고 유기적으로 강화할 필요가 있다.

2 지방공무원의 취업제한제도 재설계

모든 제도(institutions)는 행위자(공무원, 국민 등)에게 제약(constraint)과 기회(opportunity)를 제공한다. 어떠한 제도도 완벽할 수 없으며, 제도 자체가 갖는 결함, 제도 운영 과정에서 드러나는 문제점, 제도 적용 대상자들의 (불)순응으로 인한 문제 등이 지속적으로 출현할 수밖에 없는 것이 현실이다(김윤권 외, 2011: 146). 현행 규정상으로는 민간기관의 재취업은 이해 충돌 가능성이 있는 기관에 취업할 수 없으며, 취업한 이후에도 이해 충돌 가능성이 있는 업무를 수행하지 못하도록 제한하고 있다. 그렇지만 민간기관에 근무하는 과정에서 얼마든지 이해 충돌이 있는 직무 상황에 직면할 수 있다.

그런데 현행 규정에서는 이것에 대한 구체적인 처리 기준을 제시하지 않고 있다. 그리고 국가의 이익과 상반되는 이익을 추구하지 못하도록 하고 있다. 기본적으로는 이 제도의 취지에 비춰 공직자 스스로 이해 충돌의 상황을 피하기 위한 적극적 노력이 필요하지만, 이를 제도적으로도 정비할 필요성이 있다. 이를 위해 이해 충돌 상황에 직면했을 경우, 이것을 해소하기 위한 기준이나 절차, 방법 등을 계약서에 구체적으로 명기할 필요성이 있다.

또한 우리나라 공직자윤리법은 법적용 대상 및 재취업 제한 기간을 획일적으로 규정하고 있다. 즉, 대통령령으로 정하는 직급이나 직무 분야에 종사한 공무원과 공직 유관단체의 임직원은 퇴직일로부터 2년간 퇴직 전 5년 동안 소속했던 부서의 업무와 밀접한 관련이 있는 사기업체 등에 취업할 수 없다.

따라서 우리나라도 공무원 직종이나 직위별로 공직자윤리법 적용 대상 및 취업 제한 기간을 좀 더 세분화해 적용할 필요가 있다. 이를 위해 퇴직 후 취업 제한 기간을 직무 성격, 부서의 업무와의 관련 정도 등에 따라 다양화할 필요성이 있으며, 전문화된 위원회 조직의 설치로 합리적 심사와 공정한 평가, 그리고 서약에 의해 취업 제한의 범위를 유연하게 조정할 수 있도록 하는 것이 필요하다.

3 지방공무원의 효율적인 퇴직관리 방안

퇴직 공무원의 퇴직관리 프로그램 효율화를 위해서는 개방적이고 상시적인 퇴직 지원 시스템을 우선적으로 구축할 필요가 있다. 그리고 이를 통해 고용 가능성을 제고하는 등 미래 트리플 30을 위한 현실적인 대안 모색이 필요하다.

이를 위해 첫째, 임금 피크제 도입을 통한 탄력적 정년제도의 운영이 필요하다. 공무원의 정년을 단계적으로 늘리고 60세 이후 정년 퇴직 시까지 임금지급률을 하향 조정해 국가의 효율적인 인적 자원 관리 측면에서 지방공무원의 경험과 노하우를 적극적으로 활용할 필요가 있다. 정년 연장에 따른 기존 정년 퇴직자의 경우 본인이 희망하는 경우 재임용을 통해 연금 개시 연령의 변화에 따른 무수입 기간이 발생하지 않도록 할 필요가 있다.

둘째, 퇴직 공무원의 인력풀 구축과 효율적 관리를 통한 지방공무원, 특히 고위공직자의 경험과 축적된 지식을 효율적으로 연계하는 것이 필요하다. 'G-시니어'를 통한 퇴직 공무원 퇴직 지원 서비스를 제공하던 당시부터 지적된 바와 같이 퇴직 공무원의 인력풀 구축과 효율적 관리가 없이는 퇴직 공무원의 퇴직 후 수요에 대응한 서비스를 제공하는 데 한계가 있다. 따라서 퇴직 공무원의 인력정보에는 기본 인적 사항, 근무 능력, 어학 능력·자격증, 희망 직종·임금, 원하는 근무 형태·장소·시간 등에 관한 데이터베이스를 구축해야 한다. 이 데이터를 가지고 기업·시민단체·행정기관 등의 단체가 퇴직 공무원을 적절하게 활용해야 할 필요가 있다(정원희, 2007). 수십 년 동안 투자하고 양성한 퇴직 공무원의 풍부한 현장 경험과 지식을 적극 활용하는 것은 국가 인적 자원의 효율적인 활용 측면에서 큰 의의가 있다. 정부는 이러한 인식에 따라 유능한 퇴직 공무원을 활용할 수 있는 제도적 장치로서 퇴직관리 시스템을 구축·관리할 수 있는 정책 방안의 마련에 최선의 노력을 다해야 한다(양기근·김상규, 2008: 398).

셋째, 국가별 퇴직관리 방식에 차이는 있으나, 미국과 일본 사례를 통해 나타나는 특징 중 하나는 퇴직 후 재취업 연계를 위한 공공 부문과 민간 부문 맞춤형 연계 프로그램의 운영이다. 미국의 경우 단계적 퇴직 프로그램 운영을 통해 고용을 연장하는 방식뿐만 아니라 민간 부문에서는 다른 직무의 경험 등 재취업을 위한 교육 효과를 제고하고 있으며, 일본의 경우도 공공 부문의 경력이 민간 부문에 활용되도록 설계하고 있다. 아직까지 우리나라의 공무원 퇴직관리는 퇴직 공무원에 대한 인력풀 정보와 일자리 정보의 제공 등으로 분절되어 있으며, 이를 연계하기 위한 방안의 모색이 부족한 현실이다. 따라서 퇴직자들의 고용 능력을 향상시키기 위한 공공 부문과 민간 부문 연계의 퇴직 후 재취업 프로그램을 새롭게 개발할 필요가 있다.

넷째, 퇴직관리 시스템의 체계화 과정에서 해외 파견에 대한 관리 시스템 연계가 필요하다. 지난 2008년 12월 국무총리실 산하 해외봉사분과협의회가 조직되어 WFK 해외봉사단의 중장기 전략 수립 및 해외봉사 촉진을 위한 환경 조성을 위해 개별 프로그램 시행기관을 조율하는 역할을 수행하고 있다. 각 구성원에 대한 교육훈련 프로그램 개발, 해외사무소・인프라 공유 및 확충, 귀국 단원에 대한 지원을 강화시켜야 할 것이다. 현재 정부는 공무원들이 2년간 휴직하고 해외 봉사 활동을 할 수 있도록 지원하고 있으며, 국회에서는 자원봉사활동기본법을 개정, 공공기관들이 봉사단원을 직원으로 채용할 때 봉사 활동을 경력으로 인정할 수 있는 방안을 추진 중에 있다. 따라서 귀국 단원들의 협력사업 재참여 지원 프로그램 및 장학금 지급 등을 통해 봉사 활동에 대한 인정과 보상과 함께 사회적 지원을 강화(Strengthening Social Support)함으로써 봉사 활동 가치에 대한 인식의 제고가 필요하다. 또한 KOICA가 수행하는 국제원조개발사업(ODA)의 전문가 파견 등에 퇴직 공무원 인력의 전문성을 적극적으로 환원할 수 있도록 할 필요가 있다. 특히, 국가 정책 방향을 주도한 경험이 있는 퇴직 공직자의 경력 및 노하우는 국제원조개발사업(ODA) 수원국들의 공공 인프라 개발과 공공 부문 인적 자원관리에 대한 수요를 지원할 수 있는 효과적 대안이 될 수 있다.

제 6 절 결론

고령화·저출산 시대를 맞이해 지방자치단체의 공무원 퇴직관리, 특히 퇴직 공직 자의 풍부한 경험·지혜를 사회에 공헌할 수 있도록 하는 방안의 모색이 국가 인적 자원의 효율적 활용이라는 측면에서 중요한 쟁점으로 부각되고 있다. 이에 이 연구는 퇴직의 의의와 퇴직관리 필요성을 고찰하고 외국 정부의 퇴직관리 동향, 현행 공무원 퇴직관리제도의 현황과 실태 분석을 통해 공직자 퇴직관리 제도설계의 방향성, 공직자의 취업 제한제도 재설계 방안 및 퇴직 공무원의 퇴직관리 효율화 방안 등을 제시했다. 고령화 사회·저출산 시대 한국 사회가 처한 위기 상황 속에서 퇴직 공무원의 사회 적응 준비 및 노후 생활 설계 지원에 대한 실질적인 도움을 줄 수 있는 방향으로 지방자치단체 공직자의 퇴직관리가 효율적으로 이뤄져야 한다.

제 10 장

자치재정권 확보 방안의 법적 고찰: 조세법률주의와 지방세조례주의를 중심으로*

최철호

제 1 절 서론

지방자치단체의 자치재정권은 지방 자치의 제도 보장을 규정하고 있는 헌법 제117조 제1항에 근거한다. 헌법 제117조 제1항은 "지방자치단체는 주민의 복리에 관한 사무를 처리하고 재산을 관리하며, 법령의 범위 안에서 자치에 관한 규정을 제정할 수 있다."고 규정하고 있고 이에 따라 지방자치단체에는 법령의 범위 내에서 자신의 지역에 관련된 여러 사무를 자신의 책임 하에 수행할 수 있는 지방자치권이 보장되는데, 이러한 권한에는 자치입법권, 자치조직권, 자치인사권, 자치재정권 등이 포함된다. 그중 자치재정권은 지방자치단체가 법령의 범위

* 이 논문은 저자가 2006년 한국법제연구원에서 수행한 연구보고서를 기초로 해서 2007년 「조세연구포럼」에 게재한 논문을 보완해 2015. 2. 6. 한국지방자치학회 세미나에서 발표한 것으로, 토론 과정에서 지적된 사항을 중심으로 수정 · 보완한 것으로서, 2016년 2월 「준석 홍정선 교수 정년기념논문집」에 게재한 것임.

내에서 수입과 지출을 자신의 책임 하에 운영할 수 있는 권한으로서(홍정선, 2009: 495), 지방자치단체가 법령의 범위 내에서 국가의 지시를 받지 않고 자기 책임 하에 재정에 관한 사무를 스스로 관장할 수 있는 권한을 말한다.[1] 자치재정권 중에서 자치수입권은 지방자치단체가 법령의 범위 내에서 자기 책임 하에 그에 허용된 수입원으로부터 수입정책을 결정할 수 있는 권한을 말하는데, 이에는 지방세, 분담금 등의 공과금을 부과 징수할 수 있는 권한 등이 포함된다. 그리고 자치지출권은 지방자치단체가 그의 재정 수단을 예산의 범위 내에서 그의 업무 수행을 위해 자기 책임 하에 지출 사용할 수 있는 권한을 말한다.

지방재정은 지방재정법 제2조 1호에서 "지방자치단체의 수입・지출 활동과 지방자치단체의 자산 및 부채를 관리・처분하는 모든 활동"으로 규정하고 있다. 지방자치단체는 이러한 재정에 대해 헌법 제117조 제2항의 규정에 따른 지방자치권의 한 유형인 자치재정권을 가지는 것인데, 이를 "법정의 예산제도에 따라 자기의 책임으로 세입, 세출을 유지하는 지방자치단체의 권한" 또는 "법률상 배분된 예산의 범위 내에서 자신의 책임에 의한 수입 및 지출경제에 대한 권한"으로도 정의하기도 한다(홍정선, 2009: 57; 조성규, 2003: 299).

재정고권 내지 자치재정권이 논의되는 가장 중요한 논거 중의 하나는 해당 지역주민의 납세자주권에서 도출할 수 있다고 하면서 지방을 단위로 한 민주주의의 구현과 해당 지역주민의 납세 의무에서 파생되는 납세자인 지역주민의 권리를 통해 지방자치단체의 재정고권이 인정될 수 있다고 한다(옥무석, 2012: 15). 그런데 문제는 지역주민의 지방세 납세 의무가 법령에서 발생하는지 아니면 조례로서도 원천적으로 발생시킬 수 있는지는 논란이 있다.

자치재정권에는 지방자치단체가 지방세, 수수료, 공과금 등을 부과해 재원을 확보하는 공과고권(최승필, 2013: 366)이 주를 이루는데 이 공과고권[2]에 대해서는 1차적으로는 법령, 2차적으로는 조례가 부과의 법적 근거가 된다. 지방자치단체가 공과고권을 독자적으로 행사할 수 있는가에 대해서는 지방자치단체의 자치

1) 지방자치단체가 자신의 사무를 처리하기 위한 비용에 대해서는, 지방자치단체가 처리하는 사무의 총량과 자치재정권은 서로 밀접한 관련을 가지는데 이를 일반적으로 사무와 재정과의 견련성(牽聯性) 원칙이라고 한다.

2) 그러나 조세와 공과금을 분리해, 사용료, 수수료, 분담금 등은 조세에 해당하지 않고 따라서 국민의 납세 의무에도 공과금을 납부할 의무는 포함되지 않는다고 한다(정종섭, 2009: 1024).

재정권, 나아가 과세자주권과 관련해 조례만으로 지방세의 새로운 종목을 창설하거나 세율을 독자적으로 정해 부과 및 징수할 수 있는가 하는 문제로 귀결된다. 일반적으로 헌법 제59조의 조세법률주의에 근거해서 법률로써만 국세와 지방세의 종목과 세율을 정할 수 있고 조례 자체만으로는 지방세의 종목과 세율을 정할 수 없는 것으로 해석하고 있고 판례도 동일하다.

여기에서는 헌법상 조세법률주의 원칙에서의 조세를 국세와 지방세로 분리해 지방세에 대해서는 지방자치단체의 자치재정권으로부터 파생되는 과세자주권을 근거로 조례만으로 지방세의 종목창설 및 부과를 할 수 있는지의 여부에 관해 조세법률주의와 지방세조례주의라는 관점에서 논의하고자 한다.

우리나라의 경우 헌법과 지방세법의 해석뿐만 아니라 헌법재판소, 대법원의 판례상 좁게 해석하고 있는 재정자주권의 범위를 확대해 지방세 관련법에서 정한 세(稅) 이외의 세를 조례로써 창설할 수 있는가 하는 법적 문제를 지방자치의 본질적 요소와 관련해 논의를 전개하고 비교법적 연구로 우리나라의 지방세제도와 유사한 일본에서 조례로 지방세의 일정 세목을 정할 수 있도록 한 법정외세제도를 검토해 우리나라에 도입 가능성을 논의하는 것을 연구의 목적으로 하고 있다.

즉, 지방세의 세목의 창설이나 세율의 결정 등에서는 국가 법률만이 아닌 주민의 직선으로 선출되는 지방의원으로 구성되는 지방의회가 제정하는 조례가 주민에 의한 자주법이라는 근거로 독자적으로 지방세를 규율할 수 있는 여지는 없는지에 대해 헌법, 지방자치법, 지방세기본법 등의 해석을 통해서 그리고 판례를 통해서 그 가능성을 모색하는 것이다.

제 2 절 조세법률주의와 자치재정권

1 조세법률주의의 의의와 내용

1) 의의

헌법 제38조는 "모든 국민은 법률이 정하는 바에 의하여 납세의 의무를 진다"고 하고, 동 제59조는 "조세의 종목과 세율은 법률로 정한다."고 규정함으로써 조세법률주의의 원칙을 규정하고 있다.[3)]

조세법률주의란 "대표 없으면 과세 없다" 또는 "법률 없이는 과세 없다"라는 원칙에 따라 조세는 국민의 대표로 구성되는 국회에서 제정하는 법률에 의해 부과, 징수된다는 것을 의미하며, 이는 위법한 조세의 부과, 징수로부터 국민의 재산권을 보장하기 위한 헌법 원리 중의 하나로서 조세행정에서 법률 우위 원칙과 법률 유보 원칙을 정한 것이다.

2) 조세법률주의의 내용

조세법률주의는 과세요건 법정주의, 과세요건 명확주의, 소급과세의 금지, 합법성의 원칙, 절차 보장의 원칙 등을 그 세부 내용으로 한다(金子宏, 2006: 80-87).

(1) 과세요건 법정주의와 조례에의 위임

'과세요건 법정주의'란 조세는 국민의 재산권을 침해하는 것이 되기 때문에 납세 의무를 발생하게 하는 납세 의무자·과세표준·과세 기간·세율 등 과세

3) 조세법률주의라는 용어가 일본에서 수입된 것이고, 독일에서는 조세법률주의라는 헌법상의 명문의 규정은 없고 단지 과세행정에 대한 법치주의의 이념이 있을 뿐이라고 한다. 그리고 일본에서 사용되는 조세법률주의는 결국 (조세에 대한) 형식적 법치주의에 해당하는 것이라고 하면서 조세법률주의를 "세법 영역에서의 법치주의"라는 가설을 주장하는 견해가 있다(이창희, 2006: 21-22 참조).

요건과 조세의 부과·징수 절차를 모두 국민의 대표기관인 국회가 제정한 법률로써 규정해야 한다는 원칙으로서 과세 요건 등의 국회 전속적 입법 사항은 법률로 정해야 하고 위임해서는 안 된다는 원칙을 말한다.

과세요건 법정주의를 포함하는 조세법률주의는 국회 전속적 입법 사항을 선언한 것으로서 원칙적으로 위임할 수 없는 것이 원칙이나 이 경우에도 기본적인 사항은 법률에 규정한 후에 구체적으로 범위를 정해 위임하는 것은 허용된다고 하겠다(김명길, 2014: 109).

일반적으로 입법 사항이라도 일정한 경우 하위법령에 위임해 규정할 수 있는데, 헌법 제75조는 "대통령은 법률에서 구체적으로 범위를 정하여 위임받은 사항에 관하여 대통령령을 발할 수 있다."고 규정함으로써 입법 사항을 행정입법인 법규명령(대통령령)에 위임하는 경우 포괄위임은 금지되고 구체적으로 범위를 정해 위임하도록 하고 있다. 그러나 법률이 조례에 위임하는 경우 법규명령에의 위임의 경우처럼 포괄위임 금지 원칙이 그대로 적용되는 것은 아니라는 것이 학설과 판례의 태도다. 지방자치법 제22조는 "지방자치단체는 법령의 범위 안에서 그 사무에 관하여 조례를 제정할 수 있다. 다만, 주민의 권리 제한 또는 의무부과에 관한 사항이나 벌칙을 정할 때에는 법률의 위임이 있어야 한다."고 규정함으로써 조세의 부과 등과 같은 의무부과를 조례로 정하고자 하는 경우 법률의 위임을 받아야 가능한 것으로 되어 있다. 그러나 지방자치법 제22조는 위임의 한계에 대해서 헌법 제75조와 같은 "…구체적으로 범위를 정하여…"라고 하는 한계를 규정하고 있지 않기 때문에 위임의 한계가 문제된다. 이에 대해 조례가 지방자치단체의 자주법이라는 점을 고려한다면 의무 부과나 벌칙을 정하는 자치조례를 정할 때에는 법률의 위임이 있어야 하지만 위임명령에서 적용되는 포괄위임 금지의 원칙이 완화된다고 할 수 있다.[4] 즉 자치조례의 경우 지방자치법 제22

---

4) 대판 2006.09.08. 2004두947. 법률이 주민의 권리 의무에 관한 사항에 관하여 구체적으로 아무런 범위도 정하지 아니한 채 조례로 정하도록 포괄적으로 위임하였다고 하더라도, 행정관청의 명령과는 달라 조례도 주민의 대표기관인 지방의회의 의결로 제정되는 지방자치단체의 자주법인 만큼 지방자치단체가 법령에 위반되지 않는 범위 내에서 주민의 권리 의무에 관한 사항을 조례로 제정할 수 있으므로, 구 하천법(1999. 2. 8. 법률 제5893호로 전문 개정되기 전의 것) 제33조 제4항이 부당이득금의 금액과 징수 방법 등에 관하여 구체적으로 범위를 정하지 아니한 채 포괄적으로 조례에 위임하고 있고, 위 법률 규정에 따라 지방자치단체의 하천·공유수면 점용료 및 사용료 징수조례가 부

조의 "…법령의 범위 안에서…"라고 하는 사항적 한계가 적용될 뿐 위임명령에 적용되는 구체적 위임을 규정하고 있는 헌법 제75조는 적용되지 않는다고 할 수 있다.

그러나 과세요건 법정주의를 엄격히 해석하면 과세 요건 등을 조례에 백지위임할 수 없고 범위를 구체적으로 정해서 위임해야 한다. 따라서 지방세법은 지방세에 대한 최소한의 준칙법 내지 표준법이기 때문에 조례로써 지방세의 종류 및 세율을 정할 수 있다는 입장인 지방세조례주의는 과세요건 법정주의의 입장에서는 성립하기 어려운 견해라고 하겠다.

(2) 과세요건 명확주의와 조례에의 위임

과세요건 명확주의는 법률 및 그 위임에 따른 명령 또는 조례에서 과세 요건과 절차 등을 규정할 때에는 불확정 개념이나 개괄 조항을 사용해서는 안 되고 법적 안정성과 국민의 예측 가능성을 보장하기 위해서는 과세 요건을 명확하게 규정해야 한다는 원칙이다.

헌법재판소도 과세요건 명확주의는 과세 요건과 절차 및 그 법률 효과를 규정한 법률 규정은 명확해야 할 것이나 법률은 일반성·추상성을 가지는 것으로서 법률 규정에는 항상 법관의 법 보충작용으로서의 해석의 여지가 있으므로 조세 법규가 당해 조세법의 일반이론이나 그 체계 및 입법 취지 등에 비춰 그 의미가 분명해질 수 있다면 명확성을 결여했다고 할 수는 없다고 했다.[5]

따라서 지방세법에서 지방세의 과세 요건을 규정할 때 반드시 법적 안정성과 예측 가능성을 크게 저해하지 않는다면 일반적·추상적 개념이나 개괄 조항의 사용도 허용된다고 할 것이다.[6]

지방세조례주의에서는 지방세법은 지방세에 대한 최소한의 준칙법 내지 표준법이기 때문에 과세 요건 등을 일반적·추상적 개념으로 규정하고 조례로써

당이득금의 금액과 징수 방법 등에 관하여 필요한 사항을 구체적으로 정하였다 하여, 위 법률 규정이 포괄위임 금지의 원칙에 반하는 것으로서 헌법에 위반된다고 볼 수 없다.

5) 헌재 1995. 2. 23, 93헌바48 등 참고.

6) 독일에서는 법률에 있는 과세 요건이 불분명하다는 이유로 법률 규정을 위헌 선언한 적이 없다고 소개하고 우리나라에서는 세법의 조항을 위헌이라고 본 결정의 대부분이 과세요건 법정주의나 과세요건 명확주의를 들고 있는 것은 일본의 조세법률주의 개념의 영향일 것이라고 하는 견해가 있다(이창희, 2006: 22 참조).

이를 명확하게 규율할 수 있다고 하는데 이러한 견해가 과세요건 명확주의에 전적으로 배치된다고는 볼 수 없다.

2 자치재정권과 국회의 입법 재량

헌법 제59조는 조세의 종목과 세율은 법률에 의한다고 해서 이른바 조세법률주의[7]를 규정하고 있다. 헌법재판소는 이러한 조세법률주의를 조세에 관한 법률의 내용이 헌법에 반하지 않는 한 국회의 입법 재량에 의해서 규율될 수 있다는 의미로 판시하고 있다.[8] 그런데 이 조세법률주의를 엄격하게 해석해서 적용하면 지방자치단체의 자치재정권은 국회 입법 형성의 범위 내에서 인정된다고 할 수 있는데, 이는 곧 국가가 자치재정권을 국가의 입법 형성의 범위 내에서 전국적·일률적으로 통제하는 제도로 이용할 수 있는 법적 근거로 작용할 수 있다(김성호, 2010: 468)는 비판이 제기될 수 있다. 여기에서 조세법률주의와 자치재정권 간에 문제가 되는 쟁점은 국회 입법 형성의 자유가 헌법상 보장되는 지방자치권을 침해하지 않는 범위에서 행사되어야 한다는 입법 형성의 자유의 범위와 한계

---

7) 헌재 1998. 2. 27. 95헌바5. 조세법률주의는 조세행정에서의 법치주의를 말하는 것인바, 오늘날의 법치주의는 국민의 권리·의무에 관한 사항을 법률로써 정해야 한다는 형식적 법치주의에 그치는 것이 아니라 그 법률의 목적과 내용 또한 기본권 보장의 헌법 이념에 부합되어야 한다는 실질적 적법절차를 요구하는 법치주의를 의미하며, 헌법 제38조, 제59조가 선언하는 조세법률주의도 이러한 실질적 적법절차가 지배하는 법치주의를 뜻하므로, 비록 과세 요건이 법률로 명확히 정해진 것일지라도 그것만으로 충분한 것은 아니고 조세법의 목적이나 내용이 기본권 보장의 헌법 이념과 이를 뒷받침하는 헌법상 요구되는 제원칙에 합치되어야 하고, 이에 어긋나는 조세법 규정은 헌법에 위반되는 것이다.

8) 헌재 2001. 12. 20. 2000헌바54. 오늘날 조세는 국가의 재정 수요를 충족시킨다고 하는 본래의 기능 외에도 소득의 재분배, 자원의 적정 배분, 경기의 조정 등 여러 가지 기능을 가지고 있으므로, 국민의 조세 부담을 정함에 있어서 재정·경제·사회정책 등 국정 전반에 걸친 종합적인 정책 판단을 필요로 할 뿐만 아니라, 과세 요건을 정함에 있어서 극히 전문기술적인 판단을 필요로 한다. 조세법규를 어떠한 내용으로 규정할 것인지에 관하여는 입법자가 국가재정, 사회경제, 국민소득, 국민생활 등의 실태에 관하여 정확한 자료를 기초로 하여 정책적·기술적인 판단에 의하여 정하여야 하는 문제이므로, 이는 입법자의 입법 형성적 재량에 기초한 정책적, 기술적 판단에 맡겨져 있다고 할 수 있다. 따라서 조세법 분야에서 소득의 성질의 차이 등을 이유로 하여 그 취급을 달리하는 것은 그 입법 목적 등에 비춰 자의적이거나 임의적이 아닌 한 그 합리성을 부정할 수 없고 조세평등주의에 위반하는 것이라고 볼 수 없다.

문제라 할 수 있다.

헌법상 지방자치제도의 본질을 침해하지 않는 범위 내에서 자치재정권을 제약하는 입법을 해야 한다[9]고 하지만 지방자치제도의 본질을 침해하지 않는 범위를 두고서 학설과 판례가 다양하게 견해를 제시하고 있는 것이다.

헌법재판소는 헌법 제117조 제1항에 의해 지방자치단체에게 보장된 지방자치권은 절대적인 것이 아니고 법령에 의하여 형성되는 것이므로, 입법자는 지방자치에 관한 사항을 형성하면서 지방자치단체의 지방자치권을 제한할 수 있지만, 법령에 의해 지방자치단체의 지방자치권을 제한하는 것이 가능하다고 하더라도, 지방자치단체의 존재 자체를 부인하거나 각종 권한을 말살하는 것과 같이 그 제한이 불합리해 지방자치권의 본질적인 내용을 침해하여서는 아니 된다고 판시한 바 있다.[10] 이에 따르면 자치재정권 또한 절대적인 것은 아니고, 지방세법, 지방재정법, 지방공기업법 등 법률에 의해 형성되고 제한을 받는 것이라고 할 수 있다.

헌법재판소는 강남구 등과 국회 간의 권한쟁의소송[11]에서 지방세법에서 종래 구세로 규정했던 재산세를 구와 특별시의 공동세로 변경한 경우, 재산세를 반드시 기초자치단체에 귀속시켜야 할 헌법적 근거나 논리적 당위성이 있다고 할 수 없고, 지방세법 규정들에 의해 구의 재산세 수입이 종전보다 50% 감소하게 되지만 관련 법률 조항들 및 서울특별시세조례에 의해 특별시분 재산세가 각 자치구에 배분되므로 이를 감안하면 종전에 비해 실질적으로 감소되는 강남구 등의 재산세 수입 비율은 50% 미만이 된다는 이유로 국회가 지방세법의 관련 조항들을 제정(개정)한 행위는 헌법상 보장된 강남구 등의 지방자치권의 본질적 내용을 침해했다고 할 수 없다고 하여 지방세법이 지방자치단체의 자치재정권을 침해하지 않았다고 판시했다.

---

9) 헌재 2002. 10. 31, 2002헌라2; 헌재 2001. 11. 29, 2000헌바78.

10) 헌재 2001. 11. 29. 2000헌바78 등.

11) 헌재 2010. 10. 28, 2007헌라4. 본 사건의 사실 관계는 다음과 같다. "특별시의 관할구역 안에 있는 구(區)의 재산세를 '특별시 및 구세'로 하여 특별시와 자치구가 100분의 50씩 공동과세하도록 하는 지방세법(2007. 7. 20. 법률 제8540호로 신설된 것) 제6조의2와 특별시분 재산세 전액을 관할구역 안의 자치구에 교부하도록 하는 같은 법 제6조의3(이하, '이 사건 법률 조항들'이라 한다)에 대하여, 국회가 제정한 법률의 내용이 헌법상 보장된 청구인들의 지방자치권을 침해하는지"가 쟁점이 된 사례다.

헌법재판소는 지방자치단체에 자치재정권이 있다는 사실만으로 특정한 조세 등 수입원을 보장받을 권한이 생기는 것은 아니고 법률의 규정에 의해서 비로소 그러한 권한이 생기며, 어떤 종류의 조세를 반드시 국세나 지방세로 해야 한다는 헌법적 근거나 논리적 당위성은 없으며 따라서 입법자는 헌법 제59조에 근거해 조세를 국세나 지방세 중 어떤 것으로 할 것인지, 그리고 지방세로 할 조세를 광역자치단체나 기초자치단체 중 어디에 귀속시킬 것인지 등을 결정할 권한이 있다고 하여 조세에 관한 한 입법 형성의 자유에 놓여져 있다고 판시했다.

독일에서도 2009년에 기본법을 개정한 내용이 주정부의 재정고권을 침해했는지가 쟁점이 된 바 있었다고 하는데, 개정된 기본법 제109조 3항은 "연방뿐만 아니라 주의 예산 역시 차입을 포함한 국가채무의 증가 없이 균형을 이뤄야 한다. 다만 예외적으로 비정상적인 경기 순환, 자연재해, 비상사태의 경우에만 예외적으로 부채의 증가를 용인할 수 있다."고 규정했는데, 이에 대해 슐레스비히-홀스타인(Schleswig-Holstein) 주 의회는 헌법상 새롭게 도입된 채무 제한 조치가 주의 재정자치권을 침해한 것으로서, 개정 기본법 제109조 제3항이 연방공화국 체제를 규정한 기본법 제20조 제1항과 주의 권한을 침해하는 헌법의 개정을 허용하지 않는다는 제79조 제3항을 위반했다는 이유로 연방헌법재판소에 연방과 주의 권한에 관한 소송을 제기했다고 한다. 그런데 이 소송은 주정부가 아닌 주의회가 소를 제기했다는 이유로 원고적격 미비로 본안에 들어가기도 전에 각하되었다고 한다(최승필, 2013: 368).

3 과세자주권의 내용과 한계

1) 의의

자치재정권은 구체적으로 예산·지출권(세출권)과 수입권(세입권)으로 구성되며, 세출권은 지방자치단체가 그의 재산을 관리하고 지출에 대한 예산을 지방자치단체가 그 고유한 업무를 수행하기 위해 발생하는 비용을 충당하기 위해 부과·징수하는 지방세의 세목과 과세표준·세율 등을 조례로써 자율적으로 결정할 수 있는 권리를 과세자주권이라 한다(차상붕, 2001: 16).

일반적으로 과세자주권의 법적 근거로 지방자치법 제135조,[12] 지방세기본법 제4조(지방자치단체의 과세권)[13] 및 지방세기본법 제5조(지방세의 부과·징수에 관한 조례)[14]를 들 수 있다. 과세자주권과 관련된 논의 중 가장 본질적이고 핵심적인 사항은 지방자치단체가 지방세법에서 규정하고 이를 조례에 위임하지 않은 조세의 종목(세목)과 세율을 자치법규인 조례로써 독자적으로 정해 주민에게 부과·징수할 수 있는가 하는 문제다.

2) 과세자주권의 내용과 한계

지방자치단체의 과세자주권의 내용으로는 ① 세목의 결정권, ② 세율 결정권, ③ 과세 객체의 선택, ④ 과세표준의 결정권 등이고, 과세자주권의 결정 방법은 조례로 정한다.

현행 헌법의 해석과 판례에 따르면 과세자주권은 조세법률주의와 관련해 지방세 관련법에 없는 세목은 조례로 정할 수 없고 세율은 지방세 관련법에서 일정한 범위를 설정해 위임한 범위 안에서 조례로 정할 수 있다. 따라서 지방세를 조례에 의해 부과, 징수하더라도 법률의 범위 안에서 허용되는 한계가 있는 것이다. 그러나 지방자치의 실질적 보장을 달성하기 위해서는 세목과 세율 등을 지방자치단체의 조례로 독자적으로 정할 수 있도록 과세자주권이 보장되어야 할 것이다.

---

12) 지방자치단체는 법률이 정하는 바에 따라 지방세를 부과·징수할 수 있다.

13) 지방자치단체는 이 법 또는 지방세관계법에서 정하는 바에 따라 지방세의 과세권을 갖는다.

14) ① 지방자치단체는 지방세의 세목(稅目), 과세 대상, 과세표준, 세율, 그 밖에 부과·징수에 필요한 사항을 정할 때에는 이 법 또는 지방세관계법에서 정하는 범위에서 조례로 정하여야 한다.
② 지방자치단체의 장은 제1항의 조례의 시행에 따르는 절차와 그 밖에 그 시행에 필요한 사항을 규칙으로 정할 수 있다.

제 3 절 조세법률주의와 지방세조례주의

1 조세법률주의에서의 조세와 법률의 의미

1) 조세의 의미

우리나라의 유사한 조세 입법 체계를 가지고 있는 일본의 경우 일본 헌법 제94조가 "지방자치단체는 그 재산을 관리하고, 사무를 처리하며, 행정을 집행할 권능을 가지며, 법률의 범위 내에서 조례를 제정할 수 있다."는 규정을 전제로 해서, "재산에 관한 행정을 집행할 권능"을 지방자치단체에 부여하고 있는 점에서 일본 헌법 제84조의 조세법률주의 원칙은 국세에만 적용되고 지방세에서는 적용되지 않는다는 견해가 있다(金子宏, 2006: 99 참조).

2) 법률의 의미

조세법률주의를 세법 영역에서의 법치주의로 이해한다면 '법률'의 의미는 반드시 의회가 제정한 형식적 법률에 국한되는 것이 아니며, 실질적 의미의 법률이나 법률의 위임을 받은 법규명령 등도 '법률'의 개념에 포함되는 것으로 이해한다.[15]

따라서 조세법률주의는 일차적으로는 의회가 제정한 형식적 법률에 근거한 조세의 부과를 내용으로 하지만, 이것이 반드시 형식적 법률에만 한정되어야 하는 것은 아니며, 실질적 법치주의의 관점에서 과세 근거 규범의 본질적 의미에 중점을 두는 것이 바람직하다고 한다.[16] 이에 관한 일본의 학설과 판례를 살펴보

15) 홍정선(2007: 49) 이하; 박균성(2007: 22) 이하; 유지태(2007: 51) 이하 등 참조. 이 저서들에서는 현대적 법치주의에서는 법률의 법규 창조력과 관련해 의회 제정 법률 이외에 법규성을 가지는 입법형태가 다수 나타나며, 법률의 우위와 관련해 법률의 의미에는 헌법, 형식적 의미의 법률, 그 밖의 성문법규를 포함하는 것으로 보며, 법률의 유보와 관련해서도 법률의 위임을 받은 법규명령은 법률에 포함되는 점 등을 지적하고 있다.

16) 헌재 1998.2.27. 95헌바5. 조세법률주의는 조세행정에서의 법치주의를 말하는 것인바, 오늘날의 법치

면 다음과 같다.

(1) 형식적 의미의 법률에 한한다는 설

일본 헌법 제84조의 법률에는 조례가 포함되지 않는다고 하는 견해다(佐藤功, 2001: 1106 참조). 이러한 견해는 조세법률주의 하에서 지방세를 획일적으로 법률로 규정하는 것이 곤란하거나 적당하지 않아서 지방세 관련법에 의해서 조례에 대폭적으로 위임하고 있기 때문에 지방세에서는 조례로 규율하는 부분이 폭넓게 인정된다는 것이지 조세법률주의에서의 법률에 조례가 포함되는 것은 아니라는 것이다. 이는 다시 말해 지방세에 관한 한 지방세법이 정하는 범위 내에서 조례에 위임하는 것이 일본 헌법 제92조의 '지방자치의 본지'에 적합하다는 것이다.

이와 관련한 일본의 판례로는 오무타시(大牟田市)전기가스세국가배상청구소송[17]을 들 수 있는데, 이 판결은 국가가 지방세법에 비과세 조치들을 규정한 것에 대해서, 오무타시(大牟田市)가 "(비과세 조치는) 지방자치단체의 특정한 세원에 대한 과세를 금지하고, 조세의 내용 등에 대한 지방자치단체의 자주적인 결정을 제한하는 것으로서, 지방자치단체 고유의 과세권 나아가서는 자주재정권을 침해해, 헌법 제92조가 보장하는 지방자치의 본지에 반하는 위헌의 입법이며 무효의 것이다."고 주장한 것에 대해, 후쿠오카(福岡)지방재판소는 " …사무의 수행을 실효성 있게 하기 위해서는 그 재정 운영에 대한 이른바 자주재정권, 나아

주의는 국민의 권리 · 의무에 관한 사항을 법률로써 정해야 한다는 형식적 법치주의에 그치는 것이 아니라 그 법률의 목적과 내용 또한 기본권 보장의 헌법 이념에 부합되어야 한다는 실질적 적법절차를 요구하는 법치주의를 의미하며, 헌법 제38조, 제59조가 선언하는 조세법률주의도 이러한 실질적 적법절차가 지배하는 법치주의를 뜻하므로, 비록 과세 요건이 법률로 명확히 정해진 것일지라도 그것만으로 충분한 것은 아니고 조세법의 목적이나 내용이 기본권 보장의 헌법 이념과 이를 뒷받침하는 헌법상 요구되는 제원칙에 합치되어야 하고, 이에 어긋나는 조세법 규정은 헌법에 위반되는 것이다.

17) 福岡地判 1980. 6. 5. 判例時報 966號, 3頁. 이 사건의 개요는 다음과 같다.
오무타시(大牟田市)는 시세조례(市稅條例)에 의해 전기가스세를 부과 · 징수해 왔는데 지방세법은 일정한 제품 등의 제조에 직접 사용하는 전기에 대해서 비과세 조치를 규정하고 있어서 전기를 대량 사용하는 기업이 많이 있는 오무타시로서는 지방세법의 비과세 조치에 의해 입는 세수 감소가 심각한 문제였다. 따라서 오무타시는 국가를 상대로 하여 국가배상청구소송을 제기한 것인데 이 사건도 핵심은 국가의 손해배상책임에 관한 것이었지만 주된 쟁점 중의 하나가 바로 지방세법의 비과세 조치에 의한 자주재정권의 침해의 주장이다.

가서는 재원 확보 수단으로서의 과세권도 이를 헌법은 인정하고 있는 것"이라고 판시한 다음에 일본 헌법 제94조 "지방자치단체는 그 재산을 관리하고, 사무를 처리하며, 행정을 집행할 권능을 가지며, 법률의 범위 내에서 조례를 제정할 수 있다."는 규정에서 "그 재산을 관리하고", "행정을 집행할 권능"이라는 지방자치단체의 권능에는 조세의 부과, 징수하는 권한도 포함하는 것으로 해석된다. 그래서 예컨대, 지방자치단체의 과세권을 완전히 부정하거나 이에 준하는 내용의 법률은 위헌 무효임을 면할 수 없다."고 전제한 다음에 그러나 "헌법상 지방자치단체에게 인정된 과세권은 … 특정한 지방자치단체에게 구체적 세목에 대한 과세권을 인정한 것이 아니다. 세원을 어디에서 구할 것인가, 어떠한 세목을 국세로 할 것인가 지방세로 할 것인가 등에 대해서는 그 구체화는 법률(내지는 그 이하의 법령)의 규정을 기다리지 않으면 안 된다. 따라서 전기가스세라고 하는 구체적 세목에 대한 과세권은 지방세법에 의해 최초로 원고 오무타시에 인정되는 것이며, … 원고는 지방세법의 규정이 허용하는 한도에서만 조례를 제정하고 그 주민에 대해 전기가스세를 부과·징수할 수 있는 것에 지나지 않는다."고 판시함으로써 조례로써 지방세법에 없는 세목이나 독자적인 과세 요건, 세율 등을 창설할 수는 없다고 했다.

(2) 조례준법률설 또는 자주법으로서의 조례: 대표 없는 곳에 과세 없다

이 설은 지방자치단체의 과세권을 헌법상의 자치재정권의 하나로서 파악해 국세의 부과 근거는 '법률'에 의해야 하는 것과 동일한 논리로 지방세의 경우에는 '조례'에 의할 수 있다는 견해로서, 지역주민들의 직선에 의해 선출되는 지방의원들로 구성되는 지방의회는 민주적 정당성을 획득하기 때문에 지방의회에서 제정되는 조례는 지역주민에 의한 자주법으로서의 법적 성질을 가진다는 것이다. 이는 곧 "대표 없는 곳에 과세 없다"라는 조세의 원칙과도 일맥상통하는 것이다. 일본 헌법 제84조의 조세법률주의에서의 '법률'에는 국회가 제정하는 협의의 '법률'뿐만 아니라, 지방의회가 제정하는 '조례'도 당연히 여기에 포함된다는 견해다(成田頼明, 1964: 206 참조). 따라서 이러한 견해에 의하면 지방세기본법상의 관련 규정 등은 이러한 헌법 규정을 확인하고 선언하는 성격을 가지고 지방세의 실질적 과세는 지방세조례로 가능한 것으로 본다(宇賀克也, 2004: 107-108

참조).

이와 관련한 판례로서 아키타시국민건강보험세(秋田市國民健康保險稅)소송의 항소(控訴)심 판결[18]을 들 수 있는데 이 판결은 "지방세의 과세 요건에 대해서는 조례로 명확하게 정하는 것이 헌법상의 요청이라고 하고 조세법률주의를 지방세에서는 조례로 대체할 수 있다고 본 다음에 국민건강보험세에 대해서도 타당하다."고 했다. 나아가 지방자치에 관한 "헌법 제92조는…지방자치단체에 의한 지방세의 부과 징수에 대해서는 주민의 대표로써 구성되는 의회가 제정하는 조례에 근거하지 않고 조세를 부과 징수하는 것은 불가능하다고 하는 조세(지방세)조례주의가 요청된다고 할 것이어서 이러한 의미에서 헌법 제84조의 조세법률주의에서의 법률에는 지방세에 관한 한 조례를 포함한다고 해석해야 한다."고 판시했다.

판례의 입장에 대해 학설은 지방세라고 하는 형식을 채용한 이상 국민건강보험세에 과세요건 명확주의를 포함하는 지방세조례주의가 적용된다고 하는 것이 다수설이다(碓井光明, 1979. 12: 122).

(3) 지방세법의 표준법설

이 견해는 지방세법이 지방자치단체의 과세권의 근거로 된다고 하는 해석을

18) 仙台高裁秋田支判 1982. 7. 23. 判例時報 1052號, 3頁. 이 사건의 개요는 다음과 같다.
국민건강보험세는 종래에는 보험만이 부과되었던 국민건강보험 비용의 피보험자 분담 부분에 대해 상호부조의 정신을 철저히 하고 국보재정(國保財政)의 확립을 도모하기 위해 1951년의 지방세법의 개정에 의해 창설된 목적세로서 아키타시(秋田市)는 1959년 1월의 현행국민건강보험법의 시행에 수반해 동년 3월 아키타시국민건강보험조례(본건 조례)를 제정했다. 본건 조례 제2조는 "보험세의 과세 총액은, 당해 연도의 초일에서의 요양의 급부 및 요양비의 지급에 요하는 비용의 총액의 예상액에서 요양의 급부에 대한 일부 부담금의 예상액을 공제한 액의 100분의 65에 상당하는 액 이내로 한다."고 규정하고 있지만, 본건 조례 중에는 '과세 총액'의 의의 및 확정 방법을 규정한 어떠한 규정도 존재하지 않았다. 이 같은 아키타시국민건강보험세조례에 대해 원고는 과세요건 법정주의 및 과세요건 명확주의를 내용으로 하는 조세법률주의를 규정한 헌법 제84조에 위반한다고 주장해 소를 제기했는바, 제1심 아키타지재(秋田地裁) 판결이 이를 인용함에 따라 아키타 시장이 항소한 사건이다.
이 사건의 판결에서는 조례로써 조세의 종목이나 세율을 결정할 수 있을 것인가 하는 조례와 조세법률주의와의 관계가 전면적으로 부각된 것은 아니다. 다만 과세 요건과 조세의 부과 징수 절차가 법률 또 조례에 의해 규정되지 않으면 안 된다고 하는 과세요건 법정(조례)주의와, 그 법률(조례)에 서의 과세 요건의 규정은 가능한 한 일의적으로 명확하지 않으면 안 된다고 하는 과세요건 명확주의를 설명하는 과정에서 부가적으로 설명되는 것이다.

비판하며, 지방세법은 과세권의 근거를 부여하는 법률이 아니라 지방세의 골격을 규정한 표준법 내지 준칙법이며, 지방자치단체가 규정하는 지방세조례에 의해 주민의 납세 의무가 구체화한다고 해석한다(北野弘久, 1976: 247).

2 지방세법과 지방세조례의 관계

1) 조례제정권의 범위

헌법 제117조 제1항은 “지방자치단체는… 법령의 범위 안에서 자치에 관한 규정을 제정할 수 있다.”고 규정하고 있고 그에 따라 제정된 지방자치법 제22조는 “지방자치단체는 법령의 범위 안에서 그 사무에 관하여 조례를 제정할 수 있다. 다만, 주민의 권리 제한 또는 의무 부과에 관한 사항이나 벌칙을 정할 때에는 법률의 위임이 있어야 한다.”고 규정하고 있다.[19] 이러한 헌법과 지방자치법의 규정으로 볼 때 지방자치단체의 조례제정권의 범위와 한계는 ① “법령의 범위 안에서” 제정되어야 하며, ② 다만, 주민의 권리 제한 의무 부과에 관한 사항이나 벌칙을 정할 때에는 법률의 위임이 있어야 하며, ③ “지방자치단체의 사무에 관한 사항”을 대상으로 해야 한다.

이러한 조례제정권의 범위와 관련해 조세법률주의와의 관계에서 쟁점이 될 수 있는 부분은 지방세의 세목을 창설하거나 세율을 결정하는 조례가 헌법 제59조의 “조세의 종목과 세율은 법률로 정한다.”라고 하는 원칙에 비춰 상기 ①의 “법령의 범위 안에서” 조례를 제정할 수 있다는 원칙을 벗어나는 것이 되어 허용될 수 없는 것인지의 여부와 ② 지방자치법 제22조의 단서 조항인 “…다만, 주민의 권리 제한 또는 의무 부과에 관한 사항이나 벌칙을 정할 때에는 법률의 위임이 있어야 한다.”는 규정에도 불구하고 주민에게 의무 부과에 해당하는 지방세에 관한 사항을 법률의 위임 없이 조례로 정할 수 있느냐 하는 문제, 지방세의

19) 일본의 경우, 일본의 헌법 제94조는 “법률의 범위 내에서 조례를 제정할 수 있다.”고 규정하는 반면에 지방자치법 제14조는 “법령에 위반하지 아니하는 한”이라고 규정해 조례제정권의 범위에 대한 입법 형태가 우리나라와 약간 다르다.

창설 및 세율 결정, 부과에 관한 사무가 상기 ③의 "지방자치단체의 사무에 관한 사항"에 해당되어 조례로써 이를 규율할 수 있는가 하는 것이다.

이러한 쟁점들 가운데 상기 ③의 "지방자치단체의 사무에 관한 사항"에 관한 것은 지방자치법 제9조 제1항 바목이 규정하고 있기 때문에 큰 논쟁이 없는 상태다. 지방자치법 제9조 제2항 제1호 바목은 지방세의 부과・징수에 관한 사무를 지방자치단체의 사무, 즉 자치사무 또는 고유사무로 규정하고 있다.

따라서 남은 것은 상기 ①의 "법령의 범위 안에서"의 의미[20]와 ②의 지방자치법 제22조의 단서 조항의 해석 범위에 관한 논의다.

이러한 문제들을 해결하기 위해 우선 조례, 특히 지방세에 관한 조례의 법적 성질을 지방자치의 본질과 관련해 검토하기로 한다.

2) 지방세조례의 법적 성질

(1) 위임조세조례론: 지방세법률주의

이는 지방자치의 본질을 전래설에 입각해 파악하는 견해로서 지방세를 포함한 모든 조세의 과세권은 국가에 귀속되는 조세법률주의가 적용되어 지방세의 부과・징수는 법률에 규정되어야만 가능하다는 '지방세법률주의'를 원칙으로 하며 조례로 지방세를 규율하기 위해서는 지방세 관련법이 조례에 위임한 경우에만 인정된다는 견해다(北野弘久, 2005: 187-188). 그 법적 근거로서는 헌법 제59조의 "조세의 종목과 세율은 법률로 정한다."는 규정, 지방자치법 제135조의 "지방자치단체는 법률이 정하는 바에 의하여 지방세를 부과・징수할 수 있다."는 규정, 그리고 지방세기본법 제4조에서 "지방자치단체는 이 법 또는 지방세관계법에서 정하는 바에 의하여 지방세를 부과・징수할 수 있다."는 규정을 들 수 있다. 따라서 이러한 헌법상의 조세법률주의 및 개별법상의 규정들을 보면 지방자

---

20) "법령의 범위 안에서"를 "법령에 저촉되지 아니하는 한"이라고 해석하는 대법원의 판례(1997. 4. 25, 96추 251.)에 따르면 조례를 제정할 때 법률 우위의 원칙이 적용될 뿐 법률 유보의 원칙은 적용되지 않는다. 이는 자치사무 내지 단체위임사무를 규율하는 것인 한, 조례는 법령의 범위 안, 즉 법령에 위반되지 않는 한 제정할 수 있다는 소위 사항적 한계만이 존재할 뿐, 국가의 법규명령의 제정 시에 요구되는 위임입법의 원칙, 즉 법규범 제정에서의 법률 유보의 원칙은 적용되지 아니한다는 것을 뜻한다(박영도, 2001: 106 이하).

치단체의 조례를 법률과 같은 위치에 놓고 조례에 의해서도 지방세의 종목과 세율을 정할 수 있다고 보는 것은 헌법의 취지에 위배된다고 본다. 이에 따르면 지방세를 부과・징수하는 직접적인 근거는 국가 차원의 법률이 되는 것이다. 즉, 지방세에서도 헌법상의 조세법률주의가 적용되기 때문에 법률의 근거 없이 새로운 세목을 조례로써 신설하는 것은 위헌인 것이다.

헌법재판소는 지방자치단체의 과세권도 헌법이 보장하는 권리에 해당하므로 당연히 조세법률주의의 원칙이 적용된다고 판시한 바 있다.[21)]

이 견해는 주민의 권리 제한 또는 의무 부과에 관한 사항이나 벌칙을 정할 때에는 법률의 명시적인 위임이 있어야 한다는 지방자치법 제22조 단서 규정을 합헌으로 해석해[22)] 법률의 위임 없는 지방세 조례의 효력은 인정할 수 없다는

---

21) 헌재 1998.4.30, 96헌바62. …지방자치법 제15조에서 '지방자치단체는 법령의 범위 안에서 그 사무에 관하여 조례를 제정할 수 있다'는 규정과 위 헌법 규정(117조 제1항)을 아울러 살펴보면, 지방자치단체에 대해 자치입법권을 인정하고 있다. 헌법상 국회에 법률을 제정할 권한을 준 것과 마찬가지로 주민자치를 구체화하는 자치입법권인 조례를 제정할 권한을 준 것이다. 다만, 이 조례권을 행사할 수 있는 한계로서 첫째, 법령의 범위 안에서 둘째, 지방자치단체의 사무에 관한 사항이어야 하는 것으로 제한하고 있다. 이와 같은 지방자치단체의 자치입법권인 조례를 제정할 권한을 부여한 필연적인 결과로 지방자치단체에는 과세권이 있고, 이 과세권은 헌법이 보장하는 권리이므로 조세법률주의와 조세평등주의가 적용되는 것이다.…조례가 헌법에 합치하기 위해서는 그 내용 자체가 헌법에 위반되지 말아야 하는 것 외에도, 헌법 제59조에 규정된 조세법률주의의 원칙상 법률에 형식적・실질적인 근거를 두고 있어야 하며, 나아가 그 근거 법률도 헌법에 합치해야 한다.

22) 대법원과 헌법재판소는 지방자치법 제22조의 단서 조항의 합헌성을 인정했다. 대법원은 전라북도 공동주택 입주자 보호를 위한 조례안에 대해 "지방자치법 제15조 단서(제22조로 개정되기 전)에서 국민의 권리 제한, 의무 부과에 관한 사항을 규정하는 조례의 중대성에 비추어 입법정책적 고려에서 법률의 위임을 요구한다고 규정하고 있는바, 이는 기본권 제한에 대하여 법률유보 원칙을 선언한 헌법 제37조 제2항의 취지에 부합하므로 … 위헌성이 있다고 할 수 없다"고 판결했고(대판 1995. 5. 12, 94추28), 헌법재판소도 담배자판기설치금지조례사건에서 "법률의 위임 없이 직업 선택의 자유, 특히 직업 수행의 자유를 제한하는 것이 되어… 법률의 위임을 필요로 한다고 판시해 지방자치법 제15조 단서 조항(제22조로 개정되기 전)의 합헌성을 인정했다(헌재 1995. 4. 20, 92헌마264, 279). 이에 대해 지방자치법 제22조 단서 조항을 위헌이라고 보는 논거는 다음과 같이 정리할 수 있다.

첫째, 지방의회 역시 주민의 대의제기관으로서 민주적 정당성을 가진다는 점에서 지방자치단체는 조례로써 스스로 주민의 공적 사무에 대해 규율하면서 그 규범력을 담보할 수 있도록 주민의 권리를 제한하거나 의무를 부담시키고 벌칙을 제정할 수 있도록 해야 한다는 것이다.

둘째, 헌법이 지방자치단체에 대해 제한적이나마(법령의 범위 내에서) 지역적 사무 등에 관한 입법권을 부여한 이상, 대세적으로 구속력 있는 입법권의 주체인 지방자치단체는 조례의 규범력을 스스로 담보하기 위한 벌칙 제정 내지 주민의 권리 제한 등에 관한 규율을 제정할 수 있는 권한이 내재한 것으로 보는 입장도 있다.

입장이다(김완석, 2004: 26).

또한 조례와 행정입법을 동차원적인 것으로 파악해 헌법 제117조 제1항의 "법령의 범위 안에서"라는 규정은 법률 우위의 원칙과 법률 유보의 원칙이 그대로 적용되는 해석 근거로 파악한다.

(2) 본래적 조세조례론: 지방세조례주의

지방자치의 본질을 신고유권설에 입각해 해석하면서 지방세의 창설 및 부과는 주민의 대표기관인 지방의회의 의결을 거쳐서 제정된 조례로서 정해진다고 하는 견해다(北野弘久, 2005: 191-194 참조). 이에 따르면 지방세를 부과·징수하는 직접적인 근거는 당해 지방자치단체의 조례라고 하는 지방세조례주의(地方稅法總則研究會, 1994: 29)와 연결되며, 헌법 제59조 조세의 종목과 세율을 '법률'로 정한다는 규정의 법률에는 조례가 포함되는 것으로 해석해야 한다는 조례준법률설과 연결되는 견해다.

지방세조례주의는 헌법 제117조 제1항에서 "지방자치단체는 주민의 복리에 관한 사무를 처리하고 재산을 관리하며, 법령의 범위 안에서 자치에 관한 규정을 제정할 수 있다."는 규정은 지방자치단체에 자치재정권 또는 과세자주권에 대한 전권을 부여한 것이므로 지방자치단체에게 '법률 유보'의 제한 없이 조례로써 과세권을 규정할 수 있다고 보는 것이다.[23] 지방세조례주의에는 새로운 세목을 조례로써 신설할 수 있는 것을 포함한다.

(3) 자주법으로서의 조례

주민의 대표로 구성되는 지방의회에서 제정한 조례를 당해 지방자치단체의 관할구역 안에서만 시행하는 것은 대의제의 관념에 비춰 문제가 없으며, 특히 조세법률주의의 경우에는 "대표 없이 과세 없다"라는 그 용어의 유래에서 보는 바와 같이 당해 지방자치단체의 주민대표인 지방의회에서 제정한 조례에 의해 그 관할구역 내 주민들에게만 지방세를 부과·징수하는 것은 당연히 허용된다고 보는 것이다.

따라서 고유사무에 속하는 사항은 조례의 전속 관할 사항(홍정선, 2009: 293)

23) 홍정선(2009: 294), 김동희(2014: 84)에서는 이를 두고 조례는 행정입법으로서의 위임명령과는 달리 법률에 준하는 성질을 가진다고 한다.

이므로 이에 대한 조례는 그것이 법률에 저촉되더라도 법률에 우선한다고 본다(김동희, 2014: 84). 즉, 헌법 제117조 제1항의 "법령의 범위 안에서"라는 표현은 고유사무에 관해서는 법률 우위의 원칙 및 법률 유보의 원칙의 적용을 부정한다.

이 견해에 따를 경우 일본의 각 지방자치단체 주민들은 국가의 법률인 지방세법에 기초해서 법적으로 납세 의무를 지는 것이 아니며 지방세법은 지방세의 법원을 구성하지 않는다고 한다. 예를 들어 각 지방자치단체의 조세조례 제1조는 보통 "본 조례에서 특단의 정함이 없는 경우에는 국가의 법령이 정하는 바에 따른다."고 하는 규정을 두고 있는데 이 규정은 주민에 대한 1차적인 지방세의 법원은 조례를 뜻하는 것이고 지방세법은 2차적 법원(法源)이라는 것이다. 결국 국가의 법률인 지방세법은 각 지자체가 조세조례를 제정하기 위한 표준법으로 보아야 한다는 주장이다.

3) 헌법 제117조 제1항 및 지방세기본법 제4조, 제5조 등과의 관계

헌법 제117조 제1항은 "지방자치단체는 … 법령의 범위 안에서 자치에 관한 규칙을 제정할 수 있다."고 정하고 있고, 지방자치법 제22조도 "지방자치단체는 법령의 범위 안에서 그 사무에 관하여 조례를 제정할 수 있다."고 규정하고 있다.

그리고 지방세기본법 제4조에서 "지방자치단체는 이 법 또는 지방세관계법에서 정하는 바에 따라 지방세의 과세권을 갖는다." 동법 제5조에서 "지방자치단체는 지방세의 세목, 과세 객체, 과세표준, 세율 그밖에 부과·징수에 필요한 사항을 정할 때에는 이 법 또는 지방세관계법이 정하는 범위에서 조례로 정하여야 한다."고 규정하고 있다.[24)]

위의 헌법 제117조 제1항, 지방자치법 제22조, 지방세기본법 제4조 및 제5조

24) 이 지방세기본법 제5조는 원래 지방세법 제3조에 있었던 규정으로서, 지방세법 제3조는 1998.12.31(법률제5615호)에 지방세법 제3조를 "지방자치단체는 지방세의 세목·과세 객체·과세표준·세율 기타 부과 징수에 관하여 필요한 사항을 정함에 있어서는 조례로써 하여야 한다."에서 "지방자치단체는 지방세의 세목, 과세 객체, 과세표준, 세율 기타 부과·징수에 관하여 필요한 사항을 정함에 있어서는 이 법이 정하는 범위 안에서 조례로써 하여야 한다."라고 개정했다. 이러한 개정의 결과 지방세에 대한 조례의 규율이 더욱 어렵게 되었다는 견해가 제시되었다.

에 비춰볼 때 지방세기본법 및 지방세법에서 열거하고 있지 아니한 지방세의 세목을 조례로써 신설하는 경우에는 위헌에 해당한다(김완석, 2004: 31 참조).

4) 지방세조례주의의 가능성

지방세의 과세권은 지방자치권의 일종이며, 지방자치권은 헌법에 의해서 직접 보장된다. 따라서 지방세는 '조세'라는 측면에서 헌법 제59조에 의한 조세법률주의와 연결되는 동시에 '지방'세라는 측면에서 헌법 제117조 이하가 규정하고 있는 지방자치의 보장과도 동시에 관련된다.

지방세의 과세와 관련해 조세법률주의와 지방자치의 헌법적 보장이라는 헌법적 가치의 조화를 위해서는 지방세에 대해서도 일반적으로 조세법률주의는 적용되지만, 조세법률주의의 실질적 의의를 침해하지 않는 한에는 법률의 포괄적 위임을 통해 조례에 의한 지방세의 부과·징수가 허용된다는 것은 전술한 바 있다. 그러한 점에서 법률과 완전히 독립된 고유권적 의미에서의 지방세조례주의는 허용되기 어렵지만, 법률의 포괄적 위임을 통해 제한된 의미에서의 지방세조례주의의 허용성은 인정된다고 할 것이다.

이러한 점에서 조세법률주의의 완전히 예외로서 법률의 위임없는 조례에 의한 지방세의 세목 창설과 부과를 인정할 수는 없지만, 적어도 조세법률주의를 전제로 법률의 포괄적 위임에 의한 새로운 세목의 신설은 허용되는 것으로 보는 것이 바람직하다고 한다(차상붕, 2001: 157). 그러나 지방세 관련 법률이 조례에 포괄적 위임을 허용한다고 해서 그 포괄적 위임의 내용이나 범위에 세목 창설권까지 포함시킬 수 있을까는 의문이 든다.

제 4 절 자치재정권으로서의 법정외세

1 의의

일본의 지방세법의 체제와 우리나라의 지방세법의 체제가 상당히 유사하지만 우리나라에는 도입되어 있지 않은 법정외세라고 하는 지방세 제도가 일본에는 도입되어 있는데 이 부분이 우리의 지방세 제도와 큰 차이점이라고 하겠다.

일본의 법정외세는 "지방세법에서 개별 구체적으로 정해져 있는 세목(이들을 법정세라고 한다) 이외에 자치단체가 조례로써 창설하는 세목"을 말한다. 즉, 자치단체 조례에 의해 지방세법에 정해진 세목(법정세) 이외에 세목을 신설할 수 있는 것을 말하며, 이 법정외세는 사용 용도를 한정하지 않은 법정외보통세와 특정의 비용에 충당하기 위한 법정외목적세로 나뉘어 있다.[25]

2 전국 일률의 법정세와 지역한정세로서의 법정외세

지방세법이 규정하고 있는 법정외세는 국세와 법정지방세가 과세 대상의 대부분에 과세되는 상황에서 지역에 한정된 독자의 세금으로 도입을 상정하고 있기 때문에 지방세법 자체가 법정세와 과세표준이 동일하게 될 것으로 상정하고 있다. 그 경우에도 "주민의 부담이 현저하게 과중하게 되지 않는 한" 총무대신은 동의하기로 되어 있는 것이다. 법정세와 과세표준이 동일한 경우에도 지방세법상 법정외세가 인정되고 있는 것은 전국 일률의 법정세와 별도로 유사한 지역한정의 부담을 요구할 수 있다는 것이다(三木義一, 2010: 53-54).

25) 이는 다시 도도부현의 법정외보통세와 법정외목적세, 시정촌의 법정외보통세와 법정외목적세로 나뉜다.

3 법정외세를 도입하기 위한 요건으로서 총무대신과의 협의

법정외보통세와 법정외목적세를 도입하기 위해서는 총무대신과 협의를 해야 한다. 협의 신청에 대해 총무대신은 다음 3개의 요건(소극 요건)의 어느 하나에 해당하지 않으면 동의를 해야 한다(지방세법 제261조, 제671조, 제733조).

① 국세 또는 다른 지방세와 과세표준을 같게 하고, 동시에 주민의 부담이 현저히 과중하게 되는 경우(1호 요건), ② 지방자치단체 간의 재화의 유통에 중대한 장애를 주는 것(2호 요건), ③ 전 2호에서 드는 것 외에, '국가의 경제 시책에 비춰 적당하지 않은 것'(3호 요건)이다.

4 동의의 법적 성질과 구제절차

총무대신의 동의를 효력 요건으로 보는 견해와 절차 요건으로 보는 견해로 나눠 설명하는 견해가 있다(宇賀克也, 2004: 110 참조). 전자의 경우, 총무대신의 동의가 결여된 경우에는 그러한 법정외 지방세는 무효라고 보게 될 것이다. 이러한 경우, 현행의 동의를 요하는 사전협의제와 종전의 허가제는 실질적으로 차이점이 없어서 총무대신의 동의는 '허인가' 등에 해당하고(동법 제250조의2), 부동의(不同意)는 '허인가 등을 거부하는 처분'에 해당한다고 해석된다. 따라서 지방자치단체의 법정외세 부과를 위한 신청에 대해 총무대신이 부동의할 경우에는 그 이유를 기재한 서면을 교부할 것을 행정절차법은 규정하고 있다(동법 제250조의4)(碓井光明, 2001: 20-21).

만약에 총무대신이 부동의한 경우 국지방계쟁처리위원회(國地方係爭處理委員會)에 부동의에 불복이 있는 지방자치단체가 심사를 신청하고 위원회에서 심사한 결과 국가의 관여(부동의)가 위법한 것이라고 인정했을 경우에는 국가에 대해 필요한 조치를 하게 하는 취지의 권고 등을 할 수 있는 제도가 마련되어 있다.

예를 들어 요코하마시(橫濱市)의 승마투표권발매세와 관련되는 국지방계쟁

처리위원회(國地方係爭處理委員會)의 권고가 3호 요건(국가의 경제 시책에 비춰 적당하지 않은 것)에 대해 지금까지 총무대신이 중앙경마에 의한 재원 확보를 국가의 성역으로 하고 있던 것을 부정하고 법정외세가 국가의 경제 시책에 비춰 "중요한 부정적 영향을 미치는지 아닌지"라고 하는 관점으로 한정해서 협의를 할 것을 권고한 것에 대해 지방자치단체의 과세자주권 확대를 향해 중요한 시사를 주고 있다는 견해(山田二郎, 2002: 89)도 있다.

그러나 요코하마시의 승마투표권발매세[26]의 경우, 국지방계쟁처리위원회의 권고에 근거해서 총무대신은 부동의를 취소하고 재협의하는 것으로 했지만 단순히 재협의라고 하는 결론은 법정외세의 운영상의 문제를 나타내고 있다는 지적(齊藤愼, 2002: 11)도 있다.

5 이중과세나 조세 수출의 문제

지방자치단체가 법정외세를 부과할 경우 지방자치단체 간에 과세 객체가 중복하는(이른바 이중과세나 중복과세) 문제가 생길 수 있기 때문에 이를 조정해야 하는 문제가 있다. 조정 방법으로는 지방자치단체 간에 자율적으로 조정하는 방안 외에 지방자치단체 간의 광역적인 협의회나 분쟁처리기관 등을 마련해 조

26) 요코하마시의 승마투표권발매세는 과세 객체를 요코하마 시내의 승마투표권발매소에서 경마법 제 5 조에 근거한 승마투표권의 발매로 하고, 납세의무자는 요코하마 시내의 승마투표권발매소에서 경마법 제 5 조에 근거한 승마투표권의 발행을 하는 자로 하고, 세율은 100분의 5로 하고 있었다. 요코하마시의 승마투표권발매세의 도입 과정은 다음과 같다.

2000년 12월 14일, 승마투표권발매세 조례안 가결

2001년 3 월 30일, 총무대신에 의한 부동의(승마투표권발매세의 과세에 의해 축산 진흥 및 민간사회복지사업의 진흥을 위해 필요한 경비에 충당하는 것으로 되어 있는 국고납부금에의 배분 등에 영향이 생기기 때문에 국가의 경제 시책에 비춰서 적당하지 않다.)

2001년 4 월 25일, 요코하마시로부터 국지방계쟁처리위원회에 심사의 신청(이후 7 회 심사)

2001년 7 월 24일, 국지방계쟁처리위원회의 권고부동의가 협의를 다하지 않고 이뤄진 점에 하자가 있기 때문에 총무대신에 대해 부동의를 취소하고, 다시 요코하마시와 협의를 행할 것을 권고)

2001년 8 월 7 일, 총무대신의 부동의의 취소, 협의의 재개

2004년 2 월 18일, 승마투표권발매세에 관한 조례도 폐지하는 조례안 제출

2004년 2 월 25일, 폐지조례안을 가결

2004년 3 월 5 일, 총무대신과의 협의도 취소

정을 행하는 방안도 있을 수 있다.

예를 들면, 산업폐기물 관계의 법정외세에 대해 기타규슈시(北九州市)에서는 기본적으로는 기초자치단체인 시가 우선(예를 들면, 같은 법정외세를 창설하는 시역에 대해서는 광역자치단체인 현은 과세하지 않는 등)해 부과할 수 있다는 입장(北九州市, 2003: 41)인 반면 광역자치단체인 후쿠오카현(福岡縣)은 세율 조정을 하는 것 외에 지역의 지방세 제도와의 조화를 제언해 이미 최종처분업자를 납세 의무자로 하는 법정외세를 조례화하고 있는 기타규슈시와의 관계를 조정하고 있다(福岡縣, 2003: 12).

또한 법정외세가 부과되는 지역에 살지 않는 다른 지역의 주민에게 부담을 지운다고 하는 이른바 조세수출론에 대응하기 위해서는 수익과 부담의 관계를 명확하게 할 필요가 있다. 예를 들면 도쿄도(東京都)의 숙박세에 대해서 숙박자는 숙박지가 소재하는 지방자치단체에 의한 치안 유지, 소방, 도시계획, 교통, 관광시설 등의 서비스를 이용하므로 숙박세에도 응익과세적인 근거는 있다(池上岳彦, 2003: 25)라고 하는 의견이 있다.

이와 같이 법정외세는 그 성질상 이중과세나 조세 수출이라고 하는 과제가 발생할 수 있는 여지가 있다는 것이 문제점으로 지적된다.

6 법정외세의 도입 추이

핵연료물질 등 취급세를 도입한 아오모리현(青森縣)은 현세의 약 10%에 해당하는 세수를 법정외세로 충당해 아주 중요한 지방세로 되어 있다는 점을 비롯해, 2000년에 법정외목적세가 도입된 이래 7년 만에 법정외세를 도입한 지방자치단체의 수는 약 3배로 늘었고, 세수도 약 2.3배 증가했다고 하여 법정외세가 지방자치단체에서 중요한 재원으로 자리 잡았다는 지적[27]도 있다.

그러나 이와는 반대로 법정외세는 널리 활용되고 있다고 말하기 어려운 상황[28]인데 그 이유로는 법정외세는 높은 세수를 올리는 기본세가 될 수 없다는

27) 日本每日新聞 2007. 7. 24. 인터넷 기사. 특히 핵연료물질 등 취급세를 도입한 아오모리현은 현세의 약 10%에 해당하는 세수를 법정외세로 충당해 아주 중요한 지방세로 되어 있다고 한다.

점이다.[29] 즉, 수입, 소비, 자산을 과세 객체로 하는 세금은 이미 법정지방세와 국세로 과세되고 있어 법정외세는 그 이외의 이른바 그 틈새를 과세 객체로 하는 지방세로 하고 있어서 그 결과 세수액도 많지 않게 되었다. 따라서 지방자치단체는 법정외세에 크게 세수를 기대할 수 없기 때문에 도입하는 데 큰 열의를 보이지 않고 있는 것이다(紙谷夏樹, 2010: 29).

제 5 절 지방분권형 헌법으로의 개헌 필요

1 자치재정권에 관한 헌법적 결단

헌법상 지방자치단체의 전권한성 및 자기책임성의 보장을 위해서는 사무의 배분뿐만 아니라 자치재정권도 불가결한 요소로서 당연히 보장되는 것이다.

지방자치단체의 자치재정권을 현재와 같이 중앙정부의 시혜적 차원 내지 입법정책적 차원에서 보장하는 것보다는 헌법에서 전향적으로 명시적으로 보장하고 이를 실질적으로 보장하기 위해 재정자치권에 관한 헌법상의 기본 결단을 규정하는 것이 필요하다고 한다(김수연, 2010: 330).

이럴 경우 현행 헌법 제59조의 조세의 종목과 세율을 법률로 정한다는 조세법률주의와의 충돌 문제를 해결하고 조화를 모색할 필요가 있다. 그 하나의 방안으로서 헌법에 "지방자치단체는 그 사무를 처리하기 위한 비용을 충당하기 위해 법률이 정하는 바에 의하여 조세의 종목과 세율을 정할 수 있다."라는 개정안을 제안하는 견해(김수연, 2010: 31)도 있는데 이러한 헌법개정안은 일본 헌법의

28) 법정외세의 매년 신설 건수의 추이를 보면, 광역자치단체인 도도부현의 경우 2005년 한 해에 10건이 신설되었으나 2009년에는 한 건도 신설되지 않았고, 기초자치단체인 시정촌(市町村)의 경우 2003년 한 해에 4건이 신설된 것을 피크로 그 이후에는 1건 아니면 아예 한 건도 신설되지 않은 해가 많았다(紙谷夏樹, 2010: 29).

29) 2011년 4월 현재 2009년도 결산액 기준으로 459억 엔으로 지방세수 총액에서 점하는 비율이 0.13%에 불과한 실정이다.

조세-지방세-에 관한 규정과 그 내용을 같이하는 것이다.

2 헌법에 국가-지방자치단체 간의 입법권, 재정권의 분배를 명시적으로 규정

현재와 같이 의존재원 중심의 지방자치는 그 본질에 부합되지 않으며, 재정 책임성을 훼손함으로써 오히려 효율성을 저하시키는 결과를 초래할 수 있다고 하면서 지방세의 납세 의무자는 주민이므로 지방세의 세목, 세율, 부과 징수를 자율적으로 정하게 해야 한다는 견해가 있다. 이 견해는 국세-지방세의 배분이 합리적으로 이뤄지도록 국세 중 주요 세목을 헌법상 공동세화 함으로써 중앙정부-지방자치단체 간 배분을 의무화함으로써 지방자치단체의 적정 자주재원을 보장하도록 해야 한다고 한다. 이를 위해 헌법을 다음과 같이 개정하자는 제안을 하고 있다(김성호, 2010: 488-489).

헌법 제117조 ⑧ 국가와 지방자치단체는 재정상 독립적이며, 자기사무의 수행에 필요한 경비를 스스로 부담한다.

⑨ 국가의 위임과 위탁에 의하여 지방자치단체가 집행한 경우에는 국가가 이에 소요된 경비를 부담하여야 한다.

⑪ 국세의 세목, 세율 및 기타 필요한 사항은 법률로 정하고, 지방세의 관련된 사항은 조례로 정한다.

⑫ 국가는 재정력이 취약한 지방자치단체에 지원할 수 있다. 다만, 이 경우, 지방자치단체의 자치권을 훼손하여서는 아니 된다.

제 6 절 결론

과거 지방분권특별법[30]에서는 지방재정의 확충을 위한 방안으로서 국세와

30) 지방분권특별법 제11조(지방재정의 확충 및 건전성 강화) ① 국가 및 지방자치단체는 각 지방자치단체가 사무를 자주적·자립적으로 수행할 수 있도록 하기 위하여 지방재정을 확충하고 지방재정

지방세의 세원을 재조정하고, 지방세의 새로운 세목의 확대, 비과세 감면의 축소 등을 통해 지방자치단체가 자주적으로 과세자주권을 행사할 수 있는 범위를 확대할 것을 규정해 법에서 명시적으로 '과세자주권'이라는 용어를 사용하고 있었으나 그후 전면 개정되어 제정된 지방분권 및 지방행정 체제 개편에 관한 특별법[31]에서는 이러한 '과세자주권'이라는 용어를 사용하지 않고 있다. 이런 점에서 지방분권에 관한 사항은 사무 배분에서는 진전을 이루고 있으나 재정 분야에는 오히려 후퇴한 면이 없지 않은 것으로 보인다.

여하간 지방자치단체의 과세자주권을 확립하기 위해서는 무엇보다 지방자치단체가 세입의 자치를 확립하고 재정의 자기결정권을 확보하는 조치를 취해야 할 것이다.

조세법률주의를 과세행정에 대한 법치국가에 종속하는 이념으로 대치해 생각할 수 있다면 우리나라 헌법 제59조가 규정하는 조세법률주의는 과세행정에 대한 법치국가 사상 가운데 유독 법률유보이론만을 강조하는 것이 되고 법치국가를 구성하는 동가치적(同價値的)인 법률 우위의 원칙은 그다지 강조하지 않는 것 같다.

조세, 특히 지방세에서 조세법률주의의 원칙뿐만 아니라 조세에 대한 법치국가사상을 헌법상의 원칙으로 인정한다면 법치국가 원리 가운데 법률 우위 사상을 조세행정에 대입시켜서 지방세에 관해 그 세목과 세율 등을 조례로 규정하더

의 건전성을 강화하는 등 지방재정의 발전 방안을 마련하여야 한다.

② 국가는 국세와 지방세의 세원을 합리적으로 조정하는 방안을 마련하여야 하며, 지방세의 새로운 세목을 확대하고 비과세 및 감면을 축소하는 등 지방자치단체가 자주적으로 과세권을 행사할 수 있는 범위를 확대하여야 한다.

③ 국가는 사무의 지방 이양 등과 연계하여 지방교부세의 법정률을 단계적으로 상향 조정하고, 국고보조금의 통·폐합 등 포괄적인 지원 방안을 마련하는 등 국고보조금 제도의 합리적 개선 및 지방자치단체 간의 재정력 격차를 완화하는 방안을 강구하여야 한다.

④ 지방자치단체는 자체 세입을 확충하고 예산지출의 합리성을 확보하기 위하여 노력하여야 한다.

⑤ 지방자치단체는 복식부기회계제도를 도입하는 등 예산·회계제도를 합리적으로 개선하여야 하며, 재정 운영의 투명성과 건전성을 확보하여야 한다.

31) 제13조(지방재정의 확충 및 건전성 강화) ① 국가는 지방세의 비율을 확대하도록 국세를 지방세로 전환하기 위한 새로운 세목을 확보하여야 하며, 낙후지역에 대한 재정조정책임을 강화하여야 한다.

② 지방자치단체는 자치사무를 원활히 수행할 수 있도록 자체세입을 확충하여 지방재정의 안정성을 도모하고 예산지출의 합리성을 확보하기 위하여 노력하여야 하며, 예산·회계제도를 합리적으로 개선하여 건전성을 강화하는 등 지방재정의 발전 방안을 마련하여야 한다.

라도 조례가 주민의 직선에 의해 선출된 지방의회에서 제정되는 자주법이란 점에서 법률 우위 원칙을 조세법률주의 원칙이 선언하고 있는 법률 유보 원칙과 조화롭게 해석할 수 있을 것이다.

법원리적 측면에서 조세법률주의의 본질적 의의는 납세자의 재산권의 침해에 대한 정당성의 헌법적 근거의 마련이라 할 것이고, 동시에 현대 민주국가에서는 그러한 민주주의적인 법원리적 의의 외에 부당한 조세에 대한 거부권의 법적 근거의 마련이다. 그러한 점에서는 조례의 경우도 법형식상의 차이를 제외하고는, 실질적인 측면에서는 민주적 정당성, 외부적 효력이 긍정된다는 점에서 본질적 차이는 없다고 볼 것이다.

특히 현대 국가에서 조세법률주의의 이해에는 실질적 의미에서의 이해가 중요하다는 점에서 지방세의 경우에는 조세법률주의의 형식적 이해 외에, 헌법적으로 직접 보장되어 있는 지방자치권에 대한 고려가 불가피하다.

그러한 점에서 조세법률주의의 법원리적 측면, 즉 대표성 원리의 측면에서 지방세조례주의의 가능성이 존재한다고 할 것이다. 다만 법률과 조례는 완전하게 대등한 의미에서 대체적 관계로서의 민주적 정당성과 법적 효력이 인정된다고 볼 수는 없다는 점에서, 지방세조례주의의 허용성을 인정하는 경우에도 그 범위와 한계는 별도의 문제이며, 이는 조세법률주의 자체에 대한 논의보다는 지방자치의 헌법적 보장이라는 문제, 즉, 조례의 헌법적 한계의 문제로 귀착된다고 할 수 있다.

제 11 장

지방세 비과세·감면의 경제적 효과: 문턱모형을 이용한 비선형성 탐색*

문광민 · 윤성일

제 1 절 서론

최근 정부에서는 지방세 비과세·감면율을 2017년까지 국세 수준인 15%로 축소하고 종합합산·별도합산·분리과세의 지방세 특례도 정비하는 등의 지방재정과 지방공기업에 대한 혁신 방안을 발표했다(행정자치부, 2015). 2012년 지방세 비과세·감면액은 15.4조 원으로 2005년의 3.5조 원에 비해 10년 사이 4배 이상 늘었으며, 지방세 비과세·감면율[1]은 국세 감면율 14.1%에 비해 훨씬 높은 22.2%에 달하고 있다. 또한 2014년 전국 244개 지방자치단체의 평균 재정자립도는 50.3%로 1991년 지방자치제도 시행 이후 최저 수준으로 떨어진 상황이다. 이

* 이 연구는 2015년 한국지방자치학회 동계 세미나에서 발표한 논문을 수정·보완해, 한국지방정부학회에서 발간하는 「지방정부연구」 제19권 제1호에 게재한 것임.

1) 해당 연도의 지방세 징수결산액과 지방세 비과세·감면액을 합한 금액에서 지방세 비과세·감면액이 차지하는 비율을 말한다(「지방재정법 시행령」 제37조의7 제1항).

러한 지방자치단체의 재정 상황을 타개하기 위해 정부는 지방세 비과세 · 감면율을 2017년까지 15%로 축소하는 안을 내놓았지만, 이는 현재 「지방재정법 시행령」 제37조의7에서 2015년까지 15%로 규정하고 있는 것에 비해 한 발 물러난 것으로 보인다.

왜 정부는 지방자치단체의 지방세 비과세 · 감면을 쉽게 줄일 수 없는 것일까? 지방자치단체의 지방세 비과세 · 감면은 조세지출(tax-expenditure)에 해당한다. 서리(Surrey, 1996)에 따르면 조세지출은 특정 산업 또는 특정 집단의 경제 활동을 촉진하기 위해 조세 유인 및 조세보조금 등의 조세 우대 조치를 의미한다(임상수, 2011a). 따라서 정부는 특정 산업 또는 집단의 경제 활동을 촉진하기 위해 지방세 비과세 · 감면을 실시한다. 이에 더해 지역의 경제 개발이나 투자 진작을 유도하고, 비영리집단과 사회적 약자에게 조세 혜택을 주기 위해 지방세 비과세 · 감면을 실시한다(이삼주, 2006). 이와 같이 지방세 비과세 · 감면제도가 가지고 있는 공익성과 경제 성장을 위한 정책 도구적인 특징으로 인해 지방세 비과세 · 감면을 줄이기가 힘이 들 수 있다.

그렇다면 지방세 비과세 · 감면제도가 과연 정책 목표를 달성할 수 있는 유용한 정책도구일까? 특히 정부가 주장하는 바와 같이 지방자치단체의 지방세 비과세 · 감면으로 실제 지역경제가 성장할까? 선행 연구에서는 지방세 비과세 · 감면제도의 정책 효과에 대해서 긍정적이지는 않다는 점을 시사하고 있다(정성호, 2014, 엄태호, 2013; 이삼주, 2006; 이영희, 2006).

그런데 여기서 한 가지 흥미로운 점은 대부분의 선행 연구에서는 단조적 관계에만 초점을 맞춘 나머지 일정 조건의 변화에 따라 지방세 비과세 · 감면이 지역 경제 성장에 미치는 효과의 크기가 달라질 가능성에 대해서는 큰 관심을 기울이지 못하고 있다는 것이다. 특히 양자간 관계를 밝히고자 하는 실증분석에서는 집단의 동질성(homogeneity) 가정을 바탕으로 분석 대상 전체 표본에 대한 평균적 효과의 추정에만 초점을 맞춤으로써 지방세 비과세 · 감면 규모 등과 같은 특정 조건이 변화함에 따라 지방세 비과세 · 감면이 지역경제 성장에 미치는 한계적 효과(marginal effect)가 상이하게 나타날 가능성을 간과하고 있다. 만약 지방세 비과세 · 감면의 경제적 효과가 지방세 비과세 · 감면의 일정 수준에 따라 상이하게 나타날 수 있다는 사실이 확인된다면 지방세 비과세 · 감면과 관련된 정책도 일정 조건에 따른 차별화된 접근이 필요하다는 정책적 함의를 발견할 수 있을 것이다.

이 연구는 우리나라의 지방세 비과세 · 감면이 지역경제 성장에 어떠한 영향을 미치는지, 그리고 지방자치단체의 지방세 비과세 · 감면액의 수준별로 지역경제 성장에 미치는 효과가 비단조적(non-monotonic)으로 나타날 가능성은 없는지를 실증적으로 분석하는 것을 목적으로 한다. 이를 위해 1995년부터 2012년까지 우리나라 15개[2] 광역지방자치단체의 지방세 비과세 · 감면 자료를 이용해 고정효과모형에 기반을 둔 일반선형 회귀모형과 함께 지방자치단체의 지방세 비과세 · 감면 규모의 이질성(heterogeneity)을 고려해 지방세 비과세 · 감면의 지역경제 성장에 대한 비단조적 효과를 추정하는 문턱 효과 모형(threshold effect model)을 분석에 적용하고자 한다.

이 연구는 다음과 같이 구성되어 있다. 제2절에서 지방세 비과세 · 감면제도의 이론적 논의와 선행 연구를 검토하고, 제3절에서 이 연구의 분석 방법과 분석 모형을 제시한다. 그리고 제4절에서는 지방세 비과세 · 감면과 지역경제 성장 간의 관계를 일반선형 회귀모형과 문턱효과 모형으로 실증 분석한 결과를 제시한 다음, 제5절에서 이 연구의 분석 결과를 요약하고 정책적 함의 및 한계를 제시한다.

제 2 절 이론적 논의 및 선행 연구의 검토

1 지방세 비과세 · 감면의 의의

1) 지방세 비과세 · 감면제도

지방세 비과세 · 감면제도는 과세권을 가진 국가 또는 지방자치단체가 특정

2) 현재 17개의 광역지방자치단체에서 1997년과 2012년에 각각 광역지방자치단체로 된 울산광역시와 세종특별자치시는 이 연구의 분석 대상에서 제외했다.

한 정책 목적의 달성을 위해 그 과세권의 행사를 유보함으로써 납세 의무를 완전히 배제하는 '지방세 비과세'와, 세 부담의 전부 또는 일부를 경감하는 '지방세 감면'을 말한다. 지방세 비과세·감면을 지방세지출이라고 하며, 이는 국가 차원에서 정책 목표를 달성하기 위한 정책 수단으로 개인이나 기업에 비과세·감면 등을 허용하는 조세지출과 동일한 개념이라고 할 수 있다. 다만 조세지출은 국세와 지방세를 모두 포함하는 개념인 반면, 지방세지출은 대상을 지방세로 한정하고 있다(이영희·김대영, 2007).

조세지출을 통한 조세 지원은 세수의 감소를 초래하고, 조세 지원이 장기화되면 민간의 경쟁력 향상을 둔화시켜 결과적으로 기업 성장과 민간 경제의 발전을 저해하는 문제점을 내포하고 있지만 대부분의 국가에서는 다음과 같은 목적으로 이 제도를 운영하고 있다(이삼주, 2006; 2013).

첫째, 공익적 관점에서 공공기관이나 비영리공익단체와 같이 조직의 존재 이유가 이윤 추구가 아닌 사회나 공공의 이익을 위해 있는 조직에 대해 일반 과세 대상과 동일한 세율을 적용하는 것은 바람직하지 않기 때문에 이들에 대해 조세지출을 실시하고 있다.

둘째, 지역의 경제 개발이나 건설 경기 또는 투자 진작을 목적으로 이해 당사자들이 정부가 의도하는 방향으로 유도하기 위해 조세지출을 실시하고 있다.

셋째, 조세의 공평성 차원에서 저소득층이나 재향군인, 기타 사회적 약자에 대해 조세지출을 실시하고 있다.

넷째, 인구 분산, 지역균형 개발, 수출 증대, 기타 특정 국가의 고유한 사회적·정치적·경제적 문제 해결을 위해 조세지출을 실시하고 있다.

2) 현행 지방세 비과세·감면제도의 법령 체계

지방세 비과세·감면제도는 「지방세법」, 「지방세특례제한법」, 「조세특례제한법」 그리고 지방자치단체의 조례 등에 근거해서 운영되고 있다. 먼저 지방세 비과세제도는 「지방세법」에 근거해서 운영되고 있으며, 세목별로 비과세 조항이 규정되어 있다. 구체적으로 「지방세법」은 제9조(취득세), 제26조(등록면허세), 제77조(주민세), 제88조(지방소득세), 제109조(재산세), 제126조(자동차세), 제145조

(지역자원시설세) 등 총 7개 조항 및 세목에 걸쳐 비과세를 규정하고 있다. 반면에 레저세, 담배소비세, 지방소비세, 지방교육세의 경우에는 따로 비과세 규정을 두지 않고 있다.

다음으로 지방세 감면제도는 「지방세특례제한법」, 「조세특례제한법」 등 법률에 의한 방식과 지방자치단체의 조례에 의한 방식 등으로 구분할 수 있다.

첫째, 「지방세특례제한법」상 감면제도는 종전 「지방세법」 제5장의 감면 규정과 각 세목마다 규정된 비과세 가운데 감면적 성격이 강한 비영리 사업자 규정 등을 감면으로 전환하고, 표준감면조례 가운데 국가 정책적 목적이 두드러진 조항 및 전국 공통 사항을 정리함으로써 지방세특례에 관한 전반적 규정을 통합한 총 99개 조문으로 구성되어 있다. 「지방세특례제한법」상 감면제도는 8개 분야를 대상으로 감면을 통한 지원을 명시하고 있으며, 천재지변 등의 특수한 상황에 대해서는 지방의회의 의결을 거쳐 지방자치단체 스스로 감면을 실시할 수 있도록 규정하고 있다.[3)]

둘째, 「조세특례제한법」에 의한 지방세 감면은 제119조(등록면허세의 면제 등), 제120조(취득세의 면제 등), 제121조(재산세의 감면) 등의 규정에 의해 시행되고 있다. 「조세특례제한법」상의 지방세 감면제도는 주로 창업중소기업 지원 및 기업 구조조정 지원 등을 위해 운영되고 있으며, 소득세와 법인세 등 국세 세목의 감면 조항과 상당 부분 연계되어 있어 동법에 별도의 규정을 두고 있다.

셋째, 지방자치단체의 조례에 의한 감면제도는 「지방세특례제한법」 제4조(조례에 따른 지방세 감면 규정)에 근거해서 운영되고 있다. 동법 동조 제1항에 따르면 지방자치단체는 ① 서민생활 지원, 농어촌 생활환경 개선, 대중교통 확충 지원 등 공익을 위해 지방세의 감면이 필요하다고 인정될 때, 또는 ② 특정 지역의 개발, 특정산업 · 특정 시설의 지원을 위하여 지방세의 감면이 필요하다고 인정될 때 3년의 기간 이내에서 지방세의 세율 경감, 세액 감면 및 세액공제(지방세 감면)를 할 수 있으되, 동법에서 정한 지방세 감면은 추가로 확대할 수 없도

3) 동법에 따른 지방세 감면 규정은 ① 농어업을 위한 지원, ② 사회복지를 위한 지원, ③ 교육 및 과학기술 등에 대한 지원, ④ 문화 및 관광 등에 대한 지원, ⑤ 중소기업 등에 대한 지원, ⑥ 수송 및 교통에 대한 지원, ⑦ 국토 및 지역 개발에 대한 지원, ⑧ 공공행정 등에 대한 지원의 8개 분야로 분류되어 있다.

록 되어 있다. 1995년부터 2010년까지 지방자치단체 조례에 의한 감면제도는 중앙정부의 감면조례표준안을 준거로 하면서 각 지역의 입장을 반영하는 방식으로 운영되었으나, 2011년부터는 공익적 측면과 지역 특수적 측면을 가미해 각 지방자치단체가 독자적으로 감면 조례를 제정 · 운영할 수 있는 틀을 갖추게 되었다. 이러한 지방자치단체의 감면 조례는 정부 계층을 기준으로 특별시 · 광역시세감면조례, 도세감면조례, 시 · 군세감면조례로 분류할 수 있다.

3) 지방세 비과세 · 감면과 지역경제 성장

경제 성장(economic growth)이란 시간의 흐름에 따라 경제에 의해 생산된 재화와 용역이 증가해서 경제 활동의 규모가 커지는 것을 말한다(김대식 외, 2004). 지방세 비과세 · 감면은 케인스 모형, 신고전파 투자모형, q 투자모형에 근거해 주로 재산세나 법인세 등의 특정 세목에 대한 비과세와 감면으로 기업의 투자를 활성화하고 개인의 소비를 확대해 결과적으로 국가 경제가 증진되는 경제 성장을 목표로 하고 있다(엄태호, 2013).

하지만 지방세 비과세 · 감면이 지역경제 성장에 미치는 영향에 대한 실증분석 결과는 긍정적인 결과와 부정적인 결과가 혼재되어 있다. 먼저 지방세 비과세 · 감면의 지역경제 성장에 미치는 긍정적인 결과는 투자세액공제, 법인세 또는 재산세율 인하 등의 조세지출은 기업의 투자를 유발하고 이로 인해 지역경제 성장에 긍정적인 영향을 미친다고 본다(정성호, 2014; 엄태호, 2013; Black et al., 2000; Goss & Phillips, 1999; Turnovsky, 1996; Auerbach & Hassett, 1991; Judd, 1985). 한편 지방세 비과세 · 감면이 지역경제 성장에 오히려 부정적인 영향을 미친다는 연구 결과가 존재한다(정성호, 2014; Helms, 1985).

이 연구에서는 다양한 조건 변수들 중에서 지방세 비과세 · 감면 자체를 우선적으로 문턱 변수로 고려해 지방세 비과세 · 감면의 경제적 효과가 지방세 비과세 · 감면의 수준에 따라 상이하게 나타날 수 있다는 새로운 시각에 입각한 접근을 시도해 보고자 한다. 이러한 방법은 분석 대상 전체 표본에 대한 평균적 효과의 추정에 초점을 맞춰서 지방세 비과세 · 감면이 지역경제 성장에 단지 긍정적인 효과($\overline{AB}$) 또는 부정적인 효과($\overline{CD}$)가 나타난다고 결론짓는 것이 아니

그림 11-1 지방세 비과세·감면과 지역경제 성장의 관계

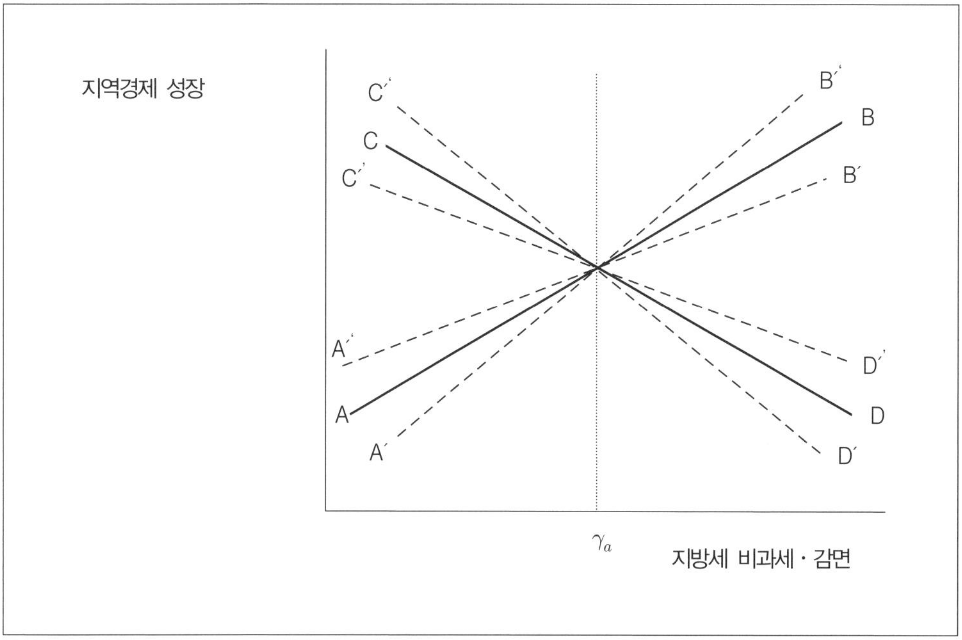

라 어떠한 문턱 수준(γ_a)을 기준으로 해서 그 효과를 다르게 분석할 수 있는 이점이 있다.

2 선행 연구의 검토

지방세 비과세·감면제도 관련 선행 연구는 크게 지방세 비과세·감면제도의 운영 현황을 살펴보고 그 문제점을 분석한 연구와 지방세 비과세·감면제도의 효과를 분석한 연구 등으로 구분할 수 있다.

먼저 지방세 비과세·감면제도의 문제점을 분석한 선행 연구로는 임재근(2003), 유태현·한재명(2007), 김완석 외(2009), 이영희 외(2009), 이정기(2010), 임상수(2011b) 등이 있다. 임재근(2003)은 지방세 비과세·감면제도의 문제점을 제도적 측면과 세무행정적 측면으로 나눠 살펴보았다. 먼저 제도적 측면에서 비

과세 · 감면 체계의 복잡성, 근거법별 역할 재정립의 문제, 선별적 조세 지원 체계의 결여, 다양한 개별적 감면 규정의 문제 등을 문제점으로 들었다. 다음으로 세무행정적 측면에서 비과세 · 감면제도의 운영 주체별 역할 재조정, 감면 규모와 효과 분석 없이 결정된 비과세 · 감면율, 비과세 · 감면 통계의 미비, 전문인력의 부족 등을 문제점으로 들었다. 유태현 · 한재명(2007)은 지방세 비과세 · 감면제도의 문제점으로 규모가 과다하며, 이로 인해 지방세 수입이 줄어들며, 지방세 감면조례의 제정 또는 개정에 따른 행정 낭비와 비용 발생이 이어지고, 감면 조례의 운영과 관련한 규정을 제정할 때 계획성과 합리성이 부족하다고 지적했다. 김완석 외(2009)는 지방세 비과세 · 감면제도의 문제점으로 지방자치단체 입장의 미반영, 감면 대상 항목의 부적정성, 국가 목적의 위한 감면의 과다, 그리고 이해가 쉽지 않은 근거 법령 등을 들었다. 이영희 외(2009)는 녹색성장과 같은 정책 기조의 변화, 「지방세특례제한법」 제정, 지방세 지출예산제도의 도입, 지방세 감면조례의 사전 허가제 폐지 등 지방세 비과세 · 감면을 둘러싼 환경이 변했기 때문에 이에 맞춰 목적세 감면 정비, 국가정책 목적 감면 정비, 녹색성장 관련 감면 강화, 감면 유형별 혜택 차등화 등과 같이 지방세 비과세 · 감면제도를 개선시킬 것을 주장했다. 이정기(2010)는 지방세 감면조례의 운영 방식을 개선시키기 위한 방안으로 제도적 측면에서 지방세 감면조례의 위상을 강화하고 합리적 운영틀을 마련하고, 입법적 특면에서 지방세 감면조례 입법 방식의 개선과 감면 조례 편제를 개편하고, 운영 측면에서 지방세 감면 규모를 정확하게 추계할 수 있는 시스템을 개발해야 한다고 주장했다. 이 중 감면 조례의 합리적 운영틀을 마련하기 위한 방안으로 일몰제의 엄격한 적용을 제안했다. 임상수(2011b)는 지방세 비과세 · 감면의 급증은 지방정부의 세입을 줄이고 재정지출의 효율성을 저하시키는 요인으로 작용한다고 지적하면서, 지방세 비과세 · 감면이 지역경제 성장에 미치는 효과보다 직접적인 재정지출이 지역경제 성장에 미치는 효과가 더 크다는 사실을 밝혔다.

다음으로 지방세 비과세 · 감면제도의 효과를 분석한 선행 연구로는 김종희(2008), 오병기(2008), 엄태호(2013), 정성호(2014) 등이 있다. 김종희(2008)는 지방세 비과세 · 감면제도의 정책 목표 중 하나인 지역균형 개발에 연구의 초점을 맞추고 지방자치단체 간 지방세 비과세 · 감면의 불균형을 분석한 결과, 지방세 비과세 · 감면에 대한 지방자치단체 내의 불평등도의 점유율이 지방자치단체 간의 점유율보다 높았으며, 특히 지방자치단체에 의해 자율적으로 결정되는 감면 조례에 의한 지방세 비과세 · 감면 폭이 더 큰 것으로 나타났다. 오병기(2008)는 지방재정지출과 함께 지방세지출, 즉 지방세 비과세 · 감면 역시 지역 소득에 영향을 미치고 있다는 것을 분석했다. 특히 지방재정지출을 경상적 지출과 투자적 지출로 구분해 분석한 결과 지방세지출이 지역 소득에 미치는 영향은 시차가 장기적이고 투자적 지출과 비슷하다는 결론을 도출했다. 엄태호(2013)는 지방세 비과세 · 감면제도가 지역경제 성장에 미치는 영향을 16개 광역지방자치단체를 대상으로 16년간의 패널 자료를 이용해 실증분석을 실시했다. 분석 결과 지방자치단체의 감면 조례에 의한 지방세 비과세 · 감면은 통계적으로 유의한 긍정적 효과를 가지는 것으로 나타난 반면, 중앙정부에 의한 획일적인 지방세 비과세 · 감면은 효과가 없는 것으로 나타났다. 또한 지방자치단체의 감면 조례에 의한 지방세 감면 효과는 경제성장률이 낮은 지역에서 유의하게 나타나고 있는 반면 경제성장률이 높은 지역의 경우에서는 통계적인 유의성을 가지지 못하는 것으로 나타났다. 정성호(2014)는 지방세 비과세 · 감면제도가 지역경제 성장에 미치는 영향을 강원도 내 18개 시 · 군을 대상으로 패널분석(PCSE)을 실시했다. 분석 결과 시 단위 지방자치단체의 경우만 비과세 · 감면 규모가 증가될수록 지역경제에 정(+)의 영향을 미치는 것으로 나타나 지방세 비과세 · 감면정책이 지역경제를 활성화할 것이라는 정부의 주장은 설득력이 낮다고 주장했다.

이상에서와 같이 지방세 비과세 · 감면과 관련된 선행 연구들은 다수가 주로 지방세 비과세 · 감면제도 설계 및 운영과 관련된 문제점을 지적하고 있으며, 지방세 비과세 · 감면의 경제적 효과를 분석한 연구들은 그에 비해 상대적으로 소수에 머물고 있다. 특히 지방세 비과세 · 감면이 지역경제 성장에 미치는 효과를 분석한 연구들에서는 다소 혼재된 분석 결과를 제시하고 있음을 볼 수 있다. 이러한 분석 결과의 불일치가 나타나는 이유로는 여러 가지를 생각해 볼 수 있지만 그중에서도 특히 선행 연구들에서는 기본적으로 분석 대상 전체 표본에 대한 평균적 효과의 측정을 목적으로 함으로써 지방세 비과세 · 감면 규모 등 일정 조건이 달라짐에 따라 지방세 비과세 · 감면이 지역경제 성장에 미치는 한계적 효과(marginal effect)도 상이하게 나타날 가능성에 대해서는 다루지 못하고 있음을 볼 수 있다. 즉, 같은 표본을 대상으로 하더라도 일정 조건 변수의 수준에 따라 전혀 상이한 결과가 나타날 수 있다는 점을 간과하고 있는 것이다.

그렇다면 어떠한 변수들이 바로 이러한 조건 변수(후술하는 문턱 변수)의 역할을 하는 것인가? 지방세 비과세·감면의 지역경제 성장에 대한 평균적 효과 분석을 기본으로 바로 이와 같은 물음에 대한 답을 찾고자 하는 것이 이 연구의 궁극적 목적이며, 이러한 목적을 달성하기 위해 이 연구에서는 다양한 조건 변수들을 생각해 볼 수 있지만 그 중에서 주요 독립 변수인 지방세 비과세·감면 자체를 우선적으로 조건 변수로 고려해 분석을 수행하고자 한다. 즉, 지방세 비과세·감면이 그 수준에 따라 지역경제 성장에 비단조적으로 영향을 미치는 이른바 문턱 효과(threshold effect)라는 새로운 시각에 입각한 접근을 시도해 보고자 한다. 문턱 효과가 존재하게 되면 문턱 수준에 따라 지방세 비과세·감면의 지역경제 성장에 대한 영향력은 다르게 나타나게 될 것이므로 기존 선행 연구들에서 분석 결과가 혼재되어 나타나는 현상에 대한 설명 가능성을 다소나마 높일 수 있을 것으로 기대한다.[4] 하지만 사실 어느 정도의 지방세 비과세·감면 수준을 높거나 낮다고 할 것인지 선험적(a priori)으로 판단하기는 어려울 뿐만 아니라 자칫 매우 자의적인 선택이 이뤄질 수 있다는 위험은 여전히 남는다. 이 연구에서 사용하고자 하는 한센(Hansen, 1999)의 패널 문턱모형은 모형 내에서 내생적으로(endogenously) 결정되는 문턱 수준에 따라 표본을 몇 개의 집단으로 분리해 준다는 점에서 이러한 선험적이거나 외생적인 기준 선정상의 애로를 줄여줄 수 있을 것이다.

---

4) 문턱 효과를 고려한 회귀분석 모형은 한센(Hansen, 1999; 2000)이 처음 개발해 적용한 것으로 이와 관련한 선행 연구는 그리 많지 않다. 이 모형을 적용한 다른 학문 분야의 선행 연구를 살펴보면 금융 분야에서 증권수익률과 관련한 연구(Zapata & Gauthier, 2003)와 금융시장의 개방이 경제 성장에 치는 효과와 관련한 연구(주상영, 2006), 재무 비율 등을 기업 분류 기준으로 사용해 기업 투자의 현금 흐름 민감도 간의 관계를 분석한 연구(유병철 외, 2005), 외국인 직접투자(Inbound FDI)의 기술 파급 효과와 관련한 연구(왕정·황윤섭, 2013), 건설 분야에서 기업의 부채 활용이 수익성에 미치는 한계 효과가 존재하는지와 관련한 연구(권경수 외, 2014) 등이 있다. 한편 정부 분야에서 이 문턱 효과를 고려한 회귀분석 모형을 사용한 선행 연구로는 OECD 국가를 대상으로 비선형적 시각에 입각해 정부부채가 경제 성장에 미치는 영향을 실증적으로 검증한 연구(문광민, 2013)와 우리나라 지방자치단체를 대상으로 중앙정부의 보조금과 지방자치단체의 효율성의 비단조적 관계를 분석한 연구(문광민, 2011)가 있다.

제 3 절 연구설계

1 분석 방법 및 분석모형의 설정

이 연구는 선행 연구에서 지방세 비과세 · 감면 규모 등이 달라짐에 따라 지역경제 성장에 미치는 한계적 효과가 상이하게 나타날 가능성에 대해서는 다루지 못하고 있는 점에 착안해 다양한 조건 변수들 중에서 지방세 비과세 · 감면 자체를 우선적으로 문턱 변수로 고려해 지방세 비과세 · 감면이 지역경제 성장에 어떠한 영향을 미치는지, 그리고 지방세 비과세 · 감면액의 수준별로 지역경제 성장에 미치는 효과가 비단조적(non-monotonic)으로 나타날 가능성은 없는지를 실증적으로 분석하는 데에 그 목적이 있다. 이를 위해 먼저 고정 효과(fixed effect) 패널모형을 이용해 지방세 비과세 · 감면이 지역경제 성장에 미치는 효과를 분석하고, 다음으로 패널문턱 회귀모형(Panel Threshold Regression Model)을 이용해 지방자치단체의 지방세 비과세 · 감면액의 수준별로 지역경제 성장에 미치는 효과를 분석하기로 한다.

패널문턱 회귀모형은 회귀방정식의 추정회귀 계수가 표본 내의 모든 관측치에 대해서 동일한지 아니면 몇 개의 그룹으로 구분되어 상이할 수 있는지에 대한 의문에 답해 주는 방법론이라 할 수 있다(유병철 외, 2005). 한센(Hansen, 1999)의 문턱회귀모형에서 상정하고 있는 모형은 기본적으로 고정 효과를 가지고 있는 패널모형에 문턱 효과를 추가한 형태라고 할 수 있다(문광민, 2011).[5)]

지방세 비과세 · 감면과 지역경제 성장 간의 관계에 관한 선형 방정식은 다음

---

5) 패널데이터 모형에서 고정 효과를 고려하게 되면 관측치들의 관찰 불가능한 특성들로 인한 내성성(endogeneity)의 문제를 다소 완화할 수 있는 장점이 있으나, 역의 인과성 존재로 인한 내생성의 문제는 여전히 해결되지 않으므로 이른바 도구 변수(instrumental variable)를 통한 2단계 회귀(2SLS) 접근이 필요하게 되지만, 실증연구에서 적합한 도구변수를 찾는 것이 매우 어렵고, 독립 변수를 문턱 변수로도 설정하는 문턱자기회귀 모형(self-exciting threshold autoregressive models)에서는 비선형성 검정에 내생성으로 인한 왜곡의 문제는 크게 완화될 수 있음을 증명하는 연구(Dentler et al., 2010)도 존재하기 때문에(문광민, 2011) 이 연구에서는 한센(Hansen, 1999)의 기본모형을 확장한 도구 변수를 이용한 2단계 회귀분석을 실시하지 않기로 한다.

과 같이 설정한다.

$$y_{i,t} = \alpha_i + \beta' x_{i,t-1} + \theta' z_{i,t} + \varepsilon_{i,t} \qquad (식\ 1)$$

여기서 $y_{i,t}$, $x_{i,t-1}$, $z_{i,t}$는 각각 i지방자치단체의 t연도 종속 변수, $t-1$연도 독립 변수, 그리고 t연도 통제 변수의 벡터를 의미하며, 종속 변수로는 지방자치단체의 지역경제 성장, 독립 변수로는 지방자치단체의 지방세 비과세·감면, 통제 변수로는 지방세 비과세·감면 이외에 지역경제 성장에 미칠 수 있는 요인들을 설정한다. 이를 바탕으로 다음과 같은 문턱회귀모형을 설정한다.

$$y_{i,t} = \alpha_i + \beta' x_{i,t-1}(\gamma) + \theta' z_{i,t} + \varepsilon_{i,t} \qquad (식\ 2)$$

(식 1)에서 제시한 표준적인 패널회귀모형에서와 마찬가지로 $y_{i,t}$, $x_{i,t-1}$, $z_{i,t}$는 각각 i지방자치단체의 t연도 종속 변수, $t-1$연도 독립 변수, 그리고 t연도 통제 변수의 벡터를 의미하며, γ는 내생적으로 결정되는 문턱 변수의 임계치(endogenously determined threshold)를 말한다. β의 식별(identification)에서 $x_{i,t-1}$의 요소들은 시간불변적(time-invariant)이지 않아야 하며, 오차항 ε는 평균이 0이고 동분산을 가지는 iid(independent and identically distributed)를 따른다. 또한 문턱 변수(threshold variable) $q_{i,t-1}$가 문턱 수준 γ보다 큰지 작은지에 따라 관측치들은 몇 개의 레짐(regime)으로 나눠지며, 레짐은 서로 다른 회귀직선의 기울기로 구분된다. 만약 독립 변수의 관측치들이 두 개의 레짐으로 나뉘는 경우 기울기 계수는 $\beta = (\beta_1', \beta_2')$이며 구체적으로 다음과 같이 나타낼 수 있다.

$$\begin{aligned} x_{i,t-1}(\gamma) &= x_{i,t-1} I(q_{i,t-1} \le \gamma) \\ x_{i,t-1}(\gamma) &= x_{i,t-1} I(q_{i,t-1} > \gamma) \end{aligned} \qquad (식\ 3)$$

(식 3)에서 $I(\cdot)$는 0과 1의 값을 가지는 더미 변수로서 지시함수(indicator

function)를 의미한다. 만약 단일 임계치가 존재하는 단일 문턱모형(single threshold model)을 가정하게 되면 문턱 변수의 문턱 수준 γ를 기준으로 둘로 나뉜 레짐별로 관심 대상인 회귀계수 β_1과 β_2를 각각 추정하게 되고 (식 2)는 다음과 같이 나타낼 수 있다.

$$y_{i,t} = \alpha_i + \beta_1{}' x_{i,t-1} I(q_{i,t-1} \le \gamma) + \beta_2{}' x_{i,t-1} I(q_{i,t-1} > \gamma) + \theta' z_{i,t} + \varepsilon_{i,t} \quad \text{(식 4)}$$

이와 같은 방법으로 임계치가 2개 존재하는 것으로 가정하는 이중 문턱모형(double threshold model)과 임계치가 3개 존재하는 것으로 가정하는 삼중 문턱모형(triple threshold model)은 다음과 같이 나타낼 수 있다.

$$\begin{aligned} y_{i,t} = \alpha_i &+ \beta_1{}' x_{i,t-1} I(q_{i,t-1} \le \gamma_1) + \beta_2{}' x_{i,t-1} I(\gamma_1 < q_{i,t-1} \le \gamma_2) \\ &+ \beta_3{}' x_{i,t-1} I(q_{i,t-1} > \gamma_2) + \theta' z_{i,t} + \varepsilon_{i,t} \end{aligned} \quad \text{(식 5)}$$

$$\begin{aligned} y_{i,t} = \alpha_i &+ \beta_1{}' x_{i,t-1} I(q_{i,t-1} \le \gamma_1) + \beta_2{}' x_{i,t-1} I(\gamma_1 < q_{i,t-1} \le \gamma_2) \\ &+ \beta_3{}' x_{i,t-1} I(\gamma_2 < q_{i,t-1} \le \gamma_3) + \beta_4{}' x_{i,t-1} I(q_{i,t-1} > \gamma_3) \\ &+ \theta' z_{i,t} + \varepsilon_{i,t} \end{aligned} \quad \text{(식 6)}$$

이 연구에서는 비과세 · 감면 수준에 따라서 문턱 효과가 존재하는지 여부에 대한 검정을 실시한 후 그 결과에 따라서 단일 문턱(single threshold), 2중 문턱(double threshold), 3중 문턱(triple threshold) 모형을 사용하기로 한다.[6)]

6) 문턱 효과가 통계적으로 유의미한지 여부를 결정하는 것은 매우 중요한 것으로 문턱 효과 검정 절차에 대해서는 문광민(2011)과 유병철 외(2005)를 참고하기 바란다.

2 변수 및 자료

1) 종속 변수

지방세 비과세·감면과 지역경제 성장 간의 관계에 대한 가설적 논의를 통계적으로 검증하기 위해 종속 변수를 지역경제 성장을 측정할 수 있는 지역내총생산(Gross Regional Domestic Product: GRDP)으로 설정했다. 지역내총생산(GRDP)은 시·도 단위별 생산액, 물가 등 기초 통계를 바탕으로 일정 기간 동안 해당 지역의 총생산액을 추계하는 시·도 단위의 종합경제지표로서 지역의 경제 성장 수준을 측정할 수 있는 타당한 지표라 할 수 있다(엄태호·윤성일, 2014; 엄태호, 2013). 지역내총생산은 통계청 지역 통계를 통해 수집했다.

2) 독립 변수

이 연구의 주요 설명 변수인 지방세 비과세·감면은 지방세 비과세·감면 총액, 감면 조례에 따른 지방세 감면액, 그리고 법률에 따른 지방세 비과세·감면액으로 각각 나눠 측정했다. 지방세 비과세·감면액에 대한 자료는 행정자치부에서 연도별로 발간하고 있는 『지방세정연감』 자료를 사용했다. 종속 변수와 독립 변수 간 탄력성을 분석하기 위해 모두 자연 로그를 취했다. 지방세 비과세·감면이 시행되어 지역경제 성장에 영향을 미치는 효과의 시차를 고려해 독립 변수는 종속 변수보다 1년씩 지체(lagged)되도록 설정했다.

3) 통제 변수

지역경제 성장에는 지방세 비과세·감면 이외에도 다른 요인들이 영향을 미칠 수 있다. 강윤호(2008)의 연구에 의하면 지역경제 성장의 영향 요인으로 정치·행정적 요인(지방자치단체장과 지방의회의원 선거 여부), 사회·경제적 요인(인구밀도, 경제활동 참여 인구, 산업구조), 재정적 요인(지방재정력, 경제개발비) 등을 들고 있다. 엄태호(2013)의 연구에서는 지방세 비과세 · 감면이 지역경제 성장에 미치는 영향에 대한 분석에서 통제 변수로 물적 요인(소득 수준, 도시화 수준), 인적 요인(인구밀도, 교육 서비스), 재정 요인(세출부담률, 경제개발비세출액) 등을 설정했다. 정성호(2014)의 연구에서는 인구밀도와 생산 가능 인구, 그리고 고령화 정도 등을 지방세 비과세 · 감면이 지역경제 성장에 미치는 영향에 대한 분석의 통제 변수로 설정했다. 이 연구에서는 선행 연구를 참고해 다음과 같은 통제 변수를 설정했다.

첫째, 지방정부 재정지출이다. 정부의 재정지출 증가를 통한 경기 회복과 경제 성장을 주장하는 케인스학파의 주장에 근거해 지방자치단체의 재정지출은 지역경제 성장을 가능하게 한다(백운현, 2004). 또한 맨큐(Gregory Mankiw)의 인적 자본을 고려한 신고전학파 성장모형은 지방자치단체의 재정지출을 주요 변수로 선정하고 있다(김종구, 2008; 엄태호, 2013). 이에 따라 이 연구에서도 지방정부의 재정지출을 통제 변수로 설정하고 지방정부 총세출에 대해 자연 로그를 취해 측정했다.

둘째, 도시화 수준이다. 선행 연구에 따르면 지역경제 성장에 미치는 사회 · 경제적 요인 중에서 산업구조, 인구, 노동 참여율, 입지 조건 등의 변수가 중요하게 고려되고 있다(황명찬, 1982; 최영출, 1993; 박희정, 1993). 이 연구에서는 사회 · 경제적 요인 중 산업구조의 대리 변수로 도시화 수준을 통제 변수로 설정했다. 도시화 수준은 지역별 전체 산업에서 2차 산업과 3차 산업이 차지하는 비중으로 측정했다.

셋째, 인구 규모와 지역자본이다. 지역경제 성장을 설명하는 신고전학파 성장모형은 노동과 자본을 주요 내생 변수로 보고 있다(Solow, 1956). 신고전학파 성장모형에 근거해 지역경제 성장에 영향을 미치는 요인으로 인구밀도, 고용밀도, 노동생산성, 경제활동인구, 1인당 자본, 기업 규모, 지역별 총생산량, GDP 대비 총투자 비율, 제조업체 규모 등을 들 수 있다(이상호 · 김홍규, 1996; 이번송, 2000; 유승훈 · 정군오, 2004; 최태림 외, 2004; 김병연 · 곽노선, 2005). 이러한 변수들이 증가할수록 지역 생산 활동이 활성화되고 부가가치의 창출력이 높아져 지역경제가 성장할 가능성이 높다. 이 연구에서는 지역경제 성장에 영향을 미치는 노동의 대리 변수로 인구 규모를, 자본의 대리 변수로 지역자본을 각각 설정했다. 인구 규모는 지역별 주민등록 인구 수에 대해 자연 로그를 취해 측정했으며, 지역자본은 지역별 총고정자본 형성에 대해 자연로그를 취해 측정했다.

넷째, 연구개발 수준이다. 지역경제 성장을 설명하는 내생적 성장이론은 솔로(Solow) 모형에서 간과하고 있는 인적 자본과 연구개발(R&D)의 중요성을 강조하고 있다(Romer, 1986; 1990; 1994; Lucas, 1988). 내생적 성장이론에 근거해 지역경제 성장에 영향을 미치는 요인으로 교육투자율, 종사자 학력, 대학교, 각 지역의 연구개발 투자, 특허 등을 들 수 있다(김명수, 1998; 심재희, 2000; 고석찬 외, 2002; 김성태 · 노근호, 2004; 박성익 · 유병철, 2007). 이 연구에서는 내생적 성장이론 중 연구개발(R&D)에 초점을 두고 연구개발 수준을 통제 변수로 설정했다. 연구개발 수준은 전체 연구개발비 대비 해당지역 연구개발비 비중으로 측정했다.

〈표 11-1〉은 이상에서 설명한 이 연구에서 고려하고 있는 종속 변수, 독립 변

표 11-1 변수의 정리

변수명	변수의 조작적 정의	출처
지역경제 성장	❑ 지역주민 일인당 지역내총생산(GRDP) (ln))	통계청 지역 통계 각 연도
독립 변수		
지방세 비과세 · 감면 총액	❑ 지방세 비과세 · 감면 총액(원, ln)	지방세정연감 각 연도 ($t-1$)
감면조례에 따른 지방세 감면	❑ 감면조례에 따른 지방세 감면액(원, ln)	
법률에 따른 지방세 비과세 · 감면	❑ 법률에 따른 지방세 비과세 · 감면액(원, ln) (지방세법, 지방세특례제한법, 외자도입법, 조세감면규제법, 기타 합계)	
통제 변수		
지방정부 재정지출	❑ 지방정부 총세출(원, ln)	통계청 지역 통계 각 연도
도시화 수준	❑ 지역별 2, 3차 산업 비중(%)	
인구 규모	❑ 지역별 주민등록 인구(명, ln)	
지역자본	❑ 지역별 총고정자본 형성(원, ln)	
연구개발 수준	❑ 전체 연구개발비 대비 해당 지역 연구개발비 비중(%)	

수, 그리고 통제 변수들의 측정을 위한 조작적 정의와 자료의 출처를 정리해 보여주고 있다.[7)]

제 4 절 실증분석 결과

1 기술통계

아래의 〈표 11-2〉에는 이 연구에서 사용된 종속 변수와 독립 변수, 그리고 통제 변수에 대한 기술통계치가 제시되어 있다.

표 11-2 변수들의 기술통계

변수명		관측치	평균	표준편차	최솟값	최댓값
종속 변수	1인당 지역내총생산(원, ln)	270	16.55	.285623	16.0074	17.5082
독립 변수	비과세 · 감면 합계 세액(원, ln)	270	32.9244	1.11501	30.0978	35.9392
	감면조례에 따른 지방세 감면 세액(원, ln)	270	31.1861	1.0849	27.0115	34.0095
	법률에 따른 비과세 · 감면액(원, ln)	270	32.6182	1.26997	29.0739	35.8915
통제 변수	지방정부지출(원, ln)	270	29.1126	.767426	27.0845	30.9609
	도시화 수준 (%)	270	99.4216	1.07957	93.8994	99.9935
	인구(ln)	270	14.6788	.721715	13.1593	16.3082
	총고정자본 형성(원, ln)	270	30.0312	.800098	28.05	31.8671
	연구개발비 비율(%)	270	6.55508	10.0686	.13	45.41

7) 이 연구에서 분석에 사용한 통제 변수와 관련해 선행 연구에서 제시된 많은 변수들 중에서 몇 개의 변수를 선택적으로 사용해 회귀모형에 적절한 변수가 생략(omitting a relevant variable)되어 회귀계수의 편의(bias) 가능성을 배제하기 어려운 한계가 있다.

2 분석 결과

1) 지방세 비과세 · 감면의 선형적 효과

비선형적 효과를 검토하기에 앞서 고정효과 패널모형을 이용해 지방세 비과세 · 감면이 지역경제 성장에 미치는 효과를 분석했다.

먼저 지방세 비과세 · 감면 총액을 독립 변수로 한 모형 1의 분석 결과를 살펴보면 지방세 비과세 · 감면은 지역경제 성장을 증가시키는 데 5% 유의 수준에서 통계적으로 유의미한 것으로 나타났다. 즉, 지방세 비과세 · 감면 총액이 1% 증가하면 지역경제는 0.0326% 성장하는 것으로 나타났다. 이러한 결과는 강원도 내 18개 시 · 군을 대상으로 분석해 1인당 지방세 비과세 · 감면 총액이 지역경제 성장에 정(+)의 영향을 미친다는 정성호(2014)의 연구 결과와 합치한다.

다음으로 감면 조례에 따른 지방세 감면을 독립 변수로 한 모형 2의 분석 결과를 살펴보면 지방세 감면은 지역경제 성장을 감소시키는 데 5% 유의 수준에서 통계적으로 유의미한 것으로 나타났다. 즉, 지방세 감면액이 1% 증가하면 지역경제 성장이 0.0135% 감소하는 것으로 나타났다. 이러한 결과는 선행 연구와 다소 다르게 나타났다. 16개 광역지방자치단체를 대상으로 분석한 엄태호(2013)의 연구에서는 지방자치단체에 의한 지방세 감면이 지역경제 성장에 정(+)의 영향을 미친다고 나타났다. 반면 강원도 내 18개 시 · 군을 대상으로 분석한 정성호(2014)의 연구에서는 시 단위 기초자치단체와 군 단위 기초자치단체의 결과가 다르게 나타났다. 시 단위 기초자치단체의 경우 일인당 감면 조례 총액이 지역경제 성장에 정(+)의 영향을 미친다고 나타난 반면, 군 단위 기초자치단체의 경우 부(-)의 영향을 미친다고 나타났다. 이 연구 결과가 기존의 연구 결과가 다르게 나온 것은 다음과 같은 이유로 생각해 볼 수 있다. 먼저 지방자치단체의 감면 조례에 따른 감면의 측정지표에 따른 차이로 엄태호(2013)의 연구에서는 지역경제 성장에 영향에 주요한 영향을 미치는 취득세, 등록세, 재산세에 대한 감면만을 대상으로 한 반면, 이 연구에서는 지방자치단체의 감면 조례에 따른 감면 전체를 대상으로 했다. 다음으로 연구의 대상에 따른 차이로 정성호(2014)의 연구에서는 강원도 내 18개 시 · 군을 대상으로 한 반면, 이 연구에서는 15개 광역지방자치단체를 대상으로 했다.

마지막으로 법률에 따른 지방세 비과세 · 감면을 독립 변수로 한 모형 3의 분석 결과를 살펴보면 지방세 비과세 · 감면은 지역경제 성장을 증가시키는 데 5% 유의 수준에서 통계적으로 유의미한 것으로 나타났다. 즉, 지방세 비과세 · 감면 총액이 1% 증가하면 지역경제는 0.0252% 성장하는 것으로 나타났다. 이러한 결과는 1요인 고정효과 모형으로 중앙정부에 의한 비과세 · 감면이 지역경제 성장

표 11-3 지방세 비과세 · 감면과 지역경제 성장의 관계: 선형모형

	모형 1 (비과세 · 감면 총액)	모형 2 (감면 조례에 따른 감면)	모형 3 (법률에 따른 비과세 · 감면)
비과세 감면 합계	.0326** (.0128)		
감면 조례에 따른 감면		−.0135** (.0061)	
법률에 따른 비과세 · 감면			.0252** (.0119)
지방정부 재정지출	.3371*** (.0252)	.3894*** (.0137)	.3366*** (.0292)
도시화 수준	-.0156* (.0086)	-.0113 (.0087)	-.0138 (.0086)
인구 규모	-.5696*** (.1084)	-.5192*** (.1071)	-.5675*** (.1094)
지역자본	.2382*** (.0357)	.2420*** (.0358)	.2432*** (.0359)
연구개발 수준	.0061** (.0026)	.0048* (.0026)	.0056** (.0026)
절편	8.3463*** (1.9988)	7.0477*** 1.9201	8.257*** (2.030125)
R^2	0.6982	0.7184	0.7007
N	270	270	306

주: ( )의 값은 추정회귀계수의 표준오차(se)를 의미함.
***, **, * 는 각각 유의 수준 1, 5, 10%를 의미함.

에 정(+)의 영향을 미친다는 엄태호(2013)의 연구 결과와 합치한다.

2) 지방세 비과세 · 감면의 비선형적 효과

다음으로 패널문턱모형을 통해 지방세 비과세·감면 변수의 지역경제 성장에 대한 비선형적 효과가 존재하는지 여부를 살펴보았다. 패널문턱회귀모형을 통한 분석의 첫 단계로 비과세·감면 수준에 따른 문턱 효과가 존재하는 여부에 대한 검정을 실시했다. 비과세·감면 총액, 감면 조례에 의한 감면(이하 '감면 조례 감면'), 그리고 감면 조례 이외의 법률에 따른 비과세·감면(이하 '법률 비과세·감면')에 대해 각각 F 검정통계량을 근사화하는 방법으로 5000번 반복의 부트스트랩을 적용해 부트스트랩 p-value를 계산했다. 〈표 11-4〉는 비과세·감면 총액, 감면 조례 감면 그리고 법률 비과세·감면 각각에 대한 단일 문턱(single threshold), 2중 문턱(double threshold), 3중 문턱(triple threshold) 효과 존재 여부에 대한 검정 결과를 보여주고 있다. 이에 따르면 비과세·감면 총액의 경우 단일 문턱 검정통계치가 $F_1 = 2.2088$으로서 유의 수준 10% 수준에서도 통계적으로 유의미하지 않은 것으로 나타났으며, 감면 조례 감면의 경우에는 $F_1 = 9.0385$, $F_2 = 10.0316$, $F_3 = 8.476327$로서 모든 문턱에서 유의 수준 1% 수준에서 통계적으로 유의미한 것으로 나타났다. 그리고 법률 비과세·감면의 경우 $F_1 = 7.1482$, $F_2 = 5.4756$, $F_3 = 3.2027$로서 단일 문턱에서는 유의 수준 1%에서 통계적으로 유의미한 것으로 나타났으나 2중 문턱의 경우 유의 수준 5% 수준에서 통계적으로 유의미한 것으로 나타났다. 이는 지방세 비과세·감면과 지역경제 성장 간 관계에는 복수의 문턱 수준이 존재할 통계적 가능성이 높다는 것을 의미한다고 할 수 있다.

이 연구에서는 유의 수준 1%를 충족하는 경우에만 문턱이 존재하는 것으로 판단했다. 이에 따라 비과세·감면 총액은 문턱 효과가 없고, 감면 조례에 따른 감면은 3개의 문턱이 존재하며, 법률에 따른 지방세 비과세·감면은 1개의 문턱만이 존재하는 것으로 판단했다.[8)]

---

8) 이 분석에서는 문턱의 통계적 유의미성 판단 기준을 유의 수준 1%로 설정해 법률에 따른 지방세 비과세·감면의 2중 문턱은 존재하지 않는 것으로 판단했다. 사실 법률에 따른 지방세 비과세·감

표 11-4 지방세 비과세·감면과 지방경제 성장 간 문턱 효과 검정

	비과세·감면 총액	감면 조례에 따른 감면	법률에 따른 비과세·감면
Test for single threshold			
F_1	2.2088	9.0385***	7.1482***
P-value	0.1390	0.0040	0.0086
(10%, 5%, 1% 유의값)	(2.7463, 3.7753, 7.0399)	(2.8100, 3.9775, 7.3053)	(2.6116, 3.9358, 6.6114)
Test for double threshold			
F_2		10.0316***	5.4756**
P-value		0.0048	0.0194
(10%, 5%, 1% 유의값)		(2.8861, 4.2455, 8.1391)	(2.7724, 3.8958, 6.5609)
Test for triple threshold			
F_3		8.4763***	
P-value		0.0038	
(10%, 5%, 1% 유의값)		(0.0637, 0.78288, 5.5269)	

주: F와 p-value는 bootstrap 5000회 반복 과정을 통해 도출되었음.
***, **, * 는 각각 유의 수준 1, 5, 10%를 의미함.

〈표 11-5〉는 2중 문턱 모형의 문턱 수준에 해당하는 비과세·감면 변수의 추정값을 보여주고 있다. 이에 따르면 감면 조례에 따른 지방세 감면의 경우 [31.3635 미만, 31.3635 이상 31.8455 미만, 31.8455 이상 32.3595 미만, 32.3595 이상] 등 4개의 레짐이 존재하게 된다. 반면 법률에 따른 지방세 비과세·감면은 [31.0846 미만, 31.0846 이상] 등 2개의 레짐이 설정되었다.

〈표 11-6〉은 감면 조례와 법률에 따른 지방세 비과세·감면의 문턱 수준에 따라 나뉜 레짐에서 추정된 지역경제 성장에 대한 회귀방정식의 결과를 보여주

면에서 2중 문턱 존재에 대한 통계량이 유의 수준 5% 수준에서 통계적으로 유의미한 것으로 나타났으나, 이후 실시한 2중 문턱에 따른 3개의 레짐별로 도출된 회귀계수가 모두 통계적으로 유의미하지 않은 것으로 나타났기 때문이다.

표 11-5 지방세 비과세 · 감면액의 문턱값 추정

	Estimate	95% 신뢰구간
감면 조례에 따른 지방세 감면	31.3635	(31.1918, 31.6109)
	31.8455	(29.1627, 32.9400)
	32.3595	(31.7247, 32.6979)
법률에 따른 지방세 비과세 · 감면	31.0846	(30.7475, 34.0421)

고 있다. 문턱모형을 적용하지 않고 전 표본을 사용해 분석한 일반선형모형 결과에 따르면 감면 조례에 따른 지방세 감면은 지역경제 성장과 유의미한 부(-)의 관계를 가지는 반면 법률에 따른 지방세 비과세 · 감면은 통계적으로 유의미하게 지역경제 성장에 정(+)의 효과를 미치는 것으로 나타났다.

그러나 이러한 평균적 효과를 추정하는 선형모형과는 달리 문턱모형에서는 지방세 비과세 · 감면과 지역경제 성장 간의 관계가 레짐에 따라 다양하게 나타날 수 있음을 보이고 있다. 즉, 감면 조례에 따른 지방세 감면의 경우 레짐 1에서는 회귀계수가 통계적으로 매우 유의미한 음(−)의 값을 보인 반면, 레짐 2 이상에서는 상대적으로 작은 음의 값을 나타내고 있다. 이후 레짐 3과 레짐 4에서도 회귀계수가 음의 값을 가지지만 레짐 2에 비해서는 그 음의 크기가 커지고 있음을 볼 수 있다. 이러한 연구 결과는 지방자치단체의 감면 조례에 의한 지방세 감면이 지역경제 성장에 미치는 부정적인 영향을 확연하게 더 드러낸다고 볼 수 있다. 즉, 선형모형에 따르면 지방세 감면이 지역경제 성장에 미치는 영향은 지방세 감면액 전체를 대상으로 회귀계수가 -0.0135로 나타났지만, 비선형모형에 따르면 지방세 감면의 수준에 따라 회귀계수가 각기 다르게 나타났으며 지방세 감면의 수준이 아주 높은 경우 지역경제 성장에 미치는 부정적인 영향이 더 큰 것으로 나타났다.

법률에 따른 지방세 비과세 · 감면의 경우 하나의 문턱을 기준으로 나뉜 두 개의 레짐에서 선형모형의 결과와 마찬가지로 양의 효과를 미치는 것으로 나타났으며, 이때 회귀계수의 크기는 상위 레짐에서 더 큰 것으로 나타났다. 이러한 연구 결과는 감면 조례에 따른 지방세 감면과 달리 법률에 따른 지방세 비과세 ·

표 11-6 레짐별 지방세 비과세 · 감면액의 회귀계수 추정 결과

종속 변수: 1인당 GRDP(ln)	선형 모형	비선형모형			
		문턱 수준		문턱 변수: 감면 조례	문턱 변수: 법률
독립 변수: 감면 조례에 따른 지방세 감면	-0.0135** (.0061413)	regime1:	γ_a〈31.3635	-0.0157** (0.0073)	
		regime2:	31.3635≤γ_a〈31.8455	-0.0140* (0.0072)	
		regime3:	31.8455≤γ_a〈32.3595	-0.0154** (0.0070)	
		regime4:	γ_a≥32.3595	-0.0178*** (0.0069)	
독립 변수: 법률에 따른 지방세 비과세 · 감면	0.0252** (.0119972)	regime1:	γ_b〈31.0846		0.0175* (0.0105)
		regime2:	γ_b≥31.0846		0.0188* (0.0112)

주: ( )은 이분산성을 고려한 robust 표준오차를 의미함.
***, **, * 는 각각 유의수준 1, 5, 10%를 의미함.

감면이 지역경제 성장에 미치는 긍정적인 영향을 확연하게 더 드러낸다고 볼 수 있다. 법률에 따른 지방세 비과세 · 감면액 전체를 대상으로 한 선형모형의 경우 회귀계수가 0.0252로 나타났지만, 비선형모형의 경우 지방세 비과세 · 감면의 수준에 따라 회귀계수가 각기 다르게 나타났으며, 지방세 비과세 · 감면의 수준이 증가할수록 지역경제 성장에 미치는 효과가 증가하는 것으로 나타났다. 하지만 선형모형의 결과보다는 그 영향이 작은 것으로 볼 수 있다.

제 5 절 결론 및 향후 연구 방향

이 연구는 지방세 비과세 · 감면이 지역경제 성장에 어떠한 영향을 미칠 수 있는지를 살펴보고자 우리나라의 광역지방자치단체를 대상으로 삼아 실증적 분

석을 실시했다. 선행 연구에서는 기본적으로 분석 대상 전체 표본에 대한 평균적 효과의 측정을 목적으로 해서 지방세 비과세·감면 규모 등 일정 조건이 달라짐에 따라 지방세 비과세 감면이 지역경제 성장에 미치는 한계적 효과(marginal effect)가 상이하게 나타날 가능성에 대해서는 다루지 못하고 있는 점에 착안해 이 연구에서는 다양한 조건 변수 중에서 우선적으로 지방세 비과세·감면 자체를 문턱 변수로 고려해 한센(Hansen, 1999)의 패널문턱모형을 통해 분석을 수행했다.

패널문턱모형에 의한 분석 결과 지방세 비과세·감면 총액은 문턱 효과가 없는 것으로 나타났고, 감면 조례에 따른 지방세 감면은 3중 문턱 효과(triple threshold effect)가, 법률에 따른 지방세 비과세·감면은 단일 문턱 효과(single threshold effect)가 있는 것으로 나타났다. 그리고 감면 조례에 따른 지방세 감면과 법률에 따른 지방세 비과세·감면에 대해 고정 효과 모형을 적용한 선형모형에서의 회귀분석 결과와 차이를 보였다. 감면 조례에 따른 지방세 감면의 경우, 감면 조례에 따른 지방세 비과세·감면의 증가는 선형모형과 문턱모형 모두 지역경제 성장과 통계적으로 유의미한 부(−)의 관계를 가지고 있는 것으로 나타났지만, 문턱모형에서는 상위 레짐에서 그 효과가 더 큰 것으로 나타났다. 한편 법률에 따른 지방세 비과세·감면의 경우, 법률에 따른 지방세 비과세·감면의 증가는 선형모형과 문턱모형 모두 지역경제 성장과 통계적으로 유의미한 정(+)의 관계를 가지는 것으로 나타났지만, 문턱모형에서는 상위 레짐에서 그 효과가 더 큰 것으로 나타났다.

이 연구는 지방세 비과세·감면이 그 수준에 따라 지역경제 성장에 비단조적으로 영향을 미치는 이른바 문턱 효과(threshold effect)라는 새로운 시각으로 접근한 데에 그 의의가 있다고 할 수 있다. 하지만 왜 이러한 문턱 변수의 수준에 따라 주요 독립 변수의 효과가 상이하게 나타나게 되는가에 대한 엄밀한 논리적 설명은 아직 많이 부족하다고 할 수 있다. 이 연구에서는 다양한 조건 변수들을 생각해 볼 수 있지만 그중에서 주요 독립 변수인 지방세 비과세·감면 자체를 우선적으로 조건 변수로 고려해 분석을 수행했다. 또한 이 연구에서는 지방세 비과세·감면의 지역경제 성장에 미치는 영향을 분석하되 지방세 비과세·감면을 사안별로 구분해 그중에서 지역경제 성장을 위한 지방세 비과세·감면만을 분석의 대상으로 하지 못한 한계가 있다. 즉, 이 연구에서는 「지방세특례제한법」상의 감면, 「조세특례제한법」상의 감면, 지방자치단체의 감면 조례에 의한 감면, 그리고 「지방세법」상의 비과세 규정 중에서 지역경제 성장을 위한 것만을 분석의 대상으로 하지 못하고 지방세 비과세 · 감면 총액과 감면 조례에 따른 감면액, 그리고 법률에 따른 비과세 · 감면액으로 구분해 설명 변수로 사용했다. 하지만 현재 발표되고 있는 지방세 비과세 · 감면의 통계가 법령별, 그리고 조문별로 구분되어 있지 않을 뿐만 아니라 구분되어 발표가 된다고 해도 지역경제 성장을 위한 비과세와 감면을 따로 구분하는 것도 자의적인 판단일 수 있는 이유로 이 연구에서는 부득이하게 따로 구분하지 않고 전체로 분석을 실시했다.

한편 이 연구에서는 고정 효과 패널모형과 함께 문턱모형을 이용해 지방세 비과세 · 감면이 지역경제 성장에 미치는 선형적 효과 및 비선형적 효과를 분석했다. 그런데 한센(Hansen, 1999)의 문턱회귀모형에서는 문턱이 발견되어 표본이 둘로 분리되면 부분표본(subsample) 내에서 문턱이 있는지를 같은 방법을 사용해 다시 적용해 볼 수 있다. 그러나 이 방법은 표본이 충분히 큰 경우에 더 큰 의미가 있다. 후속 연구에서는 이러한 표본 크기의 문제를 우회할 수 있는 비선형 효과 분석 방법으로서 롤링(rolling) 회귀분석을 추가로 도입할 수 있을 것이다. 롤링 회귀분석은 문턱회귀분석을 보완하면서 해당 방법의 사용 동기와 의의를 만족스럽게 살릴 수 있다는 점에서 유용한 방법이라 할 수 있다. 즉, 지방자치단체들을 일정 기준 변수(지방세 비과세 · 감면액)의 수준으로 분류한 다음, 차례대로 일정한 광역지방자치단체 수로 이뤄진 그룹을 형성해 표본 수를 유지하면서 연속적으로 회귀분석을 실시하는 것이다. 이러한 방법을 적용하면 지방세 비과세 · 감면액에 기초한 지방자치단체 그룹별로 지역경제 성장에 영향을 미치는 설명 변수들의 효과가 어떻게 달라지는가를 확인해 볼 수 있다. 만약 문턱의 존재 여부를 확인하는 것에 큰 비중을 두지 않는다면 지방세 비과세 · 감면액별로 모수의 추정치가 어떻게 변하는가를 살펴보기 위해서는 이러한 방법이 더 직관적일 수 있다. 후속 연구에서는 이 연구를 바탕으로 다양한 다른 분석 방법을 사용해 지방자치단체의 지방세 비과세 · 감면이 지역경제 성장에 미치는 선형적 효과 및 비선형적 효과를 분석할 수 있을 것이다.

제 12 장

지방공공서비스의 주민만족도: 주민의 특성에 따라 차이가 나는가?*

임동진 · 장순희

제 1 절 서론

오늘날 전 세계는 교통 및 정보통신의 발달로 자본과 인구 이동이 급증하고 있고, 국가 간에도 경제와 무역 등에서 경쟁이 더욱 가중되고 있다. 이처럼 급변하는 세계 환경 변화와 함께 국가나 지방정부 역시 기존의 공공 서비스의 독점 공급자의 지위에서 다른 국가나 지방정부와 경쟁하는 시대에 살고 있다. 즉, 국가나 지방정부의 공공서비스 수준이 국가경쟁력과 지방경쟁력이 되는 시대라는 것이다.

공공서비스에 대한 주민만족도 평가[1]는 공공서비스 전반에 대한 활동을 정

* 이 연구는 2013년 한국공공행정학회 동계 세미나에서 발표한 논문을 수정 · 보완해, 서울대 한국행정연구소에서 발간하는 「행정논총」 제52권 제2호에 게재된 것임.

1) 공공서비스에서 고객 지향적 관리에 대한 본격적인 논의는 코틀러와 앤드리센(Kotler & Andreasen, 1996), 채프먼과 코델(Chapman & Cowdell, 1998), 그리고 티맨(Timan, 1995) 등의 저술에서 나타

기적으로 점검하고 궁극적으로 공공서비스의 질을 향상시킬 수 있는 필수 요건이다. 공공서비스의 주민만족도에 대한 평가[2]는 여러 가지 편익을 갖고 있다. 우선, 현재 공공서비스의 주민만족도 수준을 정확하게 파악할 수 있다. 다음으로, 주민들의 공공서비스의 수요 변화와 공무원들의 책임의식 고취 등 의식 변화를 유도할 수 있다. 또한, 정부기관 상호 간 공공서비스 수준을 비교·평가할 수 있으며, 우수한 행정기관의 공공서비스를 벤치마킹할 수 있는 등 장기적으로 공공서비스 수준을 향상시킬 수 있는 방안 모색이 가능하다.

공공서비스의 주민만족도 평가는 1980년대 이후부터 영국과 미국 등 주요 선진국에서 이미 도입되어 성공적으로 운영되고 있다(Beck et al., 1987; James, 2009; Mizrahi et al., 2009; Ostrom, 1973; Van Ryzin et al., 2004). 우리나라도 2006년 「정부업무평가기본법」 이후부터 현재까지 정부업무평가의 한 요소로 각 중앙행정기관의 '주요 정책 만족도 조사'와 '민원행정 서비스 만족도 조사'[3]를 실시하고 있고, 지방정부 역시 각종 정책만족도나 민원행정 서비스 만족도를 실시하고 있다.

공공서비스의 주민만족도에 영향을 미치는 요인에 관한 연구는 가장 뜨거운 연구 분야 중에 하나다. 그런데 공공서비스의 주민만족도에 대한 우리나라 대부분의 선행 연구들은 공공서비스를 제공하는 공공기관의 능력이나 서비스 제공자(공무원)의 행위나 태도에 따라 공공서비스의 내용과 수준이 차이가 있을 것이라는 공급자적 측면의 가정을 토대로 공공서비스의 주민만족도를 평가해 왔다. 물론 공공서비스 제공기관의 능력이나 제공자의 행위나 태도에 따라 공공서비스의 수준이 차이가 날 수 있다. 그러나 근대의 권위주의 시대와 달리 고객 만족을

나 있다. 또한 앤드리센(Andreasen, 1996)은 공공서비스가 고객 지향적으로 이뤄져야 하며, 이를 위해서는 공공서비스에 대한 고객접근성과 이용편리성이 중요한 요소라고 주장하고 있다.

2) 공공서비스의 주민만족도 평가는 질적인 평가로 서비스의 제공 과정에서 얼마나 주민들이 만족하는 공공서비스를 제공했는가에 초점이 맞춰진다. 공공서비스의 제공 과정의 활동은 물적 요인과 인적 요인으로 구분해 측정될 수 있지만, 공공서비스의 특성상 인적 요인의 비중이 크다. 다시 말해, 공공서비스의 주민만족도 평가는 공공서비스를 제공하는 공무원들의 서비스 수준이 많은 영향을 미친다는 것이다.

3) 주요 정책 만족도 조사는 중앙행정기관의 주요 정책을 대상으로 한 국민만족도 조사이고, 민원행정 만족도 조사는 행정서비스 이용 경험이 있는 민원인을 대상으로 민원행정 서비스 전달 과정에서 나타나는 공무원들의 행태와 제도 자체 등에 대한 종합적인 만족도 조사다.

강조하는 현대 행정에서 실제로 대부분의 공공서비스는 일정한 원칙과 절차에 따라 누구에게나 동일하고 공평하게 제공되고 있다. 만약 공공서비스의 수준이 일정한데도 불구하고 주민만족도가 차이가 있다고 한다면 이는 공공서비스를 제공하는 공공기관이나 서비스 내용과 수준의 문제라기보다는 공공서비스를 수혜받는 주민들의 인식의 차이에서 비롯된다고 할 수 있고, 이는 주민들의 특성에 따라 주민만족도가 차이가 날 수 있음을 의미한다. 실제로 공공서비스 만족도와 관련한 많은 국외 선행 연구들은 주민 특성에 따른 만족도 차이에 대한 연구를 진행해 오고 있다.

이러한 맥락에서 이 연구의 목적은 공공기관이 제공하는 공공서비스의 수준이 차이가 없다는 가정을 토대로 서비스 수요자인 주민들의 특성에 따라 공공서비스의 주민만족도가 차이가 나는지를 규명하고, 이에 따른 이론적 · 정책적 함의를 제시하는 것이다. 이를 위해 공공서비스의 주민만족도에 대한 선행 연구, 만족도에 대한 영향 요인 등의 심층적인 이론적 논의를 토대로 연구 가설을 설정했고, 연구 가설을 규명하기 위해 충남의 15개 시 · 군의 민원실을 이용한 616명의 주민을 대상으로 공공서비스에 대한 주민만족도 설문조사를 실시했다.

제 2 절 이론적 논의

1 공공서비스와 주민만족도

공공서비스는 주민들의 삶의 질을 높이기 위해 정부가 직접 생산해 주민들에게 제공하는 재화나 서비스는 물론, 정부가 공급하지만 그 생산은 민간 부문, 공기업, 제3섹터 등의 준정부조직, 그리고 비영리조직 등이 맡아 주민들에게 제공하는 각종 재화나 서비스를 모두 지칭하는 것이다(김인, 2002). 공공서비스에는 모든 정부 및 공공기관이 제공하는 모든 행정서비스가 여기에 포함된다. 다시 말해 공공서비스는 국방 서비스부터 시 · 군 · 구청의 민원행정 서비스까지를 포함한다는 것이다. 특히 지방의 주민들이 가장 많이 이용하는 공공서비스는 지방정부인 시 · 군 · 구청에서 제공하는 민원행정 서비스[4]다. 지방정부가 제공하는 공공서비스는 중앙정부가 제공하는 공공서비스와는 달리 주민들에게 대면 접촉적이고 기초적인 행정 수요를 충족하는 공공서비스를 제공한다는 특징을 갖고 있다(Morgan & England, 1996).

주민만족도는 주민들이 객관적인 공공서비스에 대한 경험을 통해 얻은 느낌, 의견과 판단적인 평가(judgemental evaluations)를 포함한 일반적이고 주관적인 평가의 결합(combination)으로 정의될 수 있다(Bouckaert & Van De Valle, 2003; Kampen et al., 2006; Im & Lee, 2012). 공공서비스에 대한 주민만족도는 행정기관의 성과에 대한 주민의 인식과 평가에 관한 중요한 정보를 제공함은 물론 공공서비스 개선점을 찾을 수 있는 전략적 기초자료로 많이 활용되고 있다. 그러나 주민만족도는 지방정부의 산출이나 결과를 객관적이고 과학적으로 측정하는 완전한 성과지표라고 할 수 없다. 왜냐하면 공공서비스에 대한 주민만족도는 오용 및 남용(misuse)의 가능성이 여전히 많이 있기 때문이다[5](Stipak, 1979).

---

4) 민원행정 서비스는 학술적 용어는 아니다. 한국의 행정은 실무적 차원에서 하나의 독립적인 서비스 영역으로 구분하나 서구 사회는 이를 통칭해서 '공공서비스(public service)'라고 한다. 따라서 민원서비스를 공공서비스라고 해도 무방하다. 그러나 민원행정 서비스는 많은 공공서비스 중의 부분집합이고 구체적인 서비스의 내용이 있다는 것을 고려하면 이해가 쉽다. 민원사무의 내용을 구체적으로 보면 ① 허가, 인가, 면허 또는 승인 등의 신청, ② 등록, 등재의 신청 또는 신고, ③ 특정한 사실 또는 법률 관계에 관한 확인 또는 증명의 신청, ④ 행정 업무에 관한 질의 또는 상담 형식을 통한 설명이나 해석의 요구, ⑤ 정부 시책이나 행정제도 및 운영의 개선에 관한 건의, ⑥ 기타 행정기관에 특정한 행위를 요구하는 사항 등으로 규정된다(「민원사무처리에 관한 시행령」).

5) 공공서비스에 대한 주민만족도의 관점은 크게 다음의 네 가지, 즉 ① 인지적 상태, ② 고객의 평가, ③ 정서적 반응, ④ 인지적 판단과 정서적 반응이 결합된 고객의 판단으로 구분할 수 있다. 첫째, 주민 만족을 인지적 상태로 보는 관점은 '공공서비스 이용자가 치른 대가의 보상에 대한 이용자의 판단'으로 보고 있다. 둘째, 고객의 평가의 관점은 '고객의 욕구 및 요구를 충족시키는 정도에 대한 평가, 고객의 사전 기대와 서비스의 실제 성과 또는 서비스 이용에서 판단되는 일치/불일치 정도 등 일련의 고객의 인지적 과정에 대한 평가'로 보고 있다. 셋째, 정서적 반응으로 보는 관점은 '고객의 기대 일치/불일치와 같은 고객의 다양한 인지적 처리 과정 후 형성되는 정서적 반응'으로 보고 있다. 마지막으로, 인지적 과정과 정서적 반응이 결합된 고객의 판단으로 보는 관점은 '고객의 충족상태에 대한 반응으로서, 서비스의 특성 또는 서비스 자체를 유쾌한 수준으로 제공했는가에 대한 판단'으로 보고 있다(박명호 · 조형지, 1999). 이처럼 공공서비스에 대한 주민만족도는 주민들이 공공서비스에 대한 기대에 대한 인지적 상태, 정서적 반응이 충족하고 있는가를 판단하는 정도라고 할 수 있다.

그럼에도 불구하고 공공서비스에 대한 주민만족도 평가는 다음과 같은 이유에서 매우 필요하다. 첫째, 공공서비스 제공의 주체인 공무원에게 그들이 속한 행정기관의 성과에 대한 주민의 인식과 평가에 관한 중요한 정보를 제공해 준다. 둘째, 지역주민의 공공서비스에 대한 평가를 통해 지방정부의 행정에 대한 책임의식을 제고시킨다. 셋째, 지역주민의 공공서비스에 대한 수요 변화를 파악해 주민복지의 실질적 향상을 도모한다. 마지막으로, 공공서비스를 담당하는 각급 행정기관과 담당 공무원에 대한 의식 개혁과 행정혁신을 통해 행정의 민주성과 능률성을 확보할 수 있다(김병국, 1996).

2 공공서비스의 주민만족도에 대한 선행 연구

공공서비스의 주민만족도에 대한 선행 연구는 공급자적 측면과 수요자적 측면으로 구분해 설명할 수 있다. 먼저, 공급자적 측면의 공공서비스의 주민만족도 연구들은 공공서비스를 제공하는 공공기관의 능력(역량)에 따라 공공서비스의 내용과 수준이 달라진다는 가정하에 공공서비스를 수혜하는 주민들을 대상으로 공공서비스에 대한 주민만족도를 평가하고, 주민만족도 수준에 따라 서비스 제공기관들을 서열화하고 왜 이러한 만족도 차이가 발생하는지에 대한 설명을 하고 있다. 대표적인 연구에는 피츠제럴드와 듀랜트(Fizgerard & Durant, 1980), 브라운과 쿨터(Brown & Coulter, 1983), 박병식(1988), 김영기(1992), 김영수·박영강(1997), 황명찬·이성복·권경득(1997), 박기관(2001), 김광주(2001), 송광태(2004), 오영균(2006), 이광희(2008) 등이 있다. 또 다른 공급자적 측면의 선행 연구들은 공공기관의 능력보다는 공공서비스 제공자(공무원)의 행위와 태도가 공공서비스에 대한 주민만족도에 영향을 미친다고 가정하고 공공서비스를 제공하는 공무원들의 행위와 태도가 어떻게 주민만족도에 영향을 미치는지를 설명하고 있다. 대표적인 연구에는 김영오(2004), 안정기·윤영주(2006), 김은희·박희서(2007), 이원욱·김영오(2007) 등이 있다.[6)]

6) 물론 최근에는 공공서비스의 만족도와 정부 성과와의 관계성을 연구하는 연구들도 있다(Im & Lee, 2012; 고명철, 2013).

다음으로, 수요자적 측면의 공공서비스의 주민만족도 연구들은 공공서비스를 제공하는 공공기관의 능력이나 공공서비스 제공자인 공무원의 행위나 태도보다는 공공서비스를 수혜하는 주민들의 특성에 따라 주민만족도의 수준이 달라진다는 가정 하에 주민의 특성에 따라 어떻게 공공서비스의 주민만족도 차이가 발생하는지를 설명하고 있다. 대표적인 연구에는 로시 외(Rossi et al., 1974), 서치맨과 그륀버그(Suchman & Gruenberg, 1972), 이상호・최세현(2008), 제갈돈(2013) 등의 연구가 있다. 이상호・최세현(2008)은 공공서비스의 주민만족도가 여성, 청년층, 저학력자, 빈민방문자 등에서 상대적으로 낮게 나타나고 있음을 보여주고 있다. 제갈돈(2013)은 공공서비스에 대한 주민들의 기대 불일치가 주민만족도에 영향을 미친다고 주장하고 있다. 이 연구는 수요자적 측면의 공공서비스의 주민만족도에 관한 연구로, 주민들의 특성에 따라 공공서비스의 주민만족도가 어떻게 달라지는지를 실증적으로 규명하고자 한다.

3 주민만족도에 영향을 주는 주민 특성 요인

공공서비스의 주민만족도에 영향을 미치는 요인은 학계에서 가장 중요한 논쟁 중에 하나다. 공공서비스의 주민만족도에 영향을 주는 요소는 크게 보면 공급자적 측면과 수요자적 측면으로 구분할 수 있다. 먼저 공급자적 측면의 요소로는 공공기관이 제공하는 공공서비스의 내용(양)이나 수준(질),[7] 그리고 공공서비스

7) 공공기관이 제공하는 공공서비스의 내용과 수준은 행정관료들의 의사 결정의 행태에 따라 달라진다(Garrett et al., 2006). 공공서비스의 배분은 '관료적 의사결정규칙(bureaucratic decision rules)' 또는 '누가 무엇을 얻는가(who gets what)'에 대한 가설에 의해 주로 설명되어 왔다(Antunes & Plumlee, 1977). 다시 말해, 행정관료들이 공공서비스의 배분에 관련한 의사 결정 과정에서 선출직 공무원들보다 더 많은 영향력을 행사한다는 것이다(Mladenka & Hill, 1977). 중앙정부와 비교해서 지방정부 활동은 정치적인 논리보다는 행정적인 운영 측면이 강하다. 왜냐하면 지방정부는 주로 시민들에게 직접적으로 공공서비스를 전달하는 책임을 지고 있기 때문이다. 이러한 요인은 관료들이 공공서비스의 생산과 배분에 어떻게 관여하는지에 따라 공공서비스에 대한 주민만족도 수준이 달라질 수 있다는 것을 의미한다(Im & Lee, 2012). 이는 관료들이 특정 공공서비스를 배분하는 과정에서 공공서비스의 내용(양)과 수준(질)을 결정하는 방식에 따라 공공서비스 간 주민만족도 수준의 차이가 날 수 있음을 설명하고 있다.

를 제공하는 제공자(공무원)의 행위와 태도[8]로 설명될 수 있다. 이에 반해, 수요자적 측면의 요소로는 공공서비스를 수혜받는 주민들의 개인적인 특성 요인(성별, 연령, 교육 수준, 기대 수준 등)과 환경적인 특성 요인(거주지역, 접촉 빈도, 서비스 종류 등)이 있다(Aberbach & Walker, 1970; Jones, 1995; Lineberry, 1977)

이 연구는 공공서비스의 주민만족도가 공급자적 요소에 차이가 거의 없다는 가정을 토대로 공공서비스의 주민만족도에 영향을 주는 수요자적 측면의 요소인 주민의 특성 요인, 즉 주민의 개인적 특성과 환경적(맥락적) 특성을 중심으로 이론적 논의를 하고자 한다.[9]

우선, 공공서비스의 주민만족도에 영향을 주는 개인적인 특성에는 성별, 연령, 교육 수준, 인종, 기대 수준 등이 있다.

첫째, 공공서비스에 대한 주민만족도는 성별에 따라 차이가 난다. 많은 선행연구에서 여성이 남성에 비해 공공서비스에 대해 더 만족하는 것으로 나타나고 있다(Cheurprakobkit, 2000; Reisig & Giacomazzi, 1998). 이는 여성이 남성에 비해 공공서비스에 대해 더 호의적이라는 것을 의미한다.

둘째, 주민만족도는 연령에 따라 차이가 날 수 있다. 많은 연구에서 청년층이 노년층에 비해 공공서비스에 대한 상대적으로 만족도가 떨어지는 것으로 나타나고 있다(Reisig & Correia, 1997; Worrall, 1999). 그러나 대체로 연령과 주민만

---

8) 립스키(Lipsky, 1980)의 일선관료제(street-level bureaucracy)를 발전시킨 모형을 토대로 공공서비스를 집행하는 공무원들과 주민들의 개인적 상호작용을 설명하고 있다(Thomas, 1982). 립스키는 공공주택국의 공무원들이 청년층 주민들보다는 노년층 주민들에게 더 친절하다는 것을 발견하고, 연령과 접촉의 질(contact quality) 간에 상관 관계가 있다고 주장한다. 같은 맥락에서 브라운과 쿨터(Brown & Coulter, 1983), 퍼시(Percy, 1986)는 경찰서비스에 대한 주민만족도는 경찰관의 반응과 태도에 밀접히 관련이 있는 반면, 주민의 소득과 연령과는 무관하다고 주장하고 있다. 이는 공공서비스를 제공하는 일선 공무원들의 행태에 따라서 주민만족도가 차이가 날 수 있음을 보여준다.

9) 주민만족도에 영향을 주는 수요자적 요소를 오르 외(Orr et al., 2007)는 개인적 경험(personal experience) 모형과 상징적 태도(symbolic attitudes) 모형으로 설명하고 있다. 먼저 개인적 경험 모형은 주민들이 경험을 통해 공공서비스가 만족스러우면 공공서비스의 만족도를 높게 평가하는 반면, 그렇지 않는 경우에는 낮게 평가한다는 것이다. 이에 반해 상징적 태도(symbolic attitudes) 모형은 주민들이 일반적인 정치적·사회적인 신념과 믿음에 근거해 공공서비스를 평가한다는 것이다. 다시 말해, 일반적으로 공공서비스를 직접 경험한 주민들의 만족도가 정치적·사회적 믿음에 근거해 만족도를 평가한 주민들에 비해 만족도가 높게 나타나는 경향을 보이고 있다(Orr & West, 2007).

족도와 관계는 다른 변수에 비해 상대적으로 약한 통계적인 상관 관계를 갖고 있는 것으로 판단된다(Fitzgerald & Durand, 1980). 그럼에도 불구하고 연령은 공공서비스에 대한 주민만족도의 차이를 설명하는 매우 중요한 변수임에 틀림없다(Brown & Coulter, 1983).

셋째, 공공서비스에 대한 주민만족도는 교육 수준에 따라 달라진다. 교육 수준이 높은 사람은 교육 수준이 낮은 사람에 비해 공공서비스의 수준에 대한 만족도가 낮은 것으로 나타났다(Jesilow & Meyer, 2001; Weitzer & Tuch, 1999). 이는 교육 수준이 높을수록 공공서비스에 대한 기대치가 높은 반면, 교육 수준이 낮은 경우 그렇지 않기 때문이다.

넷째, 공공서비스의 주민만족도는 인종에 따라 달라진다. 예를 들어 미국의 경우 흑인이 백인들에 비해 공공서비스에 만족도가 낮은 것으로 나타나고 있다(Schuman & Gruenberg, 1972). 이는 인종이 공공서비스의 주민만족도에 영향을 주는 의미 있는 변수라는 것을 의미한다(Williams, 1977). 같은 맥락에서 인종적 소수자(ethnic minorities)는 주류사회 구성원(majorities)에 비해 공공서비스에 대한 만족도가 낮은 것으로 나타났다(Bayley & Mendelsohn, 1969; Reisig & Parks, 2000).

다섯째, 공공서비스의 주민만족도는 주민의 기대 수준(degree of expectation)에 따라 달라진다(Van Ryzin, 2004). 기대이론에 따르면 지방정부 공공서비스에 대한 주민들의 높은 만족도는 지방정부가 단순히 양질의 공공서비스를 제공하는 측면도 있지만 주민들의 낮은 기대감과 관련이 있다는 것이다. 이에 반해, 공공서비스에 대한 주민들의 낮은 만족도는 지방정부의 불충분한 공공서비스의 제공도 있지만 주민들의 높은 기대감에 기인한다는 것이다(James, 2007). 이러한 기대이론에 관련해 브라운과 쿨터(Brown & Coulter, 1983)는 공공서비스 전달의 객관적인 상태와 주민만족도 간에는 일정한 관계가 없다고 주장하고 있다. 이는 주민만족도가 공공서비스를 제공하는 양과 질의 문제라기보다는 주민들이 갖고 있는 공공서비스에 대한 기대감에 따라 만족도 수준이 차이가 날 수 있음을 설명하고 있다(비교: Kampen et al., 2006).

다음으로 공공서비스의 주민만족도에 영향을 주는 환경적인(맥락적인) 특성에는 거주지역, 접촉 빈도, 서비스 난이도, 경제적 수준 등이 있다.

첫째, 공공서비스의 주민만족도는 주민들의 거주지역에 따라 달라진다(Dunham & Alpert, 1988; Murty et al., 1990). 다시 말해, 불편하거나 환경이 다소 열악한 저개발 지역이나 낙후된 지역에 거주하는 주민들은 주거환경이 우수하고 개발이 잘 된 지역에 거주하는 주민들에 비해 공공서비스에 대한 만족도가 낮은 것으로 나타났다(Davis, 1990).

둘째, 공공서비스의 주민만족도는 공공기관의 방문 횟수나 접촉 빈도에 따라 차이가 난다. 공공서비스를 자주 방문하거나 접하는 사람은 그렇지 않는 사람에 비해 만족도가 낮은 것을 나타났다(Worrall, 1999).

셋째, 공공서비스의 난이도에 따라 주민만족도가 차이가 난다. 예를 들어, 민원 해결이나 시간이 많이 걸리는 공공서비스는 그렇지 않는 공공서비스에 비해 만족도가 낮은 것으로 나타났다(Decker, 1981).

넷째, 공공서비스에 대한 주민만족도는 사회경제적 수준에 따라 달라진다. 예를 들어, 경제적으로 부유한 주민들은 그렇지 않은 주민들에 비해 상대적으로 공공서비스에 대한 만족도가 높은 것으로 나타났다(Bridenball & Jesilow, 2008; Reisig & Parks, 2000).

제3절 연구 가설 및 조사 방법

1 연구 가설 및 조사설계

앞서 이론적 논의 파트에서 논의한 선행 연구의 내용을 바탕으로 이 연구에서는 공공서비스의 주민만족도에 영향을 주는 개인적인 특성 중 성별, 연령, 기대 수준에 직업을 새로이 추가했고, 환경적인 특성 중 거주지역, 서비스 난이도에 서비스 종류와 서비스 분야를 새로이 추가해 다음과 같은 연구 가설을 설정했다.

연구 가설 1: 공공서비스의 주민만족도는 주민들의 개인적인 특성(성별, 연령, 기대 수준, 직업 등)에 따라 차이가 날 것이다.

연구 가설 2: 공공서비스의 주민만족도는 주민들의 환경적인 특성(거주지역, 서비스 난이도, 서비스 종류, 서비스 분야 등)에 따라 차이가 날 것이다.

이 연구에서는 공공서비스에 대한 주민만족도를 측정하기 위해 주민만족도의 평가 영역을 크게 항목별 만족도와 체감만족도로 구성했다.[10] 항목별 만족도는 7개의 평가 항목(① 접근성, ② 쾌적성, ③ 친절성, ④ 대응성, ⑤ 신속성, ⑥ 정확성, ⑦ 공정성)으로 구성했고,[11] 체감만족도는 1개의 평가 항목('방문하신 행정기관의 전반적인 민원행정서비스의 수준에 대한 만족 정도')으로 구성했다. 또한 공공서비스에 대한 주민만족도의 종합만족도는 7개의 항목별 만족도와 1개의 체감만족도의 합으로 구성했다. 평가 영역별 가중치는 항목별 만족도가 70%이고, 체감만족도는 30%의 비중으로 구성했다.[12]

공공서비스에 대한 주민만족도를 평가하기 위해 이 연구에서는 충남의 15개 기초지방자치단체(시・군)[13] 전수를 대상으로 했으며, 이들 15개 시・군의 민원

10) 공공서비스에 대한 주민만족도 평가의 기준은 연구자에 따라 적게는 4개(접근성, 신속성, 대응성, 공정성)에서 많게는 8개(접근용이성, 편리성, 신속정확성, 친절성, 쾌적성, 대응성, 형평성)까지 다양하다(Garvin, 1987; Parasuraman et al., 1988; 김병국, 1996; 박기관, 2002; 한국행정연구원, 2009). 선행 연구를 검토한 결과, 공공서비스의 만족도 평가는 어떤 공공서비스를 얼마나 구체적으로 평가할 것인가에 따라 만족도 평가 항목이 많고 적음을 나타내고 있다.

11) 항목별 만족도를 구체적으로 살펴보면, 접근성은 민원실이나 민원담당 부서에의 접근 용이 정도를, 쾌적성은 민원실의 환경이나 편의시설에 대한 쾌적 정도를, 친절성은 민원 담당 공무원이 친절하게 민원인을 응대하는 정도를, 대응성은 민원 담당 공무원이 친절하고 정중하게 민원인을 응대하는 정도를, 신속성은 민원 담당 공무원이 관련 업무를 신속하게 처리하는 정도를, 정확성은 민원 담당 공무원이 관련 업무를 정확하게 처리하는 정도를, 공정성은 민원 처리 과정에서의 근거나 이유가 합리적이고 공정한 정도를 의미한다.

12) 이 연구의 주민만족도 설문조사표는 2012년 행정안전부와 충남도청이 기초지방자치단체 민원행정서비스 평가를 위한 사용한 기존의 주민만족도 설문조사표를 토대로 작성되었다. 주민만족도 역시 항목별 만족도와 체감만족도로 구성되어 있고, 각각의 평가 항목과 가중치 역시 행정안전부에서 행하는 방식 그대로를 적용했다. 그 이유는 공공서비스에 대한 주민만족도 측정 방법이 새로운 방법이 아닌 기존의 행정기관에서 실제 사용하고 있는 것으로 만족도 설문조사표로 이미 어느 정도 검증된 것으로 판단했다. 또한 정부기관에서 이러한 주민 만족도 결과를 토대로 각급 행정기관의 서비스 수준을 평가하기도 하고 외부에 공표하기도 하는 등 기존의 연구 결과를 활용할 수도 있고, 본 연구 결과와의 비교도 가능하다는 측면에서 기존의 만족도 설문조사표를 활용했다.

13) 구체적으로 시 단위 지방자치단체로는 ① 천안시, ② 아산시, ③ 당진시, ④ 서산시, ⑤ 공주시, ⑥

상담실을 방문해 민원행정서비스를 실제로 받은 주민들을 대상으로 설문조사를 실시[14]했다.[15] 설문조사는 각 설문 문항에 대하 해당 문항에 기입을 하거나 리커트(Likert) 10점 척도[16]를 활용해 측정했다.

2 조사 방법과 주민의 특성

이 설문조사를 2013년 10월 1일부터 10월 31일까지 한 달간 진행되었으며, 설문조사 방법으로는 시청이나 군청 민원(상담)실을 방문해(온라인 민원 제외) 실제로 민원서비스를 받은 주민을 대상으로 면접조사를 통하는 설문조사 방법을 활용했다. 설문조사 대상 주민의 규모는 기본적으로 한 개 시・군당 42명 수준으로 하여 총 630명의 주민들이 설문조사에 참여했으나, 일부 부정확한 설문지는 분석에서 제외해 최종적으로 설문분석에 사용된 설문조사 규모는 총 616개다.

조사 대상 주민들의 특성을 살펴보면 다음과 같다. 먼저, 성별로는 남성 57.5%, 여성이 42.5%로 남성의 비중이 약 15% 정도 많은 것으로 나타났다. 연령별로는 20대 13.3%, 30대 19.6%, 40대 25.0%, 50대 25.4%, 60대 이상 16.7%로 40대와 50대가 전체의 약 50%로 가장 높은 비중을 차지하고 있다. 직업별로는 사무관리 17.9%, 기술/생산 5.9%, 전문직 8.9%, 자영업 19.5%, 농림어업 12.5%,

---

보령시, ⑦ 계룡시, ⑧ 논산시 등 8개 기관이고, 군 단위 지방자치단체로는 ① 태안군, ② 예산군, ③ 홍성군, ④ 청양군, ⑤ 부여군, ⑥ 서천군, ⑦ 금산군 등 7개 기관이다.

14) 공공서비스에 대한 주민만족도의 설문조사표의 완성도를 높이기 위해 2013년 7~8월경에 공공서비스 만족도 전문가 관련 자문회의를 2회 개최해 설문 문항과 항목에 대한 심도 있는 논의를 했으며, 이를 통해 수정된 설문 문항에 대해 9월경에 실제 충남 시군의 민원(상담)실을 방문한 경험이 있는 주민 5명을 대상으로 설문조사표에 대한 사전조사(pilot test)를 실시했다.

15) 설문조사표의 주요 내용으로는 크게 보면 3개의 변수군인 ①주민만족도 평가 항목에 대한 변수, ②체감만족도, 기대만족도, 서비스 난이도에 대한 변수, ③조사 대상자의 인구사회학적 특성에 관한 변수로 구성되어 있다. 특히 인구사회학적 특성 변수에는 성별, 연령, 직업, 신청한 민원 서비스 종류, 신청한 민원 서비스 분야 등으로 구성되어 있다.

16) 구체적인 10점 척도의 내용은 다음과 같다('매우 불만'이면 1점, '대체로 불만'이면 2점, '불만'이면 3점, '약간 불만'이면 4점, '불만 없음'이면 5점, '보통'이면 6점, '약간 만족'이면 7점, '만족'이면 8점, '대체로 만족'이면 9점, '매우 만족'이면 10점).

공무원 4.8%, 주부 15.9%, 학생 8.0%, 기타 6.7%로 자영업이 가장 높고, 그 다음으로 사무관리, 주부의 순으로 비중이 높은 것으로 나타났다. 민원서비스 종류별로는 단순 증명이 54.5%, 인허가 등록 22.6%, 질의/건의 3.6%, 이의 신청 1.9% 진정 0.5%, 기타 13.8%로 나타나 단순 증명과 인허가 등록이 전체의 77.1%로 가장 많은 비중을 차지하고 있음을 알 수 있다. 민원 서비스 분야별로는 공공질서 4.1%, 농림해양 7.1%, 문화체육 1.0%, 사회복지 6.0%, 산업/중소기업 5.3%, 교통/지역 개발 8.4%, 일반행정 54.0, 환경보호 0.3%, 기타 13.7%로 나타나 일반행정이 전체의 약 55%로 가장 많은 비중으로 차지하고 있고, 그 다음이 교통/지역개발, 농림해양의 순으로 나타났다.

표 12-1 조사 대상 주민의 특성

변수	항목	빈도 수 (명)	비율 (%)	변수	항목	빈도 수 (명)	비율 (%)
성별 (N=605)	남성	348	57.5	민원 서비스 종류 (N=616)	단순 증명	336	54.5
	여성	257	42.5		인허가 등록	139	22.6
연령 (N=611)	20대	81	13.3		질의/건의	22	3.6
	30대	120	19.6		이의 신청	12	1.9
	40대	153	25.0		진정	3	0.5
	50대	155	25.4		지원/자격 신청	19	3.1
	60대 이상	102	16.7		기타	85	13.8
직업 (N=610)	사무관리	109	17.9	민원 서비스 분야 (N=605)	공공질서	25	4.1
	기술/생산	36	5.9		농림해양	43	7.1
	전문직	54	8.9		문화체육	6	1.0
	자영업	119	19.5		사회복지	36	6.0
	농림어업	76	12.5		산업/중소기업	32	5.3
	공무원	29	4.8		교통/지역개발	51	8.4
	주부	97	15.9		일반행정	327	54.0
	학생	49	8.0		환경보호	2	0.3
	기타	41	6.7		기타	83	13.7

제 4 절 분석 결과

1 개인적인 특성에 따른 주민만족도 비교 분석

주민의 개인적인 특성에 따른 주민만족도를 분석하면 다음과 같다. 먼저, 성별에 따른 공공서비스의 주민만족도 수준을 비교한 결과, 100점을 기준으로 종합 만족도(항목별 만족도+체감만족도)는 남성이 85.26점이고, 여성이 83.09점으로 남성이 여성에 비해 2.27점 만족도 평균값이 높은 것으로 나타났다.

이러한 주민만족도 차이는 90%의 신뢰 수준에서 통계적인 유의미한 차이가 있는 것으로 나타났다. 이는 남성이 여성보다 공공서비스에 대한 주민만족도가 높다는 것을 의미한다. 체감만족도(30점 기준)를 성별로 비교한 결과, 남성은

표 12-2 성별 주민만족도 수준 비교

평가 영역	평가지표	성별 주민만족도 평균			t-값	Sig
		남성 (N=348)	여성 (N=257)	전체 평균 (N=605)		
항목별 만족도	접근성	8.75	8.49	8.64	3.961	.047
	쾌적성	8.50	8.25	8.40	3.786	.052
	친절성	8.56	8.22	8.42	4.940	.027
	대응성	8.49	8.22	8.37	3.035	.082
	신속성	8.45	8.33	8.40	0.640	.424
	정확성	8.74	8.57	8.67	1.455	.228
	공정성	8.68	8.35	8.54	5.086	.024
체감만족도		25.21	24.65	24.97	1.758	.185
종합 만족도		85.36	83.09	84.40	3.497	.062
기대 수준		8.41	8.14	8.30	3.579	.059

※ 10점 척도 기준: (1점: 매우 불만, 2점: 대체로 불만, 3점: 불만, 4점: 약간 불만, 5점: 불만없음, 6점: 보통, 7점: 약간 만족, 8점: 만족, 9점: 대체로 만족, 10점: 매우 만족). 서비스 난이도도 같은 맥락에서 1점은 처리하기 쉽다, 10점은 처리하기 어렵다로 설정되어 있음.

25.21점인데 반해, 여성은 24.65점으로 나타났는데 이는 95%의 신뢰 수준에서 통계적인 유의미한 차이가 없는 것으로 나타났다.[17] 위에서 논의한 성별 주민만족도의 분석 결과를 정리하면, 종합만족도, 항목별 만족도 및 체감만족도에서 남성이 여성보다 높게 나타났다. 이는 민원 서비스의 종류가 차이가 있다기보다 여성들이 남성보다 민원행정 서비스에 좀 더 예민하게 반응하고 있는 것으로 판단된다. 따라서 여성들의 만족도를 높이기 위해 민원 서비스를 제공할 때 여성들의 의견을 더 많이 반영하는 것이 필요하다.

둘째, 연령에 따른 공공서비스의 주민만족도 수준을 비교한 결과, 100점을 기준으로 종합 만족도(항목별 만족도+체감만족도)는 60대 이상이 86.45점으로 가

표 12-3 연령별 주민만족도 수준 비교

평가 영역	평가지표	연령별 주민만족도 평균						F-값	Sig
		20대 (N=81)	30대 (N=120)	40대 (N=153)	50대 (N=155)	60대 이상 (N=102)	전체 평균 (N=611)		
항목별 만족도	접근성	8.44	8.53	8.52	8.83	8.82	8.64	1.569	.181
	쾌적성	8.19	8.38	8.30	8.60	8.44	8.40	1.037	.388
	친절성	8.09	8.47	8.15	8.56	8.71	8.40	2.344	.054
	대응성	8.00	8.44	8.05	8.52	8.81	8.34	3.705	.005
	신속성	8.12	8.44	8.22	8.55	8.60	8.40	1.452	.215
	정확성	8.49	8.84	8.40	8.67	8.93	8.65	2.146	.074
	공정성	8.48	8.85	8.14	8.57	8.70	8.53	3.072	.016
체감만족도		25.14	25.22	24.21	25.18	25.42	24.98	1.208	.306
종합 만족도		82.98	85.20	82.03	85.45	86.45	84.38	1.967	.098
기대 수준		8.17	8.31	8.08	8.40	8.58	8.30	1.523	.194

17) 성별 주민만족도를 항목별로 비교한 결과, 접근성 측면에서 남성이 8.75점, 여성이 8.49점으로 남성이 여성보다 만족도가 높게 나타났다. 또한 쾌적성은 남성 8.50점, 여성 8.25점이고, 친절성은 남성 8.56점, 여성 8.22점으로 역시 남성이 높게 나타났다. 대응성 측면에서 남성이 8.49점이고, 여성이 8.22점이고, 신속성은 남성이 8.45점, 여성이 8.33점이고, 정확성은 남성이 8.74점, 여성이 8.57점이며, 공정성은 남성이 8.68점, 여성이 8.35점으로 남성이 여성보다 모든 항목에서 만족도가 높게 나타났다. 특히, 접근성, 친절성, 공정성 3개 항목은 95%의 신뢰 수준에서 남성과 여성이 통계적으로 유의미한 차이가 있는 것으로 나타났다.

장 높고, 그 다음으로 50대 85.45점, 30대 85.20점, 20대 82.98점, 40대 82.03점의 순으로 나타나 50대 이상의 연령대의 만족도가 20대와 40대보다 상대적으로 높은 것으로 나타났다. 이러한 주민만족도 차이는 90%의 신뢰 수준에서 통계적인 유의미한 차이가 있는 것으로 나타났다. 이는 50대 이상의 연령층이 20대와 40대보다 주민만족도가 높다는 것을 의미한다.

연령별 주민만족도를 항목별로 비교한 결과, 접근성 측면에서는 50대가 8.83점으로 가장 높고, 그 다음으로 60대 이상 8.82, 30대 8.53점의 순으로 나타났다. 쾌적성은 50대 8.60점, 60대 이상 8.44점, 30대 8.38점의 순으로 나타났고, 친절성은 60대 이상 8.71점, 50대 8.56점, 30대 8.47점의 순으로 나타났다. 대응성 측면에서는 60대 이상이 8.81점으로 가장 높고, 그 다음으로 50대 8.52점, 30대 8.44점의 순으로 나타났다. 신속성은 60대 이상 8.60점, 50대 8.55점, 30대 8.44점의 순으로 나타났고, 정확성은 60대 이상 8.93점, 30대 8.84점, 50대 8.67점의 순으로 나타났으며, 공정성은 30대 8.85점, 60대 이상 8.70점, 50대 8.57점의 순으로 나타났다. 이와 같이 항목별 만족도는 50대와 60대 이상의 연령대에서 높게 나타나고 있는데, 이는 연령대가 높을수록 항목별 만족도가 높다는 것을 의미한다.[18] 위에서 논의한 연령별 주민만족도를 정리하면, 종합 만족도, 항목별 만족도, 체감만족도에서 50대와 60대 이상의 연령대의 만족도가 20대와 40대보다 상대적으로 높은 것으로 나타났다.

셋째, 성별 기대 수준을 비교한 결과, 10점을 기준으로 남성이 8.41점이고 여성이 8.14점으로 남성의 기대수준이 높게 나타났다. 연령별 기대 수준을 비교한 결과, 50대와 60대 이상이 각각 8.40점과 8.58점으로 20대, 30대, 40대가 각각 8.17점, 8.31점, 8.08점보다 높게 나타났다. 그러나 집단별 통계적 유의성은 없는 것으로 나타났다.

넷째, 직업별 공공서비스의 주민만족도 수준을 비교한 결과, 100점을 기준으로 종합 만족도(항목별 만족도+체감만족도)는 공무원이 90.03점으로 가장 높고, 그 다음으로 농림어업 86.34점, 학생 85.45점, 주부 85.11점, 전문직 84.65점, 기술/생산 84.83점, 사무관리 82.21점, 자영업 82.02점의 순으로 나타나 공무원, 농림

---

18) 체감만족도(30점 기준)를 연령별로 비교한 결과, 60대 이상이 25.42점으로 가장 높고, 그 다음으로 30대 25.22점, 50대 25.18점의 순으로 나타났다.

표 12-4 직업별 주민만족도 수준 비교

평가 영역	평가 지표	직업별 주민만족도 평균										F-값	Sig
		사무관리 (N=109)	기술/생산 (N=36)	전문직 (N=54)	자영업 (N=119)	농림어업 (N=76)	공무원 (N=29)	주부 (N=97)	학생 (N=49)	기타 (N=41)	전체 평균 (N=610)		
항목별 만족도	접근성	8.70	8.39	8.63	8.49	9.01	8.83	8.57	8.45	8.78	8.65	0.980	.450
	쾌적성	8.30	8.56	8.33	8.10	8.54	9.03	8.34	8.51	8.73	8.39	1.459	.169
	친절성	8.19	8.50	8.56	8.24	8.47	8.97	8.56	8.24	8.43	8.40	0.842	.566
	대응성	8.14	8.36	8.61	8.13	8.70	8.86	8.45	8.10	8.53	8.37	1.332	.224
	신속성	8.08	8.44	8.56	8.15	8.42	9.03	8.65	8.47	8.51	8.39	1.446	.174
	정확성	8.29	8.80	8.56	8.46	8.86	9.41	8.73	8.86	8.85	8.66	2.004	.044
	공정성	8.19	8.78	8.52	8.26	8.70	9.41	8.61	8.73	8.61	8.53	2.005	.044
체감만족도		24.39	25.00	24.89	24.18	25.64	26.48	25.21	25.08	24.66	24.97	1.365	.209
종합 만족도		82.21	84.83	84.65	82.02	86.34	90.03	85.11	85.45	85.12	84.34	1.469	.165
서비스 난이도		3.58	3.03	3.13	3.28	3.01	2.79	3.30	3.22	3.60	3.27	0.596	.782

어업, 학생, 주부의 만족도가 상대적으로 높고, 자영업, 사무관리, 기술/생산직의 만족도가 다른 직업군에 비해 상대적으로 낮은 것으로 나타났다. 직업별 주민만족도를 항목별로 비교한 결과, 접근성 측면에서는 농림어업이 9.01점으로 가장 높고, 그 다음으로 공무원 8.83점, 사무관리 8.70점의 순으로 나타났다. 쾌적성은 공무원이 9.03점으로 가장 높고, 그 다음으로 기술/생산이 8.56점, 농림어업 8.54점의 순으로 나타났고, 친절성은 공무원이 8.97점, 전문직과 주부가 각각 8.56점의 순으로 나타났다. 대응성 측면에서는 공무원이 8.86점으로 가장 높고, 그 다음으로 농림어업 8.70점, 전문직 8.61점의 순으로 나타났다. 신속성은 공무원 9.03점, 주부 8.65점, 전문직 8.56점의 순으로 나타났고, 정확성은 공무원 9.41점, 농림어업과 학생이 각각 8.86점의 순으로 나타났고, 공정성은 공무원 9.41점, 기술/생산 8.78점, 학생 8.73점의 순으로 나타났다. 이와 같이 항목별 만족도는 직업별로 다소 차이가 있음을 알 수 있다.[19]

19) 체감만족도(30점 기준)를 직업별로 비교한 결과, 공무원이 26.48점으로 가장 높고, 그 다음으로 농림어업 25.64점, 주부 25.21점의 순으로 나타났다.

2 환경적인 특성에 따른 주민만족도 비교 분석

주민의 환경적인 특성에 따른 주민만족도를 분석하면 다음과 같다.

첫째, 거주지역별 공공서비스의 주민만족도 수준을 비교한 결과, 100점을 기준으로 종합 만족도(항목별 만족도+체감 만족도)는 도시지역(시 단위)은 85.89점이고, 농촌지역(군 단위)은 82.64점으로 도시지역이 약 3.25점 정도 주민만족도 평균값이 높은 것으로 나타났다. 이는 도시지역에 거주하는 주민들의 공공서비스에 대한 주민만족도가 농촌지역의 행정구역에 거주하는 주민들에 비해 높다는 것을 의미한다. 이러한 주민만족도의 차이는 95%의 신뢰 수준에서 통계적으로 유의미한 차이가 있는 것으로 나타났다. 다시 말해, 이는 도시지역이 농촌지역보다 공공서비스에 대한 주민만족도가 높다는 것을 의미한다.

거주지역별 만족도를 항목별로 비교한 결과, 접근성 측면에서 도시지역이 8.76점이고 농촌지역 8.52점으로 도시지역이 높게 나타났다. 또한 쾌적성은 도시지역 8.64점, 농촌지역 8.11점이고, 친절성은 도시지역 8.56점, 농촌지역 8.22점으로 역시 도시지역이 높게 나타났다. 대응성 측면에서 도시지역이 8.50점이고, 농촌지역이 8.22점이고, 신속성은 도시지역이 8.60점, 농촌지역이 8.40점이고, 정확성은 도시지역이 8.79점, 농촌지역이 8.52점이며, 공정성은 도시지역이 8.72점, 농촌지역이 3.31점으로 도시지역이 농촌지역보다 모든 항목에서 만족도가 높게 나타났다. 이는 95%의 신뢰 수준에서 접근성과 대응성을 제외하고 5개 항목에서 통계적으로 유의미한 차이가 있는 것으로 나타났다.[20]

위에서 논의한 거주지역별 주민만족도를 정리하면, 100점을 기준으로 종합만족도는 도시지역이 85.89점이고, 농촌지역이 82.64점으로 도시지역이 약 3.25점정도 주민만족도 평균값이 높은 것으로 나타났다. 또한 항목별 만족도 평가에서도 도시지역이 농촌지역보다 모든 항목에서 주민 만족도가 높은 것으로 나타났다. 체감만족도와 서비스 난이도에서도 도시지역이 농촌지역보다 높게 나타났다. 다만, 항목별 만족도와 종합 만족도는 95% 신뢰 수준에서 통계적인 유의미

20) 거주지역별 체감만족도를 비교한 결과, 도시지역이 25.31점인데 반해, 농촌지역이 24.59점으로 나타났는데 이는 95%의 신뢰 수준에서 통계적 차이가 없는 것으로 나타났다.

표 12-5 거주지역별 주민만족도 수준 비교

평가 영역	평가지표	거주지역별 주민만족도 평균			t-값	Sig
		도시지역 (N=336)	농촌지역 (N=280)	전체 평균 (N=616)		
항목별 만족도 (70%)	접근성	8.76	8.52	8.65	3.510	.061
	쾌적성	8.64	8.11	8.40	16.674	.000
	친절성	8.56	8.22	8.40	5.300	.022
	대응성	8.50	8.22	8.37	3.230	.073
	신속성	8.60	8.15	8.40	9.527	.002
	정확성	8.79	8.52	8.67	4.162	.042
	공정성	8.72	8.31	8.54	7.674	.006
체감만족도(30%)		25.31	24.59	24.99	3.049	.081
종합 만족도(항목별+체감)		85.89	82.64	84.41	7.577	.006
서비스 난이도(10점 척도)		3.31	3.18	3.25	0.402	.526

한 차이가 있는데 반해, 체감만족도와 서비스 난이도는 통계적인 유의미한 차이가 없는 것으로 나타났다.

둘째, 서비스 종류별 공공서비스의 주민만족도 수준을 비교한 결과, 100점을 기준으로 종합 만족도(항목별 만족도+체감만족도)는 단순 증명이 85.48점으로 가장 높고, 그 다음으로 인허가 등록 83.73점, 지원/자격 신청 83.32점, 진정 79.66점, 이의 신청 77.83점, 질의/건의 65.36점의 순으로 나타나 단순 증명, 인허가 등록 등의 서비스에 대한 만족도가 높은데 반해, 질의/건의, 이의 신청 등의 서비스에 대한 만족도가 상대적으로 낮은 것으로 나타났다. 이러한 서비스 종류별 주민만족도의 차이는 95%의 신뢰 수준에서 통계적으로 유의미한 차이가 있는 것으로 나타났다.[21]

21) 서비스 종류별 만족도를 항목별로 비교한 결과, 진정이 9.33점으로 가장 높고, 그 다음으로 인허가 등록 8.75점, 단순 증명 9.69점의 순으로 나타났다. 쾌적성은 인허가 등록이 8.50점으로 가장 높고, 그 다음으로 지원/자격 신청 8.47점, 단순 증명 8.43점의 순으로 나타났고, 친절성은 단순 증명이 8.50점, 인허가 등록 8.36점, 이의 신성과 진정이 각각 8.00점의 순으로 나타났다. 대응성 측면에서는 진정이 8.67점으로 가장 높고, 그 다음으로 단순 증명 8.44점, 인허가 등록 8.40점의 순으로 나타났다. 신속성은 단순 증명 8.50점, 지원/자격 신청 8.42점, 인허가 등록 8.30점의 순으로 나타났고, 정

표 12-6 서비스 종류별 및 서비스 난이도별 주민만족도 수준 비교

평가영역	평가지표	서비스 종류별 주민만족도 평균								F-값	Sig
		단순 증명 (N=336)	인허가 등록 (N=139)	질의/건의 (N=22)	이의 신청 (N=12)	진정 (N=3)	지원/자격 신청 (N=19)	기타 (N=85)	전체 평균 (N=616)		
항목별 만족도	접근성	8.69	8.75	6.63	8.17	9.33	8.47	8.95	8.65	7.258	.000
	쾌적성	8.43	8.50	6.68	8.08	8.33	8.47	8.60	8.40	4.576	.000
	친절성	8.50	8.36	6.18	8.00	8.00	7.79	8.87	8.40	7.473	.000
	대응성	8.44	8.40	5.86	7.92	8.67	8.16	8.81	8.37	8.325	.000
	신속성	8.50	8.30	6.82	7.58	7.33	8.42	7.71	8.40	4.157	.000
	정확성	8.78	8.55	7.27	7.50	7.33	8.53	9.01	8.67	5.104	.000
	공정성	8.64	8.41	6.95	7.58	7.67	8.37	8.96	8.54	4.817	.000
체감만족도		25.50	24.47	18.95	23.00	23.00	25.10	25.66	24.99	6.980	.000
종합 만족도		85.48	83.73	65.36	77.83	79.66	83.32	87.59	84.41	8.161	.000
서비스 난이도		3.13	3.45	4.32	4.92	7.00	3.84	2.64	3.52	4.216	.000

셋째, 서비스 종류별 서비스 난이도 수준을 비교한 결과, 10점을 기준으로 단순 증명, 3.13점, 인허가 등록 3.45점, 지원/자격 신청 3.84점으로 난이도가 낮은 반면, 질의/건의 4.32점, 이의 신청 4.92점, 진정 7.00점으로 난이도가 높게 나타났다. 서비스 종류별 만족도와 서비스 난이도를 비교해 보면, 종합 만족도가 높은 단순 증명, 인허가 등록, 지원/자격 신청 등은 서비스 난이도가 상대적으로 낮은 반면, 종합 만족도가 낮은 질의/건의, 이의 신청, 진정 등은 서비스 난이도가 상대적으로 높은 것으로 나타났다. 이는 난이도가 높은 공공서비스는 상대적

확성은 단순 증명 8.78점, 인허가 등록 8.55점, 지원/자격 등록 8.53점의 순으로 나타났고, 공정성은 단순 증명 8.64점, 인허가 등록 8.41점, 지원/자격 신청 8.37점의 순으로 나타났다. 위와 같이 항목별 만족도는 서비스 종류별로 다소 차이가 있음을 알 수 있다. 또한 체감만족도를 서비스 종류별로 비교한 결과, 단순 증명이 25.50점으로 가장 높고, 그 다음으로 지원/자격 신청 25.10점, 인허가 등록 24.47점의 순으로 나타났다. 서비스 난이도를 서비스 종류별로 보면 단순 증명이 3.13점으로 가장 쉽다고 응답했고, 그 다음으로 인허가 등록이 3.45점, 지원/자격 신청 3.84점의 순으로 나타나, 서비스 난이도가 쉽다고 응답한 서비스 종류별로 주민만족도가 상대적으로 높게 나타나고 있는 것으로 나타났다.

으로 주민만족도가 낮은 반면, 난이도가 낮은 공공서비스는 상대적으로 주민만족도가 높다는 것을 의미한다.

넷째, 서비스 분야별 공공서비스의 주민만족도 수준을 비교한 결과, 100점을 기준으로 종합 만족도(항목별 만족도+체감만족도)는 일반행정이 85.91점으로 가장 높고, 그 다음으로 교통/지역개발 84.61점, 환경보호 83.50점, 농림해양 81.95점, 산업/중소기업 81.19점, 공공질서 80.60점, 사회복지 79.58점, 문화체육 72.17점의 순으로 나타나 일반행정, 교통/지역 개발 분야는 만족도가 높은데 반해 공공질서, 사회복지, 문화체육 분야는 만족도가 상대적으로 낮은 것으로 나타났다. 이러한 서비스 분야별 주민만족도의 차이는 95%의 신뢰 수준에서 통계적으로 유의미한 차이가 있는 것으로 나타났다. 서비스 분야별 만족도를 항목별로 비교한 결과, 접근성 측면에서는 교통/지역개발이 8.86점으로 가장 높고, 그 다음으로 일반행정 8.80점, 산업/중소기업 8.69점의 순으로 나타났다. 쾌적성은 환경보호 8.50점, 일반행정과 교통/지역개발이 각각 8.49점의 순으로 나타났고, 친절성은 교통/지역 개발 8.73점, 환경보호 8.50점, 일반행정 8.48점의 순으로 나타

표 12-7 서비스 분야별 주민만족도 수준 비교

평가 영역	평가 지표	서비스 분야별 주민만족도 평균										F-값	Sig
		공공질서 (N=25)	농림해양 (N=43)	문화체육 (N=6)	사회복지 (N=36)	산업/중소기업 (N=32)	교통/지역개발 (N=51)	일반행정 (N=327)	환경보호 (N=2)	기타 (N=83)	전체 평균 (N=605)		
항목별 만족도	접근성	7.96	8.67	7.50	7.80	8.69	8.86	8.80	8.50	8.52	8.65	2.859	.004
	쾌적성	8.24	8.20	6.83	7.94	8.09	8.49	8.49	8.50	8.60	8.40	1.571	.130
	친절성	8.00	7.93	7.67	8.06	8.25	8.73	8.48	8.50	8.59	8.41	1.212	.289
	대응성	8.08	8.09	7.00	8.06	8.19	8.45	8.47	8.50	8.54	8.38	0.986	.446
	신속성	8.36	7.90	7.00	7.97	7.94	8.51	8.56	8.50	8.53	8.41	1.771	.080
	정확성	8.16	8.60	7.33	8.22	8.22	8.51	8.81	8.50	8.90	8.97	2.040	.040
	공정성	8.16	8.40	7.33	7.86	8.00	8.47	8.69	8.50	8.80	8.54	2.101	.034
체감만족도		23.64	24.14	21.50	23.67	23.81	24.59	25.63	24.00	24.94	24.99	1.952	.050
종합 만족도		80.60	81.95	72.17	79.58	81.19	84.61	85.91	83.50	85.43	84.46	2.060	.038

났다. 대응성 측면에서는 환경보호가 8.50점으로 가장 높고, 그 다음으로 일반행정 8.47점, 교통/지역개발 8.45점의 순으로 나타났다. 신속성은 일반행정 8.56점, 교통/지역개발 8.51점, 환경보호 8.50점의 순으로 나타났고, 정확성은 일반행정 8.81점, 농림해양 8.60점, 교통/지역 개발 8.51점의 순으로 나타났으며, 공정성은 일반행정 8.69점, 환경보호 8.50점, 교통/지역개발 8.47점의 순으로 나타났다. 위와 같이 항목별 만족도는 일부 항목을 제외하고 종합 만족도와 비슷하게 일반행정, 교통/지역개발, 환경보호의 분야가 다른 분야에 비해 만족도 수준이 높은 것으로 나타났다.[22)]

3 주민 특성이 공공서비스 주민만족도에 미치는 영향 분석

주민 특성이 공공서비스의 주민만족도에 미치는 영향 요인을 파악하기 위해 주민 특성 중 개인적 특성인 성별, 연령, 기대 수준, 환경적 특성인 거주지역, 서비스 난이도를 독립 변수로 설정하고, 종합 만족도와 체감만족도를 각각 종속 변수로 설정해 다중회귀분석을 실시했다. 먼저, 종합 만족도 회귀분석 결과, 회귀모형의 설명력(R^2)은 61.6%이고, 회귀식에 의해 설명되는 F값 역시 188.196으로 회귀모형이 적합하다는 것을 알 수 있다. 공공서비스의 종합 만족도에 영향을 미치는 변수 중 95%의 신뢰 수준에서 통계적으로 유의성이 있는 변수로는 기대 수준, 거주지역, 서비스 난이도로 나타났다. 독립 변수 중 종속 변수에 영향을 미치는 상대적 중요도를 나타내는 Beta(β)값의 크기를 비교하면, 기대 수준이 β =.726으로 가장 높고, 그 다음으로 서비스 난이도 β=-.140, 거주지역 β=-.054의 순으로 나타났다. 이는 주민들의 기대 수준이 높을수록, 서비스 난이도가 낮을수록, 도시지역에 거주하는 주민일수록 공공서비스의 종합 만족도가 높다는 것을 의미한다.

다음으로, 체감만족도 회귀분석 결과, 회귀모형의 설명력(R^2)은 59.9%이고, 회귀식에 의해 설명되는 F값 역시 172.248로 회귀모형이 적합하다는 것을 알 수

22) 체감만족도를 서비스 분야별로 비교한 결과, 일반행정이 25.63점으로 가장 높고, 그 다음으로 교통/지역개발 24.59점, 농림해양 24.14점의 순으로 나타났다.

표 12-8 주민 특성이 공공서비스 주민만족도에 미치는 영향 분석(OLS)

독립 변수 \ 종속 변수		종합 만족도				체감만족도			
		B	Beta	t	p	B	Beta	t	p
개인적 특성	성별(1=남, 2=여)	-.301	-.010	-.399	.690	-.003	-.001	-.036	.971
	연령(20~60대)	.238	.021	.790	.430	-.049	-.037	-.1.387	.166
	기대수준(10점 척도)	6.117	.726	26.971	.000	.714	.734	26.569	.000
환경적 특성	거주지역(1=시, 2=군)	-1.210	-.054	-2.085	.037	-.075	-.029	-1.096	.274
	서비스 난이도(10점 척도)	-.837	-.140	-5.269	.000	-.072	-.105	-3.843	.000
	상수(Constant)	37.876		13.503	.000	2.915		8.777	.000
R^2/Adjusted R^2 F-value, Sig. Durbin-Watson		.616/.613 F=188.196, p=.000 1.915				.595/.592 F=172.248, p=.000 1.923			

있다. 공공서비스의 체감만족도에 영향을 미치는 변수 중 95%의 신뢰 수준에서 통계적으로 유의성이 있는 변수로는 기대 수준, 서비스 난이도로 나타났다. 독립 변수 중 종속 변수에 영향을 미치는 상대적 중요도를 나타내는 Beta(β)값의 크기를 비교하면, 기대 만족도가 β=.734이고, 서비스 난이도 β=-.105의 순으로 나타났다. 이는 주민들의 기대 수준이 높을수록, 서비스 난이도가 낮다고 인식하는 주민일수록 공공서비스의 체감만족도가 높다는 것을 의미한다.

위에서 논의한 내용을 정리하면 공공서비스의 주민만족도에 영향을 미치는 주민 특성 요인으로는 개인적 특성에서 기대 수준이, 환경적 특성에서 거주지역, 서비스 난이도로 나타났다. 다시 말해, 주민의 공공서비스에 대한 기대 수준이 높을수록 공공서비스에 대한 주민만족도가 높게 나타났고, 농촌지역보다 도시지역에 거주하는 주민일수록 주민만족도가 높게 나타났다. 또한 서비스의 난이도가 쉽다고 응답한 주민들의 만족도가 높고, 반대로 서비스의 난이도가 어렵다고 인식한 주민들의 만족도가 낮게 나타났다. 따라서 주민만족도를 향상시키기 위해서는 주민 특성에 맞는 다양한 서비스 전략 모색이 필요하다.

제 5 절 결론: 요약 및 함의

이 연구의 목적은 공공기관이 제공하는 공공서비스의 수준이 차이가 없다는 가정을 토대로 서비스 수요자인 주민들의 특성에 따라 공공서비스의 주민만족도가 차이가 나는지를 규명하고 이에 따른 이론적·정책적 함의를 제시하는 것이다. 이를 위해 이론적 논의를 토대로 연구 가설을 설정했고, 연구 가설을 규명하기 위해 충남의 15개 시·군의 민원실을 이용한 616명의 주민을 대상으로 공공서비스에 대한 주민만족도 설문조사를 실시했다. 이 연구의 결과를 요약하면 다음과 같다.

먼저, 주민 특성 중 개인적인 특성이 공공서비스 주민만족도에 영향을 주는 요인으로는 성별, 연령, 직업, 기대 수준인 것으로 나타났다. 성별로는 남성이 85.36점이고, 여성이 83.09점으로 주민만족도가 남성이 2.27점 높은 것으로 나타났다(90%의 신뢰 수준). 연령별로는 60대 이상이 86.45점으로 가장 높고, 그 다음으로 50대 85.45점, 30대 85.20점, 20대 82.98점, 40대 82.03점의 순으로 나타났다(90%의 신뢰 수준). 공공서비스에 대한 주민의 기대 수준에 대해서는 기대 수준이 높을수록 공공서비스의 만족도가 높게 나타났다.

다음으로, 주민 특성 중 환경적인 특성이 공공서비스 주민만족도에 영향을 주는 요인으로 거주지역, 서비스 분야, 서비스 난이도로 나타났다. 거주지역별로는 도시지역이 85.89점이고, 농촌지역이 82.64점으로 주민만족도가 도시지역이 3.25점 높은 것으로 나타났다. 서비스 종류별로는 단순 증명이 85.48점으로 가장 높고, 그 다음으로 인허가 등록 83.73점, 지원/자격 신청 83.32점, 진정 79.66점, 이의 신청 77.83점, 질의/건의 65.36점의 순으로 나타나 단순 증명, 인허가 등록 등 비교적 해결이 쉬운 서비스에 대한 만족도가 높은데 반해, 질의/건의, 이의 신청 등 해결이 어려운 서비스에 대한 만족도가 상대적으로 낮은 것으로 나타났다. 서비스의 난이도와 주민만족도와의 관계에서는 서비스의 난이도가 높을수록 공공서비스의 주민만족도가 반비례적으로 낮아지는 것으로 나타났다. 서비스 분야별로는 일반행정이 85.91점으로 가장 높고, 그 다음으로 교통/지역개발 84.61점, 환경보호 83.50점, 농림해양 81.95점, 산업/중소기업 81.19점, 공공질서 80.60점,

사회복지 79.58점, 문화체육 72.17점의 순으로 나타나 일반행정, 교통/지역개발 분야는 만족도가 높은데 반해, 공공질서, 사회복지, 문화체육 분야는 만족도가 상대적으로 낮은 것으로 나타났다.

이 연구 결과에 따른 공공서비스의 주민만족도에 대한 이론적 및 정책적 함의를 제시하면 다음과 같다.

첫째, 이 연구 결과에 따르면, 여성이 남성보다, 청년층이 고령층보다 공공서비스 주민만족도가 상대적으로 낮게 나타났다. 이는 이상호 · 최세현(2008)의 연구 결과와 일치하는 것이다. 그러나 리시그 외(Reisig et al., 1998)의 연구 결과인 여성이 남성보다 공공서비스의 만족도가 높게 나타나는 것과는 상반된 연구 결과를 보이고 있다. 다만 연령층에서는 워롤(Worrall, 1999)의 연구 역시 청년층이 노령층에 비해 공공서비스의 만족도가 낮은 것으로 나타나 이 연구 결과와 일치하는 것으로 나타났다. 향후 공공서비스 제공에서 주민의 특성에 맞는 차별화된 서비스를 제공하는 것이 필요하다고 판단된다. 또한 성별에 대한 주민만족도의 차이 여부는 좀 더 심층적인 연구가 필요하다.

둘째, 이 연구는 공공서비스에 대한 기대 수준과 공공서비스의 주민만족도는 비례 관계가 있음을 보여주고 있다. 이는 브라운과 쿨터(Brown & Coluter, 1983), 제갈돈(2013)의 주장인 기대 수준이 높을수록 주민만족도가 떨어진다는 연구 결과와 상반된 결과다. 다만 이 연구에서는 기대 수준을 단순히 측정했으며, 기대 수준의 불일치의 정도를 측정하지 않았기 때문에 기대 수준의 불일치와 만족도와의 상관 관계를 파악하는 데 한계가 있을 수 있다.

셋째, 이 연구에 따르면, 거주지역별로 도시지역이 농촌지역보다 공공서비스의 주민만족도가 높은 것으로 나타났다. 이는 기존의 국외의 많은 선행 연구의 연구 결과와 일치하는 것으로 거주지역에 따라 공공서비스의 주민만족도 수준이 차이가 있음을 재확인시켜주고 있다.

넷째, 이 연구는 서비스의 종류, 서비스 분야, 서비스 난이도에 따라 공공서비스에 대한 주민만족도가 차이가 나는 것을 보여주고 있다. 이는 데커(Decker, 1981)의 연구 결과와 일치하는 것으로 나타났다. 다시 말해, 주민들은 공공서비스의 종류와 분야에 따라 만족도 수준이 달라질 수 있음을 의미한다. 특히 서비스의 난이도는 공공서비스의 주민만족도와 반비례의 관계에 있다. 이는 서비스의 난이도가 높을수록 만족도가 낮고 반대로, 서비스 난이도가 낮을수록 만족도가 높게 나타난다는 것이다. 이는 우리나라의 경우 일부 정부 행정기관 평가를 위해 공공서비스 주민만족도에서 서비스 분야별로 난이도의 가중치를 부여해 만족도 점수를 보정해 왔는데, 이것이 실제로 어느 정도 타당성이 있음을 보여주는 실증적인 결과로 판단된다. 따라서 향후에 공공서비스의 만족도 평가에서 난이도에 따른 가중치를 적절히 활용할 필요가 있다.

다만, 이 연구의 한계로는 지나치게 공공서비스의 공급자적인 측면의 변수를 차이가 없는 것으로 가정하고 오로지 수요자적 측면의 변수만을 토대로 주민만족도의 차이를 설명하고자 한 것이다. 향후 연구에서는 공공서비스의 주민만족도 차이가 공공서비스의 공급자적 측면의 변수와 수요자적 측면의 변수 중 어떤 변수가 더 중요하고 또한 이들은 어떤 관계에 있는지에 대한 연구가 필요하다.

제 13 장

굿 거버넌스 실현을 위한 대도시의 주민참여행정 비교연구: 부산시와 서울시의 마을만들기 지원정책을 중심으로*

김정희

제 1 절 서론

정부의 역할과 기능이 중앙에서 지방으로, 정부 부문에서 비정부 부문으로 이양되고 분산되면서 통치구조를 둘러싼 환경이 급격히 변화하고 있다. 이는 곧 거버넌스(governance)의 확산으로 설명할 수 있다. 거버넌스는 글로벌·국가적·지역적 등 다차원적 수준에서 작용하고 있으며, 지역적 차원의 로컬 거버넌스가 참여민주주의의 확대와 더불어 특히 주목받고 있다. 이에 따라 지방정부의 역량은 곧 거버넌스 역량이라는 등치가 성립되고 있으며 거버넌스의 한 축으로서 주민 참여가 핵심 과제로 부상하고 있다. 지방정부 행정에 대한 주민들의 참여는 주민 개개인의 탈정치화와 정치적 무관심을 극복하는 것은 물론 정책 과정의 투명성과 민주성 확보, 이를 통한 정책 신뢰 제고에도 도움을 주기 때문이다.

* 이 연구는 「지방정부연구」 제18권 제4호(2015 겨울)에 게재된 것을 수정·보완한 것임.

이 같은 흐름과 관련, 과거의 관료제 중심에서 주민참여형 거버넌스 체제로 지방행정의 패러다임을 전환하려는 움직임이 확산되고 있다.

또한 최근 마을만들기[1)]가 지방정부의 주요 정책으로 자리매김하면서 마을만들기에서 거버넌스에 대한 논의도 활발하다. 마을만들기는 이전의 '국가 주도', '물리적 개발 중심'에서 '지역과 주민 주도', '삶의 질 중심'으로 전환을 꾀하고 있으며, 그만큼 거버넌스의 성공 여부가 정책의 성패와 직결되어 있다고 할 수 있다. 즉, 최근의 마을 만들기는 새로운 패러다임으로서의 도시재생(urban regeneration)과 공동체 회복 차원에서 진행되고 있다. 이는 과거의 물리적 환경 개선 중심이 아니라 마을 단위 경제적 재생과 문화·복지·교육·환경이 어우러진 지속 가능한 공동체 조성과 같은 종합적 접근 방식을 취하고 있다. 이렇게 변화하는 패러다임에 대응하기 위해서는 관 주도가 아니라 지역사회의 다양한 이해관계자들의 참여와 협력이라는 로컬 거버넌스가 매우 중요하다고 하겠다.

그러나 아직까지 마을만들기가 관 중심의 단기성 사업으로 추진되고 있는 지역이 적지 않으며, 성과주의에 치우쳐 주민의 자발적 참여와 공동체 회복으로 이어지지 못하는 경우가 많다. 즉, 지방정부의 거버넌스 표방과 달리 실제 정책 과정에서는 시민들의 실질적 참여가 아닌 형식적 참여에 그치고 있다는 비판이 적지 않다. 이는 지방정부 마을만들기 거버넌스에 대한 심층적 분석이 필요한 이유다.

마을만들기 관련 연구들이 늘고 있으나 성공 사례들의 비교연구나 성과 및 평가에 관한 연구가 주를 이루고 있고, 정책 과정을 거버넌스의 분석틀로 분석한 연구는 극소수에 불과하다. 특히 대다수 연구가 연구의 방법에서 양적 연구를 적용함으로써, 제도 및 참여 현장에서의 종합적·복합적 맥락을 파악하는 데는 한

---

1) 여기에서 '마을'이란 단지 공간적으로 가까운 거리의 단위를 뜻하는 것이 아니다. 행정구역 등 공간과 인구 수 등으로 구분되는 물리적 특성보다, 그 안에서 살아가는 사람들의 긴밀한 공동체적 관계망을 더 중요시하는 용어다. 서울시는 마을에 대해 "주민이 일상생활을 영위하면서 경제·문화·환경 등을 공유하는 공간적·사회적 범위"로, 마을공동체 만들기는 "지역의 전통과 특성을 계승 발전시키고 지역의 인적·물적 자원을 활용해 주민의 삶의 질을 높이는 활동"으로 정의했다(서울특별시 마을공동체만들기 지원 등에 관한 조례). 부산시는 "마을만들기란 주민이 지역의 전통과 특성, 자원 등을 활용해 물리적 환경 개선, 사회적·경제적·문화적 활성화를 도모함으로써 더불어 살아가는 마을공동체 형성과 주민의 삶의 질을 높이기 위한 일련의 활동"이라고 정의하고 있다(부산광역시 마을만들기 지원 등에 관한 조례).

계가 있다. 개별 사업에 대한 질적 연구가 일부 있지만 광역 단위의 대도시 사례 연구나 광역도시 간 사례 비교연구는 아직 시도되지 않았다.

이 연구에서는 중앙정부 마을만들기와 별개로 지방정부 주도의 마을만들기를 역점사업으로 펼치고 있는 부산시와 서울시 두 광역도시를 분석 대상으로 했다. 두 도시의 정책사례를 질적 연구 방법을 통해 비교 분석함으로서 거버넌스의 특징과 유형을 밝히는 것이 이 연구의 목적이다. 특히 정책의 성과보다 과정에 초점을 둬야 하는 거버넌스 연구의 취지를 살리기 위해 각 정책 단계에서 실제로 거버넌스가 어떻게 작용했는지를 분석하고자 했다. 이를 통해 문제점과 한계를 고찰하고, 사례에서 찾은 시사점을 바탕으로 '굿 거버넌스' 실현에 필요한 제도적 · 실천적 과제를 제시하고자 한다.

제 2 절 굿 거버넌스의 이론적 논의와 선행 연구 검토

1 거버넌스와 굿 거버넌스의 개념

거버넌스(governance)의 개념은 바라보는 시각에 따라 다양하고 다의적인 의미를 내포하고 있으나, 일반적으로 정부의 위계적 · 통치적 질서(government)와 달리 정부와 시민사회 행위자 간 네트워크와 파트너십, 그리고 대화 · 협상 · 조정의 방식에 의해 문제를 해결하는 것을 지칭한다. 거버넌스의 등장은 세계화, 민주화, 분권화 등 3대 메가트렌드를 배경으로 하고 있다. 먼저 세계화의 영향으로 전통적인 정부 역할이 약화되고 있다. 국제 자본시장과 EU와 같은 초국가적 기구, 글로벌 NGO 등이 정부에 대한 압력을 행사하고 있으며, 이에 따라 국가의 권력은 상대적으로 크게 쇠퇴하고 있다. 정책 결정에서 소외된 계층의 정치 참여 확대와 IT혁명이 가져다 준 민주적 정책 결정 등 민주화의 흐름 역시 거버넌스를 확대시키는 배경이다.

이와 함께 중앙정부 중심의 하향식 모델이 한계에 봉착, 전 지구적 차원의 지방분권화(decentralization)가 진행되면서 거버넌스의 중요성은 더욱 확대되고 있다. 분권화는 정부 프로그램과 서비스의 지방분권화 및 정부 권위의 분산, 즉 중앙에서 지방으로의 권력 이동을 포함한다. 분권화가 갖고 있는 중요한 의미는 지역 차원에서 시민의 폭넓은 정책 과정 참여를 가능하게 하며, 지방정부의 투명하고 민주적인 의사결정을 유도하는 데 있다. 이런 의미에서 분권화는 거버넌스와 밀접한 관계가 있다. 또한, 거버넌스 가운데 굿 거버넌스(good governance)에 대한 논의는 행정 개혁 역사와 함께 변천해 왔다. 1980년대 초반 이후 등장한 '기업가적 정부' 또는 '작은 정부 이론'에서 굿 거버넌스는 고객 중심과 수익 창출, 임무 중심적이었다면 최근의 행정 패러다임에서 강조하는 굿 거버넌스는 시민 중심, 과정 중심이다. 정부예산을 배분하는 방식에서도 시장주의적 성과보다 주민들의 참여에 의한 선택과 배분을 강조한다. 행정의 주체, 방식, 활동, 관리의 중심에 시민이 있으며, 시민자치 역량에 의해 굿 거버넌스는 정의된다(장수찬, 2013: 6).

학자들은 물론 국제기구에서도 굿 거버넌스의 가치 및 구성 요소와 관련된 논의가 다양하다. 학자들 가운데 스토커(Stoker, 1998)는 "거버넌스의 가치는 결과보다는 결과에 이르는 과정의 차이에 있으며, 지배 과정의 변화를 이해하는 틀을 제공하는 데 있다."고 주장함으로써 굿 거버넌스가 '기업가적 정부'에서 강조하는 임무·수익 창출 중심 모델과 차이가 있음을 강조한다. 펑과 라이트(Fung & Wright, 2003)는 지역의 실제적인 문제 해결에서 참여, 심의, 분권 등 시민의 권한 강화와 참여의 원칙을 중시하는 '권한 부여 참여 거버넌스(empowered participatory governance)'를 굿 거버넌스의 모델로 제시하고 있다.

서머빌(Somerville, 2008)은 정부와 거리를 두고 정부에 압박을 가하는 방식의 시민 참여와 차별되는 개념으로 '공동 거버넌스(co-governance)'를 고안했는데, 이는 굿 거버넌스와 맥락을 같이하는 개념이다. 공동 거버넌스는 기존의 '공동생산(co-production)' 문헌에서 보여주는 '탈정치화된 참여' 또는 특정의 지역 서비스 집행 단계에 한정된 사회적 행위의 단계를 넘어서서 사회적 행위자들이 정부의 핵심 기능에 직접 참여할 것을 주장한다. 곽현근(2011)은 이에 대해 "자율 거버넌스가 국가로부터 독립된 결사체에 대한 주민 참여를 강조한다면, 공동 거버넌스는 정부와 대등한 관계에서 공공 의사 결정에 참여하는 주민을 강조하므로 지역 단위, 특히 동네 단위 거버넌스는 두 가지를 동시에 고려해야 한다." 고 주장한다(곽현근, 2012: 13).

시리아니(Sirianni, 2009)도 '협력적 거버넌스' 모델을 통해 굿 거버넌스의 핵심 원칙들을 제시했다. 그는 지방정부가 주민들의 권한을 강화하고 참여를 유도하며, 역량을 배양하는 시민적 지원자(civic enabler)의 역할을 수행하기 위해 고안한 정책 디자인으로 협력적 거버넌스를 정의하고, 공공재의 공동생산, 지역공동체 자산의 동원, 전문지식의 공유, 주민 심의 기제의 활용, 지속적인 파트너십 구축, 전략적인 네트워크 강화, 지방정부의 문화적 변혁, 상호 책임성의 확보 등 여덟 가지 원칙을 제시했다(김의영, 2011: 211).

유엔 개발 프로그램(UN Development Program)의 굿 거버넌스 논의에서도 참여, 반응성, 합의, 책임성, 지속 가능한 발전, 포용성 등의 사회적 목표를 제시하고 있으며(Bevir, 2007, 359-361), 아시아개발은행(Asian Development Bank: ADB)은 굿 거버넌스의 요건으로 책임성, 투명성, 예측성, 참여성을 제시하고 있다. '민주주의와 거버넌스를 위한 유럽위원회(European Committee on Democracy and Governance: CDDG)'를 구성한 유럽의회는 로컬 거버넌스의 목적에 대해 "시민이 모든 민주적 제도와 과정에 중심적 위치를 차지해야 함"을 강조하고 공개성과 투명성, 효율성과 효과성, 변화에 대한 열린 자세와 혁신, 지속성과 장기적 관점의 유지 등 굿 거버넌스를 위한 열두 가지 원칙을 제시했다.

경제협력개발기구(OECD)가 강조하는 굿 거버넌스의 주요 측정지표도 '정책과정의 투명성과 책임성'이다. OECD가 2012년부터 발표하고 있는 '더 나은 삶 지수(Better Life Index)'는 34개 회원국을 대상으로 주거, 소득, 건강, 교육, 시민 참여와 거버넌스 등을 포함한 총 11개 영역을 평가하는 지수인데, 이 가운데 '시민 참여와 거버넌스(civic engagement and governance)'는 투표 참여율 및 정책 결정 과정의 투명성과 책임성 등을 평가하는 항목이다(OECD, 2013: 71). 세계 거버넌스 지수(World Governance Indicator: WGI)는 굿 거버넌스를 주민의견과 책임성, 정치적 안정, 규제 능력, 법의 지배와 부패의 통제, 정책 수행 능력으로 지칭한다. 즉, 굿 거버넌스의 첫 번째 요소가 '주민 의견과 책임성'임을 강조하고 있다.

2 마을만들기 선행 연구 검토

마을만들기 선행 연구들은 추진 주체-추진 과정-추진 성과에 관한 연구 등으로 구분할 수 있다. 이 가운데 주체에 관한 연구와 과정에 관한 일부 연구를 제외하고는 대부분 양적 연구 방법을 적용했으며, 과정에 관한 연구 중 거버넌스의 분석틀을 이용한 사례연구는 김영 외 3인(2008), 박세훈 외 2인(2009) 등 극소수에 불과하다.

먼저 추진 주체에 관한 연구 가운데 전원식 외 2인(2008)은 주민 또는 주민조직이 주축이 되어 진행한 사업에 대해 분류 기준을 제시하고 대표 사례 분석을 통해 사업 추진의 성공적 추진 방안을 검토했다. 신중진·송승현(2010)은 마을만들기 주민조직 및 추진 주체가 3년 이상 지속되고 있는 곳을 대상으로 사업 진행 단계에 따른 관계 구도와 특성을 분석했으며, 이석현·채진해(2013)의 연구는 마을만들기 추진 주체를 지역공동체 주도형, 주민자치위원회 주도형, 지역전문단체 주도형의 세 유형으로 분류해 주체별 성과 특성을 비교분석하고 있다.

추진 과정에 관한 연구로서 신중진·송승현(2008)은 행정기관의 지원사업을 통해 진행된 일반 주거지에서의 주민 참여 마을만들기 계획 과정에 대한 사례분석을 진행, 계획 과정의 유효성 측면에서 시사점을 도출했다. 장준호·서수빈(2013)은 문헌조사와 현장조사, 인터뷰 등을 통해 수원시 행궁동의 마을만들기 과정의 문제점을 검토하고 적극적인 주민 참여를 이끌어 내기 위한 대안을 검토했다. 추진 성과에 관한 연구 가운데 송혜승 외 2인(2008)은 광주 북구 문화동에서 진행되고 있는 마을만들기 계획사업의 유형을 분석하고 그에 대한 평가를 통해 향후 마을만들기 계획에서 지역에 필요한 사업을 선택할 수 있는 기준을 제시했다. 김영 외 3인(2008)은 순천시 사례를 중심으로 마을만들기 거버넌스 특성과 평가에 관한 연구를 진행했다. 이 연구는 거버넌스 평가에 대한 변인을 참여성, 자율성, 책임성, 네트워크 등 네 종류의 범주로 구분하고 이를 각각 세분화한 뒤 각 변인들의 만족도와 중요도를 정량적으로 산출해 통계적 수법으로 사업을 평가했다.

이지혜 외 2인(2009)은 민관 파트너십, 효과도, 인지도, 만족도 등을 변수로 설정하고 설문조사를 통해 요인들 간의 영향 관계를 파악했으며, 이석현(2011)은 시흥시 희망마을만들기를 대상으로 마을만들기 지원 시스템이 사업 추진 성과와 주민의 만족도 등에 미치는 영향을 분석했다. 양재혁(2012)은 부산광역시의 2012년도 행복마을만들기 사업에 참여했던 주민들을 대상으로 만족도 조사를 실시해 이 사업에 대한 양적 평가를 시도했고, 이재완(2014)은 초기 단계인 서울시 마을공동체 사업의 내용에 대해 일반 시민들이 인지하고 있는 정도가 참여에 미치는 영향을 실증적으로 분석했다.

마을만들기 정책 사례에 관한 정성적 연구로는 김태란 · 인태정(2009), 박세훈 외 2인(2009), 양재혁(2010), 이상훈 외 3인(2013)의 연구가 있다. 김태란 · 인태정(2009)은 부산지역의 시범마을을 주체와 사업 내용에 따라 세 가지 대표적인 유형(행정 주도형, 시민단체 또는 전문가 주도형, 주민 주도형)으로 분류하고 그 특성들을 분석했다. 서울 북촌과 광주 문화동 마을만들기 참여 거버넌스를 비교분석한 박세훈 외 2인(2009)의 연구는 제도주의적 접근 방법에 의해 주체와 구조(거시적 분석) 및 과정이라는 미시적 분석(참여성, 자율성, 상호의존성)을 동시에 시도했다. 양재혁(2010)은 부산 산성마을만들기사업을 대상으로 다양한 참여 주체들이 파트너십을 맺어 사업을 추진하는 과정을 정성적으로 분석했으며, 이를 통해 참여 주체 간의 파트너십 과정과 운영 체계, 파트너십의 가치 등에 대한 성공과 교훈을 평가했다. 또 이상훈 외 3인(2013)은 다양한 마을만들기사업을 추진하고 있는 서울 성북구 정릉1동을 연구 대상지로 선정, 교육 관계자 심층 인터뷰를 통해 사업 추진 과정의 성과와 효과를 분석했다.

그러나 선행 연구의 다수를 차지하는 양적 연구와 일부의 질적 연구들은 특정 마을만들기사업의 사례를 분석한 것으로, 광역도시의 마을만들기 거버넌스 특징을 종합적으로 파악하는 데는 한계가 있다. 이 연구는 개별 사례를 넘어 광역 대도시의 마을만들기 정책과 마을사업의 추진 과정을 거버넌스 지표를 통해 정성적으로 평가한 것으로서, 연구 대상과 연구 방법에서 선행 연구와 차별성을 가진다.

제3절 연구의 분석틀과 연구 방법

1 연구의 분석틀

정부 역할을 중심으로 '정부에 의한 거버넌스(governance by government)', '정부와 함께 하는 거버넌스(governance with government)', '정부 없는 거버넌스(governance without government)'로 구분한다면 굿 거버넌스는 '정부와 함께 하는', 그리고 '주민 권한이 강화되는' 거버넌스다. 2절 1항에서 고찰한 굿 거버넌스에 관한 여러 논의 가운데 지역 단위의 주민 참여행정에서 중요하다고 판단되는 요소들, 특히 거버넌스의 성과(outcome)가 아닌 과정적(process) 특성을 파악할 수 있는 요소들을 선택적으로 추출해 참여성, 책임성, 반응성, 제도화 등 네 가지 지표를 설정했다.

분석틀은 의제 설정, 정책 결정, 정책집행, 평가·환류라는 '정책 과정'의 축과, 참여성, 책임성, 반응성, 제도화 네 가지 평가지표로 구성된 '거버넌스'의 축 등 두 개의 축으로 이뤄져 있다. 이를 통해 주체와 구조 등 제도적 차원과 각 주체들의 행위(상호작용)를 함께 고찰하고자 한다. 즉, 정책 과정의 각 단계에서 참여성, 책임성, 반응성이 어떻게 작용했는지, 그리고 제도화의 유무 및 제도화의 수준은 어떠한지를 분석하고 거버넌스의 특징과 유형을 밝히고자 한다.

네 가지 분석지표 가운데 '참여성'은 참여의 양뿐 아니라 질의 문제도 포함한다. 아무리 많은 주민이 참여하더라도 특정 계층의 주민들이 과대 대표되는 경우 굿 거버넌스의 목표에 이르지 못한다고 판단하기 때문이다. 따라서 참여성은 마을만들기 정책에 누가 참여하며 성별·직업별 비례성이 지켜지고 있는가, 모든 정책 단계에 주민 참여가 이뤄지고 있으며, 각 주체의 영향력은 균등한가 등 참여에서의 민주성과 형평성을 측정한다. '책임성'은 주민들의 권한 행사 정도 및 권한과 책임의 제도적 보장 유무(주민책임성), 전담 행정조직·중간지원조직 등의 유무 및 운영 현황(지방정부 책임성)을 살펴본다. 각 주체들의 역할에 따른 권한과 책임이 명확히 설정되어야 하고, 이에 대한 법적·제도적 장치가 뒷받침되어야 책임성이 실효성 있게 발휘될 수 있다고 보기 때문이다. '반응성'은 지방정부가 주민이 의견을 제시할 수 있는 공식 장치를 만들고 주민 요구에 신속하게 대응하는지, 그리고 정책 과정에서 주민들이 제기한 의견 및 안건이 어느 수준으로 수용되었는지 등 소통과 수용 정도에 대해 검토하는 지표다. 마지막으로 '제도화'는 해당 정책이 일회적이고 임시적인 것인지, 아니면 조례나 규정에 의거한 것인지 등 제도화의 수준과 실행 수준을 함께 고찰한다. 정책 단계별 네 가지 지표 분석은 지방정부의 마을만들기정책과 개별 마을사업에 공동 적용된다.

위와 같은 분석을 바탕으로 표방과 실제 내용이 일치하는 '굿 거버넌스', 거버넌스를 지향하고 있으나 아직은 제도 및 운영상 미흡한 형태의 '불안정한 거버넌스', 거버넌스를 표방하고 있으나 내용적으로는 관치에 가까운 '형식적 거버넌스' 등 세 가지 유형[2] 가운데 어디에 해당되는지 밝혀낼 계획이다. 4개 분야 8개의

표 13-1 굿 거버넌스의 분석지표

분석지표	주요 내용	세부지표(정책과 사업 대상 32개 항목)
참여성 (participation)	주민 참여의 민주성과 형평성	모든 주민이 고루 참여하는가(성별·직업별 비례성이 지켜지고 있는가)?
		모든 정책 단계에 주민 참여가 이뤄지고 있으며 지방정부·전문가·주민 등 참여 주체의 영향력은 균등한가?
책임성 (accountability)	지방정부와 주민의 상호책임성	주민이 어느 정도의 권한을 행사할 수 있는가 및 권한과 책임의 제도적 보장 유무(주민 책임성)
		지방정부의 책임성 제고를 위한 행정조직, 중간지원조직 등의 유무 및 운영에서의 책임성 확보(지방정부 책임성)
반응성 (responsiveness)	소통과 수용의 정도	지방정부가 주민이 의견을 제시할 수 있는 공식장치를 만들고 주민 요구에 대해 신속하게 대응하는가?
		정책 과정에서 주민들이 제기한 의견 및 안건이 (어느 수준으로) 수용되었는가?
제도화 (institutionalization)	제도화 유무 및 제도화 수준	해당 정책이 일회적이고 임시적인 것인가, 아니면 조례나 규정에 의거한 것인가?
		제도화의 수준(참여성, 책임성, 반응성 차원) 및 실행 수준

2) 이론적 논의를 종합해 이상적인 형태를 '굿 거버넌스'라고 했을 때, 이에 미치지 못하는 거버넌스를 그 정도에 따라 '불안정한' 또는 '형식적' 거버넌스로 저자가 구분했다.

그림 13-1 연구의 분석틀

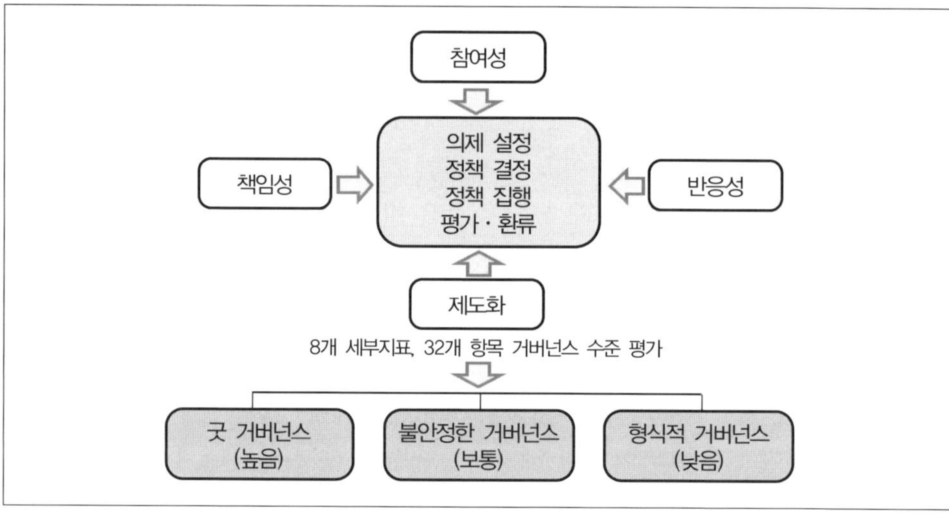

세부지표를 정책 단계별로 마을정책과 마을사업에 각각 적용, 총 32개 항목(〈표 13-1〉, [그림 13-1] 참조)에 대해 높음, 보통, 낮음 수준으로 구별하고 각 수준의 총합이 과반수를 차지(16개 이상)할 경우 거버넌스가 그 수준에 위치해 있다고 평가한다. 즉, 높음이 16개 이상일 경우 굿 거버넌스, 보통이 16개 이상일 경우 불안정한 거버넌스, 낮음이 16개 이상일 경우 형식적인 거버넌스로 분류한다.

2 연구 방법

대부분의 선행 연구가 적용하고 있는 양적 연구 대신 질적 연구를 주된 연구 방법으로 사용했으며 일부 계량적 자료들을 보충적으로 활용했다. 현상의 사소하거나 예외적인 특성을 배제하고 일반적인 경향성, 즉 확률의 논리 속에서 실태를 규명하는 양적 연구가 제도 수립 · 운영 및 참여 현장의 복잡한 맥락을 이해하는 데는 적합하지 않다고 판단하기 때문이다.

먼저, 분석 대상인 부산시와 서울시의 마을만들기 관련 논문 · 저서, 정책보고서, 정책평가 자료, 회의 지료, 백서 등 다양한 문헌 연구를 통해 정책 과정에서 '굿 거버넌스' 모델이 지향하는 가치의 실현 정도를 파악했다. 다음으로 정책 설명회 · 토론회 등에 참가해 현장의 분위기를 파악하고, 정책전문가 · 활동가 · 주민 · 공무원 등 12명을 대상으로 한 포커스그룹 인터뷰(FGI)와 개별 인터뷰를 거쳐 종합적인 분석을 시도했다. 이를 통해 정책 과정에서 주민들의 참여 및 주민과 지방정부 간의 소통이 어떻게 이뤄졌는지, 주민들의 반응은 어떠한지 등을 파악했다. 마지막으로, 문헌 연구와 인터뷰를 통한 질적 연구가 지닌 한계를 보완하기 위해 선행 연구의 계량자료들을 활용했다.

제 4 절 마을만들기 지원정책에서의 거버넌스 특징 비교

1 부산광역시 마을만들기

1) 정책 개요

부산시는 핵심 시책의 하나로 2011년부터 마을만들기정책(이하 마을정책)을 시행하고 있다. 부산시 마을정책의 특징은 취약지역을 지원 대상으로 하며, 주민 스스로 지역문제를 해결할 수 있도록 마을공동체 형성을 통해 공간적 · 사회적 · 경제적 재생을 추진하는 종합적 재생사업이라는 것이다. 중앙정부에서 추진하는 3개 사업[3]과 시에서 독자적으로 추진하는 산복도로 르네상스, 행복마을만들기, 커뮤니티 뉴딜 등 총 6개의 공간 · 문화 · 복지 복합형 마을만들기사업을 추진하고 있다. 이 연구에서는 중앙정부 사업을 제외하고 부산시가 조례에 근거해 역점 사업으로 추진하고 있는 산복도로 르네상스 프로젝트(이하 산복도로사업)와 행복마을만들기사업(이하 행복마을사업)을 분석 대상으로 했다.

민선5기 시장의 공약사업으로 추진 중인 산복도로사업은 일제 강점기부터

3) 지역행복생활권협력사업(농축산부), 도시활력증진사업(국토교통부), 희망마을만들기사업(안전행정부)이다.

한국전쟁 과정에서 형성된 근·현대사의 역사적 산물인 원도심 산복도로 일원 주거지역의 마을종합재생 프로젝트다. 물리적 환경 개선과 역사·문화·자연경관 등 문화 인프라 확충, 지역공동체 활성화를 통한 '창조도시'[4] 구축을 목표로 하고 있다. 대상 지역은 원도심 산복도로 일원 주거지역인 중구, 서구, 동구, 부산진구, 사하구, 사상구 등 6개 자치구의 6개 권역, 9개 사업구역이며, 2011년부터 2020년까지 10년간 1,500억 원, 매년 150억 원의 사업비를 투입한다.

행복마을사업은 시의 정비 대상에서 제외된 40개 마을을 대상으로 기존 재건축·재개발 방식을 지양하고, 낙후지역의 마을공동체를 복원해 문화·경제적 자립을 할 수 있도록 지원하는 도시재생 사업이다. 2010년부터 2014년까지 사업비 247억 원을 투입했다. 공모 방식으로 진행되고 있으며 공간 기반 조성, 주민 역량 강화, 마을 경제력 증대를 목표로 한다.[5] 행복마을로 지정되면 3년 동안 평

그림 13-2 부산시 마을만들기 지원정책 거버넌스 체계도

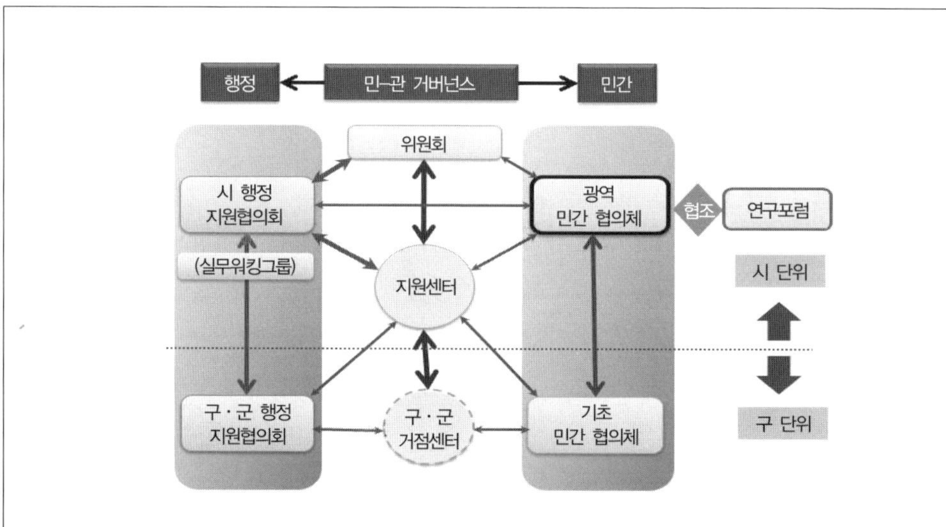

출처: 부산시광역시 창조도시본부(2014: 9)

4) 부산시는 '문화적·자연친화적·예술적으로 조화로운 도시경관을 지니고, 고용·복지·교육환경 등 주민 생활의 질이 보장된 곳'을 창조도시로 칭하고 있으며, 마을만들기사업은 창조도시국에서 업무를 총괄하고 있다.

5) '공간기반조성사업'은 마을의 공공공간 조성을 통해 주민들의 생활을 개선하는 것이며, '주민역량

균 2~3억 원에서 최대 10억 원씩 지원받는다. 2014년 말 기준 산복도로에는 19개, 행복마을에는 30개의 마을공동체가 활동 중이다.

2) 거버넌스의 특징

(1) 참여성

부산시 마을정책은 도시재생정책의 일환으로 시작되었기 때문에 의제 설정과 정책 결정 단계에서 모두 행정기관과 전문가가 거버넌스의 중심을 차지하고 있다. 산복도로사업의 경우 부산발전연구원의 선임 연구위원이 부산시 창조도시본부장으로 위촉되면서 전문가조직인 산복도로 포럼의 의견이 주로 반영되었다. 행복마을사업 역시 창조도시본부가 건축사사무소의 자문을 통해 사업을 구상하고 결정하는 과정을 거치면서 행정기관과 전문가가 주도적 역할을 했다.

마을정책 집행 단계에서는 주민이 행위자로 등장하지만 거버넌스에서 차지하는 비중이 낮다. 정책 심의・자문 기구인 마을만들기위원회의 구성을 살펴보자. 위원회는 행정부시장 포함 당연직 공무원 7명, 시의원 2명, 분야별 전문가 8명, 시민단체 3명 등 총 20명으로 구성되어 있다. 이 가운데 마을활동가는 2명에 불과해 행정기관・전문가 중심의 거버넌스임을 알 수 있다. 더욱이 행정부시장이 위원장직을 맡고 있어 관 주도성이 강한 것으로 평가된다. 평가・환류 단계의 주민 권한도 낮은 것으로 나타났다. 마을정책 전반에 대한 체계적 평가 시스템이 부재하며 따라서 주민들이 정책을 평가할 수 있는 길도 마련되어 있지 않다. 개별사업의 경우도 지방정부는 주민사업을 평가할 수 있으나 주민이 평가에 참여할 방법은 없다. 마을만들기지원센터가 사업 시행 지역주민들을 대상으로 한 여론조사와 주민대토론회[6] 형태로 의견을 수렴, 정책에 반영하는 정도다.

개별 마을사업의 경우 추진 일정과 단계가 정해진 상태에서 공모 형태로 진행되므로 주민 참여는 정책 집행 단계에 치중되어 있다. 이 단계에서는 부산시만

강화사업'은 지역정체성 회복을 통해 주민 화합을 높이고 마을 리더를 양성하는 것이다. '마을 경제력 증대'는 주민 스스로 경제력 자활에 이룰 수 있도록 유도하는 사업이다.

6) 센터는 2014년 12월 4일 '주민이 말하는 마을만들기'라는 주제로 지난 5년간의 마을만들기사업 평가 및 향후 사업 방향을 모색하는 원탁토론회를 열었다. 이 토론회에는 마을공동체 주민 100명이 참석했다.

의 독특한 사업 추진 방식이 적용되고 있는데, 마을만들기 전문가들이 계획가와 활동가의 직책으로 투입되어 사업의 주요 주체로 참여한다는 점이다. 예를 들어 마을계획가는 마을자원 조사와 사업 구상을 하고, 마을활동가는 주민 의견 수렴과 주민 리더 발굴, 마을소식지 등 홍보자료의 기획·제작을 한다. 그리고 각 마을에는 주민대표들로 구성된 주민협의회가 있는데, 주민교육과 워크숍에 참가한 주민자치위원, 통장, 부녀회, 청년회 등 기존 조직 회원들과 마을만들기에 참여

표 13-2 부산시 마을만들기 지원정책 및 마을사업의 참여 주체와 역할

구분	주체	구성 및 역할
행정기관	부산시 창조도시기획과	마을만들기정책 수립 및 관련 사업 지원, 관리
	자치구	마을만들기사업 지원, 관리
	시 및 구·군 행정지원협의회	마을만들기사업 부서 업무 담당자들로 구성/ 부서 간 협업을 위한 실무 워킹그룹(결재권자 부재로 운영 미흡)
중간지원조직	부산시마을만들기지원센터	사업 총괄지원, 주민·활동가·행정기관 간 중간 지원
민관 거버넌스조직	부산시마을만들기위원회	당연직 공무원, 시의원, 분야별 전문가, 시민단체 등 총 20명/ 마을정책 수립·변경 심의·자문, 사업 점검·평가
	부산시마을공동체정책포럼	교수, 활동가, 공무원, 주민대표, 관련 기관 등 28명/ 마을공동체 활성화 논의를 통한 정책대안과 비전 제시
민간조직	기초 민간협의체	공동체의 모임, 기초행정기관과 파트너십을 갖고 사업 진행(현재 9개 협의체 구성)
	광역 민간협의체	기초 단위 민간협의체 임원들로 구성/ 역량 강화 및 기초협의회 활동 지원 등
마을활동가 (전문가)	마을계획가	마을자원 조사와 사업 구상
	마을활동가(코디네이터)	주민 의견 수렴과 주민 리더 발굴, 마을 소속지 등 홍보자료의 기획, 제작
마을활동가 (일반 주민)	예비활동가, 주민활동가, 마을코디네이터 전문가 등	예비활동가(활동가 육성교육 기초 단계 이수자), 주민활동가(심화 단계 이수자, 마을활동 경력자), 마을 코디네이터 전문가(전문과정 이수자, 마을활동 우수 경력자) 등의 단계적 인증 시스템 도입
주민대표	주민협의회	마을만들기 주민교육과 워크숍에 참가한 주민자치위원, 통장, 부녀회, 청년회 등 기존 조직 회원들과 마을만들기에 참여 의지가 있는 주민들로 구성/ 마을사업 추진

의지가 있는 주민들로 구성된다. 따라서 행정기관(시, 자치구, 주민자치센터 공무원)과 전문가(계획가, 활동가), 주민 등 3자가 사업 집행 단계의 주요 행위자로 등장하고 있다. 이 밖에 중간지원조직인 마을만들기지원센터,[7] 정책제안그룹인 마을공동체정책포럼, 민간조직인 기초 및 광역민간협의체가 거버넌스의 참여주체를 형성하고 있다(〈표 13-2〉).

이처럼 개별사업에서의 주민 참여는 집행 단계에 치중되어 있지만 집행 단계의 참여에서도 예산 집행의 자율성은 상대적으로 낮다. 다만 '주민공동체 제안공모사업'은 주민이 스스로 계획을 수립, 제안, 실행하는 사업으로 의제 설정부터 집행까지 주민 주도성이 발휘된다. 5인 이상의 주민모임이 결성되어 공동체 활동에 필요한 사업제안서를 신청하면 내부심사 및 심의를 통해 대상 마을을 선정한다. 취약지역뿐 아니라 전 지역 주민을 대상으로 하며 2013년 33개(4,000만원), 2014년 115개 공동체(7억여 원)를 선정, 지원했다(부산광역시마을만들기지원센터, 2014). 그러나 전체 사업에서 차지하는 비중이 매우 낮다는 점[8]을 볼 때 전반적으로 관과 주민의 영향력이 균등하지 못함을 알 수 있다.

변화가 있다면, 2013년 이후 산복도로와 행복마을에서의 세부사업 기획이나 결정이 점차 주민에게로 이전되고 있다는 것이다. 주민들이 스스로 발굴한 사업을 추진하기 위해 설문 및 심층 인터뷰를 실시하고 주민토론회, 공동체 프로그램, 마을축제 등을 종합적으로 운영하고 있는 것이 그 한 예다. 주민교육 및 인증시스템을 통한 주민활동가 발굴 · 육성도 주민 주도성을 제고하기 위한 수단이다. 시는 2013년 부산시마을만들기지원센터 개소 후 교육을 통한 활동가 인증 시스템을 도입했는데, 예비 활동가(활동가 육성교육 기초 단계 이수자), 주민활동가(심화 단계 이수자, 마을활동 경력자), 마을 코디네이터 전문가(전문과정 이수자, 마을활동 우수 경력자) 등의 단계적 인증이 그것이다. 이는 외부의 전문 활동가에 의존하는 현재의 시스템을 주민 주도적 마을만들기 시스템으로 전환하는 데 도움을 줄 것으로 보인다. 관건은 마을별 특성 및 주민 역량에 기초한 맞춤화된 커리큘럼과 강사진 확보를 통해 교육의 질과 체계성을 높이는 일이다.[9]

---

7) 2015년 6월 (재)부산광역시 도시재생지원센터로 개편되었다.
8) 마을만들기정책 전체 지원 예산의 100분의 1, 산복도로와 행복마을 지원 예산의 10분 1 수준이다.
9) 마을강사들은 현재의 주민교육에 대해 마을 특성이 반영되지 않은 천편일률적인 교육 프로그램과

한편, 마을사업에서의 참여가 모든 주민에게 개방되어 있으나 실제 참여 범위가 넓은 것은 아니다. 해당 지역 주민들은 마을공동체의 첫 번째 당면 과제로 '주민 참여 확대의 어려움'을 꼽을 만큼 주민 참여성은 큰 한계를 가지고 있다. 부산마을공동체 정책포럼 창립 세미나에서는 부산지역 마을공동체 117곳에 대한 실태조사 결과가 공개되었는데, 이에 따르면 산복도로마을과 행복마을 주민들 모두 당면 과제로 '신규 회원 및 주민 참여 확대의 어려움'을 1순위로 꼽았다. 사업별 회원 수 증감 여부를 파악한 또 다른 조사에 따르면, 산복도로마을 18개 가운데 8개(44.4%)와 행복마을 24개 가운데 16개(66.7%)가 회원 수가 감소 또는 정체 상태인 것으로 나타났다(부산광역시 부산마을만들기 정책포럼 준비위원회, 2014: 32). 주민협의체에 대한 주민 참여가 일부에 그치고 있음을 반증하는 자료들로, 이는 주민들 간 신뢰 형성과 거버넌스 구축 측면에서 부정적이다.

"산복도로사업의 경우 1년여의 짧은 기간 동안 주민 의견을 모으고 사업을 완료해야 하는 행정절차 때문에 다양한 지역 주민의 참여를 이끌어 내지 못하는 한계가 있다. 더욱이 주민협의회 대표단을 구성할 때 이제 막 지역에 들어간 활동가와 지역주민들 간 긍정적 관계가 형성되기도 전에 몇 번의 모임만으로 주민협의회 대표단을 구성, 다른 주민의 참여를 배제하게 되는 문제도 있다"(산복도로르네상스 활동가 인터뷰, 부산시마을만들기지원센터 소식지 Vol. 1, 25에서 인용).

그런가 하면 행복마을에서는 논의 구조 자체의 문제점이 지적되었다.

"마을사업에 청년들이 참여할 수 있는 구조가 아예 없거나 참여해도 청년들의 의견이 반영되지 않는다. 이 때문에 청년들은 자신을 마을의 주인이라고 여기지 않는다. 세대 간 갈등과 소통 부재를 절실히 느낀다"(행복마을만들기 코디네이터 인터뷰).

종합하자면, 부산시 마을정책은 낙후지역을 대상으로 광역시의 주도 아래 외

교육 참가자의 편중 등으로 효과를 거두지 못하고 있다고 지적하고 있다. "비슷비슷한 주제와 강사진으로 구성돼 주민들 사이에서는 사업비 집행을 위한 형식적 과정으로 인식되고 있다", "교육 시간도 주로 강의 장소 대여가 용이한 낮시간대이다 보니 중장년층 여성 위주로 참여가 이뤄지고 있다", "주민 역량에 기초한 맞춤교육이 이뤄지지 않고 있다"(마을코디네이터·마을강사 포커스그룹 인터뷰).

부 전문가를 투입, 공동체 형성을 지원하는 형태로 시작되었기 때문에 초기부터 주민들이 거버넌스의 보조적 행위자에 머물렀고 그 결과 주민 참여성이 낮다. 따

표 13-3 참여성 분석

평가 내용 \ 정책 단계		의제 설정	정책 결정	정책 집행	평가·환류
모든 주민들이 고루 참여하는가? (성별 직업별 비례성이 지켜지고 있는가?)	마을 만들기 정책	- 의제 설정이 행정과 전문가 주도로 이뤄짐. (낮음)	- 정책결정이 행정기관과 전문가 주도로 이뤄짐. (낮음)	- 주민이 거버넌스행위자로 등장하나 행정기관, 전문가에 비해 비중이 낮음. - 마을만들기위원회에서 행정기관과 전문가의 참여 높고 주민 참여 낮음. (낮음)	- 마을정책전반에 대한 평가시스템 부재 - 따라서 주민이 정책을 평가할 수 있는 길 없음. (낮음)
	개별 마을 공동체사업	- 주민공동체 제안공모사업을 제외한 대다수 사업은 의제 설정 단계에서 관이 사업 내용을 결정함. - 2013년 이후 세부사업기획 권한이 점차 주민에게로 이전되는 추세임. (보통)	- 주민공동체제안공모사업을 제외한 대다수 사업은 정책결정 단계에서 관이 사업 내용, 추진 일정, 과정 등을 결정함. - 2013년 이후 세부사업 결정권이 점차 주민에게로 이전되는 추세임. (보통)	- 관, 전문가, 주민 3자가 행위자로 등장하며, 주민활동가 발굴을 위한 교육인증제도 실시 - 참여에 제한은 없으나 실제 참여 수준은 고르지 못하며 비례성이 지켜지지 않음 - 주민들의 예산 집행 자율성 낮음. (보통)	- 행정기관이 주민사업을 평가하는 시스템은 있으나 주민이 평가할 수 있는 권한은 부재 (낮음)
모든 정책 단계에 주민 참여가 이뤄지고 있으며, 관·전문가·주민의 영향력은 균등한가?	마을만들기 정책 (낮음)	- 의제 설정과 정책 결정이 행정기관과 전문가 주도로 이뤄짐. - 주민 참여는 정책 집행 단계에 치중되어 있음. - 따라서 각 주체의 영향력이 균등하지 못함.			
	개별 마을공동체 사업 (보통)	- 주민공동체 제안공모사업은 의제 설정, 정책 결정, 정책 집행 단계의 주민 참여가 이뤄지고 있음. - 나머지 대다수 마을사업은 집행 단계의 참여가 주를 이루며 따라서 각 주체의 영향력은 불균등함. 2013년 이후 세부사업 기획, 결정권이 조금씩 주민에게 이전되는 추세임. - 그러나 평가·환류 단계에는 주민 미참여			

라서 거버넌스에 참여하는 주체들 간 힘의 균형이 이뤄졌다고 보기 어렵고 관주도형 거버넌스의 특징을 보인다.

(2) 책임성

먼저, 지방정부의 책임성 제고를 위한 행정조직과 함께 행정기관·주민의 상호책임성 확보를 위한 거버넌스·중간 지원·주민 상설조직의 유무 및 운영 실태를 살펴보자.

시가 '창조도시' 실현을 위해 신설한 창조도시본부의 창조도시기획과에서 마을만들기 업무를 총괄하고 있는 것과, 마을사업 부서 업무 담당자들로 행정지원협의회를 구성한 것은 행정의 전문성과 책임성 확보를 위한 노력으로 보인다. 또한 마을만들기지원조례에 근거한 지원센터 설립, 마을만들기위원회 운영을 비롯해 광역 및 기초 단위 민간협의체, 마을공동체 정책포럼 등을 각각 운영하고 있어 외형적으로는 민관의 상호책임성 제고를 위한 기반이 마련되어 있다. 그러나 기초자치단체인 구·군 단위의 지원센터와 전담조직이 없다는 것은 마을 중심성이 강조되어야 이 사업의 특성으로 볼 때 일정 부분 한계를 가질 수밖에 없다. 특히 행복마을사업은 구·군청 내 전담조직 대신 기존 조직이 사업을 담당하고 있어 마을만들기 이해와 전문성, 관련 부서 간의 조율, 구군청과 주민자치센터 간의 관계 설정 등에서 행정 역량이 부족하다는 지적이 제기되고 있다. 부서 간 협업을 위해 13개 부서 업무 담당자들로 구성된 행정지원협의회 역시 결재권자의 부재로 운영이 미흡한 실정이다.

또한 마을만들기지원센터는 마을사업을 총괄·지원하고, 주민·활동가·행정기관 간 중간 지원 역할을 하며, 마을 네트워크 구축과 지원을 체계화하기 위한 조직이다. 성격상 민간에서 독립적으로 운영하는 것이 바람직하나 현재는 시 출연기관인 (재)부산발전연구원이 위탁 운영하고 있어 자율성과 책임성이 떨어질 수 있다.[10] 조례상 규정된 마을만들기위원회의 역할 역시 기본 계획과 연도별 시행 계획 수립·변경, 마을만들기사업의 추진 실적 점검 및 평가 등에 관한 사항을 심의·자문하는 것으로, 결정 권한이 부여되지 않아 책임성 확보에는 근본적인 한계가 있다. 2012년 10월 위원회 구성 이후 사업 추진 성과보고와 사업심

---

10) 이 점을 감안, 센터는 2016년 법인 전환을 목표로 하고 있다.

사 등을 위해 다섯 차례의 위원회가 열렸으나 자문기구의 성격상 심도 있는 토론이 이뤄지기 어려웠다.

거버넌스의 민간 대표 역할을 수행하고 주민책임성을 제고하기 위한 조직으로는 광역 및 기초 단위의 민간협의체가 있다. 기초협의체는 마을공동체별 정보공유, 공동사업과 현안 발굴 및 정책 제안을, 광역협의체는 기초협의체 지원을 목표로 한다. 9개 구에서 기초협의회가 구성되었으며 2014년 11월에는 광역협의체가 발족되었다. 16개 구군에서 모두 기초협의체 구성이 완료되면 주민의 권한 및 책임성 강화에 기여할 것으로 기대된다.

그렇다면 각 지역별 주민조직은 의사 결정과 예산집행권 등에서 자율성을 가지고 있을까? 이런 권한이 제도적으로 보장되어 있는가? 마을사업에서 주민결정권은 대단히 미약하며, 이에 따라 행정기관의 일방적 결정 방식을 비판하고 적극적으로 목소리를 내고 있는 지역도 적지 않다.

> "산복도로 르네상스의 경우 주어진 사업비를 감안해 단일 사업으로 하는 경우가 많기 때문에 테마를 정할 때도 주민 의견 수렴 없이 행정기관에서 일방적으로 진행하는 경우가 많았다. 예를 들어 안창마을에서는 '오색빛깔 마을만들기'라는 테마로 사업을 진행했는데, 주민협의회에서는 마을의 지리적·역사적·인문적 배경을 바탕으로 한 호랑이를 주제로 정하자는 의견이 지배적이었다. 주민들은 마을축제에서 '안창 호랭이마을 선언문'을 낭독하면서 이제부터 안창의 여러 사업은 호랭이마을 조성이라는 큰 틀에서 디자인되고 실행될 것임을 선언했다. 이는 주민들이 행정기관에 보내는 강력한 메시지였다"(산복도로 르네상스 활동가 인터뷰).

주민조직 운영에 관한 통계 자료들도 주민책임성을 담보하기 위한 조치들이 미비함을 보여준다. 2014년 부산시마을만들기 정책포럼의 조사에 따르면 산복도로마을 18곳, 행복마을 29곳 가운데 사무국이 설치되어 있는 마을은 산복마을 7곳(39.0%), 행복마을 1곳(3.4%)에 불과하다.[11] 양재혁(2014)의 연구에서도 주민협의회의 정기회의 운영과 정기회비 납부, 자체사업 운영 등의 실적이 저조함

11) 사업별 조직 형태는 산복도로마을의 경우 협동조합 4개, 주민협의회 13개, 기타 1개이며 행복마을은 비영리민간단체 1개, 협동조합 2개, 임의단체 1개, 주민협의회 22개, 기타 3개 등이다.

을 알 수 있다. 이 연구에 따르면 조사 대상 마을 가운데 전체회의 및 임원회의가 모두 정기적으로 운영되고 있는 곳은 산복마을 4곳(22.2%), 행복마을 11곳

표 13-4 책임성 분석

<table>
<tr><th colspan="2">정책 단계
평가 내용</th><th>의제 설정</th><th>정책 결정</th><th>정책 집행</th><th>평가·환류</th></tr>
<tr><td rowspan="2">주민이 어느 정도 권한 행사할 수 있는가/ 권한·책임 제도적 보장 (주민 책임성)</td><td>마을만들기 정책</td><td>- 행정기관과 전문가 주도임.
(낮음)</td><td>- 기본계획과 연도별 시행계획을 결정하는 거버넌스기구인 마을만들기위원회가 자문기구에 불과, 책임성 낮음.
(낮음)</td><td>- 마을만들기지원센터를 부산시 출연기관인 부산발전연구원이 위탁운영, 완전한 독립성과 자율성 누리지 못함.
- 광역 및 민간협의체 구성 확대로 책임성 강화 추진
(보통)</td><td>- 마을정책의 평가환류 단계에서 주민들의 권한과 책임이 제도적으로 보장되어 있지 않음.
(낮음)</td></tr>
<tr><td>개별 마을공동체 사업</td><td>- 주민공동체제안공모사업을 제외하고는 주민들의 의제 설정 권한과 책임이 보장되어 있지 않음.
(낮음)</td><td>- 주민공동체제안공모사업을 제외하고는 주민들의 사업 결정 권한과 책임이 보장되어 있지 않음.
(낮음)</td><td>- 예산집행권이 행정에 집중되어 있어 주민책임성 부족함.
- 주민상설조직 있으나 사무국 설치, 정기회의 운영, 정기회비 납부 등 책임성 있게 운영되는 곳 적음.
- 법인, 협동조합 설립 통해 사업 집행 권한과 책임성 부여 추진중임. (보통)</td><td>- 개별 사업의 평가환류 단계에서 주민들의 권한과 책임이 제도적으로 보장되어 있지 않음.
(낮음)</td></tr>
<tr><td rowspan="2">행정·중간 지원조직 의 유무 및 운영에서의 책임성 확보 (지방정부 책임성)</td><td>마을만들기 정책
(보통)</td><td colspan="4">- 광역 단위에 마을만들기 전담 부서, 행정지원협의회, 지원센터 등이 설치됨.
- 행정지원협의회는 결재권자 부재로 형식적 운영</td></tr>
<tr><td>개별 마을공동체 사업
(낮음)</td><td colspan="4">- 마을 중심성이 강조되어야 할 사업인데도 불구, 자치구 단위 전담부서와 중간지원조직 부재</td></tr>
</table>

(40.7%)으로 절반이 되지 않았다. 회비 납부 현황을 보면 정기회비를 납부하는 곳이 산복마을 3곳(21.4%), 행복마을 5곳(20.0%)에 불과하며, 자체 예산으로 사업을 진행하고 있는 곳도 산복마을 1곳(5.6%), 행복마을 3곳(10.3%)에 지나지 않는다. 절반이 넘는 다수(29곳, 61.7%)가 초창기 매개사업으로 행정예산을 지원받아 사업을 진행하고 있으나 지원이 중단될 경우 자생을 장담할 수 없는 것으로 나타났다(양재혁, 2014: 41-42).

한편, 법인이나 협동조합을 통한 사업 추진 방식은 주민조직의 자생력 확보를 통한 책임성 제고의 가능성을 보여준다. 일부 주민공동체는 마을거점시설, 공동작업장, 마을기업 등을 운영하고 있는데, 이는 주민공동체에 법인격이 부여된다는 사실 외에 그동안 지적되어온 관 주도의 마을사업이 주민 주도 사업으로 전환할 수 있다는 점에서 의미가 있다. 예를 들어 (사)감천문화마을 주민협의회는 일자리 창출을 위한 카페와 맛집 운영, 마을축제 개최 등 다양한 사업을 펼치고 있다. 사하구는 이렇게 자생하고 있는 마을공동체를 지원하기 위해 「감천문화마을 조성 및 마을공동체 지원 등에 관한 조례」를 제정했다. 중구 영주동을 기반으로 설립된 S협동조합도 참나무 원목 화분 제작, 천일염사업, 농산물 직거래 장터 운영 등 주민 일자리 창출과 소득 증대사업을 추진하고 있다.

그러나, 평가・환류 단계의 경우 부산시마을정책과 개별 사업 양자에 주민들의 권한과 책임이 제도적으로 보장되어 있지 않다. 지원센터가 매년 구 단위 사업을 평가하고 있으나 주민들의 직접 참여는 이뤄지지 않고 있다. 종합하면, 행정기관 및 주민책임성 제고를 위한 조직들이 있으나 실제 운영에서의 한계가 있으며, 권한의 편중으로 인해 주민 책임성 수준이 지방정부 책임성에 비해 낮다. 민간협의체의 확대와 공동체 내 법인 및 협동조합 설립 확대 등은 주민책임성 제고를 위해 고안된 것으로, 향후 주민 권한 확대에 도움이 될 것으로 평가된다.

(3) 반응성

부산시의 마을정책과 개별 사업 모두 주민의 의견을 반영할 수 있는 공식적인 장치를 두고 있지 않으며 주민 제안 자체에 대한 부정적 시각이 존재한다.[12]

---

12) 마을활동가들은 현장으로 갈수록 이에 대한 부정적 시각이 더 강하다고 지적했다(마을활동가 포커스그룹 인터뷰).

주민협의체가 있지만 주민 의견의 수용 정도는 극히 미미하며, 이에 따라 행정 서비스에 대한 주민만족도도 낮은 편이다. 다만 기초 단위 민간협의체 설립이 전 지역으로 확대되면 향후 반응성 제고에 도움이 될 것으로 주민들은 기대하고 있다. 기초민간협의체는 광역민간협의체와 네트워크를 구축, 정보 공유는 물론 주민 제안 창구 등 민간 구심체 역할을 수행한다는 계획이다.

주민들이 제기한 의견과 안건의 수용 및 소통 정도를 알아보기 위해 먼저 주민만족도 조사를 실시한 선행 연구를 살펴보자. 행복마을사업에 참여한 주민들을 대상으로 사업 추진 과정에서의 만족도 조사를 한 양재혁(2013)의 연구에 따르면 '주민들의 의견 수렴과 반영'에 대한 만족도가 매우 낮은 것을 알 수 있다. 주민들은 사업 목표 결정 시 주민들과의 합의, 참여 주체들 간의 소통, 의사 결정 과정의 합리성 등에서 모두 낮은 평가를 내렸으며,[13] 사업 종료 후 관, 주민, 전문가의 협력 체제의 지속성에 대한 만족도도 낮았다(양재혁, 2013: 107).

부산시의 협조 사항에 대해 질문한 또 다른 설문조사에서는 다수의 주민이 "사업에 대한 컨설팅과 비전을 제시해 주면 좋겠다", "다양한 행정 지원이 강화되어야 한다", "행정 주도 행사 시 주민 참여를 고려한 시간대 조정이 필요하다" 등의 의견을 피력해, 주민 요구에 대한 관의 반응성이 취약함을 알 수 있다. 이에 따라 행복마을사업은 민관 협치를 통한 파트너십을 전면에 내세우고 활동가인 마을 코디네이터에 대한 적극적 지원 등을 약속했다. 그러나 현장의 코디네이터들은 정책 시행 4년이 지난 시점에서 여러 가지 한계를 지적한다.

> "연초에 마을별로 마을사업 계획서를 올리면 부산시와 계획가가 타당성과 적절성을 검토해 마을별 사업비를 책정했다. 그러나 사업계획서를 작성할 때 주민들의 의견이 제대로 반영되지 않는다는 점이다. 주민들은 자기 마을 사업에 대해 잘 모르고 있는 경우가 많고 관에서 주민들과 충분한 협의를 거치지 않은 채 계획서를 작성해서 올리기도 한다. 민관 거버넌스로 운영되는 마을만들기라고 하지만 여전히 관 중심으로 사업이 진행되고 있으며 주민들은 관의 행사에 보여주기 식으로 동원되기도 한다"(행복마을만들기 코디네이터 인터뷰).

13) 일부 마을의 경우 활동가와 주민이 협의한 사업 내용을 주민자치센터가 거부하는 사례가 빈번히 발생해 일방적으로 사업을 추진한 주민자치센터 공무원에 대한 만족도가 낮게 나타났다(양재혁, 2013: 106).

마을만들기지원센터 설립 이후 변화의 움직임이 있는 것은 사실이다. 마을순회 설명회를 통해 지역적 숙원사업, 문제점과 발전 방안 등을 파악하는 것은 평가 환류 단계에서의 반응성 제고를 위한 노력으로 평가할 수 있다. 또한 사업 및 인력 현황, 마을기업, 거점시설 등 마을만들기 관련 현황을 지속적으로 업데이트하고 각 사업별 모니터링을 실시하는 일 등이 그것이다.

"관의 실적 쌓기, 개별 부서 중심, 광역과 기초의 연계 부족, 그리고 소수 주민에 의한 의견 개진 등으로 인한 주민 불만이 존재한다. 프로그램보다는 시설사업에 치중되고

표 13-5 반응성 분석

<table>
<tr><th colspan="2">정책 단계 / 평가 내용</th><th>의제 설정</th><th>정책 결정</th><th>정책 집행</th><th>평가·환류</th></tr>
<tr><td rowspan="2">지방정부가 주민이 의견 제시할 수 있는 공식장치를 만들고 주민 요구에 신속하게 대응하는가?</td><td>마을만들기정책</td><td>- 행정기관과 전문가 주도이므로 주민 의견에 대한 수용성 낮음.
- 주민 의견 제시 공식장치 없음.
(낮음)</td><td>- 행정기관과 전문가 주도이므로 주민 의견에 대한 수용성 낮음.
- 주민 의견 제시 공식장치 없음.
(낮음)</td><td>- 지원 유형을 취약·일반지역, 공동체형성·미형성 지역 등으로 구분하지 않아 정책집행 과정의 반응성 취약.
(낮음)</td><td>- 주민 의견 제시 공식장치 없음.
(낮음)</td></tr>
<tr><td>개별 마을공동체사업</td><td>- 주민 의견 제시 공식장치 없음.
- 사업의제 및 목표 설정 시 주민들과의 합의·소통 수준이 낮음.
(낮음)</td><td>- 주민 의견 제시 공식장치 없음.
- 사업결정 과정에서 주민들과의 합의·소통 수준이 낮음.
(낮음)</td><td>- 주민 의견 제시 공식장치 없음.
- 민간구심체 역할을 하는 기초 단위 민간협의체를 전 지역으로 확대 설치, 반응성 제고를 추진 중임. (보통)</td><td>- 사업평가 단계에서 주민 의견 반영할 공식장치 없음.
- 마을만들기지원센터의 주민토론회, 모니터링 등을 통해 반응성을 제고함. (보통)</td></tr>
<tr><td rowspan="2">주민들이 제기한 의견이 (어느 수준) 수용됐는가?</td><td>마을만들기정책
(낮음)</td><td colspan="4">- 주민이 의견을 제시할 수 있는 공식장치가 없으므로 제기한 의견의 수용도 낮음.</td></tr>
<tr><td>개별 마을공동체사업
(낮음)</td><td colspan="4">- 주민 제안에 대해 부정적 인식 존재함.
- 수렴 및 반영도 조사 결과 만족도가 낮음.</td></tr>
</table>

있는 것도 한계로 작용한다. 따라서 마을만들기 시행지역 주민 여론조사와 라운드테이블 토론회, 타운미팅 등을 통한 좀 더 광범위한 여론 수렴을 추진 중이다"(부산시 마을만들기지원센터 관계자 인터뷰).

한편, 마을 여건에 따라 지원 방식을 차별화하지 않는 현재의 지원 체계도 주민 반응성에 대한 저해 요소로 지적된다. 시는 현재 취약·일반 지역, 공동체 미형성·형성지역 등으로 사업 유형을 차별화하지 않고 일괄 평가해 지원하고 있다. 이는 일반지역과 공동체 형성지역에 대한 지원 소홀로 이어져 이 지역 주민들의 요구에 부응하지 못하는 결과를 낳고 있다. 또, 부산마을공동체 정책포럼의 한 위원은 "산복도로와 행복마을처럼 주민조직화에서 사업계획, 사업 실행까지의 일체형(one stop line) 사업은 과정과 내용에 상관없이 예산이 모두 지원되므로 주민들은 마을공동체보다 사업에 더 관심을 갖게 된다. 이러한 한계를 극복하기 위해서라도 사업의 규모와 내용을 유형별로 나누고, 취약지역 외에 일반 지역에도 적용될 수 있는 마을사업을 더 강화할 필요가 있다."고 지적한다.

종합하자면, 마을정책에서 주민이 의견을 제시할 수 있는 공식적 장치가 존재하지 않는 등 제도적 폐쇄성을 보여주고 있다. 지원센터의 주민토론회와 사업별 모니터링 등을 통해 주민 의견을 수렴하는 정도이며, 개별 사업 역시 의제 설정과 결정 등의 과정에서 주민들과의 합의 수준이 낮은 것으로 분석되었다.

(4) 제도화

제도화는 '해당 정책이 일회적이고 임시적인 것인가, 아니면 조례나 규정에 의거한 것인가'와 함께 제도화 수준 및 실행 수준을 함께 고찰했다.

부산시 마을정책의 제도화는 「부산광역시 마을만들기 지원 등에 관한 조례」 제정(2012.7) → 마을만들기 위원회 구성(2012.10) → 컨트롤 타워 기능을 수행할 창조도시본부 내에 창조도시협력담당 신설(2013.1) → 마을만들기지원센터 설치(2013.5) → 마을만들기 기본계획 수립(2013.12)의 단계를 거쳐 왔다.

마을사업 지원의 근거가 되는 조례의 내용을 살펴보자. '마을만들기사업'에 대해 마을공동체 형성 및 활성화, 역사와 문화 보존 등 특성화, 마을자원을 활용한 일자리 창출 등을 열거하고 있으나 주민이 행정기관과 함께 종합적이고 장기적인 마을계획을 수립할 수 있는 '마을종합계획 수립'은 빠져 있다.[14] 즉, 의제

표 13-6 부산광역시 마을만들기 지원 등에 관한 조례 주요 내용 및 실행 수준

<table>
<tr><th colspan="2">구분</th><th>조례의 세부 내용</th><th>제도화 및 실행 수준</th></tr>
<tr><td colspan="2">마을만들기 사업</td><td>- 마을공동체 형성 및 활성화 사업
- 역사와 문화 보존 등 특성화사업
- 마을자원을 활용한 일자리 창출사업
- 쾌적한 주거환경 및 마을공간 조성사업
- 주민교류와 교육통한 마을정체성강화사업
- 그 밖에 주민의 삶의 질 향상 위한 사업</td><td>- 주민과 행정기관이 함께 종합적이고 장기적인 마을계획을 수립할 수 있는 '마을종합계획 수립'이 빠져 있음.
- 즉, 의제설정 과정에서 주민 참여를 조례에서는 보장하지 않음.</td></tr>
<tr><td rowspan="2">마을 만들기 위원회</td><td>역할</td><td>다음 각 호의 심의·자문
- 기본계획 및 연도별 시행계획의 수립·변경에 관한 사항
- 마을만들기 사업의 추진 실적 점검 및 평가에 관한 사항
- 시범사업의 선정에 관한 사항
- 마을만들기지원센터의 관리·운영에 관한 사항
- 그 밖에 마을만들기에 관해 위원장이 회의에 부치는 사항</td><td>- 심의와 자문 역할에 그치고 있어 책임성에 한계가 있음.</td></tr>
<tr><td>구성</td><td>- 위원장과 부위원장 각 1명: 위원중 호선
- 총 위원수 및 자격: 20명 이내(부산광역시 소속 3급 이상 공무원, 시의회 추천자, 마을만들기 관련 학식과 경험 풍부한 자 중) 시장이 임명 또는 위촉
- 임기: 위촉직 2년, 1회에 한해 연임</td><td>- 조례에는 위원장과 부위원장을 호선하도록 되어 있으나, 행정부시장이 위원장직을 맡고 있어 민간 주도성이 약화될 가능성이 있음.
- 시장 임명 또는 위촉은 공모제에 비해 주민참여성을 약화시킴.</td></tr>
<tr><td rowspan="2">마을 만들기 지원 센터</td><td>역할</td><td>- 지원센터 사업계획 수립 및 시행
- 마을별 마을만들기 계획 수립 또는 활동에 주도적으로 참여하는 전문인력의 양성 및 활동 지원
- 마을만들기 프로그램 개발 및 보급
- 마을만들기 연구·분석 및 평가
- 마을만들기 컨설팅 지원 및 모니터링
- 주민 교육·홍보 및 네트워크 구축 운영
- 마을공동체 관련 단체·기관의 지원사업
- 그 밖에 마을만들기와 관련 필요한 사항</td><td rowspan="2">- 현재 광역 단위 센터는 운영되고 있으나 자치구 단위 센터가 부재함.</td></tr>
<tr><td>관리 운영</td><td>- 관련 법인이나 단체 등에 위탁 가능
- 위탁 기간: 3년 이내 및 갱신 가능</td></tr>
</table>

14) 마을 단위의 계획 수립이 아닌 부산시 전체 마을만들기 기본계획 역시 지역주민의 의견을 수렴해 시장이 수립하는 것으로 되어 있다(부산광역시 마을만들기지원조례).

표 13-7 제도화 분석

해당 정책이 일회적이고 임시적인 것인가, 아니면 조례나 규정에 의거한 것인가?	제도화의 수준(참여성, 책임성, 반응성) 및 실행 수준
높음 부산광역시마을만들기지원조례 제정	**낮음**

설정 과정에서의 주민 참여를 조례에서는 보장하지 않고 있는 것이다. 마을만들기위원회 역시 그 역할에 대해 심의와 자문 기능만 부여하고 있어 책임성 확보에 한계가 있다. 또한 조례에는 위원장과 부위원장을 호선하도록 되어 있으나 행정부시장이 위원장직을 맡고 있어 민간 주도성이 약화될 가능성이 있다. 지원센터는 광역시에만 설치, 운영되고 있고 자치구 단위 센터가 부재한 상황이다. 종합적으로 볼 때 제도화는 실현되어 있으나 제도화 및 실행 수준은 낮은 것으로 분석된다.

2 서울특별시 마을공동체만들기[15)]

1) 정책 개요

서울시의 마을공동체만들기정책(이하 마을정책)은 부산시와 달리 취약·낙후지역 중심이 아니라 서울 전역을 대상으로 하며 사람·현장·과정 중심이라는 3대 원칙 아래 진행되고 있다.[16)] 2012년부터 2014년까지 연차별 투자계획과 2020년까지 장기 투자계획으로 구성되어 있으며 예산은 2012년 724억 원, 2013년 198억 6,800만 원, 2014년 156억 원 등이다.[17)]

---

15) 서울시는 조례에서 마을공동체만들기라는 용어를 쓰고 있어 여기에서도 이를 그대로 사용했다.

16) '사람 중심'은 '마을은 사람들의 생활과 역사와 관계망이 모인 곳으로 마을일꾼이 곧 마을'이라는 관점을 담고 있으며, '현장 중심'은 의제 설정부터 평가까지 전 과정을 마을 스스로 결정하는 도시마을 모델을 발굴한다는 원칙이다. 또 '과정 중심' 원칙은 '마을만들기는 과정 그 자체이고 마을일꾼과 다양한 커뮤니티의 성장 과정이 곧 마을의 역사'라는 관점에 입각해 있다(서울시, 2014a: 220).

17) 해마다 예산이 감소한 이유는 사업 자체의 축소가 아니라 초창기 마을사업으로 분류되던 사업들이 점차, 복지사업·교육사업 등으로 분화되었기 때문이다(서울시마을공동체지원센터 관계자 인터뷰).

지원사업은 크게 예산 지원사업과 교육·상담·컨설팅 등 간접 지원사업으로 나뉘며, 공모와 심사 후 선정을 통해 예산을 지원하는 예산 지원사업은 다시 우리 마을 프로젝트, 돌봄·경제·문화·주거 공동체 사업, 주민 제안사업으로 세분된다. 돌봄사업에는 부모커뮤니티·공동육아·다문화마을사업 등이, 경제사업에는 상가마을공동체사업이, 문화사업에는 마을미디어·예술창작소사업이, 주거사업에는 에너지 자립마을·안전마을·공동주택마을 공동체사업이 각각 세부사업으로 포함되어 있다. 사업 내용이 정해져 있는 이들 공모사업과 달리 주민제안사업은 활동 지원, 공간 조성, 마을생태계 조성 영역에서 주민들이 자유롭게 사업을 제안하는 공모사업이다. 또한 서울시마을공동체종합지원센터가 시행하는 마을의 성장 단계별 맞춤 지원인 '우리 마을 프로젝트'는 3개 유형으로 구분된다.

서울시 마을공동체사업(이하 마을사업)과 기존 도시재생사업의 차이점은 주민 3인 이상이면 누구나 사업 신청의 주체가 될 수 있다는 점과 예산 지원에 그치지 않고 사전 상담과 선정 후 컨설팅 등 필요에 따른 단계별 지원 시스템을 구축하고 있다는 점이다.

그림 13-3 서울시 마을공동체만들기 지원정책 거버넌스 체계도

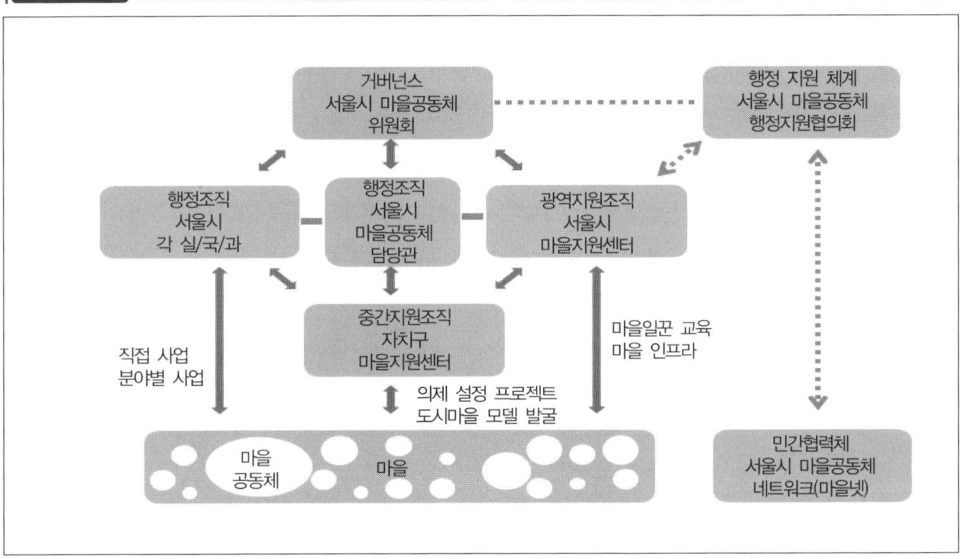

출처: 서울특별시(2014a: 224).

2) 거버넌스의 특징

(1) 참여성

서울시의 마을정책은 시민운동가 출신 박원순 시장의 핵심 공약이었으며, 2011년 당선 직후 시민사회운동 진영에 마을공동체 복원사업 제안 요청을 하면서부터 본격화했다. 그리고 2012년 2월부터 각 구별로 풀뿌리단체 활동가들로 구성된 다양한 형태의 마을네트워크(이후 마을넷)가 만들어지기 시작했다. 마을넷은 공무원·주민 교육, 자치구 거버넌스 참여, 주민 상담과 지원 등 마을공동체에서 공론장 역할을 수행했으며 이 네트워크를 기반으로 '사단법인 마을'이 창립되었다.[18] 이와 같이 서울시의 경우 마을만들기 의제 설정 단계에서부터 시민사회가 주도적인 역할을 수행했다.

그러나 마을넷 초기에 일반 주민들의 참여는 미흡했다. 즉, 마을넷 등의 풀뿌리조직이 서울시민 전체를 대표하는 조직은 아니며, 지역 내 보수단체 등과의 연계도 이뤄지지 않은 점은 참여성의 한계로 지적된다(서울시, 2014b: 277). 이 같은 초창기 참여성의 한계는 2012년 하반기부터 지역 내 다양한 부문과 협력 네트워크를 형성하면서 다소 극복되었다. 마을넷은 이 시기부터 복지재단, 문화재단, 자원봉사센터, 자활센터, 사회적 경제 네트워크 등 지역 내 각 기관들과 정책 협의를 진행해 오고 있다. 정책 결정 단계에서는 시민사회와 함께 서울시의회가 주요 행위자로 등장했다. 2012년 시의회 의원연구단체인 사람 중심 서울포럼과 (사)마을이 공동정책토론회를 한 것을 시작으로, 2013년에는 마을지원센터와 합동토론회 등을 이어갔다. 서울시의회는 서울시장이 제출한 '서울특별시 마을공동체 종합지원센터 민간위탁 동의안'을 원안 그대로 가결했다(서울시, 2014b: 267-268).

정책 집행 단계의 참여성은 위원회 구성을 중심으로 살펴본다. 시는 2012년 「서울특별시 마을공동체만들기 지원 등에 관한 조례」를 제정하고, 이에 근거해 당연직(마을 관련 실국장) 7명, 위촉직 13명(시의원 2명, 민간위원 11명) 등 20명으로 위원회를 구성했다. 이 중 주민자치 관련 위원은 3명으로, 위원회가 마을

---

18) 2012년 3월 탄생했다. 같은 해 4월 서울시로부터 공식인가를 받고 7월 서울시 마을공동체종합지원센터를 위탁받으면서 서울시 마을공동체사업의 민관 협력의 중심에 서게 되었다.

정책 관련 최상위 거버넌스 기구임을 감안할 때 주민 비율이 낮다. 공모가 아닌 위촉을 통한 구성 방식도 참여성의 한계로 작용한다. 또 마을 정책 전반에 대한 평가·환류 단계에 주민들이 참여할 수 있는 장치는 마련되어 있지 않다.

다음으로, 개별 마을사업의 참여성을 분석하기 위해 누가 참여할 수 있는지, 어느 정책 단계에서 어떤 역할이 부여되는지 등을 살펴본다. 서울시 분석자료에 따르면 주민 제안사업의 신청자가 단체나 기관 중심에서 주민모임으로 옮겨가고

표 13-8 서울시 마을만들기 지원정책 및 마을사업의 참여 주체와 역할

구분	주체	구성 및 역할
행정기관	서울시 마을담당관실 자치구 마을과(팀)	마을공동체정책 수립 및 관련 사업 지원, 관리
민관 거버넌스 조직	서울시마을공동체위원회	당연직 공무원, 시의원, 민간위원 등 총 20명/ 마을공동체만들기 기본·시행계획 수립, 마을사업 지원 등
중간지원조직	서울시마을공동체지원센터	마을공동체 상담, 교육, 컨설팅, 주민 제안사업 접수 등 종합 지원
	자치구지원센터	서울시-서울시지원센터-자치구와 주민을 연계해 지원
	자치구생태지원단	지원센터가 없는 자치구의 중간 지원그룹
	마을공동체회계지원단	마을 현장에서 회계 처리 지원
마을활동가 (주민교육 받은 사람들이 각각의 역할 수행)	마을강사	마을공동체 필요와 이해, 참여 방법, 사례분석 등 교육
	마을상담원	지원사업의 개념, 사례, 제안서 작성법 등 상담 지원
	마을연구자	마을활동 기록
	마을컨설턴트	지원사업에 선정된 마을사업지기가 사업 실행 과정에서 부딪치는 어려움에 대해 조언과 교육
	마을사업지기	마을공동체사업을 직접 기획, 제안, 실행하는 행정 파트너(공모사업 실무책임자)
주민	일반 주민	3인 이상이면 마을공동체사업 참여
활동가와 주민 네트워크	마을네트워크	각 자치구별로 형성된 마을활동가 및 사업 참여자들 간의 네트워크(마을에서 필요한 것과 해결 방법 논의)

출처: 서울시마을공동체종합지원센터(2013b: 10-11)의 재구성.

있으며,[19] 신생모임의 선정 비율도 점차 높아가고 있다.[20] 또한 선정된 모임들이 추진하는 사업 범위를 보면, 동(洞) 및 동의 하위 단위가 절반 이상을 차지한다(서울시, 2014a: 235). 네 가지 사업 영역에서 2년여 동안 마을사업 참여자 수는 총 54,626명, 25개 자치구에 1,035개의 마을공동체가 형성되었다. 이는 혈연·지연·학연을 매개로 하는 종친회·향우회·동문회나, 산악회·스포츠클럽 등 취미모임, 자영업자 직능단체 등 기존 커뮤니티들 외에 마을사업을 통해 새로 만들어진 커뮤니티들이 증가하고 있다는 반증이다. 그러나 참여의 주류층이 30~40대 여성이어서 아직 모든 계층의 주민들이 고루 참여하고 있다고 보기는 어렵다. 주민교육을 통해 강사, 상담원, 연구자, 컨설턴트, 사업지기 등 마을에서 다양한 역할을 수행할 수 있도록 길을 열어놓은 것은 주민참여성 제고를 위한 정책적 고려로 판단된다(〈표 13-8〉).

그렇다면 각 정책 단계에서 주민들의 역할과 책임은 무엇일까? 마을사업은 담당 실국에서 사업계획을 수립한 후 시민들에게 공표·공모하는 방식으로 진행된다. 즉, 서울시→자치구 마을팀→자치구 사업부서→주민으로 이어지는 수직적 지원 체계다. 이처럼 소수 행정가의 관점에서 수립된 계획은 주민들에게 사업의 정체성을 명확하게 보여주지 못함으로써 때때로 혼란을 유발하기도 했다. 이 문제를 해결하기 위해 도입한 것이 '우리 마을 프로젝트'다. 관이 결정한 특정 사업을 집행하기 위한 지원이 아니라, 마을에 필요한 것이 무엇인지 스스로 찾아내는 과정을 지원하는 것으로 의제 설정 단계에서부터 주민 주도성이 강조된다. 또한, 우리 마을 프로젝트 선정 과정에 주민이 참여하는 '주민참여심사제' 역시 참여성의 한계를 보완하는 제도다.

반면, 평가 단계에서는 주민들이 여전히 주변적 역할에 그치고 있다. 평가의 목적·방식 등이 주민과의 소통을 통해 결정되는 것이 아니라, 관의 결정에 따라 주민은 일방적인 평가의 대상이 되고 있기 때문이다. 마을지원사업의 절차상 행정은 주민사업을 평가하는 시스템을 갖추고 있지만 주민에게는 서울시 실국과

19) 주민 제안사업의 주민모임 참여는 2012년 27.7%였으나 2013년에는 67.6%로 증가했다(서울특별시, 2014a: 27).

20) 참여자 중 공동체활동 경력이 3년 이하인 이들이 높은 비율(61.9%)을 보이는 것은 마을사업이 주민 참여의 문턱을 낮춰 생활 단위 기반의 새로운 조직 탄생에 기여하고 있음을 알 수 있다.

정책 및 개별 마을사업을 평가할 수 있는 권한이 없다.

"2013년 서울시의 여러 부서는 지역에서 진행 중인 마을사업들을 불시에 반복적으로 방문해 사업이 어떻게 진행되고 있는지, 성과는 얼마나 도출되고 있는지를 평가했다. 이런 방식의 평가는 마을지원사업에 참여하는 주민을 적극적 시정 참여자가 아닌 보조금을 지원받은 보조사업자로 생각하기 때문이다"(서울시마을공동체종합지원센터 관계자 인터뷰).

표 13-9 참여성 분석

<table>
<tr><th colspan="2">정책 단계 / 평가 내용</th><th>의제 설정</th><th>정책 결정</th><th>정책 집행</th><th>평가·환류</th></tr>
<tr><td rowspan="2">모든 주민들이 고루 참여하는가? (성별 직업별 비례성이 지켜지고 있는가?)</td><td>마을만들기정책</td><td>- 초기에는 시민사회단체가 주도적 역할, 점차 지역의 다양한 주체들로 확대
(높음)</td><td>- 시민사회, 전문가조직, 시의회 등이 주요 행위자로 등장함.
- 미약
(보통)</td><td>- 위원회 위원 구성에서 주민 비율이 낮은 편이며 성별, 직업별 등 비례성은 지켜지고 있음. (보통)</td><td>- 주민이 마을정책을 평가할 수 있는 제도적 장치 없음.
(낮음)</td></tr>
<tr><td>개별 마을공동체사업</td><td>- 행정기관이 설계한 사업에 대해 주민은 공모를 통해 사후 참여
- 주민이 의제 설정부터 참여하는 우리 마을 프로젝트 점차 확대
(보통)</td><td>- 행정기관이 결정한 사업에 대해 주민은 공모를 통해 사후 참여
- 주민참여심사제 도입으로 결정단계의 주민 참여 확대 추진
(보통)</td><td>- 단체·기관 중심에서 주민모임으로 옮겨가고 생활단위 기반의 새 공동체 확산
- 참여에 제한은 없으나 30~40대 여성이 주류층 이룸.
(보통)</td><td>- 평가·환류 단계의 주민 참여 장치 없음.
(낮음)</td></tr>
<tr><td rowspan="2">모든 정책 단계에 주민 참여가 이뤄지고 있으며 관·전문가·주민의 영향력은 균등한가?</td><td>마을만들기정책
(보통)</td><td colspan="4">- 의제 설정에서 정책 결정 및 집행까지 전문가와 주민들의 참여가 보장되어 있으나 평가·환류 단계에는 미참여
- 따라서 영향력이 균등하다고 보기는 어려움.</td></tr>
<tr><td>개별 마을공동체사업
(보통)</td><td colspan="4">- 우리 마을 프로젝트는 모든 단계, 주민참여심사제는 결정과 집행 단계에서 참여가 보장되고 영향력도 균등하나 나머지 사업의 경우 집행 단계에서만 참여
- 평가·환류 단계의 주민 참여 장치는 없으므로 영향력 불균등</td></tr>
</table>

종합하자면, 서울시 마을정책은 시장의 공약→공약 실현을 위한 풀뿌리 활동가와의 연계→풀뿌리 마을조직 네트워크 형성→마을공동체 생태계 구축의 과정을 밟았다. 즉, 의제 설정 단계부터 시민사회의 주도성이 강조된 것이 특징이다. 그러나 개별 사업의 경우 관(官)이 이미 설계, 결정한 사업에 대해 주민은 공모를 통해 사후적으로 참여하고 있어 관과 주민의 영향력이 균등하다고 보기 어렵다. 의제 설정부터 주민이 참여하는 '우리 마을 프로젝트'와 사업결정권이 보장되는 '주민참여심사제'는 주민참여성 제고를 위해 고안된 것으로 현재 이의 확대를 추진하고 있어 주목할 필요가 있다.

(2) 책임성

서울시는 의제 설정 단계에서 마을공동체 관련 전반적인 프로세스를 지역의 풀뿌리조직인 정책TF에 위임함으로써 시민사회의 책임성을 제고했다. 시와 정책TF가 합의한 정책의 핵심 원칙은 '주민 주도형' 마을만들기이며 이를 위해 '마을 지향 행정 1.0'을 수립했는데 그 핵심은 맞춤형 지원, 당사자주의, 보충성의 원리다.[21]

마을정책은 민간의 주도성과 행정의 책임성이 결합될 때 그 효과를 제대로 발휘할 수 있다. 그런 점에서 지방정부와 주민 간 상호책임성 제고를 위한 행정조직과 중간지원조직 운영은 필수적이다. 시는 정책 결정 단계에서 행정조직을 개편, 혁신기획관 아래 마을사업 추진부서로 마을공동체담당관을 신설하고 민간인 공모를 실시했다. 또한 각 부서별 업무 조율과 협력을 위한 '핵심 사업 행정협의회'를 구성했다. 이어 마을공동체 기본계획 수립, 마을만들기 조례 제정, 마을공동체위원회 구성 등을 단행했으며, 중간지원조직인 마을공동체종합지원센터를 설치했다. 중간지원조직은 지방정부가 설립하되, 운영은 민간에 위탁해 인사, 조직, 사업 등 운영상의 자율성을 보장한다는 원칙 아래 (사)마을이 위탁 운영하고 있다.

반면, 우리나라 행정의 고질적 문제인 '칸막이 행정'은 서울시 마을정책에도 적용되어 책임성 확보에 걸림돌이 되고 있다. 시 지원센터는 "각 실국들은 개별

21) 맞춤형 지원이란 마을의 준비와 열의, 조달 가능한 자원을 살펴 맞춤으로 지원한다는 것이다. 당사자주의와 보충성의 원리는 마을에 필요한 사업을 시행할 때 그 필요를 느끼는 당사자가 스스로 자원을 모아야 하며, 부족한 부분만 정부가 보충적으로 지원해야 한다는 원칙이다(유창복, 2012: 182).

부서 상황과 사업을 중심으로 계획을 수립・진행함에 따라 주민과 공무원으로부터 사업의 연계성과 연속성이 부족하다는 지적을 들었다. 마을사업은 상황 변화와 마을의 성장에 따라 다른 지원사업으로 이동이 가능하다는 점에서 칸막이 행정은 주민의 장기적 마을계획 수립에 장애물이 될 수 있다."고 자체 평가하고 있다. 칸막이 행정과 함께 지적되는 것이 시와 자치구의 협력 체제 미흡이다. 자치구 사업부서의 경우 마을사업은 어쩔 수 없이 수행해야 하는 추가 업무로 인식하는 경향이 강하다. 공무원의 마을공동체에 대한 이해 및 정보 부족, 비협조적 태도 등이 사업의 원활한 추진을 방해하는 원인이 된다는 것이다. 다음의 주민 인터뷰 내용이 이 같은 현실을 보여준다.

> "구청이 서울시 마을사업을 담당하게 될 때 자기 사업으로 생각을 안 하는 것 같다. '원래 서울시 사업인데…'라고 말한다. 그래서 시 업무를 구청이 대신해 준다는 느낌이 드는데 예산이나 사업 변경을 신청할 때는 구청에서 해결해야 하니 갑갑하다"(주민 인터뷰, 서울시마을공동체종합지원센터, 2013a: 69에서 인용).

조례에 명시된 마을공동체위원회 역시 시정부의 다른 위원회와 마찬가지로 권한과 책임성의 한계를 드러내고 있다. 마을 정책의 전반적인 방향을 논의하고 결정하는 최상위 단위 거버넌스 기구임에도 불구, 계획 수립과 평가에 관한 의사결정이 아닌 자문 정도의 제한적 역할에 그치고 있는 것이다. 이는 위원회가 실질적인 심의기구로서 실국에 대한 지배력을 갖지 못함을 의미한다. 위원회의 한 위원은 "위원회의 제안 내용은 행정의 집행 단계를 거치면서 그 의미가 희석되거나 유실되기 일쑤다. 반대로 현장의 목소리는 위원회로 직접 전달될 기회가 별로 없다."고 지적했다.

개별 마을사업의 경우, 지방정부 책임성 강화 차원에서 운영 중인 6개 자치구지원센터, 자치구생태지원단, 마을공동체회계지원단 등이 돋보인다. 자치구지원센터는 시와 주민을 연계하는 역할, 생태계지원단은 지원센터가 없는 자치구의 중간 지원 역할, 회계지원단은 마을 현장에서 주민들이 부딪치는 회계 처리의 어려움을 해결하는 역할을 각각 담당한다. 개별 사업에서의 지방정부 책임성은 높은 반면 주민책임성은 상대적으로 낮은 편이다. 관이 설계한 사업에 대해 주민이 공모를 통해 참여하는 방식은 주민을 거버넌스의 보조자로 머물게 만든다. 의제 선정 단계부터 주민이 직접 참여하는 '우리 마을 프로젝트'의 확대가 해결 방안이다. 이 프로젝트는 3인 이상 주민이 스스로 마을의 비전을 세우고 실현에 필요한 계획을 수립하는 것으로, 마을계획에는 단일 의제뿐 아니라 중장기적인 종합계획도 포함된다. 2013년 기준, 우리 마을 프로젝트의 선정 건수는 163건으로

표 13-10 책임성 분석

<table>
<tr><th colspan="2">정책 단계 / 평가 내용</th><th>의제 설정</th><th>정책 결정</th><th>정책 집행</th><th>평가 · 환류</th></tr>
<tr><td rowspan="2">주민이 어느 정도 권한을 행사할 수 있는가?/ 권한 · 책임제도적 보장 (주민 책임성)</td><td>마을 만들기 정책</td><td>- 마을공동체 관련 전반적인 프로세스를 지역의 풀뿌리조직들인 TF팀에 위임하고 '주민주도 마을만들기' 원칙에 합의함.
(**높음**)</td><td>- 마을공동체담당관을 신설하고 민간인 공모 실시함.
- 마을공동체지원센터를 민간에 위탁해 인사, 조직, 사업 등 운영의 자율성 · 책임성을 보장함. (**높음**)</td><td>- 마을공동체위원회가 의사결정기구 아닌 자문기구에 그침.
- 실국에 지배력 갖는 실질적 심의기구 되지 못함.
(**낮음**)</td><td>- 위원회 위원이나 주민이 마을정책을 평가할 수 있는 제도적 장치 없음.
(**낮음**)</td></tr>
<tr><td>개별 마을 공동체 사업</td><td>- 관이 설계한 사업에 대해 주민은 공모를 통해 참여, 책임성에 한계
- 의제 선정부터 주민이 참여하는 우리 마을 프로젝트 확대 (**보통**)</td><td>- 관이 결정한 사업에 대해 주민은 공모를 통해 참여, 책임성에 한계
- 사업 결정 단계에 주민이 참여하는 주민참여심사제 도입 (**보통**)</td><td>- 마을넷, 집합컨설팅 등을 통해 책임성 강화함.
- 자율성 높음.
(**높음**)</td><td>- 주민 미참여
(**낮음**)</td></tr>
<tr><td rowspan="2">행정 · 중간 지원조직의 유무 및 운영에서의 책임성 확보 (지방정부 책임성)</td><td>마을 만들기 정책 (**보통**)</td><td colspan="4">- 마을공동체 추진부서 신설, 행정협의회 구성, 지원센터 설치 등으로 책임성 확보
- 그러나 칸막이행정으로 사업 연계성이 부족하고 서울시와 자치구의 협력 체제 등이 미흡함.</td></tr>
<tr><td>개별 마을공동체사업 (**보통**)</td><td colspan="4">- 자치구지원센터, 자치구생태지원단, 마을공동체회계지원단 운영을 통해 지방정부 책임성 제고함.
- 자치구지원센터는 아직 6개소에 불과, 확대 설치가 요구됨.</td></tr>
</table>

전체 사업 선정 건수의 21%를 차지했으며(서울시마을공동체종합지원센터, 2013a: 20), 점차 비율을 높인다는 계획이다. 또한 지원센터는 계획 수립 과정에 주민들이 쉽게 참여하고 원활한 소통이 이뤄질 수 있도록 민주적인 토론 기법 등 사전 교육을 진행하고 집합 컨설팅을 실시한다.

주민책임성 제고에 도움을 주는 또 다른 수단은 주민들 간 네트워크, 즉 자치구별로 구성되어 있는 마을넷이다. 마을넷에서는 지원사업 참여 주민들이 함께 모여 다른 사업을 보고 배우는 상호작용이 이뤄진다. 또한 참여자들 간 민주적인 소통 확대, 자치구 공무원들과 공식적인 파트너로서의 역할 등을 맡고 있다(유창복, 2012: 193). 공모사업 참여 주민들이 상호 심사를 할 수 있도록 2013년 3차 공모부터 도입한 '주민참여심사제도'도 주민이 주변적 행위자가 아닌 주도적 행위자로서 책임감을 가질 수 있도록 돕는 제도적 장치다. 전문 심사위원 50%, 참여 주민 50%로 심사권을 나눠 갖는데, 주민들은 자신들이 제안한 사업을 제외한 나머지 사업에 대해 심사한다. "정책평가의 경우 지역사회 현실을 고려하지 않은 외부 전문가 중심으로 이뤄지는 것이 관례다. 이러한 평가 과정에서 지역주민은 을의 위치에 있을 수밖에 없다. 마을사업에서 전문가 평가와 주민평가를 병행하는 것은 을의 위치에 있는 주민의 위상을 끌어올리고 책임감을 부여하기 위한 것이다"(서울시 공무원 인터뷰).

종합하자면, 전담부서 설치와 광역 및 기초 단위의 중간지원조직 운영 등으로 마을 정책과 개별 마을사업에서의 지방정부 책임성은 다소 높은 반면, 주민들은 관이 이미 설계·결정한 사업에 대해 공모를 통해 참여하고 있어 책임성의 한계를 가진다.

(3) 반응성

서울시는 마을정책 시행 전 의제 설정 단계에서 시민사회의 의견을 적극 수용했다. 무엇보다 풀뿌리 활동가들로 구성된 정책 TF팀이 제안한 핵심 원칙을 수용했는데 그것은 '주민 주도형 마을만들기'다. 이 같은 원칙에 따라 TF팀이 제안한 마을공동체 생태계 구축과 중간지원조직 설립안 등은 수차례의 집담회와 토론회 등을 거치면서 정책 결정 단계에서 구체화되었다. 그러나 정책 집행 초기(2012년 2/4분기)에는 서울시의 실국이 이전의 공모 방식, 즉 각 실국별 사업 집행을 추진하려 함으로써 낮은 반응성을 보였다. 당시는 각 마을 현장에서 새로운 마을계획을 수립하기 위해 주민과 활동가들이 활발한 모임을 진행하고 있던 때였다. 그런데 서울시 실국과 자치구가 마을사업을 기존 방식으로 집행하려 하자 마을 현장에서는 비판의 목소리가 높아졌다. TF팀은 사업을 일시 중단하고 집행 방식의 개선을 요청했으며, 마침내 시는 이를 수용함으로써 '마을 지향 행정 1.0'을 수립하게 된다(유창복, 2012: 180). 이후 시는 민관 협의를 통해 예정된 마을사업의 유형을 구분하고 구분된 유형에 맞춰 집행 방침을 정하기로 했다.

TF팀이 2012년 하반기 제안한 핵심 사업은 주민이 직접 자신들의 마을계획을 수립하는 '우리 마을 프로젝트'였다. 중앙정부, 지방정부 할 것 없이 관이 시행하는 사업 절차의 기본적 형태는 공모 방식이다. 정부가 사업의 목적과 성격, 대상을 정하고 공개 모집으로 사업 주체를 공모하고 사전에 정한 요건에 부합하는 신청자에게 자원을 제공하는 방식이다. 그러나 우리 마을 프로젝트의 경우 시민사회의 요청을 받아들여 이 같은 공모 프로세스를 바꿨다. 또, 단 1회 공모 방식을 수시 접수와 수시 공모로, 공모 대상을 단체 등록이 가능한 조직뿐 아니라 3인 이상의 공동체로 확대해 문턱을 낮췄다. 접수에서 선정 결과 공고까지의 시간을 2개월에서 1개월 이내로, 사업 및 예산 변경 시간을 주민 요청으로부터 1주일 내로 각각 단축한 것도 주민 편의성을 높여 관의 반응성 제고를 실현한 사례로 꼽을 수 있다.

풀뿌리 활동가들이 마을 현장 방문 보고서를 작성하고, 주민이 제안한 프로젝트에 대한 컨설팅 등의 지원 활동도 할 수 있도록 제도적 틀을 만든 것도 특징적이다. 활동가들은 현장조사, 상담, 심사, 컨설팅 등 각 단계마다 요구되는 지원을 하고 있으며, 마을상담원과 마을활동가가 현장 조사를 하면서 동시에 상담이 이뤄지기도 한다. 이는 마을사업 단위에서 발생할 수 있는 요구를 신속하게 처리함으로써 주민 반응성을 높이기 위한 것이다.

그러나, 마을 정책에 대해 주민이 직접 의견을 제시할 수 있는 공식기구는 없으며 이는 개별 마을사업에 대해서도 마찬가지다. 주민 제안사업과 우리 마을 프로젝트의 경우 의제 설정·결정에서의 주민 주도성이 발휘되므로 직접적 의견이 반영되나 다른 사업의 경우 마을지원센터가 주민과 행정을 잇는 중간지원기구로서 주민의 요구를 파악하고 해결 방안을 마련한다. 센터는 자치구 공무원과 주민들을 대상으로 한 설문조사 및 FGI와 주민 대상 심층 인터뷰를 진행했다.[22] FGI와 심층 인터뷰에 참여한 주민들은 센터가 마을 현장의 목소리를 전달하고 행정의 변화를 이끌어 내기를 기대했으나 이에 미치지 못하고 있다고 지적했다. 광역센터의 특성상 주민들의 욕구를 충족시키기에는 한계가 있다는 지적이었다. 밀착 지원을 통해 마을의 형성과 성장을 독려해야 한다는 점에서 자치구 단위의 지원센터 확산이 시급해 보인다(서울시마을공동체종합지원센터, 2013a: 71).

지원정책 및 사업의 평가 시스템 역시 반응성 제고 차원에서 개선해야 할 점이 많은 것으로 지적되었다. 서울시 실국이 가장 난감해 하는 부분 중 하나가 평가 문제다. 자원이 투입된 만큼 평가는 이뤄져야 하나 아직까지 마을사업을 평가할 수 있는 지표나 주체가 부족해 평가를 진행하는 것이 쉽지 않다는 것이다. 마을사업은 단기간의 실적만으로 평가할 수 없음에도 불구, 행정의 평가 시스템은 양적 평가가 중심이 되고 사업의 성장 단계를 고려하기보다는 일괄 적용되기 때문에 주민과 공무원 모두 평가 방법에 대한 개선을 요구하고 있다.

> "마을사업 평가의 요점은 '마을 차원의 사회적 자본을 강화시켰는가'다. 따라서 마을 단위의 사회적 자본을 측정하는 방법이 강구되어야 한다. 마을 공공성, 주민들의 관계망, 사업의 주민 주도성과 자립성, 장소성 등 다양한 요소들에 대한 합리적인 측정과 평가 기준을 조속히 마련해야 한다"(서울시마을공동체종합지원센터 관계자 인터뷰).

또한 앞서 지적했듯이 주민들이 정책이나 개별 마을사업을 평가할 수 있는 방안이 마련되어 있지 않아 이에 대한 불만도 적지 않다.

> "서울시는 주민들을 평가하는데 우리는 서울시 마을사업을 어떻게 평가할 수 있나? 말로는 협력사업이라고 하면서 주민들만 일방적으로 평가받는 건 모순이다"(마을사업 참여 주민 인터뷰).

---

22) FGI의 인터뷰 항목은 마을 지원 절차 운영, 주체별 서비스 만족도, 보조금 집행지침, 행정 주체 간의 협력 수준 등으로 구성되었으며, 심층 인터뷰를 통해서는 자치구별 마을공동체의 형성 정도와 형성 가능성에 대해 집중 파악했다(서울시마을공동체종합지원센터 관계자 인터뷰).

표 13-11 반응성 분석

<table>
<tr><th colspan="2">정책 단계
평가 내용</th><th>의제 설정</th><th>정책 결정</th><th>정책 집행</th><th>평가·환류</th></tr>
<tr><td rowspan="2">지방정부가 주민이 의견 제시할 수 있는 공식장치를 만들고 주민 요구에 신속하게 대응하는가?</td><td>마을만들기 정책</td><td>- 공식조직인 풀뿌리활동가TF팀을 만들고 여기서 제안한 핵심 원칙과 핵심 사업(우리 마을 프로젝트)을 수용함.
(높음)</td><td>- 풀뿌리 활동가 TF팀이 제안한 마을공동체 생태계 구축과 중간지원조직 설립안 등을 수용함.
(높음)</td><td>- 집행 초기에는 이전의 공모 방식을 추진하다 마을 현장의 비판에 봉착함.
- 이후 TF팀 통해 주민들의 비판 의견을 수용, 집행 방식을 개선함.
(보통)</td><td>- 마을정책 평가 단계에서 주민이 직접 의견을 제시할 수 있는 공식기구 없음.
(낮음)</td></tr>
<tr><td>개별 마을공동체 사업</td><td>- 주민 의견 제시 공식 장치 없음.
(낮음)</td><td>- 주민 의견 제시 공식 장치 없음.
(낮음)</td><td>- 마을상담원·활동가들의 현장조사와 상담활동을 통해 각 단계마다 요구되는 지원 제공
- 수시 접수 수시 공모제, 공모 대상 확대, 지원 절차의 신속성 통해 반응성 제고함. (높음)</td><td>- 지원센터의 주민 설문, 심층 인터뷰 통해 주민 의견 수용
- 사업의 성장 단계 고려하기보다 양적 평가가 중심이 되어 반응성 낮음.
(보통)</td></tr>
<tr><td rowspan="2">주민들이 제기한 의견이 (어느 수준) 수용됐는가?</td><td>마을만들기 정책
(보통)</td><td colspan="4">- 풀뿌리 활동가 TF팀이 제안한 핵심 원칙과 핵심 사업을 수용함.
- 평가·환류 단계에서 주민이 직접 의견 제시할 수 있는 공식기구 없으므로 의견의 수용도는 낮음.</td></tr>
<tr><td>개별 마을공동체 사업
(보통)</td><td colspan="4">- 중간지원조직을 통해 주민 의견을 수용, 지원 절차 등 개선함.
- 그러나 현장의 목소리가 잘 반영되지 않는다는 불만 제기됨.</td></tr>
</table>

종합하자면, 의제 설정 단계에서부터 서울시는 시민사회의 제안을 적극 수용함으로써 반응성을 높였으나 마을정책과 개별 사업에 대한 주민 직접평가 시스템의 미비, 질적 평가지표 부재 등은 반응성의 한계로 지적된다.

(4) 제도화

서울시 마을공동체사업은 시장의 공약 제시에서 출발해 시민사회 담론화 과정을 거치면서 제도화의 길을 걸었다. 제도화 과정은 조례 제정과 마을공동체위원회 구성(2012.2) →광역 집행기관(서울시 마을담당관실) 및 자치구 집행기관(자치구 마을과(팀) 설치(2012.3) →중간지원조직(서울시 마을공동체종합지원센터) 개소(2012.8)의 절차를 밟았다.

2012년 3월 제정된 「서울특별시 마을공동체만들기 지원 조례」는 "주민자치 실현과 민주주의 발전에 기여하기 위해 주민이 주도하는 마을공동체 만들기를 지원하는 데 필요한 사항을 규정하는 것"을 목적으로 하고 있다. '주민 주도성'을 강조하고 있으며, 내용으로 주거환경 및 공공시설 개선, 마을기업 육성, 마을공동체 복지 증진 등을 언급하고 있으나 부산시 조례와 마찬가지로 주민과 행정기관이 함께 종합적이고 장기적인 마을계획을 수립할 수 있는 '마을종합계획 수립'은 포함되어 있지 않다.[23] 마을만들기위원회의 역할도 심의와 자문 기능에 머물러 있다. 부산시와 차이가 있다면 위원회 운영을 위해 정무부시장과 위촉직 위원을 공동위원장으로 하여 거버넌스 실행 수준을 높인 점과, 광역뿐 아니라 자치구 지원센터가 6곳(2014년 말 기준) 설치되어 있는 점이다.

표 13-12 서울특별시 마을공동체만들기 지원 등에 관한 조례 주요 내용 및 실행 수준

구분	조례의 세부 내용	제도화 및 실행 수준
마을공동체 만들기 사업	- 주거환경 및 공공시설 개선 - 마을기업 육성 - 환경·경관의 보전 및 개선 - 마을자원을 활용한 호혜적 협동조합 - 마을공동체 복지 증진 - 마을공동체와 관련된 단체·기관 지원 - 마을 문화예술 및 역사 보전 - 마을학교 운영 - 마을공동체와 관련된 연구·조사	- 조례에서 주민 주도성을 강조함. - 그러나 주민과 행정기관이 함께 종합적이고 장기적인 마을계획을 수립할 수 있는 '마을종합계획 수립'이 빠져 있음. 즉, 의제 설정 과정에서의 주민 참여를 조례에서는 보장하지 않음.

23) 부산시와 마찬가지로 서울시 전체 마을만들기 기본계획도 지역주민의 의견을 수렴해 시장이 수립하는 것으로 되어 있다(서울특별시 마을공동체만들기지원조례).

<table>
<tr><td></td><td></td><td>- 그 밖에 마을공동체 만들기에 적합하다고 인정되는 사업</td><td></td></tr>
<tr><td rowspan="2">마을 공동체 위원회</td><td>역할</td><td>다음 각 호의 심의·자문
- 마을공동체 만들기 기본계획 및 시행계획 수립
- 마을공동체만들기 사업의 지원
- 서울시 마을공동체 종합지원센터 위탁(재계약을 포함) 및 운영
- 종합지원센터의 연도별 사업계획 수립
- 그 밖에 마을공동체 만들기에 필요하다고 인정되는 사항</td><td>- 심의와 자문 역할에 그치고 있어 책임성에 한계가 있음.</td></tr>
<tr><td>구성</td><td>- 공동위원장 2명: 정무부시장 및 위촉직 위원 중 1인
- 부위원장 1명: 위원 중 호선
- 총 위원수 및 자격: 20명으로 구성되며, 서울시의장 추천 시의원 2명 및 마을공동체만들기 활동가 및 전문가, 주민
- 임기: 3년, 1회에 한해 연임</td><td>- 정무부시장과 위촉직 위원을 공동위원장으로 하여 거버넌스 실행 수준을 높임.
- 단, 위촉은 공모제에 비해 주민 참여성을 약화시킴.</td></tr>
<tr><td rowspan="2">마을 공동체 종합 지원 센터</td><td>역할</td><td>- 종합지원센터 사업계획의 수립 및 시행
- 마을공동체 기초조사, 사업분석·평가·연구
- 마을공동체의 사업계획 수립·실행 지원
- 마을공동체 민간단체의 네트워크 사업
- 마을공동체 일꾼 발굴 및 육성
- 마을공동체 만들기 관련 교육·홍보·전파
- 마을공동체 만들기 자원관리
- 그 밖에 마을공동체 만들기 지원에 필요하다고 인정되는 사항</td><td rowspan="2">- 센터 설치 단위를 서울특별시로 제한하지 않고 있으며 2014년 말 기준 자치구 단위 센터 6개소가 운영 중임.</td></tr>
<tr><td>관리 운영</td><td>- 관련 법인이나 단체 등에 위탁 가능
- 위탁기간: 3년, 심의 후 재계약 가능</td></tr>
</table>

표 13-13 제도화 분석

해당 정책이 일회적이고 임시적인 것인가, 아니면 조례나 규정에 의거한 것인가?	제도화의 수준(참여성, 책임성, 반응성) 및 실행 수준
높음 서울특별시마을공동체만들기지원조례 제정	**보통**

표 13-14 부산과 서울의 마을만들기 거버넌스 분석 종합

구분		부산		서울	
		마을정책	마을사업	마을정책	마을사업
참여성(1)	의제 설정	○	◐	●	◐
	정책 결정	○	◐	◐	◐
	정책 집행	○	◐	◐	◐
	평가 · 환류	○	○	○	○
참여성(2)		○	◐	◐	◐
책임성(1)	의제 설정	○	○	●	◐
	정책 결정	○	○	●	◐
	정책 집행	◐	◐	○	●
	평가 · 환류	○	○	○	○
책임성(2)		◐	○	◐	◐
반응성(1)	의제 설정	○	○	●	○
	정책 결정	○	○	●	○
	정책 집행	○	◐	◐	●
	평가 · 환류	○	◐	○	◐
반응성(2)		○	○	◐	◐
제도화(1)		●		●	
제도화(2)		○		◐	

주) 거버넌스 정도: ● 높음, ◐보통, ○ 낮음.

제 5 절 결론 및 제언

부산시의 마을만들기정책은 낙후지역 활성화를 위한 정책적 고민에서부터 시작되었으며 물리적 · 환경적 도시재생의 관점에서 추진되고 있다. 반면 서울시는 도시에서 점점 해체되고 있는 '마을'의 관계망과 공유 공간을 복원한다는 목표를 가지고 있다. 그러나 두 지역 모두 추진 방법에서 '주민 주도형' 또는 '거버넌스형' 마을만들기를 표방하고 있으며 외형적으로는 행정기관 · 전문가 · 활동가 · 주민 간의 수평적 거버넌스 체계가 구축되어 있다. 그러나 참여성, 책임성, 반응성, 제도화 영역 8개 지표 32개 항목을 통한 거버넌스 실태를 분석한 결과 부산은 높음 1개, 보통 9개, 낮음 22개이며, 서울은 높음 8개, 보통 16개, 낮음 8개로 나타났다(〈표 13-14〉). 따라서 이 연구의 분석틀에 따라 부산은 '형식적인 거버넌스', 서울은 '불안정한 거버넌스'의 상태에 놓여 있음을 알 수 있다.

부산시의 경우 1년 단위의 사업 기간 내 주민협의체 결성, 사업 내용 수립과 집행 등을 모두 끝내야 하므로 과정보다는 가시적 성과 위주로 사업이 진행될 수밖에 없는 구조적 한계가 있다. 또한 사업 내용, 추진 일정과 과정, 예산 집행 항목 등에서 행정기관이 주도해 참여 주체들의 자율성과 주체성이 떨어지는 '관 주도형 거버넌스'의 특징을 보여준다. '주민 주도형'을 강조하는 서울시도 대다수 마을사업의 경우 시에서 사업계획을 수립한 후 공모하는 방식으로 진행되고 있어 거버넌스의 주도권을 행정이 쥐고 있다. 다만 부산시의 주민공동체 제안공모사업과 서울시의 우리 마을 프로젝트사업은 주민 스스로 사업계획을 수립할 수 있어 자율성이 높은 편이나 아직 전체 사업에서 차지하는 비중이 낮다. 향후 이들 사업의 확대 여부에 따라 행정기관과 주민의 영향력에 변화를 가져올 수도 있다는 점에서 지켜볼 필요가 있다.

마을만들기는 행정과 민간의 역량 어느 하나만으로는 부족하다. 즉, 민과 관의 거버넌스가 제대로 구축될 때 효과가 배가되며, 특히 관은 주도하기보다 지원하는 데 주력해야 '굿 거버넌스'를 실현할 수 있다. 이 같은 관점에서 다음과 같은 정책 과제를 제안한다.

첫째, 누가 계획할 것인가의 문제다. 현재 두 도시의 마을사업은 광역시가 전문가의 자문을 얻어 전체 그림을 그리고 주민들이 이 그림의 일부에 참여하는 구조다. 즉, 시가 이미 정해놓은 공모사업에 응모해 지원금을 받아 사업을 진행하는 형식이다. 주민이 계획, 결정하는 주민공동체 제안사업과 우리 마을 프로젝트사업도 지역의 도시계획과 상호 연계성을 갖는 것이 아니며 단편적·단기적 사업에 일부 권한을 부여한 것에 불과하다. 개별적이고 단기적인 사업 중심의 마을 활동은 형식적 주민 참여, 나아가 형식적 주민자치의 결과를 초래할 수밖에 없다. 따라서 마을에 대한 기획·설계 과정에서부터 주민이 주도해야 하며, 이 계획은 종합적이고 장기적인 도시계획과 긴밀히 연계되어야 한다. 즉, 마을공동체의 작은 사업에서부터 동-자치구-광역시 단위의 도시계획이 상호 연계되도록 종합적인 주민 참여 체계가 구축되어야 하며, 이 모든 계획과 비전 수립, 즉 의제 설정 단계에서부터 주민이 주도할 수 있어야 한다.

둘째, 주민이 거버넌스의 행위자가 되기 위해서는 사업 결정, 예산 배분 및 집행 전반에 걸친 실질적 참여가 대폭 보장되어야 한다. 현재는 사업 내용 결정권과 예산집행권에서 주민들의 권한이 대단히 취약하다. 부산시의 경우 사업결정권과 일정 범위의 예산집행권을 주민협의체에 위임하고 관은 집행 내역에 대해 회계감사만 담당하는 형태로 역할 분담이 이뤄져야 할 것이다. 서울시도 결정과 집행에서 서울시→자치구 마을팀→자치구 사업부서→주민으로 이어지는 수직적 지원 체계를 개선해 주민-자치구 사업부서-자치구 마을팀-서울시 간의 수평적 거버넌스 체계를 마련하는 것이 필요하다. 현재 자치단체장의 예산편성권을 위임받는 형식으로 추진되고 있는 주민참여예산제와 마을사업을 연계 추진하는 것도 한 방법이다.

셋째, 평가에서의 주민 참여가 보장되어야 하며 양적 평가 못지않게 질적 평가가 중시되어야 한다. 현재 두 도시 마을사업의 평가 과정에 주민들은 철저히 비주체가 되고 있다. 평가의 목적과 방식이 주민과의 소통을 통해 결정되는 것이 아니라 관의 결정에 따라 주민은 일방적인 평가의 대상이 되고 있기 때문이다. 즉, 지방정부는 주민사업을 평가하는 시스템을 갖추고 있지만 주민은 지방정부의 마을 정책 및 마을사업을 평가할 수 있는 권한이 없다. 또한 서울시의 경우 마을 정책에서 결과보다 '과정 중심' 원칙을 강조하고 있지만 이를 판단할 수 있는 질적 평가지표가 개발되어 있지 않아 구두선에 그치고 있다. 따라서 주민들의 관계망, 사업의 주민 주도성과 자립성, 마을 공공성 등 질적 평가 지표를 평가 과정에 도입하는 등 '과정평가'의 실질적 운영이 필요하다.

마지막으로, 자치 역량 강화교육을 확대해 훈련된 마을시민을 늘리는 일이다. 마을은 행정기관이 주민을 '초대'하는 공간이 아니라 주민이 주체로 참여하는 '자치'의 공간이며,[24] 상호 학습과 토론을 통해 합의의 민주주의를 익히는 현장이 되어야 한다. 이를 위해서는 주민들이 역량을 갖춰야 하며 지방정부의 지속적·체계적 교육 시스템이 뒷받침되어야 한다. 현재 부산시는 일반 주민이 예비활동가→주민활동가→마을 코디네이터 전문가로, 서울시는 마을강사·상담원→마을 컨설턴트→마을사업지기 등으로 성장할 수 있는 단계적 교육 시스템을 도입했다. 그러나 부산시의 경우 마을 특성이 반영되지 않은 교육 프로그램이나 교육 참가자 편중 등의 문제를 드러내고 있다. 따라서 마을별 특성 및 주민 역량에 기초한 맞춤화된 커리큘럼과 강사진 확보를 통해 교육의 질과 체계성을 높여야 한다. 마을사업을 통해 지역사회에 새로운 공동체와 활동 주체가 증가하는 등 가시적 성과를 보이고 있는 서울시도 더 많은 주민이 자치의 공간에 등장할 수 있도록 교육을 확대해야 할 것이다.

24) 서울시 마을공동체만들기 지원조례에서는 "마을공동체는 마을에 관한 일을 주민이 결정하고 추진하는 주민자치공동체"임을 분명히 밝히고 있다(조례 제2조 2항).

제 14 장

지방자치단체의 사회적 기업 지원 활성화를 위한 주요 쟁점의 도출*

최영출

제 1 절 서론

사회적 기업이란 영리기업과 비영리기업의 중간 형태로 사회적 목적을 우선적으로 추구하면서 재화와 서비스의 생산, 판매 등 영업 활동을 수행하는 기업(조직)을 말한다. 2007년 7월 사회적 기업의 확산 및 체계적 지원을 위해 만들어진 「사회적기업육성법」 시행 이후, 많은 사회적 기업과 예비 사회적 기업이 창업되어 운영되어 오고 있다. 사회적 기업은 공동체 수요(needs)에 적합한 사회 서비스를 확충하고, 취약계층에 안정적 일자리를 제공할 뿐만 아니라, 지역의 인적·물적 자원을 활용해 고용 및 복지를 확대하고, 경제 활성화에 기여하기 위해 생겨난 제도라고 할 수 있다. 그러나 사실 우리나라의 경우, 사회적 기업은 외환위기 이후 짧은 기간 동안 공공근로, 자활 등 정부재정 지원에 의한 일자리가

* 이 논문은 「한국자치행정학보」 제29권 제1호, pp. 1-20에 게재된 것을 일부 수정·보완한 것임.

확대되었으나, 안정적인 일자리로 연결되지 못함에 따라 정부재정 지원의 효과성과 관련한 논란이 지속적으로 제기된 끝에 이를 보완하는 제도로서 출범했다고 할 수 있다. 2000년대에 들어 고용 없는 성장의 구조화, 사회 서비스 수요의 증가 등에 대한 대안으로 유럽의 사회적 기업 제도 도입과 관련한 논의가 본격화되었으며, 비영리법인·단체 등 제3섹터를 활용한 안정적인 일자리 창출 및 양질의 사회 서비스 제공 모델로서 사회적 기업 도입 논의가 구체화되어 왔다. 그 결과, 사회적 기업육성법이 제정된 바 있으며, 2015년 11월 현재 우리나라의 사회적 기업 수는 1,475개로서 전국에 흩어져 있다. 지역별로는 서울이 256개(17.4%)로 가장 많고, 경기가 233개(15.8%), 전북이 96개(6.5%), 전남이 68개(4.6%), 그리고 광주지역에는 73개(5.0%)가 운영 중에 있다.

앞으로도, 저성장·저고용으로 인한 고용구조 변화 및 저출산·고령화 시대의 서비스·일자리 수요 증가의 대안으로 사회적 기업의 역할이 더욱 커질 것으로 예상되며, 노동시장 격차, 고용 불안정성 해소를 위해 '착한 소비·따뜻한 일자리'를 제공하는 사회적 기업의 육성 및 역할도 지속적으로 필요할 것으로 예상된다. 저성장 시대에 접어든 요즘, 사회적 기업은 지역을 기반으로 고용 창출과 사회 서비스를 제공하는 역할을 하면서 지속 가능 경제를 실현하기 위한 대안으로 계속 관심을 받고 있는 것이 사실이다. 그러나, 이러한 관심과 필요성에도 불구하고, 사회적 기업은 자체 자생력이 아직은 약한 편이며, 사회적 기업가의 일천한 경험, 제도적 지원 체계의 미약, 일반 국민의 인식 부족 등으로 인해 정부의 지원이 중단된 이후에는 시장에서 살아 남기가 여전히 어려운 것이 사실이다. 이러한 사실을 놓고 볼 때, 사회적 기업이 시장에서 생존할 수 있는 가능성을 제고하고, 생존뿐만 아니라 더 나아가 내실 면에서도 확대될 수 있도록 지원 및 육성 방안을 마련하는 것이 필요하다.

그러나 지금까지의 학계의 사회적 기업 관련 연구들의 대부분은 사회적 기업에 종사하는 사람들이나 자치단체의 사회적 기업 지원 관련 공무원들, 그리고 일반 연구자 중심으로 사회적 기업에 대한 인식과 문제점을 설문 방식을 이용해서 연구하는 것이 대부분을 이루고 있다. 이러한 설문 방식이나 인터뷰를 통한 연구 방법도 문제점이나 개선 방안을 도출하는 데에는 많은 정보를 제공해 줄 수 있다. 그러나, 설문지 방식이나 인터뷰 방식에 지나치게 의존하게 되는 경우, 특정한 이해관계자들의 의견이 과대하게 반영될 가능성이 있고, 일부의 사회적 기업의 문제가 일반화되는 등의 문제가 발생될 수 있다. 아울러 설문 문항의 구성 과정의 제한점이나 인터뷰 방식의 기술적인 문제 등으로 복합적인 문제들로 얽혀 있는 경우, 이러한 문제들이 잘 노출되지 않을 가능성도 있다. 또, 지역적 특성으로 인해 지역별로 서로 다른 문제점들이 발생할 수 있는 데도 불구하고, 이러한 지역적 특성이 잘 반영되지 않을 가능성도 있다. 즉, 다른 지역의 현상을 자기 지역의 현상으로 과대하게 강조할 가능성도 있게 된다는 것이다. 이 연구는 이러한 문제 인식에 따라 네트워크 텍스트 분석 방법을 이용해 전북, 광주, 전남지역의 사회적 기업들이 현장에서 겪고 있는 문제점들을 도출시켜 보는 데 목적을 둔다. 문제점에 대한 정확한 이해 없이는 개선 방향 제시도 어렵게 된다. 따라서, 이 연구에서는 전북, 광주, 전남지역의 지역 언론에서 사회적 기업에 대해 다루고 있는 주요한 이슈들을 종합적으로 도출해 냄으로써, 향후 자치단체나 사회적 기업 지원기관들이 제도적 지원 체계를 구축하고 개선하는 데 필요한 정책정보를 제공하고자 한다.

제 2 절 이론적 논의와 연구 문제

1 사회적 기업의 의의

사회적 기업이란 영리기업과 비영리기업의 중간 형태로, 사회적 목적을 우선적으로 추구하면서 재화·서비스의 생산·판매 등 영업 활동을 수행하는 기업(조직)을 말한다. 「사회적기업육성법」에서는 사회적 기업을 취약계층에게 사회서비스 또는 일자리를 제공해 지역주민의 삶의 질을 높이는 등의 사회적 목적을 추구하면서 재화 및 서비스의 생산·판매 등 영업 활동을 하는 기업으로서 고용노동부 장관의 인증을 받은 기관으로 정의하고 있다. 영리기업이 주주나 소유자를 위해 이윤을 추구하는 것과는 달리, 사회적 기업은 사회 서비스를 제공하고 취약계층에게 일자리를 창출하는 등 사회적 목적을 조직의 주된 목적으로 추구한다는 점에서 차이가 있다. 한편, 사회적 기업과 유사하면서도 연관되는 개념으로서 사회적 경제가 있다. 사회적 경제는 민간 영역(business)과 공공 영역(government) 사이에 있는 중간 영역의 경제라고 할 수 있다. 이러한 중간 영역에 포함되는 조직들의 형태는 실로 다양한데, 협동조합(cooperatives), 비영리 조직 및 자선단체 등도 포함된다. 우리나라의 사회적 기업과 협동조합이 사회적 경제에 포함되는 것은 물론이다.

아래 [그림 14-1]에서는 사회적 경제의 영역을 기업의 소유권과 기업의 주요 목적이라는 두 가지 기준을 이용해 구분해 주고 있다. 즉, 사회적 경제의 영역에는 소유권이 정부 부문에 있으면서 주요 목적이 상업적 목적이 아니라 사회적 목적을 수행하는 영역(사회행정 영역), 소유권이 정부에 있으면서 상업적 목적을 수행하는 영역(공기업 영역), 소유권이 민간에 있으면서 사회적 목적을 수행

그림 14-1 사회적 경제의 영역

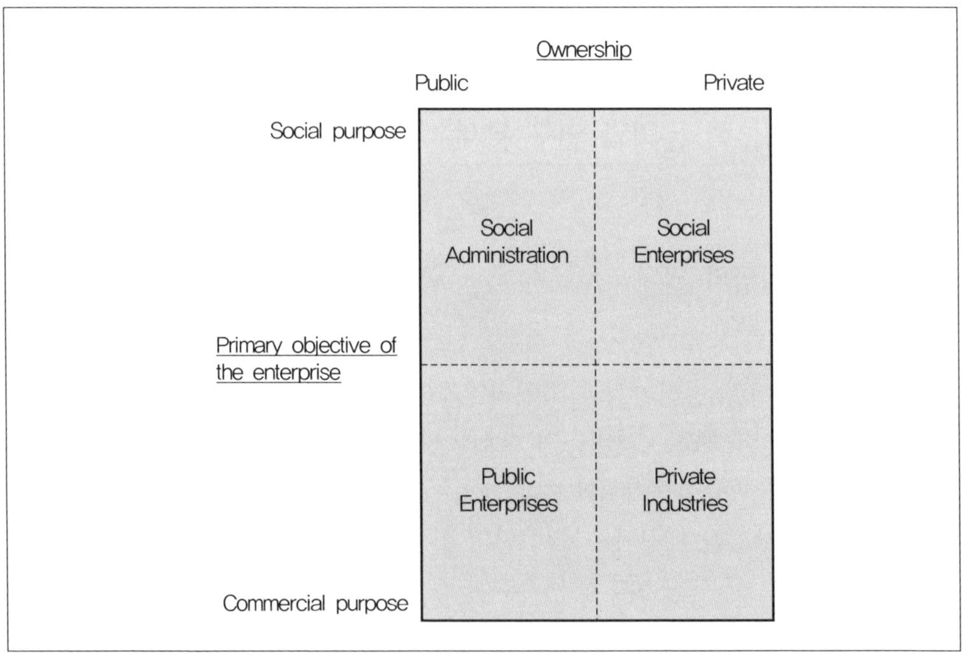

출처: http://en.wikipedia.org/wiki/social_economy(2014년 12월 14일 탐색).

하는 영역(사회적 기업 영역), 그리고 소유권이 민간에 있으면서 기업의 목적이 상업적인 영역(민간기업 영역) 등으로 구분될 수 있다. 이 연구에서 주로 다루고자 하는 것은 소유권이 민간에 있으면서 수행하는 목적은 사회적인 영역, 즉 사회적 기업 영역이다.

위의 그림을 영역에 속하는 조직 유형별로 좀 더 구체적으로 제시하고 있는 노야(Antonella Noya)와 클라렌스(Emma Clarence)는 구분 유형을 위한 용어는 다소 다르나 같은 맥락에서 [그림 14-2]와 같이 구분하고 있다. 이들은 사회적 목적과 기업성이라는 두 가지 기준을 이용해 조직 유형을 구분해 주고 있다. 아래 그림에서 보는 바와 같이, 사회적 목적이 높으면서 기업성을 가지고 있는 형태의 조직으로서는 사회적 기업과 협동조합이 있는데, 사회적 기업이 협동조합 형태보다도 사회적 목적성이 다소 높은 것으로 보여주고 있다.

그림 14-2 사회적 영역의 조직 유형

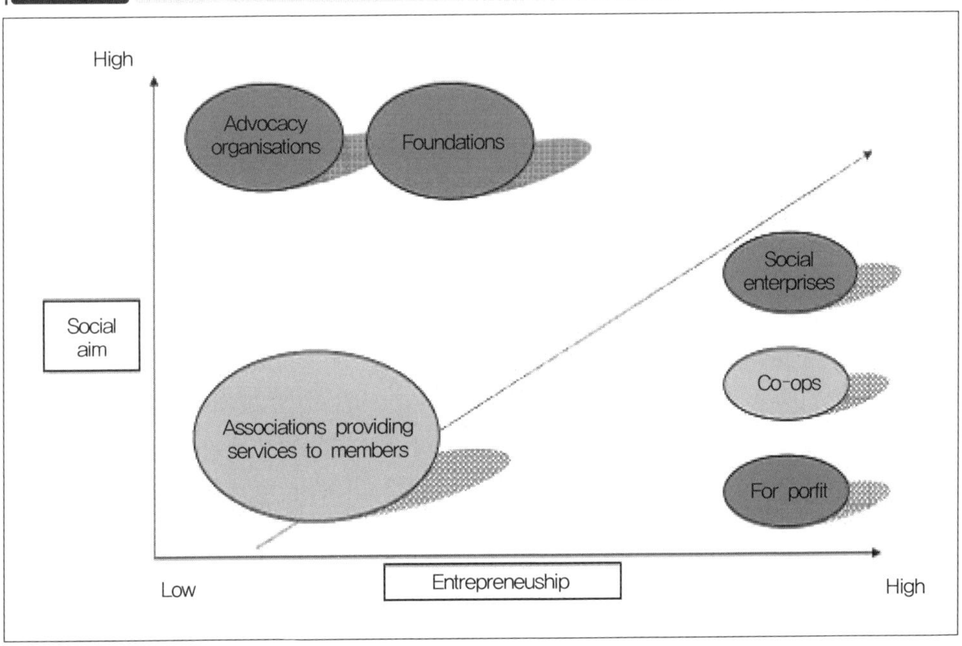

출처: Noya & Clarence(2007: 36).

2 사회적 기업의 법적 기초와 일반적 현황

우리나라에서 사회적 기업은 1997년 IMF 외환위기 이후 급속히 증가하는 실업률과 심화된 양극화 문제를 해결하기 위해 추진된 공공근로사업에 그 근원이 있다고 볼 수 있다. 그러나 이러한 공공근로 사업은 일자리로서의 지속 가능성이나 질적인 측면에서 문제가 많이 발생되었다. 이러한 현실적 문제와 함께, 고령화와 저출산 문제가 심화되는 데 대해 사회적 인식이 확대되어 갔고, 이로 인한 사회적 서비스 수요가 점차 확대될 것으로 예상되었다. 수요자 측면에서의 이같은 상황 변화와 함께, 기업의 사회적 책임 및 사회 공헌 활동에 대한 기대 수요가 커지고 이익의 사회 환원 및 나눔 경영 등에 대한 인식도 점차 확산되어 왔다. 이러한 사회적 상황 속에서 취약계층에 대한 일자리 해결 문제와 사회 서비스 수요 확대에 대한 공급 방안을 구체화하기 위한 노력이 2007년 7월부터 시행되고 있는 「사회적기업육성법」이다.

즉, 우리나라의 사회적 기업은 경제 성장 둔화 및 산업구조 · 변화에 따른 우리 경제의 고용 창출 능력의 감소, 급속한 고령화, 가족구조 변화 등으로 사회 서비스에 대한 사회적 수요 증가에 따라 사회 서비스 부문의 고용 확대 필요성, 2003년부터 NGO와 협력해 실시한 사회적 일자리 창출사업의 지속 가능한 양질의 일자리 창출사업으로의 확대, 그리고 최근 기업들의 사회 공헌 활동을 일자리 창출로 연결하고자 하는 배경에서 육성되었고, 2007년 「사회적기업육성법」 제정으로 본격화되었다고 할 수 있다(고용노동부, 2010: 5).

「사회적기업육성법」에 의하면, '사회적 기업'이란 취약계층에게 사회 서비스 또는 일자리를 제공하거나 지역사회에 공헌함으로써 지역 주민의 삶의 질을 높이는 등의 사회적 목적을 추구하면서 재화 및 서비스의 생산 · 판매 등 영업 활동을 하는 기업으로서 고용노동부 장관의 인증을 받은 자를 말한다(사회적기업육성법 제2조 제1호). 「사회적기업육성법」 제정 당시, 사회적 기업은 일자리 제공형, 사회 서비스 제공형, 혼합형, 기타형으로 구분되었으나, 2010년 법률 개정을 통해 지역사회 공헌형을 추가함으로써 일자리 제공형, 사회 서비스 제공형, 지역사회 공헌형, 혼합형으로 구분된다. 그리고 교육, 보건, 사회복지, 환경 및 문

표 14-1 지역별 사회적 기업 현황(2014년 9월 기준)

합계	서울	부산	대구	인천	광주	대전	울산	경기	강원	충북	충남	경북	경남	전북	전남	제주
1,186개	224	77	52	66	54	32	42	182	60	62	54	66	52	78	57	28

주: 세종특별자치시의 경우는 2개이며 충남에 포함시켰음.
출처: 한국사회적기업진흥원(http://socialenterprise.or.kr).

화 분야의 서비스, 그 밖에 이에 준하는 서비스로서 대통령령으로 정하는 분야(보육, 예술·관광 및 운동, 산림 보전 및 관리, 간병 및 가사 지원, 문화재 보존 또는 활용 관련, 청소 등 사업시설 관리, 「직업안정법」 제2조의2 제9호에 따른 고용 서비스, 그 밖에 고용노동부 장관이 정책심의회의 심의를 거쳐 인정하는 서비스)의 서비스를 말한다(사회적기업육성법 제2조 제3호, 동법시행령 제3조; 최영출, 2012: 151).

위의 〈표 14-1〉에서 보는 바와 같이, 2014년 9월 말 현재 전국에 1,186개의 사회적 기업이 운영되고 있으며, 이로 인한 일자리 규모는 2만 2천 9백여 개에 이른다. 비록 사회적 기업의 역사가 깊고 활성화되어 있는 유럽 국가들에 비하면 아직 그 수나 운영 면에서는 미흡하다. 예를 들면, 영국의 경우는 인구가 약 6천만 명으로서 우리나라보다 인구가 1천만 명 많지만, 사회적 기업을 포함한 사회적 경제 영역에 있는 기업의 수는 약 5만 개에 이르며 근로자 수는 약 80만 명에 이르고 있다. 최근에 우리나라에서는 사회적 기업과 성격은 다소 다르나 넓은 의미에서 사회적 경제의 범주에 포함되는 협동조합 설립이 용이하게 되어 우리나라의 사회적 경제가 새로운 일자리 창출 및 지역사회에 공헌하는 경제 주체가 될 수 있을지 관심이 커지고 있다. 특히, 2012년 12월 협동조합법이 개정된 이후 3개월 만에 약 650개에 이르는 협동조합이 설립되었고, 2014년 9월 현재, 협동조합 수는 5,601개에 이르고 있다(사회적기업육성진흥원 홈페이지). 사회적 기업이던 협동조합이던 사회적 경제에 포함된다는 면에서 사회적 기업과 협동조합은 기존의 주식회사나 일반 기업과는 목적이나 운영 면에서 다르고 추진 방식도 다르다. 사회적 경제를 구성하는 두 기둥이라고 할 수 있는 협동조합과 사회적 기업은 취약계층 보호라는 입장에서 보면 정책의 강조점이 서로 다르며, 특히 오늘날과 같은 사회적 약자가 많이 발생되고 이들 사회적 약자들에 대한 복지를 일자리와 연계해 지원해 준다는 차원에서 보면 약자 보호의 목적이 좀 더 뚜렷한 사회적 기업은 더욱 중요성을 가진다고 할 수 있다.

현재 운영 중인 사회적 기업의 유형을 보면, 조직 형태별로는 상법상 회사가 48.4%, 민법상 법인이 22.2%, 비영리민간단체 14.6%, 사회복지법인이 10.6% 순이다. 최근 주목받고 있는 생활협동조합은 1.7%, 영농조합법인은 2.3%로 나타나고 있다. 지역별로는 위의 표에서 보는 바와 같이 서울에 18.8.8%로서 가장 많이 입지해 있고, 경기, 인천 등 수도권은 20.9%, 부산은 6.4%, 광주는 4.6%, 그리고 대구는 4.4 % 수준이다. 분야별로는 환경이 17.1%, 문화가 16%, 사회복지 12.7%, 간병가사 7.2%, 보육이 6.4% 순이다. 한편, 고용부에서는 2017년까지 3000개 까지 확장한다는 목표를 세워두고 있는 것으로 나타나고 있다. 사회적 기업에 대한 정부의 지원은 사회적 기업의 지속 가능성과 경쟁력을 높이기 위해 다각적으로 이뤄지고 있다(고용노동부, 2010: 41-43; 최영출, 2012: 151-152, 사회적기업진흥원 홈페이지).

첫째, 재정 지원 측면에서는 사회적 기업이 사회적 일자리사업에 참여해 취약계층을 신규 고용할 경우 공모·심사를 통해 근로자의 인건비 및 사업주 부담 사회보험료 일부를 지원하고, 예산의 범위 내에서 공모·심사를 통해 전문인력 인건비를 지원한다. 그리고 정부 재정 지원을 받지 않는 경우 사업주 부담 사회보험료 일부를 4년 한도 내 지원하며, 시설비 등을 지원 융자한다. 둘째, 사회적 기업 지원기관 활성화 및 경영 컨설팅 지원을 실시해 권역별 지원기관, 프로 보노(pro bono) 등을 적극적으로 활용해 맞춤형 컨설팅 및 상시적·지속적 컨설팅을 제공한다. 셋째, 세제 지원과 관련해 민간기업이 사회적 기업(비영리에 한함)에 지출하는 비용은 지정 기부금에 포함되어 법인 소득의 5% 범위 내에서 전액 손금 산입 처리하며, 사회적 기업은 인증 후 4년간 법인세와 소득세 50% 감면을 지원받는다. 넷째, 사회적 기업가 양성을 위한 아카데미 운영 및 지원, 그리고 네트워크 구축을 지원한다. 다섯째, 사회적 기업에 대한 구매 지원, 인지도 제고를 위한 홍보 등 사업 지원을 실시하고 있다.[1)]

---

1) 한편, 2014년부터 부처 명칭이 바뀐 행정자치부에서는 마을기업을, 그리고 농축산식품부에서는 농어촌공동체 회사 사업을 시행하고 있다. 또, 기획재정부가 2012년 12월부터 시행하는 협동조합도 넓은 의미에서 이러한 사회적 기업과 다소 유사하기는 하나 목표나 대상에서 약간 차이가 있다.

3 선행 연구 검토와 연구 문제의 선정

1) 선행 연구 검토

사회적 기업에 관한 연구는 2007년 사회적기업육성지원법이 제정된 이후 많이 진행되어 오고 있다. 최영출(2012: 153-154)은 이를 몇 가지 기준을 가지고 구분해 주고 있다. 첫 번째의 연구 부류를 보면, 신명호(2008)는 사회적 경제의 개념과 관련지어서 사회적 기업의 개념 및 필요성을 제시하고 있다. 즉, 사회적 기업이 대두하게 된 배경, 개념 등을 사회적 경제 개념과 결부시켜서 설명하고 있다. 이러한 경향의 연구들은 사회적 기업의 관련법이 제정된 2007년 이후 주로 많이 연구되고 있는 것으로서(노대명, 2007, 2008; 엄형식, 2008; 황미영, 2007) 사회적 기업의 개념을 바탕으로 도입 필요성을 많이 강조하고 있다. 두 번째 연구 부류로는 사회적 기업에 관한 외국과의 비교 연구 경향이다. 이 연구 경향은 사회적 기업이 잘 발전되어 있는 외국, 특히 유럽 국가들과의 비교를 통해 한국에 시사점을 찾고자 하는 점이 공통적이다. 가령, 조영복(2011)은 미국, 유럽, 한국의 사회적 기업의 육성 사례를 비교론적으로 연구하면서 사회적 기업의 육성을 위한 생태계의 구축에 필요한 정보를 얻고자 했다. 사회적 기업을 위한 경제사회의 인프라와 사회적 기업가, 사회적 자본시장, 지배구조, 그리고 사회적 기업 경쟁력 등을 포함하는 다차원적인 사회적 기업 생태계 모형 제시가 필요하다고 주장한다. 이러한 연구와 같은 맥락을 가지고 있는 연구들(유병선, 2009; 조영복, 2009; 김종권, 2008)은 지난 30여 년간 외국에서는 사회적 기업이 비약적으로 발전해 왔다고 하면서, 외국과 우리나라의 실제 운영 과정을 비교하는 데 치중하고 있다. 셋째는 사회적 기업의 발굴 분야 및 사례에 관한 연구들이다. 이은애(2010)는 사회적 기업 창업 지원 현황과 사회적 기업 창업 지원 활성화를 위한 개선 과제를 검토하면서 보잉사의 사례 등 여러 사례를 제시하고 있다. 또, 실제 운영 과정 및 다양한 발굴 사례를 제시하고 있는 연구들(충북대 사회과학연구소, 2011; 김정희, 2011; 김신양, 2006; 최영출, 2010a, 2010b)이다. 이러한 연구들은 사회적 기업의 다양한 적용 사례들을 검토하고, 향후 사회적 기업이 발전될 수 있는 분야들을 제시하고 있는 것이 특징이라고 할 수 있다. 넷째는 사회적 기업의 운영과 성공 요인에 관한 부류다. 이 부류는 특히, 최근에 들어와서 다양한 방법으로 많이 진행되고 있다. 한승일 외(2012)는 사회적 기업의 성공 요인을 CEO의 능력과 기업 내, 외부 환경 관련 요인 중심으로 분석하고 있다. 또, 안영규 외(2011)는 한국형 사회적 기업의 주요 성공 요인에 대한 차이 분석을 통해 성공 요인을 경제적 차원, 사회적 차원, 공통 차원으로 구분하고 각 차원별 세부 요인들을 사회적 기업 성공에 영향을 미치는 요인으로 가정해 분석을 실시하고 있다. 또, 박명선 외(2012)는 계층분석 기법을 이용한 사회적 기업 성공 요인 중요도 분석을 통해 성공 요인 간 우선순위를 분석해 주고 있다.

한편, 이광우(2009)는 우리나라 사회적 기업의 현황을 제시한 후 사회적 기업의 성과 측정을 위한 모형을 제시하고, 기존 사회적 기업의 성공 요인에 관해 다루고 있다. 이 연구에서는 국내외 학자들의 사회적 기업 성공 요인에 관한 다양한 주장들을 제시하고 있으며, 성공 요인을 크게 기업가 측면, 조직 측면, 전략 측면, 환경 측면 등으로 나눠 성공 요인을 귀납적으로 도출하고자 한다. 기업가 측면으로서는 경영 역량, 기업가 정신, 네트워크 등을 들고 있으며, 조직 측면에서는 파트너십, 종사원 역량이 포함된다. 사업 환경으로서는 사회적 공감, 협력이 포함되고 있으며, 전략 측면으로서는 시장경쟁력과 사업 추진에 관한 요인들을 포함하고 있다. 이러한 부류의 연구들(양영규, 2011, 이광우, 2008; 오지선, 2008; 임혁백 외, 2007; 채종헌 · 이종한, 2007; 이준영 · 오지선, 2010)은 주로 사회적 기업이 창업부터 운영되는 과정에서 미치는 중요한 요인들을 성공 요인으로 규정하고, 이들 요인에 대한 다각적인 분석을 시도하고 있는 것이 특징이다.

선행 연구들에 대한 한 가지 공통적인 특성은 많은 연구가 사회적 기업의 향후 성공 요인을 다루고 있으며 이론적 분석틀에 의거한 이론적 중심의 연구가 대부분이다. 설문조사를 통해 사회적 기업 종사자들에 대한 인식조사를 한다거나 AHP 방법 같은 것을 활용해 정책의 우선순위를 정해 주는 경우에도 서구에서 논의된 이론적 틀을 기초로 우리 현실에 맞추다 보니 현장과는 다소 거리가 있는 경우가 많다. 아울러, 지역 현장에서는 그 지역의 특수한 사정과 관련해 쟁점들이 발생될 수 있는 것이다. 외국의 이론에 의거해 분석틀을 구성하는 경우나 전국적 관점에서의 분석틀에 의하는 경우에도 마찬가지로 지역적 특수성이 크게 고려되지 않을 수 있다. 그러나 사회적 기업을 다루는 지역의 정책담당자들 입장에서는 사회적 기업이 운영되는 지역 현장에서 어떤 문제점이 발생되고 있으며, 아울러 어떤 쟁점들이 지속적으로 발생되는지에 대한 현장 중심적인 쟁점 도출이 중요하다. 이러한 현장 중심적 쟁점들은 지역의 언론에서 많이 다뤄질 수 있다고 생각한다. 그중에서도 지역의 신문들은 이러한 쟁점들을 사설이나 특집 기사, 칼럼 나아가서 일반 기사로도 지속적으로 문제를 제기할 수 있다. 이 연구에서는 이러한 점을 감안해 전북, 전남, 그리고 광주지역의 지역 언론들이 지역 내의 사회적 기업 운영에 관련되어 다루고 있는 주요 쟁점들이 무엇인지에 연구의 초점을 둔다.

2) 연구 문제의 선정

이 연구에서는 기존 선행 연구들에 대한 분석 결과 부족한 부분을 보완해 주고, 아울러 전북, 전남, 광주지역 내의 사회적 기업들과 관련된 주요 쟁점이 무엇인지를 도출하는 데 연구의 초점을 두고 아래의 연구 문제를 선정한다.

연구 문제: 최근 전북, 전남 및 광주지역에서의 사회적 기업들의 운영과 관련한 주요 쟁점들은 무엇인가?

제 3 절 연구방법론

1 분석 방법

이 연구에서는 지역 신문의 사설, 칼럼, 특집 기사 등으로 다뤄진 사회적 기업에 대한 쟁점들을 도출하기 위해 네트워크 텍스트 방법론을 채택한다. 여기서 이슈라 함은 특정 주제가 개인적 차원이 아니라 사회적으로 영향을 미치며, 비교적 많은 사람이 영향을 받게 되어 정부 부문에서 정책적 관심을 가지게 할 수 있는 정책 이슈를 의미한다. 이러한 정책 이슈를 지역의 신문에서 도출하기 위해서는 네트워크 텍스트 분석 방법이 도움이 될 수 있다. 네트워크 텍스트 분석의 기본 개념은 내용 분석과 사회 네트워크 분석을 연계하는 데에 있다. 내용 분석을 통해 텍스트에 출현한 단어의 빈도 등 개체적 속성을 고찰하는 한편, 사회 네트워크 분석을 통해 텍스트에 함께 출현하는 단어의 관계적 속성을 고찰한다. 분석을 위한 도구로는 내용 분석 및 사회 네트워크 분석을 일원적으로 수행할 수 있는 네트워크 텍스트 분석 도구를 이용하거나,[2] 내용 분석을 위한 분석 도구와 사회 네트워크 분석을 위한 분석 도구를 연계해서 네트워크 텍스트 분석을 수행할 수 있다. 이 연구는 내용 분석을 위한 분석 도구와 사회 네트워크 분석을 위한 분석 도구를 연계하는 방식을 채택해 네트워크 텍스트 분석을 수행한다. 즉, 내용 분석 단계와 사회 네트워크 분석 단계로 분석 내용을 구분하고 분석 도구 또한 단계별로 구분한다. 기본적으로 내용 분석 단계에서는 분석 자료에 출현하는 단어의 빈도를 고찰하고, 사회 네트워크 분석 단계에서는 소시오그램 개념에 근거한 네트워크 지도 및 연결 중앙성 수식을 통해 고찰한다. 이때, 내용 분석과 사회 네트워크 분석의 연계를 위한 핵심적인 지점은 색인어(index)의 설정 및 색인어 사이의 관계를 나타내기 위한 기준을 정하는 데에 있다. 색인어는 내용 분석을 통해 도출한 전체 단어 가운데 선별된 핵심적인 단어로서, 차후 색인어 사이의 관계가 사회 네트워크 분석의 결과로 제시된다.

색인어는 일정 기준 이상의 빈도를 나타내는 단어를 발췌해서 정하거나 연구 주제에 부합하는 단어를 연구자가 임의로 정하기도 한다. 이 연구에서는 학회지에 대한 분석이어서 저자들이 이미 설정한 주제어가 있기 때문에 후자의 방식을 적용한다. 학회지 분석이 아닌 정부 공문서나 신문 사설과 같은 분석에서는 색인어 발췌를 위한 빈도의 기준을 정할 수 있고, 이러한 기준은 몇 차례의 모의 실험을 거쳐 분석의 특성을 잘 드러낼 수 있는 기준을 정성적으로 판단해서 정한다.

설정한 색인어 사이의 관계를 설정하는 기준은 적절한 분석 결과의 도출에 영향을 미치는 요인이라 할 수 있다. 가령 A 단어와 B 단어가 문장 단위에서는

2) 네트워크 텍스트 분석 도구로 DNA(Dynamic Network Analysis: Carley et al., 2006), CRA (Centering Resonance Analysis: Corman et al., 2002) 등의 소프트웨어가 개발되어 있다.

함께 출현하지 않지만 문단 단위에서는 함께 출현하는 경우 관계의 유무를 문장 단위로 국한할 것인지, 혹은 문단 단위로 확장할 것인지에 대한 연구자의 판단에 따라 분석 결과는 달리 나타날 개연성이 있다. 이 연구에서는 신문의 사설이나 칼럼을 구성하는 개별 문장을 하나의 단위로 한다.

한편, 내용 분석을 위한 분석 도구로는 한국어 텍스트 분석에 적합하다고 알려진 KrKwic 소프트웨어를 활용하며(박한우 외, 2004: 1378), 사회 네트워크 분석을 위한 분석 도구로는 NetMiner 소프트웨어를 활용한다.[3]

2 분석 자료

분석 자료는 2012년 1월 1일부터 2014년 11월 30일까지 약 4년 동안, 전북, 전남 및 광주지역의 지역 언론에서 사회적 기업을 기사화한 내용이다. 지역 언론도 수적으로 많기 때문에 모든 지역 언론을 대상으로 하기에는 어려움이 있어서 2012년부터 2014년 까지 문화체육관광부에서 지역 언론 지원사업에 선정된 지역 신문사들만 대상으로 했다. 이들 신문사의 기사 중에서 칼럼, 사설 및 특집 기사와 일반 기사에서 사회적 기업을 키워드로 하여 포함된 기사 내용을 대상으로 했다. 다만 신문사별로 다양한 형태로 기사를 유형화하고 있기 때문에 아래와 같이 다양한 형태의 기사를 모두 분석 대상으로 했다. 신문사별 기사 내용을 유형화해 보면 〈표 14-2〉에서 보는 바와 같다.

2012년부터 2014년 11월 30일까지 전북, 전남 및 광주지역의 지역 언론사에서 다루고 있는 기사 내용은 모두 246개다. 이 중에서 일반 기사가 195개로 가장 많고, 그 다음이 기획 기사 및 사설로서 각각 12개씩이다. 자세한 신문사별 기사 내용은 부록에서 보는 바와 같다.

3) 현재 사회 네트워크 분석을 위한 소프트웨어로는 Net Miner 외에 UCINET, PAJEK, MUTINET 등이 이용되고 있다. 이 가운데 UCINET이 가장 다루기는 용이하나 산출 지표와 가시화 기능 등을 종합할 때 NetMiner가 수월하다고 알려져 있다(최영출, 2009: 281).

표 14-2 지역 신문사별 기사 유형화

신문명	기고	기획	기획 칼럼	사설	시론	오피니언	일반 기사	칼럼	특집	합계
강진신문				1			9		6	16
고창신문							4		2	6
광양만신문							22		1	23
광양신문		1					8		1	10
광주매일신문	1	1		1	1		23	1		28
광주일보	2						8	3		13
담양곡성타임즈	1						1			2
담양신문	1						2			3
무등일보	1			3			13		1	18
시민의소리		1					1			2
여수신문				1			4			5
영광신문		1		2						3
장성군민신문	1									1
전남일보				1			2			3
전북도민일보				3			14			17
전북일보	1	4	1			2	71			79
해남신문		4					4			8
해남우리신문							9			9
합계	8	12	1	12	1	2	195	4	11	246

3 분석 절차

분석 절차는 다섯 가지 단계로 구분해 설명할 수 있다. 첫째, KrKwic 소프트웨어에 입력할 자료를 분석의 단위를 고려해 만든다. 분석 단위는 연구 목적에 따라 달리 설정할 수 있다. 가령, 정부기관의 공문을 네트워크 텍스트 분석 방법으로 분석하는 경우에는 하나의 공문 제목이 하나의 분석 단위로 설정될 수 있을 것이다(최영출 · 박수정, 2010: 170-175). 이 연구에서는 신문의 기사 내용을 분석하기 때문에 하나의 기사에 나타나는 다수의 문장 단위를 하나의 분석 단위로 설정한다. 그 이유는 신문 기사는 1개 혹은 그 이상의 문단으로 나뉠 만큼 상대적으로 등장하는 텍스트가 길기 때문에 기사에 함께 등장하는 단어를 모두 연관 단어로 보기 어렵기 때문이다. 이 연구에서는 기본적으로 기사 내에 나타나는 하나의 문장에서 함께 등장하는 단어를 연관 단어로 설정한다. 결과적으로 246편의 기사에 등장하는 문장은 2,639개로 나뉜다.

둘째, 색인어를 설정한다. 색인어는 몇 차례의 모의 실험을 거쳐 시사점을 도출하기에 적합한 빈도를 정해서 기준으로 삼을 수 있다. 즉, 일반적인 네트워크 텍스트 분석에서는 일정한 기준을 설정해 몇 회 이상 등장하는 출현 단어를 색인어로 설정할 수 있다. 그러나 이 연구에서는 신문 기사에 대한 네트워크 텍스트 분석이기 때문에 연구 주제의 특성을 고려해 색인어를 별도로 선정한다. 이 연구에서 선정한 주제어는 246편의 기사에서 나타난 해당 기사의 주제어를 색인어로 한다. 최근 3개년(2012~2014년) 동안 지역 신문에 기사화된 246편의 기사에 대한 주제어를 조사했다.[4] 셋째, 색인어 파일을 KrKwic 소프트웨어에 입력해 색인어 사이의 행렬을 구축한다.[5] 넷째, 행렬 자료를 NetMiner 소프트웨어에 불러들여 네트워크 지도를 그리고 수학적 분석을 병행한다. 네트워크 지도는 전체의 복잡성을 고려해 필요에 따라 일정 기준 이하의 링크는 삭제하는 방식을 병행한다.

요약하면, 우선 Window 운영 체제에 내장되어 있는 메모장과 같은 소프트웨어에 개별 초록을 하나의 줄(line)로 구분해 입력 자료를 만든다. 이를 KrKwic 소프트웨어에 입력해 출현한 단어의 빈도를 도출한다. 설정한 색인어를 KrKwic에 다시 입력하면, 행렬을 도출할 수 있다.[6] 도출한 행렬 자료는 사회 네트워크 분석의 기본적인 입력 자료로서, 이 행렬을 NetMiner 소프트웨어에 불러들여 사회 네트워크 분석을 수행한다.

---

4) 주제어를 모으는 과정에서 같은 의미의 단어를 달리 표현한 경우는 가능한 하나의 단어로 통일하고, 주제어에 등장하는 조사는 가능한 원문의 의미를 훼손하지 않는 방향으로 삭제하는 등의 과정을 거쳤다.

5) 색인어 또한 개별 단어를 하나의 줄로 하여 Window 프로그램의 메모장 형식의 입력 파일을 만들고, 입력 파일명을 words.txt로 설정해 KrKwic 소프트웨어에서 불러드리면 행렬을 자동적으로 도출할 수 있다.

6) 다른 예로, 2회 이상 출현한 단어를 색인어로 설정하면, 행렬의 대상은 "교육", "협조"로 국한된다. 따라서 행렬은 "교육", "협조"를 행과 열로 하는 (2×2) 행렬이 도출된다.

제 4 절 분석 결과

1 사회적 기업 관련 주요 쟁점 핵심어: 텍스트 빈도 분석을 중심으로

최근 3개년(2012~2014년) 동안 지역 내의 18개 지역 신문에 기사화된 사회적 기업 관련 기사 내용 246편에 대한 주제어를 분석한 결과, 전체 주제어는 약 890개 내외로 드러났다. 출현 빈도를 기준으로 주제어를 나열하면 다음과 같다.

수위를 차지하는 주제어는 '사회적'이다. '사회적' 다음으로는 일자리, 지원, 교육, 장애인, 취약계층 등의 순어로 빈도가 많이 나타났다. 위의 빈도 분석 결과를 통해 전반적으로 경향을 살펴본다면, 사회적 기업과 관련해서는 일자리와 교육, 취약계층 등이 핵심적인 개념으로 자리잡고 있음을 알 수 있다. 이는 사회적 기업 정책이 기본적으로 약자계층에 대한 일방적인 금전적 지원이 아니라 이들에게 일자리를 제공해 자생할 수 있도록 지원해 주는 정책이라는 점에서 맥을 같이한다고 볼 수 있다.

2 네트워크 텍스트 분석

890개의 주제어 가운데 부사와 조사 등을 제외하고 의미있는 단어로 제한할 때, 6회 이상 출현한 주제어는 46개다. 6회 이상 출현한 주제어를 핵심 주제어로 정의하고, 핵심 주제어 사이의 네트워크 텍스트 분석을 수행했다. 분석 결과를 정리하면 다음과 같다.

첫째, 네트워크의 전체 구조 측면에서, 핵심 주제어 사이의 네트워크는 '좁은 세상 네트워크' 모형을 따른다. 좁은 세상 네트워크 모형을 따른다는 사실은 한편으로는 다양해 보이는 사회적 기업 관련 주요 쟁점들이 별도로 존재하기보다는 유기적으로 연관되어 다뤄지고 있으며, 다른 한편으로는 핵심 주제어 가운데에도 허브의 역할을 담당하는 주제어가 존재한다는 사실을 의미한다.

그림 14-3 핵심 주제어 사이의 네트워크 지도

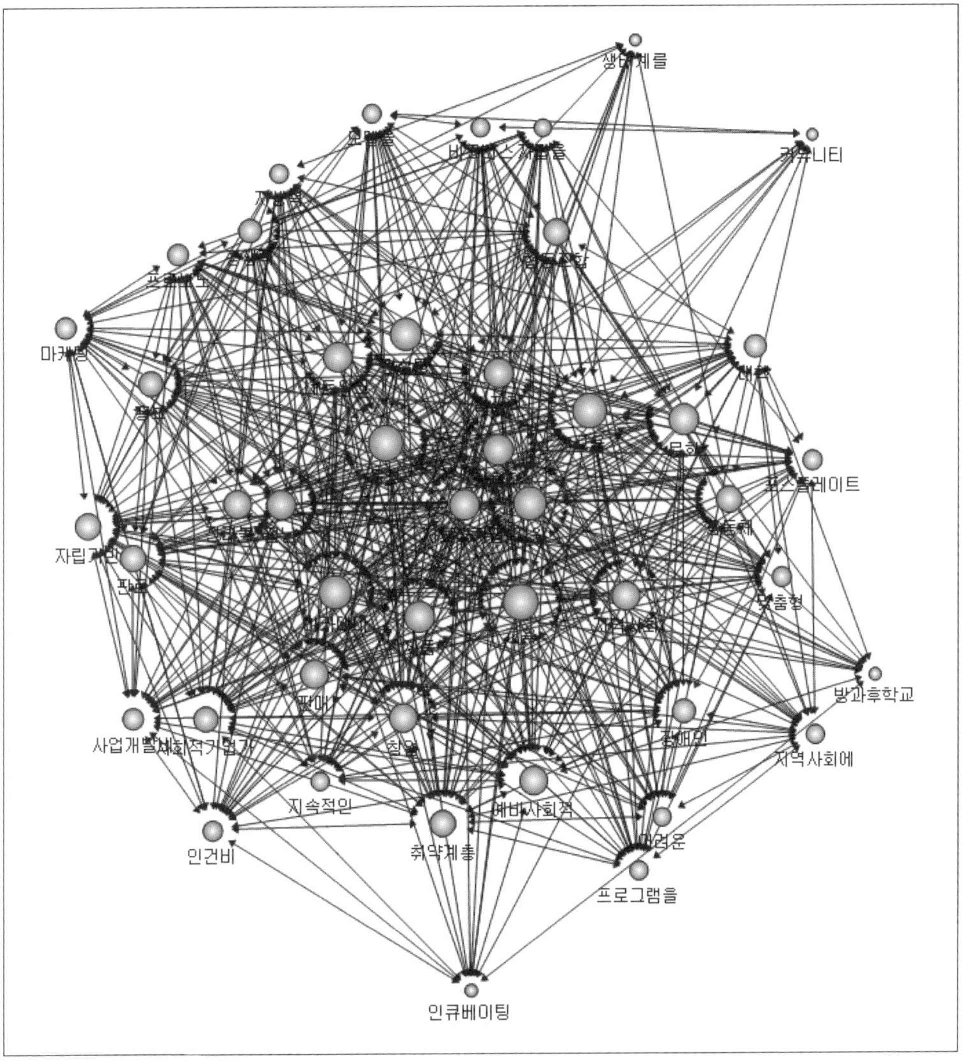

주: 출현 빈도가 높은 46개의 핵심 주제어 사이의 네트워크 지도다. 연결 중앙성이 크면 노드의 크기가 크고, 동시 출현 빈도가 많은 노드 사이는 상대적으로 가까운 거리에 위치한다.

[그림 14-4]는 핵심어 사이의 동심원 분석을 수행한 것이다. 동심원의 중심에 가까울수록 빈도 수나 연결 중심성이 강하다는 것을 의미하며 멀어질수록 그 정도가 약하다고 볼 수 있다.

그림 14-4 핵심어 사이의 동심원 분석

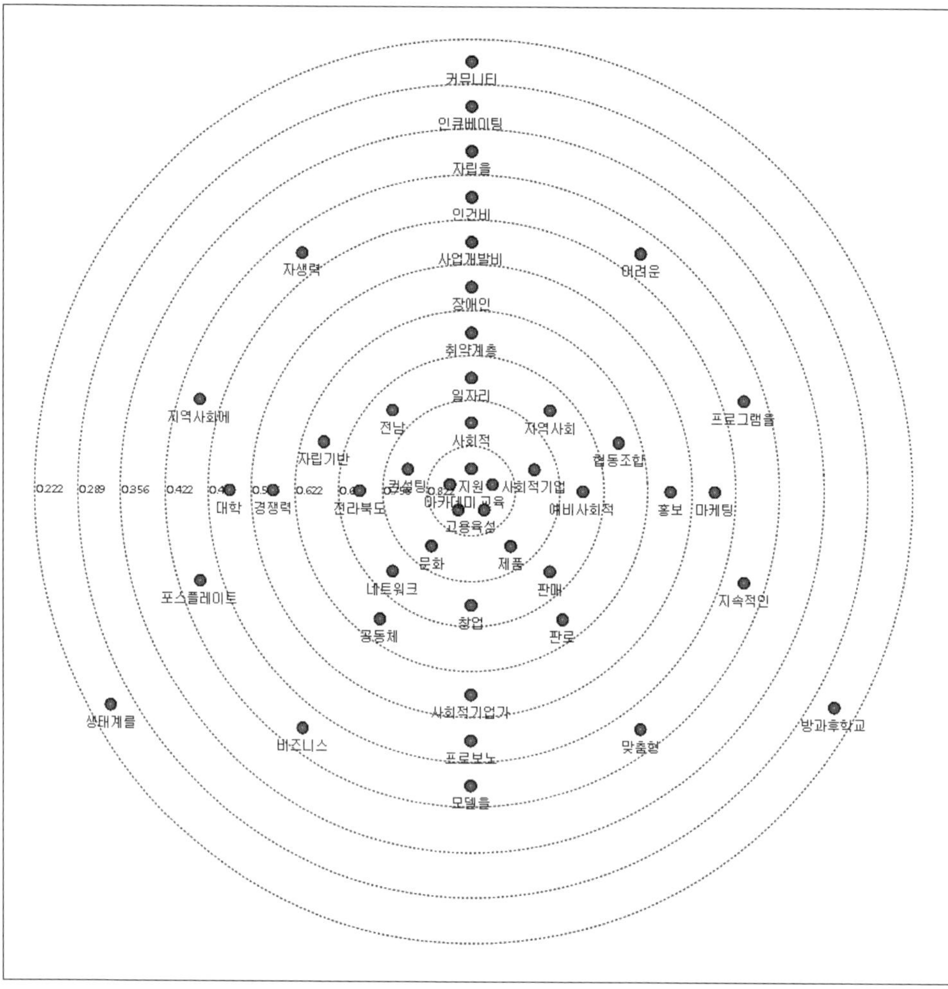

둘째, 46개의 핵심 주제어 사이에는 '사회적 기업', '일자리', '지원', '교육', '취약계층'를 허브로 하는 네트워크가 형성되어 있다. 이 사실은 다른 핵심 주제어와 동시에 출현하는 정도를 의미하는 연결 중앙성 지표를 통해 확인할 수 있다. 위의 다섯 가지 단어의 연결 중앙성이 높다는 사실은 사회적 기업 주요 쟁점들이 일자리, 지원, 교육, 취약계층 등을 설명하기 위해, 혹은 특정 현상에 대한 문제를 부각시키기 위해 일자리, 지원, 교육, 취약계층의 측면을 강조하고 있다는 점을 의미한다(〈표 14-3〉 참조).

표 14-3 핵심 주제어의 연결 중앙성

구분	내향중심성	외향중심성
사회적	0.777778	1
사회적 기업	0.777778	1
일자리	0.733333	0.933333
지원	0.844444	1
교육	0.888889	0.888889
장애인	0.555556	0.555556
취약계층	0.644444	0.644444
협동조합	0.622222	0.622222
인건비	0.466667	0.466667
지역사회	0.711111	0.688889
제품	0.777778	0.755556
어려운	0.422222	0.4
프로그램을	0.422222	0.4
육성	0.888889	0.866667
고용	0.866667	0.844444
홍보	0.6	0.577778
사업개발비	0.488889	0.466667
예비사회적	0.688889	0.666667
판매	0.688889	0.666667
마케팅	0.488889	0.466667
사회적 기업가	0.6	0.577778
판로	0.622222	0.6
지속적인	0.444444	0.422222
창업	0.688889	0.666667

공동체	0.622222	0.6
네트워크	0.733333	0.711111
아카데미	0.822222	0.8
맞춤형	0.466667	0.444444
모델을	0.444444	0.422222
커뮤니티	0.222222	0.2
전라북도	0.688889	0.666667
전남	0.733333	0.711111
프로보노	0.488889	0.466667
경쟁력	0.555556	0.533333
문화	0.755556	0.733333
비즈니스	0.422222	0.4
컨설팅	0.8	0.777778
포스플레이트	0.466667	0.444444
방과후 학교	0.266667	0.266667
자립을	0.4	0.377778
지역사회에	0.422222	0.4
대학	0.533333	0.511111
생태계를	0.222222	0.2
인큐베이팅	0.288889	0.266667
자립 기반	0.644444	0.622222
자생력	0.444444	0.422222

셋째, 46개의 핵심 주제어 사이의 네트워크는 크게 보아 12개의 쟁점 유형으로 구분될 수 있고, 이는 다시 중분류 하면 5개 유형으로 분류될 수 있다. 이러한 유형 분류는 덴드로그램 분석을 통해 할 수 있는데 덴드로그램 분석 결과는 [그림 15-5]와 같다.

그림 14-5 사회적 기업 관련 주제어들에 대한 덴드로그램 분석 결과

이를 정리해 보면 〈표 14-4〉에서 보는 바와 같다.

표 14-4 주제어 사이의 그루핑

<table>
<tr><th>구분</th><th>1단계</th><th>2단계</th><th>3단계</th><th>4단계</th></tr>
<tr><td>예비사회적 기업</td><td rowspan="4">어려운 예비사회적 기업 육성 프로그램</td><td rowspan="4">어려운 예비사회적 기업 육성 프로그램</td><td rowspan="7">예비사회적 기업 육성 위한 사회개발비 확충</td><td rowspan="10">예비사회적 기업에 대한 홍보, 판촉 강화, 지역사회의 사회개발비 강화</td></tr>
<tr><td>육성</td></tr>
<tr><td>프로그램</td></tr>
<tr><td>어려운</td></tr>
<tr><td>고용</td><td rowspan="3">지역사회의 고용 위한 사회개발비</td><td rowspan="3">지역사회의 고용 위한 사회개발비</td></tr>
<tr><td>지역사회</td></tr>
<tr><td>사회개발비</td></tr>
<tr><td>판매</td><td rowspan="3">제품홍보 및 판매 강화</td><td rowspan="3">제품홍보 및 판매 강화</td><td rowspan="3">제품홍보 및 판매 강화</td></tr>
<tr><td>제품</td></tr>
<tr><td>홍보</td></tr>
<tr><td>사회적</td><td>사회적</td><td>사회적</td><td>사회적</td><td>사회적</td></tr>
<tr><td>협동조합</td><td rowspan="4">협동조합의 자립 기반</td><td rowspan="8">전남의 사회적 기업, 협동조합의 자립 기반, 생태계 강화</td><td rowspan="13">전북, 전남의 협동조합, 사회적 기업의 생태계 강화, 프로보노, 인큐베이팅 지원 강화</td><td rowspan="16">대학의 역할 강화, 협동조합과 사회적 기업의 생태계 조성, 아카데미, 방과후 학교 등 활용</td></tr>
<tr><td>자립 기반</td></tr>
<tr><td>사회적 기업가</td></tr>
<tr><td>포스플레이트</td></tr>
<tr><td>자생력</td><td rowspan="4">전남의 사회적 기업 생태계 자립 강화</td></tr>
<tr><td>전남</td></tr>
<tr><td>생태계</td></tr>
<tr><td>자립</td></tr>
<tr><td>일자리</td><td rowspan="4">일자리 경쟁력 강화를 위한 프로보노, 인큐베이팅</td><td rowspan="5">전북의 프로보노, 인큐베이팅 강화</td></tr>
<tr><td>프로보노</td></tr>
<tr><td>인큐베이팅</td></tr>
<tr><td>경쟁력</td></tr>
<tr><td>전라북도</td><td></td></tr>
<tr><td>지원</td><td rowspan="3">지역사회의 사회적 기업 문화, 교육 지원</td><td rowspan="3">취약계층에 대한 지역사회의 문화, 교육 지원</td><td rowspan="3">취약계층에 대한 대학의 교육 지원, 방과후 학교, 아카데미 등</td></tr>
<tr><td>지역사회에</td></tr>
<tr><td>문화</td></tr>
</table>

<table>
<tr><td>교육</td><td></td><td rowspan="2"></td><td rowspan="5"></td><td rowspan="5"></td></tr>
<tr><td>취약계층</td><td></td></tr>
<tr><td>아카데미</td><td rowspan="2">아카데미, 방과후 학교</td><td rowspan="3">대학의 아카데미, 방과후 학교 지원</td></tr>
<tr><td>방과후학교</td></tr>
<tr><td>대학</td><td></td></tr>
<tr><td>커뮤니티</td><td rowspan="3">커뮤니티 비즈니스</td><td rowspan="3">커뮤니티 비즈니스</td><td rowspan="3">커뮤니티 비즈니스</td><td rowspan="14">공동체의 네트워크를 통한 판로 지원, 장애인 지원</td></tr>
<tr><td>비즈니스</td></tr>
<tr><td>사회적 기업</td></tr>
<tr><td>네트워크</td><td rowspan="3">네트워크를 통한 판로</td><td rowspan="4">공동체의 네트워크 판로</td><td rowspan="11">장애인 지원, 공동체의 네트워크 판로 지원</td></tr>
<tr><td>지속적인</td></tr>
<tr><td>판로</td></tr>
<tr><td>공동체</td><td></td></tr>
<tr><td>인건비</td><td rowspan="4">창업시에 인건비, 마케팅 지원</td><td rowspan="7">장애인의 창업 시 맞춤형 지원</td></tr>
<tr><td>컨설팅</td></tr>
<tr><td>창업</td></tr>
<tr><td>마케팅</td></tr>
<tr><td>모델을</td><td rowspan="3">장애인 맞춤형 모델</td></tr>
<tr><td>맞춤형</td></tr>
<tr><td>장애인</td></tr>
</table>

위의 표를 정리해 보면 크게 보아서 전북, 전남, 광주지역의 사회적 기업의 주요 쟁점은 세 가지로 요약될 수 있다. 첫째는 예비사회적 기업에 대한 지원 강화인데, 이들에 대해서는 홍보, 판촉 등이 강화되어야 할 것을 제시한다. 아울러 지역사회에서 사회개발비 등을 확충해 지원하는 것이 필요하다는 것을 시사한다. 둘째, 사회적 기업에 대한 생태계 조성 및 강화 필요성을 제시하고 있다. 이를 위해 대학이 아카데미, 방과후 학교 등에 적극 참여할 것을 시사한다. 셋째, 공동체가 가지고 있는 지역사회의 자체 네트워크를 강화할 것이 필요하다는 점이다. 특히 장애인의 창업 지원 맞춤형 모델이 필요하며, 이를 위한 네트워크 강화가 필요함을 제시한다.

3 시사점

이 연구를 통해 도출된 전북, 전남, 광주지역에서의 사회적 기업 쟁점들은 세부적으로 보면 12개 정도로 나눌 수 있다. 어려운 예비사회적 기업 육성 프로그램, 지역사회의 고용을 위한 사회개발비의 강화, 제품의 홍보와 판매 강화, 협동조합의 자립 기반 지원 강화, 전남의 사회적 기업 생태계 자립 강화 등 12개로 나눌 수 있다. 이러한 12개를 연계성의 거리에 따라 통합해 보면, 종국적으로는 첫째, 예비사회적 기업에 대한 홍보, 판촉 강화, 지역사회의 사회개발비 강화, 둘째, 대학의 역할 강화, 협동조합과 사회적 기업의 생태계 조성, 아카데미, 방과후학교 등 활용, 셋째, 공동체의 네트워크를 통한 판로 지원, 장애인 지원 등으로 구분할 수 있다. 즉, 사회적 기업 정책을 구상할 때에는 세부적인 정책을 시행하기 이전에 주요 쟁점들을 3개의 부류로 구성해 정책의 초점을 둘 필요가 있다는 것이며, 세부적으로는 12개의 세부시책으로 구성해 연계성을 강화할 필요가 있다는 점을 시사해 준다.

제5절 결론

이 연구에서는 전북, 전남 및 광주지역을 대상으로 해서 사회적 기업과 관련한 최근 3년 동안의 주요 쟁점들을 분석해 보고자 했다. 이를 위해 3개의 자치단체 안에 있는 지역 언론들의 주요 기사 내용을 분석 대상으로 했다. 사회적기업 육성법이 2007년 제정된 이후 학계에서도 많은 연구가 이어져 오고 있다. 그러나 지역 현장에서 사회적 기업과 관련한 주요 쟁점가 무엇인지에 대해서는 많은 연구가 없는 편이다. 특히, 설문조사와 같은 방식으로 진행된 연구들은 있으나 이 연구와 같이 지역의 언론들이 다루고 있는 기사들을 분석하고 있는 경우는 거의 발견하기 어렵다. 단순한 설문조사와 인터뷰 방식보다는 지역 언론이 다양하게 다루고 있는 사회적 기업 관련 내용들을 체계적으로 분석해 보는 경우, 쟁점들이 망라적일 수 있고, 설문지나 인터뷰의 방법론적 문제들을 보완해 줄 수 있는 장점이 있다. 이 연구는 이같은 문제 인식 하에서 2012년 1월부터 2014년 11월 30일까지의 전북, 전남, 광주지역의 지역 언론에서 다뤘던 사회적 기업 기사를 분석 대상으로 했다. 그 결과, 12개의 세부 쟁점들이 발견되었으며, 크게 보았을 때 홍보 강화를 중심으로 한 예비사회적 기업에 대한 지원 부분, 대학을 중심으로 한 사회적 기업 생태계 강화 부분, 그리고 지역공동체 네트워크에 기반한 판매활동 강화 등이 나타났다. 앞으로 사회적 기업 지원 시책을 수립하고 집행할 때에는 이러한 연구 결과가 참고가 될 것으로 생각된다.

〈부록〉 기사 내용

구분	기사 제목	유형	신문사명	날짜
1	이메일 경제좌담회-'일자리 창출 어떻게 할 것인가'	특집	무등일보	2012-01-01
2	스웨덴 복지 현장을 가다 - 7	기획	시민의소리	2012-01-02
3	고창노인요양병원 '신남섭 행정부장' 전라북도지사 표창	일반기사	고창신문	2012-01-09
4	설명절 선물은 마을·사회적 기업 제품으로	일반기사	광양만신문	2012-01-19
5	에필로그 '해남과 커뮤니티 비즈니스'	기획	해남신문	2012-01-21
6	포스플레이트, 인근 지역에 설 선물 전달	일반기사	광양만신문	2012-02-02
7	사회적 기업의 꽃을 피우자	칼럼	광주일보	2012-02-14
8	지역특화형 사회적 기업 집중 육성	일반기사	광양만신문	2012-02-16
9	'1팀 1사랑 가꾸기' 나선 포스플레이트 단비봉사단	일반기사	광양만신문	2012-02-16
10	사회적 기업 '세상에서 가장 아름다운 나무'	일반기사	무등일보	2012-02-17
11	광주전남지역 사회적 기업을 육성하자	칼럼	광주일보	2012-02-20
12	목포, 예비사회적 기업 발굴 '총력'	일반기사	광주매일신문	2012-02-28
13	'사회적 기업 활성화 광주네트워크' 출범	일반기사	광주매일신문	2012-02-29
14	포스플레이트, 혁신활동 우수상 수상	일반기사	광양만신문	2012-03-02
15	강진만 해풍 맞고 자란 쌈배추 '4천 900원'	일반기사	강진신문	2012-03-02
16	"일자리 만들고 마을도 돕고!"	일반기사	광양신문	2012-03-05
17	사회적 기업 (주)비엠씨,	일반기사	광양만신문	2012-03-08
18	사회적 기업 (주)포스플레이트	일반기사	광양만신문	2012-03-08
19	"수개월간 적자, 사회적 기업 포기했어요"	일반기사	전북도민일보	2012-03-08
20	중앙정부, 지방에 사회적 기업 책임 전가	일반기사	전북도민일보	2012-03-08
21	사회적 기업 씨튼베이커리2호점 금남상가 개점	일반기사	광주매일신문	2012-03-09
22	사회적 기업 사업 기반 취약	일반기사	전북일보	2012-03-11
23	사회적 기업 "민간 역량 강화가 성장 지름길"	일반기사	전북도민일보	2012-03-13
24	목포시, 사회적 기업 적극 육성	일반기사	광주매일신문	2012-03-16
25	4번째 예비사회적 기업 지정서 전수식 가져	일반기사	고창신문	2012-03-20
26	사회적 기업 성공 스토리 (주)큰사람아카데미 - 방과후 학교 교육활동 제공…전국적 성공 사례 꼽혀	기획	전북일보	2012-03-21
27	광주 사회적 기업 확대한다	일반기사	광주매일신문	2012-03-22

28	광주·전남 사회적 기업 성공 및 활성화 위해	일반기사	무등일보	2012-03-23
29	"사회적 기업 역할 미미"	일반기사	전남일보	2012-03-23
30	희망 네트워크 광주 본격 사업	일반기사	무등일보	2012-03-27
31	약자들을 위한 일자리 만들기 사회적 기업 창출 적 극 나서자	일반기사	광주매일신문	2012-04-03
32	포스플레이트, 사랑 실천 협약 체결	일반기사	광양만신문	2012-04-05
33	심층추적(4)-사회적 기업 무엇이 과제인가	기획	영광신문	2012-04-06
34	도내 사회적 기업 인터넷 쇼핑몰과 제휴	일반기사	전북도민일보	2012-04-10
35	사회적 기업 창업학교 교육 신청하세요	일반기사	광양만신문	2012-04-12
36	버려진 현수막 밧줄로 다시 태어난다	사설	전남일보	2012-04-16
37	사회적 기업 육성으로 일자리 마련	일반기사	광주매일신문	2012-04-25
38	"지역특화자원 활용한 사회적 기업 발굴해야"	일반기사	광주매일신문	2012-04-25
39	광주시, 창의적인 사회적 기업 육성에 나서야	일반기사	무등일보	2012-04-25
40	사회적 기업 늘리기보다 지원에 내실을	사설	무등일보	2012-04-26
41	사회적 기업 탐방- 남도향빈	특집	광양만신문	2012-04-27
42	남구, 마을·사회적 기업 2곳 문 열어	일반기사	광주매일신문	2012-04-30
43	사람을 살리는 품격있는 문화	기고	전북일보	2012-05-07
44	포스 플레이트, 중간관리자 워크숍 참가	일반기사	광양만신문	2012-05-10
45	전남형 예비 사회적 기업 36곳 지정	일반기사	광주매일신문	2012-05-10
46	전북대, 청년 사회적 기업가 양성 나서	일반기사	전북도민일보	2012-05-13
47	화순 예비 사회적 기업 일자리 창출 성과	일반기사	광주매일신문	2012-05-15
48	해남 첫 마을기업 탄생	일반기사	해남우리신문	2012-05-20
49	사회적 기업도 '예향광주' '농도전남'	일반기사	광주일보	2012-05-21
50	도내 사회적 기업 잇따라 중앙공모사업 선정 성과	일반기사	전북도민일보	2012-06-05
51	포스플레이트 단비봉사단 농활 봉사 위한 자매결 연 체결	일반기사	광양만신문	2012-06-07
52	화순문화원 예비사회적 기업 출범	일반기사	무등일보	2012-06-07
53	전북도 사회적 기업 국제컨퍼런스 준비 이상무	일반기사	전북도민일보	2012-06-11
54	출소자 자활 돕는 사회적 기업 (주)아성산업	일반기사	무등일보	2012-06-12
55	전북 토양에 맞는 사회적 기업 모델 만들어야	사설	전북도민일보	2012-06-15
56	농어촌 경제기반 사회적 기업 육성으로	기고	담양곡성타임스	2012-06-24
57	우리는 한가족 해남 좋은 농부	일반기사	해남신문	2012-06-25

58	프롤로그, 스토리텔링과 마을기업, 그리고 해남	기획	해남신문	2012-06-25
59	사회적 기업 성장 위한 '생태계' 구축을	일반기사	전북일보	2012-07-03
60	지역농축산물로 삼겹살 세트 출시	일반기사	해남우리신문	2012-07-10
61	여름 옷 사러오세요	일반기사	해남우리신문	2012-07-10
62	사회적 기업의 지역경제적 역할	기고	장성군민신문	2012-07-13
63	[나눔으로 해남 공동체를 꿈꾸는 작은 움직임] 예비 사회적 기업 농터	일반기사	해남우리신문	2012-07-13
64	북구, 사회적 기업 홀로서기 지원	일반기사	광주매일신문	2012-07-16
65	사회적 기업 출범 5년… 대표 10명에 물었더니	일반기사	무등일보	2012-07-19
66	사회적 기업에 대한 인식 제고 절실하다	사설	무등일보	2012-07-20
67	찾아가는 초록가게' 탑차 운행	일반기사	해남우리신문	2012-07-28
68	또 외친다, 해남의 농수산물이여	일반기사	해남우리신문	2012-08-03
69	재경향우 김용렬 씨 한국장애인연합회 인쇄사업본부 개소	일반기사	담양곡성타임스	2012-08-08
70	전남도, 사회적 기업 운영 활성화 대책 추진	일반기사	광양만신문	2012-08-09
71	도내 지자체 사회적 기업 육성 말뿐	일반기사	전북도민일보	2012-08-17
72	지자체 사회적 기업 적극 이용하자	사설	전북도민일보	2012-08-19
73	금남로에 사회적 기업 전문판매장 오픈	일반기사	광주매일신문	2012-08-29
74	북구, 전국 사회적 기업 경진대회 우수상 수상	일반기사	광주매일신문	2012-09-10
75	방과후 학교 사회적 기업 통해 청년층 취업 지원	일반기사	전북일보	2012-09-11
76	도, 신규 예비 사회적 기업 13개 지정	일반기사	전북일보	2012-09-12
77	태풍에 파손된 고령가정 '힘내세요'	일반기사	강진신문	2012-09-14
78	미시간주립대, 사회적 기업 포스플레이트 방문	일반기사	광양신문	2012-09-17
79	익산, 사회적 기업 도시로 뜬다	일반기사	전북일보	2012-09-18
80	정읍지역 7개 기업, 예비 사회적 기업에 지정	일반기사	전북일보	2012-09-23
81	천연비누가 만들어준 행복 "그것은 바로 일자리 나눔"	일반기사	광양신문	2012-09-24
82	사회적 기업과 친구되기	시론	광주매일신문	2012-09-24
83	탐방_사임당 푸드(영)복분자한과	특집	고창신문	2012-09-27
84	전남도, 올해 전남형 사회적 기업 56개로 확대	일반기사	광양만신문	2012-09-27
85	"왜 포스플레이트인가?"	일반기사	광양만신문	2012-09-27
86	전남 사회적 기업 인지도 낮다	일반기사	무등일보	2012-09-28
87	전남도 '사회적 기업가 아카데미' 개설	일반기사	광주일보	2012-10-04

88	사회적 기업가 양성	일반기사	무등일보	2012-10-04
89	사회적 기업과 '행복나눔'	일반기사	광주일보	2012-10-08
90	8일, 여수시 사회적 기업들 모여 축제	일반기사	여수신문	2012-10-08
91	포스플레이트, 재능 기부 적극 나서	일반기사	광양만신문	2012-10-11
92	아름다운 가게 '기증 캠페인'에 적극 참여를	사설	무등일보	2012-10-12
93	사회적 기업 네트워크 워크숍 전북경제통상진흥원 개최	일반기사	전북일보	2012-10-23
94	지역사회복지, 사회적 경제로 실현해야	특집	강진신문	2012-10-26
95	'같이'의 가치	칼럼	광주매일신문	2012-10-31
96	사회적 회계	기획칼럼	전북일보	2012-11-03
97	도내 사회적 기업 10곳 신규 인증	일반기사	전북일보	2012-11-05
98	익산 사회적 기업 마한 환경, 어려운 이웃돕기	일반기사	전북일보	2012-11-07
99	우석대, 교과부 방과후 학교 사회적 기업 육성사업 선정	일반기사	전북일보	2012-11-07
100	고창신협 사랑의 연탄 배달	일반기사	고창신문	2012-11-14
101	딜라이트, 사회적 기업 최초 평가사례 선정	일반기사	시민의소리	2012-11-15
102	실업자 일자리 창출, 지역경제 활성화 공생 발전	특집	강진신문	2012-11-16
103	道경제통상진흥원-교육청, 사회적 기업 지원 협약	일반기사	전북일보	2012-11-18
104	추억의 해남 고구마 팜파티	일반기사	해남신문	2012-11-19
105	국내 최고 마케팅 전문가, 전남 사회적 기업 자문	일반기사	무등일보	2012-11-22
106	주민 소득 위한 실질적 사업 펼쳐라	일반기사	전북일보	2012-11-22
107	일하는 사람들이 만들고 운영하는 주체적 공동체 '부산돌봄센터'	특집	강진신문	2012-11-23
108	'사회적 기업'으로 나눔가치 실현	기고	광주일보	2012-12-04
109	목포 사회적 기업 육성·지원 개정조례안 통과	일반기사	광주매일신문	2012-12-06
110	약물중독자 '재활과 배움' 제공	특집	강진신문	2012-12-07
111	한식조리학교, 사회적 기업과 잇단 업무 협약	일반기사	전북일보	2012-12-16
112	포스플레이트 QHSE 통합 인증 획득	일반기사	광양만신문	2012-12-19
113	사회적 기업 2017년까지 3000개 육성	일반기사	전북일보	2012-12-24
114	사회적 기업 2.0	칼럼	광주일보	2012-12-25
115	광주·전남은 사회적 기업이 필요하다	사설	광주매일신문	2012-12-26
116	재밌는가게 판매 수익금 사랑의 열매에 전달	일반기사	전북일보	2012-12-30
117	불황 극복 7대 제안 … ( ) 의 온도를 높이자	일반기사	광주일보	2012-12-31

118	실업문제 타파 나선 일하는 공동체	기획	해남신문	2012-12-31
119	복지국가 스웨덴의 한계 협동조합 역할 기대	기획	해남신문	2013-01-04
120	해남 농축산물로만 밥상 차려… 좋은농부밥집	일반기사	해남우리신문	2013-01-04
121	사회적 경제조직 연대 · 사람 키우기 주력	일반기사	전북일보	2013-01-15
122	"지역사회 복지 위한 사회적 상생이 필요"	특집	강진신문	2013-01-18
123	병영에 일자리 창출 사회적 기업 출범	일반기사	강진신문	2013-01-18
124	광주형 행복복지모델의 핵심은 일자리	기고	무등일보	2013-01-23
125	전남 사회적 기업 현황과 활성화 과제	일반기사	무등일보	2013-01-30
126	진안 사회적 기업 '풍덩' - 현지인과 호흡하는 진짜 여행	기획	전북일보	2013-01-31
127	맛과 향이 다르다	일반기사	해남우리신문	2013-02-01
128	사회적 기업 성공은 '의지+협력'에 달려 있다	기획	광양신문	2013-02-12
129	전북도 사회적 기업 지원 엄격해진다.	일반기사	전북도민일보	2013-02-25
130	해뜰녘에 직원 군 희망복지지원단 복구 자원봉사	일반기사	강진신문	2013-02-28
131	사회적 기업 자립 여부 시험대	일반기사	전북도민일보	2013-03-11
132	전북도가 모델로 상찬한 사회적 기업, 그 배경은?	일반기사	전북도민일보	2013-03-12
133	道, 사회적 기업 아카데미 개강식	일반기사	전북일보	2013-03-28
134	초록가게 확장 이전	일반기사	해남우리신문	2013-03-29
135	사회적 기업 사업 개발 열기 뜨겁다	일반기사	전북도민일보	2013-04-14
136	목포 사회적 기업 '사람과 사람' 41개 아동 공부방 무료 방역 소독 협약	일반기사	광주매일신문	2013-04-18
137	사회적 기업 육성 정부-지자체 엇박자	일반기사	전북일보	2013-04-23
138	익산 6개 사회적 기업 지원 대상 선정	일반기사	전북일보	2013-05-16
139	익산시, 사회적 기업 상품 판매 행사	일반기사	전북일보	2013-05-26
140	김성주 의원, 청년 사회적 기업 특강	일반기사	전북일보	2013-05-26
141	읍면동마다 '마을기업' 육성한다	일반기사	광양신문	2013-06-03
142	완주 고산면 명석마을 '꽃드림 사업' 추진	일반기사	전북일보	2013-06-05
143	도경제통상진흥원, 사회적 기업 판로 확대 간담회	일반기사	전북일보	2013-06-05
144	전남형 예비 사회적 기업 18곳 신규 지정	일반기사	광양만신문	2013-06-07
145	사회적 일자리 창출 위한 설명회 개최	일반기사	광양만신문	2013-06-07
146	16개 기업 300명 일자리…사회적 기업이 움직인다	일반기사	여수신문	2013-06-13
147	사회적 기업과 스타기업 배출에 힘써야	사설	여수신문	2013-06-13

148	영리(profit)가 아닌 유익(benefit)을 추구하는 사람들	사설	영광신문	2013-06-14
149	"사회적 기업 책무 잘 이행할 것"	일반기사	광양신문	2013-06-17
150	일자리 창출만큼 중요한 사업 없다	오피니언	전북일보	2013-06-19
151	농어촌공사 해남지사 집 수리 봉사	일반기사	해남신문	2013-06-24
152	전북 사회적 기업가 육성사업 일자리 창출 · 청년 창업 '톡톡'	일반기사	전북일보	2013-06-27
153	사회적 기업 성공, 복지 · 수익 균형에 달려	일반기사	전북일보	2013-06-30
154	사회적 기업 4곳 신규 인증	일반기사	전북일보	2013-07-16
155	전북대 사회적 기업 창업 캠프 30명 참여	일반기사	전북일보	2013-07-22
156	전북도농기원, 사회적 기업과 동반 성장	일반기사	전북일보	2013-07-23
157	[사회적 기업을 찾아서] 천덕꾸러기 폐현수막, 로프로 변신…산업 현장에서 '인기'	일반기사	여수신문	2013-07-25
158	익산시, 다음달까지 예비 사회적 기업 공모	일반기사	전북일보	2013-07-28
159	정읍시, 하반기 예비 사회적 기업 공모	일반기사	전북일보	2013-07-29
160	사회적 기업 마당 백제기행, 24일 공주 · 부여 유적지 탐방	일반기사	전북일보	2013-08-21
161	사회적 기업 행복 나누미, 고철 · 폐지 수거해 장학금 전달	일반기사	전북일보	2013-09-01
162	사회적 기업의 멘토, 프로보노 봉사단 눈길	일반기사	여수신문	2013-09-03
163	전국 문화예술 사회적 기업, 전주 온다	일반기사	전북일보	2013-09-05
164	추석 선물, 사회적 기업 · 마을기업 제품으로	일반기사	강진신문	2013-09-06
165	상생이 건강한 사회 만든다	오피니언	전북일보	2013-09-09
166	전북경제통상진흥원, 사회적 기업 3곳 신규 인증	일반기사	전북일보	2013-09-11
167	2013년도 귀농 · 귀촌가족 연찬교육	일반기사	강진신문	2013-09-15
168	포스코패밀리, 1社 1 사회적 기업 지원활동 활발	일반기사	광양만신문	2013-09-26
169	"나눔과 채움의 가치를 실천합니다"	일반기사	광양신문	2013-09-30
170	김제 해풍친환경영농조합법인, 정부 사회적 기업 선정	일반기사	전북일보	2013-10-09
171	문화로 놀이짱' 안연정 대표 "새활용 대중화 · 고급화에 앞장, 삶 속의 선순환 구조 자리매김	기획	전북일보	2013-10-10
172	협동의 경제, 어떻게 가능한가	사설	영광신문	2013-10-11

173	"어려울수록 함께해야 진정한 상생"	특집	광양신문	2013-10-21
174	사회적 경제에서 일자리 를찾다	기고	광주매일신문	2013-10-24
175	"이익보다 취약층 고용 위해 빵 만든다"	일반기사	광주매일신문	2013-10-25
176	전남 사회적 기업 수익 쏠림 극심	일반기사	광주매일신문	2013-11-12
177	사회적 기업 마당 수요포럼 20일 한옥마을 공간 봄	일반기사	전북일보	2013-11-17
178	[도내 선도 사회적 기업 육성사업 추진 현황] 성장 가능성 큰 '착한 기업' 모델 만든다	일반기사	전북일보	2013-11-18
179	더불어 잘사는 따뜻한 일자리 창출	일반기사	광양신문	2013-11-25
180	[김제시의회 행정감사] 사회적 기업 사후관리 허술, 지평선 산단 민원 해결 촉구	일반기사	전북일보	2013-11-25
181	익산시, 28일 (예비)사회적 기업 판매행사 실시	일반기사	전북일보	2013-11-26
182	경쟁력 있는 사회적 기업으로 거듭나야	사설	전북도민일보	2013-12-02
183	전북대 '큰사람아카데미' 전국 첫 사회적 기업 인증	일반기사	전북일보	2013-12-03
184	정읍시, 사회적 기업 육성 안정적 일자리 제공	일반기사	전북일보	2013-12-03
185	[전북사회적기업협의회 육이수 회장] "지역 공헌 힘쓰는데 사회적 기업 홀대 안타까워"	기획	전북일보	2013-12-04
186	지자체 · 민간기업 · 공공단체 사회적 기업 위해 팔 걷어부치다	일반기사	무등일보	2013-12-06
187	'착한 소비, 따뜻한 일자리 제공' 사회적 기업 육성	일반기사	광양신문	2013-12-16
188	사회적 기업 지역경제 활성화 '효자'	일반기사	광주매일신문	2013-12-17
189	(예비)사회적 기업 신규 희망기업 워크숍 개최	일반기사	광양만신문	2013-12-19
190	경비행기를 타고 하늘을 날아볼까	특집	강진신문	2013-12-20
191	사회적 기업 1000곳 돌파 육성법 시행 후 6년 만에	일반기사	전북일보	2013-12-25
192	사회적 기업 6년 만에 1000곳 돌파	일반기사	광주일보	2013-12-26
193	성화대학 항공 관광자원으로	사설	강진신문	2013-12-27
194	사회적 기업 두메산골 영농조합, 고용노동부장관상	일반기사	전북일보	2014-01-02
195	[경제단체 신년 설계] 전북경제통상진흥원 장길호 원장 "사회적 기업 육성, 일자리 창출"	일반기사	전북일보	2014-01-06
196	정읍 사회적 기업협의회 신년 인사회, 취약계층 일자리 창출 · 사회 공헌 다짐	일반기사	전북일보	2014-01-12
197	光銀, 사회적 기업 판로 지원… 상품전시관 개관	일반기사	광주매일신문	2014-01-15

198	전남 사회적 기업 국비 증가 전국 '1위'	일반기사	광주매일신문	2014-01-23
199	젊은이들에게 새로운 꿈을	기고	광주일보	2014-01-23
200	전북사회경제포럼, 사회적 기업·협동조합 통합 지원	일반기사	전북일보	2014-01-23
201	문제진단서 판로 개척까지 사회적 기업 '버팀목'	일반기사	전남일보	2014-01-24
202	사회적 기업 재정지원 신청 18일까지 접수	일반기사	광양만신문	2014-02-13
203	전주 사회적 기업 육성 고용부 인증 '전국 1위'	일반기사	전북일보	2014-02-20
204	사회적 기업·협동조합 통합지원기관 개소식·정책설명회 열려	일반기사	전북일보	2014-02-24
205	혜택 많은 사회적 기업, 사회 기여는 글쎄…	일반기사	전북일보	2014-02-26
206	전북도, 우수 사회적 기업 육성 전문가 간담회 개최	일반기사	전북일보	2014-03-05
207	전남도, 사회적 기업 자립 기반 강화 주력	일반기사	광주일보	2014-03-11
208	전북도, 사회적 기업 아카데미 개최	일반기사	전북일보	2014-03-12
209	전주시, 올 상반기 예비사회적 기업 5곳 신규 지정	일반기사	전북일보	2014-03-13
210	사회적 기업 115억 원 지원	일반기사	해남신문	2014-03-14
211	전북도, 사회적 기업 온라인 진출 지원	일반기사	전북일보	2014-03-24
212	고창종합병원 사랑 나눔 헌혈 행사	일반기사	고창신문	2014-03-31
213	경제통상진흥원, 상반기 사회적 기업 아카데미 개강	일반기사	전북일보	2014-04-02
214	전문 사회적 기업가 47명 탄생	일반기사	전북일보	2014-04-13
215	사회적 기업·공공구매 설명회 개최	일반기사	전북일보	2014-04-17
216	탐방__신우영어조합법인	특집	고창신문	2014-04-22
217	전북지역 65개 기업 사회적 기업 지원 선정	일반기사	전북일보	2014-05-12
218	정읍 사회적 기업 7곳, 사업개발비 지원사업 선정	일반기사	전북일보	2014-05-14
219	사회적 기업 '행복나누미' 노조 파업 예고	일반기사	전북일보	2014-05-26
220	전북지역 사회적 기업 경영공시 외면	일반기사	전북일보	2014-05-26
221	사회적 기업 행복나누미 노조 익산시청 앞 농성	일반기사	전북일보	2014-05-29
222	사회적 기업가 육성사업 수료식·성과보고회 열려	일반기사	전북일보	2014-06-02
223	곡성 '도깨비마을' 인기몰이 성공	일반기사	광주매일신문	2014-06-15
224	사회적 기업 희망의 빛 '전문직 재능 기부'	일반기사	전북일보	2014-06-16
225	(주)열린, 현대자동차그룹·정몽구 재단 H-온드림 오디션 시상	일반기사	강진신문	2014-07-11
226	사회적 기업의 공공조달시장 판로 지원 강화	일반기사	전북도민일보	2014-07-17

227	사회적 기업 '행복나누미' 노사 합의…파업 일단락	일반기사	전북일보	2014-07-17
228	군산대 사회적 기업 '아리울에듀' 저소득층 아동 등에 생필품 전달	일반기사	전북일보	2014-07-20
229	김승수 시장 "전주 사회적 기업 제도적 지원 강화"	일반기사	전북일보	2014-07-23
230	정읍 ㈔둘레, 사회적 기업 정식 인증	일반기사	광주일보	2014-07-28
231	전주시 사회적 기업 활성화 해법 찾기 간담회 개최	일반기사	전북일보	2014-07-29
232	일자리 7천개 규모 사회적 경제 육성한다	일반기사	담양신문	2014-08-14
233	(주)열린, 청소년 수련활동 인증 받아	일반기사	강진신문	2014-08-22
234	익산지역 사회적 기업들, 추석 직거래장터 운영	일반기사	전북일보	2014-08-28
235	풀뿌리경제 활성화를 위한 판매장 운영	일반기사	담양신문	2014-09-03
236	사회적 경제 MASTER 양성 교육과정' 개설	일반기사	무등일보	2014-09-03
237	[절박한 일자리, 착한 경제서 찾는다 ① 프롤로그] 사람 중심 사회적 기업 '일자리 창출·양극화 해소' 해법	일반기사	전북일보	2014-09-15
238	전주시 사회적 기업 성과 좋다	일반기사	전북도민일보	2014-09-17
239	간판·현수막 재활용 사회 공헌 '선순환'	일반기사	광주매일신문	2014-09-23
240	전북조달청, 사회적 기업 간담회	일반기사	전북일보	2014-09-24
241	"사회적 기업 5곳 중 4곳 적자"	일반기사	광주일보	2014-09-26
242	인간중심 사회적 기업 양극화·일자리 대안 '각광'	기획	광주매일신문	2014-10-07
243	"지역 연계 체험으로 강진을 더 알려 가겠다"	일반기사	강진신문	2014-10-31
244	순창군 사회적 기업, 사회 환원 활동 '눈길'	일반기사	전북일보	2014-11-18
245	청년이 떠나지 않는 전남!!!	기고	담양신문	2014-11-20
246	(주)포스플레이트, 국무총리상 수상	일반기사	광양만신문	2014-11-27

제 15 장

2010~2014년 시·군·구 통합정책의 분석과 평가: 다차원분석모형을 중심으로*

김철회 · 진재완

제 1 절 서론

지방행정체제는 지방정부가 주민에게 더 적은 비용으로 더 좋은 행정 서비스를 제공함으로써, 주민의 편익을 증진하기 위한 중요한 제도적 기반이라 할 수 있다. 역사적 관점에서 볼 때, 교통·통신의 발달, 도시·농촌의 불균형 심화 등 지방행정체제를 둘러싼 환경은 끊임없이 변화해 왔으며, 새로운 환경에 적합한 지방행정체제를 구축하기 위한 노력이 지속되어 왔다. 우리나라는 1991년 지방자치가 본격적으로 실시된 이후, 1995~1997년에 도시지역의 기초자치단체인 시와 농촌지역의 기초자치단체인 군을 통합하는 도농 통합을 추진했고, 2006년에는 제주특별자치도를 설치해 자치계층을 1계층으로 개편하는 지방행정체제 개편을 추진한 바 있다. 이후 지방행정체제 개편에 관한 논의는 17~18대 국회를

* 이 연구는 「한국콘텐츠학회논문지」 제15권 제1호, pp. 123-131에 게재된 것을 일부 수정·보완한 것임.

중심으로 활발히 이뤄졌고, 2010년에는 「지방행정체제 개편에 관한 특별법」이 제정되었다. 이에 따라 이명박 정부는 대통령 소속의 지방행정체제 개편위원회를 구성해 도(道), 자치구 및 군(郡)의 지위와 기능을 재검토하고, 시·군·구의 통합을 위한 기준을 수립하도록 했다. 또한 행정안전부 장관이 국회의 심의를 거친 시·군·구 개편안을 당해 지방자치단체에 권고하고, 지방자치단체들은 2014년 초까지 주민투표나 의회 의결로 통합 여부를 결정하도록 하는 정책을 추진했다.

그러나 2010~2014년 동안 추진된 시·군·구 통합정책은 20개 지역의 50개 시·군·구가 통합을 건의하고, 지방행정구역개편위원회가 16개 지역 36개 시·군·구를 통합 대상으로 선정했음에도 불구하고, 실질적인 통합에 이른 것은 청주시와 청원군의 통합뿐인 성과로 귀결되는 데 그쳤다. 이에 이 연구는 2010~2014년 사이에 추진된 시·군·구 통합정책을 다차원분석모형에 기초해 분석하고, 정책적 함의를 성공/실패 요인의 관점에서 도출해 보고자 한다.

제 2 절 이론적 배경

1 선행 연구의 검토

우리나라에서 이뤄진 시·군·구 행정구역 통합정책에 관한 연구는 주로 1995년을 중심으로 이뤄졌던 도농 통합의 성과를 분석하는 연구가 주를 이뤘다. 이론적 측면에서는 문영동 외(2009)는 행정구역의 통합과 분리에 관한 이론적 논의를 정치경제적, 정주 체제적, 경제적 접근으로 구분해 검토하고 있다. 정치경제적 접근은 통합이 가져오는 통제 및 업무 수행의 편의성에 초점을 맞추고, 정주 체제론은 행정구조와 정주 체제, 즉 생활권의 일치성을 강조하는 입장이라 할 수 있다. 경제적 접근은 최근 가장 주목되고 있는 이론으로서 규모의 경제, 분권화 등을 포함한다고 볼 수 있다. 다만 규모의 경제는 행정구역의 통합을 강조하는 논리적 근거로, 티부가설, 오우츠의 분권화 정리 등을 포함한 분권화 이론은 행정구역의 통합보다는 지방정부의 자율성과 자주성을 강조하는 논리적 근거로 활용되고 있다고 볼 수 있다. 한편, 박종관(2000)은 시 · 군 통합에서 경영학의 기업합병이론을 적용해 공공 부문의 행정구역의 통합을 효율성에 기초한 통합 논리의 근거를 제시했다.

이러한 이론적 기초에 따라 이뤄진 행정구역의 통합에 관한 실증연구는 긍정적 효과를 강조하는 연구와 부정적 효과를 강조하는 연구로 구분될 수 있다. 먼저 긍정적 효과를 강조하는 것으로는 홍준현, 김재홍, 최우용 등의 연구가 있으며, 규모의 경제 효과, 재정의 증대, 생활권과 행정구역의 일치를 통한 효율성의 증대를 강조하고 있다(홍준현, 1997; 김재홍, 2000; 최우용, 2009). 반면 부정적인 평가를 내리는 것으로는 배인명 외(2000), 이재원(1995), 김동훈 · 정진헌(1996) 등의 연구가 있으며, 행정구역 통합을 통한 비용 및 예산 절감이 그리 크지 않은 반면, 광역화에 따른 주민 참여의 저조, 행정 서비스의 효과성 감소 등을 강조하고 있다. 또한 2009년 지방행정체제 개편에 따른 자율 통합 정책에 따른 다수의 사례연구들이 제시되었다(강갑선 외, 2011; 강기윤 외, 2010; 강정운, 2011). 이들 연구는 2009년 자율 통합 대상으로 선정되었던 '창원-마산-진해시', '청주-청원'의 사례를 포함하고 있고 이외에, '전주-완산', '의정부-양주-동두천' 사례들의 주민 인식을 기초로 한 연구와 통합 과정의 성공 및 실패 요인을 분석함으로써 현재 진행되고 있는 지방행정체제 개편 과정에 대한 시사점을 제시하고 있다.

이 밖에 비교적 최근에 이뤄진 연구로 박형준(2013), 양고운 · 박형준(2013)의 연구는 이론적 측면에서 시 · 군 통합의 한계와 지방정부 간 자율적 통합의 성공 요인을 탐색하고 있다. 박형준의 연구는 미국에서 이뤄진 행정구역 통합을 종합적으로 검토하고, 우리나라의 시 · 군 · 구 통합모형이 소위 C3(city-county consolidation) 모델에 기초하고 있기 때문에 수많은 거부점(veto point)과 높은 거래 비용을 수반하고 있어 통합에 성공하고 있지 못하다고 보고, 새로운 통합모형으로서 지역 간 합의(Interlocal Agreement: ILA) 또는 파트너십과 같은 대안을 제안하고 있다. 또한 양고운 · 박형준의 연구는 지방자치단체 자율 통합의 성공 조건으로서 두 지역 사이의 정치 · 경제적 동질성, 사회문화적 동질성, 통합

시도의 경험 등을 중요한 요인으로 제시하고 있다.

특히 선행 연구 중에서 이달곤의 연구는 지방자치단체 자율 통합을 결과 지향적인 관점을 벗어나, 정책 과정으로 인식하고, 정책 과정에 참여하는 행위자들의 가치와 윤리, 그리고 행위자들의 행위를 규정하는 제도, 구조적 체제를 포함한 평가가 필요하다고 역설하고 있다(이달곤, 2011). 그는 2009~2010년에 시범정책으로 추진된 자치단체 통합정책의 과정을 규범적 차원, 구조적 차원, 구성적 차원, 기술적 차원으로 분류한 쿠퍼 외(Cooper et al., 2004)의 다차원분석모형에 기초해 분석하고 있다.

이달곤의 연구가 2009~2010년 동안 이뤄진 시범정책에 대한 분석이었다면, 이 연구는 이후 이명박 정부가 본격적인 정책으로 추진한 시・군・구의 자율 통합정책 과정을 좀 더 발전된 다차원분석모형 분석틀에 기초해 분석하고, 정책적 함의를 도출하고 있다.

표 15-1 행정구역 통합정책에 관한 선행 연구

주제	주요 연구
행정구역 통합의 이론적 기반	박종관(2000), 문영동 외(2009)
행정구역 통합의 긍정적 효과	홍준현(1997), 김재홍(2000), 최우용(2009) 등
행정구역 통합의 부정적 측면	배인명 외(2006), 이재원(1996), 김동훈 외(1996)
행정구역 통합의 사례연구	(강갑선・안재섭 (2011), 강기윤・이태근(2010), 강정운(2011), 이달곤(2011)
행정구역 통합의 한계와 성공 요인	박형준(2013), 양고운 외(2013) 등

2 분석틀: 다차원분석모형

1) 4차원 분석모형

쿠퍼 외(Cooper et al., 2004)는 기존의 정책이론을 실증주의적 이론(positivist theories)과 해석주의적 이론(interpretivist theories)으로 구분하고 있다.

전자의 대표적인 이론으로 체제이론(system theory), 신다원주의이론(neopluralist theories), 신제도주의이론(neoinstitutional theory) 등을, 후자의 대표적인 이론으로 비판이론(critical theory), 페미니스트이론(feminist theory), 포스트모더니즘(postmodernism), 이념적 관점(ideological perspectives) 등을 제시하고, 각 이론들의 특징을 분석했다. 이후 기존의 정책 연구에서 활용되고 있는 일차원적인 접근 방법으로는 역동적이고 복잡한 정책을 이해하는 데 많은 한계를 지니고 있음을 지적하면서, 새로운 접근 방법으로서 4차원의 분석모형(a four-dimensional view of policy theory)을 제시하고 있다. 즉, 정책에 대한 종합적인 이해와 이를 기초로 한 실질적인 개선 방향을 도출하기 위해서는, 규범적(normative), 구조적(structural), 구성적(constituentive), 기술적(technical) 차원의 분석이 동시에 이뤄져야 한다고 주장한다.

첫째, 규범적 차원은 정책의 가치와 목적에 대한 분석을 포함한다. 이는 정책에 어떠한 가치와 신념이 배태되어 있는가, 정책은 누구의 이념과 논리를 반영하고 있는가에 대한 답을 모색하는 것이라 할 수 있다. 이러한 분석에는 비판이론, 포스트모더니즘, 이념적 관점 등의 연구 방법이 효과적으로 활용될 수 있다. 둘째, 구조적 차원은 기존의 제도가 정책에 어떠한 영향을 미치고 있는지에 대한 분석을 포함한다. 이는 중앙정부와 지방정부의 관계, 기존 법령의 제약이 어떻게 정책의 형성과 집행에 영향을 미치는가에 대한 답을 모색하는 것이라 할 수 있다. 이러한 분석에는 신제도주의적 접근 방법이 효과적으로 활용될 수 있다. 셋째, 구성적 차원은 정책 과정에 참여하는 엘리트집단, 이해관계자, 군중에 대한 분석을 포함한다. 이는 어떤 집단이 정책의 형성과 집행 과정에서 수혜를 누리는지, 다양한 이해관계자들은 정책의 형성과 집행에 어떻게 영향을 미치는지에 대한 답을 구하는 것이라 할 수 있다. 이러한 분석에는 신다원주의적 옹호연합이론(advocacy coalition approach), 이해관계자 모델, 비판이론 등이 활용될 수 있다. 넷째, 기술적 차원은 실제 정책의 기획, 집행, 평가에 관한 중립적인 분석을 포함한다. 이는 정책이 어떻게 기획, 집행, 평가되었는가에 대한 답을 모색하는 것이라 할 수 있다. 이러한 분석에는 정책의 기획, 집행, 평가 과정을 가치 중립적인 관점에서 세밀하게 검토하는 기초가 되는 체제이론이 적절히 활용될 수 있다. 마지막으로 쿠퍼(B. S. Cooper) 등이 제시하는 4차원 분석모형은 그 중심에 윤리와 사회 정의(ethics and social justice)를 두고 있다. 규범적, 구조적, 구성적, 기술적 차원의 정책분석이 윤리와 사회 정의라는 관점에서 재검토되어야 한다는 것이다. 이는 이 모형을 개발한 연구자들이 기본적으로 정책이 윤리와 사회 정의에 깊은 관심을 지니고, 궁극적으로 사회 정의를 향상시키는 형성, 집행되어야 한다는 신념을 지니고 있음을 반영하는 것이라 할 수 있다.

쿠퍼 등이 제안하는 4차원 분석모형은 정책을 특정한 일면만 검토하는 것이 아니라, 종합적 관점에서 통합적으로 검토함으로써 정책분석 및 정책평가의 이해도를 증대하는 장점을 지닌다고 볼 수 있다. 특히 이 연구와 같이 사후적 측면에서 정책을 평가할 때, 4차원적 변수가 정책 과정에 어떤 영향을 미쳤는지 분석해 봄으로써 영향 요인을 분석하고, 시사점을 도출하는 데 유용할 수 있다. 반면 각 정책 사례별로 부각되는 특정 부분을 미시적으로 심층적으로 분석하는 데는 다소 한계가 있다는 단점도 지닌다.

2) 분석틀: 다차원분석모형

이 연구는 쿠퍼 등의 4차원분석모형을 변형한 다차원분석모형(a multi-dimensional model)을 제시하고, [그림 15-1]의 모형을 기초로 다음과 같은 내용을 중심으로 2010~2014년 동안 이명박 정부에서 추진한 시·군·구 행정구역 통합정책을 규범적·구조적·구성적·기술적 차원에서 분석하고, 바람직한 시·군·구 통합정책의 지향성이라는 관점에서 평가해 보고자 한다.

첫째, 규범적 차원에서 시·군·구 행정구역 통합정책이 지니고 있는 목적과 가치, 이 정책에 내재된 기본 가정을 분석해 보고자 한다. 이명박 정부가 추진한 시·군·구 행정구역 통합정책의 목적과 가치는 2010년에 제정된 「지방행정체제 개편에 관한 특별법」의 목적 부문을, 이 정책의 기본 가정은 이명박 정부가 수립한 시·군·구 행정구역 통합정책의 내용 및 이에 대한 언론 및 논문을 분석해 봄으로써 도출될 수 있다.

둘째, 구조적 차원에서 시·군·구 행정구역 통합정책의 추진에 영향을 미친 공식적·비공식적 제도적 제약 조건과 영향을 분석하고자 한다. 공식적 측면에서 기존의 법률, 정당구조, 중앙정부와 지방정부, 그리고 지방정부 내 집행부와

의회 사이의 공식적 관계구조 등이 정책 추진 과정에서 주된 제약 조건으로서 영향을 미칠 수 있다. 또한 비공식적 측면에서는 지역별로 형성되어 있는 사회문화적 전통, 정책 참여자 및 이해관계자 사이의 비공식적 관계구조가 정책 추진 과정에 영향을 미칠 수 있다. 이에 대한 분석은 공식적 측면은 법률의 내용 등을, 비공식적 측면은 언론 보도 등을 중심으로 이뤄질 것이다.

셋째, 구성적 차원에서 실제 정책의 추진 과정에 직접적으로 참여한 공식적 참여자 · 직간접적으로 참여한 이해관계자 및 언론, 비영리집단의 지향점, 행태가 어떠했는지를 분석하고자 한다. 이러한 분석은 시간을 매개로 해서 지지와 반대 연합이 어떻게 역동적으로 형성되고 변화되며, 실제 어떤 정책 과정에서 어떻게 영향을 미쳤는가를 중심으로 분석하게 될 것이다.

넷째, 기술적 차원에서 시 · 군 · 구 행정구역 통합정책의 기획, 결정, 집행 등이 어떠했는가를 중립적으로 분석하고자 한다. 이 차원은 사실상 정책을 설계하고 집행한 중앙정부 담당기관의 역할에 대한 평가를 포함한다고 볼 수 있다. 즉, 중립적이고 합리적인 기준에 기초할 때, 정부정책이 얼마나 적절했는가를 분석 평가하게 될 것이다.

그림 15-1 이 연구의 분석틀

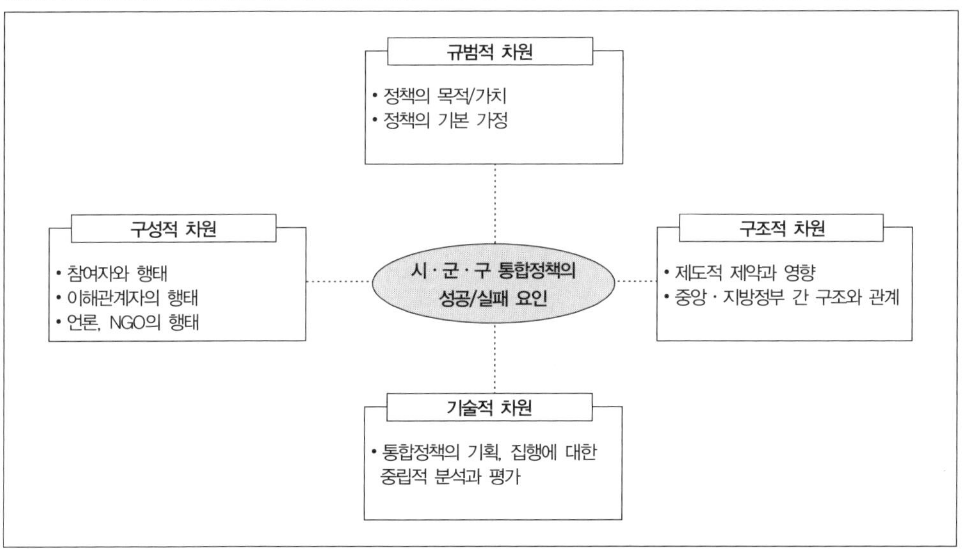

다섯째, 이 연구는 위에서 제시한 네 가지 차원에서 시 · 군 · 구 행정구역 통합정책의 성공 또는 실패 요인을 분석해보고, 이를 기초로 향후 중앙정부가 유사한 정책을 추진할 때 유념해야 할 정책적 함의를 도출해 보고자 한다.

제 3 절 시 · 군 · 구 통합정책의 분석과 평가

1 시 · 군 · 구 통합정책 개관

이명박 정부의 시 · 군 · 구 통합정책은 '신정부(이명박 정부) 100대 국정과제' 의 일환으로, 2008년 11월 「지방행정체제 개편에 관한 특별법안」이 제출되고 국회에서 '지방행정체제개편특별위원회'가 출범된 이후 본격화되었다. 중앙정부에서는 자율 통합에 따른 특별교부세 및 교부세액 등의 경제적 유인을 보장하고, 지방정부는 지방자치단체의 자율 통합 지원계획에 따라 지역주민 의견조사를 실시해 자율 통합에 참여했다. 2009년 46개 지방자치단체의 자율 통합 신청에 따라 지역주민 의견 조사에 따라, '창원-마산-진해시', '청주-청원', '성남-하남-광주', '수원-화성-오산' 4개 지역의 통합 추진 지역으로 선정해서 추진한 결과, 2010년 7월 통합창원시가 출범했다.

이후 이명박 정부는 2011년 9월 '시 · 군 · 구 통합 기준'을 마련해, 권역별로 사회 · 지리적 여건을 반영한 16개 지역 36 시 · 군 · 구 지역으로 대상을 선정했다. 이 중 지역주민의 의견을 반영한 6개 지역(14개 시 · 군)을 건의 지역으로 선정해 추진하되, '청주-청원'은 통합 건의 지역으로 접수되지 않았으나, 특별법상 통합 특례로 인정해 결정되었다. 이후 행정안전부 내에 '통합추진공동위원회'가 구성되었고, 2013년 5월 「지방분권 및 지방행정체제 개편에 관한 특별법」이 제정되었다. 이러한 과정을 거쳐 2014년 '청주-청원' 통합이 확정되었고, 2014년 7월 1일자로 「충청북도 청주시 설치 및 지원특례에 관한 법률」이 시행되었다.

2 다차원분석모형에 기초한 분석과 평가

1) 규범적 차원

2010~2014년에 추진된 시·군·구 행정구역 통합정책을 규범적 차원을 정책의 목적/가치, 기본 가정 등의 측면에서 검토해 보면 다음과 같다.

정책의 목적/가치 측면에서 정책의 법적 근거가 되는 지방분권 및 지방행정체제 개편에 관한 특별법 제1조는 법의 제정 목적을 "성숙한 지방자치를 구현하고 지방의 발전과 국가의 경쟁력 향상을 도모하며 궁극적으로는 국민의 삶의 질을 제고하는 것"을 목적으로 설정하고 있다. 또한 동법 제18조는 지방행정체제 개편이 주민의 편익 증진, 국가 및 지방의 경쟁력 강화를 위해 지방자치 및 행정계층을 적정화하고, 주민생활 편익 증진을 위해 자치구역의 조정하고, 지방자치단체의 규모와 자치 역량에 부합하는 역할과 기능의 부여하고, 주거 단위의 근린자치를 활성화하는 방향으로 추진되어야 한다고 선언하고 있다. 이와 함께 시·군·구의 개편에 대해서는 제22조에서 국가가 시·군·구의 인구, 지리적 여건, 생활권·경제권, 발전 가능성, 지역의 특수성, 역사적·문화적 동질성 등을 종합적으로 고려해 통합이 필요한 지역에 대해서는 지방자치단체 간 통합을 지원하도록 하고 있으며, 이러한 시·군·구의 통합에는 시·도 및 시·군·구 관할구역의 경계에 제한을 받지 않는다고 선언하고 있다.

이러한 실정법적 규정에 포함된 기본 가정은 현재의 시·군·구 지역이 인구, 지리적 여건, 생활권 측면에서 통합이 필요한 상황에 있음을 반영하는 것이라 할 수 있다. 특히 주민의 편익 증진, 지방의 자치 역량 강화 및 국가경쟁력 향상을 위해 국가(중앙정부)가 지방자치단체 사이의 통합을 지원하는 정책을 추진할 수 있도록 하는 근거를 마련해 주고 있다. 이 밖에도 시·군·구의 통합정책은 규범적 측면에서 중앙집권과 지방분권, 국가적 효율성과 지방자치 역량 강화, 일반 주민의 편의 증대와 지역 기반의 기득권 사이의 선택이라는 측면에서 이해될 수 있다.

이렇듯 2010~2014년에 추진된 시·군·구의 통합정책은 규범적 차원에서 통합을 통해 효율성을 증대하고, 주민의 편의를 증대하는 데 초점을 맞췄다고 볼 수 있다. 그러나 실제 정책의 대상이 된 지방자치단체와 이에 거주하는 주민들은 중앙정부가 설정한 정책 이념에 대해 공감대를 형성하지 못했던 것으로 평가된다. 즉, 행정구역 통합을 통한 효율성 증진에 동의를 보내지 않았고, 국가적 측면에서 강조하는 효율성보다는 자치 역량에 더 관심을 가졌다고 볼 수 있다. 이에 대해 이달곤(2011)의 연구는 규범적 차원에서 중앙정부의 '효율성'과 지방정부의 '자율성'은 구분되어야 하고, 목적가치의 양립은 시차적인 평가로 이뤄져야 한다고 보고 있다. 또한 당시의 여론조사에서 중앙정부의 자율통합정책의 정책 이념의 가치 대결 구도 현상이 발견되지 않았음을 강조했다.

2) 구조적 차원

2010~2014년에 추진된 시·군·구 행정구역 통합정책을 구조적 차원을 내용적으로 중앙의 제도, 중앙과 지방의 관계, 지방의 제도로 구분하고, 공식적·비공식적 측면에서 검토해 보면 다음과 같다.

첫째, 중앙의 제도는 공식적으로 국회와 행정부 사이에 행정구역의 통합에 대한 어느 정도의 합의가 있었다고 볼 수 있다. 특히 여당은 효율성과 자치 역량을 강화하는 정책 수단으로서 행정부가 추진하는 통합정책을 적극적으로 지지하는 입장이었다. 그러나 비공식적으로 야당은 지방선거 등을 경계하고 있는 가운데, 다소 유보적인 입장이었다고 볼 수 있다. 또한 개별 국회의원들은 공개적인 의견 표명을 하는 것에 대한 거부감이 있었다고 볼 수 있다.

둘째, 중앙과 지방의 관계는 비공식적 측면에서 중앙정부인 행정안전부가 정책을 주도하고 정책 과정을 관리했기 때문에, 지방자치단체나 주민 조직 사이에 갈등이 발생할 소지가 매우 컸다고 볼 수 있다. 중앙정부의 입장에서는 국가적 수준에서 전체적인 기준을 마련하기 위해 주도권을 행사해야 했고, 국회는 행정구역의 변경 문제가 입법 사항이었기 때문에 권한을 주장했다. 그러나 지방자치제가 실시된 이후, 행정구역 통합의 실질적인 영향을 받게 되는 주민의 의사결정권을 무시할 수 없었다고 볼 수 있다. 특히 주민의 자율적 의사 결정에 기초한 주민자치를 강조하는 입장에서는 중앙정부가 주도적으로 소위 자율적 통합정책을 추진하는 것에 대한 반감을 드러냈다.

셋째, 지방의 제도는 비공식적 측면에서 통합 대상이 되는 시 · 군 · 구 사이의 사회문화적 전통 및 자존심 등이 통합 과정에 큰 영향을 미친 것으로 보인다. 단순한 경제적 효율성을 강조해 행정구역을 통합하려는 중앙정부의 정책에 대해 서로 다른 사회문화적 전통을 지닌 주민 사이에 의견이 나뉘었다고 볼 수 있다.

이렇듯 2010~2014년에 추진된 시 · 군 · 구 통합정책은 구조적 차원에서 공식적으로는 일사불란한 구조 하에서 추진된 것으로 보이지만, 비공식적으로는 각 지역에 내재된 사회문화적 제도의 차이를 극복하지 못했다고 평가할 수 있다. 특히 정책이 상향식으로 주민의 의견을 수렴하는 구조가 아닌, 중앙정부에서 결정한 정책을 일방적으로 강요하는 하향식 구조로 추진되었다는 점은 실질적인 정책 성과를 창출하는 데 큰 제약 요인이 되었던 것으로 평가된다.

3) 구성적 차원

2010~2014년에 추진된 시 · 군 · 구 행정구역 통합정책의 구성적 차원을 참여자, 이해관계자, 언론 및 NGO의 행태를 중심으로 검토해 보면 다음과 같다.

첫째, 정책의 핵심 참여자인 행정안전부 장관은 정책의 추진 과정에서 매우 중요한 역할을 수행하는 위치에 있었다고 볼 수 있다. 시범정책을 추진하는 과정에서 이달곤 행정안전부 장관은 자율 통합을 강조하면서 정책에 적극적으로 개입했다. 그러나 2010년에 새롭게 장관이 되어 이 정책을 추진했던 맹형규 장관은 이 정책에 대한 관심이 크지 않았고, 대부분의 정책 과정에 소위 표준운영절차(SOP)에 따라 수행되었다고 볼 수 있다.

둘째, 지역구 국회의원은 지방행정체제의 개편 이후의 선거에 직접적인 영향을 미칠 수 있기 때문에, 행정구역 통합정책에 대한 의견을 표명하는 것에 대해 매우 보수적인 입장을 보였다고 볼 수 있다.

셋째, 지역의 언론, 시민단체, 이익집단은 이해 관계에 기초해 다양한 찬반운동을 전개했다. 특히 중앙정부가 추진하는 통합정책에 대한 이해와 소통이 충분히 이뤄지지 않은 상태에서, 통합에 반대하는 지역의 언론, 시민단체, 이익집단은 통합 반대 주민 서명, 성명서 발표, 현수막 게시 등을 추진하는 등 감정적 차원에서 대응하는 모습을 보였다.

넷째, 지역의 주민들은 대부분의 지역에서 설명회가 진행되었지만, 의회의 의결로 통합을 실현한다는 정책에 막연한 불만을 제기했고, 지방공무원들은 행정구역의 통합이 신분 변동과 직결되는 문제이기 때문에 눈에 보이지 않게 반대의 입장에 서 있었다고 볼 수 있다.

4) 기술적 차원

2010~2014년에 추진된 시·군·구 행정구역 통합정책을 기술적 차원을 정책의 기획과 내용, 집행의 측면에서 검토해 보면 다음과 같다.

첫째, 정책의 기획과 내용 측면에서 통합정책의 기획은 행정안전부를 통해 이뤄졌다. 정책의 주요 내용은 통합의 가능성이 높은 지역에 대해 행정·재정적 인센티브를 지원하고, 절차적으로는 지방의 건의를 거쳐 설문조사 등을 통해 주민의 의견을 수렴하고, 지방의회의 의결과 국회의 법률 제정으로 확정하는 것을 포함했다. 이러한 정책의 기획과 내용은 지방의 의견을 존중하지만, 실질적으로 중앙정부가 행정구역 통합정책을 주도하는 정책의 특성을 나타냈다고 볼 수 있다.

둘째, 정책의 집행은 기획된 내용에 따라 자율 통합 지원계획에 따라 통합의 견서를 제출한 자치단체에 대해 해당 단체 및 상대 단체를 대상으로 주민 의견조사를 실시했다. 이후 지방의회의 의결을 구하는 절차가 진행되었는데, 찬반 입장 사이에 주민 의견조사의 법적인 의미를 둘러싸고 논쟁이 전개되었다. 이렇듯 시·군·구 통합정책의 내용은 정책 대상이 되는 지방자치단체 및 주민의 의견을 충실히 반영하지 않았고, 정책의 집행 과정에서는 다양한 이해 관계가 충돌함에 따라 애초에 의도했던 적절한 시·군·구의 통합 성과를 창출하는 데 실패했다고 볼 수 있다.

3 정책적 함의: 성공/실패 요인

다차원분석모형에 기초해 2010~2014년의 시 · 군 · 구 통합정책을 분석, 평가한 내용이 주는 정책적 함의를 정책의 성공/실패 요인의 관점에서 검토해 보면 다음과 같다.

첫째, 규범적 차원에서 시 · 군 · 구 통합정책이 성공하기 위해서는 정책이 지향하는 목적/가치에 주민의 의견을 적극적으로 반영하고, 공감대를 형성하는 데 주력할 필요가 있다는 점이다. 기본적으로 행정구역의 개편 필요성은 현재 행정구역의 비효율성에서 찾을 수 있지만, 실제 통합정책에 관한 실질적인 결정이 주민의 의사에 달려 있기 때문이다. 이에 기초할 때, 시 · 군 · 구 통합정책의 이념은 효율성과 함께 자치 역량의 제고 또는 지역경쟁력의 강화 등이 더욱 강조될 필요가 있다고 본다. 또한 실제 행정부가 전국적인 차원에서 시 · 군 · 구 통합정책을 주도할 수밖에 없는 상황에서 시 · 군 · 구 통합으로 인해 창출되는 사회적 편익과 비용에 대한 좀 더 객관적인 정보를 만들어 제공하는 노력이 강화되어야 할 것이다. 이는 정보가 비대칭적인 상황 속에서 시 · 군 · 구 통합정책의 대상이 되는 주민과 이해관계자의 신뢰를 확보하는 데 가장 중요한 요인이라 할 수 있다.

둘째, 구조적 차원에서 중앙정부와 지방정부 사이의 의사소통 채널을 확충하고, 도와 시 · 군 · 구 사이의 입장 차이를 조정할 수 있는 시스템도 확보할 필요가 있다. 중앙정부 수준에서 행정부와 국회는 통합정책에 대한 일정한 합의가 형성되어 있고, 이러한 합의가 특별법의 제정으로 이어졌다고 볼 수 있다. 그러나 중앙정부와 지방정부 사이에는 상당한 입장 차이가 존재하는 것으로 보인다. 특히 지방정부는 명목상 자율을 강조하면서도, 실제로는 중앙정부가 행정 · 재정적 유인제도를 기반으로 중앙정부의 의도대로 통합정책을 추진하는 것에 대한 반감이 상당 부분 있는 것으로 보인다. 이러한 문제를 해소하기 위해서는 중앙정부와 지방정부 사이에 의사소통 채널이 충실히 확보되고, 통합정책 및 지원계획의 수립에 지방정부의 의사를 반영하는 노력이 강화될 필요가 있다. 나아가 시 · 군 · 구 통합을 통해 100만 이상의 도시가 탄생하는 경우, 도와 시 · 군 · 구 사이에 상당한 입장 차이가 존재할 수 있음이 확인된 바, 두 지방자치 계층 사이에도 효과적인 수평적 의사소통이 이뤄질 수 있도록 시스템이 마련될 필요가 있다.

셋째, 구성적 차원에서 실질적으로 시·군·구 통합정책을 추진하는 행정안전부장관과 특별위원회가 효과적인 리더십을 발휘하도록 하기 위한 방안이 적극적으로 모색될 필요가 있다. 특히 행정안전부 장관은 지방자치단체 또는 지역주민에 대한 관리를 2C, 즉 명령과 통제(command and control)에 기반을 두는 직접 관리 방식이 아닌, 4C 즉 의사소통(communication), 융화(conciliation), 타협(compromise) 및 조정과 협조(coordination and cooperation)에 기반을 둔 간접 관리 방식을 강화할 필요가 있다. 또한 국가 전체적으로 개별적인 이해 관계가 아닌 공익의 대표자로서 이해관계자들을 합리적으로 설득하기 위한 객관적 기준의 마련, 격의 없는 소통의 추진 등 다양한 노력을 기울일 필요가 있다고 본다.

넷째, 기술적 차원에서 정책의 내용을 명확하게 제시하고, 정책의 집행을 충분한 시간을 추진할 필요가 있다. 중앙정부 수준에서 정책의 내용은 통합 기준, 추진 일정, 지원 계획 등이 주를 이룬다고 볼 수 있다. 이 중에서 통합 기준과 지원 계획은 지방정부 수준에서 볼 때, 모호하지 않도록 가능한 한 명확히 제시될 필요가 있다. 특히 지원 계획은 지방자치단체, 지방주민 등 이해관계자의 입장에서는 가장 중요한 요인이라 할 수 있으므로, 구체적인 지원 방식, 기간, 금액이 충분히 예측 가능하도록 제시될 필요가 있다. 이와 함께 시·군·구 통합정책의 집행은 지방의 자율성을 존중하는 것이 최우선의 정책 방향이라면 충분한 시간을 두고, 지방 주민이 통합 기준, 지원 계획을 충실히 검토하고, 찬반 논쟁을 거칠 시간이 주어질 필요가 있다. 이는 현재 지방 수준에서 통합정책에 대한 찬반 논쟁이 객관적 기준보다는 일방적인 정책 추진에 대한 반감에 기인하고 있다는 데에서도 반증이 된다고 볼 수 있다.[1)]

1) 청주시와 청원군의 통합은 시·군·구 통합정책이 상당한 시행착오를 거쳐 이뤄질 수 있음을 보여주는 대표적인 사례라 할 수 있다. 두 자치단체는 2010년까지 추진된 통합정책에서는 의견의 충돌(청원군의 반대)로 이뤄지지 못했으나, 2011년에 쌍방의 자율적 합의를 거쳐 통합하기로 결정한 바 있다.

제 4 절 결론

행정구역 통합정책은 근래에 쟁점화되어 추진된 정책이 아니라, 시기적으로 거슬러 올라갈 때, 오래된 정책이었다. 그럼에도 불구하고, 선행 연구 및 행정구역 통합정책의 평가하는 연구들은 행정구역 통합정책을 중앙정부-지방정부의 관계의 재설정 틀에서 논의되고 있기 때문에 정책을 수행하는 실천적 의미를 부여하는 데 한계가 있다. 대부분의 선행 연구는 실증연구에 기초한 경제적 효율성 및 성과(효과성)의 결과에 의존하고 있고, 다른 한편으로 사례연구를 통한 사례의 특수성을 강조했다. 따라서 행정구역 통합정책을 추진하는 과정에서 제기될 수 있는 요인들의 연계를 통한 설명력은 부족하다. 이에, 이 연구는 2010~2014년 동안 추진되었던 행정구역 통합정책을 중앙정부-지방정부의 관계의 틀을 벗어나 포괄적 접근(comprehensive approach)을 토대로 정책 과정상의 규범적 · 구조적 · 구성적 · 기술적 차원으로 구분해 분석하고, 성공/실패 요인을 모색했다. 이에 이 연구는 향후 추진되고 있는 행정구역 통합정책이 다소 시간이 걸리더라도 지역주민의 의견을 적절히 수렴하고, 소통과 협조의 원리에 기초해 효과적으로 설득하는 가운데 추진되어야 함을 강조하는 연구로서 의미가 있다고 본다. 그러나 이 연구는 행정구역 통합정책을 평가하는 데는 구체성이 떨어지는 한계가 있기에, 추후 구체적인 사례연구 등을 통해 보완될 필요가 있다고 본다.

참고 문헌

국내 문헌

감사원법 (법률 제13204호).

강갑선 · 안재섭 (2011). 창원시 행정구역 통합 이후 주민 화합 정책에 관한 연구. 「한국사진지리학회지」 21(4): 25-38.

강기윤 · 이태근 (2010). 행정구역 통합에 영향을 미치는 요인 연구: 창원시를 중심으로. 「한국지방자치학회보」 22(2): 55-77.

강순화 · 김정명 (2014). 커뮤니티 비즈니스 교육프로그램 모델 개발연구. 「한국자치행정학보」 28(1): 343-358.

강원택 (2011). 「통일 이후 한국 민주주의」. 서울: 나남.

강윤호 (2008). 지역경제 성장의 영향요인 분석. 「한국행정학보」 42(1): 365-381.

강재호 (2010). 노무현 정부의 지방분권. 「한국지방자치학회 하계학술대회 자료집」: 301-315.

강정운 (2011). 지방행정구역 개편의 논리 및 가치: 창원시 통합의 사례. 「지역발전연구」 11(1): 1-22.

강정인 (2007). 마키아벨리의 정치사상과 '로마사 논고.' Machiavelli, N. 「로마사 논고」. 서울: 한길사.

강형기 · 허훈 (2006). 한 · 일 지방분권정책의 현상과 평가. 「한국지방자치학회보」 18(3): 5-28.

강혜숙 (2006). 퇴직자의 전직지원 프로그램에 관한 연구. 연세대학교 교육대학원 석사학위 논문.

경기개발연구원 (1999). 「고객지향적 행정서비스를 위한 시민헌장제도에 관한 연구」.

경기도내무부사회과 (1924). 「경기도농촌사회사정」. 경기도사-제7권 일제강점기. 경기도사편찬위원회.

경남도민일보. http://www.idomin.com/?mod=news&act=articleView&idxno=467070

경실련정책위원회 편 (2009), 「우리 사회 이렇게 바꾸자」. 경제정의실천시민연합.

고명철 (2013). 공공서비스 만족도, 정부 성과, 그리고 삶의 질 간 영향관계 분석: 상향 확산식 접근을 토대로. 「한국행정학보」 47(2): 1-30.

고문현 (2010). 지방분권에 관한 비교헌법적 분석. 「토지공법연구」 51: 419-446. 한국토지공법학회.

고석찬 · 김인환 · 홍승훈 (2002). 우리나라 지방과학기술 여건과 지역 성장의 상관성 분석. 「지역개발연구」 27(1): 227-245.

고용노동부 (2014). 「퇴직 후 30년을 위한 정부의 교육훈련 지원 방안」. 고용노동부.

공무원연금공단 http://www.geps.or.kr/

——— (2010). 「공무원 New Life 생활설계」. 공무원연금공단.

공무원연금법(2014.11.19).

공유재산 및 물품관리법(법률 제13017호).

공유재산 및 물품관리법 시행령(대통령령 제26103호).

곽현근 (2012). 동네자치를 위한 동네거버넌스 형성의 방향과 과제: 영국 동네거버넌스 제도실험의 교훈. 「한국행정학회 하계학술대회 자료집」.

국가경쟁력강화위원회 (2009). 「2009 국가경쟁력 강화 보고서」.

국무총리실 · 한국행정연구원 (2009). 「2009년도 민원행정서비스 만족도 조사 결과보고서」. 서울: 한국행정연구원 보고서.

국민권익위원회 (2013). 2013년도 지방의회 청렴도 측정 결과.

국사편찬위원회 (2013). 「한국사」 42: 117-120.

국토연구원 (2013). 「마을만들기지원센터의 전국적 현황과 전망」. 경기: 국토연구원.

국회예산정책처 (2010). 지방자치단체 재정난의 원인과 대책.

국회 헌법개정자문위원회 (2014), 「활동결과보고서Ⅰ」, 국회 법제실.

권경득 · 우무정 (2009) 참여정부 지방분권정책의 실태분석: 중앙사무의 지방 이양을 중심으로. 「한국지방자치학회보」 21(2): 5-28.

권경석 (2015.5/6). 「지방자치발전종합계획」의 과제와 추진 방향. 「자치의정」 18(3): 8-29.지방의회발전연구원.

권경수 · 유승규 · 김주형 · 김재준(2014). 건설기업의 부채 활용이 수익성에 미치는 한계효과 분석. 「대한건축학회 논문집 구조계」 30(10): 49-57.

권문일(1996). 고령자의 퇴직 및 퇴직 후 근로형태 결정 요인. 「사회복지연구」 8: 41-67.

권영주(2009). 참여정부 지방분권 정책 성패의 영향 요인에 관한 연구. 「한국지방자치 학회보」 21(2): 5-30.

권진휘(2014). 마을만들기 지원센터의 주민공동체 활성화 지원사업. 「부산시 마을만들기 지원센터 활동가 세미나 자료집」.

금창호(2009a). 특별지방행정기관의 정비, 효율적인 추진 방법은?. e-KRILA FOCUS, 2009년 11호. 한국지방행정연구원.

―――(2009b). 참여정부의 지방분권정책 평가와 향후 발전과제. 「지방행정연구」 23(1): 3-25.

금창호 · 박기관(2012). 우리나라 지방분권을 위한 기능배분 평가와 과제. 「한국정책연구」 12(2): 61-77.

금창호 외(2011). 「지방자치: 일반자치 일원화 연구」, 전국시도지사협의회 연구용역보고서.

김인(2002). 공공서비스 연구와 신제도론. 윤영진 · 김태룡(편). 「새행정이론」. 서울: 대영문화사.

김인 · 이희태 · 허용훈(2000). 정부기관과 민간비영리기관의 서비스 질 비교 분석: 청소년 서비스 질을 중심으로. 「지방과 행정연구」 12(1).

김광주(1995). 지방정부의 생산성 향상에 관한 연구. 한국행정학회, 「한국행정의 과제와 대응」: 95-114.

―――(2002). 민선자치의 성과 평가. 「한국지방자치연구」 4(1): 49-64. 대구: 경북지방자치학회.

김대식 · 노영기 · 안국신(2004). 「현대 경제학원론」. 서울: 박영사.

김대현(2011). 지방의회와 집행기관 간의 갈등 해결 방안: 대구광역시 갈등사례를 중심으로. 「대한정치학회보」 19(1): 129-151.

김동훈 · 정진헌(1996). 도농통합형 행정구역 개편의 효과 분석 및 발전 방향에 관한 연구. 「사회과학논총」 7: 235-277.

김동희(2014). 「행정법(Ⅱ)」. 서울: 박영사.

김명길(2014). 「기본행정법」. 서울: 삼영사.

김명수(1998). 공공투자와 지역경제 성장. 「경제학연구」 46(3): 279-295.

김미혜(1993). 노년을 위한 퇴직준비교육 모형의 개발. 「한국노년학」 13(2): 15-29.

―――(2010). 「베이비붐 세대의 노후준비 실태와 노후준비교육의 방향」. 한국노인인력개발원.

김민재(2007). 참여정부의 중앙행정 권한 지방이양. 「지방자치정보」 159(1). 한양대학교 지방자치연구소.

김병국 (1996). 지방자치단체의 민원행정서비스에 대한 주민만족도 설계(안), 국민고충처리위원회 6개 기관, 「고객지향적 정부 구축을 위한 민간합동 대토론회」: 135-145.
——— (2015.5/6). 민선지방자치 20년의 성과와 과제. 「자치의정」 18(3): 30-43. 지방의회발전연구원.
김병섭 · 양재진 (2001). 「공무원 퇴직관리에 관한 연구」. 중앙인사위원회.
——— (2002). 공무원의 퇴직관리: 실태와 정책적 이슈. 「행정논총」 40(1): 1-22.
——— (2003). 퇴직공무원의 퇴직관리에 대한 인식분석. 「행정논총」 41(2): 31-51.
김병연 · 곽노선 (2005). OECD 국가들의 경제성장 결정 요인: 한국에서의 시사. 「서강경제논집」 35(1): 25-40.
김병준 (2012). 「지방자치론」. 파주: 법문사.
김상구 · 우양호 (2013). 지방의회 의정활동 평가와 발전 방향: 부산광역시 의회를 중심으로. 「한국지방정부학회 학술대회 논문집」 2013(1): 145-170.
김성태 · 노근호 (2004). 지역혁신 클러스터 추정과 지역경제 성장에 미치는 효과 분석. 「응용경제」 6(2): 63-97.
김성호 (2010). 지방화 시대에 부응한 지방자치제도의 헌법적 구현 연구. 「헌법학연구」 16(3).
——— (2013). 새 정부의 지방분권추진기구 재구축 방안. 『전국시도지사협의회 제1차 권역별 토론회 발표자료집』. 전국시도지사협의회.
——— (2014). 「Great Korea로 가는 길: 지방분권 개헌」. 서울: 삼영사.
김세현 (2010). 지방의회 예산심의 과정의 영향요인분석. 관동대학교 박사학위논문.
김수연 (2010), 지방자치제의 헌법 개정의 필요성과 방향. 「헌법학연구」 16(2).
김수원 · 한애리 (2015). 국내 · 외 고령퇴직자 노후생활지원서비스 현황과 시사점. 「직업과 고용서비스연구」 10(1): 57-90.
김순은 (1997). 「지방자치의 쟁점과 과제」. 부산: 진영문화사.
——— (1999). 지방의회와 자치단체장과의 관계분석: 부산광역시 사례를 중심으로. 「지방정부연구」 3(2): 69-82.
——— (2001a). 지방의회 의정활동(1991~2001)의 평가와 과제. 「지방정부연구」 5(2): 31-51.
——— (2001b). 우리나라 지방분권의 특징과 과제: 영국과 일본의 지방분권화를 중심으로, 「한국사회와 행정연구」 12(2). 서울행정학회.
——— (2002). 지방의회의 발전 현황과 문제점: 부산광역시의 2001년 활동 사례를 중심으로. 한국정책학회 기획세미나 발표 논문.
——— (2003). 지방분권 정책에 대한 평가: 추진 절차 및 과정을 중심으로. 「지방행정연구」 17(3): 41-72.
——— (2004). 정부혁신과 지방분권 개혁 한 · 일 간 비교분석. 「지방정부연구」 8(1): 151-

176.
———(2005a). 민선자치 10년의 지방의회의 평가. 「사회과학연구」 21(2): 99-137.
———(2005b). 지방분권정책의 평가와 과제: 지방분권정책과 국가균형발전정책의 패키지화에 대한 비판적 고찰. 「한국거버넌스학회보」 12(2): 95-133.
———(2006). 민선자치 10년의 성과평가와 향후 과제. 한국지방정책연구소 정기 세미나 발표 논문.
———(2008). 헌법과 지방자치법의 발전과 지방행정. 한국행정연구원 편, 「한국행정 60년」. 서울: 한국행정연구원.
———(2010a). 참여정부와 이명박 정부의 지방분권 비교·평가. 「한국지방정부학회 학술대회자료집」: 231-256.
———(2010b). 이명박 정부의 지역정책분석·평가 및 과제; 지방분권과 지역균형발전을 중심으로. 「한국행정학회 제21회 국정포럼 발표논문집」: 15-24.
———(2010c). 2009 지방분권화 정책평가와 2010제언, 「지방행정」 59(675).
———(2011a). 영국과 일본의 지방분권 개혁 비교분석: 거대사회론과 지역주권론을 중심으로. 「지방정부연구」 15(2): 73-96.
———(2011b). 지방의회 관련 제도의 20년의 변천과 과제. 「지방의회연구」 18: 3-24.
———(2013a). 지방의회 의정역량 강화. 한국지방자치학회 주최 세미나 발표 논문.
———(2013b). 지방분권 추진체제의 성과와 과제. 지방자치발전위원회 주최 세미나 발표 논문.
———(2014a). 「지방행정 60년사」. 지방자치학회 지방분권 포럼.
———(2014b). 지방자치 20년 평가와 과제. 한국지방자치학회 특별학회 발표 원고.
———(2014c). 지방자치 20년 평가와 전망. 「지방자치 20년 평가와 발전 방안」: 1-20. 한국지방자치학회.
———(2015). 「민선지방자치 20주년의 평가: 의정평가를 중심으로」.
김순은·최지민·이경은(2014). 유형별 지방정부의 고령화와 향후 과제. 한국지방정부학회 하계학술대회 발표 논문.
김신양(2006). 빈곤 해결을 위한 일자리 정책: 사회적 기업의 법제화: 유럽 및 한국의 사례. 「도시와 빈곤」 80: 52-74.
김영기(1992). 공공서비스 성과에 대한 수혜자 평가의 결정 요인. 「한국행정학보」 26(1): 165-182.
김영수·박경강(1997). 지방행정서비스 분석: 부산광역시를 중심으로. 「한국지방자치학회보」 94(4): 185-206.
김영오(2004). 지방자치단체의 공공서비스에 대한 주민만족도에 영향을 미치는 요인분석. 「한국지방자치학회보」 16(3): 67-86.
김영 외(2008). 마을만들기 거버넌스 특성과 평가에 관한 연구: 순천시 사례를 중심으로. 「도

시행정학보」 21(3): 87-108.
김영인(2005). 주민자치의식의 변화와 전망. 「지방행정」 8월호: 34-42.
김완석(2004). 과세자주권의 문제점과 발전 방향. 「지방세」 2004년 4호(통권 84호).
김완석 · 유태현 · 김대영 · 정지선(2009). 「지방세 비과세감면제도 개선에 관한 연구」. 한국재정정책학회.
김용달(2000). 공기업 인력 감축에 관한 연구. 서울대 행정대학원 석사학위 논문.
김용섭(1984). 「韓國近代農業史硏究(下)」. 서울: 일조각.
김윤권(2005). 제도화의 통합적 접근: 역사적 신제도주의를 중심으로. 「한국정책학회보」 14(1).
———(2011). 「고령화시대에 부합하는 퇴직관리의 제도 설계 및 정책대안 연구」. 한국행정연구원.
김윤권 · 오시영(2013). 적극적인 공무원 퇴직 관리를 위한 퇴직공직자 취업제한제도의 개선 방안에 관한 연구. 「한국인사행정학보」 12(1): 219-244.
김윤권 · 이민호(2010). 「공직경쟁력 강화를 위한 저성과자 관리제도 활성화 방안 연구」. 한국행정연구원 KIPA연구보고서 2010-10.
김윤권 · 임성근 · 오시영 · 윤태범 · 진종순(2011). 「글로벌 경쟁시대의 공무원 역량 강화를 위한 민간근무휴직제도 재설계 방안 연구」. 한국행정연구원.
김윤권 · 최순영(2009). 「인력 감축의 효과분석과 사후관리 방안」. 한국행정연구원 KIPA 연구보고서 2009-09.
김은희 · 박희서(2007). 민원행정서비스에 대한 주민들의 공정성 지각이 친정부적 자발행위에 미치는 영향. 「한국행정학보」 41(4): 261-285.
김의섭(2011). 재정분권과 지방재정의 자율성 제고: 참여정부 이후 재정분권을 중심으로. 「재정정책논집」 13(2). 한국재정정책학회.
김의영(2011). 굿 거버넌스 연구분석틀: 로컬 거버넌스를 중심으로. 「한국정치연구」 20(2): 209-234.
김익식(1990). 중앙과 지방정부 간의 권한배분의 측정: 지방분권 이론의 정립을 위한 시론. 「한국행정학보」 24(3): 1373-1398.
김익한(1996a). 1910년대 일제의 지방지배정책: 행정구역 통폐합과 면제를 중심으로. 「한국의 사회제도와 사회변동」. 서울: 문학과지성사.
———(1996b). 1920년대 일제의 지방지배정책과 그 성격: 면행정제도와 '모범부락' 정책을 중심으로. 「한국사연구」 93.
———(1997). 1930년대 일제의 지방 지배와 면 행정. 「한국사론」 37. 서울대 국사학과.
김재한 · A. 레입하트(2001). 정파적 사회 한국의 권력집중/분산. 김재한 외. 「분열의 민주주의」: 259-313. 서울: 도서출판 소화.
김재홍(2000). 도농통합 행정구역 개편이 지방정부의 효율성 변화에 미친 영향 연구. 「한

국정책학회보」 9(2): 47-66.
김재훈(2007). 참여정부의 재정분권 평가. 「한국지방자치학회보」 19(4). 한국지방자치학회.
김정한 · 김동헌 · 오학수(2001). 「고용조정과 전직 지원: 한국, 일본, 미국 기업 사례를 중심으로」. 한국노동연구원.
김정희(2011). 기업사회적 책임의 역동성: 교보생명 사례연구. 「전문경영인 연구」 14(1): 25-50.
김종구(2008). 우리나라 지방자치제하 지방재정지출이 지역경제 성장에 미친 영향. 「국제지역연구」 12(1): 143-164.
김종권(2008). 각국의 사회적 기업 비교분석에 대한 소고. 「2008년 대한안전경영과학회 추계학술대회 발표집」: 429-433.
김종성(2007). 한국지방자치에 대한 신제도주의적 접근. 「사회과학연구」 17: 1-24.
김종희(2008). 지방세 비과세 · 감면과 지방재정 균등화와의 관계 분석. 「지방행정연구」 22(3): 231-253.
김주동(2012). 지방정부공무원들의 퇴직준비 교육 프로그램 요구분석과 설계. 숭실대학교 대학원 박사학위 논문.
김주동 · 최성우(2011). 지방정부 공무원들의 퇴직준비 교육 프로그램 설계 및 개발 방향 탐색 연구. 「평생교육」 7(2): 99-124.
김중양(2008). 「한국인사행정론」. 파주: 법문사.
김찬동(2012). 지방자치 20년의 평가와 향후 과제. 「SDI 정책리포트119」 2012(7): 1-18.
김철용(2011). 지방자치법 20년의 회고와 전망, 「지방자치법연구」 11(1): 123-129. 한국지방자치법학회.
김태웅(1997). 開港前後~大韓帝國期의 地方財政改革研究. 서울대학교 박사학위 논문.
―――(2012). 「한국근대지방재정연구」. 서울: 아카넷.
김태환 외(2003). 「지역 발전을 위한 지방분권 실태와 지역화 방안 연구」. 국토연구원.
김판석 · 박중훈(1996). 중앙행정기관의 민원행정서비스에 대한 공공만족도 조사설계 「고객지향적 정부 구축을 위한 민관합동 대토론회」: 83-134.
김필두 · 류영아(2014). 「지방자치에 대한 인식분석」. 한국지방행정연구원.
김해룡(2009). 지방분권 강화를 위한 헌법 개정. 「한국지방자치학회 추계학술대회 자료집」.
―――(2012). 분권형 국가를 지향하는 헌법의 개정 방안. 「M제3회 공법학자대회 자료집」.
김현조(2009). 「지방자치론」. 서울: 대영문화사.
김호정(2011). 지방자치와 한국헌법의 과제. 「외법논집」 35(4): 255-272. 한국외대 법학연구소.
김홍환(2014). 국가보조금제도 개선 토론문. 「국가보조금제도 개선 관련 국회 정책토론회 발표자료집」. 박명재 국회의원실.
김회창(2010). 「위장된 지방자치」. 한국학술정보(주).

남궁근·김상묵·손명구 (2004). 「퇴직예정 공무원에 대한 전직 지원 프로그램 구축 방안」. 한국행정연구원.
내무부 지방행정연구원 (1988). 「韓國地方行政史(1948-1986)」 上·下卷. 한국지방행정연구원.
내무부 (1979). 「지방행정발전사」.
내일신문 (2012). "지방의회 의장단 선출제도 개선해야."
노대명 (2007). 한국의 '사회적 경제'의 현황과 과제. 「시민사회와 NGO」 5(2): 35-71.
——— (2008). 한국의 사회적 기업과 사회서비스. 「보건복지포럼」. 2008년 4월: 62-85.
노화준 (2012). 「정책학원론」(제3전정판). 서울: 박영사.
대통령소속 지방자치발전위원회 (2015). 「성숙한 지방자치를 위한 청사진, 지방자치발전종합계획」.
대한민국헌법(헌법 제1호, 헌법 제10호).
류춘호 (2010). 부산광역시의회 20년의 성과와 과제. 한국지방정부학회 동계학술대회 발표논문.
——— (2014). 지방의회의 의정역량 강화 방안. 「한국지방정부학회 학술발표논문집」 2014(3): 437-458.
문광민 (2011). 중앙정부보조금과 지방정부 효율성: 패널문턱모형에 의한 비단조적 관계 분석. 「한국행정학보」 45(4): 85-117.
——— (2013). 정부부채가 경제 성장에 미치는 영향: 동태적 패널문턱 모형을 이용한 비선형적 접근. 「사회과학연구」 24(2): 163-186.
문명재(2009) 정부조직개편의 정치주기적 반복성과 실제. 「한국공공관리학보」 23(4): 23-41.
문영동·이시원·민병익 (2009). 행정구역 개편 성과의 영향과 요인. 「지방정부연구」 13(1): 7-25.
문원식 (2010). 지방의회 의정활동의 평가와 활성화 방안: 경기도 의회를 중심으로. 「경인행정학회 한국정책연구」 10(3): 137-156.
——— (2014). 지방의원 전문성 강화를 위한 정책보좌관제 도입 비교분석. 「한국정책연구」 14(2).
민진 (2003) 이명박 정부의 중앙정부 조직개편 사례연구: 2008년 2월 사례를 중심으로. 「한국조직학회보」 6(3): 143-172.
박균성 (2007). 「행정법론(상)」. 서울: 박영사.
박기관 (2001). 지방정부의 행정성과평가 및 적용모형에 관한 연구: 시군 성과 및 노력도표를 중심으로. 「한국지방자치학회보」 13(1): 63-84.
박명호·조형지 (1999). 고객만족 개념의 재정립. 「한국마케팅저널」 1(4): 128-129.
박병식 (1998). 주관적 행정평가에 관한 연구. 「한국행정학보」 22(2): 497-532.
박상혁 (2013). '절차적' 민주주의와 '실질적' 민주주의의 지양: R. Dahl과 J. Cohen의 민주주의론을 중심으로. 「철학사상」 49: 265-287.

박성익·유병철(2007). 과학기술을 고려한 지역산업구조의 추이와 지역경제 성장의 관계 분석. 「지역연구」 23(2): 117-147.

박세훈 외(2009). 마을만들기 참여 거버넌스의 비교분석: 제도주의적 접근. 「국토계획」 44(3): 207-220.

박영강(2010). 지방의회의 활성화를 위한 제도적 개선 방안: 지방자치 재개 20주년에 즈음하여. 「한국지방정부학회 학술발표논문집」 2010(4호): 1-20.

박영도(2001). 자치입법의 이론과 실제. 「법제연구」.

박종관(2000). 시군통합에 있어 기업합병이론의 적용 가능성 모색. 「한국행정학보」 34(4): 303-322.

박천오(2011) 한국 정부조직 개편에 대한 비판적 고찰. 「한국조직학회보」 8(1): 1-30.

박치성·오재록·남주현(2011). 정부조직개편의 효과 실증분석: 노무현·이명박 정부의 중앙부처 간 업무관계 네트워크 변화를 중심으로. 「행정논총」 49(4): 51-82.

박형준(2013). 시군통합모형의 이론적 고찰을 통한 시군통합의 한계 탐색. 「한국지방자치학회보」 25(2).

박흥식·최승범(2009). 정부기관 브랜드 이미지와 정체성 간의 갭 및 고객 만족도와의 관계. 「한국거버넌스학회보」 16(3): 161-185.

박희정(1993). 「지역경제 활성화를 위한 제도적 지원체계 강화 방안」. 한국지방행정연구원 연구보고서.

방하남·강석훈·신동균·안종범·이정우·권문일(2009). 「점진적 은퇴와 부분연금제도 연구」. 한국노동연구원.

배병룡(2011). 사회적 소수자의 인권에 대한 의식의 차이. 「한국자치행정학보」 25(1): 33-57.

배응환(2009). 자치단체장과 지방의회의 역할과 권한 및 영향력: 지방정책 과정을 중심으로. 「한국행정연구」 18(4).

배인명(2005). 국가균형발전특별회계에 대한 평가. 「지방분권과 지방재정의 자율성 제고를 위한 지방세제 개혁 발표자료집」. 한국지방재정학회.

배인명·이명석·최재송(2000). 시군 통합의 성과평가: 재정적 영향을 중심으로. 「한국정책학회보」 9(1): 139-161.

배준구(2004). 프랑스의 지방분권 개혁. 「한국사회와 행정연구」 14(4): 23-48.

백운현(2004). 부산 지역경제 성장을 위한 효과적 재정 운용 방안에 관한 연구. 경성대학교대학원 행정학박사 학위논문.

변해철(2004). 지방자치단체장 인사자치권의 비교헌법적 고찰: 프랑스에서의 지방자치제도 개혁, 2003년 3월 28일 헌법 개정을 중심으로. 「지방자치법연구」 4(1): 9-21. 한국지방자치법학회.

변화순·이미정·김지경·하현정(2007). 「중년기 퇴직 남성 부부의 갈등과 적응」. 한국여성정책연구원.
부산광역시(2014). 산복도로 르네상스 프로젝트.
부산광역시마을만들기위원회 회의자료. 2013. 2~2014. 9
부산광역시마을만들기지원센터(2013).「꿈, 부산마을」vol.1.
———(2014).「꿈, 부산마을」vol.2.
———(2014). 내부자료.
부산광역시마을만들기지원센터 홈페이지 http://www.busanmaeul.or.kr.
부산광역시 마을만들기 지원 등에 관한 조례.
부산광역시 부산마을만들기정책포럼준비위원회(2014).「부산마을공동체정책포럼 창립세미나자료집」.
부산광역시 창조도시본부 도시재생과(2014). 행복마을 소식지.「행복소식」.
부산광역시 창조도시본부 창조도시기획과(2014). 2014년 마을만들기 활성화 계획.
삼성경제연구소(2003). 인력구조조정의 부작용과 극복 방안.「*CEO Information*」423호.
서울시마을공동체종합지원센터(2013a).「마을은 형성되고 있는가: 마을공동체 지원사업의 현황과 가능성」.
———(2013b).「2013 인포그래픽스로 보는 서울시 마을공동체종합지원센터 성과자료집」.
———(2014).「2014 마을컨퍼런스 콘서트 자료집」.
서울시마을공동체종합지원센터 홈페이지 http://www.seoulmaeul.org.
서울신문(2011.7.11).
서울특별시(1999~2001).「행정서비스 주민만족도조사보고서」. 서울시정개발연구원.
———(2011). 주민이 주도하는 '마을공동체'로 '사람가치' 회복. 서울시 보도자료.
———(2012). 서울특별시 마을공동체 기본계획.
———(2014a).「~2013 서울시 마을공동체 백서 서울·삶·사람」.
———(2014b).「서울시 시민참여행정의 성과와 과제」.
서울특별시 마을공동체만들기 지원 등에 관한 조례.
서울특별시 서울혁신기획관(2014).「제17회~제18회 마을공동체위원회 회의록」.
서울특별시사편찬회(1977).「서울行政史」. 서울특별시사편찬회.
서원석(2007).「한국 공무원연금제도의 개선 방안」. 한국행정연구원.
성경륭(2013).「균형사회와 분권국가의 전망」. 파주: 한울.
성낙인(2012).「대한민국헌법사」. 서울: 법문사.
———(2014).「헌법학」. 서울: 법문사.
소순창(2011). 역대 정부의 지방분권 정책의 평가.「한국지방자치학회보」23(3): 39-68.
손정목(1992).「한국지방제도·자치사연구(상): 갑오경장~일제강점기」. 서울: 일지사.
손희준(2011). 지방자치 20년, 지방재정의 평가와 과제.「한국지방재정학회 세미나자료집」2011(4): 3-30.

———(2014). 지방재정 20년의 평가. 「지방자치 20년 평가와 발전 방안」. 한국지방자치학회: 21-48.
송광태(2001). 지방의회 의정활동 평가의 사례분석을 통한 교훈. 「한국지방자치학회보」 13(2): 45-67.
———(2004). 지방자치단체 공공서비스의 운영 성과 분석. 「한국지방자치학회보」 16(1): 49-72.
———(2012). 광역지방의회의 입법 기능 실태분석. 「한국지방자치학회보」 24(2): 121-145.
송민경 · 장훈(2010) 군집분석을 이용한 수도권 도시 유형화에 관한 연구. 「한국지형공간정보학회지」 18(1): 83-88.
송병기(1976). 光武改革硏究. 「史學志 10」. 천안: 단국대학교.
송상훈(2006). 참여정부 지방재정 개편의 과제와 발전 방향. 「2006년 한국지방정부학회 춘계학술대회 발표자료집」. 한국지방정부학회.
신기현(2012). 한국 지방의회의 성과관리 방향에 관한 연구. 「한국동북아논총」 65: 344.
신도철(2009), 지방분권 강화를 위한 헌법 개정 방향. 「지방자치」 253.
신명호(2008). 한국의 '사회적 경제'개념 정립을 위한 시론. 「도시와 빈곤」 89: 5-43.
신중진 · 송승현(2010). 지속 가능한 마을만들기를 위한 추진주체의 관계구도 특성 연구. 「대한건축학회 논문집 계획계」 26(1): 295-307.
신중진 · 신효진(2008). 주민참여 마을만들기 계획과정에 관한 사례 연구. 「대한건축학회 논문집 계획계」 24(2): 109-120.
심재희(2000). 인적자본의 축적과 경제 성장: 루카스의 내생적 성장모형을 중심으로. 「산업경제연구」 13(2): 193-208.
안성호(1993). 지방의회 사무기구의 개혁 방향. 「지방의정」 제17호, 동의대 지방의회연구소.
———(1995). 「한국지방자치론」. 서울: 대영문화사.
———(2001). 「스위스 연방민주주의 연구」. 서울: 대영문화사.
———(2005). 「분권과 참여: 스위스의 교훈」. 서울: 도서출판 다운샘.
———(2012). 읍 · 면 · 동 풀뿌리자치와 향방 전력 강화 방안: 스위스 2차대전 '고슴도치 국방'의 교훈. 「한국지방자치학회보」 24(1): 47-76.
———(2013). 「양원제 개헌론: 지역대표형 상원 연구」. 파주: 신광문화사.
———(2014). 참여정부 지방분권정책의 평가와 교훈. 「한국사회와 행정연구」 25(3): 1-33.
———(2015). 선진 한국의 조건: 지방분권, 생활민주주의 발전(미발간 논문).
안영훈(2013). 지방의회 의정활동 역량 강화 방안. 「한국지방행정연구원 연구보고서」, 2013-03 (제471권)
안영훈 · 주재복(2013). 「지방의회 지원 체제 활성화 방안에 관한 연구」. 한국지방행정연구원 연구보고서.
안용식 외(2007). 「지방행정론」. 서울: 대영문화사.

안정기 · 윤영주 (2006). 경찰 민원행정서비스의 고객만족 영향 요인에 관한 연구. 「한국자치행정학보」 20(1): 27-51.

안희남 (2001). 신제도주의 세 가지 관점과 이론적 특성. 「현대사회와 행정」 11: 1-35.

양고운 · 박형준 (2013). 지방정부 간 자율적 행정구역 통합의 성공 요인 탐색. 「한국지방자치학회보」 25(1).

양기근 · 김상규 (2008). 공무원 퇴직관리체계의 구축 방안. 「한국콘텐츠학회논문집」 8(12): 264-274.

양영규 (2011). 한국형 사회적 기업의 성공 요인에 대한 차이분석. 「국제경영리뷰」 15(3): 62-82.

양영철 (2007). 지방 공무원의 퇴직관리를 상시화해야 한다. 「지방자치」 225.

——— (2013). 부산 마을공동체 현황 및 특성. 「2013 대한민국 지역희망박람회 컨퍼런스 자료집」.

——— (2014). 부산시 마을공동체 현황과 특성, 그리고 제언. 「부산시 마을만들기지원센터 자료집」.

양재혁 · 한영숙 (2013). 행정지원 마을만들기 사업 평가에 관한 연구: 부산광역시 2012년도 행복마을만들기사업을 중심으로. 「대한건축학회연합논문집」 15(3): 101-110.

엄태호 (2013). 지방세 비과세 · 감면제도가 지역경제 성장에 미친 영향에 대한 실증분석. 「국가정책연구」 27(2): 189-214.

엄태호 · 윤성일 (2014). 지방세지출예산제도 도입이 지방세 비과세 · 감면에 미친 영향에 대한 평가. 「정책분석평가학회보」 24(3): 163-187.

엄형식 (2008). 「한국의 사회적 경제와 사회적 기업」. 서울: 실업극복국민재단.

여성신문 (2015). "비례대표 늘리고 30% 여성할당 강제해야." 2015. 04. 22.

염인호 (1983). 일제하 지방통치에 관한 연구. 연세대학교 석사학위 논문.

염재호 (1994). 국가정책과 신제도주의. 「사회비평」 11: 10-33.

염재호 · 김상구 · 윤성철 (2003). 『경찰공무원의 퇴직관리 및 퇴직자 지원 프로그램 개발 운영에 관한 연구」. 치안정책연구소.

오병기 (2008). 지방세지출과 지방재정지출의 동태적 효과 비교 분석. 「지방행정연구」 22(3): 207-230.

오석홍 (2000). 「인사행정론」. 서울: 박영사.

——— (2013). 「인사행정론」. 서울: 박영사.

오영균 (2006). 지방정부 자체평가에서의 주민만족도 분석에 관한 사례연구. 「지방행정연구」 20(3): 3-20.

오준근 (2015.12). 2015년 지방자치 관련 법과 제도의 개선 방향. 「한국지방자치법학회 동계학술대회논문집」: 43-58. 한국지방자치법학회.

오지선 (2008). 한국 사회적기업 육성정책에 관한 연구: 문제점과 개선 방안을 중심으로. 서울시립대학교 석사학위 논문.
오창택(1998). 서비스 질 구성 차원의 관리우선 순위: 민원행정서비스를 중심으로.「한국행정학회보」32(2): 77-95.
오태헌·조용대(2014). 퇴직 전문인력 활용에 관한 한·일 비교연구.「대한경영학회지」27(7): 1139-1165.
옥무석(2012). 지방자치법제에 공·사법 수렴 현상의 시사점.「지방자치법연구」12(2).
왕정·황윤섭(2013). 중국 Inbound FDI 의 기술 파급 효과 분석.「무역학회지」38(4): 117-136.
왕현종(2003).「한국 근대국가의 형성과 갑오개혁」. 서울: 역사비평사.
유동해·하동석(2014).「이해하기 쉽게 쓴 행정학용어사전」. 행정학용어표준화연구회.
유병선(2009). 해외의 사회적 기업(http://www.nanet.go.kr).
유병철·최두렬·박승록(2005). 자본조달 형태와 투자의사 결정: 패널문턱모형에 의한 분석.「국제경제연구」11(3): 1-36.
유승훈·정군오(2004). 전력 소비와 경제 성장의 인과관계 분석.「산업경제연구」17(1): 81-94.
유지태(2007).「행정법신론」. 서울: 신영사.
유창복(2012). 서울시 마을공동체지원사업의 배경과 과제.「한국환경철학회 동계학술대회 자료집」.
유태현·한재명(2007).「지방자치단체 조례에 의한 감면제도 개선 방안 연구」. 서울시립대학교 지방세연구소.
육동일(2015.5/6). 한국 지방자치 20년의 평가와 발전 과제.「자치의정」18(3): 44-52. 지방의회발전연구원.
———(2010) 지방자치와 지방분권 20년의 성과와 발전 방향.「한국지방자치학회 "공명선거 국민토론회"」: 3-31.
윤기석(2010). 지방의회의 생산성 제고를 위한 지방의원 연수교육 활성화 방안, 대정발전포럼 기획특집, 인터넷 자료.
윤수찬(2014). 지방의회 기능이 지역주민의 정치적 효능감에 미치는 영향 요인에 관한 탐색적 연구: 소셜미디어 활용을 중심으로.「2014년 한국정책학회 춘계학술대회 발표논문」.
윤이화(2009). 비례대표 여성후보 공천할당제의 성과에 대한 비판적 검토.「한국지방자치연구」11(2): 69-93.
윤정애(1985). 한말 지방제도 개혁의 연구.「역사학보」105. 역사학회.
윤태범(2015). 공직윤리, 이해충돌, 그리고 김영란법.「서울행정학회포럼」28: 18-22.
윤태웅(2013). 특별지방행정기관 증가와 지자체에 미치는 영향.「월간 공공정책」87. 한국자치학회 공공정책연구원.

윤해동 (2004). 일제의 면제 실시와 촌락재편정책. 서울대학교 박사학위 논문.
이각희 (2004). 「외국의 공무원 연금제도 개혁사례분석」. 공무원연금관리공단.
이광우 (2008). 지속 가능한 사회적 기업의 성공 요인에 관한 연구. 숭실대학교 박사학위 논문.
——— (2009). 지속 가능한 사회적 기업의 성공 요인에 관한 연구. 「2009년 한국비영리학회 학술대회 발표논문집」.
이광희 (2008). 민원행정서비스 만족도 조사모델의 개선 방안. 「정책분석평가학회보」 18(3): 81-108.
이국운 (2015.8). 지방분권형 헌법개정안의 기본 구상. 「하계학술대회 논문집」: 1-43. 한국지방자치학회.
이규환 (2011). 「한국지방행정학」. 서울: 법문사.
이기우 (2007). 참여정부의 지방분권정책: 성과와 과제를 중심으로. 「서울행정학회 학술대회 발표논문집」: 197-228.
——— (2008.9). 헌법 개정과 지방분권. 「자치행정」: 32-34.
——— (2009). 지방자치법 60년 회고와 과제. 「지방행정연구」 23(3)(통권 78호): 25-44.
——— (2014). 국가개조와 지방분권 헌법 개정. 「지방분권개헌 토론회 자료집」(신정훈 국회의원실).
이달곤 (2011). 다차원분석모형에 기초한 "지방자치단체 자율통합" 정책과정 분석. 「정책분석평가학회보」 21(1): 187-217.
이대희 (2015). 조선 시대 지방행정사. 한국행정학회 행정연구회, 2015년 5월 23일 발제문, 장소: 한국외환은행 본점.
이번송 (2000). 수도권 시, 군, 구의 제조업생산성 결정 요인 분석. 「경제학연구」 48(4): 291-322.
이삼주 (2006). 지방세 감면제도의 개선 방안. 「지방세」 2006(3): 38-66.
——— (2013). 「지방세 비과세 · 감면제도의 개선 방안」. 한국지방행정연구원.
이상윤 · 이종수 (2006). 「21세기 지방자치와 지역문화」. 서울: 대왕사.
이상호 · 김홍규 (1996). 도시별 집적경제 효과의 비교 분석. 「한국지역개발학회지」 8(1): 55-70.
이상호 · 최세현 (2008). 민원인의 사회경제적 특성이 민원행정서비스 만족도에 미치는 영향. 「한국공공관리학회보」 22(4): 461-478.
이상훈 · 박태수 · 표민호 (2014). 숙련퇴직자의 아웃플레이스먼트 도입 방안에 관한 연구: 국내 철강업계의 사례를 중심으로. 「대한경영학회지」 27(12): 2265-2285.
이석현 · 채진해 (2013). 참여 주체에 따른 마을만들기 성과에 관한 연구: 시흥시 희망마을 만들기사업을 대상으로. 「대한건축학회 논문집」 29(9): 187-194.
이선우 (2008). 공무원 정년제도 유연화 모형의 실효성에 관한 연구. 「한국인사행정학회보」 7(1): 203-228.

——— 외 (2002). 「공무원 정년제도 비교 분석」. 중앙인사위원회.
이승종 (2005). 선진 지방자치를 위한 비전 및 정책과제. 민선 지방자치 비전 및 정책과제 토론회. 행정자치부.
———(2005). 개정 공직선거법에 대한 논평. 「자치발전」 2005년 8월호.
———(2005). 노무현 정부의 지방분권정책 평가, 「행정논총」 43(2): 351-379.
이영균 · 이재영 (2009). 지방의회 행정사무감사의 실태분석. 「지방행정연구」 23(2): 165-193.
이영호 (1993). 「國史觀論叢」 41: 84-119. 국사편찬위원회.
이영희 (2006). 지방세 비과세 · 감면제도의 현황 및 문제점. 「지방세」 2006(3): 3-20.
이영희 · 김대영 (2007). 「지방세지출 예산제도의 도입 방안」. 서울: 한국지방행정연구원.
이영희 · 김대영 · 이삼주 · 유태현 (2009). 「미래지향적 비과세 · 감면 모델 정립」. 서울: 한국지방행정연구원.
이옥남 (2014). 지방의회 조례 발의 현황과 문제점: 17개 전국 광역시 · 특별자치시 · 도 · 특별자치도 의회 조례발의 현황을 중심으로. 바른사회시민회의 정치실 보고자료.
이원욱 · 김영오 (2007). 공공서비스에 대한 주민만족도 평가 사례연구: 대구광역시를 중심으로. 「한국지방자치학회보」 19(2): 29-51.
이윤경 · 문명재(2011). 국정의제 변화와 정부조직개편에 대한 연구. 「한국조직학회보」 8(1): 59-106.
이은애 (2010). 기업사회 공헌과 사회적 기업 설립 지원 사례 및 쟁점. 「사회적기업 연구」. 3(1): 134-156.
이은재 (2007). 여성의 대표성과 지방의회 진출 방안. 「지방행정연구」 21(4): 201-223.
이재명 (2005). 공직자윤리법상의 퇴직 후 취업제한제도의 개선 방안. 「정책&지식포럼」 제238회.
이재완 (2014). 서울시 마을공동체 사업의 주민참여 결정 요인에 관한 연구: 정책인지도를 중심으로. 「지방정부연구」 17(4): 409-437.
이재원 (1995). 지방공공서비스 공급의 광역화에 관한 연구. 서울대학교 박사학위 논문.
이정기 (2010). 우리나라 지방세 감면제도 개선에 관한 연구. 「국제회계 연구」 34: 245-265.
이정은 (1992). 일제의 지방통치체제 수립과 그 성격. 「한국독립운동사연구 6」.
이종수 (2009). 「행정학사전」. 서울: 대영문화사.
———(2009.1). 지방분권형 헌법 개정 방향. 「법제」. 법제처.
———(2012). 광역의원 의정전문성 제고 방안: 의정보좌관 신설을 중심으로. 「의정논총」 7(2): 한국의정연구회.
———(2013). 지방자치형 헌법 개정. 「기억과 전망」 28: 357-388. 한국민주주의연구소.
———(2015). 지방자치 20년에 대한 여론 조사. 「자치의정」. 2015.5/6: 122.
———(2015.5/6). 지방분권형 헌법의 개정과제. 「자치의정」 18(3): 65-76. 지방의회발전연구원.

이종수 · 이병렬(2015.3). 주민자치회 시범 실시의 제도적 한계와 발전 과제. 「한국자치행정학보」 29(1): 157-180. 한국지방자치행정학회.

이종찬(2014). 제도 변화에 대한 이론적 고찰: 후기 신제도주의의 쟁점과 한계. 「한국정치학회보」 48(1).

이주희(2005). 민선자치 10년 성과와 과제. 한국지방자치학회 기조 발표문.

———(2010). 민선 5기 출범과 지방자치의 과제; 민선5기 지방자치 과제 2: 지방의회. 「대한지방행정공제회 지방행정」 59(681): 32-35.

이창희(2006). 「세법강의」(제5판). 서울: 박영사.

임경호 · 이용우(2006). 「新지방의회운영론」. 서울: 하나디자인.

임대식(1995). 1930년대 말 경기지역 조선인 대지주의 농외투자와 지방의회 참여. 「한국사론」 34. 서울대학교 국사학과.

임도빈(2003). 시간적 관점에서의 조직연구 필요성. 「한국정책학보」 12(1): 375-397.

임두택 외(2001). 「주요 외국의 공무원 인사제도 비교연구」. 중앙인사위원회.

임상수(2011a). 「지방정부 지출의 문제점 및 개선 과제」. 한국지방세연구원.

———(2011b). 지방세 비과세 · 감면 축소 방향에 관한 연구. 「지방행정연구」 25(4): 235-258.

임승빈(1997). 일본의 권력구조. 「한국의 권력구조 논쟁」. 서울: 풀빛.

———(2005). 1990년대 이후 한국과 일본의 지방분권정책에 관한 비교연구. 「일본연구논총」 22: 121-158.

———(2008a) 신정부의 지방자치 과제와 추진체계. 「한국행정학회 2008년도 춘계학술대회 발표논문집」: 1-8.

———(2008b). 한국의 지방자치제도 형성과 동인(動因) 분석. 「한국행정학보」 42-2.

———(2012). 「지방자치론」. 서울: 법문사.

———(2014). 제10장 일제강점기의 행정. 이대희 외. 「한국행정사」(제2판). 서울: 대영문화사.

———(2015a). 일제 강점기의 지방행정사. 한국행정학회 행정연구회. 2015년 5월 23일 발제문. 장소: 한국외환은행 본점.

———(2015b). 「지방자치 20년 평가전 4: 한반도 지방행정의 역사」: 319-370. 행정자치부.

임용주(2002). 「지방자치론」. 서울: 형설출판사.

임재근(2003). 지방세 비과세 · 감면제도의 개선 방안에 관한 연구. 「한국지방재정논집」 8(1): 73-101.

임혁백 외(2007). 「사회적 경제와 사회적 기업」. 서울: 송정문화사.

장석인(2014). 노동시장의 유연화를 위한 선진국의 아웃플레이스먼트 사례연구: 미국 · 독일 · 일본을 중심으로. 「한독사회과학논총」 24(3): 159-200.

장수찬(2013). 시민사회 역량 강화와 지방정부 역할: 중간지원기관 전략을 중심으로. 「NGO연구」 8(1): 1-33.

장준호 · 서수빈 (2013). 주민 참여형 마을만들기 과정에서의 문제점 및 개선 방안에 관한 연구: 수원시 행궁동을 중심으로. 「지역사회개발연구」 38(2): 39-45.
전훈 (2013). 「프랑스 지방분권법」. 대구: 경북대학교출판부.
전국시도지사협의회(http://www.gaok.or.kr)
——— (2012). 「프랑스 지방분권 헌법 개정의 성과와 과제」.
전라남도의회 (2011). 지방의회 의회직 신설 및 자치사무 감사체계 개선 촉구에 관한 건의안.
전영평 (2002). 여성차별과 여성정책의 문화적 분석. 「정책과 제도의 문화적 분석」. 서울: 박영사.
전원식 외 (2008). 주민참여 마을만들기 사업의 사업 주체 및 추진 주체 분석. 「한국도시설계학회지」 9(4): 131-148.
정미애 (2013). 지방선거에서 여성의 정치대표성: 일본의 사례를 중심으로. 「아태연구」 20(3).
정병렬 · 조민경 · 김렬 (2015). 지방의회 기능과 상임위원회 전문성 간의 관계. 「한국지방자치연구」 16(4): 157-176.
정병욱 (1997). 일제의 식민정책과 경기도. 「경기도 역사와 문화」. 경기도사편찬위원회.
정부혁신지방분권위원회(2007). 「참여정부의 지방분권」.
정성호 (2014). 지방세 비과세 · 감면이 지역경제에 미치는 영향: 강원도 18개 시군을 중심으로. 「한국행정학보」 48(3): 437-461.
정세욱 (1999). 지방자치제 실시 반세기와 지방의 역할 변화. 「대한지방행정공제회 지방행정」 48(550): 52-63.
정순관 (2007). 참여정부 지방분권정책의 평가와 과제: 민주적 평가모델의 관점에서. 「2007년도 서울행정학회 춘계학술대회 발표논문집」: 35-49.
정용덕 (2002). 「한 · 일 국가기구 비교연구」. 서울: 대영문화사.
정용하 (2006). 한국 지방자치 성과와 한계: 지방분권과 관련하여. 「21세기 정치학회 특별학술대회」: 47-64.
정원희 (2007). 「공무원 퇴직관리에 관한 소고」. 미래한국재단.
정원희 · 양기근 (2006). 퇴직 공무원 경로관리에 관한 연구: K부처 퇴직 공무원을 중심으로. 「현대사회와 행정」 16(2): 107-128.
정재호 (1999). 「중국의 중앙-지방 관계론: 분권화 개혁의 정치경제」. 서울: 나남출판.
정정길 (2002). 행정과 정책연구를 위한 시차적 접근 방법: 제도의 정합성 문제를 중심으로. 「한국행정학보」 36(1): 1-20.
정종섭 (2009). 「헌법학원론」. 서울: 박영사.
정호성 외 (2010). 「베이비붐 세대 은퇴의 파급 효과와 대응 방안: 주요국(미일) 비교 포함」. 삼성경제연구소.
제갈돈 (2013). 지방정부 공공서비스에 대한 시민들의 기대, 성과 및 만족도의 관계: 기대불

일치이론을 중심으로. 「한국행정학보」 47(1): 69-94.
제국지방행정학회 조선본부(1937). 「조선지방행정」.
조규범(2010), 헌법상 지방자치조항의 개정 방향. 「공법학연구」 11(1).
조기현(2007). 분권교부세 재원 확충의 정책유효성 검증: 지방재정 세출 기능의 소득탄력성을 중심으로. 「지방행정연구」 21(1). 한국지방행정연구원.
조대헌(2013). 카운트 데이터 기반 공간군집분석 연구의 동향과 방법론적 이슈. 「대한지리학회지」 48(5): 768-785.
조범상(2005). 고령 인력, 퇴출만이 대안인가. 「LG주간경제」.
조선총독부 경기도(1942). 「조선총독부 경기도 통계연보」.
조선총독부 내무국(1921). 「개정지방제도 실시 개요」.
조성규(2001). 지방자치제의 헌법적 보장의 의미, 「공법연구」 30(2).
———(2003). 지방자치단체의 자주재정권에 대한 법제도적 고찰. 「행정법연구」 2003년 상반기.
조성호(2011). 한국 지방자치의 당면 과제. 「이슈&진단」.
조성호 · 신원득 · 이현우 · 이상미(2010). 「지방분권형 헌법(안) 연구」. 경기개발연구원.
조성호 · 윤태웅(2009). 「중앙권한 이양정책의 평가에 관한 연구」. 경기개발연구원 정책연구보고서.
조성호 외(2011). 「현 정부 지방분권정책의 평가와 과제」. 경기개발연구원 정책연구보고서.
조순제(2012). 지방의회의 기능 발휘 실태와 개선 방안. 「대한정치학회」 19(3): 163-192.
조영복(2009). 「사회적 기업의 이해와 국내외 경영사례」. 사회적기업연구원.
———(2010). 사회적 기업을 위해 서둘러야 할 일. 사회적기업연구원, Social News.
주간경향(2014). "'주민 참여 빠진 '무늬만 참여예산제'." 2014. 04. 08.
주상영(2006). 경제 발전과 금융 발전: 경제 발전 단계에 따라 금융 발전의 요인이 달라지는가?. 「금융연구」 20(1): 139-161.
주상현(2014). 지속 가능한 커뮤니티 비즈니스 형성 요인과 정책과제. 「한국자치행정학보」 28(3): 219-250.
주상현 · 안순엽(2002) 공무원의 전문성에 영향을 미치는 요인 연구: 전라북도 읍 · 면 · 동 사회복지 전담공무원에 대한 사례를 중심으로. 「한국사회와 행정연구」 13(3): 147-166.
중앙일보(2015). "오픈 프라이머리와 권역 비례대표, 여야 맞트레이드하라." 8. 1: 14.
지방분권 및 지방행정체제 개편에 관한 특별법(법률 제12844호).
지방분권촉진위원회(2009). 지방분권과제 '09년 하반기 중간점검 결과.
———(2010). 「제1기 지방분권촉진위원회 지방분권백서」.
———(2013). 「제2기 지방분권촉진위원회 지방분권백서」.
지방이양추진위원회(2003). 「지방이양백서」.
———(2008). 「지방이양백서: 1999～2008」.

지방자치발전위원회(http://clad.go.kr).
지방자치법(법률 제12738호).
지방행정연구원(2007). 지방의회 운영체제 다양화 방안에 관한 연구. 한국지방행정연구원 보고서.
———(2012). 지방의회의 전문성 제고 방안. 「*KRILA Focus*」 제50호.
지방행정체제 개편추진위원회(2012). 「지방행정체제 개편 기본계획」.
차상붕(2001). 과세자주권의 범위와 확대에 관한 연구. 충남대학교 박사학위 논문.
———(2001). 지방자치단체의 자주과세권 확대를 위한 법리적 고찰. 「지방자치법연구」 1(1).
채성준(2013). 「퇴직공무원의 사회적 기여 활성화 방안」. 한국행정연구원.
채성준 · 서원석 · 임동진(2013). 「퇴직 공무원의 사회적 기여 활성화 방안에 관한 연구: 자원봉사활동을 중심으로」. 한국행정연구원.
채원호(2010). 지방의회 의정 역량 강화 방안. 「한국행정학회 비정기학술발표논문집」 2010(15): 25-72.
채종헌 · 이종한(2009). 「지속가능 발전을 위한 사회적기업의 역할과 활성화 방안에 관한 연구」. 한국행정연구원.
천영희(2002). 전직 지원 프로그램의 효과분석 및 개선 방안 연구: 삼성생명의 사례를 중심으로. 중앙대학교 박사학위 논문.
최근열(2013). 이명박 정부의 지방분권 정책평가와 새정부의 지방분권 과제 및 방향. 「한국지방자치연구」 14(4): 99-122.
최동현(2006). 전직 지원 프로그램(Outplacement)의 효과와 성공적 프로그램 도입 및 운영에 관한 연구. 고려대학교 석사학위 논문.
최병대(2003) 공무원 전문성 확보 방안: 서울시 도시계획 분야를 중심으로. 「한국지방자치학회보」 4(2): 159-190.
최병선 · 김선혁(2007). 「분권헌법: 선진화로 가는 길」. (재)동아시아연구원.
최병학(2012). 지방분권정책의 개혁 논리와 추진과제. 「공공행정연구」 13(2).
최봉기(2005). 한국 지방의회 의원의 전문성 제고 방안. 「한국지방자치학회보」 17(1): 5-25.
———(2011). 한국 지방자치 20년의 회고와 선진화 과제. 「한국지방자치학회보」 23(3): 5-37.
———(1986). 조선왕조 개화기의 지방제도 변천에 관한 연구. 「사회과학논총」 4: 51-72. 계명대학교 사회과학연구소.
최승필(2013). 지방자치단체의 재정자주권과 그 제한 및 한계. 「저스티스」 통권 제134-3호. 2013. 2.
최영출(1993). 지역격차 분석. 「한국행정학회 1993년 동계학술대회 발표논문집」.
———(2010a). 사회적기업 간 네트워크 작동에 관한 연구. 「한국비교정부학보」 14(1):

63-76.
——— (2010b). 사회적 기업 활동의 평가지표에 관한 연구. 「한국비교정부학보」 14(3): 245-260.
최우용 (2009). 지방행정체제 개편의 법률적 과제. 「공법학연구」 10(3): 283-313.
최유성 (2002). 국민 의정부의 지방행정개혁에 대한 평가 및 향후 개혁과제. 「한국행정연구」 11(2): 75-106.
최인수 · 전대욱 (2012). 지역공동체 주도적 마을만들기사업의 정책 추진 방안 연구. 「한국지방정부학회 추계공동학술대회 자료집」.
최재식 (2010). 「공무원연금제도 해설」. 공무원연금공단.
최창호 (1995). 「지방자치학」. 서울: 삼영사.
——— (2009). 「지방자치의 이해」. 서울: 삼영사.
최태림 · 김의준 · 박승규 (2004). 지역경제 성장의 공간연계성 분석. 「국토계획」 39(3): 111-118.
최환용 (2012). 제주특별자치도의 자치행정의 활성화를 위한 법적 과제. 「지방자치법연구」 12(1): 3-20. 한국지방자치법학회.
충북대 사회과학연구소 (2011). 「사회적 기업 사례모음집」 1, 2권.
태원유 (2001a). 효과적 퇴직관리의 실천 방안. 「*CEO Information*」 298호.
——— (2001b). 「퇴직관리의 문제점과 개선 방안」. 삼성경제연구소.
하민지 (2015.12). 서울시 민선자치의 성과와 한계. 「해외 선진 사례를 통한 서울시의 지방분권 추진 방향」: 85-107. 한국지방자치학회.
하연섭 (2002). 신제도주의의 최근 경향: 이론적 자기 혁신과 수렴. 「한국행정학보」 36(4): 339-359.
——— (2006). 신제도주의의 이론적 진화와 정책연구. 「행정논총」 44(2).
하태수 (2002). 제도 변화의 형태: 역사적 신제도주의를 중심으로. 「행정논총」 39(3).
하혜수 (2005). 참여정부의 지방분권 추진 성과 평가: 집권 2년을 중심으로. 「한국행정연구」 14(2): 131-158.
——— (2014). 박근혜 정부의 지방자치 발전 대안 연구: 3.0의 관점에서. 「한국지방행정학보」 11(1): 109-130.
한국경영자총협회 (2005). 「기업경쟁력 강화를 위한 아웃플레이스먼트 활성화 방안」. 산업자원부.
한국고용정보원 (2007). 「고령 퇴직공무원 재고용 적합 직종 발굴 및 활용에 관한 연구」. 중앙인사위원회.
한국지방자치학회 (2008), 「한국 지방자치의 이해」. 서울: 박영사.
——— (2014). 대 · 내외제도 재구조화를 통한 지방의회의 위상 제고. 「전국시 · 도의회의장협의회 연구용역 최종보고서」.

한국철강협회 (2013). 「철강산업 숙련 퇴직자 전직 지원제도 조사 및 철강산업 내 전직 방안 연구」. 한국철강협회 조사자료.

한긍희 (1999). 일제하 전시체제기 지방행정 강화정책: 읍면행정을 중심으로. 「국사관논총」 88. 국사편찬위원회.

한상우 외 (2011). 서울특별시의회 정책능력 강화를 위한 의회시스템과 제도적 장치 방안 연구. 서울특별시의회 연구용역보고서.

한승욱 (2012). 부산의 마을만들기와 지원체계 구축. 「마을만들기 세미나 자료집」.

행정안전부 (2013). 「공무원 인사백서」. 행정안전부.

행정안전부 · 공무원연금공단 (2011). 「공무원연금제도 50년(1960~2010)」.

행정자치부 (2006). 「저출산 · 고령화 사회에 대응한 공무원 인사정책 방안」. 행정자치부.

——— (2008). 「희망대한민국 행정자치부 정책백서」.

——— (2014). 「안전행정통계연보」.

——— (2015). 보도자료(지방재정 · 지방공기업 근본적 혁신 방안 마련).

허영 (2008). 「한국헌법론」. 서울: 박영사.

허훈 (2008). 참여정부의 지방분권 평가. 「동계학술대회논문집」. 한국지방자치학회.

——— (2008). 참여정부의 지방분권평가: 한국의 분권 추진의 특성과 과정을 중심으로. 「2008년도 한국지방자치학회 동계학술대회 및 총회자료집」.

헌법연구자문위원회 (2009). 「헌법연구자문위원회 결과 보고서」.

헌법재판소(https://www.ccourt.go.kr).

——— (2006). 지방자치의 헌법적 보장. 「헌법재판연구」 제17권.

홍순권 (1997). 일제 초기의 면 운영과 조선면제의 성립. 「역사와 현실」 23. 한국역사연구회.

홍용기 (2000). 「조직론」. 서울: 형성출판사.

홍정선 (2007). 「행정법원론(상)」. 서울: 박영사.

——— (2009). 「신지방자치법」. 서울: 박영사.

——— (2015.12). 지방자치 20년 평가와 패러다임 전환. 「한국지방자치법학회 동계학술대회논문집」: 3-20. 한국지방자치법학회.

홍준현 (1997). 시군 통합에 의한 행정구역 개편의 효과분석. 「한국사회와 행정연구」 8(2): 59-90.

황명찬 (1982). 한국의 지역격차와 지역정책. 「국토연구」 1: 1-21.

황명찬 · 이성복 · 권경득 (1997). 지방정부의 행정서비스에 대한 지역주민의 평가에 관한 연구: 경기도를 중심으로. 「한국지방자치학회보」 9(4): 139-160.

황미영 (2007). 사회적 경제조직으로서의 자활공동체의 실태와 전망. 「시민사회와 NGO」 5(2): 73-104.

국외 문헌

金子宏 (2006). 「租稅法」(第11版). 弘文堂.

碓井光明 (1979). 憲法 第84條にいう'租稅'の概念の外延について. 「ジュリスト」 705號.

——— (2001). 法定外稅をめぐる諸問題(上). 「自治硏究」 77卷 1号.

福岡縣 (2003). 資源循環促進稅制を考える專門家會議における最終報告, 2003년 9월.

北九州市 (2003). 稅のあり方に關する最終報告書. 2003年 3月.

北野弘久 (1976). 「新財政法學・自治体財政權」. 勁草書房.

——— (2005). 本來的租稅條例主義. 「財政法の基本課題」. 勁草書房.

山田二郎 (2002). 國の法定外稅に對する關与と總務大臣の同意における三つの消極的要件. 「稅」, 2002年 2月.

三木義一 (2010). 法定外稅としての神奈川縣臨時特例企業稅の適法性. 「自治總硏」 通卷384号, 2010年 10月号.

成田頼明 (1964). 法律と條例. 「憲法講座Ⅳ」. 有斐閣.

松下圭一, 최우용 옮김 (2006). 「지방자치의 기초이론」. 부산: 동아대학교출판부. 원서 「市民自治の憲法理論」(1975).

宇賀克也 (2004). 「地方自治法概說」. 有斐閣.

越智唯七 (1917), 「新舊對照朝鮮全道府郡面洞里名稱一覽」.

齊藤愼 (2002). 地方分權時代の地方財政制度. 「市問題硏究」 54卷 1号.

佐藤功 (2001). 「憲法」(下)(新版). 有斐閣.

紙谷夏樹 (2010). 法定外稅は自治体財政の自律の切り札となるか. SRI 2010.8 No.101.

地方稅法總則硏究會 (1994). 「逐條問答地方稅法總則入門」. ぎょうせい、

池上岳彦 (2003). 獨自課稅の論理と施策. 地方自治職員硏修, 2003년 4월.

일본 국가공무원 생애설계 종합정보제공시스템 http://www.jinji.go.jp/shougai-so-go-joho/-work/2_2.html

일본 내각부(http://www.cao.go.jp/bunken-suishin/jimukengen/jimukengen-index.html)

일본 내각부 관민인재교류센터 http://www8.cao.go.jp/jinzai/index.html

일본 법률 검색(http://law.e-gov.go.jp/cgi-bin/idxsearch.cgi)

일본인사원 http://www.jinji.go.jp/top.htm

일본전국지사회(http://www.nga.gr.jp)

Aberbach, J. & Walker, J. L. (1970). The Attitudes of Blacks and Whites toward City Services. In J. P. Crecine (ed.), *Financing the Metropolis*(pp. 519-537). Beverly Hills, CA: Sage.

Acemoglu, D. & Robinson, J. (2012). 「국가는 왜 실패하는가」. 최완규(옮김). 서울: 시공사.

Alexander, A. C., Inglehart, R., & Welzel, C. (2012). Measuring Effective Democracy: A Defense. *International Political Science Review* 33(1): 41-62.

Alford, J. (2011). *Co-production in the public sector? What, who, when and how.* The Australian and New Zealand School of Government.

Aligica, P. D. & Boettke, P. J. (2009). *Challenging Institutional Analysis and Development: The Bloomington School.* NY: Routledge.

Alter, S. K. (2002). *Case Studies in Social Enterprise: International Experience.* London: Routledge.

Andreasen, A. R. (1982). Nonprofits: Check Your Attention to Customers. *Harvard Business Review* (May-June): 105-110.

Antunes, G. & Plumlee, J. (1977). The Distribution of An Urban Public Service: Ethnicity, Socioeconomic Status, and Bureaucracy as Determinants of the Quality of Neighborhood Streets. *Urban Affairs Quarterly* 12: 313-332.

Arnstein, S. (1969). A Ladder of Citizen Particiption. *Journal of the American Institute of Planners* 35(2): 216-224.

Assembly of European Regions (2009). From Subsidiarity to Success: *The Impact of Decentralization on Economic Growth.* Basel: BAK Basel Economics.

Auerbach, A. J. & Hassett, K. (1991). Recent US investment behavior and the tax reform act of 1986: A disaggregate view. In *Carnegie-Rochester Conference Series on Public Policy* 35: 185-215.

Bayley, D. H. & Mendelsohn, H. (1969). *Minorities and the Police: Confirmation in America.* NY: Free Press.

Beck, P., Rainey, H., Nicholls, K., & Traut, C. (1987). Citizen Views fo Taxes and Services: A Tale of Three *Cities. Social Science Quarterly* 68(2): 223-243.

Beehr, T. A. (1986). The Process of Retirement: A Review and Recommendations for Future Investigation. *Personnel Psychology* 39: 31-56.

Beehr, T. A. & Bennett, M. M. (2007). Examining Retirement from a Multi-level Perspective. In K. S. Shultz & G. A. Adams (eds.), *Aging and Work in the 21st Century*: 277-302. NY: Psychology Press.

Bevir, Mark (ed.) (2007). *Encyclopedia of Governance.* London: Sage.

Billings, G. (2004). *Seven Steps for Creating a Satisfying Retirement.* Retrieved from http://retired-and-ready.blogspot.com/2006/06/7-steps-for-crating-satisfying.html

Black, E. L., Legoria, J., & Sellers, K. F. (2000). Capital investment effects of dividend imputation. *Journal of the American Taxation Association* 22(2): 40-59.

Bogdanor, V. (1997). Forms of Autonomy and the Protection of Minorities. *DAEDALUS* 126(2): 65-87.

Bonsang, E., Adam, S., & Perelman, S. (2009). *Does Retirement Affect Cognitive Performance?* Paper presented at SHARE. Users Conference, Mainz, Germany, October 12-13.

Borzage, C. & Defpirmu, J. (2001). Conclusions: Social Enterprises in Europe: Adversity of Initiatives and Prospects. In C. Borzage & J. Defourny (eds), *The emergence of social enterprise*. London: Routledge.

Bouckaert, G. & Van De Walle, S. (2003). Comparing Measures of Citizen Trust and User Satisfaction as Indicators of "good governance": Difficulties to Linking Trust and Satisfaction Indicators. *International Review of Administrative Science* 69: 329-343.

Bridenball, B. & Jesilow, P. (2008). What Matters: The Formation of Attitudes toward the Police. *Police Quarterly* 11(2): 151-181.

Brown, K. & Coulter, P. B. (1983). Subjective and Objective Measures of Police Service Delivery. *Public Administration Review* 43(1): 50-58.

Bryan, F. M. (2004). *Real Democracy: The New England Town Meeting and How It Works*. Chicago: The University of Chicago Press.

Bryce, J. (1921). *Modern Democracies. 1st vol.* NY: Macmillan. (Online Library of Liberty: Modern Democracies).

Burns, T. & Stalker, G. M.(1961). *The Management of Innovation*. London: Tavistock.

Campbell, T. (2001). *The Quiet Revolution: The Rise of Political Participation and Leading Cities with Decentralization in Latin America and the Caribbean*. University of Pittsburgh Press.

Cascio, W. F. & Wynn, P. (2204) Managing a Downsizing Process. *Human Resource Managment Journal* 43(4): 425-436.

Chapman, D. & Cowdell, T. (1998). *New Public Sector Marketing*. London: Financial Times Pitman Publishing.

Cheurprakobkit, S. (2000). Police-citizen Contact and Police Performance: Attitudinal Differences between Hispanics and Non-Hispanics. *Journal of Criminal Justice* 28: 325-336.

Conroy, M. A. (1993). Outplacement: Nice or Necessary?. *Hospital Materiel Management Quarterly* 14(4): 21-24.

Cooper, B. S., Fusarelli, L. D., & Randall, E. V. (2004). *Better Policies, Better Schools: Theories and Applications*. NY: Pearson Publication Co.

Cornwall, A. (2004). New Democratic Spaces? The Politics and Dynamics of Institutionalized

Participation. *Institute of Development Bulletin* 35(2): 1-10.

Cumings, B. (1984), The legacy of Japanese Colonialism in Korea: 478-494. Ramon Hawley Myers & Mark R. Peattie (ed.) (1984), *The Japanese Colonial Empire, 1895-1945.* Princeton University Press.

Davis, J. R. (1990). A Comparison of Attitudes toward the New York Police. *Journal of Police Science and Administration* 17: 233-243.

Decker, S. H. (1981). Citizen Attitudes toward Police: A Review of Past Findings and Suggestions for Future Policy. *Journal of Police Science and Administration* 9: 80-87.

Dees, J. D. et al. (2001). *Enterprising Nonprofit: A Toolkit for Social Enterpreneurs.* Hoboken: John Wiley and Sons.

Dentler, A., Montes-Rojas, G., & Olmo, J. (2010). *A Note On Endogeneity In Threshold Nonlinearity Tests.* Working Paper.

Derthick, M. (1972). *New Twons In-Town: Why a Federal Program Failed.* Washington, DC: Urban Institute.

——— (1975). *Uncontrollable Spending for Social Services Grants.* Washington, DC: The Brookings Institute.

DiMaggio, P. J. & Powell, W. W. (1983). The Iron Cage Revisited: Institutional Isomorphism and collective Rationality in Organizational Fields. *American Sociological Review* 48(2): 147-1601.

Doerpinghaus, H. I. & Feldman, D. C. (2001). Early Retirement Penalties in Defined Benefit Pension Plans. *Journal of Management Issues* 13(3): 273.

Dora, C. (1999). *Has The Trend Toward Early Retirement Reserved? Prepared for presentation at the First Annual Joint* Conference for the Retirement Research Consortium New Developments in Retirement Research May 20-21.

Dunham, R. G. & Alpert, G. P. (1988). Neighborhood Differences in Attitudes toward Policing: Evidence for a Mixed-Strategy Model for Policing in a Multi-Ethnic Setting. *Journal of Criminal Law and Criminology* 79: 504-521.

Elshobagy, A., Jutia, A., Barbour, L., & Kells, J. (2005). System Dynamics Approach to Assess the Sustainability of Reclamation of Distributed Watershed. *Journal of Civil Engineering* 32(1): 144-158.

Eriksen, H. (1987). A Culturalist Theory of Political Change. *American Political Science Review* 82: 789-804. Appendix p.801.

Etzioni, A. (1964). *Mordern Organizations.* Englewood Cliff, NJ: Prentice-Hall.

European Committee on Democracy and Governance (2014). The Strategy for Innovation and Good Governance at Local Level. *CDDG,* May 12th.

Faguet, J.-P. (2004). Does decentralization increase government responsiveness to local needs? Evidence from Bolivia. *Journal of Public Economics* 88: 867-893.

———(2013). *Decentralization and Popular Democracy: Governance From Below in Bolivia*. Ann Arbor: The University of Michigan Press.

Ferguson, N. (2012). *The Great Degeneration: How Institutions Decay and Economies Die*. NY: Penguin Press.

Fitzgerald, M. R. & Durant, R. F. (1980). Citizen Evaluation and Urban Management: Service Delivery in An Era of Protest. *Public Administration Review* 40(6): 585-594.

Frey, B. S. & Stutzer, A. (2006). Direct Democracy: Designing a Living Constitution. In R. D. Congleton & B. Swendenbog (eds.), *Democratic Constitutional Design and Public Policy, Analysis and Evidence*. Cambridge: MIT Press.

Fukuyama, F. (2004). *State-Building: Governance and World Order in the 21st Century*. Cornell University Press.

Fung, A. & Wright, E. (2003). *Deepening Democracy: Institutional Innovations in Empowered Participatory Governance*. London: Verso.

Garrett, R. S., Thurber, J. A., Fritschler, A. L., & Rosenbloom, D. H. (2006). Assessing the Impact of Bureaucracy Bashing by Electoral Campaigns. *Public Administration Review* 66: 228-240.

Goggin, M. L. (1990). *Implementation Theory and Practice: Toward a Third Generation*. Glenview, Ill: Scott, Foresman/Little, Brown Higher Education.

Goss, E. P. & Phillips, J. M. (1999). Do business tax incentives contribute to a divergence in economic growth?. *Economic Development Quarterly* 13(3): 217-228.

Grindk, M. S. (ed.) (1980). *Politic and Polcy Implementation in Third World*. Princeton, NJ: Princeton University Press.

Halbrook, S. P. (2000). *Target Switzerland: Swiss Armed Neutrality in World War II*. Cambridge, MA: Da Capo.

Hammond, T. H. (1986) Agenda control, organizational structure, and bureaucratic politics, *American Journal of Political Science* 30(2): 379-420.

Hansen, B. E. (1999). Threshold effects in non-dynamic panels: Estimation, testing, and inference. *Journal of Econometrics* 93: 345-368.

———(2000). Sample splitting and threshold estimation. *Econometrica* 68: 575-603.

Helms, L. J. (1985). The Effect of State and Local Taxes on Economic Growth: A Time Series-Cross Section Approach. *The Review of Economics and Statistics* 67(4): 74-582.

Henderson, G. (2008). 「소용돌이의 한국정치」. 박행운 · 이종삼(옮김). 서울: 한울아카데미.

Hielscher, J. (2014). Direct Democracy Expands in Germany(http://www.swissinfo.ch/eng/directdemocracyexpands-ingermany/40546158).

Im, T. & Lee, S. J. (2012). Does Management Performance Impact Citizen Satisfaction? *American Review of Public Administration* 42(4): 419-436.

Inglehart, R. (1990). *Culture Shift in Advanced Industrial Society.* Princeton: Princeton University Press.

James, O. (2009). Evaluating the Expectations Disconfirmation and Expectation Anchoring Approaches to Citizen Satisfaction with Local Public Services. *Journal of Public Administration Research and Theory* 19(1): 107-123.

Jesilow, P. & Meyer, J. (2001). The Effects of Police Misconduct on Pulbic Attitudes: A Quasi-Experiment. *Journal of Crime and Justice* 24(1): 109-121.

Jones, B. (1995). Bureaucrats and Urban Politics. In D. J. G. Stoker & H. Wolman (eds.), *Theories of Urban Politics*(pp.28-42). Thousand Oaks, CA: Sage.

Judd, K. L. (1985). Short-run analysis of fiscal policy in a simple perfect foresight model. *Journal of Political Economy* 93(2): 298-319.

Kampen, J. K., Van De W. S., & Bouckaert, G. (2006). Assessing the Relationship between Satisfaction with Public Service Delivery and Trust in Government. The Impact of Predisposition of Citizens toward Government on Evaluations of its Performance. *Public Performance and Management Review* 29: 387-404.

Kim, S. & Feldman, D. C. (2000). Working in Retirement: The Antecedents of Bridge Employment and Its Consequences for Quality of Life in Retirement. *Academy of Management Journal* 43: 1195-1210.

Kingsley, G. T. (1996). Perspectives on Devolution. *Journal of American Planning Association* 62(4): 419-426.

Kotler, P. & Andreasen, A. R. (1996). *Strategic Marketing for Nonprofit Organization.* Upper Saddle River, NJ: Prentice-Hall.

Kriesi, H. & Trechsel, A. H. (2008). *The Politics of Switzerland: Continuity and Change in a Consensus Democracy.* Cambridge: Cambridge University Press.

Lewis, G. B. & Yoonjik Cho (2011). The Aging of the State Government Workforce: Trends and Implications. *The American Review of Public Administration* 41(1): 48-86.

Lewis, G. B. (1991). Turnover and the Quiet Crisis in the Federal Civil Service. *Public Administration Review* 51(2): 145-155.

Lijphart, A. (1984). *Democracies: Patterns of Majoritarian and Consensus Government in Twenty-One Countries.* New Haven: Yale University Press.

——— (1999). *Patterns of Democracy: Government Forms and Performance in Twenty-Six Countries.* New Haven: Yale University Press.

——— (2008). *Thinking about Democracy: Power Sharing and Majority Rule in Theory and Practice*. NY: Routledge.

Linder, W. (2010). *Swiss Democracy: Possible Solutions to Conflict in Multicultural Societies* (3rd ed.). NY: Palgrave Macmillan.

Lineberry, R. (1977). *Equality and Urban Policy*. Beverly Hills, CA: Sage.

Lipiec, J. (2001). Human Resources Management Perspective at the Turn of the Century. *Public Personnel Management* 30(2): 137-146.

Lipsky, M. (1980). *Street-level Bureaucracy*. New York, NY: Russell Sage.

Losey, S. (2009, June 23). *OPM: Stop Using KSAs When Hiring. Federal Times*. Retrieved from http://www.federaltimes.com/article/20090623/PERSONNEL01/906230302/－1/RSS

Lowi, T. J. (1972). Four Systems of Policy, Politics, and Choices. *Public Administration Review* 32(4): 298-310.

Lucas, R. E. (1988). On the Mechanics of Economic Development, *Journal of Monetary Economics* 22(1): 3-42.

Mahoney. J. & Snyder, R. (1999). Rethinking agency and structure in the study of regime change. *Studies in Comparative International Development*. New Brunswick.

Manor, J. (1999). *The Political Economy of Democratic Decentralization*. World Bank, Washington, DC.

Martin, P. P. (2006). Virtual Environments for Citizen Participation: Principal Bases for Design, a paper presented at the 6th European Conference on e-Government, Marburg, Germany.

Mattew, S. (2004). *Enduring Change: The Experience of Community Links Socia Enterprise Zone: Lessons Learnt and Next Steps*. Bristol, UK: Policy Press.

Meyer, J. & Rowan, B. (1977). Institutionalized Organizations:Formal Structure as Myth and Ceremony. *American Journal of Sociology* 83: 340-363.

Mizrahi, S., Vogoda-Gadot E., & Cohen, N. (2009). Trust, Participation and Performance in Public Administration: An Empiricial Examination of Health Services in Israel. *Public Performance and Management Review* 33(1): 7-33.

Montesquieu, C. de (2013). 「몽테스키외의 로마의 성공, 로마제국의 실패」. 김미선 (옮김). 서울: 사이.

Morgan, D. R. & England, R. E. (1996). *Managing Urban America* (4th ed.). Chathan, NJ: Chatham House.

Murty, K. S., Roebuck, J. B., & Smith, J. D. (1990). The Image of the Police in Black Atlanta Communities. *Journal of Police Science and Administration* 17: 250-257.

Nationwide Retirement Education Institute (2004). *Public Sector Retirement: Yesterday,*

Today, and Tomorrow. Retrieved from http://www.rsservicecneter.com/nrs/media/-images/nrsCommon/REI_report.pdf.

North, D. C. (1981). *Structure and Change in Economic Theory*. NY: W. W. Norton & Company.

North, D. C., Wallis, J. J., & Weingast, B. R. (2009). *Violence and Social Orders: A Conceptual Framework for Interpreting Recorded Human History*. Cambridge: Cambridge University Press.

Noya, A. & Clarence, E. (2007). *The Social Economy*. Paris: OECD.

O'Neill, K. (2005). *Decentralizing the State: Elections, Parties, and Local Power in the Andes*. NY: Cambridge University Press.

OECD (1999). *Social Enterprises*. OECD.

―――(2000). *Reforms for an Aging Society*.

―――(2006). *Ageing and Employment Policies: Live Longer, Work Longer*. Japan/Paris.

―――(2010). *Post-Public Employment: Good Practices for Preventing Conflict of Interest*.

―――(2013). *Ageing and Employment Policies: Norway Working Better with Age*.

―――(2013). *How's Life? 2013: Measuring Well-being*. OECD Publishing.

―――(2014). *Ageing and Employment Policies: Netherlands Working Better with Age*.

Olusakin, A. M. (1999). Post-retirement Life Styles of Some Nigerians and the Counseling Implications. *The Counselor* 17(1): 8-10.

Orr, M., & West, D. M. (2007). Citizen Evaluations of Local Police: Personal Experience or Symbolic Attitudes? *Administration & Society* 38(6): 649-668.

Ostrom, E. (1973). The Need for Multiple Indicators in Measuring the Output of Public Agencies. *Policy Studies Journal* 2: 85-91.

Ostrom, V. (2008). *The Intellectual Crisis in American Public Administration* (3rd. ed.). Tuscaloosa, Alabama: The University of Alabama Press.

―――(2009). Citizen-Sovereigns: The Implications of Hamilton's Query and Tocqueville's conjecture about the Democratic Revolution. A. Craiutu & S. Gellar, *Conversations with Tocqueville: The Global Democratic Revolution in the Twenty-first Century*. 19-30. NY: Lexington Books.

Parasuraman, A., Zeithaml, V. A., & Berry, L. L. (1988). SERVQUAL: A Multiple-Item Scale For Measuring Consumer Perceptions of Service Quality, *Journal of Retailing*: 12-40.

Percy, S. L. (1986). In Defense of Citizen Evalution as Performance Measures. *Urban Affairs Review* 22(1): 66-83.

Peters, G. B., Pierre, J. & King, D. S. (2005). The Politics of Path Dependency: Political Conflict in Historical Institutionalism. *The Journal of Politics* 67(4): 1275-1300.

Pidd, M. (1998). *Computer Simulation in Management*. NY: Wiley.

Reisig, M. D. & Correia, M. E. (1997). Public Evaluations of Police Performance: An Analysis Across Three Levels of Policing. *Policing: An International Journal of Police Strategies and Management* 20: 311-325.

Reisig, M. D. & Giacomazzi, A. L. (1998). Citizen Perceptions of Community Policing: Are Attitudes toward Police Important? *Policing: An International Journal of Police Strategies and Management* 21: 547-561.

Reisig, M. D. & Parks, R. B. (2000). Experience, Quality of Life, and Neighborhood Context: A Hierarchial Analysis of Satisfaction with the Police. *Justice Quarterly* 17: 607-629.

Ripley, R. B. & Franklin, G. A. (1982). *Bureaucracy and Policy mplementation*. San Francisco: Jossey-Bass Publishers.

Robinson, D. L. (2011). *Town Meeting: Practicing Democracy in Rural New England*. Boston: The University of Massachusetts Press.

Romer, P. M. (1986). Increasing returns and long-run growth. *Journal of Political Economy* 94(5): 1002-1037.

——— (1990). Endogenous technological change. *Journal of Political Economy* 98(5): 71-102.

——— (1994). The origins of endogenous growth. *Journal of Economic Perspectives* 8(1): 3-22.

Rosenbloom, D. H. (1987). *Public Administration: Understanding Management, Politics, and Law in Public Sector*. NY: McGraw-Hill.

Rosenkoeter, M. M. & Garris, J. M. (2001). Retirement Planning, Use of Time, and Psychosocial Adjustment. *Issues in Mental Health Nursing* 22: 703-722.

Rossi, P. H., Berk, R. A., & Eidson, B. K. (1974). *The Roots of Urban Discount*. NY: Wiley.

Rothenbacher, F. (2004). The Welfare State of the Civil(or Public) *Servants in Europe: A Comparison of the Pension System for Civil(or Public) Servants in France, Great Britain, and Germany*. Manheim: MZES.

Rousseau, J. J. (1989). 「인간불평등 기원론, 사회계약론」. 최현(옮김). 서울: 집문당.

Rowan, B. (1982). Organizationl Structure and the Institutional Environment: The case of Public Schools. *Administrative Science Quarterly* 27: 259-279.

Schneider, A. (2003). Decentralization: Conceptualization and Measurement. *Studies in Comparative International Development* 38(3): 32-56.

Schuman, H. & Gruenberg, B. (1972). Dissatisfaction with City Services: Is Race an Important Factor. In H. Hahn (ed.), *People and Politics in Urban Society*(pp. 88-113). Beverly Hills, CA: Sage.

Selznick, P. (1949). *TVA and The Grass Roots*. University of California Press.

Simeon, R. (2009). Constitutional Design and Change in Federal Systems: Issues and Questions. *Publius* 39(2): 241-261.

Siriani, C. (2009). *Investing in Democracy: Engaging Citizens in Collaborative Governance*. Washiongton, DC: Brookings Institution Press.

Smith, A. (2010). 「국부론」(상). 김수행(옮김). 서울: 비봉출판사.

Smith, B. C. (1985). *Decentralization: the Territorial Dimension of the State*. London: Allen & Unwin.

Solow, R. M. (1956). A contribution to the theory of economic growth. *Quarterly Journal of Economics* 70(1): 65-94.

Somerville, P. (2008). Prospects for Local Co-governance. *Local Government Studies* 34(1): 61-79.

Sterman, J. D. (2001). System Dynamics Modelling: Tools for Learning in a Complex World. *California Management Review* 43(4).

Stipak, B. (1979). Citizen Satisfaction with Urban Services: Potential Misuse as a Performance Indicator. *Public Administration Review* 39(1): 46-52.

Stoker, G. (1998). Governance as Theory: Five Prospositions. *International Social Science Journal* 50(1): 17-28.

Taylor, F. W. (1911). *Principles of Scientific Management*. NY: Harper and Row.

Ter-Minassian, Teresa (1997). Decentralizing Government, *Finance & Development* 34(3): 36-39.

Thomas, K. W. (1982). Manager and Mediator: A Comparison of Third-party Roles Based upon Conflict Management Goals. In G. B. J. Bomers & R. B. Peterson (eds.), *Conflict Management and Industrial Relations*(pp. 141-157). Boston, MA: Kluwer-Nijhoff.

Timan, L. (1995). *Marketing In The New Public Sector*. London: Pitman Publishing.

Tocqueville, A. (1955). *Democracy in America*, Vols. Ⅰ, Ⅱ (P. Bradley ed.). NY: Alfred A. Knopf.

Toffler, A. & H. (1994). *Creating a New Civilization: The Politics of the Third Wave*. Atlanta, Georgia: Turner Publishing, Inc.

Tolbert, P. S. & Lynne, G. Z. (1983). Institutional Sources of Change in the Formal Structure of Organizations: the Diffusion of Civil Service Reform, 1880-1935. *Administrative Science Quarterly* 28: 22-39.

―――(1996). The Institutionalization of Institutional Theory. In *Handbook of Organization Studies*, edited by Stewart R. Clegg, Cynthia Hardy, & Walter Nord. Sage Publications.

Turnovsky, S. J. (1996). Optimal tax, debt, and expenditure policies in a growing economy.

Journal of Public Economics 60(1): 21-44.

U.S. Government Accountability Office (2008). *Human Capital: Transforming Federal Recruiting and Hiring Efforts*(GAO－09－762T). Washington, DC: Author.

――― (2009). *Older Workers: Enhanced Communication among Federal Agencies Could Improve Strategies for Hiring and Retaining Experienced Workers*(GAO－09－206). Washington, DC: Author.

U.S.OGE (2003). *Compilation of Federal Ethics Laws.*

UN (2009). What is Good Governance?. *UNESCAP.* July, 10th.

Van Ryzin, G. G. (2004). Expectations, Performance, and Citizen Satisfaction with Urban Services. *Journal of Policy Analysis and Management* 23: 433-448.

Van Ryzin, G. G., Muzzio, D., Immerwahr, S., Gulick, L., & Martinez, E. (2004). Drivers and Consequences of Citizen Satisfaction: An Application of the American Customers Satisfaction Index Model to New York City. *Public Administration Review* 64(3): 331-341.

Walle, John van der (2002). Decentralization, Trends and Constraints. http://www.kit.nl/－smartsite. shtml?ch＝fad&id＝6164.

Weber, M. (1968). *The Theory of Social and Economic Organization.* Translated by A. M. Henderson & T. Parsons, Oxford University Press.

Weiss, E. (1996). Creating a New Civilization: The Politics of the Third Wave. *Harvard Journal of Law & Technology* 9(1): 225-229.

Weitzer, R. & Tuch, S. (1999). Race, Class, and Perceptions of Discrimination by the Police. *Crime & Delinquency* 45: 494-507.

WEST VIRGINIA ETHICS COMMISION GUIDELINE (2008). *Retirement Gifts and Events.* www.wvethicscommission.org

Williams, J. T. (1977). *Citizens' Evaluations of Local Government Services in an Southern Community: Determinants of Support.* Washington, D.C.: National Association of Schools of Public Affairs and Administration.

Worrall, J. L. (1999). Public Perceptions of Police Efficacy and Image: The Fuzziness of Support for the Police. *American Journal of Criminal Justice* 24: 47-66.

Zapata, H. & Gauthier, W. (2003). Threshold models in theory and practice. In *Southern Agricultural Economics Association Annual Meeting.*

Zhong, Y. (2003). *Local Government and Politics: Challenges from Below.* NY: M. E. Sharp.

Zimmerman, J. F. (1999). *The New England Town Meeting: Democracy in Action.* London: Praeger.

집필진 소개

권경득
미국 Univ. of Akron 행정학 박사
선문대학교 행정학과 교수

임동진
미국 Univ. of Texas at Arlington 행정학 박사
순천향대학교 행정학과 교수

김병국
건국대학교 행정학 박사
한국지방행정연구원 석좌연구위원

김수연
경북대학교 법학 박사
전국시도지사협의회 선임연구위원

김순은
미국 Kent State University 행정학 박사
서울대학교 행정대학원 교수

김정희
부산대학교 NGO학 박사
부산대학교 경제통상연구원 연구교수

김철회
서울대학교 행정학 박사
한남대학교 행정학과 교수

김필두
건국대학교 행정학 박사
한국지방행정연구원 연구위원

김홍환
서울시립대학교 행정학 박사
전국시도지사협의회 정책연구센터장

문광민
서울대학교 행정학 박사
대전대학교 행정학과 교수

안성호
서울대학교 행정학 박사
대전대학교 행정학과 교수

어유경
서울대학교 행정대학원 정책학 석사

윤성일
연세대학교 행정학 박사수료
연세대학교 공공문제연구소 연구원

윤준희
중앙대학교 행정학 박사
한국생활자치연구원 기획조정본부장

이병렬
충남대학교 행정학 박사
우석대학교 행정학과 교수

이종수
중앙대학교 행정학 박사
중앙대 행정대학원 연구교수

이주호
충북대학교 행정학 박사
선문대학교 정부간관계연구소 연구전담 교수

임승빈
일본 동경대학교 학술학 박사
명지대학교 행정학과 교수

장순희
건국대학교 행정학 박사
강원대학교 공공행정학과 교수

진재완
서울대학교 행정학 박사과정 수료
서울대학교 한국행정연구소 연구원

최영출
영국 Newcastle University 정책학 박사
충북대학교 행정학과 교수

최지민
서울대학교 정책학 박사
서울대학교 행정대학원 고령사회와 사회자본연구센터(SSK 지원) 연구원

최철호
부산대학교 법학 박사
청주대학교 법학과 교수

한국 지방자치의 발전과 쟁점

펴낸날 제1판 제1쇄 2016년 3월 21일
지은이 권경득 · 임동진 외
펴낸이 임춘환
펴낸곳 도서출판 대영문화사
주소 서울특별시 용산구 청파로 61길 5(청파동 1가) 제일빌딩 2층
등록 1975년 12월 26일 제3-16호
전화 (02)716-3883, (02)714-3062
팩스 (02)703-3839
홈페이지 http://www.dymbook.co.kr

ISBN 978-89-7644-551-3
값 25,000원